Ulrich Schiefele · Cordula Artelt · Wolfgang Schneider
Petra Stanat (Hrsg.)

Struktur, Entwicklung und Förderung von Lesekompetenz

Ulrich Schiefele · Cordula Artelt
Wolfgang Schneider · Petra Stanat (Hrsg.)

Struktur, Entwicklung und Förderung von Lesekompetenz

Vertiefende Analysen im Rahmen von PISA 2000

VS VERLAG FÜR SOZIALWISSENSCHAFTEN

VS Verlag für Sozialwissenschaften
Entstanden mit Beginn des Jahres 2004 aus den beiden Häusern
Leske+Budrich und Westdeutscher Verlag.
Die breite Basis für sozialwissenschaftliches Publizieren

Bibliografische Information Der Deutschen Bibliothek
Die Deutsche Bibliothek verzeichnet diese Publikation in der Deutschen Nationalbibliografie; detaillierte bibliografische Daten sind im Internet über <http://dnb.ddb.de> abrufbar.

1. Auflage Juli 2004

Der VS Verlag für Sozialwissenschaften ist ein Unternehmen von Springer Science+Business Media.
www.vs-verlag.de

Umschlaggestaltung: KünkelLopka Medienentwicklung, Heidelberg
Druck und buchbinderische Verarbeitung: MercedesDruck, Berlin
Gedruckt auf säurefreiem und chlorfrei gebleichtem Papier
Printed in Germany

ISBN 3-8100-4229-3

Inhalt

Ulrich Schiefele, Cordula Artelt, Wolfgang Schneider und Petra Stanat

Einführung

Die Veröffentlichung der Ergebnisse der internationalen Schulleistungsvergleichsstudie PISA *(Programme for International Student Assessment)* hat in Deutschland eine außergewöhnlich große Resonanz gefunden. Dies hatte vermutlich mehrere Gründe. Entscheidend dürfte das relativ schlechte Abschneiden von Schülerinnen und Schülern in Deutschland gewesen sein, die in allen drei geprüften Kompetenzbereichen (Lesen, Mathematik, Naturwissenschaften) unterhalb des Durchschnittswerts der OECD-Länder lagen. Nachdem durch die Veröffentlichung der Ergebnisse der TIMS-Studie bereits deutlich geworden war, dass in Deutschland die Leistungen von Jugendlichen in den Bereichen Mathematik und Naturwissenschaften niedriger sind als erwartet, kommt der PISA-Studie nach den weniger breit diskutierten und auch weniger besorgniserregenden Ergebnissen der Anfang der 1990er Jahre durchgeführten internationalen Lesestudie der IEA (siehe auch Artelt u.a., in diesem Band) die Rolle zu, nicht nur das schlechte mittlere Abschneiden der 15-Jährigen in den Bereichen Mathematik und Naturwissenschaften zu bestätigen, sondern darüber hinaus auch entsprechende Ergebnisse für den Bereich der Lesekompetenz zu belegen. Somit zeigt die PISA-Studie, dass das deutsche Schulsystem nicht „nur" Schwachpunkte in Mathematik und Naturwissenschaften aufweist, denen möglicherweise auch Stärken gegenüberstehen, sondern dass auch in weiteren zentralen Kompetenzbereichen Probleme bestehen. Die Ergebnisse der Studie haben damit auch in einem Bereich Schwächen nachgewiesen, in dem viele dem deutschen Schulsystem – nicht zuletzt aufgrund der großen literarischen Tradition in Deutschland – mehr zugetraut hätten.

Die PISA-Studie hat generell dazu beigetragen, die besondere Bedeutung der Lesekompetenz in den Mittelpunkt der Aufmerksamkeit der Forschung zu rücken. In so gut wie allen schulischen Fächern werden die notwendigen Kompetenzen und Wissensbestände zu einem großen Teil durch Texte vermittelt. Daraus ergibt sich die Rolle der Lesekompetenz als der vielleicht wichtigsten Schlüsselqualifikation, die über die Schule hinaus eine Voraussetzung für die Teilnahme an einer Vielzahl gesellschaftlicher Aktivitäten ist (siehe dazu ausführlicher Artelt u.a., 2001). Weiter gestärkt wird die Bedeutung der Lesekompetenz durch ihre engen korrelativen Zusammenhänge mit der mathematischen und naturwissenschaftlichen Grundbildung (siehe dazu auch Artelt & Schlagmüller, in diesem Band). Darüber hinaus erheben die gestiegenen kognitiven Anforderungen vieler Arbeitsplätze und die zunehmende Bedeutung lebenslangen Lernens auf der Grundlage schriftlichen Materials die Lesekompetenz zu einem Kernziel schulischer Ausbildung (siehe auch OECD/Statistics Canada, 1995).

Aufgrund der genannten Punkte lag es daher nahe, Fragen der Struktur, der Entwicklung und der Förderungsmöglichkeiten von Lesekompetenz in einem eigenen Band aufzugreifen und zu beleuchten. Dabei verfolgten wir vor allem zwei Ziele. Zum einen sollte das Konstrukt Lesekompetenz differenziert analysiert werden und zum anderen wollten wir weiterführende und vertiefende Datenauswertungen vorlegen. Dem erstgenannten Punkt sind vor allem die ersten fünf Kapitel gewidmet.

Wolfgang Schneider geht zunächst auf die Entwicklung der Lesekompetenz im Kindesalter und mögliche Störungen des Schriftspracherwerbs ein. Im Vordergrund stehen die Arbeiten zur phonologischen Bewusstheit, die eine notwendige Bedingung des Schriftspracherwerbs darstellt. Darüber hinaus wird ausgehend von diesen Arbeiten ausführlich auf Möglichkeiten der Förderung des Schriftspracherwerbs eingegangen.

Bettina Hurrelmann behandelt – über den Erwerb sprachlicher Fertigkeiten hinausgehend – die Fragen nach den Sozialisationsbedingungen der Lesekompetenz. Ihr Ausgangspunkt sind die von der PISA-Studie belegten vergleichsweise hohen Zusammenhänge zwischen sozioökonomischem Status und Lesekompetenz in Deutschland. Um diesen Zusammenhang zu erhellen, analysiert die Autorin theoretische Ansätze und Befunde der Forschung zur Lesesozialisation. Ihr besonderes Augenmerk gilt dabei der Identifikation förderlicher sozialer (z.B. familiärer) Bedingungen.

Wolfgang Schnotz und *Stephan Dutke* stellen aktuelle theoretische Modelle und empirische Befunde zum Verstehen von schriftlichen Dokumenten dar und diskutieren diese im Hinblick auf die der PISA-Studie zu Grunde liegende Konzeption der Lesekompetenz. Damit wird das Ziel verfolgt, die mit den PISA-Leseaufgaben verbundenen kognitiven Anforderungen auf der Grundlage aktueller Theoriebildung genauer zu charakterisieren. Darüber hinaus identifizieren die Autoren theoretisch und empirisch fundierte Faktoren, die zu Unterschieden in der Lesekompetenz beitragen können.

Jens Möller und *Ulrich Schiefele* behandeln die motivationalen Voraussetzungen der Lesekompetenz. Ausgangspunkt ist die in der PISA-Studie belegte Bedeutung der (intrinsischen) Lesemotivation, deren unterschiedliche Ausprägung insbesondere die überlegene Lesekompetenz der Mädchen erklären kann. Die Autoren systematisieren vorliegende theoretische Ansätze und Befunde zur Lesemotivation und integrieren sie in einem Erwartungs-Wert-Modell der Lesemotivation. Dies erlaubt eine genauere Bestimmung der Rolle der einzelnen motivationalen Konstrukte bei der Vorhersage der Lesekompetenz.

Kaspar Spinner beschäftigt sich eingehend mit den Konsequenzen der PISA-Ergebnisse für die Didaktik, die Lehrpläne und den schulischen Unterricht. Er kritisiert dabei unter anderem die unzureichende Berücksichtigung der Sekundarstufe I in der bildungspolitischen Diskussion, die Trennung von Leseunterricht (Grundschule) und Literaturunterricht (Sekundarstufe) sowie die Dominanz des fragend-entwickelnden Unterrichtsgesprächs. Demgegenüber werden die Lesekompetenz als Anliegen aller Fächer, die Verstärkung situierten und handlungsorientierten Lernens und die Förderung von Lesestrategien und Lesefreude stärker in den Vordergrund gerückt.

Das Kapitel von Kaspar Spinner stellt gewissermaßen den Abschluss des theoretischen Teils des Buches dar. Die darauf folgenden Kapitel fassen die bisherigen PISA-Befunde zum Lesen zusammen und berichten dann vor allem die Ergebnisse ergänzender und weiterführender Auswertungsarbeiten. Zum Schluss wird ein umfassender Überblick zu Möglichkeiten der Förderung der Lesekompetenz gegeben.

Cordula Artelt, Petra Stanat, Wolfgang Schneider, Ulrich Schiefele und *Rainer Lehmann* fassen zunächst die zentralen Aspekte der Studie zusammen und behandeln dann ausführlich Aspekte der Aussagekraft und Validität des PISA-Lesetests im nationalen und internationalen Vergleich. Hierzu wird unter anderem analysiert, welche Anforderungsmerkmale die Schwierigkeit der Aufgaben des Lesetests bestimmen. Darüber hinaus wird auf internationaler Ebene der Frage nachgegangen, ob der PISA-Lesetest eine geeignete Basis darstellt, um einen fairen Vergleich der Lesekompetenz von 15-jährigen Schülerinnen und Schülern in den beteiligten Staaten durchzuführen. Untersucht wird, ob Schülerinnen und Schüler bei Aufgaben, die ursprünglich aus ihrem Sprachraum stammen, einen differenziellen Vorteil aufweisen und welche Auswirkungen entsprechende Effekte haben bzw. haben können. Im letzten Teil des Kapitels werden die bisherigen internationalen Studien zur Lesekompetenz zusammengefasst und ihr Bezug zur PISA-Studie diskutiert.

Cordula Artelt und *Matthias Schlagmüller* beschäftigen sich mit der Frage, ob die in PISA erfasste Lesekompetenz eine eindimensionale Fähigkeit darstellt oder ob nach Teilkompetenzen unterschieden werden kann und sollte. Ziel der Untersuchung der Dimensionalität des Tests ist ein vertieftes konzeptuelles Verständnis der in der PISA-Studie gemessenen Lesekompetenz. Bei den Analysen steht vor allem die Frage im Vordergrund, ob die Art des Textes und das Textgenre einen Einfluss auf die jeweils erfasste Lesekompetenz haben. Für die deutlich separierbare Teilkompetenz des kompetenten Umgangs mit literarischen Texten werden anschließend die mittleren Leistungen in den PISA-Teilnehmerstaaten und den Ländern der Bundesrepublik dargestellt und verglichen sowie die entsprechenden Profile in den Leseleistungen bei literarischen im Vergleich zu anderen Teilkompetenzen diskutiert.

Ellen Schaffner, Ulrich Schiefele und *Wolfgang Schneider* gehen auf den nationalen Ergänzungstest zur Lesekompetenz ein. Es werden der theoretische Hintergrund und die Methode des Ergänzungstests ausführlich erläutert. Im nationalen Ergänzungstest wurde nicht nur das Leseverstehen, sondern auch das Lernen aus Texten erfasst. Dabei wurden verschiedene Indikatoren des Textlernens differenziert. Die Auswertungen beinhalten Vergleiche mit dem internationalen PISA-Lesetest und konzentrieren sich auf die Vorhersage bzw. Erklärung der im nationalen Ergänzungstest beobachteten Leistungsunterschiede.

Petra Stanat und *Wolfgang Schneider* analysieren die Gruppe potenzieller Risikoschülerinnen und -schüler, die im PISA-Lesetest maximal die Kompetenzstufe I erreicht haben und somit allenfalls in der Lage sind, einfachste Texte zu verstehen und deutlich erkennbare Informationen daraus zu nutzen. Ziel der Analysen ist es, diese Jugendlichen genauer zu beschreiben und Prädiktoren für ihre geringe Lesekompetenz zu identifizieren. Dabei wird auch der Frage nachgegangen, inwieweit sich die schwachen Leseleistungen von Jugendlichen mit und ohne Migrationshintergrund auf ähnliche Merkmale zurückführen lassen. Die Ergebnisse weisen darauf hin, dass in beiden Gruppen die kognitiven Grundfähigkeiten und die Dekodierfähigkeit für die Vorhersage von schwachen Leseleistungen besonders bedeutsam sind. Für bestimmte Merkmale des familiären Hintergrunds und für das Geschlecht der Jugendlichen sind dagegen differenzielle Effekte zu beobachten.

Am Ende des Bandes gibt *Lilian Streblow* einen Überblick zu bisherigen Ansätzen der Förderung von Lesekompetenz. Die Autorin beschreibt zunächst relevante Teilprozesse des kompetenten Umgangs mit Texten und geht dabei vor allem auf solche Prozesse ein, die gut beeinflusst werden können. Anschließend werden Trainingsverfahren zur Verbesserung des verstehenden Umgangs mit Texten dargestellt und diskutiert. Die vorgestellten Trainings wurden entweder zur direkten Förderung der Lesekompetenz entwickelt oder sollen sich indirekt durch die Verbesserung basaler Kompetenzen positiv auf den verstehenden Umgang mit Texten auswirken. Abschließend werden die berichteten Interventionsansätze vor dem Hintergrund der in der PISA-Studie zu Grunde gelegten Auffassung von Lesekompetenz hinsichtlich ihrer Stärken und Schwächen diskutiert.

Wolfgang Schneider

1 Frühe Entwicklung von Lesekompetenz: Zur Relevanz vorschulischer Sprachkompetenzen

Die Organisatoren der PISA-2000-Studie wählten den Bereich der Lesekompetenz nicht zuletzt deshalb als wesentliches Prüfkriterium aus, weil die Beherrschung der Schriftsprache als bedeutsamer Pfeiler in der Entwicklung der Persönlichkeit angesehen wird, der darüber hinaus auch höchste Relevanz für die gesellschaftliche Eingliederung einer Person besitzt. Entsprechend der Bedeutung von Schriftsprache wird Lesen und Schreiben an jeder Grund- und Förderschule gelehrt. Der Erfolg – oder auch der Misserfolg –, den ein Kind beim Lesenlernen zeigt, wird nicht selten den Ausschlag dafür geben, ob es in die nächste Jahrgangsklasse vorrücken darf oder ob der Übertritt in eine weiterführende Schule ermöglicht werden kann. Auch heute gilt noch, dass das Ausmaß der Lese-Rechtschreib-Kompetenz weitgehend den Schulerfolg von Kindern bestimmt (vgl. Klicpera & Gasteiger-Klicpera, 1993; Marx, 1997; Schneider, 1997).

1.1 Folgen gestörten Schriftspracherwerbs: Zur Problematik der späteren Förderung

Glücklicherweise gelingt dem Großteil der in Deutschland beschulten Kinder ein relativ reibungsloser Schriftspracherwerb, und spätestens zum Ende der Grundschulzeit kommen die meisten Kinder mit dem Lesen und Schreiben recht mühe- und fehlerlos zurecht. Daneben darf jedoch eine Gruppe von Kindern nicht übersehen werden, denen der Schriftspracherwerb nur unvollständig oder kaum gelingt. Die Ursache dafür liegt häufig in einer Lese-Rechtschreib-Schwäche oder Legasthenie (vgl. Marx, 1997; Schneider, 1997; Warnke, 1992). Die allgemeine Lese-Rechtschreib-Schwäche wird in der einschlägigen Literatur insofern von der Legasthenie abgegrenzt, als bei ersterer in der Regel eine defizitäre intellektuelle Grundausstattung dafür verantwortlich gemacht wird, dass die betroffenen Kinder in den meisten Schulfächern nur schwache schulische Leistungen erbringen. Dass diese Kinder vielfach auch beim Lesen- und Schreibenlernen Probleme haben, ist natürlich für die Bewältigung des schulischen und persönlichen Alltags von besonderer Relevanz. Von einer Legasthenie wird hingegen nur dann gesprochen, wenn die betroffenen Kinder über eine mindestens durchschnittliche Intelligenz verfügen, wenn also eine erwartungswidrige Schwäche beim Erlernen der Schriftsprache festgestellt wird. Man geht davon aus, dass diese Kinder in der Regel in allen anderen Schulfächern gute bis sehr gute Leistungen erbringen; der Leistungsausfall sollte sich im Sinne einer „Teilleistungsschwäche" speziell beim Lesen- und Schreibenlernen zeigen (vgl. Remschmidt, 1987).

Inzwischen sind diese Annahmen nicht mehr unumstritten (vgl. Klicpera & Gasteiger-Klicpera, 1993). So haben neuere Untersuchungen ergeben, dass sich die beiden Teilgruppen, abgesehen von der allgemeinen Intelligenz, in anderen problemrelevanten kognitiven Bereichen nicht deutlich voneinander unterscheiden (vgl. Marx, Weber, & Schneider, 2001), und dass sie auch nicht unterschiedlich gut therapierbar sind (Weber, Marx, & Schneider, 2002). Auch die „Umschriebenheit" der Störung im Sinne einer Teilleistungsschwäche trifft wohl nicht in der oben angedeuteten Absolutheit zu, da Probleme im Schriftsprachbereich schon zu Beginn der Grundschulzeit auch Auswirkungen auf das Verständnis mathematischer Probleme zu haben scheinen (Krajewski, 2003; Schwenck & Schneider, 2003). Unabhängig von den diagnostischen Abgrenzungsschwierigkeiten zwischen den beiden Problembereichen gilt jedoch, dass die betroffenen Kinder durch die verringerte Schriftsprachkompetenz sowohl in der Schule als auch später im Beruf und in der Alltagsbewältigung als Erwachsene stark benachteiligt sind. Vielfach wird das Lesen und Schreiben trotz intensivsten Übens nur sehr lückenhaft erlernt, nicht selten endet dies in Analphabetismus bei Erwachsenen. Zu den Einschränkungen, die das mangelhafte Beherrschen von Schriftsprache in der praktischen Alltagsbewältigung (Lesen von Straßenschildern, Ausfüllen von Formularen usw.) mit sich bringt, kommt noch die mit einem Versagen beim Lesen- und Schreibenlernen vielfach einhergehende „Sekundärsymptomatik" im Sinne einer emotionalen Belastung, einer verringerten Leistungsmotivation und einer generellen Ablehnung des Themas Lesen oder Schreiben. Von einer Legasthenie sind etwa 4 bis 7 Prozent aller Schulkinder betroffen, eine allgemeine Lese-Rechtschreib-Schwäche tritt entsprechend der weiter gefassten Definition deutlich häufiger auf (vgl. Steinhausen, 1996). Ursachen für eine solche Lese-Rechtschreib-Problematik sind im genetischen, perinatalen und psychosozialen Bereich anzusiedeln.

Vielfach werden gravierende Lesestörungen erst in der späten Grundschulzeit erkannt – häufig nach vielen Jahren erfolglosen und frustrierenden Übens sowie massiver emotionaler und psychosozialer Belastung des betroffenen Kindes. Es ist festzustellen, dass die schulische Förderung der Kinder im schriftsprachlichen Bereich nicht immer die gewünschten Erfolge zeitigt (vgl. Küspert, 1998; Mannhaupt, 1994; Scheerer-Neumann, 1979). Intensive therapeutische Bemühungen führen oftmals nur zu geringen Leistungszuwächsen, da zum einen der Leistungsabstand zwischen dem Kind und seinen Mitschülern meist zu groß ist, um wirklich aufgeholt werden zu können, und zum anderen die verfügbaren Förderprogramme die eigentlichen Schwachpunkte der Kinder nicht angemessen angehen. So ist die individualisierte Förderung bei nachgewiesener Legasthenie äußerst zeit- und kostenintensiv und bringt doch für die betroffenen Kinder vielfach nur mäßige Erfolge. Vielen dieser Kinder wird auch in Zukunft Schrift und die Möglichkeit schriftsprachlicher Kommunikation weitgehend verschlossen bleiben. Diese Erkenntnis legt zwingend nahe, nach Möglichkeiten der Prävention zu suchen, um eine ernste Lese-Rechtschreib-Problematik schon im Vorfeld abzuwenden.

1.2 Übergang zur Erforschung von Schriftsprachprozessen

Ab etwa Mitte der 1970er Jahre hat die kulminierende Kritik an der Legasthenieforschung (z.B. Schlee, 1976) dazu geführt, dass sich die Forschung von der Analyse spezifischer Schwächen lese-rechtschreib-schwacher Kinder ab- und der Exploration von Lese- und Rechtschreibprozessen zugewandt hat. Es wurde zunehmend auf Annahmen von kognitiv orientierten Informationsverarbeitungsmodellen zurückgegriffen, um Lese- und Rechtschreibvorgänge zu charakterisieren (vgl. Scheerer-Neumann, 1997; Schneider, 1989a). Im Hinblick auf den Entwicklungsaspekt war die neue Denkweise dadurch gekennzeichnet, dass Prozess- bzw. Funktionsmodelle mit qualitativen Entwicklungsstufen angenommen wurden, die Übergänge zwischen unterschiedlich effektiven Lese- und Rechtschreibstrategien beschreiben. Ein grundlegendes Merkmal neuerer Forschungsansätze ist darin zu sehen, dass der Schuleintritt nicht länger als die „Stunde Null" betrachtet wird (vgl. Brügelmann, 2000; Schneider, Brügelmann, & Kochan, 1990). Es wurde akzeptiert, dass Schulanfänger den Lese-Rechtschreib-Unterricht mit sehr unterschiedlichen Voraussetzungen beginnen. Die psychologische Forschung konzentrierte sich nun insbesondere auf die Identifizierung so genannter Vorläufermerkmale oder Teilfertigkeiten, die für den Erfolg eines Kindes beim Lesen- und Schreibenlernen von spezifischer Relevanz sind und sich offensichtlich schon im Vorschulalter ausbilden. Es ist allgemein bekannt, dass beim Lesen- und Schreibenlernen auf auditive, visuelle, motorische und sprachliche Fähigkeiten und Fertigkeiten zurückgegriffen werden muss. Zusätzlich identifizierte die neuere Forschung weit spezifischere Vorhersagemerkmale, die unter dem Oberbegriff *phonologische Informationsverarbeitung* zusammengefasst wurden.

Die gängigen Schriftsprachmodelle (vgl. den Überblick bei Scheerer-Neumann, 1997) gehen beispielsweise davon aus, dass die Kinder in einer ersten vorschulischen Stufe *(linguistic guessing)* Wörter ganzheitlich, also im Sinne von „Logogrammen" zu lesen versuchen, bevor in der Folge alphabetische Strategien eingesetzt werden. Inzwischen steht allerdings fest, dass solche logographischen Strategien für die deutsche Orthographie wesentlich untypischer sind als für das Englische (vgl. z.B. Jansen, Mannhaupt, & Marx, 1993; Klicpera & Gasteiger-Klicpera, 1993; Wimmer, Hartl, & Moser, 1990). Es gibt auch Belege dafür, dass die Relevanz phonologischen Wissens für den Leseerwerb bei irregulären Orthographien wie etwa dem Englischen insgesamt größer sein dürfte als bei eher regulären Orthographien wie dem Deutschen (vgl. Goswami u.a., 2003). Unabhängig davon konnte jedoch in einer Vielzahl internationaler und nationaler Forschungsarbeiten belegt werden, dass vorschulische Kompetenzen im Bereich der sprachlichen Informationsverarbeitung für den späteren Erwerb von Schriftsprachkompetenzen enorm wichtig sind. Die Befunde deuten übereinstimmend darauf hin, dass bestimmte Aspekte sprachlicher Verarbeitungsprozesse prognostisch relevant werden.

Wenn nun im Folgenden genauer auf die Relevanz auditiver Informationsansätze eingegangen wird, soll damit nicht ausgesagt werden, dass Aspekte der visuellen Wahrnehmungsentwicklung völlig zu ignorieren sind. Es steht inzwischen außer Frage, dass Lese-Rechtschreib-Probleme auch durch Defizite in der visuellen Wahrnehmung bedingt sein können, insbesondere dann, wenn es um die Identifikation von abstrakten Symbolen geht (vgl. Warnke, 1992). Es hat sich auch zeigen lassen, dass individuelle Unterschiede in der visuellen Differenzierungsfähigkeit im Vorschulalter durchaus prognostische Relevanz haben und die schulische Entwicklung gerade in den Anfangsjahren vorhersagen können (Sauter, 2001). Visuelle und auditive Teilfertigkeiten spielen eng miteinander zusammen, wenn sich Kinder die Lesekompetenz erarbeiten. Die auditive Komponente wird in der vorliegenden Arbeit deshalb betont, weil offensichtlich gilt, dass Fähigkeiten im Umgang mit der gesprochenen Sprache, insbesondere die Fähigkeit zur Lautwahrnehmung, schriftsprachrelevanten visuellen Wahrnehmungsprozessen vorausgehen und von daher vergleichsweise größere Bedeutung für die Vorhersage von späteren Lesekompetenzen haben.

1.3 Das Konzept der phonologischen Informationsverarbeitung

Es besteht in der einschlägigen Literatur inzwischen ein breiter Konsens darüber, dass Leseprobleme von Kindern im Wesentlichen durch Defizite im sprachlichen Kodieren bedingt sind (vgl. Goswami & Bryant, 1990; Schneider, 1997; Vellutino & Scanlon, 1987). Die Bedeutung von sprachlichen Kodiervorgängen für das Erlernen des Lesens mag man sich daran klarmachen, dass durch die Buchstabenschrift die Lautung der Sprache repräsentiert ist. Obwohl das Ideal einer Isomorphie zwischen Laut- und Schriftstruktur nicht erreicht wird, ist es für den Leseanfänger wichtig, die verfügbaren Regeln der Buchstaben-Laut-Zuordnung zu entdecken. Die Voraussetzungen für einen solchen Schritt sind zweifellos günstiger, wenn das Kind schon frühzeitig (also durchaus schon im Vorschulalter) Einsicht in verschiedene Einheiten der gesprochenen Sprache entwickelt und charakteristische Elemente wie Wörter, Silben oder Phoneme (Einzellaute) unterscheiden lernt.

Die Relevanz dieser metalinguistischen Kompetenz für den Schriftspracherwerb ist inzwischen über eine Vielzahl von experimentellen und korrelativen Studien klar belegt. In Anlehnung an Wagner und Torgesen (1987) wird im Folgenden der Terminus „phonologische Informationsverarbeitung" als Sammelbegriff für die Nutzung von Informationen über die Lautstruktur bei der Auseinandersetzung mit gesprochener bzw. geschriebener Sprache verwendet. Es sind dabei drei Forschungsbereiche, die sich mit verschiedenen Komponenten beschäftigen, zu differenzieren.

Zunächst einmal sind Arbeiten zur Entwicklung der *sprachlichen Bewusstheit,* also der Einsicht in die Phonologie der Sprache zu nennen. Diese Fähigkeit kann zum Beispiel über Reimaufgaben, Aufgaben zur Silbensegmentierung und Aufgaben zur Analyse der Lautstruktur eines Wortes geprüft werden. Während die Fähigkeit zur Identifikation von größeren sprachlichen Einheiten wie Wörtern oder Silben auch als sprachliche Bewusstheit im weiteren Sinne oder phonologische Bewusstheit charakterisiert wird, wird die Fähigkeit zur Differenzierung von kleineren Einheiten wie Einzellauten als sprachliche Bewusstheit im engeren Sinne oder phonemische Bewusstheit gekennzeichnet (vgl. Skowronek & Marx, 1989; Tunmer & Rohl, 1991). Letztere wird in der Regel erst mit Beginn des schulischen Schriftspracherwerbs (dem Erlernen von Laut-Buchstaben-Korrespondenzen) erworben, die phonologische Bewusstheit im weiteren Sinne dagegen schon vor Schuleintritt.

Die zweite Komponente bezieht sich auf das *phonologische Rekodieren beim Zugriff auf das semantische Lexikon.* Hiermit ist die Fähigkeit gemeint, sich über die Rekodierung von schriftlichen Symbolen in lautliche Entsprechungen Zugang zum semantischen Lexikon zu verschaffen. Eine typische Leseaufgabe zur Illustration dieses Vorgangs würde darin bestehen, eine Reihe von Buchstaben zu erfassen (rekodieren) und dann zu entscheiden, ob es sich bei der vorgegebenen Buchstabenfolge um ein bedeutungshaltiges Wort oder um ein Pseudowort handelt, das keinen Sinn macht. Für die Qualität des Lesevorgangs ist die Geschwindigkeit dieses Vorgangs essenziell, weshalb in der Regel die Zeit gemessen wird, die der Rekodiervorgang benötigt. Zur Simulation dieses Vorgangs bei Vorschulkindern werden schnelle Benennaufgaben verwendet, bei denen die korrekten Farben unfarbig oder falschfarbig dargebotener Bildobjekte möglichst schnell zu benennen sind. Auch hier geht es darum, möglichst schnell auf Information im semantischen Lexikon zuzugreifen.

Als dritte Komponente wird das *phonetische Rekodieren im Arbeitsgedächtnis* untersucht. Darunter ist zu verstehen, dass schriftliche Symbole im Arbeitsgedächtnis lautsprachlich repräsentiert werden, um die Information möglichst lange aktiviert zu halten. Die Bedeutung dieser Komponente für den Schriftspracherwerb lässt sich daran illustrieren, dass Leseanfänger Laut für Laut langsam erlesen und schließlich zu einem ganzen Wort zusammenziehen müssen. Diese Aufgabe ist durchaus nicht einfach und erfordert die Konzentration aller erforderlichen Ressourcen. Nur im Fall eines absolut intakten Arbeitsgedächtnisses bleiben bereits erlesene Wortkomponenten bis zur vollständigen Synthese aktiviert.

1.3.1 Die Relevanz phonologischer Informationsverarbeitung für den Schriftspracherwerb: Befunde korrelativer Längsschnittstudien

Seit etwa zwei Jahrzehnten sind eine Reihe von korrelativen Längsschnittstudien durchgeführt worden, über die der kausale Status von Merkmalen phonologischer Informationsverarbeitung (insbesondere der sprachlichen Bewusstheit) für den späteren Schriftspracherwerb genauer bestimmt werden sollte (vgl. die Überblicksinformation bei

Schneider & Edelstein, 1990; Schneider & Stengard, 1999). Diese Studien waren in der Regel so aufgebaut, dass Aspekte der phonologischen Informationsverarbeitung sowie die Intelligenz der Kinder im Vorschulalter erfasst und dann zu späteren Lese-Rechtschreib-Leistungen (meist zu Beginn der Grundschule) in Beziehung gesetzt wurden. So wurden beispielsweise in der Salzburger Längsschnittstudie von Landerl und Wimmer (1994) Reim- und Lautersetzungsaufgaben als Indikatoren sprachlicher Bewusstheit im engeren und weiteren Sinne verwendet. Es stellte sich als wesentliches Ergebnis heraus, dass die sprachliche Bewusstheit im engeren Sinne insbesondere für den Erwerb des Lesens wichtig war, während die Fähigkeit zur Reimerkennung eine größere Rolle beim Aufbau des orthographischen Lexikons, also für die Rechtschreibkompetenz spielte. Im englischsprachigen Raum wurde insbesondere die Studie von Bradley und Bryant (1985) populär, die erste Anzeichen von phonologischer Bewusstheit im weiteren Sinne schon bei dreijährigen Kindern dokumentierte. Das Beherrschen von Kinderreimen im Alter von drei Jahren sagte danach das Ausmaß phonologischer Bewusstheit im fünften Lebensjahr signifikant vorher, welches wiederum signifikant mit Unterschieden in späteren Leseleistungen assoziiert war.

Komplexer angelegte Längsschnittstudien untersuchten das Zusammenspiel unterschiedlicher Prädiktorbereiche bei der Vorhersage des Schriftspracherwerbs. Die Längsschnittstudie von Klicpera und Gasteiger-Klicpera (1993) mit mehr als 500 Kindern, die sich bis zur 8. Klassenstufe erstreckte, bestätigte die Relevanz von solchen Merkmalen wie im Kindergarten erfasste Buchstabenkenntnis, unterschiedliche Aspekte phonologischer Bewusstheit und sprachgebundene Informationsverarbeitungsgeschwindigkeit für das Lesen insbesondere in den ersten Grundschuljahren. Wie schon bei Landerl und Wimmer (1994) deuteten auch hier die Ergebnisse darauf hin, dass der Vorhersagewert der einzelnen Merkmale für das Lesen und Rechtschreiben unterschiedlich ausfällt. Die besondere Bedeutung der phonologischen Bewusstheit stand jedoch außer Zweifel. Zusätzlich erwies sich die frühe Buchstabenkenntnis und die sprachgebundene Informationsverarbeitungsgeschwindigkeit als prognostisch relevant.

Dieses Befundmuster bestätigte sich auch im Rahmen der *Münchner Longitudinalstudie zur Genese individueller Kompetenzen* (LOGIK; vgl. Weinert & Schneider, 1999), bei der annähernd 200 Kinder im letzten Kindergartenjahr im Hinblick auf ihre Intelligenz, Buchstabenkenntnis und die oben beschriebenen drei Komponenten der phonologischen Informationsverarbeitung untersucht wurden. Im späteren Verlauf der Studie wurden Lese- und (insbesondere) Rechtschreibleistungen bis zum Ende der 5. Klassenstufe erfasst. Versuche, gleichartig konzipierte Kausalmodelle für die Kriterien des Leseverständnisses und des Rechtschreibens zu bestätigen, scheiterten an den unterschiedlichen Prädiktorkonstellationen für diese Kompetenzen: Während Merkmale der phonologischen Bewusstheit im weiteren Sinne insbesondere das Leseverständnis gegen Ende des 2. Schuljahres vorhersagten, waren die sprachgebundene Informationsverarbeitung und das Arbeitsgedächtnis zusätzlich stärker an der Prognose der Rechtschreibkompetenz beteiligt (vgl. Näslund & Schneider, 1996; Schneider & Näslund, 1993, 1999). Neuere Untersuchungen zu anderen Orthographien können diese Befundlage durchaus bestätigen und weisen auf komplizierte Wechselwirkungsverhältnisse zwischen den Prädiktorbereichen hin, die sich mit zunehmender Schriftsprachkompetenz verändern (z.B. de Jong & van der Leij, 1999).

Die Relevanz von früh erfassten Merkmalen phonologischer Informationsverarbeitung für den späteren Schriftspracherwerb wurde zusätzlich in klassifikatorischen Längsschnittstudien (Marx u.a., 1993; Schneider & Näslund, 1993) demonstriert, in denen versucht wurde, individuelle Risikovorhersagen aufgrund von Prädiktorerhebungen im Kindergartenalter zu treffen. Für Kinder, die im Bielefelder Screening (Jansen u.a., 2002) sehr schlechte Ergebnisse erzielt hatten, wurde überprüft, ob sie später in der Schule Lese-Rechtschreib-Schwierigkeiten zeigen würden. Die Befunde belegten, dass solche individuellen Vorhersagen möglich sind. Während in der Bielefelder Studie (Marx u.a., 1993) die Trefferquote etwa 92 Prozent betrug, lag sie in der LOGIK-Studie mit etwa 90 Prozent nur unwesentlich niedriger. Obwohl diese Ergebnisse die Relevanz früher phonologischer Defizite für die Schriftsprachentwicklung klar belegen, darf andererseits jedoch nicht übersehen werden, dass nicht alle Kinder, die im Schulalter Lese-Rechtschreib-Probleme entwickelten, schon im Kindergarten-Screening auffällig geworden waren.

Insgesamt bieten die korrelativen und klassifikatorischen Längsschnittstudien ein beeindruckend stimmiges Ergebnismuster, wenn auch einige Detailprobleme registriert werden müssen. Probleme mit der Vergleichbarkeit der verschiedenen korrelativen Längsschnittstudien liegen zum einen in der Einbeziehung unterschiedlicher Prädiktorbereiche, zum anderen in der Selektion nicht direkt vergleichbarer Kriteriumsmerkmale (z.B. Lesegeschwindigkeit vs. Leseverständnis). Von daher überrascht es nicht sonderlich, dass sich kein absolut konsistentes Bild über die verschiedenen Studien hinweg ergibt, was die Prädiktionskraft der einzelnen Vorhersagemerkmale angeht. Aus allen verfügbaren Untersuchungen geht jedoch eindeutig hervor, dass Merkmale der phonologischen Informationsverarbeitung spätere Lese- und Rechtschreibkompetenzen weitaus besser als beispielsweise die allgemeine Intelligenz vorhersagen können. Die konstatierten Zusammenhänge sind nicht nur signifikant, sondern auch praktisch bedeutsam. Da viele der Studien weiterhin klare Hinweise darauf ergaben, dass lese-recht-schreib-schwache Kinder insbesondere durch Defizite im Bereich der sprachlichen Bewusstheit, aber auch im Hinblick auf das Arbeitsgedächtnis sowie die sprachgebundene Informationsverarbeitungsgeschwindigkeit charakterisiert sind, stellte sich bald die Frage, inwieweit Merkmale der phonologischen Informationsverarbeitung frühzeitig effizient gefördert werden können. Die Datenlage ist hier inzwischen eindeutig. Obwohl sich aus den Ergebnissen der korrelativen Längsschnittforschung insgesamt gesehen ableiten lässt, dass alle Komponenten der phonologischen Informationsverarbeitung für den Schriftsprachbereich bedeutsam sind und von daher auch frühzeitig gefördert werden sollten, sind effektive Fördermaßnahmen in der Praxis auf den Bereich der phonologischen Bewusstheit beschränkt. Obwohl auch die Informationsverarbeitungsgeschwindigkeit und das sprachgebundene Arbeitsgedächtnis in bestimmten Grenzen trainiert werden können, sind die Erfolge im Vergleich zu Fördermaßnahmen im Bereich der phonologischen Bewusstheit eher bescheiden (vgl. Schneider & Küspert, 2003). Während also das sprachgebundene Gedächtnis und die Geschwindigkeit beim Benennen von Objekten im Vorschulalter also offenbar nur schwer trainierbar sind, scheinen die Chancen für die positive Beeinflussbarkeit sprachlicher Bewusstheit insgesamt günstiger zu sein. Studien zur Förderung phonologischer Bewusstheit erbrachten in der Tat beeindruckende Befunde und sollen im Folgenden genauer dargestellt werden.

1.3.2 Zur Förderung phonologischer Bewusstheit im Vorschulalter

Die Trainingsforschung zum Bereich der phonologischen Bewusstheit war von der Frage geleitet, ob sich wohl durch spielerische Übungen im Vorschulalter metasprachliche Kompetenz vermitteln lassen würde. Es wurde vermutet, dass den so trainierten Kindern der Schriftspracherwerb deutlich erleichtert werden würde. Die bedeutende präventive Chance einer solchen Maßnahme wurde darin gesehen, auch so genannte Risikokinder, also Kinder, die im Vorschulalter über ein sehr geringes Ausmaß an phonologischen Fertigkeiten verfügen und somit auf einen problematischen Schriftspracherwerb zusteuern, gut auf das Lesen- und Schreibenlernen vorzubereiten und auf diese Weise den Prozentsatz an späteren Legasthenikern zu vermindern.

Erste überzeugende Befunde im Rahmen dieses Forschungsansatzes erbrachte eine Langzeituntersuchung der Arbeitsgruppe um den schwedischen Forscher Ingvar Lundberg (vgl. Lundberg, Frost, & Petersen, 1988). Diese Studie basierte auf einem spielerisch gestalteten Trainingsprogramm, über das den Kindergartenkindern die formale Struktur der gesprochenen Sprache in einer Vielzahl von Spielen nahe gebracht werden sollte. Es wurden insgesamt 250 dänische Kindergartenkinder gefördert, die sich im letzten Kindergartenjahr – also unmittelbar vor der Einschulung – befanden. Die Sprachspiele wurden von den Erzieherinnen durchgeführt, die vorab umfassend geschult worden waren. Die Trainingszeit erstreckte sich über den Zeitraum von insgesamt acht Monaten; in täglichen Sitzungen wurden die Vorschulkinder in Kleingruppen gefördert.

Zur Bestimmung der Fördereffekte wurden die Ergebnisse der Trainingsgruppe denen einer unbehandelten Kontrollgruppe gegenübergestellt, wobei die Befunde die beachtliche Effizienz dieser Maßnahme belegen konnten: Die Kinder der Trainingsgruppe, die sich vor Förderungsbeginn im Niveau der phonologischen Bewusstheit nicht von der Kontrollgruppe unterschieden hatten, zeigten in diesem Bereich unmittelbar nach Abschluss der Förderung signifikant bessere Leistungen. Es war also gelungen, den Kindern, die noch nicht lesen und schreiben konnten, einen Einblick in die Lautstruktur der gesprochenen Sprache zu vermitteln. Dieser Befund bestätigte sich in einem metalinguistischen Transfertest, mit dem die langfristigen Effekte des Trainings bei Schulbeginn, also etwa vier Monate später, anhand neuer und vergleichsweise schwierigerer Aufgabenmaterialien zur phonologischen Bewusstheit überprüft wurden. Die phonologische Bewusstheit der geförderten Kinder erwies sich als zeitstabil, und es war den Kindern überdies möglich, erworbene Fertigkeiten auf neue Aufgabenkontexte zu transferieren. Von besonderer Relevanz war die Tatsache, dass sich die Vorteile im Bereich der phonologischen Bewusstheit auch beim Erwerb der Schriftsprache niederschlugen. So schnitten die Kinder der Trainingsgruppe bis zum Ende der Grundschulzeit im Lesen und Rechtschreiben kontinuierlich besser ab als die Kinder der Kontrollgruppe.

Diese positiven Befunde regten unsere Arbeitsgruppe an der Universität Würzburg dazu an, die Übertragbarkeit der Ergebnisse auf deutsche Verhältnisse zu prüfen. Zum einen gilt die deutsche Sprache als etwas weniger lautgetreu als das Dänische, zum anderen stellte sich die Frage, ob unsere deutschen Vorschulkinder, die im Durchschnitt um ein Jahr jünger sind als skandinavische Vorschulkinder (die zum Zeitpunkt der Untersuchung erst mit sieben Jahren eingeschult wurden), hinsichtlich der erforderlichen Wahrnehmungsleistungen und der kognitiven Anforderungen von solchen Förderinhalten nicht etwa überfordert würden. So wurde in Anlehnung an das Programm von Lundberg ein entsprechendes Trainingsprogramm für den deutschen Sprachraum (Küspert & Schneider, 2003) entwickelt und in insgesamt drei großen Längsschnittstudien evaluiert.

Diese Studien waren im Aufbau eng an die von Lundberg und Kollegen angelehnt. Eine größere Stichprobe von Vorschulkindern, die sich im letzten Kindergartenjahr befanden, wurde den beiden Versuchsbedingungen (Trainingsgruppe vs. Kontrollgruppe) zugeteilt. Während die Trainingsgruppe die Förderung in phonologischer Bewusstheit erhielt, nahm die Kontrollgruppe am regulären Vorschulprogramm teil, bekam also keine spezifische metasprachliche Förderung. In Anlehnung an die Annahmen der Forschergruppe um Ingvar Lundberg wurden die folgenden Hypothesen überprüft:

(1) Phonologische Bewusstheit im engeren Sinne kann bereits im Kindergarten erfolgreich trainiert werden.
(2) Das Förderprogramm hat langfristige positive Effekte auf die phonologische Bewusstheit (im engeren und weiteren Sinne) und auf die Kompetenzen im Lesen und Rechtschreiben.
(3) Das Training zeigt spezifische Effekte auf die phonologische Bewusstheit. Es hat keinerlei Auswirkungen auf die Gedächtniskapazität, das Arbeitsgedächtnis, frühe Schriftkenntnis oder Intelligenz.

Ein zentrales Ziel der eigenen Untersuchungen bestand also darin, die wesentlichen Befunde der skandinavischen Studie für den deutschen Sprachraum zu replizieren.

Das Würzburger Förderprogramm

Es wurden sechs Übungseinheiten zusammengestellt, die inhaltlich aufeinander aufbauen und das Ziel verfolgen, den Vorschulkindern Einblick in die Lautstruktur der gesprochenen Sprache zu vermitteln. Im Vordergrund steht die akustische Diskrimination bzw. Abstraktion sprachlicher Segmente wie Wörter, Reime, Silben und Phoneme, während das Erlernen des Lesens oder Schreibens ausdrücklich *nicht* den Inhalt des Programms bildet. Im Folgenden werden die Übungsabschnitte kurz dargestellt (vgl. Tab. 1.1).

Das Training beginnt mit *Lauschspielen,* bei denen den Kindern vermittelt wird, dass es bei den Sprachspielen um das genaue Zuhören geht. Das Ziel der Übungen besteht darin, dass die Kinder sich auf die Geräusche in ihrer Umgebung konzentrieren und das genaue Zuhören einüben.

Zeitpunkt der Einführung	Trainingseinheit	Inhalte
1. Woche	I: Lauschspiele, Flüsterspiele	– Geräusche lernen
2. Woche	II: Reimspiele	– Reime nachsprechen
		– Reimwörter erfinden
3. Woche	III: Sätze und Wörter	– Zerlegen von Sätzen in Wörter
		– Verbinden von Wörtern (z.B. Schnee-Mann)
5. Woche	IV: Silben	– Silbenklatschen, -tanzen
		– Zerlegen von Wörtern in Silben (Analyse)
		– Zusammenfügen von Silben zu Wörtern (Synthese)
7. Woche	V: Anlaute	– Identifikation/Manipulation des ersten Lautes im Wort (z.B. R-EIS)
11. Woche	VI: Phoneme	– Zerlegen von Wörtern in Laute (Analyse)
		– Zusammenfügen von Lauten zu Wörtern (Synthese)

Tabelle 1.1 Aufbau des Würzburger Trainingsprogramms

Ebenfalls ab der ersten Trainingswoche üben die Kinder im Umgang mit Reimen, die formale Struktur der gesprochenen Sprache zu beachten. Zu Beginn dieses Übungsabschnitts spricht die Erzieherin Reime vor und lässt die Kinder wiederholen; man spricht im Chor und betont die sich reimenden Enden stark. Im Verlauf dieser Übungseinheit kommen viele bekannte Kinderreime zum Einsatz. Später dürfen die Kinder selber zu vorgegebenen Wörtern Reimwörter bilden.

In der Einheit *„Sätze und Wörter"* wird den Kindern ab der dritten Trainingswoche gezeigt, dass sich (gesprochene) Sätze in kleinere Einheiten (Wörter) zerlegen lassen. So bekommen die Kinder die Aufgabe, in vorgesprochenen Sätzen (anfangs Zwei-Wort-Sätze, später längere Einheiten) jedes einzelne Wort durch Hinlegen eines Bauklötzchens zu markieren. Im weiteren Verlauf der Übungen wird den Kindern gezeigt, wie Wörter kombiniert werden können (z.B. durch die Zusammenstellung der Wörter „Schnee" und „Mann" das neue Wort „Schneemann"). Weitere Aufgaben bestehen darin, Sätze um jeweils ein einziges Wort zu ergänzen und auch schon damit zu beginnen, Wörter hinsichtlich ihrer Länge (Zeit, die man zum Aussprechen braucht) zu vergleichen.

Spiele zum Umgang mit *Silben* bilden die vierte Trainingssequenz und werden ab der fünften Woche durchgeführt. Mit dem Silbieren sind die Kinder zumeist – etwa durch Singen oder rhythmische Übungen im Kindergartenalltag – recht vertraut, und sie vertiefen mit den Übungen ihre Erfahrungen, indem sie vorgegebene Einzelsilben zu Wörtern zusammenfügen (Synthese). Die Kinder klatschen einzelne Silben in Wörtern (E-le-fant), sammeln Wörter mit möglichst vielen bzw. wenigen Silben und lernen, Wörter in ihre Silbenbestandteile zu zerlegen (Analyse).

In der siebten Trainingswoche wird schließlich die kleinste sprachliche Einheit, das *Phonem*, eingeführt. Während die Kinder sich in den vorangehenden Übungseinheiten noch auf größere sprachliche Einheiten oder den Rhythmus der Sprache beziehen konnten, gilt es nun eine Abstraktionsleistung zu vollbringen, da Phoneme „koartikuliert" werden (mehrere Laute werden also annähernd gleichzeitig ausgesprochen) und entsprechend schwer zu isolieren sind. Um den Kindern den Zugang zu Phonemen zu erleichtern, beginnt die fünfte Trainingssequenz mit der *Identifikation des Anlautes* im Wort. Dabei werden zunächst relativ leicht erkennbare Phoneme wie Vokale oder dehnbare Laute behandelt. Bei der Einführung in die Welt der Laute gilt es, den Kindern durch möglichst vielfältige Sinneserfahrungen diesen Schritt zu erleichtern: Laute können zum Beispiel gehört, anhand der Mundstellung von Gesprächspartnern erkannt oder über Resonanzräume unseres Körpers erfühlt werden.

In der sechsten und letzten Trainingseinheit zur *Analyse und Synthese von Phonemen* lernen die Kinder ab der elften Woche, sich auf die Laute innerhalb des Wortes zu konzentrieren. Begonnen wird mit Übungen zur Phonemsynthese (Zusammenziehen einzelner Laute zu einem Wort), da sie den Kindern leichter fällt als die Phonemanalyse (Zerlegen eines Wortes in die Lautbestandteile). Zu Beginn spricht die Erzieherin kurze Wörter in Einzellauten vor (/h//u//t/), lässt die Kinder wiederholen und das Wort benennen. In analoger Weise wird die Analyse eingeführt. Später wird in Spielen der Umgang mit Lauten geübt, zum Beispiel sollen die Kinder aus einem Set von Bildkarten dasjenige heraussuchen, auf dem das längste Wort dargestellt ist, oder es liegen Bildkarten auf dem Tisch, und die Kinder dürfen sich alle Bilder nehmen, auf denen Wörter mit einer bestimmten Lautanzahl dargestellt sind. Die Kinder lernen auch, einzelne Laute innerhalb eines Wortes zu isolieren („Hört genau hin, was kommt bei der /N//a//s//e/ nach dem /a/?").

In den Würzburger Untersuchungen zu den Auswirkungen dieses Förderprogramms wurden die Übungen täglich in 10- bis 15-minütigen Sitzungen über den Zeitraum der letzten 20 Wochen des Kindergartenjahres von den Erzieherinnen mit den Vorschulkindern in Kleingruppen in einem separaten Raum des Kindergartens durchgeführt; im Vordergrund stand hier die Förderung der „schwächeren" Kinder. Ein detaillierter und exakt einzuhaltender Trainingsplan regelte die gesamte Trainingsphase. Das Programm ist mit vielen Bildern, Bewegungs- und Singspielen sehr spielerisch gestaltet und will den Kindern nicht nur Einblick in die Welt der Laute, sondern auch Freude am Umgang mit Sprache vermitteln.

Ergebnisse bisheriger Erprobungen des Trainingsprogramms

Im Zeitraum zwischen 1991 und 2000 wurden drei groß angelegte Trainingsstudien zur Evaluation der Trainingseffekte durchgeführt. Zwischen den einzelnen Untersuchungen kam es zu Modifikationen des Trainingsprogramms, insbesondere zu Kürzungen, um die Übungen möglichst problemlos in den Kindergartenalltag implantierbar zu machen. Für jede Studie wurden etwa 350 Vorschulkinder rekrutiert, von denen jeweils etwa 200 Kinder der Trainingsgruppe und die restlichen 150 Kinder der Kontrollgruppe zugeteilt wurden. In den Studien 1 und 2 setzten sich beide Gruppen aus unausgelesenen Stichproben zusammen. In der dritten Studie wurde der Trainingserfolg für Risikokinder, also für Kinder mit sehr niedrigen Kompetenzen im Bereich der phonologischen Bewusstheit, im Vergleich zur Entwicklung „normaler“ Kontrollgruppenkinder erfasst. Da die Befunde schon an anderer Stelle umfassend dargestellt wurden (vgl. Schneider, 2001, 2003; Schneider u.a., 2000), sollen hier nur die wichtigsten Erkenntnisse erörtert werden.

Aus der ersten Studie ergab sich der wichtige Hinweis, dass die Effizienz der Fördermaßnahme wesentlich von der Qualität der Trainingsdurchführung durch die Erzieherinnen abhängt: Während sich bei inkonsistenter und inkonsequenter Trainingsdurchführung in der Regel nur kurzfristige Coaching-Effekte absichern ließen, ergaben sich bei konsistenter und strikt programmgemäßer Trainingsdurchführung durchgehend längerfristige Trainingseffekte. Um dies von vornherein abzusichern, wurden in der zweiten Studie durch Kürzung des Programms und Intensivierung der Aufklärung der Erzieherinnen verbesserte Bedingungen für eine optimale Trainingsdurchführung geschaffen. Die Fördermaßnahme erbrachte nun insofern durchgängig beachtliche Erfolge, als sich die Trainingsgruppe sowohl im phonologischen Nachtest unmittelbar nach der Durchführung des Trainings als auch mehrere Monate später im metalinguistischen Transfertest als der Kontrollgruppe signifikant überlegen erwies. Die Trainingseffekte waren spezifisch, das heißt, sie betrafen ausschließlich die phonologische Bewusstheit der Kinder und hatten keinerlei Einfluss auf deren Gedächtnis, Intelligenz oder Schriftsprachkenntnisse. Die trainierten Kinder waren in der Folge den nichttrainierten Kindern der Kontrollgruppe im Lesen und Rechtschreiben signifikant überlegen (Küspert, 1998; Schneider, Roth, & Küspert, 1999). Dieser signifikante Vorsprung der Trainingsgruppe ließ sich bis zum Ende des zweiten Schuljahres nachweisen.

In der dritten Studie wurde für die oben definierten „Risikokinder“ geprüft, inwieweit auch diese Gruppe von einer entsprechenden Förderung profitieren kann. Ein weiteres wesentliches Ziel dieser Studie bestand in der Überprüfung der so genannten„phonologischen Verknüpfungshypothese“ (Hatcher, Hulme, & Ellis, 1994) für deutschsprachige Vorschulkinder. Hatcher und Kollegen hatten am Beispiel englischer Erstklässler nachweisen können, dass diejenigen Förderprogramme am effektivsten sind, die neben der phonologischen Bewusstheit auch die Buchstabenkenntnis (Buchstaben-Laut-Zuordnung) trainieren. Das Design der Untersuchung ist in Abbildung 1.1 skizziert.

Aus einem „Pool“ von etwa 700 Vorschulkindern wurden anhand des Bielefelder Screenings (Jansen u.a., 2002) etwa 150 Kinder ermittelt, die in diesem Test weit unterdurchschnittlich abgeschnitten hatten und demnach kaum über schriftsprachrelevante Vorläufermerkmale verfügten. Diese Risikokinder wurden nach Zufall einer von drei Trainingsgruppen zugeteilt: Während die erste Gruppe das schon dargestellte *Training der phonologischen Bewusstheit* erhielt, wurde mit einer zweiten Gruppe ein *„Buchstaben-Laut-Training“* durchgeführt, bei dem die Verknüpfung zwischen Lauten und Buchstaben anhand der zwölf häufigsten Buchstaben des Alphabets in Spielen verdeutlicht und eingeübt wurde (Plume & Schneider, 2004). Die Konzeption des Buchstaben-Laut-Trai-

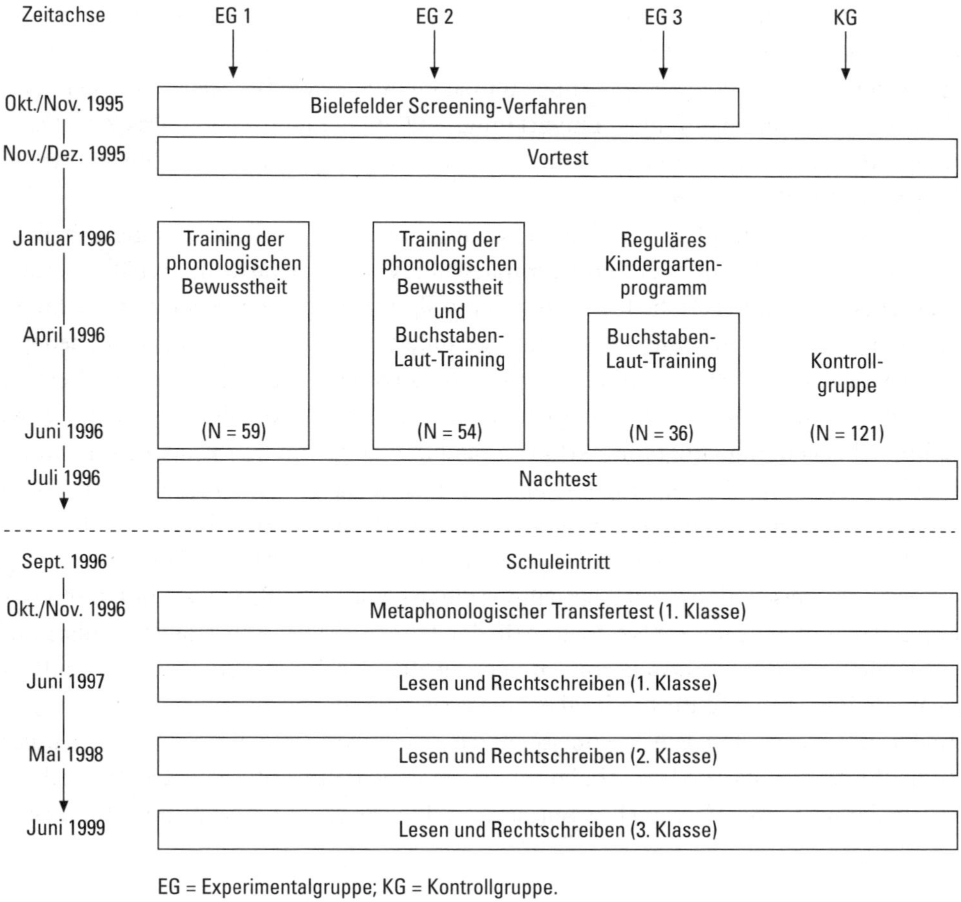

Abbildung 1.1 Ablauf der Untersuchung für die unterschiedlichen Gruppen in der Risikokinder-Studie

nings zielte darauf ab, die akustische Form des Buchstabenlautes mit dessen visueller Repräsentation explizit zu verknüpfen. Eine dritte Gruppe von Risikokindern absolvierte ein *kombiniertes Trainingsprogramm,* bei dem das Training der phonologischen Bewusstheit durch das Buchstaben-Laut-Training ergänzt wurde. Als Kontrollgruppe diente eine Stichprobe unausgelesener Vorschulkinder (aus ethischen Gründen wurde hier keine nur aus Risikokindern bestehende Stichprobe verwendet).

Es wurde dabei unterstellt, dass lediglich vor dem Training Gruppenunterschiede in dem Sinne zu beobachten sein sollten, dass die Kontrollgruppe im Vortest signifikant besser abschneiden sollte als die verschiedenen Risikogruppen. Im Anschluss an das Trainingsprogramm sollte sich das Ergebnismuster insofern ändern, als nun die trainierten Risikokinder (insbesondere diejenigen aus der kombinierten Trainingsvariante) im Bereich der phonologischen Bewusstheit aufgeholt haben und im Nachtest Ergebnisse zeigen sollten, die mit denen der Kontrollgruppenkinder vergleichbar sind. Für den

Fall, dass ein solches Befundmuster beobachtet werden sollte, wurde angenommen, dass die trainierten Risikokinder auch beim Erwerb des Lesens und Rechtschreibens mit den „normalen" Kindern der Kontrollgruppe mithalten und in der überwiegenden Mehrzahl auch einigermaßen unauffällige Entwicklungsverläufe nehmen sollten. Das Ziel dieser Studie wäre also dann erreicht, wenn sich nach Trainingsabschluss möglichst wenig Gruppenunterschiede zeigen würden.

Inwieweit konnten diese Annahmen bestätigt werden? Die Auswertung ergab, dass die Risikokinder der drei Trainingsgruppen im Vortest erwartungsgemäß deutlich schwächer abschnitten als die Kinder der Kontrollgruppe (vgl. Schneider, Roth, & Ennemoser, 2000). Nach Abschluss des Trainings änderte sich dieses Bild jedoch in bedeutsamer Weise: Die größten unmittelbaren und langfristigen Trainingseffekte im Bereich der phonologischen Bewusstheit wurden für diejenigen Risikokinder festgestellt, die das traditionelle Trainingsprogramm erhalten hatten, gefolgt von den Kindern im kombinierten Programm. Das alleinige Training der Buchstaben-Laut-Verknüpfung zeigte hingegen erwartungsgemäß nur geringe Effekte auf die phonologische Bewusstheit. Im Hinblick auf das spätere Lesen und Rechtschreiben erwies sich das kombinierte Training als vergleichsweise effizienteste Maßnahme; die so geförderten Kinder schnitten von Anfang an (also ab Ende der 1. Klassenstufe) in den Lese- und Rechtschreibtests ähnlich gut ab wie die Kinder der Kontrollgruppe und erreichten auch gegen Ende des 2. Schuljahres Werte im Lesen und Rechtschreiben, die denen der unausgelesenen Kontrollgruppe annähernd entsprachen. Die Ergebnisse für das Lesen waren tendenziell etwas günstiger als die für das Rechtschreiben. Abbildung 1.2 zeigt die Befunde für das Rechtschreiben. Es geht daraus hervor, dass die Ergebnisse der beiden anderen Risikogruppen für diesen

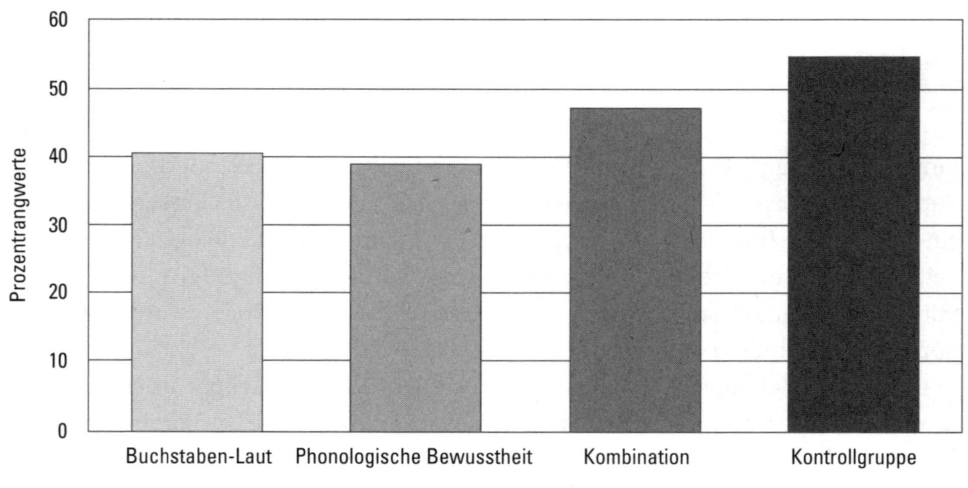

Abbildung 1.2 Vergleich der Rechtschreibleistungen der geförderten Risikogruppen und der „normalen" Kontrollgruppe gegen Ende der 2. Klassenstufe (Daten aus Schneider, Roth, & Ennemoser, 2000)

Bereich tendenziell etwas ungünstiger ausfielen. Dennoch galt auch hier, dass die insgesamt erzielten Mittelwerte noch im Normalbereich für die Altersgruppe lagen, was darauf hindeutet, dass die meisten dieser Kinder tatsächlich unauffällige Leistungsentwicklungen nahmen. Die Förderung im Umgang mit der Lautstruktur der gesprochenen Sprache schaffte also die spezifische Voraussetzung dafür, dass den Risikokindern der schwierige Schritt zum Lesen und Schreiben deutlich erleichtert werden konnte (vgl. Roth, 1999; Schneider, Roth, & Küspert, 1999).

In einer kürzlich publizierten Nachuntersuchung (Roth & Schneider, 2002) wurde geprüft, ob sich die positiven Effekte des Förderprogramms auch noch gegen Ende der 3. Klassenstufe nachweisen lassen. Der Einbezug dieser Klassenstufe erschien insofern wichtig, als ab diesem Zeitpunkt der Leistungsdruck auf die Schüler zunehmen dürfte, da das Problem des Übertritts auf weiterführende Schulen nun bei Eltern und Lehrern stärkere Beachtung findet. Befunde zu den Schriftsprachleistungen gegen Ende der 3. Klasse können von daher im Sinne eines „Härtetests" gewertet werden: Wenn die geförderten Risikokinder auch gegen Ende des 3. Schuljahres noch keinen Leistungseinbruch zeigen, kann mit einiger Sicherheit von einer langfristig positiven Trainingswirkung ausgegangen werden. Als wichtigstes Ergebnis der Nachuntersuchung lässt sich festhalten, dass sich das in den vorangegangenen Schuljahren beobachtete Befundmuster auch ein Jahr später relativ unverändert zeigte. Während im Hinblick auf die Lesegeschwindigkeit und das Leseverständnis keinerlei signifikante Gruppenunterschiede nachweisbar waren, schnitt die Kontrollgruppe im Rechtschreiben signifikant besser ab als die Risikokinder der phonologischen Bewusstheits-Buchstaben-Laut-Trainingsgruppen. Nach wie vor ergab sich jedoch kein reliabler Unterschied zwischen der Kontrollgruppe und der kombinierten Trainingsgruppe.

Zusammenfassend lässt sich sagen, dass auch die Befunde der Untersuchung gegen Ende der 3. Klassenstufe dafür sprechen, dass die gezielte vorschulische Förderung der phonologischen Bewusstheit und der Buchstabenkenntnis einen wirksamen Ansatz zur Vorbeugung von Schwierigkeiten beim Erwerb der Schriftsprache darstellt. Die Ergebnisse bestätigen die phonologische Verknüpfungshypothese insofern, als die kombiniert geförderten Risikokinder insgesamt die günstigste Entwicklung nahmen.

Sind ähnlich positive Befunde zu erwarten, wenn die Förderung später einsetzt, also etwa zu Beginn der Grundschulphase erfolgt? Neuere empirische Arbeiten aus dem deutschsprachigen Raum können dies nicht eindeutig bestätigen. So führten Einsiedler u.a. (2002) eine aufwändige Trainingsstudie in 1. Grundschulklassen durch, um die Effekte eines eigens entwickelten Trainingsprogramms zur phonologischen Bewusstheit (Forster & Martschinke, 2001) genauer zu überprüfen. Die Autoren fanden klare Belege dafür, dass ihr Förderprogramm auch bei Schulanfängern zu positiven Ergebnissen führte, also bei geförderten Kindern im Vergleich zu nichttrainierten Probanden zu signifikant besseren Niveaus phonologischer Bewusstheit führte. Dieser Vorteil hatte jedoch keinen erkennbaren Transfereffekt, was das Lesen und Rechtschreiben anging. Die Arbeitsgruppe um Einsiedler führte diesen Befund im Wesentlichen darauf zurück, dass der systematische schulische Schriftspracherwerb phonologische Bewusstheit in allen Gruppen (also auch der Kontrollgruppe) fördert, was die im Vergleich zu Studien mit Vorschulkindern geringeren Effektstärken erklären könnte. Wenn man weiterhin bedenkt, dass auch in den Studien mit Vorschulkindern die Transfereffekte des Trainings auf den Schriftspracherwerb in der Regel nur etwa halb so groß waren wie die Effekte der Förderung auf die resultierenden Niveaus phonologischer Bewusstheit, so scheint es nicht mehr allzu erstaunlich, dass bei der Förderung im Schulalter geringere Wirkungen verzeichnet werden. Es kann allerdings vermutet werden, dass sich schulische Förderprogramme zur phonologischen Bewusstheit (im engeren Sinne) bei schwachen Lesern bzw. Legasthenikern erfolgreich einsetzen lassen, da diese Gruppe in der Regel auch nach mehreren Jahren Lese-Rechtschreib-Erfahrung noch deutliche Defizite im phonologischen Bereich aufweist. Erste positive Erfahrungen mit solchen Programmen in dieser Bezugsgruppe liegen inzwischen vor (vgl. Stock, Marx, & Schneider, 2003).

1.4 Effekte früher Beeinträchtigungen im Erwerb von Syntax und Grammatik

1.4.1 Relevanz von spezifischen Sprachentwicklungsstörungen im Vorschulalter

Es gilt inzwischen als außerordentlich gut belegt, dass die im Kindergarten erhobenen Indikatoren der phonologischen Informationsverarbeitung schulische Lese- und Rechtschreibkompetenzen gut vorhersagen können (vgl. Marx, 1992a, 1992b; Schneider & Näslund, 1993, 1999; Torgesen, Wagner, & Rashotte, 1994). Weiterhin scheint unbestritten, dass insbesondere die Förderung der phonologischen Bewusstheit im Vorschulalter positive Auswirkungen auf die spätere Entwicklung der Lesekompetenz hat. Die Ergebisse der Würzburger Trainingsstudien zur phonologischen Bewusstheit liegen hier im internationalen Trend und bestätigen den für unterschiedliche Orthographien illustrierten Befund, dass durch die frühzeitige Förderung phonologischer Kompetenzen die Wahrscheinlichkeit späterer Lese-Rechtschreib-Probleme verringert wird (vgl. für umfassende statistische Metaanalysen Bus & van Ijzendoorn, 1999; Ehri u.a., 2001).

Defizite im Bereich der phonologischen Informationsverarbeitung allein können die Entstehung von Lese-Rechtschreib-Problemen jedoch nicht erklären. Zahlreiche Befunde deuten darauf hin, dass auch Kinder mit spezifischen Sprachentwicklungsproblemen ein erhöhtes Risiko für schriftsprachliche Schwierigkeiten aufweisen, wobei wohl in erster Linie das Leseverständnis beeinträchtigt ist. Diese Kinder werden in den konventionellen Screening-Prozeduren (etwa dem Bielefelder Screening) jedoch nicht unbedingt als problematisch klassifiziert. Ihre Sprachprobleme betreffen primär den Bereich von Syntax und Grammatik, der in den üblichen Screenings nicht abgeprüft wird.

Weitgehende Unklarheit herrscht dabei noch über den Verlauf der Sprachentwicklungsstörungen bzw. darüber, ab welchem Alter eine stabile Klassifikation möglich ist. Bei etwa der Hälfte der im Alter von 24 Monaten auffälligen Kinder handelt es sich nach

Grimm (1995, 1999) um so genannte *late bloomers,* die auch ohne Therapie zu einer normalen Sprachentwicklung kommen. Zumindest vor dem dritten Lebensjahr scheint eine Sprachentwicklungsstörung somit nicht zuverlässig diagnostizierbar. Bishop und Adams (1990) untersuchten eine Stichprobe von 69 vierjährigen Kindern mit einer spezifischen Sprachentwicklungsstörung. Nach einem Intervall von anderthalb Jahren zeigten nur etwa 40 Prozent dieser Kinder keine Auffälligkeiten mehr. In einer Untersuchung von Stark u.a. (1984) wurden immerhin 80 Prozent der spezifisch sprachgestörten Vorschulkinder nach einem Zeitraum von drei bis vier Jahren weiterhin als sprachgestört diagnostiziert. Es kann somit davon ausgegangen werden, dass ein hoher Prozentsatz von Kindern mit früh identifizierten spezifischen Sprachentwicklungsstörungen auch noch im Grundschulalter Sprachprobleme zeigt und demnach für den Schriftspracherwerb denkbar schlecht gerüstet sein dürfte. Für den deutschen Sprachraum fehlen hierzu jedoch gesicherte Befunde.

Es ist nur schwer nachvollziehbar, dass die Forschungsstränge zur phonologischen Informationsverarbeitung und zu spezifischen Sprachentwicklungsstörungen bislang ohne erkennbare Verbindungen nebeneinander existieren (vgl. Bishop, 1999). Versuche zur Verknüpfung beider Forschungsstränge stammen von Grimm (1995) und Lundberg (2002). Lundberg konzipierte ein umfangreiches Modell zur Vorhersage der Lesekompetenz, in dem sowohl die phonologische Entwicklung als auch die Entwicklung von Wortschatz und Syntax integriert sind (siehe Abb. 1.3).

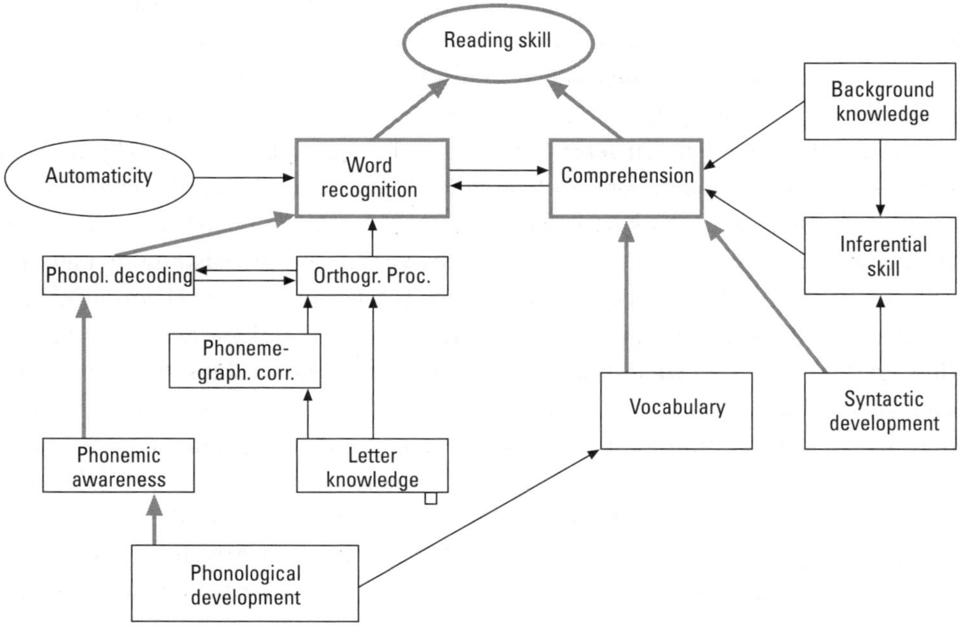

Abbildung 1.3 Die zwei Stränge der Leseentwicklung (nach Lundberg, 2002)

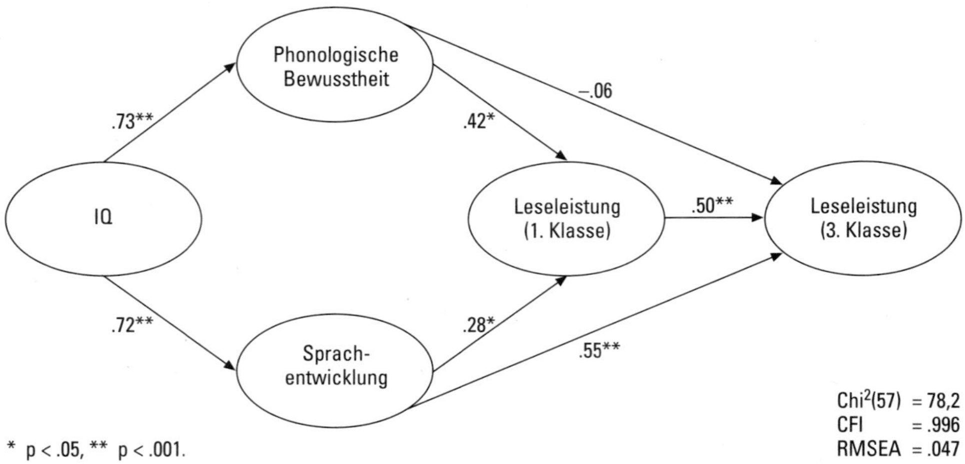

Abbildung 1.4 Strukturgleichungsmodell (AMOS) zur Vorhersage der Leseleistung am Ende der 1. und 3. Jahrgangsstufe (Reanalyse der Daten von Ennemoser, 2003)

Die empirische Überprüfung der Modelle von Grimm (1995) und Lundberg (2002) für den deutschen Sprachraum steht bislang aus. Eine von uns vorgenommene Reanalyse der Längsschnittdaten von Ennemoser (2003) unterstützt jedoch die wesentlichen Annahmen dieser Modelle insofern, als sowohl Aspekte der grammatikalischen/syntaktischen als auch solche der phonologischen Entwicklung für die Prognose der Lesekompetenz im Grundschulalter bedeutsam sind. In der von Ennemoser beschriebenen Untersuchung waren im Vorschulalter neben Indikatoren der Intelligenz und der phonologischen Informationsverarbeitung auch Merkmale der sprachlichen Entwicklung wiederholt erfasst worden, um deren Relevanz für den späteren Schriftspracherwerb zu bestimmen. Das von Ennemoser spezifizierte Strukturgleichungsmodell (siehe Abb. 1.4) war mit den Daten sehr gut kompatibel und konnte 37 Prozent der Varianz der Leseleistung am Ende der 1. Klasse und 76 Prozent der Varianz der Leseleistung am Ende der 3. Klasse aufklären. Für die Vorhersage der frühen Leseleistung war vor allem die im Kindergarten erhobene phonologische Bewusstheit relevant. Die Sprachentwicklung, im Kindergarten durch zwei Subtests des Heidelberger Sprachentwicklungstests erfasst, lieferte einen geringeren, aber dennoch bedeutsamen Beitrag. Individuelle Unterschiede im IQ hatten keinen Einfluss auf die Entwicklung der Leseleistung. Für die spätere Leseleistung zeigte sich neben dem Beitrag der frühen Leseleistung ein starker Einfluss der Sprachentwicklung. Die frühe phonologische Bewusstheit spielte für die spätere Leseentwicklung keine Rolle mehr. Dies bestätigt Befunde früherer Arbeiten, die die prognostische Relevanz der phonologischen Bewusstheit auf die frühe Schulphase begrenzt sahen (z.B. Schneider & Näslund, 1999).

1.4.2 Die Förderung sprachentwicklungsgestörter Kinder

Eine Reihe englischsprachiger Arbeiten mit sprachentwicklungsgestörten Vorschulkindern haben mittlerweile belegen können, dass für diese Kinder ein hohes Risiko dafür besteht, in der Schule Lese- und Rechtschreibprobleme zu entwickeln (vgl. Bishop & Adams, 1990; Silva, McGee, & Williams, 1983; Tallal u.a., 1997; Olofsson & Niedersoe, 1999; Bentin, Deutsch, & Liberman, 1990; Rissman, Curtiss, & Tallal, 1990).

Unklarheit herrscht momentan noch über die Effizienz von Präventionsprogrammen. Kann also etwa ein konventionelles präventives Training der phonologischen Bewusstheit durch den Einbezug weiterer sprachspezifischer Fördermaßnahmen, die beispielsweise Syntax und Morphologie betreffen, noch bedeutsam verbessert werden? Im Gegensatz zur phonologischen Bewusstheit finden sich bislang noch ausgesprochen wenige Studien zur vorschulischen Förderung von morphologischer, syntaktischer oder semantischer Bewusstheit. Sprachheilpädagogen sind eher skeptisch, was den Transfer kurzfristiger Übungserfolge auf Alltagssituationen angeht (vgl. Hansen, 1996).

Die vorliegenden Ergebnisse können dennoch vorsichtig optimistisch stimmen. Eine Studie von Lyster (1997, 2002) lieferte erste Hinweise darauf, dass ein vorschulisches „metamorphologisches" Training einen positiven Einfluss auf den späteren Schriftspracherwerb haben kann. Auch Elbro und Arnbak (1996) verwiesen auf mögliche positive Effekte eines Trainings der morphologischen Bewusstheit auf die Lese- und Rechtschreibleistung, prüften diese Effekte allerdings erst im späteren Schulalter (bei 10- bis 12-jährigen Kindern). In diesen Studien wurde kein zusätzliches phonologisches Training verwendet, sodass offen bleiben muss, ob über ein phonologisches Training ähnliche Effekte erzielt worden wären.

Neuere Ansätze, die sich mit dieser Frage beschäftigten, also überprüften, ob eine Förderung der phonologischen Bewusstheit auch bei sprachentwicklungsgestörten Kindern erfolgreich ist, erbrachten widersprüchliche Befunde (Gillam & van Kleeck, 1996; Gillon, 2000; Hartmann, 2002; Warrick, Rubin, & Rowe-Walsh, 1993) und lassen bislang keine eindeutige Aussage über die Effektivität zu. Hartmann (2002) verglich beispielsweise eine Gruppe von sprachentwicklungsgestörten Kindern (logopädisch diagnostiziert), die im Rahmen einer logopädischen Förderung ein vorschulisches Training der phonologischen Bewusstheit und der Buchstaben-Laut-Zuordnung erhielten, mit einer Kontrollgruppe von 22 sprachentwicklungsgestörten Kindern, die ebenfalls an einer Förderung durch Logopäden teilnahmen, aber kein spezifisch phonologisches Training erhielten. Es wurden lediglich kurzfristige Effekte der phonologischen Förderung festgestellt. Transfereffekte auf das Lesen und Schreiben in der Schule blieben aus. Positivere Befunde wurden von Gillon (2000) berichtet, der Effekte von drei Trainingsvarianten bei fünf bis sieben Jahre alten sprachentwicklungsgestörten Kindern in Neuseeland verglich. Diejenigen Kinder, die an einem Training der phonologischen Bewusstheit teilgenommen hatten, zeigten eine stärkere Verbesserung in der phonologischen Bewusstheit und im Lesen als die Kinder, die eine traditionelle ($n = 23$) oder eine minimale Intervention ($n = 15$) erhalten hatten (für ähnlich positive Befunde vgl. Warrick, Rubin, & Rowe-Walsh, 1993).

Das Würzburger Projekt zur Prävention von Schriftsprachproblemen bei sprachentwicklungsverzögerten Kindern

In einem neueren von der Deutschen Forschungsgemeinschaft geförderten Projekt (Marx, Weber, & Schneider, in Vorb.) wird der Frage nachgegangen, wie die Beziehung zwischen allgemeiner Sprachentwicklung und phonologischer Informationsverarbeitung über die gesamte Kindergartenperiode hinweg verläuft, und welche Förderchancen bei spezifisch sprachentwicklungsverzögerten Kindern bestehen. Zu diesem Zweck wurde eine Kohorte von Vierjährigen rekrutiert, über die sich insbesondere auch Informationen über die Stabilität der Sprachentwicklung ermitteln ließen. Ein weiteres Ziel des Projekts besteht darin, die Effektivität präventiver Maßnahmen im Hinblick auf Kinder mit unterschiedlichen Risikofaktoren genauer zu analysieren. Anhand einer zweiten Kohorte von anfangs Sechsjährigen soll die prognostische Validität von verschiedenen vorschulischen Prädiktoren für den Schriftspracherwerb bestimmt werden. In diesem Zusammenhang interessiert insbesondere die Frage, ob die Vorhersagegenauigkeit bereits vorhandener Instrumente durch die zusätzliche Berücksichtigung der Sprachentwicklung weiter verbessert werden kann. Zusätzlich kann diese Kohorte als Kontrollgruppe für die trainierten Kinder aus der Kohorte der Vierjährigen herangezogen werden, da es hier aus ethischen Gründen keine untrainierten Kontrollgruppen gab.

Kohorte 1 umfasst momentan 160 Kinder, die zu Beginn der Studie im Mittel 4;2 Jahre alt waren und im September 2003 eingeschult wurden. Der Sprachentwicklungsstand dieser Kinder wurde durch den Sprachentwicklungstest für drei- bis fünfjährige Kinder (SETK 3–5; Grimm, 2001) und den Wortschatz-Subtest aus dem Hannover-Wechsler-Intelligenztest für das Vorschulalter (HAWIVA; Schuck & Eggert, 1975) erfasst; außerdem wurden Teile des Bielefelder Screenings zur Messung der phonologischen Bewusstheit und Aufgaben zum Gedächtnis, zum schnellen Benennen sowie zu rhythmischen und melodischen Fähigkeiten eingesetzt. Weiterhin wurde die Buchstabenkenntnis ermittelt.

Im letzten Kindergartenjahr wurde mit allen 160 Kindern sowie einer größeren Gruppe von Kindern aus Sprachheilkindergärten das kombinierte Würzburger Trainingsprogramm durchgeführt, um die Generalisierbarkeit des bislang für das phonologische Training konstatierten Fördererfolgs genauer zu bestimmen. Die trainierten Kinder sollen bis gegen Ende der 1. Klassenstufe im Hinblick auf ihren Schriftspracherwerb untersucht werden. Dabei interessiert insbesondere die Frage, ob sich das vorschulische Training der phonologischen Bewusstheit auch bei Kindern mit spezifischen Sprachentwicklungsstörungen als effektiv erweist. Zum gegenwärtigen Zeitpunkt stehen Ergebnisse noch aus.

Die zweite Kohorte besteht aus 179 Kindern, die sich zu Beginn der Untersuchung in der Endphase des letzten Kindergartenjahres befanden und im Mittel 6;5 Jahre alt waren. In der Stichprobe befinden sich auch 15 Kinder eines Sprachheilkindergartens, die inzwischen eine Sprachheilschule besuchen. Diese Kohorte konnte in der 1. Jahrgangsstufe zweimal untersucht werden.

Kurz vor Schulbeginn wurden sprachliche Kompetenzen der Kinder mit fünf Untertests des Heidelberger Sprachentwicklungstests (HSET; Grimm & Schöler, 1991) und dem Bielefelder Screening zur Früherkennung von Lese-Rechtschreib-Schwierigkeiten (BISC) erfasst. Zusätzlich wurden die phonologische Bewusstheit im engeren Sinne sowie rhythmische Fähigkeiten (durch eigens konstruierte Tests) untersucht. Darüber hinaus wurden Aufgaben zum Kurzzeit- und Arbeitsgedächtnis (Wortspanne und Zahlennachsprechen rückwärts) sowie zum Wortschatz (HAWIVA) durchgeführt und auch die Buchstabenkenntnis erhoben. Im Verlauf des 1. Schuljahres wurde die nonverbale Intelligenz mittels des CFT1 und die phonologische Bewusstheit anhand eines neu entwickelten Gruppentests erfasst. Am Ende des 1. Schuljahres erfolgten dann Tests zur Erfassung der Lese- und Rechtschreibleistungen. Die jeweiligen Klassenlehrer gaben zusätzlich eine Einschätzung der Leistungen im Lesen und Rechtschreiben sowie in Mathematik.

Die bisherigen Ergebnisse zu Kohorte 1 zeigen, dass sich die Sprachentwicklung und teilweise auch die verschiedenen Komponenten der phonologischen Informationsverarbeitung bereits im Alter von vier Jahren zuverlässig erfassen lassen. Die Sprachentwicklung, operationalisiert durch die Subtests „Verstehen von Sätzen", „Morphologische Regelbildung" und „Satzgedächtnis" aus dem SETK 3–5 sowie den Subtest „Wortschatz" aus dem HAWIVA, zeigte sich über einen Zeitraum von etwa einem Jahr sehr stabil ($r = .85$). Eine geringere, aber dennoch substanzielle Stabilität wiesen die phonologische Bewusstheit („Reimen", „Laute-Assoziieren", „Silben-Segmentieren" und „Laut-zu-Wort" aus dem BISC; $r = .53$), das phonologische Arbeitsgedächtnis („Phonologisches Arbeitsgedächtnis für Nichtwörter" aus dem SETK 3–5, „Wortspanne" und „Unsinnsnamen-Lernen"; $r = .51$), das schnelle Benennen von Bildern ($r = .63$), die Rhythmusimitation ($r = .39$) und die „Wort-Vergleich-Suchaufgabe" aus dem BISC ($r = .36$) auf. Im Bereich der Sprachentwicklung erwies sich auch die Klassifikation von Kindern mit Defiziten als recht stabil. Aufgrund der hohen Stabilitätswerte erscheint eine erste Risikobeurteilung hinsichtlich späterer Lese-Rechtschreib-Probleme bereits mehr als zwei Jahre vor der Einschulung durchaus möglich zu sein.

Zu beiden Messzeitpunkten ergaben sich mittelhohe Korrelationen zwischen der Sprachentwicklung und der phonologischen Bewusstheit ($r = .37$ bzw. $r = .51$). Es finden sich demnach sowohl Kinder mit isolierten Defiziten als auch solche, die in beiden Bereichen Defizite aufweisen. Auch in Kohorte 2 zeigten sich ähnlich hohe Zusammenhänge zwischen Sprachentwicklung und phonologischer Bewusstheit, wobei die Korrelation für die phonologische Bewusstheit im engeren Sinne (Aufgaben auf der Lautebene; $r = .51$) etwas höher ausfiel als für die phonologische Bewusstheit im weiteren Sinne (Aufgaben auf der Silbenebene; $r = .36$).

Die Befunde zur Vorhersage von Lese-Rechtschreib-Schwierigkeiten gegen Ende der 1. Klassenstufe machten deutlich, dass in Übereinstimmung mit unserer zentralen Untersuchungshypothese die beste Vorhersage anhand der kombinierten Risikobestimmung, also aufgrund eines Defizits im Bereich der phonologischen Bewusstheit und/oder der Sprachentwicklung erzielt wurde. Ein anderes Bild ergab sich für die zusätzlich einbezogene Gruppe der Kinder aus einem Sprachheilkindergarten. Für diese kleine Stichprobe von nur 15 Kindern erwies sich alleine das Bielefelder Screening als zuverlässiges Instrument zur Bestimmung des Risikos für spätere Lese-Rechtschreib-Schwierigkeiten.

1.5 Zusammenfassende Bestandsaufnahme

Fördermaßnahmen im Bereich der phonologischen Bewusstheit haben sich in den vergangenen zwei Jahrzehnten nicht nur im deutschsprachigen Bereich, sondern auch international als effektiv erwiesen (vgl. die Übersichten bei Bus & van Ijzendoorn, 1999; Schneider & Stengard, 1999). Dies gilt auch dann noch, wenn man methodische Probleme mancher Interventionsstudien in Rechnung stellt (Troia, 1999). Interessanterweise führten die Präventionsprogramme in unterschiedlichen Ländern (und damit unterschiedlichen Orthographien) zu ähnlich positiven Ergebnissen, was viele Forscher von einer einmaligen Erfolgsgeschichte sprechen lässt. Wenn man der Ergebnisvielfalt jedoch einigermaßen gerecht werden will, ist eine differenzierte Betrachtung unabdinglich. Obwohl der Gesamttenor der Befunde so eindeutig scheint, sind nach wie vor gewisse Forschungsdefizite nachweisbar, die Verallgemeinerungsmöglichkeiten entgegenstehen und von daher abschließend noch einmal thematisiert werden sollen.

Gibt es ein optimales Alter für die Präventionsbemühungen? Wie die statistischen Metaanalysen von Bus und van Ijzendoorn (1999) sowie Ehri u.a. (2001) gezeigt haben, ist die Altersbandbreite der in phonologischen Trainingsprogrammen geförderten Kinder durchaus beträchtlich. Beide Autorengruppen kamen aufgrund ihrer differenzierten Analysen zum Schluss, dass insgesamt gesehen Vorschulkinder mehr von den Maßnahmen profitierten als ältere Kinder, die sich in den Anfangsklassen der Grundschule befanden.

Wirkt das Training für unausgelesene Kinder und Risikokinder gleichermaßen? Nach wie vor ist die empirische Basis für eine abschließende Beurteilung dieser Frage relativ schmal. Bus und van Ijzendoorn (1999) stellten etwa heraus, dass sich nur 8 der von ihnen ausgewerteten 32 Studien auf Risikokinder bezogen. Bei Ehri u.a. (2001) wurden 15 Studien mit Risikokindern berücksichtigt. Angesichts gewisser Unterschiede in der Definition des Risikos scheint es bemerkenswert, dass beide Metaanalysen zu relativ übereinstimmenden Ergebnissen führten und positive Effekte der Förderprogramme für die untersuchten Risikogruppen belegten. Diese Analysen bestätigen also die These, dass Fördermaßnahmen im Bereich der phonologischen Bewusstheit und der Buchstaben-Laut-Zuordnung für gefährdete Kinder ebenso effektiv sein können wie für unausgelesene (normale) Kindergartenkinder. Wie von Ehri und Kollegen (2001) herausgestellt, fiel der Effekt bei verzögerten Nachtests noch höher aus als bei unmittelbaren Erfolgsfeststellungen. Ähnlich wie für die „normalen" Kindergartenkinder erreichten die Effektstärken für die Leistungsverbesserung im Bereich der phonologischen Bewusstheit etwa eine Standardabweichung, indizierten also große Fördereffekte. Der Transfer der Trainingsmaßnahmen auf den Schriftspracherwerb fiel demgegenüber bei allen untersuchten Gruppen etwas geringer aus und betrug in der Regel etwa eine halbe Standardabweichung.

Die Erfassung des *langfristigen* Trainingserfolgs scheint in den verfügbaren Förderstudien allerdings immer noch defizitär zu sein. Nur etwa ein Drittel der von Bus und van Ijzendoorn ausgewerteten Studien bezogen langfristige Erfolgskontrollen mit ein, wobei die Nacherhebungen spätestens zweieinhalb Jahre nach Trainingsabschluss eingestellt wurden. Bei den von Schneider und Stengard (1999) in ihrer Übersicht zu europäischen Längsschnittstudien ausgewerteten 144 Lese-Rechtschreib-Studien enthielten von den 44 erfassten Trainingsstudien ebenfalls nur wenige (etwa 5 %) Informationen zu langfristigen Erfolgskontrollen. Eine Ausnahme von dieser Regel stellt die australische Studie von Byrne, Fielding-Barnsley und Ashley (2000) dar, in der Langzeiteffekte eines phonologischen Trainingsprogramms im Kindergarten bis nach Abschluss der 5. Klassenstufe registriert wurden (wo immer noch reliable Trainingseffekte verzeichnet werden konnten).

Wer profitiert und wer hat keinen Trainingsgewinn? Die positiven Ergebnisberichte der zahlreichen Trainingsstudien basieren in der Regel auf Gruppenauswertungen. Auch wenn wir inzwischen wissen, dass geförderte Gruppen im Mittel von solchen Maßnahmen profitieren, haben differenziertere Auswertungen ebenso klar ergeben, dass nicht alle geförderten Kinder gleichermaßen profitieren. Es lassen sich in den meisten Studien auch *treatment resisters* finden, die überhaupt keinen Gewinn aus der Trainingsmaßnahme ziehen (vgl. Blachman, 1997; Poskiparta, Niemi, & Vauras, 1999; Torgesen, 2000). Solche Fälle wurden verstärkt in Studien mit Schulkindern beobachtet, kamen aber auch in Studien mit Vorschulkindern vor. Vielfach wurde dieses Problem in Untersuchungen mit Vorschulkindern erst dann deutlich, wenn man sich genauer anschaute, welche Kinder später zu schwachen Lesern und Rechtschreibern wurden. Wenn auch die verfügbaren Screening-Verfahren (etwa das von Jansen u.a., 2002) sehr gute Prognosewerte aufweisen, was die spätere Entwicklung unbehandelter Risikokinder angeht, so ist es in der Regel damit nicht möglich, alle späteren Problemschüler vorherzusagen. Wir sind hier mit der Schwierigkeit konfrontiert, dass zwar die meisten als Risikokinder identifizierten Probanden ohne Intervention später zu Problemschülern werden, andererseits aber später in der Schule Problemschüler im Bereich des Lesens und Schreibens registriert werden, die im Kindergarten-Screening unauffällig waren. Wie schon oben näher ausgeführt, kann also nicht davon ausgegangen werden, dass Defizite im Bereich der phonologischen Informationsverarbeitung alleine für die Erklärung von Lese-Rechtschreib-Problemen hinreichend sind. Neben den phonologischen Kompetenzen scheinen auch syntaktische und semantische Kompetenzen wesentlich, die etwa bei Kindern mit spezifischen Sprachentwicklungsstörungen defizitär sind (vgl. Grimm, 1999).

Beeinflussen vorschulische Fördermaßnahmen auch die Entwicklung des Leseverständnisses? Unser Wissen über langfristige Effekte präventiver Maßnahmen ist noch unzureichend, gerade was die Bandbreite der Effekte anbelangt. In frühen Untersuchungen zum Thema wurde etwa konstatiert, dass die Wirkung phonologischer Bewusstseins-Trainings auf das Leseverständnis eher gering zu sein scheint (vgl. Bradley & Bryant, 1985). Leseverständnisprobleme sind gerade in den höheren Jahrgangsstufen von Bedeutung, werden jedoch nicht zu den primären Lese-Rechtschreib-Störungen gezählt. Das in den neueren internationalen Schulvergleichsstudien verwendete Lesekompetenzkonzept weist nun aber dem Leseverständnis einen zentralen Status zu (vgl. etwa Bos, Lankes, Prenzel u.a., 2003). Das Ausmaß der Leseverständnisschwierigkeiten bei 15-Jährigen wurde nicht zuletzt durch die Befunde der PISA-Studie eindrucksvoll belegt (vgl. Artelt u.a., 2001). Macht es im Hinblick auf die Förderung des Leseverständnisses überhaupt Sinn, auf phonologische Fördermaßnahmen zu bauen?

In der Metaanalyse von Ehri u.a. (2001) wurde dieser Aspekt genauer überprüft. Bei den insgesamt zehn Studien, die Leseverständnis als abhängige Variable mit einbezogen, fanden sich durchgängig mittlere Effektstärken für dieses Maß. Die Effektstärken für das Leseverständnis fielen generell etwas niedriger aus als die für die Dekodierfähigkeit und die Lesegeschwindigkeit, machten andererseits aber deutlich, dass langfristige Wirkungen phonologischer Förderprogramme unterschiedliche Aspekte der Lesekompetenz, also auch das Leseverständnis betreffen.

Bettina Hurrelmann

2 Sozialisation der Lesekompetenz

Neben den international vergleichsweise niedrigen Leseleistungen deutscher Schülerinnen und Schüler ist der mangelnde Ausgleich soziokultureller Disparitäten durch die Schule die eigentliche Provokation der deutschen PISA-Ergebnisse. In keinem anderen Land ist der systematische Zusammenhang zwischen familiären Lebensverhältnissen und den Leseleistungen der befragten 15-Jährigen so „straff" wie in Deutschland. Es gelingt hierzulande offenbar besonders schlecht, die unterschiedlichen Sozialisationsbedingungen von Kindern aufzufangen, ohne das Leistungsniveau im Lesen insgesamt zu senken (vgl. Baumert & Schümer, 2001, S. 393).

Die Frage nach den Ursachen führt nicht zuletzt in die sozialen Bedingungskontexte des Erwerbs von Lesekompetenz. PISA gibt zu den familiären, den schulischen und den jugendkulturellen Lebens- und Lernbedingungen der befragten Jugendlichen sowie zu den Zusammenhängen zwischen diesen sozialen Voraussetzungen und den Leseleistungen wichtige Informationen. Die PISA-Studie berücksichtigt in Datenerhebung und -auswertung im Rahmen des Möglichen durchaus bereits die zentralen informellen wie formellen Instanzen der Lesesozialisation.

Der Schwerpunkt des Leseteils der Untersuchung liegt jedoch auf der Identifikation der individuellen und nicht der sozialen Bedingungen von Lesekompetenz. Insbesondere interessiert die Bestimmung derjenigen personalen Faktoren, von denen angenommen werden kann, dass sie der direkten fördernden Intervention zugänglich sind. Unter dieser Perspektive weist die statistische Analyse – neben der kognitiven Grundfähigkeit – Lernstrategiewissen, Dekodierfähigkeit, Leseinteresse als bedeutsame Prädiktoren der Leseleistung aus (vgl. Artelt u.a., 2001, S. 127 ff.). Die vorrangige Beachtung individueller Voraussetzungen entspricht der kognitionspsychologischen Orientierung des Lesekompetenzkonstrukts, das der international vergleichenden Leistungsmessung von PISA zu Grunde liegt (vgl. Artelt u.a., 2001, S. 82). Die Frage bleibt dennoch, wie die Unterschiede in den für die Leseleistung wichtigen individuellen Schülervoraussetzungen mit den sozialen Lebens- und Lernbedingungen zusammenhängen und ob nicht durch die Verbesserung der sozialen Voraussetzungen des Kompetenzerwerbs ebenfalls Verbesserungen der Lesekompetenz zu Stande zu bringen sind.

In diesem Sinne versucht der vorliegende Beitrag die Frage zu beantworten, welche schulischen und außerschulischen Faktoren zum Erwerb von Lesekompetenz beitragen bzw. was wir überhaupt über derartige Voraussetzungen und Zusammenhänge wissen. Es handelt sich dabei um eine sozialisationstheoretische Fragestellung, die streng genommen nur unter Beachtung der bidirektionalen Wechselwirkung zwischen individuellen Dispositionen und sozialen Situationen angemessen erörtert werden kann, wobei verschiedene Ebenen gesellschaftlicher Vermittlung in Rechnung zu stellen sind, die ihrerseits in einem systemischen Zusammenhang miteinander stehen.

Angesichts der Komplexität des Gegenstands können bisherige Theorien der Lesesozialisation allenfalls Anspruch auf eine erste Vorstrukturierung des Untersuchungsfeldes erheben (vgl. als Überblick auch Oerter, 1999). Selbst was die empirische Datenlage anbelangt, ist die PISA-Studie der „normalen Wissenschaft“ in diesem Feld teilweise deutlich überlegen. Die folgenden Ausführungen werden daher auf PISA-Ergebnisse und deren Interpretationen immer wieder zurückgreifen, wenn sie versuchen, eine Übersicht über den derzeitigen konzeptuellen und empirischen Erkenntnisstand der Lesesozialisationsforschung zu geben.

Dementsprechend geht es im nächsten Abschnitt zunächst um zentrale Begriffe und Annahmen der Lesesozialisationsforschung, in den weiteren Abschnitten um die Sichtung aktueller, auf die Bundesrepublik Deutschland bzw. den deutschsprachigen Kulturraum bezogener Befunde und ihre Zuordnung zu den verschiedenen Ebenen und sozialen Kontexten von Lesesozialisation, wobei sich die Leitfrage auf die Identifikation förderlicher sozialer Bedingungen richtet.

2.1 Konzeptuelle Voraussetzungen und zentrale Begriffe der Lesesozialisationsforschung

Lesesozialisationsforschung ist keine Disziplin, sondern ein hierzulande noch junger, disziplinenübergreifender Forschungszusammenhang, der von der Untersuchung des Schriftspracherwerbs bis zur Textverarbeitungsforschung, von der Lese- und Literaturdidaktik bis zur Medien- und Kulturpsychologie, von der Medienpädagogik bis zur Schul- und Jugendforschung reicht. Zentrales Anliegen der multi- und interdisziplinären Forschung ist es, Strukturen und Prozesse des Erwerbs von Lesekompetenz durch Heranwachsende in sich historisch verändernden Kontexten von Medienkultur zu erforschen, um letztlich Möglichkeiten der Förderung des Kompetenzerwerbs zu identifizieren (vgl. zur aktuellen Forschung Groeben & Hurrelmann, 2002a, 2002b).

Für die Lesesozialisationsforschung in ihren verschiedenen Facetten ist der gemeinsame Bezug auf zwei allgemeine Rahmenkonzepte essenziell: ein Rahmenkonzept von Sozialisation und ein damit kompatibles Rahmenkonzept von Lesekompetenz. Zu beiden sollen zunächst die nötigsten Informationen gegeben werden, weil sie für die Organisation des folgenden Berichts über bisherige Forschungsergebnisse in der Bundesrepublik unverzichtbar sind.

Zum Sozialisationskonzept: Als Konsens innerhalb der Sozialisationsforschung gilt, dass „Sozialisation" zu fassen sei als der „Prozess der Entstehung der menschlichen Persönlichkeit in wechselseitiger Abhängigkeit von der gesellschaftlich mitgeformten sozialen und dinglichen Umwelt. Im Vordergrund steht dabei die Frage, wie aus dem Gattungswesen Mensch ein gesellschaftlich handlungsfähiges Subjekt wird" (Hurrelmann & Ulich, 1998, S. 8; vgl. auch Hurrelmann, 2001, S. 14; Tillmann, 1997, S. 10). Das Sozialisationskonzept unterscheidet sich grundlegend von allen Theorien, die die menschliche Entwicklung auf die Anlage-Reifungs-Dimension reduzieren oder sie umgekehrt als bloße soziale Prägung verstehen wollen. Im erziehungswissenschaftlichen Kontext sind damit Vorstellungen autonomer Persönlichkeitsbildung ebenso zurückgewiesen wie Annahmen sozialer Anpassung oder Hypostasierungen der Wirkungsmöglichkeiten direkter erzieherischer Intervention. Im Sozialisationskonzept wird Persönlichkeitsentwicklung als ein Prozess gedacht, in dem Vergesellschaftung und Individuation untrennbar ineinander greifen. Es geht nicht nur um das Hinweinwachsen des Menschen in gesellschaftliche Handlungszusammenhänge, Anforderungen und Normen, sondern stets auch um deren subjektive (Re-)Konstruktion, um die aktive Auswahl von Situationen und Veränderung der eigenen Entwicklungs- und Handlungsbedingungen durch das Individuum – bis hin zur bewussten Mitgestaltung sozialer und kultureller Verhältnisse.

In der Sozialisationstheorie ist für den Wechselwirkungsprozess zwischen Gesellschaft und Individuum das Konzept des „Mitgliedschaftsentwurfs" vorgeschlagen worden. Demnach offerieren Gesellschaften der nachwachsenden Generation Mitgliedschaftsentwürfe, in denen die Realitätsdeutungen, Werthaltungen und kulturellen Fertigkeiten enthalten sind, die für die gesellschaftliche und kulturelle Teilhabe als unerlässlich erachtet werden. Zugleich stellen Gesellschaften Institutionen bereit, die mitgliedschaftsrelevante Weltsichten, Haltungen und Kompetenzen vermitteln. „Was aus anthropologischer Sicht als ‚Aufgabe' erscheint, ist mit Blick auf die in der Gesellschaft zur Bewältigung dieser Aufgaben geschaffenen Einrichtungen eine ‚Leistung'." (Hurrelmann & Ulich, 1998, S. 8) Wichtig ist dabei, dass der Erwerbsprozess nicht als bloße Übernahme, sondern als soziale Ko-Konstruktion modelliert wird, als ein Prozess, der prinzipiell Aneignung und Veränderung zugleich bedeutet und auf diese Weise sozialen und kulturellen Wandel unablässig in Gang hält (zum Konzept von Sozialisation als Ko-Konstruktion vgl. Edelstein, 1999; Schreier, 1999; Youniss, 1994; in Bezug auf Lesesozialisation Groeben, 2001).

Zur genaueren Konzeptualisierung der Prozesse zwischen Gesellschaft und Individuum ist jedoch die Berücksichtigung unterschiedlicher gesellschaftlicher Strukturebenen unerlässlich. So ist zumindest die Makroebene der gesamtgesellschaftlichen Kultur mit den sich permanent verändernden faktischen Anforderungen an die „normale" Leistungsfähigkeit der Gesellschaftsmitglieder samt deren historisch-normativer Grundierung zu unterscheiden von der Mesoebene der formellen und informellen Sozialisationsinstanzen, die – wie etwa Familie, Schule, Altersgruppe – die entsprechenden Vorgaben institutionen- bzw. generationenspezifisch interpretieren und die konkreten Handlungskontexte des Kompetenzerwerbs für den Einzelnen ausmachen. Makro-,

Meso- und Individualebene sind wechselseitig aufeinander bezogen. Familien-, Schul- und Altersgruppenkulturen stellen eben nicht nur Vermittlungsagenturen von Mitgliedschaftskompetenzen an das Individuum dar, sondern interpretieren ihrerseits gesamtgesellschaftliche Ausgangslagen und wirken auf diese auch verändernd zurück. Außerdem stehen sie untereinander in wechselseitigem Zusammenhang. Gerade im Medienbereich mit seiner starken jugendkulturellen Orientierung ist die Beachtung der Mehrebenen- und systemischen Bezüge von Sozialisation besonders wichtig.

Zum Konzept von Lesekompetenz: PISA folgt in Testkonstruktion und Messung von Leseleistungen einem Begriff von Lesekompetenz, der an kognitionspsychologischen Modellen von Textverarbeitung orientiert ist. Das Modell hat den Vorteil der klaren dimensionalen Unterscheidung von Fähigkeitskomponenten (Informationen ermitteln, textbezogenes Interpretieren, Reflektieren und Bewerten), die sich in der empirischen Überprüfung als bedeutsam bewährt haben (vgl. Artelt u.a., 2001 S. 83; vgl. auch das Modell von IGLU in Bos, Lankes, Prenzel u.a., 2003). Es hat den Nachteil, motivationale, emotionale und interaktionsbezogene Komponenten der Lesekompetenz allenfalls als Hintergrundbedingungen zu berücksichtigen (z.B. Leseinteresse), obwohl sie im Rahmen kultureller Praxis wichtige Teildimensionen kompetenten Leseverhaltens sind, das nicht in der Befähigung zum kognitiven Textverständnis aufgeht. Gerade im Zusammenhang mit Leseentwicklungsprozessen dürften die genannten Kompetenzdimensionen eine zentrale Rolle spielen. Sie verdienen unter Sozialisationsperspektive besondere Beachtung.

Im Schwerpunktprogramm der Deutschen Forschungsgemeinschaft, „Lesesozialisation in der Mediengesellschaft“, ist etwa zeitgleich zur Durchführung der PISA-Erhebung eine alternative Konzeptualisierung von „Lesekompetenz“ erarbeitet worden, die die motivational-emotionalen und kommunikativen Dimensionen kompetenten Lesens mit berücksichtigt. Hier werden das Motiviert-Sein zum Lesen, die Fähigkeit zur emotionalen Beteiligung bei der Lektüre, die Fähigkeit zu Anschlusskommunikationen über das Gelesene als Teilkomponenten der Lesekompetenz in Anschlag gebracht (vgl. Groeben & Hurrelmann, 2002a; Hurrelmann, 2002a). Das Modell hat den Nachteil, dass eine empirische Überprüfung der theoretisch angesetzten dimensionalen Struktur noch aussteht. Es dürfte aber für die Beschreibung lesesozialisatorischer Prozesse reichhaltigere Anknüpfungsmöglichkeiten bieten als das engere, kognitionsorientierte Kompetenzkonstrukt von PISA (vgl. zur Bedeutung von Lesemotivation und Interesse auch Schiefele, 1996a).

Beide Ansätze stimmen aber darin überein, dass sie den Begriff der Lesekompetenz auf alle Rezeptionen in der gesamten Bandbreite von Informations- und Sachtexten bis hin zu den ästhetisch-fiktionalen Texten beziehen. Dabei räumt PISA den Informations- und Sachtexten eine Vorrangstellung ein, um die Leseanforderungen abzubilden, die sich den Gesellschaftsmitgliedern im kommunikativen Alltag stellen. Im Lesesozialisationsprozess sind es jedoch in unserer Kultur (nicht nur in der Schule!) vor allem literarische Texte, denen die größte Bedeutung beim Aufbau von Lesemotivation und eine zentrale Funktion im Prozess der Persönlichkeitsbildung beigemessen wird (zur potenziellen Ersetzbarkeit fiktionaler Literatur durch andere Medienangebote vgl. Rupp & Schreier, 2002). Dies ist für PISA zweitrangig. Entsprechend gibt es Unterschiede auch in den normativen Implikationen der je zu Grunde gelegten Kompetenzbegriffe. Zwar stimmen PISA und die neuere Lesesozialisationsforschung darin überein, dass sie Lesekompetenz als notwendige Voraussetzung sozialer Handlungsfähigkeit in der modernen Gesellschaft begreifen. PISA allerdings bestimmt Lesen pragmatisch als „Kulturwerkzeug", als *conditio sine qua non* für eine befriedigende Lebensführung sowie beruflichen und wirtschaftlichen Erfolg (Baumert, Stanat, & Demmrich, 2001, S. 16). Demgegenüber exponiert die Lesesozialisationsforschung mit dem „gesellschaftlich handlungsfähigen Subjekt" eine normative Leitidee, die über instrumentelle und soziale Handlungsfähigkeiten hinaus der personalen Bildung qua sprachlich-ästhetischer Erfahrung eine zentrale Rolle zuweist (vgl. Hurrelmann, 2002c). Angesichts der vor allem im deutschsprachigen Kulturraum speziell mit dem literarischen Lesen verbundenen Wertungstradition kommt dem scheinbar geringfügigen Unterschied im normativen Gehalt des Lesekompetenzbegriffs gerade im Hinblick auf die Lesesozialisation eine nicht zu vernachlässigende Bedeutung zu. In dieser Hinsicht repräsentieren die international vergleichende Leistungsmessung im Lesen und die Lesesozialisationsforschung auch unterschiedliche wissenschaftliche Interessen.

2.2 Gesamtgesellschaftliche Rahmenbedingungen des Erwerbs von Lesekompetenz

Eine sozialisationstheoretische Betrachtung des Erwerbs von Lesekompetenz muss auf der gesellschaftlichen Makroebene ansetzen. PISA konstatiert unter diesem Aspekt, dass die „Beherrschung der Muttersprache in Wort und Schrift (...) in allen modernen Informations- und Kommunikationsgesellschaften zum Kernbestand kultureller Literalität" gehöre. Der Lesefähigkeit komme der Charakter einer universellen „Schlüsselqualifikation" bzw. eines „Kulturwerkzeugs" zu, als „Voraussetzung einer verständigen und verantwortungsvollen Teilnahme am gesellschaftlichen Leben" (Baumert, Stanat, & Demmrich, 2001, S. 20 f.).

Diese gesellschaftlich-kulturelle Diagnose ist vor dem Hintergrund der medientheoretischen Debatten, die in den letzten Jahrzehnten des 20. Jahrhunderts geführt wurden, nicht selbstverständlich. Zu erinnern ist an die Fülle der Gutenberg-Elegien bzw. auch der medienphilosophisch ambitionierten Entwürfe, die schriftliche Kommunikation in der modernen Medienwelt für überlebt erklärten. Mittlerweile ist unbestritten, dass gerade die neuen Medien Lesefähigkeit zu ihrem effektiven Gebrauch voraussetzen und dass auch unter der Bedingung eines vielfältigen gesellschaftlichen Medienangebots das Lesen für das Lernen unerlässlich bleibt. Nach einer Phase der Diversifizierung der Medienprodukte scheint die Mediengesellschaft sogar durch eine Konvergenz zuvor separater Medienangebote charakterisiert zu sein, innerhalb derer das Lesen aufs Neue unverzichtbar ist.

Was wissen wir über den derzeitigen Stand der gesellschaftlichen Lesekultur? Die Frage wird in Untersuchungen hierzulande noch immer primär auf das Bücherlesen bezogen. Der Zustand der Buchkultur ist traditioneller Fokus kulturkritischer und ökonomisch motivierter Befürchtungen (vgl. zur Diskussion z.B. Stiftung Lesen, 1998), daher beziehen sich repräsentative Erhebungen nach wie vor primär auf die Buchlektüre (vgl. die neueste Erhebung Stiftung Lesen & SPIEGEL-Verlag, 2001). Zwar lassen sich am Beispiel des Lesens von Büchern als „umfänglichen, durchstrukturierten Aussagekomplexen" (Saxer, 1993, S. 344) prototypische Rezeptionsanforderungen und -standards erkennen, gleichwohl ist davon auszugehen, dass in einer Mediengesellschaft zunehmend auch Nichtleser von Büchern durchaus als Leser einzustufen sind. Darauf hat sich die dominante Umfrageforschung hierzulande noch kaum eingestellt. Immerhin sind zur Buchlektüre mittlerweile Zeitvergleiche möglich, die allerdings durch den Blick auf Nutzungsrelationen in einem breiteren Medienensemble ergänzt werden müssen.

Vorab ist zu sagen, dass selbst der Börsenverein des Deutschen Buchhandels im Rückblick auf 50 Jahre Titelproduktion der Bundesrepublik Deutschland (1951–2001) zu dem Resümee kommt, dass die Statistik für „kulturpessimistische Klagen über schwindende Leselust (...) nicht wirklich Argumente" liefert (Börsenverein, 2002, S. 13). Freilich weisen Buchproduktion und Umsatz nur indirekt auf den tatsächlichen Stellenwert des Lesens im Medienkontext hin. Informativer unter dieser Perspektive sind die Ergebnisse einer Langzeitstudie zur Mediennutzung und -bewertung der ARD/ZDF-Medienkommission (Berg & Ridder, 2002): Danach hat sich 1980 bis 2000 das Zeitbudget der erwachsenen Bundesbürger (deutsch sprechende Bevölkerung ab 14 Jahren, Telefonerhebung) für den Mediengebrauch von etwa sechs Stunden auf fast achteinhalb Stunden täglich erhöht. Das Ergebnis weist auf die Verflechtung der Mediennutzung mit Alltagsabläufen hin. An der Steigerung haben die tagesaktuellen Medien den Hauptanteil, insbesondere der Hörfunk ist zum allgegenwärtigen Tagesbegleiter geworden. Von der gesamten Mediennutzungszeit nehmen das Radio 41 %, das Fernsehen 37 %, CD, Schallplatte und Hörkassette 7 %, die Tageszeitung 6 %, das Buch 4 %, das Internet mittlerweile 3 %, Zeitschriften 2 % und Videokassetten 1 % ein. Für Zeitungslektüre und Bücher wird seit 1980 ein leichter Rückgang verzeichnet. Printmedien beanspruchen aber immer noch insgesamt 12 Prozent der Mediennutzungszeit, das sind im Durchschnitt täglich 58 Minuten, davon gehen auf die Buchlektüre 18 Minuten pro Tag (vgl. Fritz & Klingler, 2003, S. 15 ff.).

Bezogen auf die Buchlektüre sieht die zeitvergleichende aktuelle Diagnose der Stiftung Lesen (1992–2000; vgl. Stiftung Lesen & SPIEGEL-Verlag, 2001) folgendermaßen aus: Im Gegensatz zu früheren Untergangsszenarien wird betont, dass von einem Abwärtstrend der Buchleseaktivitäten nicht die Rede sein könne, obwohl bei den Jüngeren (14–30 Jahre) ein Rückgang der Lesehäufigkeit zu verzeichnen sei. Nach dem „Index für Buchlesen" (Indikatoren: Buchlesefrequenz, Zeitbudget für die Buchlektüre, Zahl der gelesenen Bücher, Buchbesitz) habe die Leseintensität insgesamt in der erwachsenen Bevölkerung aber zugenommen – und dies in einem Zeitraum, in dem der Besitz an elektronischen und Computermedien in den Haushalten noch einmal deutlich anstieg (vgl. Franzmann, 2001a, 2001b, 2002a, 2002b). Zu einem vergleichbar positiven Ergebnis kommt die Bertelsmann-Stiftung mit ihrem „Lesebarometer" (vgl. Langen & Bentlage, 2000).

Auf die Frage, was sich an den Buchlesegewohnheiten der Bevölkerung geändert habe, weist die Stiftung Lesen erstens auf die Zunahme der Sach- und Fachbuchlektüre hin. Sie steht im Zusammenhang mit den wachsenden gesellschaftlichen Ansprüchen an Aus- und Weiterbildung sowie an sachbezogener Informiertheit überhaupt. Die Zuwendung zu fiktionaler Lektüre hingegen ist nach diesen Daten seit 1992 unverändert geblieben (vgl. Franzmann, 2001b, S. 15, 2002a, S. 59).

Neben dem Trend zur Sachliteratur wird zweitens eine Veränderung der Lesestile, insbesondere bei jüngeren Lesern, ausgemacht: Die Rede ist vom „Lese-Zapping", von der überfliegenden, „oft nur partiellen, oberflächlichen Rezeption der Inhalte", die mit den Fernsehgewohnheiten der Jüngeren in Zusammenhang gebracht wird. Daneben sei etwa doppelt so häufig wie noch 1992 ein „souveräner Lesestil" anzutreffen, der sich dadurch auszeichne, dass mehrere Bücher zu gleicher Zeit gelesen würden. Auch dieser Lesestil wird auf den Druck des insgesamt gewachsenen Medienangebots zurückgeführt, allerdings positiv bewertet (Franzmann, 2002a, S. 62 f.).

Schließlich wird drittens die Tatsache hervorgehoben, dass insbesondere Vielleser Querbeziehungen und Synergieeffekte zwischen verschiedenen Medien nutzen. So nennen literaturinteressierte Befragte (ein Drittel der Bevölkerung) im Jahr 2000 als Informationsquellen für ihre Buchauswahl an erster Stelle das Fernsehen, gefolgt von Zeitungen, Zeitschriften, persönlichem Gespräch, was auf die Popularität bestimmter Literatursendungen, Talkshows usw. zurückgeführt wird, in denen Prominente ihre Bücher vorstellen (vgl. Franzmann, 2001a, S. 361 f.). Es entspricht aber auch früheren Befunden, dass Vielleser häufiger als andere zum Beispiel im Fernsehen Kultur- und Literatursendungen rezipieren und sich davon wiederum zur Lektüre anregen lassen (vgl. Frank, Maletzke, & Müller-Sachse, 1991).

Insgesamt wird konstatiert, dass sich bei gestiegenen Buchleseaktivitäten in der Bevölkerung „die Schere zwischen den ‚Informationsreichen', die viel lesen, und den nicht oder kaum lesenden ‚Informationsarmen'" weiter geöffnet habe (Franzmann, 2001b, S. 30; siehe auch Franzmann, 2002a, S. 73, 2002b, S. 38) und das Bücherlesen selbst nach wie vor stark bildungsabhängig sei (Franzmann, 2001a, S. 358). Damit sind zwei sozialisationstheoretisch relevante Aspekte angesprochen. Wenn es sich wirklich so verhält, dass die wenig oder nicht bücherlesenden Bevölkerungsgruppen im Vergleich zu den lesenden auch die neu zur Verfügung stehenden Medien weniger produktiv für sich nutzen, hätten wir es in der Tat mit einer gesellschaftlichen Entwicklung zu tun, wie sie die so genannte *knowledge gap*-Hypothese der Medienforschung beschreibt: Danach können die ohnehin gut Informierten von zusätzlicher Medieninformation am meisten profitieren, sodass sich die bestehenden Wissensklüfte nicht einebnen, sondern verstärken (vgl. Bonfadelli, 1994). Dafür gibt es Evidenzen in den jüngsten Befragungsergebnissen der Stiftung Lesen: „Vielleser sind (...) Vielmediennutzer, die ihre vielseitigen Themeninteressen durch verschiedene Medien befriedigen können. Kaumleser lesen nicht nur keine Bücher, sie nutzen auch den Rest des Medienspektrums weniger intensiv." (Tullius & Hippler, 2002, S. 80) Die Lesestudie wertet dies – in Übereinstimmung mit früheren Ergebnissen, die bei Lesern eine aktivere Interessenstruktur ausmachten (vgl. Christmann & Groeben, 1999, S. 205; Groeben & Vorderer, 1988, S. 45), – als Hinweis auf eine „Segmentierung der Gesellschaft in Medienaktive und Medienpassive, die sich durch unterschiedliche Fähigkeiten im Umgang mit dem großen Informationsangebot kennzeichnen lassen" (Tullius & Hippler, 2002, S. 80).

Mit diesem Befund verbindet sich als zweiter Aspekt das Problem der schicht- bzw. bildungsspezifisch unterschiedlichen Chancen zur produktiven Teilnahme an der Medienkultur. Für das Bücherlesen ist der starke Zusammenhang mit Schicht bzw. Bildung in den zurückliegenden Jahren immer wieder nachgewiesen worden (vgl. z.B. Bonfadelli, 1994, S. 271 ff.; siehe auch Tullius & Hippler, 2002, S. 78), ebenso wie für das Fernsehen die bekannte inverse Beziehung. Seit einiger Zeit wird auch für die private und berufliche Nutzung von PC und Internet der Bildungseinfluss immer wieder bestätigt (vgl. z.B. Franzmann, 2001b, S. 26, 2002a, S. 69).

In den letzten Jahrzehnten des 20. Jahrhunderts haben in Deutschland neue Gesellschaftstheorien großen Anklang gefunden, die eine Entkoppelung zwischen Schicht bzw. Bildung und kulturellem Verhalten konstatierten. So stellt Ulrich Beck in *Risikogesellschaft* fest, seit Ende der Nachkriegszeit sei in der Bundesrepublik „ein Prozeß der Individualisierung und Diversifizierung von Lebenslagen und Lebensstilen in Gang" gekommen, „der das Hierarchiemodell sozialer Klassen und Schichten" unterlaufe „und in seinem Wirklichkeitsgehalt in Frage" stelle (Beck, 1986, S. 122). Grund sei der „Fahrstuhl-Effekt" des bundesrepublikanischen Wohlfahrtsstaates, der zu einem „kollektiven Mehr" an „Einkommen, Bildung, Mobilität, Recht, Wissenschaft, Massenkonsum" geführt und subkulturelle Klassenidentitäten und -bindungen aufgelöst habe. Nicht das Verschwinden von Ungleichheitsverhältnissen wird behauptet, aber der Abbau ihrer kulturellen Bedeutung: Schicht- bzw. klassenspezifische Sozialmilieus geteilter lebensweltlicher Normen, Wertorientierungen und Lebensstile würden zunehmend ausgedünnt, milieuspezifische Kollektiverfahrungen verschwänden im Zuge der Modernisierung der Gesellschaft. Gerhard Schulze geht, daran anknüpfend, in seinem Buch *Die Erlebnisgesellschaft – Kultursoziologie der Gegenwart* sogar davon aus, dass im weiten Möglichkeitsraum der Konsumangebote mittlerweile jedem die Wahl seines Lebensstils und seiner kulturellen Orientierung freigestellt sei. „Erlebe dein Leben!" laute der kategorische Imperativ der Zeit (Schulze, 1993, S. 59).

Gesellschafts- und kulturwissenschaftliche Globaldiagnosen dieser Art, die in markantem Kontrast zur *knowledge gap*-Hypothese stehen, sind durch die empirische Medienforschung nicht gedeckt. Auch PISA hat mit dem Nachweis der Schichtabhängigkeit der Leseleistung der befragten 15-Jährigen – 13 Prozent der Variabilität werden durch Sozialschichtzugehörigkeit erklärt (vgl. Baumert & Schümer, 2001, S. 362) – darauf aufmerksam gemacht, dass soziostrukturell bedingte Milieuunterschiede trotz der mittlerweile verstärkten bildungsmäßigen Durchmischung der Sozialschichten nach wie vor eine wirksame Quelle kultureller Ungleichheit sind (entsprechende Ergebnisse bereits in der IEA-Lesestudie vgl. Lehmann u.a., 1995). Freilich erfasst PISA mit der Analyse des Zusammenhangs zwischen Sozialschicht und gemessener Lesekompetenz zugleich die Einflüsse unterschiedlicher schulischer Lernmilieus, wobei in Rechnung zu stellen ist, dass in der Wahl der Schulform nach der Grundschule nicht nur Unterschiede in den bis dahin erworbenen Kompetenzen eine Rolle spielen, die von der sozialen Herkunft nicht unabhängig sind (primäre Ungleichheiten), sondern schichtspezifische Unterschiede bei der Entscheidung über schulische Bildungswege (sekundäre Ungleichheiten) die Chancenungleichheit verschärfen. Aufgrund der querschnittlichen Anlage der Untersuchung kann PISA die Genese des Zusammenhangs zwischen sozialer Herkunft und erworbenen Kompetenzen nicht wirklich rekonstruieren (vgl. Baumert & Schümer, S. 334). Umso wichtiger ist die Frage, was die Lesesozialisationsforschung über die Faktoren weiß, die die familiäre Lesesozialisation der Heranwachsenden bestimmen.

2.3 Familiäre Faktoren von Lesesozialisation

Lesesozialisation ist ein langjähriger Prozess, an dem Kindergarten, Schule, Altersgruppe und die Medien selbst beteiligt sind. Die größte Bedeutung unter den Sozialisationsinstanzen kommt nach einhelliger Forschungsansicht aber der Familie zu. Familien nehmen teil an der gesamtgesellschaftlichen Kultur, ko-konstruieren jedoch von ihren kulturellen Ressourcen und auf die Kinder gerichteten Bildungsaspirationen her spezifische Sozialisationskontexte für den Kompetenzerwerb im Lesen.

Die Lesesozialisation beginnt lange vor der Alphabetisierung, die in unserer Kultur (seit Mitte des 19. Jahrhunderts) Aufgabe der Schule ist. Die Familie ist aber nicht nur die früheste, sondern auch die wirksamste Instanz der Lesesozialisation – vermutlich weil ihre kulturellen Einflüsse permanent, unbeabsichtigt und unspezialisiert sind. Die Lesesozialisation ist bereits mit der kindlichen Sprachentwicklung verknüpft. Eine stimulierende sprachliche Umgebung befördert das Lesen. Günstige Bedingungen sind nicht nur dadurch gekennzeichnet, dass das Kind zum Sprechen angeregt wird und positive Reaktionen auf seine Äußerungen erhält, sondern auch dadurch, dass Sprache in elaborierter Form und in situationsabstraktem Gebrauch vorkommt. Für eine erfolgreiche Lesesozialisation scheint vor allem dieser Aspekt der Spracherfahrungen der Kinder wichtig zu sein.

Das machen jedenfalls Ergebnisse der neueren Schriftlichkeitsforschung plausibel, die sich auf die Strukturdifferenz zwischen mündlicher und schriftlicher Sprache beziehen (vgl. Ehlich, 1994; Günther, 1993, 1997; Koch & Oesterreicher, 1994). Wie hier gezeigt wurde, verbinden sich mit dem medialen Unterschied zwischen Mündlichkeit und Schriftlichkeit im Allgemeinen konzeptionelle Unterschiede in der Organisation der Äußerungen: Der Flüchtigkeit, Kontinuität, Dialogizität und Situationsgebundenheit mündlicher Sprache stehen auf der Seite der schriftlichen Fixiertheit, Segmentierung, Monologizität und Situationsentbundenheit gegenüber. Die unterschiedlichen Kommunikationsmodi bedingen differente Strategien der Sprachplanung und der Verständnissicherung. Daher findet man in schriftlicher Sprache in der Regel größere Elaboriertheit, höhere textuelle Kohäsion, Kompaktheit und Abstraktheit der semantischen Information, mehr stilistisch-ästhetische Durchformung und Orientierung an den Normen von Textsorten. Diese mit der Entwicklung von Schriftlichkeit auch historisch verbundenen Strukturdifferenzen machen jenseits der Dekodierung der Schriftzeichen die zentralen gegenstandsspezifischen Anforderungen und Schwierigkeiten aus, die das Lesen vom mündlichen Sprachverstehen unterscheiden. Die Erkenntnis, dass die Begegnung mit elaborierter mündlicher Sprache auf dem Niveau „konzeptioneller Schriftlichkeit" eine wichtige förderliche Bedingung für den Schriftspracherwerb darstellt, verweist auf den Problemkreis schichtspezifischer sprachlicher Sozialisation, einen Theoriehorizont der Soziolinguistik, der fast vergessen, aber noch längst nicht erledigt ist. In einer anregenden sprachlichen Umgebung wird nicht nur der Spracherwerb der Kinder gefördert, sondern auch durch metasprachliche Kommentare der Erwachsenen begleitet. Damit wird Kindern ein erster Zugang zur Reflexion ihrer eigenen, zunächst nur mündlich beherrschten Sprache eröffnet und die Ausbildung von Sprachbewusstheit angebahnt, die später für das Lesenlernen unerlässlich ist.

Die Bedeutung der frühen Entwicklung metasprachlicher Fähigkeiten, insbesondere der phonologischen Bewusstheit, für den Erwerb von Lesekompetenz ist empirisch gesichert (vgl. Schneider & Näslund, 1999; zusammenfassend Scheerer-Neumann, 2003). Kinder entwickeln Sprachbewusstheit in der Kommunikation über Sprache, aber auch im spielerischen Umgang mit Versen, Liedern, Sprachspielen usw. als Elementen der traditionellen Kinderkultur. Deren Gebrauch gehört wie das Geschichtenerzählen, Bilderbuchbetrachten und Vorlesen in den Bereich der so genannten prä- und paraliterarischen Kommunikationsformen, in denen Kinder situationsdistanzierter, textförmiger Sprache in Interaktion mit „kompetenteren anderen" schon vor dem eigenen Lesen begegnen (vgl. Hurrelmann, Hammer, & Nieß, 1993).

Speziell die Frage nach der Häufigkeit des Vorlesens gilt hierzulande als eine Schlüsselfrage zur Bestimmung der Qualität der familialen Lesesozialisation (vgl. z.B. Bonfadelli & Fritz, 1993, S. 107; Fritz, 1991, S. 44; Köcher, 1988, S. 2288; Saxer, Langenbucher, & Fritz, 1989, S. 149). Entsprechend ist Vorlesen zur lesepädagogisch griffigen Standardforderung an Eltern geworden. Das Problem, das sich hinter derartigen Forschungsanwendungen verbirgt, ist erstens ein Problem der Zuverlässigkeit der Daten und zweitens ein Problem der Erfassung der Qualität der Vorleseinteraktion. Die Zuverlässigkeit der Vorlesedaten ist schon deshalb zweifelhaft, weil es im deutschsprachigen Raum bislang keine entwicklungsbegleitende Längsschnittuntersuchung zur frühen Lesesozialisation gibt, Vorlesehäufigkeiten vielmehr in der Regel durch die retrospektive Befragung Erwachsener oder Jugendlicher ermittelt wurden, an deren aktueller Buchlesehäufigkeit sodann die Wirkungen des Vorlesens sowie anderer erinnerter Lesesozialisationsbedingungen bestimmt wurden (vgl. dagegen zur längsschnittlichen Untersuchung der Beziehung zwischen Fernsehen und der Entwicklung von Sprach- und Lesekompetenzen im Familienkontext das Projekt von Schneider, Ennemoser, & Reinsch, 1999). Zeitnahe qualitative Untersuchungen des Vorlesens, sei es im Gespräch mit

Eltern von Grundschulkindern (vgl. Hurrelmann, 1992; Hurrelmann, Hammer, & Nieß, 1993, S. 244 ff.) oder durch teilnehmende Beobachtung der Vorleseinteraktion mit Vorschulkindern lassen dagegen die Vorlesekompetenz der Eltern und entsprechend den Förderungsgehalt für das Kind als oft sehr zweifelhaft erscheinen. So, wenn zum Beispiel die Texte von den Erwachsenen nur mühsam heruntergelesen werden, bewusst verhindert wird, dass das Kind die Illustrationen im Buch sehen kann, oder Kinder durch ausgesucht langweilige Texte abends zur Ruhe gebracht werden sollen. Insgesamt fällt es vielen Eltern schwer, die jeweils passenden Bücher zu finden, das Vorlesen nicht nur als Pflichtübung zu absolvieren, sondern sich auf die Kommunikationsbedürfnisse ihrer Kinder flexibel einzustellen, die Geschichten mit deren Vorwissen zu vermitteln, Fragen, Kommentare und Reflexionen der Kinder aufzunehmen bzw. anzuregen. Die vorliegende Forschung macht es wahrscheinlich, dass diese Fähigkeiten bildungsspezifisch unterschiedlich verteilt sind (vgl. Feneberg, 1997; Hurrelmann, 1992; Wieler, 1997). Vorlesen in der Familie ist nicht einfach ein Instrument der Leseförderung, sondern eine Aufgabe von *family literacy*, mithin auch der Elternbildung (vgl. Niemann, 2000).

Andere Familienfaktoren, die in Fragebogenstudien in unterschiedlicher Definition und Gewichtung immer wieder als bedeutsam für die spätere Buchlesefrequenz identifiziert wurden, sind der Buchbesitz der Familie, die Lesehäufigkeit der Eltern, eine allgemeine Unterstützung des Lesens, die Häufigkeit von Buchgeschenken, die Nutzung von Bibliotheken, Gespräche zwischen Eltern und Kindern über Bücher usw. (vgl. Bonfadelli & Fritz, 1993, S. 103 ff.; Franzmann, 2002a, S. 68 f.; Fritz, 1991, S. 44; Köcher, 1988, S. 2288; Saxer, Langenbucher, & Fritz, 1989, S. 144 ff.). Die unterschiedliche Ausprägung dieser Faktoren in unterschiedlichen Bildungsmilieus wurde immer wieder bestätigt. Sie macht letztlich die Bildungsabhängigkeit der familialen Lesesozialisation aus.

Am vorläufig zeitnächsten zum familialen Sozialisationsgeschehen wurden in einer Studie aus den 1990er Jahren von Hurrelmann, Hammer und Nieß (1993) die familiären Voraussetzungen („Leseklima") des Buchleseverhaltens von Grundschulkindern untersucht. Befragt wurden Familien mit Kindern von neun bis elf Jahren (für die Großstadt Köln in Bezug auf Bildung der Eltern repräsentative Stichprobe) in jeweils getrennten Fragebögen für das Kind, die Mutter und den Vater. Die Fragebogenuntersuchung wurde durch eine qualitative Studie ergänzt, in der ausgewählte Familien anhand von Leitfadeninterviews noch einmal intensiv befragt wurden. Die Zielgröße der Untersuchung war nicht nur die (durch die Eltern geschätzte) Buchlesedauer der Kinder, sondern auch die durch die Kinder berichtete Lesefreude, Lesefrequenz, Leseerfahrung und Lesehemmung, auf die hin die relative Bedeutung der Faktoren des familialen „Leseklimas" jeweils bestimmt wurde. Die Leseklimafaktoren wurden durch eine Faktorenanalyse über die relevanten Variablen ermittelt, die die Merkmale der (allgemeinen und buchbezogenen) familialen Kommunikation und Interaktion, die Mediennutzung der Eltern und speziell den Umgang mit Büchern in der Familie erfassten.

In der Reihenfolge ihrer Bedeutung für das gesamte Bedingungsgefüge des „Leseklimas" ergaben sich fünf voneinander relativ unabhängige Faktoren: (1) die soziale Einbindung des Lesens, (2) Gespräche und prä- und paraliterarische Kommunikation, (3)

Leseverhalten der Eltern, (4) Familienklima, (5) Nutzung elektronischer Medien durch die Eltern. Was verbirgt sich hinter diesen Faktoren? Faktor (1) umfasst ko-orientierende Situationen und Handlungen der Familienmitglieder in Bezug auf das Lesen: gemeinsame Lesesituationen in der Familie, Besuch von Buchhandlungen und Bibliotheken zusammen mit dem Kind, Vorhandensein gemeinsamer Buchinteressen, Lektüre von Kinderbüchern durch die Eltern. Interessanterweise geht dies mit der Häufigkeit von Gesprächen über „alltagsferne" Themen in der Familie einher. Das Interesse an Kommunikationen, die den unmittelbaren Erfahrungsraum überschreiten, kommt also sowohl in der interaktiven und kommunikativen Einbindung des Lesens als auch im Übrigen Gesprächsverhalten der Familienmitglieder zum Ausdruck. Faktor (2) erfasst eine stärker kindzentrierte Haltung. Markiervariablen sind vor allem Momente der prä- und paraliterarischen Kommunikation: Umgang mit Kinderreimen und Gedichten, Wortspielen, selbst erfundenen Geschichten. Außerdem findet sich auch hier neben den Gesprächen, die die Eltern mit den Kindern über Bücher führen (der Vater über die eigenen Bücher, die Mutter über die Bücher des Kindes), ein Zusammenhang mit dem allgemeinen Kommunikationsverhalten der Familie in Form von Gesprächen über „alltagsnahe" Themen. In Faktor (3) kommt das Leseverhalten der Eltern (Printmedien allgemein und Bücher) und damit deren Vorbildfunktion zum Ausdruck. Faktor (4) ist Indikator für die Qualität des allgemeinen Interaktions- und Kommunikationsklimas in der Familie (Offenheit und aktive Freizeitgestaltung). Faktor (5) schließlich repräsentiert Fernsehdauer und Nutzungshäufigkeit elektronischer Medien durch die Eltern.

Es konnte gezeigt werden, dass diese Faktoren zu einem großen Teil die Bildungsabhängigkeit des kindlichen Buchlesens erklären. Der hochsignifikante und starke Zusammenhang des Leseverhaltens der Kinder mit dem Bildungsniveau der Eltern sinkt bei Auspartialisierung der Faktoren (1) bis (3) auf einen nichtsignifikanten Wert. Die Unterschiede im Leseverhalten von Kindern aus unterschiedlichen Sozialschichten gehen also im Wesentlichen auf Merkmale des buchbezogenen, aber auch des allgemeinen Interaktions- und Kommunikationsverhaltens in den Familien zurück. Eine besondere Bedeutung kommt dabei der sozialen Einbindung des Lesen in den Familienalltag zu (Faktor (1)), die stark bildungsabhängig ist.

Bei der Überprüfung des Anteils der Unterschiede im Leseverhalten der Kinder, der durch die Faktoren des Leseklimas erklärt wird, wurde zwischen den einzelnen Aspekten des Buchlesens der Kinder (Lesefreude, Lesefrequenz, Lesedauer, Leseerfahrung, Lesehemmung) unterschieden. In die Reihe der Prädiktorvariablen wurden außer den Leseklimafaktoren das Geschlecht der Kinder und die (von den Kindern berichtete) schulische Leseförderung aufgenommen. Die durch die berücksichtigten Faktoren erklärte Varianz liegt für Lesefreude, -häufigkeit und -dauer bei etwa 25 Prozent. Die Unterschiede in den Leseerfahrungen der Kinder werden zu etwa 20 Prozent erklärt, am geringsten ist die Aussagekraft in Bezug auf die Lesehemmungen (13 % erklärte Varianz), die also stärker als die übrigen Aspekte des Lesens durch hier nicht erfasste Einflussgrößen bedingt sind.

Das wichtigste Ergebnis der Studie ist der Nachweis, dass die soziale Einbindung des Lesens in den Familienalltag die stärkste Einflussgröße sowohl in Bezug auf Lesefreude als auch Lesefrequenz der Kinder darstellt. Fast ein Drittel bzw. fast die Hälfte der erklärten Unterschiede in diesen beiden Dimensionen des kindlichen Lesens gehen auf diesen Faktor zurück. Auch auf die Lesedauer, die Leseerfahrungen und die Lesehemmungen der Kinder hat er einen signifikanten Einfluss. Er bestimmt also in erheblichem Maße, ob ein Kind Lesemotivation entwickelt und regelmäßig liest. Das Ergebnis macht deutlich, wie falsch das populäre Klischee vom „einsamen Leser" – zumindest in Bezug auf die Leseentwicklung von Kindern – ist. Die soziale Einbindung des Buchlesens muss vielmehr als der tauglichste Indikator eines günstigen Leseklimas in der Familie gewertet werden, der auch im Hinblick auf die verschiedenen Aspekte kindlichen Erlebens und Umgangs mit Büchern am breitesten fundiert ist. Das Leseverhalten der Eltern ist sodann der zweitwichtigste Faktor für Lesefreude und Lesefrequenz. Bezüglich der (von den Eltern geschätzten) Lesedauer der Kinder steht er sogar an erster Stelle (41 % der erklärten Varianz), während sich hier für Leseerfahrungen und Lesehemmungen kein Einfluss ergibt. Die frühe Leseförderung über prä- und paraliterarische Kommunikationsformen sowie Gespräche über Bücher, die oft mit einer aktiven (alltagsnahen) Gesprächspraxis verbunden sind, regen das Leseverhalten der Kinder in allen unterschiedenen Aspekten an. Lesefreude, -frequenz und -dauer nehmen tendenziell zu, insbesondere Lesehemmungen treten seltener auf. Auch für diesen Faktor der familialen Lesesozialisation zeigt sich also ein breiter Wirkungsbereich. Das Ergebnis bestätigt die Hypothese, dass Kinder einen großen Teil ihrer Lesebereitschaft aus sozialen Interaktionen schöpfen. Im Bereich prä- und paraliterarischer Kommunikation kann dafür die Grundlage geschaffen werden, und für Grundschulkinder ist offenbar die Gelegenheit zu Anschlusskommunikationen über Gelesenes besonders wichtig.

Versucht man aus diesen Ergebnissen interventionsbezogene Konsequenzen zu ziehen, so sind vorrangig die soziale Stützung des kindlichen Lesens durch Wertschätzung und Aufmerksamkeit zu nennen, die Beachtung der frühen Anfänge des Lesenlernens in den Formen prä- und paraliterarischer Kommunikation sowie die Anbahnung eines reflexiven Verhältnisses zur Sprache, ferner die Förderung der Motivation durch Interesse an den Lesestoffen der Kinder, das Angebot von Anschlusskommunikationen sowie ein konsistentes positives Modellverhalten der Eltern. Wie oben zum Vorlesen bemerkt, ist die familiale Lesesozialisation aber kaum über den Zugriff auf Einzelfaktoren zu verändern. Nötig sind vielmehr allgemeine gesellschaftliche Aufklärung, eine breite lesebezogene Elternberatung, Elternarbeit der Bildungsinstitutionen und der Ausgleich von Defiziten durch die Schule.

Bei der Diskussion der herkunftsbedingten Chancenungleichheit der Kinder weist die PISA-Studie unter anderem auf Bourdieus Habitustheorie und Theorie des kulturellen Kapitals hin (vgl. Baumert & Schümer, 2001, S. 329 ff.). Nach Bourdieu konstituieren soziale Lebenslagen klassenspezifische Habitusformationen, die als latente Muster des Wahrnehmens, Denkens und Bewertens Lebensstile und kulturelle Praktiken generieren, aber auch beschränken (vgl. Bourdieu, 1982, 1983). Auch die Muster der Lesesozialisation sind vermutlich im Habitus der Familien verankert – daher sind sie von außen nur schwer zu verändern. Wie im Grunde aber alle Studien zur familialen Lesesozialisation verdeutlichen, bestimmen sie als kulturelles Kapital in erheblichem Maße die Chancen, die sich den Kindern für ihre weitere Lese- und Lernentwicklung eröffnen. Es ist eine elementare Aufgabe der Schule, familienergänzend oder -ersetzend die Chancenungleichheit der Kinder zu verringern, von der ihre Leseentwicklung schon vor dem Eintritt in die Schule, aber auch die Schulkarriere begleitend, geprägt ist.

2.4 Schulische Faktoren von Lesesozialisation

Die Schule macht den Heranwachsenden ein grundsätzlich anderes Angebot der Mitgliedschaft an der Lesekultur als die Familie. Es geht hier um die gegenstands- und zielgerichtete, methodisch geplante Vermittlung von Wissen, Fertigkeiten und kulturellen Orientierungen, die teils durch Lehrpläne geregelt, teils in der Tradition der Schule als formeller gesellschaftlicher Institution verankert sind. Weil die Schule etwas anderes ist als die Familie, ist sie auch nicht einfach eine Mittelschichtinstitution. Aber die Passung zwischen Familien- und Schulkultur ist schon zu Beginn der Schulkarrieren für Kinder verschiedener sozialer Herkunft unterschiedlich, weil die einen von der motivierenden Vorbereitung und Unterstützung schulischer Lernprozesse durch ihre Eltern profitieren, eine Förderung bildungsrelevanter Haltungen erfahren oder auch ein Angebot alternativer Lernmöglichkeiten bekommen – andere hingegen nicht. Insofern sind die Konzepte des kulturellen und sozialen Kapitals von Bourdieu bzw. Coleman (Bourdieu, 1983; Coleman, 1990, S. 300 ff.) sehr geeignet, die Kumulation von Vorteils- bzw. Benachteiligungseffekten zu erklären, die die schulische Sozialisation – auch im Bereich des Lesens – in der Regel bewirkt.

Andererseits ist davon auszugehen, dass der Schulunterricht, vor allem in der Primarstufe, Familienergänzungs- und -kompensationsaufgaben durchaus erfüllen könnte. Bezüglich des Lesens hieße dies, dass durch einen Unterricht von hoher didaktischer Qualität gerade die Kinder besonders gefördert würden, die in ihren Familien wenig Unterstützung ihrer Leseentwicklung erfahren. Genau dies ist ein Teilergebnis der oben beschriebenen Studie über das „Leseklima in der Familie" (Hurrelmann, Hammer, & Nieß, 1993). Hier konnte gezeigt werden, dass bei der Gruppe der zu Hause im Lesen wenig geförderten Kinder ein signifikanter Zusammenhang zwischen ihrem Leseverhalten in der Freizeit (Lesefreude, Lesefrequenz) und der berichteten Qualität ihres Leseunterrichts besteht (Items: freie Lesestunden, im Unterricht von Lieblingsbüchern erzählen, „ganze" Bücher lesen, Bücher bewerten, Bücher aus der Bibliothek entleihen, selbst ein Buch machen), während bei der Gruppe der zu Hause stark geförderten Kinder ein solcher Zusammenhang nicht nachweisbar war. Bei intensiver schulischer Förderung lasen die benachteiligten Kinder in der Freizeit nahezu ebenso häufig und gern wie die elterlich stark geförderten Jungen und Mädchen (Hurrelmann, Hammer, & Nieß, 1993, S. 222 ff.). Dieses lesepädagogisch ermutigende Ergebnis wäre an einer größeren Stichprobe dringend zu überprüfen. Ein qualitätvoller Leseunterricht ist nach den hier angesetzten Items insbesondere ein solcher, der auf die Leseinteressen der Kinder eingeht, ihnen Gesprächsmöglichkeiten auch über zu Hause Gelesenes einräumt, ihre Bewertungen der Lesegegenstände ernst nimmt und sie mit außerschulischen Institutionen der Lesekultur (Bibliothek) bekannt macht. Wie selten dies jedoch anzutreffen ist, mag daraus erhellen, dass fast 80 Prozent der befragten Kinder meinten, ihre Lehrerin interessiere sich für ihre häusliche Lektüre im Grunde nicht (Hurrelmann, Hammer, & Nieß, 1993, S. 206).

Ein nicht weniger kritisches Zeugnis stellt eine neuere Erfurter Studie (Fragebogenbefragung in 24 Grundschulen, Klasse 2 bis 4) dem Leseunterricht in der Grundschule aus (Richter, 2003). Danach nimmt die Freude am schulischen Lesen bei den Kindern im Laufe der Grundschulzeit kontinuierlich ab. Es gelingt nach dem Erwerb grundlegender Lesefähigkeiten offenbar nicht, den Schülern eine tragfähige Lesemotivation zu vermitteln. In 13 von 52 untersuchten Klassen wurde im ganzen Schuljahr kein einziges „ganzes" Buch gelesen, und zwar besonders häufig in 3. und 4. Klassen, wo dies von der Lesefähigkeit der Schüler her am ehesten zu erwarten gewesen wäre. Zudem gehören die im Unterricht gelesenen Titel mehrheitlich gerade zu der Literaturgattung, die die Kinder am wenigsten schätzen: der realistischen Erzählung mit sozial-moralischer Botschaft. Bei der Lieblingslektüre der Kinder dominiert hingegen eindeutig „die Literatur, die sich mit märchenhaften und phantastischen Strukturen verbindet, auf Spannungsmomente setzt und abenteuerliche Vorgänge erzählt", wobei die so genannten „Kinderklassiker" von *Pippi Langstrumpf* bis zu *Harry Potter* eine prominente Rolle spielen (Richter, 2003, S. 124). Überdies nimmt der Wunsch nach Anschlussgesprächen mit der Lehrerin über die Freizeitlektüre von Klasse 2 bis Klasse 4 kontinuierlich ab. Diese Ergebnisse legen es wiederum nahe, in der Orientierung an den Leseinteressen der Kinder, dem Angebot von Gesprächsmöglichkeiten, der Bezugnahme auf die Freizeitlektüre zumindest in der Grundschule wichtige Faktoren einer erfolgreichen Förderung von Lesekompetenz zu sehen.

Vorliegende didaktische Vorschläge berücksichtigen diese Aspekte und empfehlen – nicht zuletzt auch im Hinblick auf die Jungen, die schon gegen Ende der Grundschulzeit weniger gut, weniger gern und weniger häufig lesen als die Mädchen (vgl. Harmgarth, 1997, S. 26; Hurrelmann, Hammer, & Nieß, 1993, S. 220 ff.; zusammenfassend Eggert & Garbe, 2003, S. 76 ff.) – darüber hinaus die Erweiterung der Literaturauswahl der Schule um Sachtexte sowie eine fächerübergreifende und durch die gesamte Schulkultur gestützte Leseförderung (vgl. zum systemischen Konzept von Leseförderung Hurrelmann, 1994; Hurrelmann & Elias, 1998; Saxer, 1991; vgl. auch Rosebrock, 2003). PISA ergänzt diese bislang vor allem auf das Leseinteresse gerichteten Vorschläge durch den nachdrücklichen Hinweis auf Lesediagnostik in der Schule sowie die Vermittlung und Einübung von Lesestrategien samt der Fähigkeit zur metakognitiven Überwachung der eigenen Verstehens- und Lernprozesse (vgl. Artelt u.a., 2001, S. 131 ff.). Insgesamt werden beide Aspekte, der eher motivations- und interessenorientierte und der eher lernorientierte, im künftigen Unterricht stärker zu berücksichtigen sein (vgl. auch Hurrelmann, 2002b).

Speziell im Hinblick auf die Sekundarstufen hat PISA durch die Untersuchung von 15-Jährigen deutlich gemacht, dass es sich beim Erwerb von Lesefähigkeiten um eine Entwicklungsaufgabe handelt, die weder mit dem Ende des Leselehrgangs noch mit dem Ende der Grundschulzeit abgeschlossen ist. PISA hat darauf aufmerksam gemacht, dass dem muttersprachlichen Unterricht ein Lesecurriculum fehlt, das von den einfacheren bis zu den komplexeren Aufgaben des Textverstehens reicht und alle Textsorten umfasst, mit denen ein handlungsfähiger Mensch in unserer Kultur umgehen können muss. Entsprechend waren die Testaufgaben nicht didaktisch konstruierte, sondern authentische Texte. Auch berücksichtigte PISA neben den linearen die diskontinuierlichen Texte wie Graphiken, Diagramme, Tabellen usw. Außerdem spielten Sachtexte eine größere Rolle als literarische Texte. Das ist fremd angesichts eines muttersprachlichen Unterrichts, der, wie bei uns, auf eine systematische Leselehre nach den ersten Klassen so gut wie ganz verzichtet und das Lesen in den weiterführenden Schulen im Wesentlichen als Literaturunterricht organisiert. Leseforscher und -didaktiker haben schon häufiger die stärkere Berücksichtigung von Sachtexten im Deutschunterricht gefordert – auch mit Hinweis darauf, dass Jungen in einem vornehmlich literarischen Unterricht benachteiligt sind (vgl. z.B. Barth, 1997; Garbe, 2003; Hurrelmann, 1994; Hurrelmann, Hammer, & Nieß, 1993, S. 220 ff.). Wichtiger als eine Neuvermessung der Territorien von „Sprache" und „Literatur" ist aber die Konstruktion eines schulstufenübergreifenden, beide Bereiche verbindenden Lesecurriculums, das Textsortenvielfalt und Progression in den Verstehensanforderungen gewährleistet (vgl. Ludwig, 2002).

Allerdings wäre es kontraproduktiv, die bildungstheoretischen Implikationen des Lesens aus dem Deutschunterricht zu verdrängen zu Gunsten einer bloß pragmatischen Fähigkeitsschulung. Auch PISA weist darauf hin, dass das gemessene Leseverständnis mit sprachlich-literarischer Bildung „nicht deckungsgleich" sei, PISA also „keine annähernd erschöpfende Auskunft über diesen zentralen Bereich der Allgemeinbildung" zu geben beanspruche (Baumert, Stanat, & Demmrich, 2001, S. 21). Im deutschsprachigen Kulturraum ist die Vorstellung von Allgemeinbildung speziell mit dem literarischen Lesen eng verbunden (vgl. Eggert & Garbe, 2003). Dem entspricht eine Tradition des Literaturunterrichts, dem es über literarisches Wissen hinaus letztlich um persönlichkeitsbildende Wirkungen von Literatur geht. So werden von der Lektüre literarischer Texte zum Beispiel förderliche Wirkungen auf die Vorstellungsfähigkeit, die sprachlich-ästhetische Sensibilität, die Empathiefähigkeit, die Identitätsbildung erwartet – Wirkungen, die in der Didaktik vor allem mit der auf subjektive Erfahrung bezogenen emotionalen Beteiligung beim Lesen in Verbindung gebracht werden (vgl. Spinner, 2002). Die erhofften personalen Wirkungen bilden einen unverzichtbaren Aspekt auch der normativen Leitidee des „gesellschaftlich handlungsfähigen Subjekts", die – wie oben skizziert – dem Begriff von „Lesekompetenz" in der neueren Lesesozialisationsforschung zu Grunde gelegt wurde und insofern dem institutionellen Profil des schulischen Literaturunterrichts näher steht als das angloamerikanisch geprägte, pragmatische Lesekompetenzkonstrukt von PISA.

Allerdings gibt es in der derzeitigen Literaturdidaktik einen unaufgelösten Dissenz zwischen eher schüler- und rezeptionsorientierten Konzepten, die teilweise poststrukturalistische Literaturtheorien zu integrieren suchen, und einer eher auf literaturhistorisches Kanonwissen und „textnahes Lesen“ ausgerichteten Position (vgl. als Überblick Paefgen, 1999). Erstere folgen der hermeneutischen Theorie des Textverstehens, die in den 1970er Jahren durch die literaturwissenschaftliche Rezeptionsästhetik leserbezogen reformuliert wurde. Danach „haben“ literarische Texte keine Bedeutung, sondern sind „Partituren“ für die Bedeutungszuweisung durch den Rezipienten. Durch ihre „Leerstellen“ fordern sie den Leser zu Bedeutungskonstruktionen unter Einbezug von individuellen Erfahrungen, Wünschen, Phantasien usw. auf und animieren ihn zur Formulierung von bisher „Unformuliertem“. Literarisches Verstehen sei daher persönliche Aneignung und kreative Konstruktion von Bedeutung, kein bloßer Nachvollzug eines gegebenen Textsinns. An diese literaturtheoretische Ansicht ließen sich poststrukturalistische Theorien anschließen, die die hermeneutische Idee vom intentionalen Text-Ganzen überhaupt verwarfen und über die Dekonstruktion vermeintlichen Textsinns zu zeigen versuchten, dass literarische Texte ein Gewebe von offenen Verweisungsstrukturen auf andere Texte und Kontexte darstellen, ihr Verständnis also prinzipiell unabschließbar, variabel und auch in seiner Legitimität letztlich wieder nicht anders, denn in einem Netz von Diskursen zu verankern sei (vgl. z.B. Bogdal, 1993; Kammler, 2000). Das Dilemma, das sich für die Literaturdidaktik aus der postmodernen Literaturtheorie ergibt, mag damit wenigstens angedeutet sein (vgl. zur Diskussion auch Bremerich-Vos, 1996; Kämper-van den Boogaart, 1997).

Zunächst aber kam die Abkehr vom fixierten Textsinn Vermittlungsproblemen im Literaturunterricht entgegen, die sich in dem bekannten Überdruss der Schüler an der „richtigen“ Interpretation ausdrückten, die der Lehrer immer schon kennt. Die rezeptionsorientierte Didaktik arbeitete vor diesem Hintergrund das Methodenspektrum des so genannten „handlungs- und produktionsorientierten Literaturunterrichts“ aus, der heute die Lehrpläne weitgehend bestimmt (vgl. Haas, Menzel, & Spinner, 1994). Seine Entwicklung stützte sich neben vereinzelter qualitativer Unterrichtsforschung (z.B. Eggert, Berg, & Rutschky, 1975) vor allem auf Unterrichtsbeobachtung und praktische Erprobung von Alternativen (vgl. Haas, 1984; Rupp, 1987; Waldmann, 1984), im Übrigen auch auf lesebiographische Fallstudien (vgl. z.B Graf, 1997; Schön, 1990) und die breitere empirische Befragung von erwachsenen Lesern (z.B. Köcher, 1993). Alle Befunde stimmten darin überein, dass der herkömmliche Literaturunterricht von den Schülerinnen und Schülern der Sekundarstufen in seinen Gegenständen als uninteressant und erfahrungsfern, in seinen Methoden als analytisch überlastet und insgesamt als lesedemotivierend erlebt wurde. Köcher spricht vom „Kontrasterlebnis Schullektüre“ (1993, S. 250). Es ist vermutlich noch immer mit dafür verantwortlich, dass wir – so eine Schülerbefragung der 1990er Jahre – beim Alter von etwa 12 bis 13 Jahren mit einem „Leseknick“ zu rechnen haben, nach dem ein erheblicher Teil der Heranwachsenden die private Buchlektüre ganz abbricht (vgl. Harmgarth, 1997, S. 30 f.). Vor diesem Hintergrund ist das Ergebnis der 42 Prozent bekennenden Nichtleser unter den 15-Jährigen aus der PISA-Studie zwar schockierend, aber weniger überraschend.

PISA hat nachgewiesen, dass in Deutschland ein enger Zusammenhang zwischen Leseinteresse und Leseleistung der Jugendlichen besteht (vgl. Artelt, Demmrich, & Baumert, 2001, S. 283). Gleichwohl wird unter den Prädiktoren in erster Linie das Lernstrategiewissen herausgestellt (Artelt u.a., 2001, S. 129). Das gibt Anlass darüber nachzudenken, ob im didaktischen Modell des handlungs- und produktionsorientierten Literaturunterrichts gegenstands- und methodenspezifisches Wissen genügend Berücksichtigung findet. Vertreter der text- und kanonorientierten Position der Literaturdidaktik sahen hier schon vor PISA ein Problem: Man könne, so wurde pointiert gesagt, den Schülerinnen und Schülern die Anstrengung des Verstehens leicht ersparen, indem man sie mit Texten „handeln" und „produktiv" sein lasse (vgl. vor allem Kügler, 1996). Genaues literarisches Lesen, literaturhistorisches und ästhetisches Formenwissen müsse von der Schule notfalls auch gegen die Interessen der Lernenden durchgesetzt werden (vgl. z.B. Belgrad & Fingerhut, 1998; Eggert, 1997; Paefgen, 1998; als Reaktion auf PISA auch Schön, 2002).

Vermutlich ist die Kontroverse didaktisch nur unter Berücksichtigung der Schulformen und ihrer unterschiedlichen Lernmilieus aufzulösen. Dabei geht es, wie auch PISA betont hat, um das Niveau der kognitiven und motivationalen Voraussetzungen, an das der Unterricht in den Sekundarstufen anknüpfen kann. Zwar gibt es in dieser Hinsicht in Hauptschule, Realschule und Integrierter Gesamtschule inzwischen breitere Überschneidungen, aber das Gymnasium profitiert eben nach wie vor von der schichtspezifisch homogensten und für anspruchsvolle Leseaufgaben am ehesten ansprechbaren Schülerschaft (vgl. Tillmann & Meier, 2001, S. 467 f.). Insofern sind didaktische Konzepte nicht nur im Hinblick auf ihre Gegenstandstheorien, sondern vor allem auch im Hinblick auf ihre Schülerorientierung differenzierter zu diskutieren, als dies in der Literaturdidaktik gegenwärtig der Fall ist. So erscheint eine Verstärkung von Leseübung mit Akzent auf der Vermittlung von Lesestrategien insbesondere für den Deutschunterricht in der Hauptschule unabweisbar, da es offenbar häufig nicht gelingt, die basalen Verstehensfähigkeiten zu sichern. Dennoch werden Lesetraining und gar Zwang wenig ausrichten, wenn es die Schule nicht fertig bringt, für Heranwachsende aus lesefernen Milieus sinnvolle Lesesituationen zu schaffen. Daher wird die Leseförderung sich dezidiert um alltags- und anwendungsbezogene Leseaufgaben und im Bereich der fiktionalen Texte um die Stützung der Lesemotivation bemühen müssen, wobei handlungsorientierten und kreativen Formen der Textaneignung sicher der Vorrang vor den analytisch-verbalen zukommt. In den anderen Schulformen dürften die Voraussetzungen für textanalytische Verfahren und gegenstandsspezifisches literarisches Lernen ebenfalls unterschiedlich, aber deutlich günstiger sein.

Leseförderung im Sinne der Lesemotivation ist aber für alle Schulstufen und -formen geboten. Dafür gibt es mittlerweile eine Fülle von qualifizierten, auch fächerübergreifenden und auf literarisches Leben in der Schule gerichteten Praxismodellen (vgl. Hurrelmann & Elias, 1998 sowie die dort verzeichnete Literatur; vgl. auch Rosebrock, 2003). Das Problem ist, dass sie häufig die gewohnte, schulstundenweise gefächerte Unterrichtsorganisation sprengen, offene Unterrichtsformen, Kooperationen und zusätzliches

Engagement der Lehrpersonen fordern. Auch ist noch immer nicht selbstverständlich, dass in einem lesefördernden Unterricht zum Beispiel auch Unterhaltungsliteratur oder Medienverbundliteratur vorkommen dürfen oder überhaupt Medienerfahrungen und entwicklungsspezifische Kommunikationsinteressen der Heranwachsenden Platz finden. Selbst bei der Auswahl von Kinder- und Jugendliteratur bevorzugt die Schule solche Texte, die sich zur sozial-moralischen Belehrung eignen oder vermeintlich dem Hochkulturschema entsprechen, sodass das lesefördernde Potenzial dieses Literaturangebots gar nicht genutzt wird (vgl. Hurrelmann & Nickel-Bacon, 2003).

Nach den PISA-Ergebnissen steht die von den 15-Jährigen wahrgenommene Unterrichtsqualität im Übrigen in keinem signifikanten Zusammenhang mit den Leseleistungen (vgl. Tillmann & Meier, 2001, S. 497). Dazu kann die Literaturdidaktik wegen des eklatanten Mangels an empirischer Forschung wenig sagen. Weder gibt es verlässliche Evaluationen von Leseförderungsprojekten, noch liegen bislang Unterrichtsmethoden vergleichende empirische Studien vor, – ganz zu schweigen von Erkenntnissen über differenzielle Wirkungen der konkurrierenden Methoden in unterschiedlichen schulischen Lernmilieus.

2.5 Der Einfluss der Altersgruppe auf die Lesesozialisation – Was wissen wir über die Lesepraxis Jugendlicher?

Neben Familie und Schule tritt – zumindest im Jugendalter – als wichtige dritte Sozialisationsinstanz die Altersgruppe. In diesem sozialen Kontext entwickeln Heranwachsende alters- und generationsspezifische kulturelle Orientierungen, wobei man davon auszugehen hat, dass in der Mediengesellschaft jugendliche Kommunikationspraxen wesentlich in der Auseinandersetzung mit der aktuellen Medienentwicklung ko-konstruiert werden.

Von daher kann es kaum überraschen, dass das Lesen von Büchern derzeit keinen prominenten Bezugspunkt altersgruppenbezogener jugendlicher Selbstdefinition bildet. Es gibt kein Pendant zum „Harry-Potter-Phänomen“ bei den Jüngeren. So erstaunt es auch nicht, dass die traditionellen Fragen zu Lieblingsbüchern – wie sie etwa zuletzt in der in vier Bundesländern durchgeführten Befragung von Achtklässlern aller vier Schulformen wieder gestellt wurden (vgl. Franz, 2002) – aufs Ganze gesehen wenig prägnante Ergebnisse zu Tage fördern: In den häufigsten Nennungen mischen sich Best- und Longseller (z.B. Romane von Stephen King) mit tradierter Schullektüre (z.B. *Das Tagebuch der Anne Frank*) oder aktueller Jugendliteratur (z.B. Benjamin Lebert, *Crazy*). Vermutlich handelt es sich nicht selten auch um Verlegenheitsantworten. Dass verfilmte Literatur oder Begleitbücher zu Daily Soaps häufig genannt werden, vermag schon realistischer die Bedeutung des Medienverbunds in der jugendlichen Printmediennutzung anzuzeigen. Die in der genannten Studie ermittelten Genrepräferenzen der Jugendlektüre sind: Horror-, Grusel-, Gespenstergeschichten, lustige Bücher, Sachbücher über Hobbys, Abenteuerbücher, Krimis/Spionagethriller, altersbezogene Problemliteratur, Liebesromane, Sciencefiction/phantastische Literatur – ganz unten rangieren Lyrik, klassische, politische und religiöse Literatur (vgl. Franz, 2002, S. 13 ff.). Inwiefern Gattungspräferenzen durch die Altersgruppenkommunikation motiviert und in sie eingebunden sind, erfährt man nicht. Aufgrund der Standardfrage nach dem „Weg zum Buch" wird in einer anderen Untersuchung immerhin bestätigt, dass mit zunehmendem Alter der Befragten die Freunde für Leseanregungen wichtiger und die Eltern unwichtiger werden – die Lehrer spielen, wie man weiß, diesbezüglich nach der Grundschulzeit ohnehin kaum noch eine Rolle (vgl. Harmgarth, 1997, S. 39 ff.).

Darüber, wie jugendliche Subkulturen sich zu den von Familie und Schule bereitgestellten bzw. geforderten Bildungsleistungen verhalten, gibt es bisher wenig Forschung. Die PISA-Studie ist erstmals der Frage nach dem Einfluss der Wertorientierung solcher Gruppen auf die Leseleistung nachgegangen. Zwei Wertorientierungen wurden genauer untersucht: die „aggressive Orientierung" und die freizeitbezogene „Freude am Lesen". Während die erstere unter anderem eine Antischulhaltung zum Ausdruck bringt, kann die andere als Indikator für ein den schulischen Intentionen entsprechendes Bildungsinteresse gelten. Erwartungsgemäß zeigten sich in der Cliquenorientierung der Jugendlichen systematische Unterschiede nicht nur zwischen den Geschlechtern, sondern auch zwischen den Schulformen. Dabei steht die Zugehörigkeit zu Cliquen mit aggressiven Orientierungen bei Schülerinnen und Schülern aller Schulformen (außer der Hauptschule) in einem negativen Verhältnis zu den Leseleistungen. Für die Zugehörigkeit zu einer Clique, in der kulturelle Interessen geschätzt werden, ist durchweg ein positives Verhältnis zu den Leseleistungen nachzuweisen (vgl. Tillmann & Meier, 2001, S. 483). Das Ergebnis unterstreicht noch einmal das Bildungspotenzial von Freundschaftsgruppen wie auch die prinzipielle Möglichkeit zur aktiven Nutzung von Opportunitäten und zur Steuerung von Sozialisationsprozessen durch die Heranwachsenden selbst.

Gleichwohl wird erkennbar, dass die Wahl von Freundschaftsgruppen oder Cliquen durch die einzelnen Heranwachsenden nicht unabhängig von den Möglichkeiten zu Sozialkontakten zu sehen ist, die von den formalen Bildungsinstanzen bereitgestellt werden, unter Umständen auch von Familienseite mitbestimmt sind. Je nach Lern- und Familienmilieu dürften die Zugangsmöglichkeiten zu Peergroups und die Möglichkeiten kultureller Ko-Orientierungen qualitativ unterschiedlich sein – und damit vermutlich auch die Effekte der Sozialisationsinstanz der Altersgruppe auf die Ausbildung von Lesekompetenz ein Moment der Kumulation von Vorteilen bzw. Benachteiligungen je nach kultureller Ausgangslage enthalten. Zu sozialen Hintergründen und differenziellen Einflüssen unterschiedlicher Jugendkulturen auf das Lesen ist hierzulande noch kaum geforscht worden. Über die kollektive Selbsteinschätzung von Frankfurter Hauptschülerinnen und Hauptschülern bezüglich des Lesens – Lesen ist nach ihrer Wahrnehmung und Selbstbewertung eine Sache der anderen – informiert neuerdings eine qualitative Untersuchung von Cornelia Rosebrock (vgl. Rosebrock, 2003). Den anderen Pol des soziokulturellen Spektrums zeigt eine Berliner Studie der Forschungsgruppe um Hartmut Eggert, die nach der Veränderung der „literarischen Intellektualität" von angehenden Akademikern fragt (vgl. Eggert u.a., 2000). Hier war das Ergebnis, dass Studierende, denen viele Medienoptionen offen stehen, teilweise selbstsozialisatorisch gerade traditionelle literale Praktiken bewusst für sich ausgestalten und festigen. Soziokulturell undifferenzierten Prognosen von der abnehmenden Prägekraft der Lesekultur für junge Menschen ist also auf jeden Fall mit Skepsis zu begegnen.

Unter den Lesemedien könnte für alle Heranwachsenden insbesondere die Zeitung ein außerschulischer Bezugspunkt jugendlicher Ko-Konstruktion von Interessen und politischer Meinungsbildung sein. Gleichwohl sind nach neueren Forschungsergebnissen Jugendliche eine besonders problematische Zielgruppe der Zeitung. Zu etwa 75 Prozent halten sie Radio und Fernsehen für die besseren Informationsmedien (in der Gesamtbevölkerung sind dies etwa 68 %; vgl. Franzmann, 2002b, S. 35). Mitte der 1990er Jahre betrug bei den 14- bis 19-Jährigen die durchschnittliche tägliche Reichweite der Tageszeitung allenfalls 35 Prozent und ging wie die tägliche Nutzungszeit ständig zurück (vgl. Rager, Werner, & Oestmann, 1999, S. 207). Dabei sind es nicht nur die wenig oder gar nicht an Politik interessierten Jugendlichen, die nicht Zeitung lesen, auch nicht nur die wenig gebildeten. In Kooperationsprojekten zwischen Schulen und Zeitungsverlagen versuchte man in den letzten Jahren, dieses Problem aufzufangen, und konnte dabei durchaus Erfolge erzielen (vgl. Rinsdorf, 1995). Aber der Rekurs auf die schulische Vermittlung hebt das Problem der mangelnden Verankerung der Zeitungslektüre im Alltag der Jugendlichen nicht auf. Er zeigt vielmehr, dass das Medium Zeitung in seiner derzeitigen Qualität kein Kristallisationspunkt jugendkultureller Gruppenorientierungen ist (vgl. Rager, Weber, & Begemann, 1996). Ob Onlineangebote daran etwas ändern, wird weiter zu beobachten sein.

Mit der Entwicklung der digitalen, interaktiven Medien besteht für die junge Generation die Chance, sich über Kommunikationsformen und Medienkompetenzen zu definieren, über die die Älteren so noch nicht verfügen. Dies ist denn auch der Kontext, in dem das Lesen als Basisqualifikation zurzeit für Jugendliche wieder virulent wird: Man kann das Internet nicht angemessen nutzen ohne ausgebildete Lese- und Schreibkompetenzen. Wie neuere Untersuchungen plausibel machen, sind die Anforderungen an die Lesekompetenz für das Lernen aus Hypertexten sogar höher als bei linearen Texten. Man muss sicher lesen können, damit noch genügend kognitive Ressourcen frei sind, um sich im textinternen Verweissystem zu orientieren (vgl. Flender & Naumann, 2002). In den Internetangeboten kann die hypertextuelle Struktur mehr oder weniger übersichtlich oder verwirrend, multimedial ausgestaltet, sachgerecht oder mit Werbung durchsetzt sein, mehr oder weniger Möglichkeiten zur Interaktion bieten. Das Internet fordert rasche Übersicht und Entscheidungen. Es animiert zum Schreiben, zum Chatten, Mailen, zur Beteiligung an Diskussionsforen usw. – Lesen kann unmittelbar mit dem produktiven Gebrauch schriftlicher Sprache verbunden werden. Gerade für Jugendkulturen scheint die Nutzung dieser neuen kommunikativen Möglichkeiten eine Herausforderung zu sein.

Gleichwohl bleibt kritisch zu beobachten, ob sich die Internetnutzung wirklich zu einer produktiven jugendkulturellen Dömäne des Lesens und Schreibens entwickelt.

Vorerst ist ein rasanter Anstieg des Gebrauchs von Internet und Onlinediensten bei den Heranwachsenden zu verzeichnen. Nach der neuesten Studie zum Medienverhalten der 12- bis 19-Jährigen in der Bundesrepublik (Medienpädagogischer Forschungsverbund Südwest, 2003) zählten 2002 bereits 83 Prozent zu den (zumindest seltenen) Nutzern – bei zunehmendem Ausgleich zwischen männlichen und weiblichen Jugendlichen, aber anhaltenden bildungsspezifischen Unterschieden im Zugang (Hauptschule: 69 %, Realschule: 80 %, Gymnasium: 92 %). In der Rangfolge der Aktivitäten steht an erster Stelle das Versenden und Empfangen von E-Mails, es folgen Informationssuche, Musikhören, Chatten, Downloaden von Musik, Abrufen von aktuellen Infos/News, Berufs- und Bildungsinformationen usw. Nach den Spielen, die an 10. Stelle folgen, steht an 12. Stelle die Teilnahme an Newsgroups. Für etwa die Hälfte der Jugendlichen gehört es zum Image des Internets, dass sich auch die Freunde damit beschäftigen. Als Plattform für politische Kommunikation wird es jedoch nur von etwa 6 Prozent gesehen (vgl. Medienpädagogischer Forschungsverbund Südwest, 2003, S. 47 ff.). Dies ist denn auch die maximale Größenordnung der Gruppe politisch engagierter junger Internetnutzer, die die letzte Shell Jugendstudie in Einzelportraits hervorhebt: Es handelt sich um höher gebildete junge Leute, die das Internet als Mittel politischer Selbstartikulation, kommunikativer Willensbildung und gemeinsamen Handelns einsetzen (vgl. Deutsche Shell, 2002, S. 269).

Zusammenfassend lässt sich festhalten: Altersgruppenkulturen können institutionelle Bildungsvorgaben bezüglich des Lesens konterkarieren, sie können deren Wirkung durch Akzeptanz und produktive Aneignung verstärken, sie können das institutionelle Angebot überschreiten im Hinblick auf die produktive Erprobung, Nutzung und generationenspezifische Etablierung neuer medienkultureller Praktiken und Kommunikationsstandards. In Bezug auf die langfristige Veränderung von Bildungsnormen ist die Altersgruppe sicher die wichtigste Instanz der Sozialisation. Alle bisherigen Daten und Beobachtungen zur Lese- und Medienpraxis junger Leute sprechen allerdings dafür, dass insbesondere der produktive Umgang mit den neuen Medien massiv von Bildung abhängt, mithin auf einer selbstverständlich beherrschten und praktizierten Literalität im Bereich der Printmedien aufbaut, und nicht etwa die Vermeidung oder Ersetzung substanzieller Anforderungen an die Lesekompetenz erlaubt.

2.6 Vom Doppelcharakter der Lesesozialisation als Fähigkeitsschulung und Enkulturation

Durch PISA ist die Lesekompetenz als grundlegendes Kulturwerkzeug und Schlüssel für weiterführende Lernprozesse wirkungsvoll ins öffentliche Bewusstsein gerückt worden. Dass die Lesefähigkeit eine Basiskompetenz ist, die eine Grundbedingung für erfolgreiches soziales Handeln in modernen Gesellschaften darstellt, wurde überzeugend vermittelt. Kein Zweifel, dass Heranwachsende diese Fähigkeit erwerben müssen, dass die festgestellten Mängel alarmierend sind und dass insbesondere die mangelnde Kompensation ungleicher Startchancen von Kindern aus verschiedenen sozialen Milieus durch die Schule ein ernstes gesellschaftliches Problem darstellt.

PISA hat bei der Diskussion von Interventionsmöglichkeiten den Akzent primär auf die Vermittlung und das Training von Lese- und Lernstrategien gesetzt. Das ist konsequent bei einem Konzept von Lesekompetenz, das sich auf die kognitiven Teilfähigkeiten des Textverständnisses konzentriert und als allgemeine Zielperspektive des Lesens die Bedeutung der korrekten Informationsaufnahme aus Texten für erfolgreiches Handeln hervorhebt. Angesichts der verbreiteten normativen Überfrachtung der Begriffe von Lesen – Lesekultur – literarischer Bildung zum Beispiel in kulturkritischen Debatten ist die Betonung der Lehr- und Lernbarkeit des Lesens durch planmäßige Übung und strategische Überwachung des eigenen Verstehensprozesses sicher ein Gewinn.

Andererseits verweisen die PISA-Ergebnisse zum Leseinteresse durchaus auch auf die Bedeutsamkeit der motivational-emotionalen und sozialen Aspekte der Lesetätigkeit. Und wenn für die Erklärung soziokultureller Disparitäten in den Leseleistungen der Schüler kultursoziologische Konzepte herangezogen werden – so etwa Bourdieus Habitustheorie und Bourdieus und Colemans Theorien des kulturellen und sozialen Kapitals –, so bestätigt die Studie auch auf Theorieebene, dass sich pädagogische Prozesse nicht auf kognitive Fähigkeitsschulung beschränken können, sondern die sozialsymbolischen und normativen Implikationen des Kompetenzerwerbs bei der Förderung notwendig mit zu berücksichtigen sind. Dies entspricht der sozialisationstheoretischen Ansicht, nach der sich in der Leseentwicklung Heranwachsender kognitive Erwerbsprozesse verschränken mit dem Erwerb lesebezogener Motivationen, emotionaler und sozialer Gratifikationserwartungen, kultureller Haltungen und Bewertungsmuster, die den Sinn – nicht nur den Zweck – des Lesens für die Person ausmachen.

Lesesozialisation hat – so gesehen – einen Doppelcharakter als Lern- und Enkulturationsprozess. PISA schlägt vor, zur Verbesserung des Lesens primär bei den Lernprozessen anzusetzen. Ergänzend wird auf Ansätze zur Leseförderung hingewiesen, die der Ausbildung und Stabilisierung von Leseinteresse gelten. Im Unterschied dazu hat die bisherige Lesesozialisationsforschung den letzteren Aspekt in den Vordergrund gestellt. Aus ihrer Beschäftigung mit der gesellschaftlichen Vermittlung und individuellen Aneignung von Lesemotivation und Lesepraxis heraus hat sie insbesondere die Notwendigkeit betont, Defizite der Enkulturation ins Lesen durch Leseförderung zu kompensieren.

Die Schule baut hier von Anfang an auf sehr ungleichen Voraussetzungen auf. Zum einen kann sie sich auf höchst positive und genussreiche Erfahrungen verlassen. Es gibt Kinder, denen in ihren Familien schon früh ein reflexives Verhältnis zur Sprache vermittelt wird und denen durch Hochschätzung und interaktive Stützung des Lesens der Zugang zu allen Möglichkeiten erleichtert wird, die die Schrift zur qualitativen Erweiterung des Denkens, Erlebens und Kommunizierens eröffnet. Zum anderen gibt es Kinder, die gar nicht wissen, was sie da lernen sollen und wozu. Daher ist es Aufgabe der Schule, den Heranwachsenden Lesesituationen anzubieten, in denen sie erfahren können, dass das Lesen emotional belohnend sein kann und dass es auch im sozialen Zusammenhang Sinn macht. Generell hat Leseförderung in der Schule natürlich die besten Chancen, wenn sie versucht, mit den anderen Sozialisationsinstanzen an einem Strang zu ziehen. Und obwohl Familienkulturen von außen nur schwer zu verändern sind, gibt es – speziell in der Primarstufe – durchaus Chancen für erfolgreiche Elternarbeit. Auch im Hinblick auf Altersgruppenkulturen muss die Maxime der möglichst positiven Berücksichtigung und Verknüpfung gelten. Mögliche Verbindungen zwischen Schulkultur und freizeitbezogener Kinder- und Jugendkultur werden nach bisherigen Ergebnissen für das Lesen viel zu wenig genutzt. Wiederum ist es vor allem die Primarstufe, die breite Möglichkeiten zur Öffnung auf außerschulische Interessen bietet. Ein positives Zusammenwirken der Sozialisationsinstanzen zu realisieren ist in den Schulformen der Sekundarstufe schwieriger. Hier wäre schon viel gewonnen, wenn es in den Schulen selbst eine vernetzte Förderung durch die koordinierte Zusammenarbeit im Hinblick auf eine altersgerechte Leseförderung in allen Schulfächern und durch literarisches Leben in der Schule gäbe. Außerdem ist eine Integration von Lese- und Medienunterricht, die jugendliche Interessen aufgreift und sich am Stand der gesellschaftlichen Medienentwicklung orientiert, geboten. Medienkompetenz ist eben nicht *per se* eine Jugenddomäne. Wie oben gezeigt, machen die derzeitigen Einblicke in Jugendkulturen vielmehr die Annahme plausibel, dass sich die Schere zwischen den gut gebildeten, lese- und medienkompetenten Jugendlichen auf der einen Seite und den nur unzureichend gebildeten, unzureichend lese- und medienkompetenten auf der anderen Seite im Zuge der Medienentwicklung nicht etwa schließt, sondern eher weiter öffnet. Das markiert die Aufgabe der Schule, Lesekompetenz langfristig als Teil einer umfassenden Medienkompetenz zu bewerten und zu fördern.

Wolfgang Schnotz und Stephan Dutke

3 Kognitionspsychologische Grundlagen der Lesekompetenz: Mehrebenenverarbeitung anhand multipler Informationsquellen[1]

3.1 Einleitung

Der Begriff des Lesens meint im Alltagsverständnis die geistige Verarbeitung eines Textes mit dem Ziel, dessen Bedeutung zu erfassen. Ein Text ist ein Kommunikationsinstrument, mit dem ein Autor Lesern eine Mitteilung über einen Sachverhalt macht (Bühler, 1934). Diese Kommunikation ist dann erfolgreich, wenn der Leser versteht, was der Autor meint (Hörmann, 1976). Dies erfordert, dass der Autor bestimmte Kooperationsprinzipien einhält, die auch vom Leser als gültig angenommen werden, ohne dass sich beide Kommunikationspartner dieser Prinzipien bewusst sein müssen (Grice, 1967).

In der PISA-2000-Studie wurde international vergleichend untersucht, wie gut diese Kompetenz zur Verarbeitung von Texten bei Jugendlichen ausgeprägt ist (Baumert u.a., 2001). Hierzu wurden in einem interdisziplinären und internationalen Abstimmungsprozess Testaufgaben entworfen, die dann von etwa 180.000 15-Jährigen aus 32 Teilnehmerstaaten bearbeitet wurden. Die Entwicklung der Testaufgaben orientierte sich an dem theoretischen Modell der *document literacy* von Mosenthal und Kirsch (1991), das sich nicht nur auf Texte, sondern auch auf Diagramme, Tabellen und andere Formen schriftlicher Dokumente bezieht. Dieser Theorie zufolge hängt die Schwierigkeit, ein Dokument zu verstehen, vor allem von der strukturellen Komplexität des Dokuments, den jeweiligen Aufgabenanforderungen sowie den aufgrund der Dokumentstruktur und der gestellten Aufgaben sachlogisch notwendigen Lösungsoperationen ab. Die Leistungen der Teilnehmer bei der Lösung der Testaufgaben werden auf eine Gesamtskala (oder drei Subskalen) projiziert, auf denen Abschnitte (so genannte Kompetenzstufen) definiert werden (Baumert, Stanat, & Demmrich, 2001). Das Skalierungsverfahren erlaubt, die Leseverstehensleistungen einzelner Personen ebenso wie die Lösungswahrscheinlichkeiten einzelner Testaufgaben zu vergleichen.

Damit steht die PISA-Studie in der Tradition jener Forschungsarbeiten, die Leseleistungen messbar machen und diese Messungen benutzen, um die Entwicklung der Leistungen bzw. der dahinter stehenden Fähigkeiten beschreiben und hinsichtlich ihrer individuellen und sozialen Determinanten analysieren zu können. Leistungsdiagnostik und die psychometrische Fundierung diagnostischer Instrumente machen den Kern dieser Forschungsrichtung aus. Dem steht eine andere Forschungstradition gegenüber, deren Gegenstand nicht die Psychometrie der Lesefähigkeit ist, sondern die versucht, die kognitiven Prozesse der Informationsverarbeitung selbst zu identifizieren, welche zum Verstehen des Gelesenen führen. Zwar spielen auch in der Forschungstradition der *document literacy* neben strukturellen Eigenschaften von Dokumenten Prozesse insofern eine Rolle, als es darum geht, dass ein Individuum durch Verwendung von Dokumenten für bestimmte praktische Zwecke seine Lesekompetenz unter Beweis stellen soll. Allerdings handelt es sich dabei um sachlogisch (d.h. im Sinne einer so genannten rationalen Aufgabenanalyse) definierte Operationen, ohne dass dabei die spezifischen internen psychischen Verarbeitungsprozesse genauer analysiert werden. Letzteres ist in der kognitionspsychologischen Forschungstradition zum Programm erhoben worden. Das wichtigste methodische Instrument dieses Ansatzes ist dabei das psychologische Experiment. Ziel ist die Konstruktion valider kognitionspsychologischer Modelle, die Leseverstehensleistungen erklären können. Obwohl zwischen beiden Forschungstraditionen zahlreiche Berührungspunkte bestehen, haben sie sich relativ unabhängig voneinander entwickelt, was im Wesentlichen dadurch bedingt sein dürfte, dass beide Forschungstraditionen verschiedene, einander ergänzende Erkenntnisfunktionen wahrnehmen. Während die Messung von Kompetenzen von den internen Strukturen und Prozessen abstrahiert, die den gezeigten Leistungen zu Grunde liegen, abstrahiert die Struktur- und Prozessanalyse dieser Kompetenzen von den quantitativen Relationen zwischen individuellen Leistungen, die bei der Kompetenzmessung im Vordergrund stehen (Guthke, Böttcher, & Sprung, 1990; Schnotz, 1979; vgl. Kreppner, 1975).

Das folgende Kapitel steht in der Tradition der kognitionspsychologischen Struktur- und Prozessanalyse von Lesekompetenzen. Darin werden aktuelle theoretische Modelle und empirische Befunde zum Verstehen von schriftlichen Dokumenten (Texten, Bildern und Diagrammen) dargestellt und im Hinblick auf das der PISA-Studie zu Grunde liegende Konzept der Lesekompetenz diskutiert. Ziel dabei ist, die in den PISA-Leseaufgaben gestellten kognitiven Anforderungen aus der Perspektive der aktuellen Theoriebildung in der Text- und Bildverstehensforschung genauer zu charakterisieren.

Nach einer einführenden Beschreibung des zu Grunde liegenden Lesebegriffs und der mentalen Kohärenzbildung als Kernkonzepte neuerer Verstehenstheorien werden verschiedene PISA-Beispielaufgaben daraufhin analysiert, welche mentalen Repräsentationen ihre erfolgreiche Bearbeitung erfordert. Anschließend werden die verschiedenen Repräsentationsarten mit Blick auf die aktuelle theoretische Diskussion genauer charakterisiert und in ein Mehrebenenmodell des Text- und Bildverstehens integriert. Ausgehend von diesem Modell werden dann anhand experimentalpsychologischer Befunde Faktoren identifiziert, die auf die Konstruktion der genannten mentalen Repräsentationen Einfluss nehmen und so zu interindividuellen Unterschieden in der Lesekompetenz beitragen können.

3.2 Leseverstehen als Kohärenzbildung anhand multipler Repräsentationen

3.2.1 Ein erweiterter Begriff der Lesekompetenz

Ein Text präsentiert dem Leser schriftlich kodierte sprachliche Information – meist, jedoch nicht ausschließlich[2], in visueller Form. Als Folge der wachsenden Informationsflut in modernen Gesellschaften spielt allerdings auch die Bildkommunikation eine zunehmend wichtige Rolle. Sowohl in Printmedien als auch in elektronischen Medien hat der Bildanteil in den letzten Jahrzehnten deutlich zugenommen. Dabei werden, in Abhängigkeit von Thematik und Adressatenkreis, sowohl so genannte „realistische" Bilder (Fotografien, Gemälde, Zeichnungen) als auch so genannte „logische" Bilder (Diagramme) verwendet. Zum einen werden also Texte durch Bilder ergänzt bzw. illustriert, zum anderen sind diese Bilder häufig beschriftet bzw. werden durch verbale Erläuterungen ergänzt. Dementsprechend sind schriftliche Dokumente heute meist ein Konglomerat aus verbaler und piktorialer Information.

Dieser Entwicklung ist auch bei der Definition des Begriffs der Lesekompetenz Rechnung zu tragen (Baumert, Stanat, & Demmrich, 2001). Da die Sprache vor allem im abstrakten Bereich eine höhere Ausdrucksmächtigkeit besitzt als die Bildkommunikation, werden Texte zweifellos auch künftig eine dominierende Rolle spielen und häufig die Rolle des Leitmediums übernehmen (vgl. Kosslyn, 1994; Schnotz, 2001). Allerdings bieten sowohl realistische als auch logische Bilder für das Verständnis komplexer Sachverhalte besondere Repräsentationsvorteile, die zum Beispiel in der Redensart „ein Bild sagt mehr als 1000 Worte" ihren Niederschlag gefunden haben (vgl. Larkin & Simon, 1987; Mayer & Gallini, 1990).

Die bislang übliche Einschränkung des Begriffs der Lesekompetenz auf die Fähigkeit, schriftliche Texte zu verstehen, ist insofern zu eng. Lesekompetenz ist vielmehr als Fähigkeit anzusehen, schriftliche Dokumente zu verstehen, in denen sowohl verbale Informationen in Form von Schriftzeichen (graphemisch) als auch piktoriale Informationen in Form von Bildzeichen (graphisch) enthalten sind. Lesekompetenz entspricht also der Fähigkeit zum Verstehen von multiplen Darstellungen in schriftlichen Dokumenten, die Texte, Bilder, Diagramme, Tabellen oder andere Arten externer Repräsentationen enthalten können.

3.2.2 Kohärenzbildung beim Text-, Bild- und Diagrammverstehen

Da sich ein Text gegenüber einer beliebigen Aneinanderreihung von Sätzen durch seine Kohärenz auszeichnet, erfordert das Verstehen von Texten immer einen Prozess der Kohärenzbildung. Die in den Textsätzen ausgedrückten Fakten sind kombinierbar und miteinander konditional verknüpft (van Dijk & Kintsch, 1983). Beim Textverstehen werden diese Zusammenhänge mental nachkonstruiert. Dabei kann man zwischen lokaler und globaler Kohärenzbildung unterscheiden. Bei der lokalen Kohärenzbildung werden semantische Zusammenhänge zwischen den unmittelbar aufeinanderfolgenden Sätzen, bei der globalen Kohärenzbildung semantische Zusammenhänge zwischen größeren Textabschnitten mental rekonstruiert. Häufig gelingt Lesern nur die lokale Kohärenzbildung, während die übergeordneten Zusammenhänge nicht ins Blickfeld kommen (Albrecht & O'Brien, 1993; Cook & Mayer, 1988; Hess, Foss, & Carroll, 1995). Lesekompetenz ist dementsprechend nicht nur die Fähigkeit zum Entziffern von Wörtern und Sätzen, sondern die Fähigkeit zur Bedeutungskonstruktion (Graesser, Singer, & Trabasso, 1994).

Auch beim Verstehen von Bildern und Diagrammen gilt es, Zusammenhänge herzustellen und einen Prozess der mentalen Kohärenzbildung zu vollziehen. Beim Bildverstehen muss der Betrachter zunächst erkennen, was auf dem Bild dargestellt ist, wobei er auf kognitive Schemata der alltäglichen Wahrnehmung zurückgreifen kann. Soll nicht nur das Aussehen von Objekten gezeigt, sondern auch das dargestellte Szenarium verstanden werden, so verlangt dies das Erkennen von Zusammenhängen und die Verknüpfung des Gezeigten mit dem Vorwissen. Vollzieht der Betrachter auch Überlegungen, warum der Bildproduzent (z.B. der Fotograf, Maler oder Zeichner) den Sachverhalt so und nicht anders dargestellt hat bzw. warum der Bildredakteur dieses und kein anderes Bild ausgewählt hat, so wird das Bild als Indikator für eine bestimmte Mitteilungsabsicht angesehen (Weidenmann, 1988).

Beim Diagrammverstehen kann der Betrachter nicht auf kognitive Schemata der alltäglichen Wahrnehmung zurückgreifen, da ein Diagramm einen Sachverhalt nicht aufgrund von Ähnlichkeit, sondern aufgrund von abstrakteren strukturellen Gemeinsamkeiten bzw. aufgrund von Analogierelationen repräsentiert. Die Fähigkeit zum Verstehen von Diagrammen ist deshalb eine Kulturtechnik, die erlernt werden muss. Dabei gilt es, spezielle kognitive Schemata zu konstruieren, mit deren Hilfe an den graphischen Konfigurationen eines Diagramms Informationen abgelesen und zu einer kohärenten mentalen Repräsentation verarbeitet werden können (Pinker, 1990). Empirische Befunde weisen darauf hin, dass Individuen mit höherem Vorwissen eher in der Lage sind, nach übergreifenden Mustern zu suchen, während solche mit geringerem Vorwissen bevorzugt eine lokal begrenzte Suche nach Einzelinformationen vornehmen (Lowe, 1999).

Werden Texte, Bilder und Diagramme kombiniert, so gilt es darüber hinaus, auch Verknüpfungen zwischen diesen Repräsentationen herzustellen. Man kann folglich zwischen intrarepräsentationaler Kohärenzbildung (innerhalb des Textes und/oder des Bildes und/oder des Diagramms) und interrepräsentationaler Kohärenzbildung (Verknüpfungen zwischen diesen Repräsentationen) unterscheiden. Im Rahmen der interrepräsentationalen Kohärenzbildung schränkt meist eine Repräsentation (z.B. ein Bild) die Zahl der Interpretationsmöglichkeiten einer anderen Repräsentation (z.B. eines Textes) ein und umgekehrt, sodass multiple Repräsentationen einander hinsichtlich ihrer Verständlichkeit unterstützen (Ainsworth, 1999; Glenberg & Langston, 1992; Schnotz & Lowe, 2003; Seufert, 2003).

3.2.3 Beispielaufgaben

Im Folgenden soll anhand verschiedener Beispielaufgaben aus der PISA-Studie exemplarisch untersucht werden, welche Rolle die oben skizzierten Prozesse der Kohärenzbildung bei einer derartigen Verstehensprüfung spielen und welche mentalen Repräsentationen vom Probanden konstruiert werden müssen, um die jeweiligen Anforderungen zu erfüllen.

Beispielaufgabe „Amanda und die Herzogin"
In der Aufgabe „Amanda und die Herzogin" (Deutsches PISA-Konsortium, o.J.; OECD, 2002) werden zwei Texte präsentiert. Text 1 beginnt mit einer Zusammenfassung, an die sich eine Folge von Szenenbeschreibungen und Dialogen in direkter Rede anschließt. Text 2 gibt Definitionen von verschiedenen Theaterberufen.

TEXT 1
AMANDA UND DIE HERZOGIN
Zusammenfassung: Seit Léocadias Tod ist der Prinz, der in sie verliebt war, untröstlich. In einem Geschäft mit dem Namen Réséda Soeurs ist die Herzogin, die die Tante des Prinzen ist, auf eine junge Verkäuferin namens Amanda gestoßen, die Léocadia verblüffend ähnlich sieht. Die Herzogin will, dass Amanda ihr hilft, den Prinzen von seinen quälenden Erinnerungen zu befreien.
Eine Wegkreuzung im Schlosspark, eine runde Bank um einen kleinen Obelisken herum ... es wird Nacht ...
AMANDA: Ich verstehe noch immer nicht. Was könnte ich für ihn tun, Madame? Ich kann nicht glauben, dass Sie wirklich dachten ... Und warum ich? Ich bin nicht besonders hübsch. Und selbst wenn jemand sehr hübsch wäre – wer könnte sich so einfach unvermittelt zwischen ihn und seine Erinnerungen drängen?
DIE HERZOGIN: Niemand anders als du.
AMANDA, *ehrlich überrascht:* Ich?
DIE HERZOGIN: Die Welt ist so töricht, mein Kind. Sie sieht nur Paraden, Gesten, Rangabzeichen ... wahrscheinlich hat man es dir deshalb nie gesagt. Doch mein Herz hat mich nicht getäuscht – ich musste einen Aufschrei unterdrücken, als ich dich in Réséda Soeurs zum ersten Mal sah. Für jemanden, der mehr von ihr kannte als nur ihre öffentliche Erscheinung, bist du Léocadias lebendes Abbild.
Stille. Die Abendvögel lösen nun die vom Nachmittag in ihrem Gesang ab. Der Park ist angefüllt von Schatten und Gezwitscher.

In dem weiteren Dialog versucht die Herzogin, die widerstrebende Amanda zu überreden, den Prinzen zu treffen, bis eine Fahrradklingel ertönt. Die Herzogin erschrickt, denn die Klingel kündigt das Erscheinen des Prinzen an, und beschwört erneut Amanda, mit dem Prinzen zu sprechen. Auf die Frage Amandas, was sie denn sagen solle, schlägt die Herzogin vor, ihn einfach nach dem Weg zum Meer zu fragen, und verbirgt sich im Schatten der Bäume. Als der Prinz am Obelisken erscheint, geht der Dialog wie folgt weiter:

> AMANDA: Verzeihen Sie, mein Herr ...
> *Er hält an, steigt vom Fahrrad, nimmt seinen Hut ab und sieht sie an.*
> DER PRINZ: Ja?
> AMANDA: Können Sie mir den Weg zum Meer zeigen?
> DER PRINZ: Die zweite Straße links.
> *Er verbeugt sich, traurig und höflich, steigt wieder auf sein Fahrrad und fährt davon. Die Klingel ertönt erneut in der Ferne. Die Herzogin tritt aus dem Schatten, sie wirkt nun sehr alt.*
> AMANDA, *sanft, nach einer Weile:* Er hat mich nicht erkannt ...

Im restlichen Dialog lädt die Herzogin, da der letzte Zug bereits fort ist, Amanda ein, die Nacht im Schloss zu bleiben, und Amanda willigt ein. Nach einer abschließenden Szenenbeschreibung fällt der Vorhang.

Text 2 dieser Aufgabe enthält Definitionen der Theaterberufe Schauspieler, Regisseur, Kostümschneider und -bildner, Bühnenbildner, Requisiteur, Tontechniker, Beleuchtungsassistent, Beleuchtungstechniker. Im Folgenden werden einige Beispiele aufgeführt:

> TEXT 2
> DEFINITIONEN VON VERSCHIEDENEN THEATERBERUFEN
>
> | | |
> |---|---|
> | Schauspieler: | Verkörpert eine Figur auf der Bühne. |
> | Regisseur: | Steuert und überwacht alle Aspekte des Stücks. Er bestimmt nicht nur die Positionen der Schauspieler, arrangiert ihre Auftritte und Abgänge und führt Regie bei ihrem Spiel, sondern gibt auch an, wie das Stück zu interpretieren ist. ... |
> | Requisiteur: | Verantwortlich für die Besorgung der erforderlichen Requisiten. Das Wort „Requisiten“ wird für alles verwendet, was bewegt werden kann: Lehnstühle, Briefe, Lampen, Blumensträuße usw. Bühnenbilder und Kostüme sind keine Requisiten. |

Text 1 dieser Aufgabe besteht genau genommen aus drei verschiedenen Textarten. Die erste Textart ist ein als Zusammenfassung vorangestellter narrativer Text, der über das bisherige Geschehen berichtet und damit Hintergrundwissen zur Handlung des Stückes vermittelt. Die zweite Textart besteht aus den Sprachäußerungen der Figuren bzw. Schauspieler. Die dritte Textart besteht aus den Bühnenanweisungen, die die jeweilige Szene charakterisieren. Die verschiedenen Textarten sind durch Überschriften bzw. den Namen des jeweiligen Sprechers sowie durch unterschiedliche Schrifttypen voneinander unterscheidbar. Text 2 ähnelt einer Tabelle, in der Berufsnamen bestimmten Tätigkeitsbeschreibungen zugeordnet werden.

Um die Aufgaben der Verständnisprüfung zu lösen, muss der Leser zunächst die unterschiedlichen Textarten des Textes 1 als solche erkennen und aufeinander beziehen. Die allgemeine Situation des Prinzen, der Herzogin und Amandas, die abgesehen von ihrer Ähnlichkeit mit der Verstorbenen keine nähere Beziehung zu den anderen Personen hat, werden in der vorangestellten Zusammenfassung beschrieben. Hierauf sind die Äußerungen der Protagonisten sowie die dahinter stehenden Annahmen und Intentionen zu beziehen. Die aktuelle Situation als Kontext der Handlung und teilweise auch die Art des Handelns der Protagonisten werden in den Bühnenanweisungen beschrieben. Die drei Textarten bilden ein kohärentes Ganzes: Sie liefern Information über vergangenes und gegenwärtiges Geschehen und erlauben dem Leser, beides mental zu rekonstruieren. Der Leser muss außerdem erkennen, dass hier eine fiktive, gespielte Szene beschrieben wird, die in einen realen Aufführungskontext eingebettet ist. Um bei dieser Aufgabe Lesekompetenz zu zeigen, sollen Probanden zum einen

- aus einer Reihe von Multiple-Choice-Antworten die richtige Aussage identifizieren, wonach die Herzogin Amanda dazu bringen will, den Prinzen seinen Schmerz vergessen zu lassen;
- aus einer weiteren Reihe von Multiple-Choice-Antworten die richtige Aussage identifizieren, wonach dem Prinzen nicht aufgefallen ist, dass Amanda wie Léocadia aussieht;
- bemerken, dass die Anweisungen für Schauspieler und Theatertechniker an der kursiven Schrift erkennbar sind.

Zum anderen sollen die Probanden Informationen aus Text 1 und aus Text 2 miteinander verknüpfen, indem sie ausgehend von den Bühnenanweisungen jeweils Beispiele aus dem Stück angeben, in denen die Beteiligung eines Requisiteurs, eines Tontechnikers und eines Beleuchtungstechnikers erforderlich ist. Darüber hinaus sollen sie in einer Abbildung der Bühne markieren, wo sich beim Auftritt des Prinzen Amanda und die Herzogin jeweils befinden.

Lesekompetenz zeigt sich bei dieser Aufgabe darin, dass der Proband anhand mehrerer Textarten, in denen (a) das vorangegangene Geschehen (als Zusammenfassung) und (b) das aktuelle Geschehen (als direkte Rede im Dialog oder als Bühnenanweisung) beschrieben wird, einen Prozess der Kohärenzbildung vollzieht, indem er eine mentale Repräsentation der dargestellten fiktiven Szene und eine hierauf bezogene mentale Repräsentation der realen Darstellung konstruiert.

Beispielaufgabe „Tschadsee"

In der Aufgabe „Tschadsee" (Deutsches PISA-Konsortium, o.J.; OECD, 2002) werden ein Liniendiagramm mit einer eingebundenen geographischen Karte und ein Balkendiagramm präsentiert. Gegenstand sind die Schwankungen des Wasserstandes des Tschadsees und die damit zusammenhängenden Veränderungen der Tierwelt während der vergangenen 12.000 Jahre. Die Rolle des Textes ist auf die allgemeine Charakterisierung des Diagramminhalts beschränkt. Dadurch wird die übliche Aufteilung der Kommunikationsfunktionen von Text und Bild – der Text als Leitmedium, das Bild als Ergänzung – ins Gegenteil verkehrt. Leitmedium sind hier die beiden Diagramme; der Text bietet nur die Diagrammüberschriften und einige Hinweise zur Diagramminterpretation.

Um die Aufgaben der Verständnisprüfung zu lösen, reicht es nicht aus, die Diagramme und deren verbale Erläuterungen isoliert zu interpretieren. Vielmehr sind die Diagramme aufeinander zu beziehen und mit den verbalen Erläuterungen zu kombinieren. Es ist also ein Prozess der Kohärenzbildung anhand multipler – dieses Mal überwiegend piktorialer – Informationsquellen erforderlich, um eine kohärente mentale Repräsentation zu konstruieren, die sowohl die Wasserstandsveränderungen als auch die Veränderungen in der Tierwelt umfasst. Um hier Lesekompetenz zu zeigen, sollen Probanden

- den im Liniendiagramm nicht angegebenen heutigen Wasserstand des Tschadsees aus dem Hinweis erschließen, dass dieser dem (im Diagramm angegebenen) Wasserstand vor 1000 Jahren entspricht, und den entsprechenden Wert aus dem Diagramm ablesen;
- den nicht beschrifteten Anfang der Zeitskala in dem Liniendiagramm visuell abschätzen;
- als Grund für die Entscheidung des Autors, das Liniendiagramm dort beginnen zu lassen, die Wiederentstehung des Sees angeben;
- aus einer Reihe von Multiple-Choice-Antworten die richtige Aussage über eine Grundannahme des Balkendiagramms identifizieren, wonach die gemalten Tiere zum damaligen Zeitpunkt auch in diesem Gebiet vorkamen;
- anhand des Balkendiagramms den Zeitpunkt des Aussterbens dreier Tierarten bestimmen und diesen Zeitpunkt anhand des Liniendiagramms aus einer Reihe von Multiple-Choice-Antworten über Wasserstandsveränderungen identifizieren.

Lesekompetenz zeigt sich demnach bei dieser Aufgabe darin, dass der Proband auf der Basis von Diagrammen und kurzen Texten eine kohärente mentale Repräsentation der Veränderungen verschiedener Merkmale eines geographischen Gebiets über einen längeren Zeitraum konstruiert, um Fragen über einzelne Daten und über historische Veränderungen, aber auch über die kommunikativen Intentionen des Autors beantworten zu können.

Abbildung 1 zeigt die Schwankungen des Wasserstandes des Tschadsees in der Sahara in Nordafrika. Während der letzten Eiszeit, etwa 20 000 v. Chr., verschwand der Tschadsee vollständig. Um etwa 11 000 v. Chr. entstand er wieder neu. Heute hat er etwa den gleichen Wasserstand wie im Jahre 1 000 n. Chr.

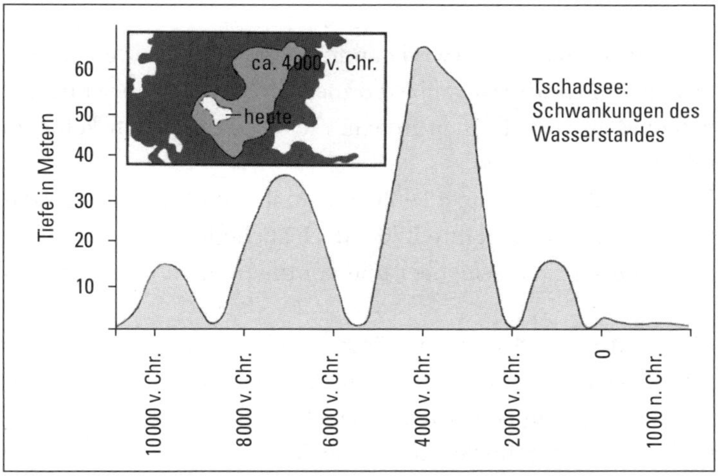

Abbildung 1

Abbildung 2 zeigt Felsmalereien (alte Zeichnungen oder Malereien, die an den Wänden von Höhlen gefunden wurden) aus der Sahara und Veränderungen in der Struktur der Tierwelt.

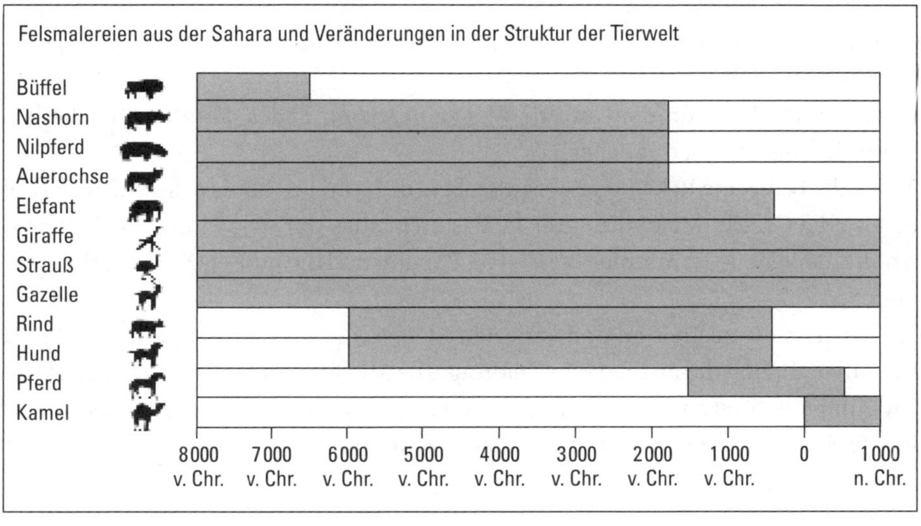

Abbildung 2

Abbildung 3.1 Aufgabenstamm „Tschadsee“

Beispielaufgabe „Graffiti“

In der Beispielaufgabe „Graffiti“ (Deutsches PISA-Konsortium, o.J.; OECD, 2002) werden zwei Briefe aus dem Internet präsentiert, deren Verfasserinnen gegensätzliche Ansichten zu Graffiti im Stadtbild vertreten.

> Ich koche vor Wut, die Schulwand wird nämlich gerade zum vierten Mal gereinigt und frisch gestrichen, um Graffiti wegzubekommen. Kreativität ist bewundernswert, aber die Leute sollten Ausdrucksformen finden, die der Gesellschaft keine zusätzlichen Kosten aufbürden.
> Warum schädigt ihr den Ruf junger Leute, indem ihr Graffiti malt, wo es verboten ist? Professionelle Künstler hängen ihre Bilder doch auch nicht in den Straßen auf, oder? Stattdessen suchen sie sich Geldgeber und kommen durch legale Ausstellungen zu Ruhm.
> Meiner Meinung nach sind Gebäude, Zäune und Parkbänke an sich schon Kunstwerke. Es ist wirklich armselig, diese Architektur mit Graffiti zu verschandeln, und außerdem zerstört die Methode die Ozonschicht. Wirklich, ich kann nicht begreifen, warum diese kriminellen Künstler sich so viel Mühe machen, wo ihre „Kunstwerke“ doch bloß immer wieder beseitigt werden und keiner sie mehr sieht.
>
> Helga
>
> Über Geschmack lässt sich streiten. Die Gesellschaft ist voll von Kommunikation und Werbung. Firmenlogos, Ladennamen. Große, aufdringliche Plakate in den Straßen. Sind sie akzeptabel? Ja meistens. Sind Graffiti akzeptabel? Manche Leute sagen ja, manche nein.
> Wer zahlt den Preis für die Graffiti? Wer zahlt letzten Endes den Preis für die Werbung? Richtig! Der Verbraucher.
> Haben die Leute, die Reklametafeln aufstellen, dich um Erlaubnis gebeten? Nein. Sollten also die Graffiti-Maler dies tun? Ist das nicht alles nur eine Frage der Kommunikation – der eigene Name, die Namen von Banden und die großen Kunstwerke auf offener Straße?
> Denk mal an die gestreiften und karierten Kleider, die vor ein paar Jahren in den Läden auftauchten. Und an die Skibekleidung. Die Muster und Farben waren direkt von den bunten Betonwänden geklaut. Es ist schon komisch, dass die Leute diese Muster und Farben akzeptieren und bewundern, während sie Graffiti in demselben Stil scheußlich finden.
> Harte Zeiten für die Kunst.
>
> Sophia

Um hier Lesekompetenz zu zeigen, sollen Probanden

- aus einer Reihe von Multiple-Choice-Antworten die richtige Aussage identifizieren, wonach die Absicht beider Autorinnen darin besteht, eine Meinung zu äußern;

- neben den als Beispiel aufgeführten Reinigungskosten weitere durch Graffiti entstehende Kosten benennen;
- den Vergleich zwischen Graffiti und Werbung als eine Art Analogie erkennen;
- ihren eigenen Standpunkt in freier Antwort mit einem der Briefe vergleichen;
- den Stil der beiden Briefe an impliziten genrespezifischen Kriterien (wie Argumentation, Tonlage, Überzeugungsstrategien usw.) bewerten.

Der Proband muss also die Mitteilungsabsichten der beiden Briefeschreiberinnen identifizieren, bestimmte Folgen des Anbringens von Graffiti (Schädigung des Rufs von Jugendlichen, Beschädigung des bemalten Objekts, Zerstörung der Ozonschicht) unter den abstrakteren Begriff „Kosten" subsumieren, die argumentative Funktion des Vergleichs von Graffiti und Werbung der zweiten Autorin erkennen, den eigenen Standpunkt mit einem der Briefe (oder mit beiden) in Beziehung setzen und die Qualität des jeweiligen Briefstils bewerten. Es gilt also, kommunikative Intentionen, argumentative Strategien sowie die dabei eingesetzten rhetorischen Figuren zu erkennen und neben persönlichen Kriterien auch genrespezifische Maßstäbe anzuwenden. Solche Anforderungen, die Vergleiche involvieren (z.B. zwischen den Briefen oder zwischen der eigenen Meinung und den Briefen), erfordern multiple Repräsentationen, die jeweils gemeinsame Elemente enthalten.

Den bisherigen Überlegungen zufolge handelt es sich beim Leseverstehen um einen Prozess der (mehr oder weniger ausgeprägten) mentalen Kohärenzbildung anhand einfacher oder multipler externer Repräsentationen, die sowohl verbale als auch piktoriale Informationen enthalten können. Einzeln betrachtet weisen die PISA-Aufgaben hinsichtlich ihrer kognitiven Anforderungen eine erhebliche Heterogenität auf. Insgesamt betrachtet entsprechen sie voll und ganz dem erweiterten Begriff der Lesekompetenz. Sie erfordern eine kohärente Verarbeitung unterschiedlicher externer Repräsentationen, wie Texte, Bilder und Diagramme. Dazu müssen interne Repräsentationen auf unterschiedlichen Ebenen konstruiert werden, wobei das Spektrum von der Repräsentation bestimmter Oberflächenmerkmale über den Sinngehalt der Darstellung oder die Modellierung des Gegenstands bis hin zur Repräsentation der Mitteilungsabsicht oder des Genres der Darstellung reichen kann.

3.3 Externe und interne Repräsentationen beim Leseverstehen

Im Folgenden sollen die Eigenschaften der erforderlichen internen Repräsentationen sowie deren Zusammenspiel genauer charakterisiert werden. Hierzu werden zunächst zwei grundsätzlich unterschiedliche Formen der Repräsentation beschrieben: deskriptionale und depiktionale Repräsentationen. Anhand dieser Differenzierung werden anschließend die Prozesse des Textverstehens und des Bild- und Diagrammverstehens genauer dargestellt. Verarbeitungsprozesse und die dabei entstehenden mentalen Repräsentationen werden dann in einem integrativen Modell des Text- und Bildverstehens zusammengefasst. Anschließend werden die kognitiven Anforderungen der oben dargestellten Beispielaufgaben aus der PISA-Leseverständnisprüfung noch einmal aufgegriffen und anhand des Modells theoretisch differenzierter dargestellt.

3.3.1 Deskriptionale und depiktionale Repräsentationen als komplementäre Darstellungsformen

Repräsentationen sind Objekte oder Ereignisse, die für etwas anderes stehen, es repräsentieren (Peterson, 1996). Texte, Bilder und Diagramme basieren auf unterschiedlichen Zeichensystemen, wobei man in Anlehnung an Peirce (1906) zwischen Symbolzeichen und ikonischen Zeichen unterscheiden kann. Symbolzeichen haben eine arbiträre Struktur und sind mit dem Bezeichneten durch eine Konvention verknüpft. Beispiele für Symbolzeichen sind die Wörter und Sätze der natürlichen Sprache. Ikonische Zeichen hingegen besitzen keine arbiträre Struktur. Sie sind vielmehr mit dem bezeichneten Gegenstand durch Ähnlichkeit oder abstraktere strukturelle Gemeinsamkeiten verknüpft. Beispiele für ikonische Zeichen sind Bilder und Plastiken, aber auch Diagramme. Letztere besitzen zwar keine Ähnlichkeit mit dem Dargestellten, sind jedoch mit ihm durch gemeinsame Strukturmerkmale (eine Analogierelation) verknüpft und repräsentieren ihren Gegenstand aufgrund dieser strukturellen Gemeinsamkeiten. Beispielsweise können in einem Liniendiagramm durch räumliche Distanzen auch nichträumliche Merkmale wie etwa Zeitintervalle, Populationsgrößen und Ähnliches repräsentiert werden. Bilder sind demnach durch eine konkrete Form der Ikonizität, Diagramme hingegen durch eine abstrakte Form der Ikonizität charakterisiert.

Diesen unterschiedlichen Zeichensystemen entsprechend lassen sich zwei grundsätzlich verschiedene Arten der Repräsentation differenzieren: deskriptionale Repräsentationen und depiktionale Repräsentationen. Durch eine deskriptionale Repräsentation wird ein Sachverhalt mithilfe von Symbolen beschrieben. Beispielsweise kann durch einen Text ein Sachverhalt beschrieben werden, indem Komponenten dieses Sachverhalts durch Nomen benannt, durch Adjektive hinsichtlich ihrer Merkmale spezifiziert und durch Verben und Präpositionen (Relationssymbole) zueinander in Beziehung gesetzt werden. Depiktionale Repräsentationen wie zum Beispiel Bilder oder Diagramme enthalten keine solchen expliziten Relationszeichen. Sie besitzen vielmehr inhärente Struktureigenschaften, die mit bestimmten Struktureigenschaften des darzustellenden Sachverhalts übereinstimmen. Deskriptionale Repräsentationen und depiktionale Repräsentationen sind für unterschiedliche Zwecke unterschiedlich gut geeignet. So besitzen deskriptionale Repräsentationen eine höhere Ausdrucksmächtigkeit als depiktionale Repräsentationen. Hingegen sind depiktionale Repräsentationen im Allgemeinen besser geeignet, um Inferenzen zu vollziehen, da die gesuchte Information an der Repräsentation direkt abgelesen werden kann.

Nicht nur externe, sondern auch interne (mentale) Repräsentationen, wie sie in den Abschnitten 3.3.2 und 3.3.3 beschrieben werden, können in Deskriptionen und Depiktionen untergliedert werden. Die beim Textverstehen gebildete mentale Repräsentation der Textoberfläche und die propositionale Repräsentation des Textinhalts sind interne

Deskriptionen: Sie beschreiben den repräsentierten Gegenstand mithilfe von Symbolen. Hingegen sind visuelle Vorstellungen und mentale Modelle interne Depiktionen: Sie besitzen inhärente strukturelle Eigenschaften, die zum Zweck der Repräsentation genutzt werden. Dabei sind visuelle Vorstellungen wahrnehmungsnahe, sensorisch spezifische (eben visuelle) Repräsentationen. Hingegen handelt es sich bei mentalen Modellen um eine sensorisch unspezifische Form der depiktionalen Repräsentation, da sie Information aus verschiedenen Sinnesmodalitäten miteinander verknüpfen können. So kann beispielsweise Information über räumliche Eigenschaften visuell und/oder auditiv und/oder taktil aufgenommen werden. Diese räumlichen Eigenschaften können dann in einem mentalen Modell so repräsentiert werden, dass die „sensorische Herkunft" der einzelnen Informationen nicht mehr erkennbar und nicht mehr relevant ist. Dass es sich bei mentalen Modellen um eine sensorisch unspezifische Form der depiktionalen Repräsentation handelt, wird noch dadurch unterstrichen, dass sie auch Sachverhalte repräsentieren können, die der Wahrnehmung gar nicht zugänglich sind (vgl. Johnson-Laird, 1983; Kosslyn, 1994).

3.3.2 Mentale Repräsentationen beim Textverstehen

In der Kognitionsforschung wird heute davon ausgegangen, dass beim Textverstehen vom Individuum multiple mentale Repräsentationen gebildet werden (van Dijk & Kintsch, 1983; Graesser, Millis, & Zwaan, 1997; Schnotz, 1994; Zwaan & Radvansky, 1998). Demnach konstruiert der Leser beim umfassenden Verstehen eines Textes

- eine mentale Repräsentation der Textoberfläche,
- eine mentale Repräsentation des propositionalen semantischen Gehalts,
- ein mentales Modell des Textgegenstands,
- eine mentale Repräsentation der Kommunikationsabsicht des Textautors,
- eine mentale Repräsentation des Textgenres.

Die mentale Repräsentation der Textoberfläche beinhaltet die gesamte Information über die graphemischen, lexikalischen und syntaktischen Eigenschaften des Textes, also über Schriftbild, Wortwahl, Satzaufbau, sprachliche Formulierungen usw. Die propositionale Repräsentation – die so genannte Textbasis – repräsentiert den semantischen Gehalt des Textes in Form von Propositionen, also komplexen Symbolen, die Aussagen über den Gegenstand des Textes darstellen. Das mentale Modell des Textgegenstands (bei narrativen Texten häufig auch Situationsmodell genannt) ist eine analoge (depiktionale) mentale Repräsentation des im Text dargestellten Sachverhalts. Die Kommunikationsebene bezieht sich auf den aktuellen situativen Kontext, in den der Text eingebettet ist. Hierzu gehören – soweit möglich – die Bildung von Annahmen über den hinter dem Text stehenden Autor und die Identifikation der von ihm verfolgten spezifischen Kommunikationsabsicht. Die Genreebene bezieht sich auf die vom Autor verwendete Textsorte und auf den Zusammenhang zwischen den strukturellen Textmerkmalen dieser Textsorte mit bestimmten allgemeinen Kommunikationsfunktionen (z.B. des Erzählens, Berichtens, Erklärens, Überzeugens, Unterhaltens, Warnens usw.).

Propositionale Repräsentation und mentales Modell dürften jeweils unterschiedlichen Zwecken dienen. Es wird angenommen, dass die Konstruktion der propositionalen Textbasis einen geringeren Verarbeitungsaufwand erfordert, auch für das Speichern vager bzw. schwer verständlicher Aussagen geeignet ist, viel von der Struktur des Textes bewahrt und insofern gut für die Wiedergabe des betreffenden Sinngehalts geeignet ist. Vom mentalen Modell hingegen wird angenommen, dass es einen höheren Verarbeitungsaufwand erfordert und besonders für jene Prozesse geeignet ist, die man gewöhnlich als Inferenzen bezeichnet. Wiedergaben fallen hingegen weniger genau aus, weil die Struktur der Sprachäußerung hier nicht bewahrt wird und eine Wiedergabe deshalb als freie Beschreibung des betreffenden Modells stattfinden muss. Außerdem scheinen die verschiedenen Repräsentationen unterschiedlichen Vergessensraten zu unterliegen: Die mentale Repräsentation der Textoberfläche scheint einem besonders raschen Verfall unterworfen zu sein (Sachs, 1967). Die propositionale Repräsentation wird langsamer vergessen, und die geringste Vergessensrate findet sich auf der Ebene des mentalen Modells (Kintsch u.a., 1990; Schmalhofer & Glavanov, 1986).

3.3.3 Mentale Repräsentationen beim Bild- und Diagrammverstehen

Auch beim Verstehen von Bildern und Diagrammen konstruiert der Betrachter multiple mentale Repräsentationen (vgl. Engelkamp & Zimmer, 1994; Kosslyn, 1994; Schnotz, 2001; Weidenmann, 1994). Der Betrachter konstruiert beim umfassenden Verstehen eines Bildes oder Diagramms demnach

- eine perzeptuelle Repräsentation des Bildes bzw. Diagramms,
- ein mentales Modell des dargestellten Sachverhalts,
- eine propositionale mentale Repräsentation des dargestellten Sachverhalts,
- eine mentale Repräsentation der mit dem Bild bzw. Diagramm verfolgten Kommunikationsabsicht,
- eine mentale Repräsentation des Bild- bzw. Diagrammgenres.

Beim Verstehen von Bildern und Diagrammen kann man zwischen perzeptiver und semantischer Informationsverarbeitung unterscheiden. Die perzeptive Verarbeitung basiert auf präattentiven Prozessen (Neisser, 1976). Diese verlaufen parallel, beinhalten automatisierte visuelle Routinen, sind primär datengeleitet (verlaufen also *bottom-up*) und sind dementsprechend relativ unabhängig vom Vorwissen sowie den Zielsetzungen des Individuums (Ullman, 1984). Ergebnis ist eine perzeptuelle mentale Repräsentation des Bildes oder Diagramms.

Um ein Bild oder Diagramm nicht nur wahrzunehmen, sondern es auch zu verstehen, ist eine semantische Informationsverarbeitung erforderlich: Sie besteht darin, dass anhand der präattentiv konstruierten depiktionalen mentalen Repräsentation ein mentales Modell und eine propositionale Repräsentation des dargestellten Sachverhalts konstruiert werden. Dabei gehen in die mentale Modellkonstruktion die jeweils anforderungsrelevanten Aspekte des dargestellten Sachverhalts ein. Parallel zur mentalen Modellkonstruktion findet eine konzeptgeleitete Analyse statt. Diese besteht in attentiven

Ablese- bzw. Inspektionsprozessen, die dem internen Modell bestimmte Informationen entnehmen, welche wiederum in Form einer propositionalen mentalen Repräsentation gespeichert werden. Diese semantischen Verarbeitungsprozesse laufen seriell ab, sind sowohl daten- als auch konzeptgeleitet, verlaufen also sowohl *bottom-up* als auch *top-down,* und werden sowohl vom Vorwissen als auch von den Zielsetzungen des Individuums beeinflusst.

Bei der semantischen Verarbeitung von Bildern kann der Betrachter auf kognitive Schemata der alltäglichen Wahrnehmung zurückgreifen. Weidenmann (1988) spricht deshalb hier von einem ökologischen Bildverstehen, bei dem der Betrachter erkennt, was auf dem Bild dargestellt ist. Nimmt der Lernende auch Überlegungen darüber vor, warum der Bildproduzent den Sachverhalt so und nicht anders dargestellt hat (bzw. warum dieses und kein anderes Bild ausgewählt wurde), so spricht Weidenmann von einem indikatorischen Bildverstehen. Das Bild wird hier gewissermaßen als Indikator für eine bestimmte Mitteilungsabsicht angesehen und entsprechend analysiert. Es entsteht somit eine Repräsentation der mit dem Bild verfolgten Kommunikationsabsicht. Schließlich kann man auch beim Bildverstehen eine Genreebene unterscheiden, indem der Betrachter erkennt, dass das gezeigte Bild einem bestimmten Bildgenre (z.B. Fotografie, Radierung, Stich) angehört.

Auch beim Diagrammverstehen wird ein mentales Modell des dargestellten Sachverhalts konstruiert, wobei bestimmte graphische Entitäten auf bestimmte mentale Entitäten und bestimmte räumliche Relationen innerhalb des Diagramms auf bestimmte semantische Relationen innerhalb des mentalen Modells abgebildet werden. Dieser Abbildungsprozess kann durch Verwendung von Symbolen in Form von Beschriftungen unterstützt werden, so wie zum Beispiel auch in Landkarten Städte- oder Flussnamen eingetragen sind. Allerdings handelt es sich hier nur um Benennungen, nicht um Beschreibungen von Entitäten. Die Verwendung von Symbolen in Diagrammen oder Karten ändert also nichts am depiktionalen Charakter der Repräsentation, zumal diese Symbole häufig auch ohne weiteres durch piktoriale Darstellungen ersetzt werden können.

Die semantische Verarbeitung eines Diagramms ist somit ein Prozess der Strukturabbildung eines Systems von externen räumlichen Relationen auf ein System von internen semantischen Relationen (vgl. Falkenhainer, Forbus, & Gentner, 1989/1990; Schnotz, 1993b, 2001). Gleichzeitig mit der mentalen Modellkonstruktion findet eine konzeptgeleitete Analyse in Form von mentalen Ableseprozessen statt, deren Ergebnisse wiederum in propositionaler Form gespeichert werden. Auch beim Verstehen eines Diagramms kann der Betrachter die mit diesem Diagramm verfolgte kommunikative Intention erkennen und mental repräsentieren. Schließlich kann man auch hier eine Genreebene unterscheiden, indem der Leser das Diagramm zum Beispiel als Linien-, Kreis-, Balken-, Säulen- oder Streudiagramm identifiziert. Diagramme werden umso besser verstanden, je besser die vom Lernenden präattentiv wahrgenommene graphische Konfiguration mit der Struktur des darzustellenden Sachverhalts übereinstimmt und je besser der Lernende in der Lage ist, diese Übereinstimmung durch Aktivierung geeigneter kognitiver Schemata zu erkennen.

3.3.4 Integration: Ein Mehrebenenmodell der Lesekompetenz

Im Folgenden sollen die oben beschriebenen Repräsentations- und Prozessannahmen in ein theoretisches Modell der Lesekompetenz integriert werden, wobei auf Graesser, Millis und Zwaan (1997) sowie auf Schnotz und Bannert (1999, 2003) zurückgegriffen wird. Die Grundzüge dieses Modells sind in Abbildung 3.2 graphisch dargestellt. Der mittlere Bereich der Abbildung zeigt links einen deskriptionalen und rechts einen depiktionalen Repräsentationszweig. Der deskriptionale Zweig besteht aus der externen Repräsentation eines dargestellten Sachverhalts in Form eines Textes, der internen mentalen Repräsentation der Textoberflächenstruktur sowie der internen propositionalen Repräsentation des semantischen Textgehalts. Diese Repräsentationen basieren auf der Verwendung von Symbolen. Der depiktionale Zweig besteht aus der externen Repräsentation des dargestellten Sachverhalts in Form eines Bildes oder eines Diagramms, der perzeptuellen Repräsentation der Bild- oder Diagrammstruktur sowie dem mentalen Modell des dargestellten Sachverhalts. Diese Repräsentationen basieren auf dem Prinzip der analogen Strukturabbildung.

Die kognitive Verarbeitung eines Textes basiert auf der Analyse von Symbolstrukturen. Dabei kann man zwischen subsemantischen und semantischen Verarbeitungsprozessen unterscheiden. Die subsemantische Verarbeitung beinhaltet Prozesse der Erkennung von Graphemen und Wortbildern sowie Prozesse der syntaktischen Analyse und führt zu einer mentalen Repräsentation der Textoberfläche. Die semantische Verarbeitung besteht in der Aktivierung einer bestimmten Konfiguration hierarchisch organisierter kognitiver Schemata und führt zum Aufbau einer kohärenten propositionalen Repräsentation des Textinhalts. Diese Repräsentation (Textbasis) ist dann Ausgangs-

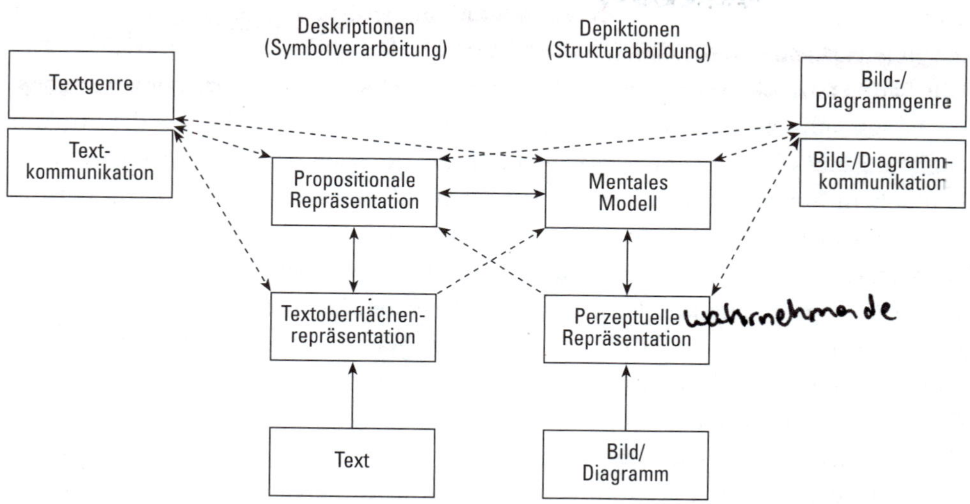

Abbildung 3.2 Erweitertes Modell des Text- und Bildverstehens (aufbauend auf Schnotz & Bannert, 2003, S. 145)

punkt für einen Prozess der mentalen Modellkonstruktion, der ebenfalls auf der Aktivierung kognitiver Schemata beruht. An dem so konstruierten mentalen Modell können dann durch Modellinspektionsprozesse neue Informationen abgelesen werden. Die Ableseergebnisse müssen jeweils explizit gemacht, das heißt in Form von Propositionen enkodiert werden, die die propositionale Repräsentation ergänzen.

Die kognitive Verarbeitung eines Bildes oder Diagramms basiert auf Prozessen der analogen Strukturabbildung. Auch hier kann man zwischen subsemantischen präattentiven und semantischen attentiven Verarbeitungsprozessen unterscheiden. Die subsemantische Verarbeitung besteht in der Wahrnehmung der graphischen Struktur des Bildes bzw. Diagramms. Die semantische Verarbeitung besteht im Aufbau eines mentalen Modells des dargestellten Gegenstands. Bei der Modellkonstruktion findet eine ziel- bzw. anforderungsabhängige thematische Selektion statt: In den Prozess der Strukturabbildung wird nicht die gesamte graphische Konfiguration, sondern nur jener Teil der Bild- bzw. Diagrammstruktur einbezogen, der für die Bewältigung aktueller oder antizipierter Anforderungen relevant ist. Außerdem wird das mentale Modell durch die Aktivierung von Weltwissen elaboriert und enthält deshalb auch Informationen, die im Bild gar nicht dargestellt sind.

Nachdem ein mentales Modell anhand der propositionalen Repräsentation eines Textes oder anhand der perzeptuellen visuellen Repräsentation eines Bildes oder Diagramms konstruiert wurde, können an ihm neue Informationen abgelesen werden. Dabei wird die abgelesene Information in einem propositionalen Format fixiert und der propositionalen Repräsentation hinzugefügt. Propositionale Repräsentationen und mentale Modelle interagieren demnach über Prozesse der Modellkonstruktion und der Modellinspektion. Beim Textverstehen ist der Ausgangspunkt der Interaktion eine deskriptionale (propositionale) Repräsentation, anhand derer eine depiktionale Repräsentation (ein mentales Modell) konstruiert wird, woran dann wieder neue Informationen abgelesen und der propositionalen Repräsentation hinzugefügt werden. Beim Bild- und beim Diagrammverstehen ist der Ausgangspunkt der Interaktion eine depiktionale Repräsentation (ein mentales Modell), woran durch Ableseprozesse Propositionen gewonnen werden. Zwischen externen und internen Zeichensystemen besteht also keine Eins-zu-eins-Zuordnung. Vielmehr führt ein Text als externe deskriptionale Repräsentation intern sowohl zu einer deskriptionalen als auch zu einer depiktionalen Repräsentation. Umgekehrt führt ein Bild oder Diagramm als externe depiktionale Repräsentation intern sowohl zu einer depiktionalen als auch zu einer deskriptionalen, propositionalen Repräsentation.

Darüber hinaus spielen beim Text-, Bild- und Diagrammverstehen noch mentale Repräsentationen auf der Kommunikationsebene sowie Repräsentationen auf der Genreebene eine Rolle. Das heißt: Der Leser kann auch Annahmen über den Kommunikationspartner (den Text-, Bild- und Diagrammautor) und dessen Kommunikationsintentionen treffen und diese mental repräsentieren. Ebenso kann er die Zugehörigkeit eines Textes, Bildes oder Diagramms zu einem bestimmten Textgenre, Bildgenre oder einem bestimmten Diagrammtyp erkennen und mental repräsentieren.

Hinweise auf die Kommunikationsfunktion eines Textes können sich bereits aus der Oberflächenrepräsentation ergeben. Beispielsweise kann die kommunikative Bedeutung, die ein Autor den einzelnen Textabschnitten beimisst, an der jeweils verwendeten Schriftgröße oder an bestimmten Phrasen abgelesen werden. Die Textoberfläche kann auch Hinweise auf das jeweilige Textgenre geben – in dem Aufgabenbeispiel „Amanda und die Herzogin“ etwa dadurch, dass die Bühnenanweisungen in Kursivschrift gefasst sind. Hinweise auf die Kommunikationsfunktion und das Textgenre ergeben sich weiterhin aus dem propositionalen semantischen Gehalt und dem mentalen Modell: Je nachdem, was in den Text aufgenommen und was weggelassen wurde bzw. welche Art von mentalem Modell konstruiert werden kann, lässt darauf schließen, ob der Autor zum Beispiel über Fakten informieren, Zusammenhänge erklären, vor Gefahren warnen oder einfach unterhalten will. In der Abbildung 3.2 sind deshalb links die Repräsentationen der Kommunikationsebene und die der Genreebene in ihrer Abhängigkeit von der Textoberfläche, der propositionalen Textbasis und dem mentalen Modell des Textinhalts dargestellt.

Auch beim Verstehen von Bildern und Diagrammen können sich Hinweise auf die Kommunikationsfunktion und die Genrezugehörigkeit bereits aus der perzeptuellen Oberflächenrepräsentation ergeben. Beispielsweise kann eine Illustration in Form eines Comics anhand von Oberflächenmerkmalen auf die Intention des Autors hinweisen, den Leser (zumindest an dieser Stelle) zu unterhalten; die graphischen Merkmale der Illustration machen zugleich deren Genrezugehörigkeit deutlich. Bei Verwendung eines Diagramms können Oberflächenmerkmale eine Kommunikationsabsicht des Autors (z.B. des Informierens oder des Erklärens) nahe legen. Hinweise auf die Kommunikationsfunktion und das Genre ergeben sich auch anhand des beim Verstehen konstruierten mentalen Modells und der daran ablesbaren propositionalen Information. Beispielsweise signalisiert der Bildinhalt, ob das äußere Aussehen eines Geräts (z.B. eines Mikroskops) gezeigt oder ob dessen Funktionsweise erklärt werden soll. Ebenso signalisiert der Inhalt des Bildes dessen Genre (z.B. ob es sich um ein Sportfoto oder ein Stillleben handelt). In der Abbildung 3.2 sind deshalb rechts die Repräsentationen der Kommunikationsebene und die der Genreebene des Bildes oder Diagramms in ihrer Abhängigkeit von der Oberflächenrepräsentation, dem mentalen Modell des dargestellten Inhalts und der propositionalen Repräsentation dargestellt.

3.3.5 Repräsentationsanforderungen der Beispielaufgaben

Analysiert man die kognitiven Anforderungen, die von den oben beschriebenen Beispielaufgaben an die Lesekompetenz der Probanden gestellt werden, vor dem Hintergrund des dargestellten Mehrebenenmodells der Lesekompetenz, so wird erneut deutlich, dass diese Aufgaben hinsichtlich der Art der geforderten Repräsentationsbildung sehr heterogen sind.

In der Beispielaufgabe „Graffiti“ spielen die Textpropositionen bei der Verstehensprüfung eine eher geringe Rolle: Lediglich die Subsumption von Reinigungsaufwand und Ruf-, Objekt- oder Ozonschichtschädigung unter den Überbegriff „Kosten“ kann als Bildung einer Makroproposition gewertet werden. Alle übrigen Fragen beziehen sich entweder auf die Kommunikationsebene oder auf die Genreebene: Die Probanden müssen erkennen, dass die beiden Briefeschreiberinnen eine Meinung äußern und der Vergleich zwischen Graffiti und Werbung innerhalb der Kommunikation eine bestimmte argumentative Funktion hat. Darüber hinaus müssen die Probanden das argumentative Vorgehen der Autorinnen mit der eigenen Argumentationslinie vergleichen und beide Briefe anhand von allgemeinen Bewertungskriterien des Textgenres beurteilen.

Die Beispielaufgabe „Tschadsee“ ist dadurch gekennzeichnet, dass zwei Diagramme die zentralen Informationsquellen bilden und der Text eine im Vergleich zu anderen Aufgaben eher geringe Rolle spielt. Neben der visuellen Wahrnehmung der Diagramme als perzeptueller Repräsentation ist zum einen die Konstruktion eines integrierten mentalen Modells der Veränderungen von Wasserstand und Tierwelt und einer entsprechenden propositionalen Repräsentation erforderlich. Zum anderen wird die Kommunikationsintention des Diagrammautors angesprochen. Die Probanden müssen anhand des Diagramms eine Proposition (Wasserstand des Sees im Jahr 1000 n.Chr.) generieren und aufgrund einer entsprechenden Textproposition diesen Wasserstand mit dem heutigen gleichsetzen. Sie müssen anhand einer perzeptuellen Repräsentation des Diagramms eine Inferenz vollziehen (den Anfang der Zeitskala im Liniendiagramm bestimmen) und die kommunikative Intention des Diagrammautors identifizieren, die hinter dieser Designentscheidung steht (nämlich die Wiederentstehung des Sees anzudeuten). Sie müssen eine implizite (propositionale) Annahme der Verwendung des Balkendiagramms (den Zusammenhang zwischen bildhafter Darstellung und realem Vorkommen) identifizieren und müssen – von dieser Annahme geleitet – durch visuell gestütztes Ablesen an einem Diagramm den Zeitpunkt des Aussterbens dreier Tierarten bestimmen und propositional repräsentieren. Schließlich müssen sie über ein gemeinsames mentales Modell der Veränderungen von Wasserstand und Tierwelt am anderen Diagramm die richtige Beschreibung von Veränderungen des Wasserstands für diesen Zeitpunkt bestimmen.

Eine Aufgabe von besonderer Komplexität ist „Amanda und die Herzogin“. In Text 1 erfordert der Dialogtext eine propositionale Repräsentation, die Konstruktion von realen und hypothetischen mentalen Situations- bzw. Handlungsmodellen und eine Repräsentation der jeweiligen Handlungsabsichten. Der Text der Bühnenanweisungen ermöglicht eine propositionale Repräsentation und die Konstruktion eines mentalen Modells der Bühnensituation. Im Text 2 werden die Tätigkeiten von Theatertechnikern beschrieben, was die Konstruktion einer propositionalen Textbasis und entsprechender Tätigkeits- bzw. Situationsmodelle ermöglicht, die das mentale Modell der Bühnensituation ergänzen. Die Probanden müssen eine Makroproposition zur Handlungsintention der Herzogin identifizieren, eine Proposition zu Amandas Situationsinterpretation bestimmen und anhand von typographischen Merkmalen die Textsorte „Bühnenanweisung“ identifizieren. Sie müssen außerdem im Theaterstück ausgehend von Bühnenanweisungen bzw. ihrem mentalen Modell der Bühnensituation oder des Handlungsverlaufs Beispiele für Stellen angeben, in denen der Einsatz bestimmter Theatertechniker erforderlich ist. Schließlich müssen sie eine Zeichnung des Bühnenbildes ergänzen. Die Lösung dieser Beispielaufgabe erfordert somit die Konstruktion von Situationsmodellen der Bühnensituation, der dargestellten realen und hypothetischen Situationen sowie Repräsentationen auf der Kommunikations- und der Genreebene.

Insgesamt machen die aufgeführten Beispielaufgaben deutlich, dass sich Lesekompetenz in einem komplexen Wechselspiel von Verarbeitungsprozessen und den dabei entstehenden mentalen Repräsentationen manifestiert. Dementsprechend können individuell unterschiedliche Ausprägungen der Lesekompetenz auf vielfältige Unterschiede hinsichtlich dieser Prozesse und der dabei konstruierten mentalen Repräsentationen zurückzuführen sein. Auf diese individuellen Unterschiede wird im Folgenden genauer einzugehen sein.

3.4 Interindividuelle Differenzen in der Lesekompetenz

3.4.1 Interindividuelle Unterschiede beim Textverstehen

Bildung der Textoberflächenrepräsentation

Wahrnehmungsprozesse. Der Aufbau einer Repräsentation der Textoberfläche erfordert zunächst elementare Wahrnehmungsprozesse. So wurde beispielsweise schon früh festgestellt, dass gute und schlechte Leser sich hinsichtlich der Kontrolle ihrer Augenbewegungen unterschieden (Buswell, 1937). Schwache Leser fielen vor allem durch längere Fixationen und häufigere Rückkehr zu bereits zuvor fixierten Wörtern auf. Die Annahme, dass unzureichende Kontrolle von Blickbewegungen eine Ursache geringer Lesefähigkeit sei, geriet jedoch durch Befunde von Tinker (1958) ins Wanken, wonach die Kontrolle von Blickbewegungen durch Trainingsmaßnahmen optimiert werden kann, ohne dass die Leseverstehensleistung steigt. Ganz aufgegeben wurde die Hypothese nach Befunden von Stanley (1978), die darauf hinweisen, dass defizitäre Blickbewegungsmuster spezifisch für das Lesen sind und die gleichen Personen andere Muster zeigen, wenn sie andere Aufgaben als Lesen ausführen. Stattdessen wurde nun angenommen, die für schwache Leser typischen Blickbewegungsmuster seien eine kompensatorische Reaktion auf Schwierigkeiten beim Verstehen des Textes (z.B. Rayner & Duffy, 1988).

Ein weiterer für das Leseverständnis relevanter Parameter wurde in der Größe der Wahrnehmungsspanne vermutet (Gibson, 1965). Gute Leser könnten, so die Annahme, innerhalb einer Fixation mehr Buchstaben bzw. Wörter identifizieren als schwächere Leser. Underwood und Zola (1986) zeigten jedoch, dass sich die Spannen besser und schlechter lesender Kinder nicht unterscheiden. Außerdem ähnelt die von ihnen beschriebene Spanne von etwa zwei Buchstaben links und etwa sechs Buchstaben rechts des Fixationspunktes weitgehend jener Spanne, die bei geübten erwachsenen Lesern zu finden ist (z.B. McConkie & Rayner, 1975; Rayner & Duffy, 1988).

Allerdings bedeutet eine ähnlich große Wahrnehmungsspanne noch nicht, dass schwächere Leser innerhalb dieser Spanne gleich sicher oder gleich schnell Buchstaben erkennen können. Sicherheit in der Buchstabenwiedererkennung wiederum könnte die Enkodierung eines Wortes erleichtern. Doch auch hier gelang es nicht, überzeugende Evidenz für Unterschiede zwischen guten und schlechten Lesern zu sichern. So fanden beispielsweise Jackson und McClelland (1975, 1979) weder Unterschiede bei der Erkennung einzelner Buchstaben durch Bestimmung der Wahrnehmungsschwelle noch bei der Diskriminationsleistung zwischen zwei Buchstaben. Insgesamt besteht also kaum Evidenz dafür, dass Wahrnehmungsprozesse eine nennenswerte ursächliche Rolle beim Zustandekommen guter und schlechter Leseleistungen spielen.

Lexikalischer Zugriff und Worterkennung. Im Gegensatz zu Wahrnehmungsprozessen zeigen Gedächtnisprozesse deutliche Beziehungen zur Lesefähigkeit. Beispielsweise zeichnen sich gute Leser durch einen schnelleren Zugriff auf das mentale Lexikon aus. So sollten Teilnehmer in Experimenten entscheiden, ob zwei Buchstaben (z.B. in den Paaren A-a, A-A, A-b, A-B) die gleiche physische Form haben (groß oder klein geschrieben sind) oder ob es sich (unabhängig von der Schreibweise) um die gleichen Buchstaben handelt. Die erste Entscheidung erfordert lediglich einen direkten Vergleich zweier visuell repräsentierter Symbole, die zweite erfordert zusätzlich den Zugriff auf die Namen der Buchstaben. Die Differenz zwischen den beiden Entscheidungszeiten wird als Maß für die Schnelligkeit des Zugriffs auf das mentale Lexikon gewertet. Diese Differenz kovariiert mit der Leistung in Tests verbaler Fähigkeiten (z.B. Hunt, Lunneborg, & Lewis, 1975) sowie mit Lesegeschwindigkeit und Leseverständnis (Jackson & McClelland, 1979).

Der lexikalische Zugriff wird unterstützt durch die Fähigkeit, Wörter phonologisch zu rekodieren, ihnen also ein Aussprachemuster zuzuordnen. Der phonologische Kode ist weniger vergessensanfällig und erhöht, gegenüber einer ausschließlich visuellen Kodierung, die Präzision, mit der das Lexikon durchsucht werden kann. Die Geschwindigkeit und Genauigkeit der Vokalisation gehen mit der Entwicklung der Lesefähigkeit bei Kindern einher (vgl. Jorm & Share, 1983), korreliert aber auch mit Lesefähigkeit im Jugendalter (Frederiksen, 1982). In Studien zum Behalten von phonologisch ähnlichem und unähnlichem Material wurde ebenfalls deutlich, dass gute Leser beim lexikalischen Zugriff einen phonologischen Kode nutzen. Wurden beispielsweise phonologisch verwechselbare Buchstaben (im Englischen P, B) oder phonologisch unverwechselbare Buchstaben (P, W) visuell dargeboten, erinnerten Grundschulkinder mit besserer Lesefähigkeit weniger verwechselbare als unverwechselbare Buchstaben (Liberman u.a., 1977). Bei Kindern mit geringerer Lesefähigkeit hingegen wirkte sich die Verwechselbarkeit weniger nachteilig aus – offenbar beruhen ihre Enkodierungsprozesse in geringerem Maße auf phonologischem Kode.

Eine weitere Möglichkeit zur Unterstützung der Worterkennung ist die Nutzung des Kontextes, in dem das Wort erscheint. Befunde von Perfetti, Goldman und Hogaboam (1979) zeigen, dass die Unterschiede in der Worterkennung zwischen besseren und schlechteren Lesern geringer werden, wenn die Zielwörter kontextualisiert sind. Schwächere Leser profitieren also von der Verfügbarkeit von Kontextinformation.

Insgesamt scheint die Schnelligkeit und Sicherheit der Wortwiedererkennung für die Konstruktion einer Oberflächenrepräsentation bedeutsam zu sein. Jedoch ist zu beachten, dass die meisten Befunde korrelativer Art sind und deshalb keine kausale Interpretation zulassen. Fleisher, Jenkins und Pany (1979) zeigten sogar, dass die Worterkennungsgeschwindigkeit schlecht lesender Viert- und Fünftklässler durch Trainingsmaßnahmen auf das Niveau guter Leser gesteigert werden konnte, ohne dass sich deren Testwerte in einem Leseverständnistest veränderten.

Wortschatz. Hilfreich bei der Konstruktion einer Textoberflächenrepräsentation dürfte außerdem ein großer Umfang des mentalen Lexikons sein. Je mehr Einträge das Lexikon enthält, umso größer ist die Wahrscheinlichkeit, dass im Text vorkommende Wörter dort aufgefunden werden. Wiedererkannte Wörter haben größere Chancen, Eingang in die Textoberflächenrepräsentation zu finden und auf der Ebene der propositionalen Repräsentation weiterverarbeitet zu werden. Hohe Korrelationen zwischen Wortschatzumfang und Leistung in Leseverständnistests schienen diese Vermutung zu bestätigen (z.B. Thorndike, 1973). Allerdings berichteten Tuinman und Brady (1974), dass das vorherige Üben des Vokabulars einer Textpassage das spätere Leseverständnis dieser Passage bei Grundschülerinnen und Grundschülern nicht erhöhte. Der Umfang des Lexikons könnte im Gegenteil auch eine Folge höherer Lesefähigkeit sein. Man nimmt an, dass es gut lesenden Personen leichter fällt, die Bedeutung eines unbekannten Wortes aus dem Kontext abzuleiten. Sternberg und Powell (1983) fanden, dass die Fähigkeit, die Bedeutung neuer Wörter zu erschließen, etwa ebenso hoch mit Leseverständnis korreliert wie die Größe des Wortschatzes. Insgesamt gesehen scheint der Umfang des mentalen Lexikons und damit die Kenntnis des verwendeten Vokabulars eine wichtige, aber nicht allein ausschlaggebende Rolle beim Zustandekommen von Leseverständnis zu spielen.

Konstruktion der propositionalen Textbasis

Die propositionale Repräsentation abstrahiert vom Wortlaut und der exakten syntaktischen Struktur der Sätze. Kintsch und van Dijk (1978) beispielsweise nehmen an, dass der Bedeutungsgehalt als Liste von Aussagen, die nicht mehr kongruent mit der Satzstruktur ist, in einem abstrakten, propositionalen Kode abgebildet wird. Hierzu muss zunächst die Syntax einzelner Sätze dekodiert werden. Dann aber müssen auch Zusammenhänge zwischen Aussagen erkannt und in übergreifenden Strukturen wie Makropropositionen repräsentiert werden. Genau dies, die Herstellung lokaler Kohärenz, scheint schwächeren Lesern Probleme zu bereiten. Es gelingt ihnen oft nicht, aufeinander folgende Themen in die richtige Beziehung zu setzen (Lorch, Lorch, & Morgan, 1987), die Gesamtaussage einer Passage zu erfassen (Daneman & Carpenter, 1980) oder den richtigen Referenten eines Pronomens zu identifizieren (Oakhill & Yuill, 1986). Die Versuche, Ursachen für interindividuelle Unterschiede in diesen Leistungen zu finden, konzentrierten sich auf die Rolle des Arbeitsgedächtnisses und des bereichsspezifischen Vorwissens.

Arbeitsgedächtnis. Lesen impliziert die sequenzielle Rezeption von Textinformation. Integrationsleistungen beim Verarbeiten dieser Information erfordern jedoch ein Abweichen von dieser Sequenz. So kann beispielsweise ein Pronomen nur interpretiert werden, wenn ein Bezug zu einem Wort hergestellt werden kann, dessen Wahrnehmung im Leseprozess weiter zurückliegt. Insofern ist Gedächtnis eine unabdingbare Komponente dieses Prozesses.

Trotzdem war es schwierig nachzuweisen, dass Lesekompetenz mit der Fähigkeit zum kurzzeitigen Behalten zusammenhängt (Perfetti & Lesgold, 1977). Eine Ursache lag möglicherweise darin, dass die zunächst verwendeten Kurzzeitgedächtnismaße kaum Anforderungen stellten, die über die Speicherung unzusammenhängenden Materials hinausgingen. Mit dem Konzept des Arbeitsgedächtnisses (Baddeley, 1986; Baddeley & Hitch, 1974) änderte sich diese Sichtweise. Das Arbeitsgedächtnis wurde als eine Ressource aufgefasst, die simultanes Speichern und Transformieren von Information erlaubt. Die auf diesem Rational aufbauenden Maße der Arbeitsgedächtnisspanne (Daneman & Carpenter, 1980, 1983) zeigten eher Korrelationen mit dem Leseverständnis. Die Probanden müssen dabei neben einem Verarbeitungsprozess (z.B. Lesen eines Satzes) beziehungsloses Material speichern (z.B. die jeweils letzten Wörter zuvor gelesener Sätze). Daneman und Carpenter (1980) zeigten beispielsweise, dass Personen, die beim simultanen Vollzug von Verarbeitungsprozessen über eine hohe Gedächtnisspanne verfügen, leichter Pronomialreferenzen auflösen können als Personen mit geringeren Gedächtnisspannen. Mehrdeutige Wörter wurden von Personen mit hoher Arbeitsgedächtnisspanne eher kontextangemessen interpretiert, selbst wenn zwischen dem mehrdeutigen Wort und dem disambiguierenden Textteil eine größere Distanz lag (Daneman & Carpenter, 1983). Zur Erklärung wird angenommen, dass die verfügbare Arbeitsgedächtniskapazität flexibel sowohl Speicher- als auch Verarbeitungsprozessen zugewiesen werden kann. Effizientere Lesestrategien beanspruchen weniger Kapazität, sodass mehr Ressourcen zur Speicherung zur Verfügung stehen. Guten Lesern gelingt es deshalb, sowohl mehr Endwörter im Lesespannentest zu behalten als auch Referenzen zu Wörtern herzustellen, die im Text weiter zurückliegen (Just & Carpenter, 1992). Allerdings können Verarbeitungsstrategien auch an begrenzte kognitive Ressourcen angepasst werden. King und Just (1991) zeigten beispielsweise, dass Personen mit geringerer Arbeitsgedächtniskapazität nicht grundsätzlich langsamer und unzuverlässiger verarbeiten, sondern sich mehr auf jene Teile eines Satzgefüges konzentrieren, die entscheidend für die Interpretation der syntaktischen Gesamtstruktur sind. Das Ausmaß, in dem Verarbeitungsprozesse in diesem Sinne angepasst und Ressourcen flexibel zugewiesen werden können, ist im Modell von Just und Carpenter deshalb nicht nur abhängig von der verfügbaren Arbeitsgedächtnisspanne, sondern auch davon, welche Belastungen sonst noch auf das kognitive System wirken (Goldman, Varma, & Coté, 1996; Just & Carpenter, 1992; Just, Carpenter, & Keller, 1996).

Vorwissen. Neben Arbeitsgedächtnisressourcen, die unmittelbar enkodierte Information beim Lesen verfügbar halten und so die Integration der Textbasis erleichtern, können auch Inhalte des Langzeitgedächtnisses die Herstellung einer kohärenten Textbasis fördern. Die Verfügbarkeit von Wissen kann sowohl geringere Verarbeitungsfähigkeiten partiell kompensieren (Adams, Bell, & Perfetti, 1995) als auch bei gleichen Verarbeitungsfähigkeiten unterschiedliche Leistungen bei der Konstruktion der Textbasis erklären (Spilich u.a., 1979). Beides ist wohl hauptsächlich darauf zurückzuführen, dass Wissen Inferenzen erleichtert, die zusätzliche Verbindungen zwischen einzelnen Textpropositionen etablieren können. Als Beleg gelten vor allem Befunde, denen zufolge das Erinnern der Textbasis leichter ist, wenn zu ihrer Konstruktion in besonderem Maße Wissen eingesetzt werden konnte (Chiesi, Spilich, & Voss, 1979; Spilich u.a., 1979).

Wissensbasierte Konstruktionsprozesse auf der Ebene der Textbasis scheinen sich je nach Art des aktivierten Wissens zu unterscheiden. Sharkey und Sharkey (1987, siehe auch Miller & Stine-Morrow, 1998) fanden, dass die Verfügbarkeit generalisierten schematischen Wissens (Brewer & Nakamura, 1984; Rumelhart, 1980) vor allem Lesezeit am Ende von Sätzen reduziert. Nach Aaronson und Ferres (1986) werden beim Lesen des Satzendes Verarbeitungsprozesse ausgeführt, die den Satzinhalt zusammenfassen und in Beziehung zur Aussage vorheriger Sätze setzen. Der Einsatz schematischen Wissens scheint diesen kohärenzstiftenden Enkodierungsprozess zu erleichtern (Haberlandt u.a., 1986; Soederberg Miller, 2001). Demgegenüber scheint die Aktivierung von weniger geläufigem, komplexerem oder neuerem bereichsspezifischem Wissen eher zu einer Belastungserhöhung zu führen. Texte, deren Verarbeitung solches Wissen beansprucht, erfordern möglicherweise einen erhöhten Aufwand, dieses Wissen auch verfügbar zu machen und zu halten (Britton & Tesser, 1982). Bei solchen Texten fand Soederberg Miller (2001) nicht verkürzte, sondern verlängerte Lesezeiten am Ende eines Satzes.

Mentale Modellkonstruktion

Im Gegensatz zur Textoberflächenrepräsentation und zur propositionalen Repräsentation bildet das mentale Modell (Situationsmodell) keine Merkmale des Textes selbst ab, sondern jene Sachverhalte, auf die sich der Text bezieht (Glenberg, Meyer, & Lindem, 1987). Während die beiden erstgenannten Repräsentationen die sequenziellen Eigenschaften der Darstellung tendenziell erhalten, repräsentiert das mentale Modell allenfalls die sequenziellen Eigenschaften des Dargestellten (Ohtsuka & Brewer, 1992). Möglicherweise aber werden die im Text beschriebenen Sachverhalte auch in irgendeine andere, von der Abfolge im Text abstrahierende Struktur gebracht. Dazu müssen Textinhalte in Beziehung gesetzt werden, auch wenn sie nicht unmittelbar oder in geringem Abstand aufeinander folgen. Das Situationsmodell erfordert also die Herstellung globaler Kohärenz (Albrecht & O'Brien, 1993). Globale Kohärenzbildung verlangt die Fähigkeit, bei der Konstruktion oder Anpassung eines mentalen Modells auch weiter zurückliegende Aussagen zu berücksichtigen. Die Integration nicht unmittelbar aufeinander folgender Aussagen zu einem kohärenten Modell wird durch Vorwissen begünstigt, wenn dies Kohärenz zwischen verteilten Aussagen stiftet. Damit rücken die Faktoren Arbeitsgedächtnis und Wissen auch in der Erforschung interindividueller Unterschiede bei der mentalen Modellkonstruktion in den Mittelpunkt (Dutke, 1998; Rinck, 2000).

Arbeitsgedächtnis. Zusammenhänge zwischen Arbeitsgedächtnisparametern und Verstehensleistungen auf Textebene wurden in zahlreichen Untersuchungen nachgewiesen. Bei Kindern der 4., 5. und 6. Klassenstufe fanden de Jong und de Jong (1996) geringe, aber signifikant positive Korrelationen zwischen einem standardisierten Leseverständnistest und verschiedenen (einfachen und komplexen) Spannenmaßen (zu einer Bewertung dieser Unterscheidung siehe La Pointe & Engle, 1990). Weit höhere Korrelationen zwischen den Verstehensleistungen einerseits und einem Lesespannenmaß sowie einem Maß der pronomialen Inferenzdistanz andererseits berichteten Hacker und Osterland (1995) für Studierende im Alter von 19 bis 37 Jahren. Bei Untersuchungen dieser Art bleibt jedoch weitgehend offen, inwieweit Arbeitsgedächtnisressourcen das Situationsmodell im engeren Sinne beeinflussen. Die verwendeten abhängigen Variablen, wie Leistungen in Leseverständnistests oder bei Verständnisfragen, implizieren zwar aller Wahrscheinlichkeit nach die Konstruktion eines Situationsmodells, doch können geringe Leistungen in diesen Variablen auch auf Verarbeitungsdefizite auf den „niedrigeren" Ebenen zurückzuführen sein.

Expliziten Bezug auf das Konstrukt des Situationsmodells nehmen hingegen Friedman und Miyake (2000). Sie ließen Texte mit höheren bzw. geringen Verarbeitungsanforderungen lesen und gaben während des Lesens Aussagen vor, deren Beurteilung räumliche oder kausale Inferenzen erforderte. Anhand der Richtigkeit der Beurteilung und dem Zeitbedarf hierfür kann diagnostiziert werden, inwieweit die Leser über die Textbasis hinausgehende Konstruktionsleistungen vollbringen. Friedman und Miyake (2000) wiesen mit dieser Methode nicht nur einen generellen Zusammenhang zwischen Modellkonstruktion und Arbeitsgedächtnismaßen nach, sondern zeigten ansatzweise auch ressourcenspezifische Zusammenhänge auf: Güte und Geschwindigkeit der Beurteilung räumlicher Inferenzen korrelierten eher mit einem räumlichen Arbeitsgedächtnismaß *(spatial span)* als mit einem verbalen *(verbal span)*. Umgekehrtes galt für die Beurteilung kausaler Inferenzen. Dennoch bleibt die Frage der Ressourcenspezifität ungeklärt. Swanson, Ashbaker und Lee (1996, siehe auch Swanson, Cochran, & Ewers, 1989) fanden bei schlecht lesenden Kindern eher Defizite in der Koordination der Informationsverarbeitung durch die so genannte zentrale Exekutive des Arbeitsgedächtnisses als in modalitätsspezifischen Speichersystemen im Sinne Baddeleys (1986). Hacker und Osterland (1995) sehen durch ihre Ergebnisse weder die eine noch die andere Interpretation gestützt. Engle, Cantor und Carullo (1992) schließlich bewerten den Zusammenhang zwischen Verstehensleistung und Arbeitsgedächtnis als hauptsächlich durch die insgesamt verfügbare Arbeitsgedächtniskapazität bestimmt, da sich die von ihnen gefundenen Korrelationen als unbeeinflusst von aufgabenspezifischen Speicheranforderungen (Lesen vs. Rechnen) zeigten. Jedoch ist anzumerken, dass diese Studien nicht spezifisch die Qualität des mentalen Modells untersuchen, sondern die Beziehungen zu Verstehensleistungen allgemein.

Auch Palladino u.a. (2001) unterschieden Personen mit höheren und geringeren Verstehensleistungen anhand eines standardisierten Leseverständnistests (Cornoldi, Rizzo, & Pra Baldi, 1991). Allerdings untersuchten sie diese Personengruppen hinsichtlich einer

Arbeitsgedächtnisfunktion, die spezifisch für die Konstruktion eines Situationsmodells während des Lesens sein könnte: das gezielte Aufrechterhalten oder Verändern *(updating)* präsent zu haltender Textinformation (De Vega, 1995). Palladino u.a. (2001) demonstrierten nicht nur, dass fähigere Leser ein zuverlässigeres *updating* zeigen, sondern auch, dass die Effektivität des *updating* sowohl von der Anzahl der zu erinnernden Elemente *(memory request)* als auch von der Anzahl der nicht zu erinnernden Elemente *(suppression request)* abhängt. Insbesondere beim erkenntnisorientierten, selektiven Lesen dürften beide Parameter die Qualität des Situationsmodells beeinflussen.

Vorwissen. Bereichsspezifisches Vorwissen beeinflusst nicht nur die Kohärenz der Textbasis, sondern vor allem auch die Konstruktion des mentalen Modells (Fincher-Kiefer, 1993). So betonen beispielsweise Tardieu, Ehrlich und Gyselinck (1992), dass Domänenwissen eher die Modellrepräsentation als die Textbasis präge. Sie ließen Personen mit größerer bzw. geringerer Expertise Texte lesen, die entweder auf die Expertendomäne bezogen waren oder nicht. Die Probanden wurden mehrfach während des Lesens unterbrochen, um Multiple-Choice-Fragen zu beantworten. Dabei handelte es sich entweder um eine Paraphrasierung eines bereits gelesenen Satzes oder um eine Folgerung aus einer Anzahl gelesener Sätze. Während sich Experten und Novizen bezüglich der Antwortzeiten in den Paraphrasen nicht unterschieden, beantworteten die Experten die Inferenzfragen schneller als die Novizen. Das erste Ergebnis wurde als Evidenz für vergleichbare propositionale Repräsentationen bei beiden Gruppen gewertet, während die Überlegenheit der Experten bei den Inferenzfragen als Ausdruck ihrer elaborierteren mentalen Modelle aufgefasst wurde (vgl. Fincher-Kiefer u.a., 1988).

Dieser Effekt muss jedoch nicht auf die mentale Modellebene beschränkt bleiben, sondern kann auch auf die Verfügbarkeit der propositionalen Textbasis zurückwirken. So zeigten Bransford und Johnson (1972) in ihrer klassischen Demonstration von Kontexteffekten auf das Textverstehen und das Erinnern von Texten, dass die Angabe eines Themas den Lesern die Aktivierung von Vorwissen ermöglichte und ihnen so half, den recht abstrakten Begriffen ihres experimentellen Textes auf der Situationsmodellebene Referenten zuzuweisen. Gleichzeitig zeigten die Autoren, dass der Aufbau dieser referenziellen Repräsentation die Textwiedergabe auf der propositionalen Ebene erheblich verbesserte. Man darf deshalb vermuten, dass die Verfügbarkeit eines mentalen Modells die Kohärenz und damit auch die Reproduzierbarkeit der Textbasis erhöht.

Ebenfalls von praktischer Bedeutung ist die Beobachtung, dass Wissen Defizite der Textbasis bei der Konstruktion eines Situationsmodells ausgleichen kann. Dutke (1993, 1994, zusammenfassend 1996) zeigte, dass mehrdeutige Beschreibungen räumlicher Anordnungen von Gegenständen oder Personen zu weniger validen Modellen der Gesamtsituation führten als eindeutige Beschreibungen (vgl. Mani & Johnson-Laird, 1982). Beschrieben die mehrdeutigen Texte jedoch schematische Objektanordnungen, wie beispielsweise Messer, Gabel, Teller, Löffel und Glas auf einem gedeckten Tisch, entstanden ebenso zutreffende mentale Modelle wie bei eindeutigen, nicht schematischen Anordnungen. Kulturell geprägtes Wissen über typische räumliche Szenen glich also die durch die Indeterminiertheit der Textbasis verursachte Unsicherheit bei der Modellkonstruktion aus, indem eine der möglichen, schemakongruenten Bedeutungsvarianten in das Modell übernommen wurde. Einen ähnlichen Kompensationseffekt berichten Kintsch (1990) sowie McNamara u.a. (1996) zwischen Kohärenzlücken in der Textbasis und bereichsspezifischem Wissen. Einerseits fanden sie, dass der Erwerb eines Situationsmodells bei kohärenten Texten leichter ist als bei weniger kohärenten. Andererseits schrieben Personen mit höherem bereichsspezifischem Wissen nach Lektüre weniger kohärenter Texte bessere Zusammenfassungen. Die Autoren vermuten, dass aufgrund der Kohärenzlücken Verarbeitungsprozesse initiiert werden, die zu einer besseren Integration von Textbasis und Vorwissen führen.

Repräsentation der Kommunikationssituation und des Textgenres

Kommunikations- und Genreebene können zusammenfassend als Metaebenen bezeichnet werden, da sie weder Aspekte des darstellenden Dokuments (des Textes, Bildes oder Diagramms) repräsentieren noch Aspekte des Dargestellten (z.B. eines im Text beschriebenen Sachverhalts). Vielmehr repräsentieren sie Merkmale der Situation, in der ein Text, Bild oder Diagramm rezipiert wird. Der Begriff der Metaebene impliziert, dass Repräsentationen auf diesen Ebenen auch Prozesse auf der Ebene der Textoberflächenrepräsentationen, der propositionalen Repräsentation und des Situationsmodells beeinflussen können.

Motivation und Leseziele. Der Aufbau mentaler Repräsentationen beim Textverstehen ist neben kognitiven Voraussetzungen wesentlich durch motivationale Faktoren wie Interessen und Zielsetzungen bestimmt (Möller & Schiefele, in diesem Band; Schiefele, 1996a, 1999). Ziele und Strategien begrenzen und leiten die Konstruktion von Repräsentationen der Textoberfläche, der propositionalen Textbasis und des mentalen Modells. Erwartungen entstehen aufgrund entsprechender Kommunikationserfahrungen. So erwartet der Leser eines wissenschaftlichen Textes beispielsweise, dass der Autor den Leser von der Plausibilität seiner Schlussfolgerungen überzeugen will und deshalb keine Argumente zu Gunsten der eigenen Sicht absichtlich verschweigt. Leser einer Kriminalgeschichte erwarten hingegen, dass Hinweise auf eine alternative Interpretation eines Sachverhalts zunächst verschwiegen werden, damit die Lösung eines Falles nicht zu schnell offensichtlich wird. Erwartungen können aber auch durch Instruktionen oder andere Hinweise an den Leser gesteuert werden. Die explizite Ankündigung einer Prüfung des Leseverständnisses könnte beispielsweise die Erwartung wecken, dass zumindest einige Texte schwierig zu verstehen sein werden oder dass die Verstehensprüfung genaues oder detailorientiertes Lesen erfordern könnte. Die Erwartung künftiger Anforderungen beim Lesen wirkt auf die anschließend gezeigten Behaltensleistungen (Anderson & Pichert, 1978; McConkie & Rayner, 1974; Pichert & Anderson, 1977). Verstehensleistungen variieren in Abhängigkeit von genre- und kommunikationsbasierten Erwartungen aber auch dann, wenn gar kein expliziter Bezug zu künftigen Anforderungen hergestellt wird. So fanden Dutke und Rinck (2003) beispielsweise, dass das räumliche mentale Modell im Vergleich zur Textoberflächenrepräsentation und der Textbasis einen höheren Einfluss auf die Auflösung von Anaphern nimmt, wenn die Leser erwarten, dass die im Text beschriebenen Ortsveränderungen des Protagonisten nur schwer vorhersehbar sind.

Erwartungen beeinflussen die Wahl von Lesezielen. In Graesser, Singer und Trabasso (1994) Kennzeichnung der konstruktionistischen Auffassung des Textverstehens wird den Lesezielen eine zentrale Rolle in der Konstruktion multipler Repräsentationen zugeschrieben. Die so genannte *reader goal assumption* besagt, dass (im Gegensatz zur Oberflächenrepräsentation) die Konstruktion der Textbasis – und noch stärker die des mentalen Modells – auf die Befriedigung der aktuellen Ziele des Lesers ausgerichtet sei. Graesser, Singer und Trabasso (1994) unterscheiden dabei drei Zielebenen unterschiedlicher Spezifität. Ein generelles, „voreingestelltes" Leseziel bestehe darin, irgendeine Bedeutungsrepräsentation zu konstruieren, die kompatibel mit dem Text ist. Ein solches *Default*-Ziel sei immer dann aktiv, wenn dem Lesevorgang keine zentrale Rolle im aktuellen Handlungskontext der lesenden Person zukomme, wie beispielsweise dem Lesen eines Zeitschriftenartikels in einer „Wartezimmersituation". Spezifischere Ziele ergeben sich aus der Kenntnis von Eigenschaften des jeweiligen Textgenres. Die Erwartung beispielsweise, dass eine Kriminalgeschichte oft beiläufig Details mitteilt, die sich erst später als zentral für die Lösung des Falles herausstellen, könnte das Leseziel aktivieren, möglichst schnell eine zutreffende Hypothese auf der Grundlage beiläufig mitgeteilter Informationen zu entwickeln. Zwaan (1993) zeigte, dass allein die Ankündigung eines Textes als literarischer Erzähltext oder als Zeitungsartikel zu unterschiedlichen mentalen Repräsentationen mit unterschiedlichem Informationsgehalt führte. Drittens schließlich können Leser nach Graesser, Singer und Trabasso (1994) völlig idiosynkratische Leseziele bilden, die eine Vorhersage der mental repräsentierten Inhalte unmöglich mache. Hinzuzufügen ist eine vierte Möglichkeit. In vielen sozialen Situationen wird auch versucht, Leseziele durch direkte Instruktion zu beeinflussen. Dies ist beispielsweise in Unterrichtssituationen der Fall, aber natürlich auch in fast allen Untersuchungen zum Text-, Bild- und Diagrammverstehen.

Lernziele und Strategien. Dient das Lesen dem Wissenserwerb, so werden die Leseziele zu Lernzielen. Lernziele wirken sich insofern auf die Verstehensleistungen bzw. die Art der konstruierten mentalen Repräsentationen aus, als der Leser jeweils unterschiedliche zielorientierte Verarbeitungsstrategien einsetzt. Solche Strategien sind mentale Programme, die die Abfolge und Gewichtung der einzelnen Verarbeitungsprozesse beeinflussen, um den Erwerb, das Einprägen sowie den Abruf und die Anwendung von Wissen zu verbessern (van Dijk & Kintsch, 1983). Mikrostrategien richten sich auf das Verstehen aufeinander folgender Textaussagen oder Bilddetails und deren semantische Verknüpfung. Makrostrategien hingegen richten sich auf das Herausarbeiten der Hauptideen eines Dokuments (Levin, 1982; Meyer, 1984). Makrostrategien werden, verglichen mit Mikrostrategien, in der individuellen Lerngeschichte relativ spät erworben (Bartlett, 1978; Meyer, Brandt, & Bluth, 1978). Sie können speziell auf die Identifikation des jeweiligen Kommunikationsziels des Autors abzielen oder einen Text einem bestimmten Genre zuordnen. Wenn es sich beim Leseverstehen um einen Prozess der mentalen Kohärenzbildung in multiplen mentalen Repräsentationen und anhand multipler externer Repräsentationen handelt, so sind allerdings nicht nur Strategien der intrarepräsentationalen Kohärenzbildung, sondern auch Strategien der interrepräsentationalen Kohärenzbildung erforderlich, bei denen die verschiedenen Informationsquellen systematisch zueinander in Beziehung gesetzt werden. Zur Lösung der oben beschriebenen PISA-Beispielaufgaben mussten Probanden je nach Fragestellung sowohl intrarepräsentationale Mikro- und Makrostrategien als auch interrepräsentationale Strategien der Kohärenzbildung einsetzen.

Weiterhin kann unterschieden werden zwischen Behaltens- und Verstehensstrategien. Bei Behaltensstrategien konzentriert sich die Verarbeitung auf die Bildung einer propositionalen Repräsentation, da eine Wiedergabe von Texten hier relativ genau ausfällt. Bei Verstehensstrategien hingegen steht die Bildung eines mentalen Modells im Vordergrund, da so eine bessere Grundlage für die Beantwortung von Verständnisfragen oder die Anwendung des Gelernten geschaffen wird. Auch werden beim Lesen verschiedener Textsorten unterschiedliche Verarbeitungsstrategien eingesetzt. Während beispielsweise bei der Verarbeitung von literarischen Texten die mentale Repräsentation der Oberflächenstruktur besser enkodiert wird, liegt bei der Verarbeitung von expositorischen Texten und Zeitungsartikeln der Akzent auf der Enkodierung des referenziellen mentalen Modells (Zwaan, 1994).

Verarbeitungsstrategien können sowohl die interne Struktur einer Repräsentation beeinflussen als auch das Verhältnis zwischen den Repräsentationsebenen. Dutke, Ribback und Wagner (2003) fanden beispielsweise, dass die explizite Instruktion, beim Lesen von Erzähltexten besonders auf die zeitlichen Relationen zwischen den beschriebenen Ereignissen zu achten, zu räumlichen mentalen Modellen führte, die die vom Protagonisten zurückgelegten Routen innerhalb eines fiktiven Gebäudes repräsentierten. Wurden die Probanden neutral instruiert, die Texte mit dem Ziel zu lesen, sie zu verstehen, so repräsentierte das mentale Modell zwar räumliches Überblickswissen, aber keine Routendistanzen mehr. Offenbar wurde durch das explizite Beachten der zurückgelegten Wege auch Information darüber gewonnen, welche zeitlichen Relationen zwischen Ereignissen bestehen. Grundlage hierfür dürfte ein Schema raum-zeitlicher Abhängigkeit sein, demzufolge das Zurücklegen längerer Wege typischerweise mehr Zeit kostet.

Auch Walczyk (1995) weist darauf hin, dass Lesestrategien das Verhältnis zwischen Repräsentationen unterschiedlicher Ebenen regulieren. Verarbeitungsprozesse auf unterschiedlichen Repräsentationsebenen können interindividuell unterschiedlich effizient sein (Walczyk, 1993). In Lesesituationen, die wenig eingeschränkt sind, würde eine generelle Kompensationsstrategie angewandt, mit der Ineffizienz auf einer Ebene durch Akzentuierung der Verarbeitungsprozesse auf einer anderen Ebene oft ausgeglichen würde. Starke Restriktionen der Lesesituation, wie beispielsweise Zeitdruck, behinderten diese Kompensationsstrategie, sodass die Effizienz von Teilverarbeitungsprozessen aufgrund mangelnder Kompensation höher mit der Verstehensleistung korreliere als in freieren Lesesituationen, die Kompensationsprozesse zuließen. Beispielsweise fand Schnotz (1993a), dass bei geringer thematischer Kontinuität bzw. erschwerter globaler Kohärenzbildung eher eine Behaltensstrategie verfolgt wurde bzw. der Akzent stärker auf der propositionalen Repräsentation lag, während bei hoher thematischer Kontinuität eher eine Verstehensstrategie verfolgt bzw. der Akzent vor allem auf die mentale Modellkonstruktion gelegt wurde.

Metakognition und Monitoring. Damit es zu einer flexiblen adaptiven Verarbeitung kommt, müssen die verfügbaren Strategien situations- und anforderungsgerecht ausgewählt, koordiniert und in ihrer Ausführung überwacht werden (Hacker, 1997, 1998). Die metakognitive Überwachung des Textverstehens basiert auf einem flexiblen Wechselspiel metakognitiven Wissens mit individuellen Verarbeitungszielen, metakognitiven Erfahrungen und Strategien. Dabei kommen metakognitive Kontrollprozesse zur Anwendung, die auf die Prüfung, Bewertung und Steuerung der eigenen Verarbeitung gerichtet sind (Brown, Armbruster, & Baker, 1986; vgl. Flavell, 1979). Defizite in der metakognitiven Verarbeitungsregulation können dadurch bedingt sein, dass Prozeduren zur Beobachtung und Einschätzung des eigenen Verstehens fehlen oder nicht zur Anwendung kommen (Jacobs & Paris, 1987) und der Lernende somit nicht zu differenzierteren Metakognitionen gelangt. Das allgemeine metakognitive Wissen kann zu gering sein (Ehrlich u.a., 1995), um die vorhandenen Metakognitionen adäquat auszuwerten und die verfügbaren Strategien situationsadäquat einzusetzen.

Mängel in der Verarbeitungsregulation können außerdem durch inadäquate Verstehensstandards bedingt sein (Baker, 1985). Selbst routinierte Leser merken oft nicht, dass sie einen Text nicht hinreichend verstehen (Glenberg, Wilkinson, & Epstein, 1982). Dieses Phänomen, auch diskutiert als *illusion of knowing* (Glenberg & Epstein, 1985), könnte darauf basieren, dass Leser einerseits nie vollständige Repräsentationen der in einem Text gegebenen Information herstellen oder präsent halten, andererseits aber langfristige Vertrautheit mit der im Text behandelten Wissensdomäne erwerben. Beruht das Urteil über den Grad des eigenen Verständnisses eher auf der erworbenen Vertrautheit mit der Wissensdomäne als auf dem tatsächlich repräsentierten Wissen, kann es zu einer Überschätzung des Textverstehens kommen (Glenberg u.a., 1987). Diese Überschätzung wiederum kann eine situationsadäquate Anpassung von Verarbeitungsstrategien behindern.

3.4.2 Interindividuelle Unterschiede beim Bild- und Diagrammverstehen

Während das Verstehen von Texten seit mittlerweile drei Jahrzehnten intensiv untersucht wird, steht die Analyse des Verstehens von Bildern und Diagrammen eher noch in den Anfängen. Dementsprechend gibt es bislang auch noch wenige Untersuchungen über die spezifischen Quellen interindividueller Unterschiede beim Verstehen von Bildern und Diagrammen bzw. darüber, wie diese Kompetenz durch spezifische Strategietrainings unterstützt werden kann (vgl. Houghton & Willows, 1987; Mandl & Levin, 1989; Schnotz & Kulhavy, 1994; Weidenmann, 1994; Willows & Houghton, 1987).

Bildung der perzeptuellen Bild- und Diagrammrepräsentation

Die präattentiven subsemantischen Verarbeitungsprozesse beim Verstehen von Bildern und Diagrammen beinhalten das Erkennen, die Diskrimination und Identifikation von graphischen Komponenten – also von Punkten, Linien und Flächen – anhand ihrer visuellen Eigenschaften (Winn, 1994). Diese graphischen Komponenten werden durch Gruppierungsprozesse zu größeren Einheiten zusammengefasst, wobei die präattentive Wahrnehmungsorganisation im Wesentlichen den so genannten Gestaltgesetzen folgt (Wertheimer, 1938). Nach dem Gesetz der *Nähe* werden räumlich näher beieinander liegende Komponenten eher zusammengefasst als weiter entfernt liegende. Nach dem Gesetz der *Ähnlichkeit* werden Komponenten mit ähnlichen visuellen Merkmalen – zum Beispiel ähnlicher Form, Farbe, Orientierung, Textur usw. – eher zusammengefasst als Komponenten mit unterschiedlichen Merkmalen. Nach dem Gesetz der *Geschlossenheit* bzw. dem Gesetz der *guten Gestalt* werden visuelle Informationen jeweils auf möglichst einfache Weise organisiert, sodass prägnante Formen entstehen. Nach dem Gesetz der *guten Fortsetzung* bleiben mehrere sich schneidende Linien durch die implizite Annahme voneinander unterscheidbar, dass die Kurven an den Schnittstellen jeweils kontinuierlich verlaufen. Schließlich werden nach dem Gesetz des *gemeinsamen Schicksals* mehrere Kurven gleicher Form zu einer Einheit zusammengefasst und als Kurvenschar wahrgenommen. Diese visuellen Routinen laufen weitgehend automatisiert und datengeleitet ab, sodass Vorwissen, höhere kognitive Fähigkeiten und Zielsetzungen des Individuums nur wenig Einfluss haben (Ullman, 1984). Dementsprechend spielen individuelle Unterschiede in der präattentiven subsemantischen Verarbeitung von Bildern und Diagrammen (abgesehen von individuellen Sehfehlern) nur eine untergeordnete Rolle.

Die weiteren Verarbeitungsprozesse beim Verstehen von Bildern und Diagrammen knüpfen an den „visuellen Rohdaten“ der präattentiven Prozesse an und führen zur Wahrnehmung des präsentierten Bildes bzw. Diagramms, das heißt zur Bildung einer perzeptuellen Repräsentation. Diese Prozesse sind zumindest hinsichtlich ihrer Ergebnisse bewusstseinspflichtig, sodass man diesen Teil der Bild- oder Diagrammwahrnehmung als attentiven Prozess bezeichnen kann. Da attentive Prozesse das Arbeitsgedächtnis beanspruchen und dessen Verarbeitungskapazität begrenzt ist, erfolgt diese Verarbeitung zum Teil notwendig seriell. Auch bei visueller Unterstützung durch ein vorliegendes Bild oder Diagramm können im visuell-räumlichen Notizblock *(visual sketchpad)* des Arbeitsgedächtnisses jeweils nur vier bis sieben Einheiten gleichzeitig mental präsent gehalten werden. Je nach individueller Verarbeitungskapazität benötigt die attentive Verarbeitung von Bildern und Diagrammen dementsprechend eine größere oder kleinere Zahl von Verarbeitungsschritten (Baddeley, 1986; Ericsson, Chase, & Faloon, 1980; Kosslyn, 1985).

Neben der individuell unterschiedlichen Kapazität des visuell-räumlichen Notizblocks des Arbeitsgedächtnisses können Leser unterschiedliches Vorwissen in den Prozess des Bildverstehens einbringen. Das Vorwissen des Individuums hat bei der Wahrnehmung von Bildern und Diagrammen Einfluss darauf, wie das Gezeigte kategorisiert wird, worauf sich die Aufmerksamkeit richtet, welche Information aufgenommen und verarbeitet wird, sowie darauf, in welchem Kontext das Gezeigte gesehen wird (Sekuler & Blake, 1994). Beim Verstehen von Bildern kann der Betrachter auf kognitive Schemata der alltäglichen Wahrnehmung zurückgreifen (Weidenmann, 1988), die jeweils mit einer bestimmten Darstellungsperspektive verbunden sind. Gegenstände werden schneller erkannt, wenn die Darstellung aus einer typischen Perspektive erfolgt, als wenn eine weniger typische Perspektive verwendet wird (Palmer, Rosch, & Chase, 1981). Da sich die Typikalität einer Darstellungsperspektive für das Individuum aus dessen bisherigen Erfahrungen ergibt, wird die Fähigkeit zur Identifikation und Kategorisierung des in einem Bild gezeigten Sachverhalts vom individuellen Vorwissen beeinflusst. Je schwieriger der zu verstehende Inhalt und je geringer das Vorwissen und die individuelle Verarbeitungskapazität, desto häufiger und intensiver werden die verfügbaren visuellen Darstellungen vom Leser fokussiert (Carney & Levin, 2002).

Wie bereits erwähnt, kann ein Leser beim Verstehen von Diagrammen nicht auf kognitive Schemata der alltäglichen Wahrnehmung zurückgreifen, da diese Darstellungen keine perzeptuelle Ähnlichkeit mit dem repräsentierten Gegenstand besitzen. Vielmehr sind spezielle kognitive Schemata erforderlich, mit deren Hilfe an den graphischen Konfigurationen eines Diagramms relevante Informationen abgelesen werden können (Pinker, 1990). Bei diesen so genannten Graphikschemata kann man zwischen globalen und lokalen Schemata unterscheiden. Globale Schemata beziehen sich auf die allgemeine Form der Präsentation wie zum Beispiel die Rechtwinkeligkeit des Koordinatensystems in kartesischen Diagrammen. Lokale Schemata beziehen sich auf Darstellungsdetails wie zum Beispiel die Minima und Maxima im Kurvenverlauf eines Liniendiagramms. Lernende mit geringeren kognitiven Voraussetzungen können einem Linien-Zeit-Diagramm oft eher einzelne Werte entnehmen als an ihm einen Entwicklungstrend erkennen, obwohl dieser eigentlich direkt am Kurvenverlauf ablesbar wäre (vgl. Guthrie & Weber, 1991; Kerslake, 1977; Kirsch & Jungeblut, 1986). Empirische Befunde weisen darauf hin, dass Experten bzw. Lernende mit höherem Vorwissen meist sowohl über lokale als auch über globale Schemata verfügen und dadurch eher in der Lage sind, auch übergreifende Muster zu interpretieren, während Lernende mit geringen Lernvoraussetzungen nur eine begrenzte Identifikation von Einzelinformationen anhand lokaler Schemata vornehmen (Lowe, 1993, 1994).

Mentale Modellkonstruktion

Nicht nur beim Textverstehen, sondern auch beim Bild- und Diagrammverstehen ist die mentale Modellkonstruktion in hohem Maße vorwissensabhängig, da ein mentales Modell mehr Information enthält als das Bild oder Diagramm und die entsprechende perzeptuelle Repräsentation. Beispielsweise enthält ein mentales Modell einer technischen Anlage Information über Kausalbeziehungen, die in dem entsprechenden Bild nicht enthalten sind. Leser mit geringerem Vorwissen, jedoch höheren räumlichen kognitiven Fähigkeiten profitieren im Allgemeinen von der Unterstützung der mentalen Modellkonstruktion durch Bilder und Diagramme mehr als Leser mit höherem Vorwissen oder Leser mit geringeren räumlichen Fähigkeiten (Mayer, 1997, 2001; Schnotz, Zink, & Pfeifer,

1996). Leser mit höherem Vorwissen scheinen in der Lage zu sein, auch ohne Bildunterstützung nur anhand eines Textes ein mentales Modell zu konstruieren, während Lesern mit niedrigeren räumlichen Fähigkeiten offenbar die Voraussetzungen fehlen, um von Bildern ausreichend profitieren zu können. Bei Lernenden mit hohem Vorwissen und hohen kognitiven Fähigkeiten, die auch ohne Bildunterstützung zur Konstruktion eines mentalen Modells in der Lage sind, besteht sogar die Möglichkeit, dass die zusätzliche Bereitstellung redundanter Bilder zu einer verstehenshemmenden Teilung der visuellen Aufmerksamkeit führt, was auch als Redundanzeffekt bezeichnet wird (Sweller, van Merrienboer, & Paas, 1998). Unzureichendes Wissen macht sich besonders beim Aufbau dynamischer mentaler Modelle anhand von statischen Bildern bemerkbar. Dabei sind Novizen aufgrund ihres mangelnden Vorwissens deutlich stärker von der visuellen Dominanz (Salienz) in der Wahrnehmung beeinflusst als von der thematischen Relevanz der gezeigten Komponenten (Lowe, 1996, 2003).

Konstruktion einer propositionalen Repräsentation

Der Übergang von der Wahrnehmung eines Bildes oder Diagramms zum Verstehen desselben beinhaltet neben der Konstruktion eines mentalen Modells auch die konzeptgeleitete Analyse des Wahrgenommenen, bei der an depiktionellen Repräsentationen (d.h. an der perzeptuellen Repräsentation oder am mentalen Modell) Information abgelesen und deskriptional (propositional) enkodiert wird. Diese im Arbeitsgedächtnis stattfindenden Ableseprozesse operieren seriell, sind schemageleitet, verlaufen sowohl *bottom-up* als auch *top-down* und werden durch das Vorwissen sowie durch die individuellen Zielsetzungen des Lernenden beeinflusst (Winn, 1994). Beim Verstehen eines Bildes wird die wahrgenommene Konstellation der dargestellten Objekte mithilfe von im Vorwissen gespeicherten kognitiven Schemata hinsichtlich bestimmter Objektkonstellationen analysiert und interpretiert, was zu propositional enkodierter Information führt, die der bereits vorhandenen propositionalen mentalen Repräsentation hinzugefügt wird. Beim Verstehen eines Diagramms werden an der graphischen Konfiguration bestimmte visuell-räumliche Relationen und Attribute abgelesen, semantisch interpretiert und ebenfalls in Form von Propositionen fixiert, die der bereits vorhandenen propositionalen mentalen Repräsentation hinzugefügt werden. Diagramme werden umso besser verstanden, je besser die vom Leser präattentiv wahrgenommene graphische Konfiguration mit der Struktur des darzustellenden Sachverhalts übereinstimmt und je besser der Lernende in der Lage ist, diese Übereinstimmung durch Aktivierung geeigneter kognitiver Schemata zu erkennen. Auch hier spielen individuelle Unterschiede im Vorwissen eine wichtige Rolle. So ermöglichen weniger detaillierte, schematisierte Bilder Lesern mit geringerem Vorwissen bessere Verstehensleistungen als detaillierte, fotorealistische Bilder (Dwyer, 1978).

Hinsichtlich der Tiefe der konzeptuellen Analyse unterschätzen Leser häufig den Informationsgehalt visueller Darstellungen. Das heißt, sie besitzen nicht in hinreichendem Maße adäquate metakognitive Verstehensstandards und merken nicht, wenn sie eine Darstellung nicht hinreichend verstehen (Petterson, 1988; Weidenmann, 1989). Allgemein formuliert ist ein zu oberflächliches Verstehen dadurch bedingt, dass der Lernende an der depiktionalen mentalen Repräsentationen zu wenige Ableseprozesse vollzieht und damit die entsprechende propositionale deskriptionale Repräsentation nicht hinreichend elaboriert. Geeignete Maßnahmen zur Förderung einer tieferen Verarbeitung visueller Darstellungen bestehen deshalb im Kern darin, den Lernenden dazu anzuregen, systematisch bestimmte Ableseprozesse an der depiktionalen Repräsentation vorzunehmen.

Repräsentation der Kommunikationssituation und des Bild- bzw. Diagrammgenres
Üblicherweise konzentriert sich die kognitive Verarbeitung beim Verstehen von Bildern und Diagrammen auf die mentale Modellkonstruktion und die Bildung einer entsprechenden propositionalen Repräsentation. Stellt der Leser jedoch auch Überlegungen darüber an, warum der Produzent eines Bildes (d.h. der Maler, Fotograf oder Zeichner) den zu repräsentierenden Sachverhalt so und nicht anders dargestellt hat, so konstruiert er eine mentale Repräsentation der Kommunikationssituation. Diese Repräsentation enthält nicht nur Information über die aktuellen Kommunikationsbedingungen, sondern auch Information über die Kommunikationsintention des Bildautors – beispielsweise, ob dieser dem Leser Wissen vermitteln, ihn überzeugen oder ihn für etwas interessieren möchte (Weidenmann, 1988). Gleiches gilt für Diagramme, bei denen sich Zusammenhänge zwischen bestimmten Kommunikationsabsichten und bestimmten Darstellungsformaten aufzeigen lassen (Tufte, 1983; Zelazny, 1986).

Kommunikations- und Genrewissen. Um neben der Repräsentation des Inhalts der Bild- oder Diagrammkommunikation auch eine Repräsentation der Kommunikationssituation zu konstruieren, benötigt der Leser entsprechendes Vorwissen bzw. Kommunikationserfahrungen zum Zusammenhang zwischen Kommunikationsbedingungen, Kommunikationsintentionen und den entsprechenden Darstellungsformen. Dabei handelt es sich um metakognitives bzw. metakommunikatives Wissen, das sukzessive über längere Zeiträume aufgebaut werden muss und insofern erst ab einem gewissen Niveau der kognitiven Entwicklung vorausgesetzt werden kann. Für die Bildung einer Repräsentation der Kommunikationssituation reicht allerdings das bloße Vorhandensein dieses Wissens nicht aus. Das Wissen muss auch – zum Beispiel über eine entsprechende Anforderungssituation – aktiviert werden, damit die jeweiligen Analyseprozesse stattfinden und es zum Aufbau der betreffenden Repräsentationsebene kommt (Shah & Hoeffner, 2002).

Ähnliches gilt für die Repräsentation des Bild- oder Diagrammgenres. Leser, die über reichhaltige Erfahrungen mit Bildern oder Diagrammen verfügen, können in einem längeren Lernprozess Kategorien für diese visuellen Darstellungen bilden, wobei sich hier wiederum typische und weniger typische Fälle unterscheiden lassen. Wird ein vorliegendes Bild oder Diagramm vom Leser einer dieser Kategorien zugeordnet und hinsichtlich seiner Typikalität beurteilt, so entsteht damit eine Repräsentation des Bild- bzw. Diagrammgenres. Auch hierfür ist ein entsprechend hohes Vorwissen aufgrund reicher Kommunikationserfahrungen erforderlich. Die Repräsentation des Bild- oder Diagrammgenres wird nicht in jedem Fall gebildet, sondern nur unter der Voraussetzung, dass das entsprechende Vorwissen vorhanden ist und eine Anforderungssituation vorliegt, die die Bildung dieser Repräsentationsebene nahe legt (Graesser, Millis, & Zwaan, 1997).

Motivation, Ziele und Verarbeitungsstrategien. Auch beim Verstehen von Bildern und Diagrammen spielt die Motivation des Lesers, spielen seine Ziele und die hierbei eingesetzten Verarbeitungsstrategien eine wesentliche Rolle. Im Gegensatz zu Texten mit ihrer hierarchisch-sequenziellen Struktur ist für Bilder und Diagramme keine spezifische Verarbeitungsreihenfolge vorgesehen, sodass der Leser bzw. Betrachter hier weit mehr Freiheitsgrade hat als beim Lesen eines Textes. Dementsprechend kommen hier individuelle Zielsetzungen und Strategieunterschiede in besonders hohem Maße zum Tragen.

Leser können zum Beispiel unterschiedliche Strategien der perzeptuellen Verarbeitung einsetzen. Hierzu gehören unter anderem Sequenzierungsstrategien, die Einfluss darauf nehmen, in welcher Reihenfolge die einzelnen Komponenten eines Bildes oder eines Diagramms fixiert werden, um an ihnen bestimmte Attribute und Relationen abzulesen. Diese Strategien sind zum einen kulturspezifisch und beinhalten in unserem Kulturkreis eine Analysereihenfolge von links nach rechts und von oben nach unten. Weicht die Informationssuch- bzw. -sequenzierungsstrategie des Individuums von der verwendeten Darstellungsform ab, so kann dies zu Verstehensproblemen führen. Allerdings konnte anhand von Augenbewegungsmustern beim Lesen von Diagrammen gezeigt werden, dass zumindest Individuen mit höheren kognitiven Voraussetzungen sich relativ schnell an ein anderes Darstellungsformat anpassen können (Winn, 1983, 1994). Zum anderen sind die Informationssequenzierungsstrategien aber auch von metakognitiven Regulationsprozessen abhängig.

Sowohl bei realistischen Bildern als auch bei Diagrammen besteht die Gefahr, dass Lernende meinen, der visuellen Darstellung mit einem Blick genügend Information entnehmen zu können, und deshalb nur eine oberflächliche Verarbeitung vornehmen (Mokros & Tinker, 1987; Weidenmann, 1989). Erfolgreich Lernende sind beim Verstehen von Diagrammen besser in der Lage, sich auf die relevante Information zu konzentrieren und diese entsprechend den Anforderungen der mentalen Modellkonstruktion auszuwählen, als weniger erfolgreich Lernende (Schnotz, Picard, & Hron, 1993).

Leser besitzen häufig nicht in hinreichendem Maße adäquate metakognitive Verstehensstandards und merken nicht, wenn sie eine Darstellung nicht hinreichend verstehen (Petterson, 1988). Allgemein formuliert ist ein zu oberflächliches Verstehen dadurch bedingt, dass der Lernende an der depiktionalen mentalen Repräsentation zu wenig Ableseprozesse vollzieht und damit die entsprechende propositionale deskriptionale Repräsentation nicht hinreichend elaboriert. Geeignete Maßnahmen zur Förderung einer tieferen Verarbeitung visueller Darstellungen bestehen deshalb im Kern darin, den Lernenden dazu anzuregen, systematisch bestimmte Ableseprozesse an der depiktionalen Repräsentation vorzunehmen.

3.4.3 Individuelle Differenzen bei der Kombination von Text- und Bild- bzw. Diagrammverstehen

Dem im Abschnitt 3.3.4 beschriebenen Mehrebenenmodell der Lesekompetenz zufolge bieten Textverstehen und Bildverstehen unterschiedliche Wege zum Aufbau eines mentalen Modells. Stehen dem Leser sowohl Text als auch Bild zur Verfügung, so beinhaltet dies die Möglichkeit, dass ein Weg (zumindest teilweise) den anderen Weg ersetzen kann. Das heißt, Bilder können anstelle von Texten verwendet werden, und Texte können anstelle von Bildern verwendet werden. Entsprechende Tendenzen sind offenbar je nach Höhe des Vorwissens individuell unterschiedlich. Mayer und Gallini (1990) fanden, dass erklärende Illustrationen in Verbindung mit explanativen Texten bei Lernenden mit niedrigeren Lernvoraussetzungen zwar dazu führen, dass die illustrierte Textinformation ihrem Sinngehalt nach besser wiedergegeben werden kann und die Leistungen in Verstehensprüfungen zunehmen, dass jedoch gleichzeitig das Behalten der Textoberflächeninformation reduziert ist. Offenbar wird durch die piktoriale Unterstützung der mentalen Modellkonstruktion die Unterstützung durch verbale Information weniger wichtig, sodass die Textoberflächenstruktur weniger intensiv enkodiert wird.

Wenn ein Leser auf Text und Bilder zurückgreifen kann, können außerdem individuell unterschiedliche Präferenzen für die eine oder die andere Darstellungsform eine Rolle spielen. Kirby, Moore und Schofield (1988) haben aufgrund der Selbstauskünfte von Lesern mithilfe eines Fragebogens zwischen „Verbalizern“ (Personen, die sprachliche, deskriptionale Informationsangebote bevorzugen) und „Visualizern“ (Personen, die bildhafte, depiktionale Informationsangebote bevorzugen) unterschieden. Während sich die metakognitiven Selbstauskünfte über die Bevorzugung der einen oder anderen Präsentationsform als vergleichsweise konsistent erwiesen, konnten allerdings bislang keine klaren Zusammenhänge zwischen der Passung von individueller Präferenz und faktischer Präsentationsform einerseits und dem Verstehens- oder Lernerfolg andererseits nachgewiesen werden. Demgegenüber haben Plass u.a. (1998) Leserpräferenzen für deskriptionale und für depiktionale Angebote im Sinne der Unterscheidung zwischen „Verbalizern“ und „Visualizern“ durch Beobachtung des individuellen Informationsabrufsverhaltens erfasst und konnten auf dieser Basis klare Zusammenhänge mit dem Lernerfolg nachweisen.

Insgesamt hat sich sowohl für das Textverstehen als auch für das Bildverstehen gezeigt, dass bei der Erklärung interindividueller Unterschiede in den Verstehensleistungen die verschiedenen Einflussfaktoren im Allgemeinen ein umso größeres Gewicht haben, je höher die Repräsentationsebene ist, auf der diese Faktoren operieren. Für das Textverstehen wurde gezeigt, dass sich interindividuelle Unterschiede beim Konstruieren der Oberflächenrepräsentation und der propositionalen Textbasis weniger auf die Verstehensleistungen auswirken als interindividuelle Unterschiede auf den Repräsentationsebenen des Situationsmodells. Ebenso wurde für das Bildverstehen deutlich, dass interindividuelle Unterschiede hinsichtlich der präattentiven perzeptuellen Verarbeitung für die Erklärung von unterschiedlichen Verstehensleistungen eine nur sehr geringe Rolle spielen. Demgegenüber wirken sich Unterschiede im Vorwissen sowie Unterschiede in den räumlichen kognitiven Fähigkeiten deutlich sowohl auf die Konstruktion mentaler Modelle als auch auf die Bildung entsprechender propositionaler Repräsentationen aus.

3.5 Zusammenfassung und Ausblick

Ein zentrales Verdienst der PISA-Studie besteht darin, Testaufgaben statistisch gesichert auf einer eindimensionalen Schwierigkeitsskala anzuordnen und damit einen reliablen Maßstab für den Vergleich von Leseverstehensleistungen konstruiert zu haben. Die Verortung einer Aufgabe auf dieser Schwierigkeitsdimension gibt Auskunft über ihre Lösungswahrscheinlichkeit in unterschiedlichen Personenstichproben – relativ zu anderen Aufgaben. Die Lösungswahrscheinlichkeit einer Aufgabe kann zur Markierung des Leistungsniveaus von Personen oder Personengruppen benutzt werden (Baumert, Stanat, & Demmrich, 2001). Diese Messung von Leseverstehensleistungen ist nicht nur zuverlässig, sondern auch dem Augenschein nach valide, indem sie weitgehend den Leseanforderungen entspricht, die sich heute vielen Menschen in ihrem Alltagsleben stellen. Die Aufgaben enthalten eine erhebliche Bandbreite von Anforderungen hinsichtlich der Konstruktion interner Repräsentationen und exemplifizieren damit einen Begriff von Lesen und Verstehen (Artelt u.a., 2001), der hohe Übereinstimmung mit dem der kognitionspsychologisch orientierten Forschung zum Text- und Bildverstehen aufweist, wie sie oben ausgeführt worden ist.

Zu den vorrangigen Zielen der PISA-Studie gehörte die reliable und valide Messung individueller Leseverstehensleistungen, um diese in Beziehung zu Variablen des jeweiligen Bildungssystems setzen zu können. Für eine solche psychometrische Analyse von Kompetenzunterschieden ist die Kenntnis der inneren Strukturen und Prozesse, die diesen Kompetenzen zu Grunde liegen, nicht unbedingt erforderlich, zumal sich aus Struktur- und Prozessanalysen einer Kompetenz nicht notwendig Aussagen über deren psychometrische Dimensionalität ableiten lassen (Guthke, Böttcher, & Sprung, 1990; Schnotz, 1979; vgl. Kreppner, 1975). Demgegenüber hat die kognitionspsychologisch orientierte Text- und Bildverstehensforschung primär kein psychometrisches Anliegen, sondern versucht, die der Lesekompetenz zu Grunde liegenden Strukturen und Prozesse zu analysieren, um erklären zu können, warum beispielsweise eine Leseverstehensaufgabe für Personen mit bestimmten Verarbeitungsressourcen schwieriger oder leichter ist, und um unter anderem gezielte Fördermaßnahmen treffen zu können. Solche eher detailbezogenen Fragen mussten in der PISA-Studie zwangsläufig offen bleiben. Die beiden Forschungsansätze nehmen demnach einander ergänzende Erkenntnisfunktionen wahr, indem die Messung von Kompetenzen von den spezifischen Strukturen und Prozessen, die den gezeigten Leistungen zu Grunde liegen, abstrahiert, während die Struktur- und Prozessanalyse dieser Kompetenzen von den quantitativen Relationen zwischen individuellen Leistungen abstrahiert, die bei der Kompetenzmessung im Vordergrund stehen. Damit bietet sich eine stärkere wechselseitige Bezugnahme beider Forschungstraditionen an, ohne dabei die genuin unterschiedlichen Erkenntnisinteressen zu übersehen.

Eine systematischere Zusammenführung der psychometrischen Qualitäten der PISA-Studie und des aktuellen Forschungsstands zum Text-, Bild- und Diagrammverstehen könnte sich in drei Aspekten positiv auswirken. Erstens böte eine solche Zusammenführung die Möglichkeit einer reflektierteren und systematischeren Diagnostik der Lesekompetenz. Über ihre leistungsmetrischen Eigenschaften im Rahmen der Rasch-Skalierung hinaus könnten die PISA-Aufgaben Komponenten der Lesekompetenz auf verschiedenen Ebenen erfassen. Wie oben anhand ausgewählter Beispielaufgaben dargestellt, wurde dies auch insgesamt gesehen realisiert, wenngleich nicht immer in systematischer Form und im eigentlich möglichen Ausmaß. Einerseits erfordert beispielsweise die Lösung der Beispielaufgabe „Amanda und die Herzogin" Kohärenzbildungsprozesse zwischen unterschiedlichen Informationsquellen und auf verschiedenen Verarbeitungsebenen. Andere Aufgaben hingegen bieten zwar eine Vielzahl von Informationen aus unterschiedlichen Quellen, die prinzipiell zu einem komplexen kohärenten Ganzen verknüpft werden könnten, verlangen dann jedoch beispielsweise lediglich die Verifikation einzelner Propositionen und bleiben insofern hinter den eigentlich vorhandenen Möglichkeiten zur Prüfung der Lesekompetenz zurück. Eine systematischere Berücksichtigung der verschiedenen Repräsentationsebenen und Kohärenzbildungsprozesse auf diesen Ebenen böte die Möglichkeit, das diagnostische Potenzial der einzelnen Aufgaben besser zu nutzen. Das oben skizzierte Modell des Text- und Bildverstehens kann dabei beispielsweise die Funktion einer Taxonomie von Verstehensanforderungen übernehmen, in die sich die einzelnen Verarbeitungsanforderungen einordnen lassen. Damit könnte systematisch überprüft werden, ob und in welchem Umfang die verschiedenen Verarbeitungsanforderungen von den jeweils vorgesehenen Aufgaben erfasst werden, um so etwaige diagnostische Defizite frühzeitig zu kompensieren.

Zweitens könnte eine systematischere Berücksichtigung des aktuellen Forschungsstands zum Text-, Bild- und Diagrammverstehen Vorteile für die Planung und Realisierung geeigneter didaktischer Maßnahmen zur Förderung der Lesekompetenz bieten. Wie oben ausgeführt, besteht Lesekompetenz aus einem Zusammenspiel von Wahrnehmungsprozessen und kognitiven Prozessen auf unterschiedlichen Verarbeitungsebenen, die zu kohärenten mentalen Strukturen auf verschiedenen Repräsentationsebenen führen. Indem theoretische Modelle der Lesekompetenz die Funktion einer Taxonomie der verschiedenen Teilleistungen des Leseverstehens wahrnehmen, bieten sie zugleich eine Orientierungsgrundlage sowohl für den Unterricht, in dem diese Prozesse gefordert und gefördert werden sollen, als auch für die Gestaltung von Trainingsmaßnahmen, die auf eine Vertiefung und Automatisierung der betreffenden Kompetenzen gerichtet sind. Bei der Planung und Gestaltung didaktischer Maßnahmen zur Förderung der Lesekompetenz sollte berücksichtigt werden, dass sich interindividuelle

Unterschiede und verschiedene Verarbeitungsstrategien vor allem in Unterschieden auf den höheren Repräsentationsebenen niederschlagen, während die Unterschiede auf den niedrigeren Ebenen meist geringer ausfallen. Demnach sind Interventionen zur Verbesserung der Lesekompetenz besonders dann erfolgversprechend, wenn sie auf jene höheren strategischen und metakognitiven Verarbeitungsprozesse abzielen, die die Konstruktion von mentalen Modellen, das Ablesen von propositional enkodierter Information an diesen Modellen sowie die Reflexion über die Kommunikationssituation und das Text- bzw. Bildgenre betreffen (Artelt u.a., 2001).

Drittens könnte auch die Forschung zum Text-, Bild- und Diagrammverstehen von einem engeren Austausch mit der psychometrischen Tradition der Lesekompetenzforschung profitieren. So können beispielsweise die leistungsmetrischen Eigenschaften bestimmter PISA-Testaufgaben, zu deren Beantwortung bestimmte Prozesse der Kohärenzbildung erforderlich sind, genauere Hinweise auf besondere Schwierigkeiten eines spezifischen Anforderungsprofils geben. Auf diese Weise können sich zum einen neue Forschungsfragen ergeben und zum anderen neue Testfälle für bestehende theoretische Modelle identifiziert werden.

Es ist zu hoffen, dass die Forschung zum Text-, Bild- und Diagrammverstehen zum einen und die Methodik zur Diagnose von Lesekompetenz zum anderen künftig in einen engeren Austausch treten werden, der sich für beide Seiten als fruchtbar erweisen wird. Die hier vorgetragenen Beobachtungen zeigen, dass die Chancen hierfür gut sind.

Anmerkungen

1 Arbeiten an diesem Kapitel wurden unterstützt durch eine Sachmittelbeihilfe der DFG an den zweiten Autor.

2 Vgl. die Blindenschrift von Braille.

Jens Möller und Ulrich Schiefele

4 Motivationale Grundlagen der Lesekompetenz

4.1 Einleitung

Die PISA-Studie hat nicht nur die Lesekompetenz als zentrale Schlüsselqualifikation in das Zentrum der Aufmerksamkeit gerückt, sondern auch die Bedeutung motivationaler Determinanten der Lesekompetenz – neben soziokulturellen und kognitiven Faktoren – hervorgehoben (vgl. Baumert u.a., 2001). Damit sind insbesondere die Erhebungen zur Lesemotivation und zum verbalen Selbstkonzept gemeint. Die deutschen Schüler und Schülerinnen lassen im internationalen Vergleich weit unterdurchschnittliche Werte in der Lesemotivation erkennen. Dies äußert sich auch in den Lesegewohnheiten. So geben in Deutschland zum Beispiel 42 Prozent der 15-Jährigen an, nie zum Vergnügen zu lesen (Artelt u.a., 2001). Dieser negative Wert wird nur noch von drei weiteren Ländern erreicht bzw. übertroffen. Gleichzeitig belegen die PISA-Ergebnisse, dass die Lesemotivation und das verbale Selbstkonzept statistisch signifikante Prädiktoren der Lesekompetenz darstellen (Artelt, Demmrich, & Baumert, 2001; Artelt u.a., 2001, 2002). Somit können diese Variablen als eine mögliche Ursache für die im internationalen Vergleich schwache Lesekompetenz deutscher Schülerinnen und Schüler betrachtet werden. Besonders bedeutsam ist in diesem Zusammenhang auch der Befund, dass die Unterschiede zwischen Jungen und Mädchen in der Lesekompetenz nahezu vollständig durch Unterschiede in der Lesemotivation erklärt werden können (Stanat & Kunter, 2001).

Die erwähnten Befunde lassen es als gewinnbringend erscheinen, die bisherigen Erkenntnisse zur Bedeutung motivationaler Faktoren für die Lesekompetenz zusammenzutragen und zu diskutieren. Wir werden dabei die Bedeutung von Leseerfahrungen und deren subjektiver Interpretation für das zukünftige Leseverhalten herausstellen. Es wird angenommen, dass die Leseerlebnisse sich darauf auswirken, welche positiven oder negativen Erwartungen eine Person mit dem Lesen verbindet und welchen Wert sie der Tätigkeit des Lesens beimisst.

Bevor wir die Befunde der empirischen Forschung berichten, soll im Folgenden zunächst eine Klärung der in der Leseforschung verwendeten motivationalen Begriffe vorgenommen werden. Für die Darstellung der Befunde der empirischen Forschung zur

Lesemotivation legen wir ein vereinfachtes Modell zu Grunde, das sich an einem Erwartungs-Wert-Modell des Leseverhaltens orientiert. Dieses Modell scheint uns geeignet, die Darstellung zu strukturieren, vorhandene Befunde und Konstrukte zu integrieren und Forschungslücken aufzuzeigen.

4.2 Begriffsklärung Lesemotivation

Die aktuelle Lesemotivation einer Person bezeichnet das Ausmaß des Wunsches oder der Absicht, in einer bestimmten Situation einen spezifischen Text zu lesen (siehe Schiefele, 1996a). Von hoher aktueller Lesemotivation spricht man daher, wenn jemand den starken Wunsch verspürt, etwa das nächste spannende Kapitel eines Kriminalromans oder einen wissenschaftlichen Artikel zu lesen.

Solche Leseabsichten können verschiedene Gründe haben. Die Motivation, einen wissenschaftlichen Artikel zu lesen, kann beispielsweise das Resultat externer Anreize sein, etwa dem Wunsch nach guten Noten entspringen. Eine hohe Lesemotivation kann aber auch im Interesse am Thema eines Textes begründet sein. Gewöhnlich werden solche Aspekte der Motivation in *intrinsische* und *extrinsische* Komponenten der Motivation unterschieden (Deci & Ryan, 1985). Intrinsische Motivation wird definiert als Bereitschaft, eine Aktivität durchzuführen, weil die Aktivität für sich selbst befriedigend bzw. belohnend ist (Deci & Ryan, 1985; Pintrich & Schunk, 2002). Gerade im Hinblick auf das Lesen kann die intrinsische Motivation aus zwei Quellen gespeist werden. Man kann zum einen intrinsisch motiviert sein, weil man Interesse am Thema eines Textes hat. Neben diesem gegenstandsspezifischen Anreiz hat das Lesen zum anderen aber auch tätigkeitsspezifische Anreize zu bieten, das heißt, die Tätigkeit des Lesens kann an sich – unabhängig vom Thema – positiv erlebt werden.

Von extrinsischer Lesemotivation würde man dagegen sprechen, wenn die Gründe für das Lesen außerhalb der Tätigkeit des Lesens selbst und außerhalb des Themas des Textes liegen. Extrinsisch motivierte Handlungen sind durch Ereignisse motiviert, die als Folgen einer Handlung erwartet werden (Heckhausen, 1989; Rheinberg, 1989, 2002). Der extrinsisch motivierte Leser strebt dabei entweder positive Konsequenzen an oder versucht, negative Konsequenzen zu vermeiden. So könnte beispielsweise eine Schülerin oder ein Schüler einen Text besonders gründlich lesen, um vom Lehrer gelobt zu werden oder um schlechte Noten zu vermeiden. Neben diesen beiden Formen extrinsischer Lesemotivation (Anerkennung, Notensteigerung) nennen Wigfield und Guthrie (1997a; siehe Abschnitt 4.4.2) noch den sozialen Vergleich (andere beim Lesen übertreffen wollen) und äußeren Druck (wenn eine Vermeidungstendenz vorliegt und nur bei Vorhandensein äußeren Drucks gelesen wird).

Treten solche aktuellen Lesemotivationen wiederholt auf, so kann von einer hohen *habituellen* oder gewohnheitsmäßigen Lesemotivation gesprochen werden (Pekrun, 1988, 1993). Liest beispielsweise eine Schülerin oder ein Schüler in seiner Freizeit häufig Sachbücher, um in der Schule gute Noten zu erhalten, so liegt eine habituelle extrinsische Lesemotivation vor. Demgegenüber wäre eine habituelle Lesemotivation dann intrinsisch zu nennen, wenn eine Schülerin oder ein Schüler immer wieder gern zu Büchern greift, weil ihr oder ihm das Lesen Freude bereitet.

Im weiteren Verlauf dieses Kapitels wird zu zeigen sein, in welchem Ausmaß die intrinsische und die extrinsische Lesemotivation zur Lesekompetenz einer Person beitragen. Es ist zu vermuten, dass beide Formen der Lesemotivation zentrale Merkmale des Leseverhaltens (z.B. die Häufigkeit des Lesens und die Ausdauer beim Lesen schwieriger Texte) beeinflussen und auf diese Weise die Lesekompetenz fördern.

4.3 Ein Erwartungs-Wert-Modell der Lesemotivation

Zur Darstellung der motivationalen Grundlagen der Lesekompetenz bedienen wir uns motivationspsychologischer Arbeiten, deren zentrales Merkmal die Unterscheidung einer Erwartungskomponente („Werde ich den Text verstehen können?") und einer Wertkomponente („Will ich den Text gerne lesen und warum?") bildet (siehe Baker & Wigfield, 1999). Dieser Ansatz steht nicht zuletzt deshalb im Mittelpunkt unseres Beitrags, weil er die meisten relevanten motivationalen Konstrukte integrieren kann[1].

4.3.1 Überblick

Die klassischen Erwartungs-Wert-Modelle der Motivationspsychologie konzentrierten sich vor allem auf die Vorhersage von Motivation und Verhalten in *Leistungssituationen* (Atkinson, 1957; siehe auch Heckhausen, 1989). Nach Atkinson (1957) stellen neben dem Leistungsmotiv als dispositionalem Personenmerkmal die Erwartungskomponente (im Sinne der subjektiven Erfolgswahrscheinlichkeit bei der Bearbeitung einer bestimmten Aufgabe) und die Wertkomponente (im Sinne des subjektiven Werts von Erfolg bei dieser Aufgabe) die situationsspezifischen Determinanten der Leistungsmotivation dar. Welche Aufgabenschwierigkeit eine Person auswählt, mit welcher Ausdauer und Anstrengung sie eine Aufgabe bearbeitet und welches Kompetenzniveau daraus schließlich resultiert, hängt in diesem Modell von dem Zusammenwirken des Leistungsmotivs und der Erwartungs- und Wertkomponente ab.

Viele Arbeiten zur Vorhersage von Motivation und Verhalten in schulischen Leistungssituationen beziehen sich auf das erweiterte Erwartungs-Wert-Modell von Eccles u.a. (1983; Eccles, 1994; Meece, Wigfield, & Eccles, 1990; Wigfield & Eccles, 1992, 2000; siehe auch Köller u.a., 2000). In der Erweiterung durch Eccles wurden insbesondere Aspekte der Attributionstheorie Weiners (1979, 1985, 1986; Weiner u.a., 1971; vgl. Wigfield & Eccles, 2000) in das Modell integriert, womit den subjektiven Interpretationen von Leistungsergebnissen und anderen Einflüssen der sozialen Umwelt durch die handelnde Person eine größere Bedeutung für nachfolgendes Verhalten zugeschrieben wurde als motivationalen Dispositionen (z.B. dem Leistungsmotiv). Identische Leistungsrückmeldungen wirken sich danach ganz unterschiedlich auf zukünftiges Leistungsverhalten aus, wenn sie auf unterschiedliche Ursachen zurückgeführt werden. Wird ein Misserfolg beim Lernen mit Texten auf die eigene mangelnde Lesekompetenz attribuiert, hat dies ungünstigere motivationale Folgen, als wenn eine Schülerin oder ein Schüler den Misserfolg auf die eigene mangelnde Anstrengung zurückführt (Ehrlich, Kurz-Costes, & Loridant, 1993; Shell, Bruning, & Culving, 1995; siehe auch Abschnitt 4.3.2). Aus solchen individuellen Interpretationen und Ursachenzuschreibungen resultieren nach Eccles (1994) motivationale Überzeugungen *(motivational beliefs)*, die den Aufgabenwert und die Erfolgserwartung beeinflussen.

Abbildung 4.1 präsentiert in Anlehnung an das Erwartungs-Wert-Modell nach Eccles (1994) einen Überblick über die motivationalen Determinanten der Lesekompetenz. Dabei haben wir das ursprüngliche Modell verändert und neueren Entwicklungen in der Motivationspsychologie angepasst (vgl. Pintrich, 2004; Pintrich & Schunk, 2002; Wigfield, 1997).

Grob unterschieden wird in dem Modell zunächst zwischen Einflüssen der sozialen Umwelt, der subjektiven Verarbeitung der Umwelteinflüsse und den motivationalen Überzeugungen einer Person. Die motivationalen Überzeugungen bedingen die Wert- und die Erwartungskomponente, die wiederum gemeinsam die Lesemotivation beeinflussen. Schließlich wirkt sich die Lesemotivation – vermittelt über Merkmale des konkreten Leseverhaltens – auf die Lesekompetenz aus.

Bei den Bedingungsfaktoren der sozialen Umwelt ist zunächst das kulturelle Milieu, das heißt die familiäre und schulische Umwelt des Kindes, zu nennen (siehe auch Hurrelmann, in diesem Band). Eine besondere Bedeutung kommt dabei den sozial vermittelten Geschlechterrollenüberzeugungen (z.B. „Lesen ist etwas für Mädchen") zu, die vor allem über Unterschiede in den individuellen Interessen und im Selbstkonzept die Wertkomponente beeinflussen. Das Ausmaß, in dem eine Aufgabe oder Tätigkeit als kongruent mit der eigenen Geschlechterrollenidentität wahrgenommen wird, bestimmt deren Wert. Jungen ziehen dabei die mathematisch-naturwissenschaftliche Domäne der verbalen Domäne vor, bei den Mädchen verhält es sich umgekehrt (Frome & Eccles, 1998; Hannover, 1991).

Einen weiteren Aspekt der sozialen Umwelt stellt das Leseverhalten von wichtigen Personen im Umfeld des Kindes (Eltern, Geschwister oder Freunde) dar. Wenn beispielsweise das Lesen von Büchern in der Familie einen hohen Stellenwert genießt, dann können durch Prozesse des Modelllernens Lesemotivation und Leseverhalten angeregt werden. Für die Lesemotivation erwiesen sich insbesondere Erwartungen und Einstellungen von Eltern und Lehrern als bedeutsam (Leseman & de Jong, 2001).

Schließlich sind Erfahrungen mit dem Lesen, die dem Kind ermöglicht werden, ein bedeutsamer Faktor der sozialen Umwelt. Hier könnte eine Rolle spielen, ob dem Kind das Lesen leicht fällt oder nicht, und ob in der Schule positive oder negative Rückmeldungen zu Leseleistungen erfolgen und wie diese attribuiert werden. Dabei ist etwa das lesebezogene Selbstkonzept (z.B. „Ich kann auch schwierige Texte verstehen") unmittelbar von der Ursachenzuschreibung erlebter Erfolge oder Misserfolge auf internale oder externale Faktoren abhängig (siehe Abschnitt 4.3.2). Auch die anderen lesebezo-

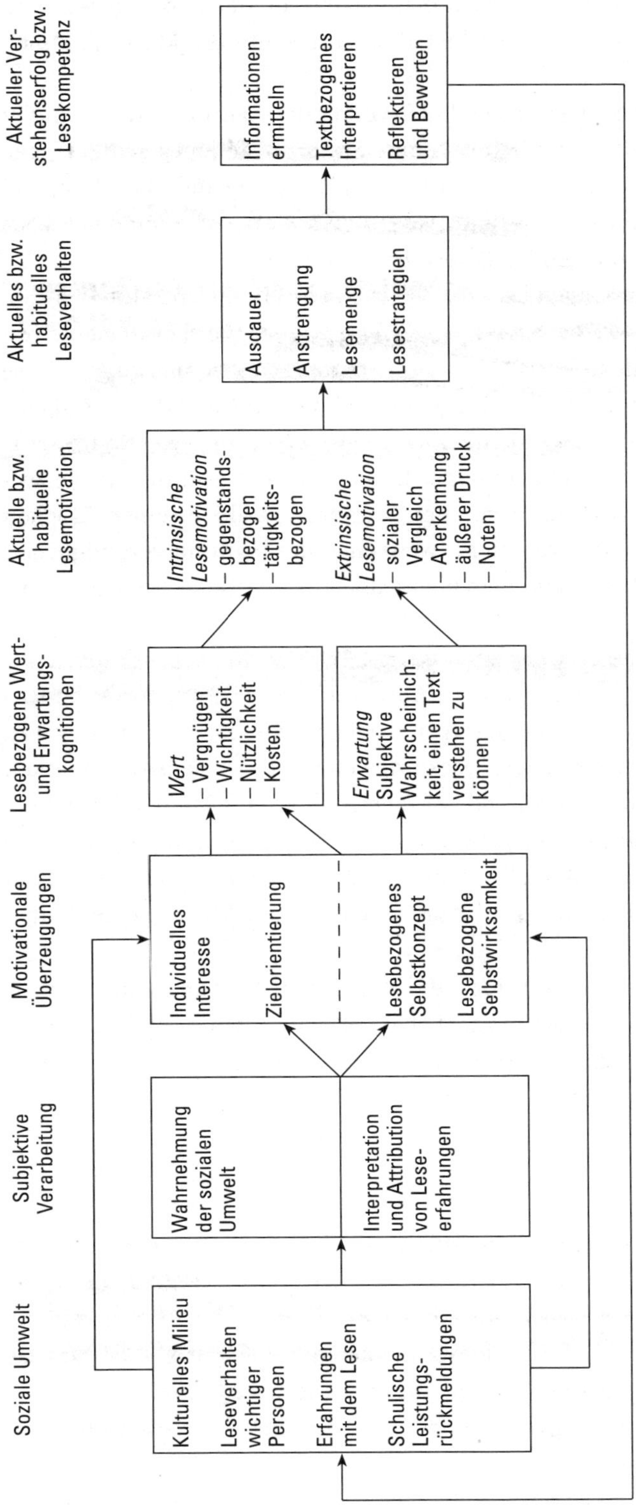

Abbildung 4.1 Erwartungs-Wert-Modell der Lesemotivation

genen motivationalen Überzeugungen werden maßgeblich von den subjektiv verarbeiteten Leseerfahrungen und schulischen Rückmeldungen beeinflusst (Meece & Miller, 1999; Wentzel, 1996).

Zu betonen ist außerdem, dass die mit dem Lesen verbundenen Erinnerungen immer auch eine emotionale Qualität haben. Unangenehme Erfahrungen eines Schülers, beispielsweise Schwierigkeiten beim Lesen, die auf die eigene mangelnde Begabung zurückgeführt werden, können zu einer gering ausgeprägten Wertschätzung des Lesens und folglich zu einem eher vermeidenden Leseverhalten führen.

Die motivationalen Überzeugungen lassen sich grob in zwei Bereiche einteilen. Zunächst gibt es eine Gruppe von Überzeugungen, die eng mit der Wertkomponente verbunden ist, nämlich individuelle Interessen und lesebezogene Zielorientierungen. Diese Variablen behandeln im Wesentlichen die Frage, ob und warum jemand eine Aufgabe bzw. einen Text gern bearbeitet. Die Wertkomponente wird jedoch auch von Kompetenzüberzeugungen beeinflusst. So findet man in der Regel positive Zusammenhänge zwischen fähigkeitsbezogenen Selbsteinschätzungen und der Freude an einer Tätigkeit (z.B. Köller u.a., 2000). Tätigkeiten werden für wertvoller, das heißt für vergnüglicher, wichtiger und nützlicher gehalten, wenn man überzeugt ist, diese Tätigkeiten gut zu beherrschen.

Die Kompetenzüberzeugungen wie das lesebezogene Selbstkonzept oder die ebenfalls lesebezogene Selbstwirksamkeit (siehe unten, Abschnitt 4.3.3) bedingen die Erwartungskomponente. Führen Interpretationen vergangener Erfahrungen mit dem Lesen zu einer positiven Einschätzung der eigenen Lesekompetenz und der Selbstwirksamkeit und somit zu hohen Erfolgserwartungen und ist zugleich für einen Schüler der subjektive Wert des Lesens hoch, sind die Voraussetzungen günstig, dass dieser Schüler eine hohe Lesemotivation entwickelt und folglich häufig und ausdauernd sowie mit hohem Einsatz von Anstrengung und Lesestrategien lesen wird und schließlich zu einer hohen Lesekompetenz gelangt.

In den Abschnitten 4.3.3 und 4.3.4 werden die wichtigsten Determinanten der Erwartungs- und der Wertkomponente des Lesens behandelt. Zuvor wird ausführlicher auf die Ursachenzuschreibungen eingegangen, die die Effekte von Leseerfahrungen auf motivationale Überzeugungen vermitteln.

4.3.2 Attribution von Leseerfahrungen

Die Attributionsforschung beschäftigt sich mit subjektiven Erklärungen und Begründungen von Ereignissen und Handlungen (Heider, 1958; Weiner, 1986). Grundannahme ist, dass Personen als „naive Wissenschaftler" aus ihnen vorliegenden Informationen Rückschlüsse auf zu Grunde liegende Merkmale der handelnden Personen und/oder der jeweiligen Situation ziehen. Insbesondere negative und unerwartete Ereignisse regen dazu an, solche Ursachenzuschreibungen vorzunehmen. Dies gilt beispielsweise auch für Schülerinnen und Schüler nach der Rückgabe von Klassenarbeiten (Möller & Köller, 1999). Bekommt eine Schülerin oder ein Schüler eine überraschend negative Rückmeldung für einen Aufsatz in einer Klassenarbeit, wird er nach Weiner (1986) diesen Misserfolg meist auf einen von vier Kausalfaktoren (mangelnde Begabung, mangelnde Anstrengung, zu hohe Schwierigkeit der Aufgabe, Pech) attribuieren. Begabungs- und Anstrengungsattributionen betreffen internale, in der Person verankerte Faktoren, während Aufgabenschwierigkeit und Zufall externale Umstände der Situation darstellen. Zudem wird unterschieden, ob die Kausalfaktoren zeitstabil (Begabung, Aufgabenschwierigkeit) oder variabel (Anstrengung, Zufall) sind. Man kann sich leicht vorstellen, dass die Frage, ob eine Schülerin oder ein Schüler sich selbst für einen Misserfolg verantwortlich sieht oder nicht, die Verarbeitung einer Leistungsrückmeldung beeinflusst. Misserfolge etwa wirken sich dann besonders ungünstig auf die Einschätzung der eigenen Leistungsfähigkeit aus, wenn sie auf internale Faktoren wie die eigene mangelnde Begabung zurückgeführt werden (Möller & Jerusalem, 1997). Da die fehlende Begabung zudem als relativ zeitstabiler Faktor anzusehen ist, könnten auch zukünftige Anstrengungen für wenig Erfolg versprechend gehalten werden. Motivational günstig sind dagegen meist Attributionen auf die Anstrengung, denn sie kann in zukünftigen Leistungssituationen beeinflusst werden und lässt auch nach einem Misserfolg positive Erwartungen zu. Gerade in der Schule zeigt sich allerdings, dass häufige negative Leistungsrückmeldungen meist auf Begabungsmängel zurückgeführt werden, die wiederum Einbrüche im fachspezifischen Selbstkonzept mit nachfolgend geringen Erfolgserwartungen bewirken. Für diesen Zusammenhang sind die durchweg positiven Korrelationen zwischen Schulnoten und den Fähigkeitseinschätzungen von Schülern ein sicheres Indiz (Möller & Köller, 2004).

Auf zeitstabile Faktoren wie Begabung oder Aufgabenschwierigkeit attribuierte Leistungsergebnisse fördern die Erwartung, dass sich das jeweilige Leistungsergebnis in der Zukunft wiederholt. Stabil attribuierte Misserfolge lassen zukünftige Misserfolge erwarten. Wird dagegen Misserfolg auf variable Faktoren wie die Anstrengung attribuiert, können Personen zum Beispiel davon ausgehen, dass in der nächsten Leistungssituation ein positiveres Ergebnis als Folge vermehrter Anstrengung eintritt.

Attributionen und selbstbezogene Fähigkeitseinschätzungen beeinflussen sich wechselseitig. Leistungsergebnisse wirken sich auf das Selbstonzept der Begabung besonders dann aus, wenn sie internal/stabil auf die eigene Fähigkeit attribuiert werden. Umgekehrt neigen schon Grundschülerinnen und -schüler dazu, ihren eigenen Fähigkeitseinschätzungen entsprechende Attributionen vorzunehmen (siehe Kurtz-Costes & Schneider, 1994). Auch die emotionale Verarbeitung von Leistungsrückmeldungen ist von Attributionen abhängig. Zunächst werden positive Rückmeldungen zwar attributionsunabhängig zu Freude und negative Rückmeldungen zu Frustration führen. Darüber hinaus gibt es aber attributionsabhängige Emotionen. So erleben Schülerinnen und Schüler vor allem dann Stolz nach einer guten Leistung, wenn sie ihren Erfolg auf ihre eigene Begabung und ihre eigene Anstrengung zurückführen. Dagegen entstehen negative Emotionen wie Hoffnungslosigkeit oder Scham, wenn wiederholte Misserfolge internal auf die mangelnde Begabung oder Anstrengung attribuiert werden. Im Gegensatz dazu resultiert zum Beispiel Ärger aus externalen Misserfolgsattributionen.

Die Lokationsdimension, das heißt die Zuschreibung einer Leistung auf internale versus externale Faktoren, beeinflusst also vor allem die emotionalen Folgen der Leistung (vgl. Weiner 1995; Weiner, Russell, & Lerman, 1979). Erwartungen sind dagegen primär von der Stabilitätsdimension der Attributionen abhängig.

Die spezifischen Auswirkungen attributionaler Prozesse auf die Lesemotivation sind eher selten untersucht worden. Hervorzuheben sind Arbeiten wie die von Carr und Borkowski (1989), in denen gezeigt werden konnte, dass Schülerinnen und Schüler eine höhere Lesemotivation entwickeln, wenn ihnen günstige Attributionsmuster (z.B. Anstrengungsattribution nach Misserfolg) vermittelt werden (siehe auch Streblow, in diesem Band).

4.3.3 Motivationale Überzeugungen

Die in der Motivationspsychologie genannten motivationalen Überzeugungen umfassend abzuhandeln, ist an dieser Stelle nicht möglich. Einen ausführlichen Überblick liefert die Arbeit von Pintrich und Schunk (2002). Gerade mit Blick auf das Lesen und das Leseverständnis haben wir die unseres Erachtens wichtigsten Determinanten der Lesemotivation ausgewählt. Eng mit der Wertkomponente verbunden sind dabei inhaltliche Interessen und Zielorientierungen. Als zentrale Bedingungen der Erwartungskomponente können das lesebezogene Selbstkonzept und die Selbstwirksamkeit betrachtet werden.

Individuelles Interesse

Die Interessentheorie definiert individuelle Interessen als gegenstandsspezifische Determinanten intrinsischer Aufgaben- und Lernmotivation (Schiefele, 1996b, 2001). Das Interesse an einem Gegenstand oder an dem Thema eines Textes besteht aus gefühlsbezogenen und wertbezogenen Valenzüberzeugungen. Damit ist im Wesentlichen gemeint, dass im Falle hohen Interesses die Beschäftigung mit einem Thema mit positiven Gefühlen und hoher persönlicher Bedeutsamkeit assoziiert ist. Individuelle Interessen repräsentieren relativ stabile Orientierungen hinsichtlich eines bestimmten Themas oder Gegenstandsbereichs und können somit zu einer wichtigen Motivationsquelle für das Lesen von Texten über den betreffenden Gegenstandsbereich sein. So wird die Motivation einer Person hoch sein, einen Bericht über ein Fußballspiel zu lesen, wenn diese Person sich insgesamt für das Thema Fußball interessiert, das heißt mit dem Thema positive Gefühle verbindet und ihm persönliche Bedeutsamkeit zuschreibt.

In der Literatur wird dabei dem überdauernden *individuellen* Interesse ein eher vorübergehendes *situationales* Interesse gegenübergestellt (Hidi, 1990; Krapp, Hidi, & Renninger, 1992; Renninger, 1990, 1992; Renninger, Ewen, & Lasher, 2002; Schiefele, 1991b, 1999). Beide Formen des Interesses sind im Zusammenhang mit der Lesemotivation von Belang. Situationales Interesse wird im Gegensatz zum individuellen Interesse von spezifischen Aspekten eines Textes geweckt (z.B. Neuigkeitswert, Anschaulichkeit; vgl. Hidi, 2001; Hidi & Baird, 1986, 1988; Kintsch, 1980; Sadoski, Goetz, & Fritz, 1993). Das situationale Interesse kann als Zustand des Interessiertseins begriffen werden, der durch tiefe und weitgehend anstrengungsfreie Konzentration und Gefühle der Freude und (positiven) Spannung charakterisiert ist (Krapp, Hidi, & Renninger, 1992; Schiefele, 1996a). Die Bedeutung des situationalen Interesses für die Lesemotivation ergibt sich zum einen daraus, dass situationales Interesse zu individuellem Interesse werden und somit indirekt zur Lesemotivation beitragen kann. Zum anderen trägt situationales Interesse als eine Form positiven Leseerlebens dazu bei, das Lesen selbst zu einer anstrebenswerten Tätigkeit werden zu lassen. Im Sinne der von uns vertretenen Interessendefinition (vgl. Schiefele, 1996a) ist Lesen selbst aber nicht als Interessengegenstand zu verstehen, es sei denn, man würde sich mit dem Lesen im Sinne eines Wissensgebietes beschäftigen (z.B. mit der Geschichte des Lesens). In der aktuellen fachlichen Diskussion spricht man allerdings häufig vom Leseinteresse, meint aber ausschließlich das Auftreten positiver Gefühlszustände während des Lesens. Auch in der PISA-Studie wurde dieser Sprachgebrauch übernommen. Dabei kamen zwei sehr ähnliche Skalen zum Einsatz: (1) die Skala „Leseinteresse" (drei Items; z.B. „Weil mir das Lesen Spaß macht, würde ich es nicht gerne aufgeben") als Teil der Erhebung zum selbstgesteuerten Lernen im Sinne einer „außercurricularen" Kompetenz und (2) die Skala „Leselust" (neun Items; z.B. „Lesen ist eines meiner liebsten Hobbys") als Teil der Erhebung von Lebens- und Lernbedingungen der Schülerinnen und Schüler. In der PISA-Studie ist mit Leseinteresse oder Leselust also das Ausmaß gemeint, in dem eine Person generell gern liest. Beide Skalen erfassen nicht die Valenzüberzeugungen einer Person bezüglich eines Gegenstands (über den Wissen erworben werden kann), sondern die erlebten Anreize, die bei der Ausführung einer Tätigkeit auftreten. Dabei handelt es sich um tätigkeitsspezifische Vollzugsanreize im Sinne Rheinbergs (1989), die die Grundlage intrinsischer Motivation darstellen. Um Missverständnisse zu vermeiden, wollen wir den Interessenbegriff hier nur auf gegenstandsbezogene Valenzüberzeugungen anwenden. Dagegen wird das Ausmaß, in dem eine Person aufgrund tätigkeitsspezifischer Vollzugsanreize zum Lesen angeregt wird, als intrinsische Lesemotivation bezeichnet (siehe auch Abschnitt 4.2). Allerdings können auch gegenstandsspezifische Anreize, die von bestehenden thematischen Interessen herrühren, zur intrinsischen Lesemotivation beitragen. Die in hohem Maße zum Lesen motivierte Person kann sich daher dadurch auszeichnen, dass sie mit der Tätigkeit des Lesens an sich positive Anreize verbindet und/oder aufgrund vieler oder starker individueller Interessen häufig gern liest.

Untersuchungen zu den Zusammenhängen zwischen individuellem Interesse und Lernen mit Texten zeigen die Bedeutsamkeit sowohl des überdauernden thematischen als auch des situationalen Interesses für den Lernzuwachs. Insgesamt dominieren moderate positive Korrelationen, wie Schiefele (1996a) in einer Metaanalyse zeigte (durchschnittliche Korrelation individuelles Interesse/Textlernen: .27; durchschnittliche Korrelation situationales Interesse/Textlernen: .33). Darüber hinaus zeigte sich, dass thematisch interessierte Leser eher Tiefen- als Oberflächenstrategien einsetzen (siehe auch Schiefele & Krapp, 1996). Nur partiell konnte die Hypothese unterstützt werden, dass mit stärkerem thematischem Interesse auch verstärkt situative Repräsentationen (d.h. ein Verständnis des in einem Text beschriebenen Sachverhalts) als tiefste Form des Lernens einhergehen (Kintsch, 1998; Schiefele, 1996b; siehe jedoch Schaffner & Schiefele, in diesem Band). Bemerkenswert ist dabei, dass die festgestellten Interesseneffekte auch bei Kontrolle von Vorwissen und kognitiver Fähigkeit bestehen bleiben.

Zielorientierung

In der neueren Motivationspsychologie werden Personen danach unterschieden, ob es ihnen in Leistungssituationen eher um Lernzuwächse geht oder um die Demonstration hoher Fähigkeit. Im einen Fall spricht man von Lernzielorientierung, im anderen Fall von Leistungszielorientierung (Duda & Nicholls, 1992; Harackiewicz u.a., 2000). Eine Vielzahl empirischer Studien hat gezeigt, dass diese beiden motivationalen Orientierungen für leistungs- und lernbezogenes Verhalten bedeutsam sind (Ames, 1992; Dweck & Leggett, 1988; Köller, 1998; Meece, 1994; Nicholls, 1984).

Die *Lernziel*orientierung wird beschrieben als Wunsch oder Absicht, die eigene Kompetenz zu steigern, eine Fertigkeit zu erlernen oder Lernmaterial zu verstehen. Misserfolge werden von lernzielorientierten Personen eher als Herausforderungen gesehen; Anstrengungsattributionen und ein positives Fähigkeitsselbstkonzept sind die Grundlage dafür, dass zukünftige Misserfolge vermieden werden können. Die Lernzielorientierung kann als „Annäherungsmotivation" verstanden werden, das heißt, Personen mit hoher Lernzielorientierung suchen Lern- oder Leistungssituationen auf und vermeiden sie nicht.

Bei der *Leistungsziel*orientierung steht die Bewertung der eigenen Leistung bzw. Fähigkeit im Vordergrund. Sie ist definiert als Ziel, hohe Fähigkeiten zu demonstrieren bzw. niedrige Fähigkeiten zu verbergen. Elliott und Harackiewicz (1996) unterscheiden eine annäherungs- und eine vermeidungsbezogene Leistungszielorientierung. Personen mit annäherungsbezogener Leistungszielorientierung sehen Leistungssituationen ähnlich wie lernzielorientierte Personen als Herausforderung und suchen sie auf. Dagegen fürchten Personen mit vermeidungsbezogener Leistungszielorientierung den Misserfolg. Sie tendieren zu ungünstigen Kausalattributionen (z.B. mangelnde Fähigkeit nach Misserfolg) und zu einem niedrigen Fähigkeitsselbstkonzept. Die Folge ist hilfloses Verhalten in schwierigen Leistungssituationen (Ausweichen, geringe Anstrengung, Gefühle der Hilflosigkeit), wenn eigentlich bewältigungsorientiertes Handeln angemessen wäre.

Motivationale Orientierungen werden sowohl als überdauernde Personenmerkmale als auch als situationsspezifische Motivationszustände verstanden (Thorkildsen & Nicholls, 1998). Auch Unterrichtssituationen können danach unterschieden werden, wie stark die eine oder die andere motivationale Orientierung vorherrscht. Beispielsweise sind Prüfungen oder andere Situationen der Leistungsfeststellung und -bewertung in aller Regel mit Leistungszielen verknüpft. Prozess- und aufgabenbezogene Unterrichtssituationen, zum Beispiel das gemeinsame Erarbeiten von Unterrichtsinhalten in kooperativen Arbeitsgruppen, rufen dagegen eher Lernzielorientierungen hervor.

Die Lernzielorientierung weist eine große Nähe zur intrinsischen Motivation auf. Allerdings können Personen auch aus extrinsischen Gründen lernzielorientiert sein, beispielsweise wenn jemand seine englischen Sprachkenntnisse verbessern möchte, um später bessere berufliche Chancen zu haben.

Schunk und Rice (1989) untersuchten die Auswirkungen unterschiedlicher Zielorientierungen auf das Leseverhalten. Schülerinnen und Schülern eines Trainingsexperiments wurden zunächst Strategien zur Ermittlung der Hauptgedanken eines Textes vermittelt. Anschließend wurden die Schülerinnen und Schüler auf verschiedene Gruppen mit unterschiedlichen Zielvorgaben verteilt. Dabei zeigte sich, dass Schülerinnen und Schüler, denen als Ziel vorgegeben wurde, die Strategien zu erlernen (Lernzielorientierung), ein besseres Textverständnis erreichten als Schülerinnen und Schüler mit dem Ziel, präsentierte Fragen korrekt zu beantworten (Leistungszielorientierung). Beide Gruppen schätzten jedoch ihre Selbstwirksamkeit im Hinblick auf das Finden der Hauptgedanken höher ein als eine weitere Schülergruppe, der nur als globales Ziel vorgegeben war, möglichst produktiv zu arbeiten. Noch besser schnitten in einer Replikationsstudie Schülerinnen und Schüler ab, denen eine Lernzielorientierung vermittelt wurde und die zugleich Feedback zu ihren Lernfortschritten beim Anwenden der gelernten Strategien erhielten.

Meece und Miller (2001) konnten in einer Längsschnittstudie zeigen, dass motivationale Orientierungen für Lese- und Schreibaktivitäten relativ zeitüberdauernd sind. Insgesamt nahmen hier zwischen der 3. und der 5. Klasse sowohl die (eher intrinsische) Lern- als auch die (eher extrinsische) Leistungszielorientierung ab. Die Abnahme der Lernzielorientierung ging mit einem verminderten Einsatz von Lernstrategien einher.

Motivationale Orientierungen im Bereich des Lesens sind nach Schraw und Bruning (1999) mit impliziten Modellen zum Charakter des Lesens verbunden. Die Einstellung, dass Lesen einen aktiven Prozess der Sinnkonstruktion darstellt, ist positiv mit einer Lern- und negativ mit einer Leistungszielorientierung korreliert. Dagegen scheint die Meinung, Lesen sei ein eher rezeptiver Prozess, mit einer hohen Ausprägung der Leistungszielorientierung assoziiert zu sein.

Die Bedeutung motivationaler Orientierungen für die Lesekompetenz ergibt sich daraus, dass die Art der Orientierung Auswirkungen auf die aktuelle und überdauernde Lesemotivation und folglich auf Umfang und Intensität von Leseaktivitäten haben kann. Insbesondere ist zu vermuten, dass lernzielorientierte Schülerinnen und Schüler in höherem Ausmaß Leseaktivitäten wertschätzen, da es ihnen darum geht, ihr bisheriges Kompetenzniveau zu verbessern. Leistungszielorientierte Schülerinnen und Schüler werden dagegen – sofern sie überhaupt annäherungsbezogen sind – nur insoweit Leseaktivitäten wertschätzen und zeigen, als es ihrem Ziel dient, fähig zu erscheinen.

Selbstkonzept

Leistungsbezogene Selbstkonzepte stellen generalisierte fachspezifische Fähigkeitseinschätzungen dar, die Schülerinnen und Schüler aufgrund von Kompetenzerfahrungen in den Schulfächern erwerben. Diese Erfahrungen und Bewertungen sind entscheidend geprägt durch die Urteile signifikanter anderer, durch konkrete Rückmeldungen und zugehörige Kausalattributionen (Shavelson, Hubner, & Stanton, 1976). Die besondere theoretische und praktische Bedeutung akademischer Selbstkonzepte ergibt sich aus einer Vielzahl von Untersuchungen, in denen gezeigt werden konnte, dass diese Personenmerkmale leistungsthematisches Verhalten erklären und vorhersagen können. Es besteht weitgehender Konsens darüber, dass akademische Selbstkonzepte Lernprozesse in der Schule fördern (z.B. Helmke & van Aken, 1995; Köller & Möller, 2001; Köller u.a., 1999; Marsh, 1990b). Auch ist ihre hohe Bedeutung bei Kurswahlen in amerikanischen *high schools* (Marsh & Yeung, 1997) oder in der gymnasialen Oberstufe (Hodapp & Mißler, 1996; Köller u.a., 2000) gezeigt worden. Die prädiktive Kraft fachbezogener akademischer Selbstkonzepte für schulische Leistungen zeigt sich auch dann, wenn andere bedeutsame Variablen wie Intelligenz oder Vorwissen berücksichtigt werden (Helmke, 1992). Umgekehrt wird das lesebezogene Selbstkonzept von der schulischen und der außerschulischen Leseleistung beeinflusst, wie etwa Faber (1992) bei Grundschülerinnen und -schülern belegen konnte. Aber auch die Analysen der Daten aus der Lesestudie mit Erwachsenen *International Adult Literacy Survey* (IALS; OECD/Statistics Canada, 2000) berichten sehr niedrige lesebezogene Selbstkonzepte bei schlechten Lesern und damit korrespondierend einen erhöhten Beratungs- und Hilfebedarf dieser Personengruppe (etwa beim Ausfüllen von Formularen, siehe auch Chapman & Tunmer, 2002). Eccles u.a. (1983) berichten von einer hohen Domänenspezifität fähigkeitsbezogener Kognitionen. Während bei Kindern der ersten beiden Klassenstufen Überschätzungen für alle Schulfächerr häufig sind, unterscheiden sich ab der 3. Klasse die akademischen Selbstkonzepte für die erfassten Fächer Mathematik, Lesen, Musik und Sport deutlich (vgl. Helmke, 1998, 1999). Häufig ergeben sich zwischen dem verbalen und dem mathematischen Selbstkonzept sogar Nullkorrelationen, obwohl die Leistungen in den beiden Fächern deutlich positiv korreliert sind. Viele Schülerinnen und Schüler führen offenbar so genannte dimensionale Vergleiche ihrer Leistungen in beiden Domänen durch und überschätzen Unterschiede zwischen ihrer verbalen und ihrer mathematischen Begabung (Möller & Köller, 2001a, 2001b, 2004).

Auch in den Ergebnissen der PISA-Studie wird die zentrale Stellung des akademischen Selbstkonzepts deutlich. Entsprechend ist das lesebezogene Selbstkonzept als eigenständige motivationale Variable, die sowohl die Erwartungs- als auch die Wertkomponente beeinflusst, auch in der motivationspsychologisch ausgerichteten Leseforschung neben der intrinsischen und der extrinsischen Motivation von großer Bedeutung (Wigfield, 1997; Wigfield & Guthrie, 1997a, 1997b).

Das verbale Selbstkonzept wurde in der PISA-Studie erfasst mit Items wie: „Im Fach Deutsch bin ich ein hoffnungsloser Fall" oder „Im Fach Deutsch lerne ich schnell". Die Fragen zielen also insgesamt auf die Begabung im Fach Deutsch ab und erfassen nicht explizit das lesebezogene Selbstkonzept. Vermutlich hätte eine lesenähere Erfassung des Selbstkonzepts noch engere Zusammenhänge zur Lesekompetenz ergeben. Das hier erfasste Vertrauen in die eigene Leistungsfähigkeit im muttersprachlichen Schulfach kann nur annäherungsweise als Maß des lesebezogenen Selbstkonzepts gelten.

Soziale Vergleiche der eigenen Leistung mit den Leistungen der Klassenkameraden beeinflussen ganz wesentlich das verbale Selbstkonzept. Ob das Selbstkonzept gesteigert oder reduziert wird, hängt von der Vergleichsrichtung ab. Wählt ein Schüler beispielsweise einen leistungsstärkeren Schüler als Vergleichsperson, führt er einen Aufwärtsvergleich durch. Solche Aufwärtsvergleiche mit besseren Leistungen anderer Schülerinnen und Schüler, die in der Schule zu dominieren scheinen (Möller & Köller, 1998), reduzieren die eigenen fähigkeitsbezogenen Einschätzungen. Vergleicht sich eine Schülerin oder ein Schüler dagegen mit einem leistungsschwächeren Klassenkameraden, führt er einen Abwärtsvergleich durch. Abwärtsvergleiche erhöhen bzw. schützen das verbale Selbstkonzept. Domänenspezifische Selbstkonzepte sind damit in erheblicher Weise abhängig von der Leistungsstärke der jeweiligen Bezugsgruppe (in der Regel ist dies die Schulklasse). In einer leistungsschwächeren Klasse oder Schulart steigt die Wahrscheinlichkeit von Abwärtsvergleichen, in leistungsstarken Klassen oder Schularten ist bei identischer Leistungsfähigkeit die Wahrscheinlichkeit größer, sich aufwärts vergleichen zu müssen. So können Schülerinnen und Schüler in einer leistungsschwächeren Klasse ein höheres verbales Selbstkonzept erreichen als in einer sehr leistungsstarken Klasse oder Schulart (siehe auch Köller, 2004a).

Während in den geschilderten Arbeiten das domänenspezifische verbale Selbstkonzept im Mittelpunkt steht, schlagen Wigfield und Karpathian (1991) vor zu prüfen, ob sich innerhalb des verbalen Selbstkonzepts verschiedene Teilkomponenten unterscheiden lassen. Eine solche Teilkomponente könnte das lesebezogene Selbstkonzept sein. Eine Methode zur Erfassung des lesebezogenen Selbstkonzepts bei Grundschülerinnen und -schülern entwickelten Chapman und Tunmer (1995) mit ihrer *Reading Self-Concept Scale* (RSCS). Sie besteht aus den Komponenten „Wahrnehmung der eigenen Lesekompetenz" (z.B. „Can you work out hard words by yourself when you read?") sowie „Wahrnehmung der Schwierigkeit des Lesens" (z.B. „Is reading to the class hard for you?") und bezieht mit der „Einstellung zum Lesen" (z.B. „Do you like word games in class?") auch eine affektive Komponente mit ein (siehe auch van Kraayenoord & Schneider, 1999). Konfirmatorische Faktorenanalysen bestätigten die Angemessenheit dieser Unterteilung.

Umstritten ist unter Selbstkonzeptforschern nach wie vor, ob die affektive („Ich lese lieber als viele meiner Klassenkameraden") und die kognitiv-evaluative Komponente („Ich bin gut im Lesen") des akademischen Selbstkonzepts voneinander getrennt werden sollten (z.B. Bong & Clark, 1999; Covington, 1984; Möller & Köller, 2004). Für das lesebezogene Selbstkonzept konnte gezeigt werden, dass die korrelativen Zusammenhänge zwischen kognitiv-evaluativen und emotionalen Aspekten des Selbstkonzepts im Bereich Lesen mit dem Alter abnehmen (Chapman & Tunmer, 1995). Solche Hinweise auf eine konzeptuelle Trennbarkeit führten dazu, dass viele Autoren bei der Definition von Selbstkonzepten die kognitiv-evaluative Komponente in den Vordergrund gestellt haben (Bong & Clark, 1999). Auch wir folgen der Auffassung, akademische Selbstkonzepte primär als Kompetenzwahrnehmungen zu verstehen und die affektive Komponente dem Konstrukt der intrinsischen Lesemotivation zuzuordnen (Guthrie & Alverman, 1999).

Die lesebezogene Forschung zeigt in einer ganzen Reihe von (teils auch längsschnittlichen) Studien die Bedeutung des Selbstkonzepts für nachfolgende Leistungen.

Eccles und Wigfield (z.B. Wigfield & Eccles, 1992) konnten für verschiedene Klassenstufen in verschiedenen Fächern einen großen Einfluss der Selbstkonzeptaspekte auf die Anstrengung von Schülerinnen und Schülern, ihre Ausdauer und ihre Schulleistung belegen. Häufig erwies sich der Einfluss auf die nachfolgende Schulnote sogar dem Einfluss der vorangegangenen Schulnote als überlegen. Solche Effekte gehen zum Teil darauf zurück, dass Schülerinnen und Schüler mit hohen Erwartungen an ihre Leistungsfähigkeit mehr Zeit mit entsprechenden Aufgaben verbringen. Gerade für das Lesen konnte gezeigt werden, dass Personen mit hohen lesebezogenen Erfolgserwartungen häufiger tiefer gehende Lesestrategien verwenden als Personen mit niedrigeren lesebezogenen Erfolgserwartungen (Paris & Oka, 1986; Shell, Murphy, & Bruning, 1989).

Eine wichtige Forschungsfrage betrifft die kausale Richtung des Zusammenhangs zwischen Lesekompetenz und lesebezogenem Selbstkonzept. Bei Erst- bis Drittklässlern sprechen Chapman und Tunmer (1997) der Leseleistung kausale Dominanz über motivationale Faktoren zu. Früh eintretende negative Rückmeldungen zur Lesekompetenz beeinträchtigen danach sowohl das lesebezogene als auch das domänenübergreifende akademische Selbstkonzept. Beide Faktoren wiederum tragen zu einer niedrigen Lesekompetenz bei (Chapman, Prochnow, & Tunmer, 2000; Chapman & Tunmer, 2002). Dieselben Autoren fanden bei Erstklässlern zunächst eine geringe Korrelation (.15) zwischen lesebezogenem Selbstkonzept und Lesekompetenz. Diese Korrelation erhöht sich in der 2. Klasse auf .35. Die ansteigende Korrelation kann als zunehmende Stabilisierung leistungsbezogener Selbsteinschätzungen aufgrund andauernder schulischer Erfolgs- bzw. Misserfolgserlebnisse interpretiert werden (Chapman & Tunmer, 1997; Helmke, 1999).

Die genannten Zusammenhänge werden allerdings vielschichtiger, wenn ältere Schülerinnen und Schüler untersucht werden (Baker & Wigfield, 1999; Guthrie u.a., 1999; Helmke, 1992; Meece, Blumenfeld, & Hoyle, 1988). Marsh (1987, 1990b) kommt zu dem Schluss, dass sich bei älteren Schülerinnen und Schülern domänenspezifische Selbstkonzepte auf schulische Leistungen auswirken. Kurtz-Costes und Schneider (1994) fanden dagegen in Untersuchungen mit 8- bis 10-jährigen Schülerinnen und Schülern, ähnlich wie Helmke und van Aken (1995) mit 11- bis 12-jährigen Schülerinnen und Schülern, reziproke Zusammenhänge zwischen akademischem Selbstkonzept und schulischen Leistungen. Mittlerweile besteht ein allgemeiner Konsens, dass von einem wechselseitigen Einfluss beider Variablen auszugehen ist.

Selbstwirksamkeit

Die Selbstwirksamkeitserwartung kann als Annahme einer Person definiert werden, wie gut sie bei einer bevorstehenden Aufgabe abschneiden wird. Bandura (1997; siehe auch Schunk, 1989, 1995) unterscheidet im Rahmen seiner Arbeiten zur Selbstwirksamkeit zwei Erwartungstypen: Ergebniserwartungen und Selbstwirksamkeitserwartungen. Unter einer Ergebniserwartung wird die subjektive Annahme verstanden, dass ein bestimmtes Verhalten tatsächlich zu einem bestimmten Ergebnis führt. Selbstwirksamkeitserwartungen hingegen stellen die Einschätzung einer Person dar, dieses Verhalten auch tatsächlich ausführen zu können.

Durch wiederholte Erfahrungen in einem Kompetenzbereich (z.B. Lesen, Mathematik) kommt es zu überdauernden Erwartungs*überzeugungen*[2]. Es kann daher vermutet werden, dass lesebezogene Erfahrungen und Rückmeldungen zur Ausbildung einer lesebezogenen Selbstwirksamkeitsüberzeugung führen, die dann ihrerseits zu einer wesentlichen Determinante von Erwartungs- und Wertkognitionen in spezifischen Lesesituationen wird (vgl. Abb. 4.1). Ein typisches Item (der PISA-Skala „Self-efficacy" entnommen) lautet: „Ich bin sicher, dass ich auch den schwierigsten Stoff in Unterrichtstexten verstehen kann."

Die Erwartungskomponente thematisiert im Wesentlichen die Frage „Kann ich die Aufgabe erfüllen?" bzw. „Werde ich den Textinhalt verstehen können?". Wir gehen davon aus, dass die konkrete, auf einen Text bezogene Verstehenserwartung sowohl vom lesebezogenen Selbstkonzept (z.B. „Ich bin im Allgemeinen ein guter Leser") als auch von der lesebezogenen Selbstwirksamkeitsüberzeugung („Ich bin sicher, dass ich auch den schwierigsten Stoff in Unterrichtstexten verstehen kann") abhängt. Trotz der Ähnlichkeit zwischen beiden Konstrukten sollte ihre Unterschiedlichkeit genau beachtet werden. Die Selbstwirksamkeitsüberzeugung ist im Unterschied zum akademischen Selbstkonzept sowohl von sozialen als auch von dimensionalen Vergleichsprozessen relativ unabhängig (Bong, 1998; Marsh, Walker, & Debus, 1991; Skaalvik & Rankin, 1990, 1995). Sie ist dagegen eher von vergangenen Erfahrungen mit ähnlichem Aufgaben- bzw. Textmaterial beeinflusst (Bong & Clark, 1999). Wie Schunk und Zimmerman (1997) in einer Reihe von Lesestudien zeigen konnten, verstehen Leser mit hohen Selbstwirksamkeitsüberzeugungen schwierige Texte eher als Herausforderung und verwenden vermehrt tiefer gehende kognitive Lernstrategien und Selbstregulationstechniken. Bong und Clark (1999) folgern aus ihren Studien, dass das Selbstkonzept stärker vorherige Leistungserfahrungen reflektiert als zukünftige Leistungen vorherzusagen. Dies stellen auch Chapman und Tunmer (2002, S. 6) fest: „Self-concept, because of its more general and social comparative nature, may be more of an outcome than causal in achievement." Aufgabenbezogene Selbstwirksamkeitserwartungen sind situationsspezifischer, steuern das Engagement bei einer Aufgabe und den Einsatz von Lernstrategien und beeinflussen somit schließlich akademische Leistungen (siehe dazu ausführlich Bong & Skaalvik, 2003). Allerdings fehlen Studien, die sowohl akademische Selbstkonzepte als auch Selbstwirksamkeitserwartungen bei den gleichen Probanden messen und die unterschiedliche Prädiktionskraft beider Konstrukte belegen (siehe auch Bong & Skaalvik, 2003).

4.3.4 Lesebezogene Wert- und Erwartungskognitionen

Aus dem bisher besprochenen Teil unseres Modells geht hervor, dass Faktoren der sozialen Umwelt (z.B. Leseverhalten wichtiger Personen) vermittelt über Prozesse subjektiver Verarbeitung (z.B. Attribution von Leseerfahrungen) die Entwicklung überdauernder motivationaler Überzeugungen (z.B. individuelle Interessen) beeinflussen. Wir nehmen an, dass die motivationalen Überzeugungen eine direkte Auswirkung auf die Wert-

und Erwartungskognitionen in konkreten Lesesituationen haben. Die in der jeweiligen Situation resultierende, aktuelle Lesemotivation ergibt sich aus den Wert- und Erwartungskognitionen. Die Lesemotivation wiederum beeinflusst relevante Aspekte des Leseverhaltens (z.B. Anstrengung), die letztendlich dann zum „Verstehenserfolg" einer Person beitragen.

Ein wichtiger Aspekt unseres Modells betrifft die Unterscheidung von aktueller und habitueller Lesemotivation, aktuellem und habituellem Leseverhalten sowie textspezifischem Verstehenserfolg und genereller (textübergreifender) Lesekompetenz. Wenn sich der oben genannte Prozess der Motivationsentstehung häufig wiederholt, dann kommt es zur Bildung *habitueller* (intrinsischer oder extrinsischer) Lesemotivation. Die habituelle Lesemotivation begünstigt wiederum habituelles Leseverhalten, das einen wichtigen Bedingungsfaktor sich entwickelnder genereller Lesekompetenz darstellt.

Die Wertkomponente: Will ich den Text gern lesen und warum?

Der Wert einer Aufgabe bzw. eines zu lesenden Textes lässt sich in vier Komponenten aufteilen: Gefühle (z.B. „Wird es mir Vergnügen bereiten, diesen Text zu lesen?"), Wichtigkeit (z.B. „Ist mir das Lesen des Textes persönlich wichtig?"), Nützlichkeit (z.B. „Ist es in Hinblick auf künftige Prüfungen sinnvoll, diesen Text gründlich zu lesen?") und Kosten (z.B. „Wie mühsam wird es für mich, diesen Text zu lesen?"). Die erstgenannte Komponente wird in dem Modell von Eccles (1994; siehe auch Meece u.a., 1982) auch als *intrinsic value* oder *interest* bezeichnet. Darunter verstehen die Autoren emotionale Zustände, zum Beispiel das Vergnügen beim Lesen oder das situationale Interesse an einem Thema. Dies entspricht der oben getroffenen Unterscheidung von tätigkeits- und gegenstandsspezifischen Anreizen. Um möglichst Überschneidungen mit dem Interessenkonstrukt zu vermeiden, das wir hier als gegenstandsspezifischen Anreiz verstehen, soll diese Komponente in unserem Modell die positiven oder negativen Gefühle umfassen, die mit der Ausführung einer Aufgabe verbunden sein können. Überdauernde Interessen an bestimmten Gegenstandsbereichen kommen als möglicher Bedingungsfaktor positiver Ausprägungen der Gefühlskomponente in Frage.

Die subjektive *Wichtigkeit*, eine Aufgabe erfolgreich durchzuführen (z.B. einen Text zu verstehen), wird häufig mit der Relevanz einer erfolgreichen Aufgabendurchführung für die Bestätigung zentraler Aspekte des Selbstbildes verbunden. Ist es zum Beispiel für einen Schüler von zentraler Bedeutung, in dem Fach Physik ein sehr guter Schüler zu sein, wird er vermutlich das Verstehen eines physikalischen Textes persönlich für sehr bedeutsam erachten. Umgekehrt könnte ein Schüler, für den Maskulinität ein zentrales Merkmal seines Selbstbildes darstellt und der Lesen für eine eher feminine Tätigkeit hält, das Verstehen eines bestimmten Textes oder das Lesen selbst für persönlich eher unbedeutsam einschätzen.

Die *Nützlichkeit* bezieht sich auf das Ausmaß, in dem eine Aufgabe für zukünftige Ziele – beispielsweise Karrierepläne – relevant ist. Diese Komponente erfasst demnach eher *extrinsische* Gründe für das Lesen eines Textes, da das Erreichen erwünschter Zielzustände und nicht das Ausführen der Tätigkeit selbst im Vordergrund steht.

Auch die mit der Ausführung einer Aufgabe verbundenen *Kosten* bestimmen deren Wert. Entscheidend für die Höhe der Kosten ist das Ausmaß an Anstrengung, das für ein erfolgreiches Abschneiden aufgewendet werden muss. In engem Zusammenhang mit der erforderlichen Anstrengung steht der Verlust an Zeit, die alternativ für andere Tätigkeiten und Ziele genutzt werden könnte.

Während die anstrengungs- und zeitbedingten Kosten primär auf der Annahme eines Erfolgs basieren („Lohnt es sich für mich, für einen Erfolg dieses Maß an Anstrengung und dieses Zeitvolumen zu investieren?"), sind auch Kosten in Betracht zu ziehen, die Konsequenzen eines möglichen Misserfolgs, wie beispielsweise die Abwertung des Selbstkonzepts, betreffen. Hier stellt sich der Person die Frage: „Will ich die im Falle eines Misserfolgs zu erwartende Herabsetzung meiner Selbsteinschätzung in Kauf nehmen?" Der wahrgenommene Wert einer Aufgabe wird demnach umso geringer, je unsicherer eine Person sich bezüglich ihres Abschneidens ist und je wahrscheinlicher ein potenzieller Misserfolg bedeutsame negative Folgen nach sich zieht.

Die Bedeutung der Wertkomponente für die Leistungsentwicklung konnte in vielen empirischen Studien gezeigt werden. Dabei erwies sich insbesondere, dass der Einfluss der Erwartungskomponente auf zukünftige Leistungen häufig über die Wertkomponente (z.B. die Wichtigkeit) vermittelt war. Ein direkter Effekt der Wertkomponente ließ sich vor allem zeigen, wenn die Bereitschaft untersucht wurde, eine bestimmte Tätigkeit oder einen Kurs auszuwählen bzw. die Teilnahme an einem Kurs fortzusetzen (Wigfield & Eccles, 1992).

Die Erwartungskomponente: Werde ich den Text verstehen können?

Erwartungen sind definiert als subjektive Wahrscheinlichkeiten, dass bestimmte Ereignisse eintreten (Olson, Roese, & Zanna, 2000). Planvolles Handeln ist ohne die Bildung von Erwartungen über eigene Fertigkeiten, das Verhalten anderer Personen oder relevante Rahmenbedingungen nicht denkbar. In unserem Zusammenhang und aus motiationaler Perspektive sind Erfolgserwartungen ein entscheidender Faktor. Damit ist zum Beispiel die Wahrscheinlichkeit gemeint, mit der eine Person erwartet, einen schwierigen Text verstehen zu können. Wie bereits angedeutet wurde, verbergen sich hinter der Erfolgserwartung genau genommen zwei verschiedene Erwartungen, nämlich die Ergebniserwartung und die Selbstwirksamkeitserwartung. Diese Differenzierung wollen wir jedoch an dieser Stelle vernachlässigen, da sie praktisch vermutlich geringe Auswirkungen hat.

Es scheint zu gelten, dass Personen sich in der Regel konsistent zu ihren eigenen Erwartungen verhalten: Wird ein Erfolg erwartet, steigt die Wahrscheinlichkeit, dass Personen entsprechende Aufgaben mit hoher Motivation, Anstrengung und Ausdauer bearbeiten. Bestehen dagegen geringe Erfolgserwartungen, sinken Motivation, Anstrengung und Ausdauer (Bandura, 1997; vgl. Abb. 4.1). Häufig wurde gezeigt, dass die Ausprägungen genau dieser vermittelnden motivationalen Variablen zu Ergebnissen führen, die die Erwartung bestätigen. Führen geringe Erwartungen zu geringem Engagement, resultieren Misserfolge bei der Aufgabenbearbeitung, die die niedrigen Erwartungen stabilisieren oder sogar weiter verringern.

Erfolgserwartungen sind nicht nur ein Abbild vergangener Leistungen, sondern haben einen deutlichen Zukunftsbezug. Sie sind daher mit einem gewissen Maß an Unsicherheit behaftet. Dennoch konnte in quer- und längsschnittlichen Studien immer wieder gezeigt werden, dass Erfolgserwartungen der beste Prädiktor sowohl für mathematische Leistungen als auch für Leistungen im sprachlichen Bereich waren. Oft konnten sie spätere Schulleistungen besser erklären als die vorherigen Noten der Schülerinnen und Schüler (Wigfield & Eccles, 1992). Dagegen scheint ein hoher Wert einer Aufgabe oder Tätigkeit stärker die Auswahl einer entsprechenden Tätigkeit und die Ausdauer bei der Aufgabenbearbeitung zu beeinflussen als die tatsächliche Leistung. Die tatsächliche Leistung aber ist stärker von der Erwartungskomponente abhängig. Allerdings kann man davon ausgehen, dass der Effekt der Erwartungskomponente auf die Leistung teilweise über die Wertkomponente vermittelt ist. Dies mag als Indiz dafür gesehen werden, dass der Erwartungskomponente kausale Dominanz über die Wertkomponente zugesprochen werden kann, Personen also zunächst Erfahrungen in Leistungssituationen machen, die (vermittelt durch subjektive Verarbeitung) dann den Wert der Aufgabe bestimmen. Hat man als Schülerin oder Schüler frühzeitig Erfolgserlebnisse beim Lesen, sollte man daher mit gewisser Wahrscheinlichkeit das Lesen auch als befriedigend, wichtig und nützlich erleben. Allerdings scheint die Frage nach der kausalen Dominanz zwischen Erwartungs- und Wertkomponente noch nicht endgültig geklärt (siehe Pintrich & Schunk, 2002).

4.4 Lesemotivation, Lesemenge und Lesekompetenz

Nachdem wir nun ausführlich das Erwartungs-Wert-Modell der Lesemotivation dargestellt haben, wollen wir im Folgenden auf empirische Befunde zum Zusammenhang von Lesemotivation und Lesekompetenz eingehen. Dazu beziehen wir uns zum einen auf Befunde der PISA-Studie und zum anderen auf die – teilweise auch längsschnittlich angelegten – Studien der Forschergruppe um Guthrie und Wigfield.

4.4.1 Befunde aus der PISA-Studie

Die Ergebnisse der PISA-Studie bestätigen die postulierten Zusammenhänge zwischen Lesemotivation und Lesekompetenz. Die Analyse der Prädiktoren der Lesekompetenz ergab, dass (neben der kognitiven Grundfähigkeit, der Dekodierfähigkeit und dem Lernstrategiewissen) zwei *motivationale* Merkmale einen eigenständigen Beitrag zur Klärung der Unterschiede in der Lesekompetenz der Schülerinnen und Schüler leisten. Es sind dies die intrinsische Lesemotivation („Leseinteresse" bzw. „Leselust" in der PISA-Terminologie) und das verbale Selbstkonzept der Schülerinnen und Schüler (Artelt u.a., 2002). Sowohl für die intrinsische Lesemotivation als auch für das verbale Selbstkonzept gilt, dass zwischen den Lesern hoher und niedriger Kompetenzstufen deutliche Unterschiede bestehen. Ähnliche Befunde zeigen auch erste Veröffentlichungen zur PISA-Studie aus Neuseeland (Chapman & Tunmer, 2002, S. 3): „The findings are consistent with the view that difficulties with reading are strongly associated with negative self-beliefs, and with a reluctance to exert effort on tasks and to persevere when difficulties are encountered." Die besondere Bedeutung der beiden motivational relevanten Variablen ergibt sich zudem daraus, dass sowohl die intrinsische Lesemotivation als auch das verbale Selbstkonzept (aber auch das oben erwähnte Lernstrategiewissen, siehe Pressley, Borkowski, & Schneider, 1987) interventionsnäher, das heißt durch pädagogische Maßnahmen eher veränderbar sind als die kognitive Grundfähigkeit und die Dekodierfähigkeit. Wie wichtig eine hohe intrinsische Lesemotivation ist, zeigt sich auch darin, dass Schülerinnen und Schüler aus Familien mit niedrigem sozialökonomischem Status, die eine hohe intrinsische Lesemotivation haben (etwa eine ausgeprägte Bereitschaft, auch in der Freizeit zum Vergnügen zu lesen), bessere Leseleistungen erzielen als Schülerinnen und Schüler aus Familien mit höherem Sozialstatus, die eine geringe Lesemotivation haben (Kirsch u.a., 2002).

Weitere Analysen der Daten aus der PISA-2000-Studie ergaben für die meisten Länder eine weitgehende Unabhängigkeit von Komponenten der intrinsischen und extrinsischen Motivation (Artelt, in Druck). Darüber hinaus zeigte sich, dass beide Varianten der Motivation die Testleistungen beeinflussen. Intrinsische Komponenten der Lesemotivation haben danach direkte positive Effekte auf die Lesekompetenz, die weitgehend unabhängig vom Einsatz bestimmter Lernstrategien sind. Extrinsische Motivation scheint vor allem dann zu besseren Leistungen zu führen, wenn vermehrt Strategien der Kontrolle des eigenen Lernzuwachses eingesetzt werden, wenn Schülerinnen und Schüler beispielsweise angeben, während des Lernens häufig zu überprüfen, ob sie das Gelesene behalten haben. Allerdings gilt für die Interpretation der PISA-Ergebnisse die Einschränkung, dass aufgrund des querschnittlichen Charakters der Daten kausale Interpretationen der Zusammenhänge zwischen Lesemotivation und Lesekompetenz in strengem Sinne nicht zulassig sind.

4.4.2 Die Arbeiten von Guthrie und Wigfield

Einer der elaboriertesten Forschungsansätze zur Untersuchung der Lesemotivation stammt von der Arbeitsgruppe um Guthrie und Wigfield (z.B. Guthrie u.a., 1999; Wigfield & Guthrie, 1997a). Sie entwickelten ein umfassendes Instrument zur Erfassung der habituellen Lesemotivation: den *Motivation for Reading Questionnaire* (MRQ). Der MRQ umfasst sowohl intrinsische als auch extrinsische Aspekte der Lesemotivation. Zu den sechs *intrinsischen* Aspekten zählen nach Guthrie und Anderson (1999) das Ausmaß erlebter Herausforderung beim Lesen (z.B. „Ich mag Bücher, die anspruchsvoll und herausfordernd sind"), das Gefühl der kognitiven Einbezogenheit (*involvement;* „Wenn ich etwas lese, dann entsteht eine bildliche Vorstellung darüber in meinem Kopf") oder die eingeschätzte Wichtigkeit der Lesekompetenz („Es ist mir sehr wichtig, durch das Lesen gut mit Texten, Büchern und anderen schriftlichen Informationen umgehen zu können"). Auch die Neugier („Ich lese etwas, um neue Dinge über ein Thema zu erfahren") sowie soziale Aspekte des Lesens („Ich lese anderen gern etwas vor") und die Einschätzung der eigenen Lesekompetenz („Wenn mich ein Thema interessiert, bin ich auch in der Lage einen schwierigen Text dazu zu lesen") gelten als Indikatoren intrinsischer Motivation.

Die vier eher *extrinsischen* Faktoren sind das Streben nach Anerkennung („Ich mag es, wenn der Lehrer mich dafür lobt, dass ich etwas in einem Text erarbeitet habe"), die Tendenz, das Lesen zu vermeiden bzw. nur bei Vorhandensein äußeren Drucks zu lesen („Ich lese eigentlich nur, wenn ich muss"). Als extrinsische Faktoren gelten zudem Aspekte sozialen Vergleichs („Wenn wir in der Klasse einen Text lesen sollen, bin ich gern der Einzige, der eine Antwort auf die Frage des Lehrers hat") oder das Lesen zur Notensteigerung (*reading for grades*; „Ich lese Texte nur dann, wenn es für die Noten etwas bringt").

Vergleicht man die Konzeptualisierung intrinsischer Motivationskomponenten bei Guthrie und Wigfield mit den von uns vorgestellten Motivationskonzepten, dann fallen einige Unterschiede ins Auge. Es wird vor allem deutlich, dass die intrinsischen Faktoren auf einer offenbar sehr weit gefassten Vorstellung von intrinsischer Lesemotivation beruhen: Der Faktor „Herausforderung" weist eine deutliche Nähe zur Leistungsmotivation auf, die „kognitive Einbezogenheit" ist eine wahrscheinliche *Konsequenz* intrinsischer Lesemotivation, die „Wichtigkeit" dagegen eine zentrale Bedingung der intrinsischen Lesemotivation, und die Einschätzung der eigenen Lesekompetenz (auch wenn sie – wie im obigen Itembeispiel – mit thematischem Interesse verknüpft wird) ist natürlich dem Selbstkonzept bzw. der Selbstwirksamkeitsüberzeugung zuzuordnen. Der Faktor „Neugier" kann dagegen als angemessene Konzeptualisierung eines Kernaspekts intrinsischer Lesemotivation gelten. Insgesamt gesehen fehlt der Aspekt der tätigkeitsspezifischen Anreize (z.B. „Ich lese auch in meiner Freizeit sehr gerne"), während gegenstandsspezifische Anreize mit dem Faktor „Neugier" berücksichtigt wurden (Lesen, um etwas über ein *Thema* zu erfahren).

In neueren Arbeiten von Guthrie und Kollegen wird das Konzept des Leseengagements *(reading engagement)* verwendet. Dabei werden intrinsische und extrinsische Komponenten der Lesemotivation mit dem Vorwissen, mit Lesestrategien und mit sozialen Aspekten von Lesesituationen zu diesem Oberbegriff zusammengefasst (Guthrie & Anderson, 1999).

Die von Wigfield und Guthrie vorgenommene differenzierte Erfassung der Lesemotivation erleichtert die Interpretation vorliegender Resultate zu den Effekten der Lesemotivation auf die Lesekompetenz. So nimmt zum Beispiel nach übereinstimmenden Befunden die Lesemotivation insgesamt über die Schuljahre ab (Gambrell u.a., 1996; van Kraayenoord & Schneider, 1999; Marsh, 1989). Wigfield und Guthrie (1997a) können dieses Ergebnis differenzieren, indem sie zeigen, dass insbesondere die Einschätzung der eigenen Kompetenzen, die soziale Lesemotivation und das Streben nach Anerkennung zurückgehen. Aber auch die Nützlichkeit und Wichtigkeit des Lesens werden zum Beispiel von Fünftklässlern niedriger eingeschätzt als von Drittklässlern (Gambrell u.a., 1996).

Besonders bedeutsam scheint die intrinsische Lesemotivation als Prädiktor der *Lesemenge* zu sein. Dies bestätigen beispielsweise Wigfield und Guthrie (1997b) für Viert-

und Fünftklässler. Ähnliche Ergebnisse erhielten Baker und Wigfield (1999) für etwas ältere Schülerinnen und Schüler; allerdings wurden hier interessanterweise unterschiedliche Prädiktoren für die Lesemenge und die Lesekompetenz wirksam. Während die *Lesekompetenz* eher von extrinsischen Aspekten der Lesemotivation (Anerkennung, Vermeidung, sozialer Vergleich, Noten) abhängig war, beeinflussten sowohl intrinsische als auch extrinsische Motivationskomponenten die *Lesemenge*. Dieser Unterschied zwischen der Vorhersage von Lesemenge und Lesekompetenz wird vor allem damit erklärt, dass die Lesemenge eher außerschulischen Faktoren unterliegt, folglich potienziell mehr Selbstbestimmung zulässt und daher stärker von intrinsischer Motivation abhängt. Dagegen nehmen Baker und Wigfield an, dass die Lesekompetenz in höherem Ausmaß von schulischen Leseaktivitäten bestimmt wird, die eher fremdbestimmt sind und daher vor allem von extrinsischer Motivation gestützt werden.

Mit dem Zusammenhang zwischen Lesemotivation und Lesekompetenz bei *älteren Schülerinnen und Schülern* befasst sich die längsschnittliche Studie von Guthrie u.a. (1999). Auch hier bestätigen die Ergebnisse, dass die Lesemotivation die Lesekompetenz, stärker aber noch die Lesemenge vorhersagen konnte. Als Wirkungskette wird postuliert, dass gerade die intrinsische Lesemotivation die Lesemenge positiv beeinflusst und eine erhöhte Lesemenge ein gesteigertes Leseverständnis bewirkt (siehe auch Baker & Wigfield, 1999; Guthrie u.a., 1999; Wigfield & Guthrie, 1997a). In Übereinstimmung damit kommen Cipielewski und Stanovich (1992) zu dem Ergebnis, dass Schüler, die viel lesen, auch deutlich bessere Leseleistungen erzielen als Schüler mit gleicher intellektueller Fähigkeit, die aber wenig lesen. Cunningham und Stanovich (1997) schätzen, dass 23 Prozent des Zuwachses an Leseverständnis zwischen den Klassen 5 und 10 durch die Lesemenge vorhergesagt werden können. Dabei kann neben den *außerschulischen* Leseaktivitäten auch ein Einfluss des Ausmaßes *schulischen* Lesens auf die Lesekompetenz belegt werden (Elley, 1992; Metsala & Ehri, 1998). Experimente unterstreichen die Gültigkeit der vermuteten Wirkungsrichtung: In einer Studie von Morrow (1996) waren Kinder, deren Lesezeit durch unterrichtliche Maßnahmen erhöht wurde, einer Kontrollgruppe in der Leseleistung überlegen.

Warum aber beeinflusst die Lesemenge das Leseverständnis? Nach Guthrie u.a. (1999) sind verschiedene Erklärungen denkbar. *Erstens* könnte häufiges Lesen das Vorwissen vermehren und auf diese Weise zukünftiges Textverstehen erleichtern. *Zweitens* ist denkbar, dass eine hohe Lesemenge das lesebezogene Selbstkonzept und die Selbstwirksamkeitsüberzeugung fördert, wodurch die Wahl anspruchsvoller Texte angeregt und folglich die Lesekompetenz gesteigert wird. *Drittens* vermuten die Autoren (in Übereinstimmung mit empirischen Befunden), dass häufiges Lesen die Leseeffektivität, zum Beispiel die Lesegeschwindigkeit bzw. -flüssigkeit, steigert. Durch höhere Effektivität bzw. Automatisierung des Leseprozesses wird das Arbeitsgedächtnis entlastet, und es stehen mehr Ressourcen bereit für metakognitive Vorgänge, tiefer gehende Verarbeitungsstrategien, das Identifizieren der Hauptgedanken, das Ziehen von Schlussfolgerungen und die Verknüpfung des Gelesenen mit vorhandenen Wissensbeständen. *Viertens* kann schließlich angenommen werden, dass Vielleser eher in der Lage sind, ihre kognitiven und motivationalen Leseziele aufeinander abzustimmen. Diese Abstimmung wird Viellesern erleichtert, wenn sie den Einsatz von tiefer gehenden Verarbeitungsstrategien zum Erreichen kognitiver Ziele (wie z.B. das Herausarbeiten der Kerngedanken eines Textes) unter Bedingungen hoher intrinsischer Motivation geübt haben und später unter Bedingungen niedriger intrinsischer Motivation erproben müssen.

4.5 Fördermöglichkeiten der Lesemotivation

Da ein relativ enger Zusammenhang zwischen Lesemotivation und Lesekompetenz zu bestehen scheint, könnte in der Förderung der Lesemotivation eine Möglichkeit gesehen werden, die Lesemenge und die Lesekompetenz zu steigern (siehe auch Streblow, in diesem Band). Maßnahmen zur Steigerung der Lesemotivation können danach unterschieden werden, ob sie direkt auf die Lesemotivation des einzelnen Kindes ausgerichtet sind oder ob sie den Unterricht insgesamt beeinflussen. Wird auf der Individualebene des einzelnen Schülers angesetzt, erweist es sich als günstig, wenn Initiativen zur Förderung der Lesemotivation nicht isoliert eingesetzt werden, sondern in Maßnahmen zur Vermittlung von Lesekompetenzen und Lernstrategien integriert sind, wie es etwa die Lesetrainings von Souvignier, Küppers und Gold (2003a) oder Schreblowski und Hasselhorn (2001) vorsehen. Dort werden vor allem das Zielsetzungsverhalten und Prinzipien der Selbstbewertung trainiert. Auch die Förderung günstiger Attributionen ist im Zusammenhang mit Lesestrategietrainings von zusätzlichem Nutzen gewesen (Borkowski, Weyhing, & Carr, 1988; Short & Ryan, 1984). Ein höheres Leseverständnis konnte dabei erreicht werden, wenn Erfolge und Misserfolge im Umgang mit Texten auf internale und variable Faktoren – vor allem die Anstrengung – zurückgeführt wurden (Carr, Mizelle, & Charak, 1998).

Andere Studien befassen sich mit der umgekehrten Wirkrichtung, nämlich den Effekten lesebezogener Strategien und Fertigkeiten auf die Lesemotivation. Guthrie und Knowles (2001) schlagen dabei zum Beispiel das Analysieren narrativer Strukturen (siehe auch Payne & Manning, 1992) als motivationswirksame Lesestrategie vor. Auch basale Faktoren wie etwa die Steigerung der Leseflüssigkeit verbesserten die Lesemotivation (Blum u.a., 1995). Zudem kann die soziale Einbindung des Lesens die Lesemotivation erhöhen. Guthrie u.a. (1995) konnten zeigen, dass das parallele Lesen von Büchern in der Peer-Gruppe die Lesemotivation ebenso fördert wie gemeinsame Reflexionen der Schüler über das Gelesene.

Eher unterrichtsbezogen arbeiten Programme zur Steigerung der Lesemotivation bei älteren Schülerinnen und Schülern. So trägt das umfassende Programm *Success For All* (Ross u.a., 1995) dazu bei, das Leseverständnis und die Lesemotivation zu erhöhen. In diesem Fall wurde Siebt- und Achtklässlern die Möglichkeit gegeben, ihr Leseverhalten selbstbestimmt zu organisieren. Sie konnten aus einer Vielzahl angebotener Sach- und Prosatexte interessengeleitet auswählen, das eigene Bearbeitungstempo bestimmen und an einer Reihe lesebezogener Aktivitäten teilnehmen.

Das Förderprogramm *Concept-Oriented Reading Instruction* (CORI) von Guthrie und Wigfield (siehe Guthrie, Wigfield, & Perencevich, 2004) rückt fachübergreifende inhaltliche Themen *(conceptual themes)* in den Vordergrund. Als entscheidender Wirkfaktor bei der Förderung der Lesemotivation hat sich dabei erwiesen, dass unterrichtliche und außerunterrichtliche Interventionen mit *authentischen* Leseanlässen und -aufgaben arbeiten. Die Interventionsstrategie besteht darin, zunächst über die persönliche Relevanz der Texte thematische Interessen und situative Interessiertheit zu wecken und dann reale Begegnungen mit dem Textgegenstand zu ermöglichen. Durch dieses Vorgehen konnten beachtliche Steigerungen von Lesemotivation und Leseleistung erzielt werden (siehe den Überblick von Streblow, in diesem Band).

4.6 Zusammenfassung und offene Fragen

Die bisherige Forschung zeigt relativ eindeutig, dass es eine Reihe motivationaler Faktoren gibt, denen ein Einfluss auf die Lesekompetenz zugesprochen werden kann. Dazu zählen insbesondere das lesebezogene Selbstkonzept und lesebezogene Selbstwirksamkeitsüberzeugungen (Paris, Wasik, & Turner, 1991) sowie intrinsische und extrinsische Aspekte der Lesemotivation. Die vorliegenden Befunde legen nahe, dass die motivationalen Faktoren vor allem über die Lesemenge und den Einsatz von Lesestrategien einen Einfluss auf die Lesekompetenz ausüben.

Die empirische Basis für diese Befundlage ist allerdings quantitativ noch nicht sehr ausgeprägt. Die pädagogisch-psychologische Forschung zur Lesekompetenz fokussiert bislang meist auf den Schriftspracherwerb und Lese-Rechtschreib-Schwächen (Hasselhorn, Schneider, & Marx, 2000; Klicpera & Gasteiger-Klicpera, 1993). Entsprechende Studien umfassen daher meist Stichproben aus Jahrgangsstufen der unteren Schulklassen (siehe auch Mathewson, 1994). Motivationale Prozesse, die im Anschluss an den Schriftspracherwerb zur Stabilisierung von Lesegewohnheiten und zur Entwicklung des Leseverständnisses beitragen könnten, wurden bislang ebenso vernachlässigt wie die Analyse der Lesemotivation in mittleren und höheren Jahrgangsstufen. Übereinstimmend mit Wigfield (1997; siehe auch Roeschl-Heils, Schneider, & van Kraayenoord, 2003) sollte künftig ein Schwerpunkt der Forschung die längsschnittliche Analyse der Beziehungen zwischen der Lesemotivation und der Lesekompetenz bei Schülerinnen und Schülern nach dem eigentlichen Schriftspracherwerb sein: „Research is needed that looks at the development of reading motivation across the school years." (Wigfield, 1997, S. 66)[3]

Neben der Analyse solcher Zusammenhänge sollte ein zentrales Ziel weiterer Forschungsbemühungen sein, Lesekompetenz und Lesemotivation in Verbindung mit Leistungen und Motivationen in anderen konkurrierenden Bereichen zu betrachten. Diese Überlegung basiert auf der zentralen Annahme domänenübergreifender Wirkungen der Lesemotivation und der Lesekompetenz, die zuletzt auch durch die Ergebnisse der PISA-Studie bestätigt wurden. Vermutlich ist die Lesekompetenz auch für das Lernen in anderen Fächern von nennenswerter Bedeutung, wie die meist hohen positiven Korrelationen zwischen Leistungen in der verbalen, der naturwissenschaftlichen und der mathematischen Domäne annehmen lassen (Baumert u.a., 2001; Möller & Köller, 2004). Eine Steigerung der Lesekompetenz könnte danach geeignet sein, Motivation und Kompetenz auch in anderen Fächern zu steigern. Andererseits zeigt das zur Erklärung der Genese akademischer Selbstkonzepte herangezogene Bezugsrahmenmodell *(Internal/External-Frame-of-Reference Model)* von Marsh (1986) negative Auswirkungen von Fachleistungen (beispielsweise im muttersprachlichen Fach) auf motivationale Faktoren in anderen Domänen (etwa der Mathematik; siehe Köller u.a., 1999; Möller & Köller, 2004). Erste Analysen der PISA-Daten weisen auf eine kulturübergreifende Generalisierbarkeit dieser Zusammenhänge hin (Marsh & Hau, 2004; siehe auch Lüdtke u.a., 2002).

Die Bedeutung dieser Prozesse wird deutlich, wenn man annimmt, dass Schülerinnen und Schüler, die im inter- und im intraindividuellen Vergleich ihrer Lesefähigkeit eher ungünstig abschneiden, ein niedriges lesebezogenes Selbstkonzept entwickeln und sich eher vom Lesen ab- und anderen Domänen zuwenden. Paris, Wasik und Turner (1991) bezeichnen es als problematische Strategie, wenn ein Schüler auf dimensionalen Vergleichen basierende Präferenzen verfolgt: „Other students may devalue reading as an activity and compensate by investing greater effort in other endeavors such as mathematics or sports." (S. 624; siehe auch Watkins & Guiterrez, 2001; Wigfield u.a., 1997) Solche Analysen könnten auch die bekannten Geschlechterunterschiede in der Lesemotivation und der Lesekompetenz erhellen. Wenn Jungen sich in anderen Domänen als dem Lesen höhere Fähigkeiten zuschreiben und diese anderen Domänen zudem für kongruent mit ihrer Geschlechtsidentität halten (Eccles u.a., 2000; Frome & Eccles; 1998; Hannover, 1991; Hannover & Kessels, 2000), dann engagieren sie sich möglicherweise stärker in diesen Domänen und investieren weniger Zeit und Anstrengung in verbalen Domänen, mit ungünstigen Folgen für die Entwicklung der Lesemotivation und Lesekompetenz.

Anmerkungen

1 Es ist zu beachten, dass wir hier im Weiteren nicht auf die Einstellung zum Lesen eingehen werden. Die Einstellung zum Lesen hat sicherlich auch einen Einfluss auf die Lesekompetenz (z.B. Alexander & Filler, 1976; Estes, 1971; McKenna & Kear, 1990; Walberg & Tsai, 1985), sie stellt jedoch streng genommen kein motivationales Konstrukt dar. Wer eine positive Einstellung zum Lesen hat, muss deshalb nicht zwangsläufig ein motivierter Leser werden. Jemand kann es theoretisch wichtig finden zu lesen, aber aufgrund anderer Prioritäten selbst nur sehr selten lesen.

2 Wir folgen hier der Terminologie von Pekrun (1988) und verwenden den Begriff „Überzeugung" zur Kennzeichnung überdauernder Kognitionen (z.B. Erwartungskognitionen) (siehe auch Schiefele, 1996a).

3 Eine Längsschnittstudie zur Entwicklung von Lesemotivation und Lesekompetenz in der Sekundarstufe (Klassen 5–10) befindet sich gerade in Vorbereitung (Möller, 2003).

Kaspar H. Spinner

5 Lesekompetenz in der Schule

Das schlechte Abschneiden deutscher Schülerinnen und Schüler in der PISA-Studie hat in den vergangenen drei Jahren zu einem intensiven Nachdenken über die Gründe für dieses Ergebnis und über Möglichkeiten eines verbesserten Schulsystems und Unterrichts geführt. Die Deutschdidaktik sieht sich durch die Ergebnisse im Bereich der Lesekompetenz besonders herausgefordert. Die Fachdiskussion bezieht sich vor allem auf die folgenden Aspekte:

- Es gibt eine kontroverse Auseinandersetzung zum Begriff der Lesekompetenz, der durch PISA ins Zentrum der lesedidaktischen Aufmerksamkeit gerückt ist. Seine verstehenstheoretische und pragmatische Ausrichtung haben Kritik hervorgerufen, aber auch auf Defizite eines vornehmlich am literarischen Verstehen und nicht am Lesen ausgerichteten Unterrichts geführt (vgl. z.B. Hurrelmann, 2002a; Switalla, 2002).
- Durch PISA ist der didaktische Blick verstärkt auf die Ergebnisse und Wirkungen von Unterricht gelenkt worden. Die bisherige Fachdidaktik ist oft eine Didaktik der guten Absichten gewesen. Die seit einigen Jahren wichtiger werdende empirische Forschung hat durch PISA zusätzlichen Antrieb erhalten (Kammler & Knapp, 2002).
- Verstärkt wird über ein konsequentes Lesecurriculum in der Sekundarstufe I nachgedacht, um der Beliebigkeit des Leseunterrichts entgegenzusteuern (vgl. Ludwig, 2002).
- Die Diskussion über die Aufgabenformate von PISA und der verstärkte Einsatz von Vergleichsarbeiten, Tests und Ähnlichem haben zu einer wissenschaftlichen Beschäftigung mit der Aufgabenkonstruktion geführt (z.B. Köster, 2003).

Die folgenden Ausführungen beziehen sich auf praxisbezogene Probleme des Leseunterrichts, die derzeit als Reaktion auf PISA diskutiert werden. In zwölf Punkten fasse ich zusammen, welche Defizite der Unterrichtspraxis und welche Perspektiven für Qualitätssteigerung erörtert werden.

5.1 Unzureichende Berücksichtigung der Sekundarstufe I in der bildungspolitischen Diskussion

In den bildungspolitischen Debatten nach Veröffentlichung der PISA-Ergebnisse sind auffällig stark die Grundschule und auch die vorschulische Erziehung zum Thema gemacht worden; PISA hat allerdings 15-Jährige getestet. Auch wenn die Grundlagen für die Lesekompetenz früh gelegt werden und deshalb zu Recht die ganze schulische und außerschulische Lesesozialisation diskutiert wird, besteht doch Anlass, besonders den Unterricht in der Sekundarstufe I in den Blick zu nehmen. Beim Vergleich mit der Internationalen Grundschul-Lese-Untersuchung (IGLU) scheinen die deutschen Schülerinnen und Schüler erst in der Sekundarstufe I unter den internationalen Durchschnitt zu rutschen (siehe auch Kap. 6 zur allgemeinen Vergleichbarkeit der Ergebnisse unterschiedlicher Studien). Die Gründe für die unterschiedlichen Ergebnisse von IGLU und PISA sind zweifellos vielschichtig. Aus didaktischer Sicht ist darauf hinzuweisen, dass in den letzten Jahren vor allem bei den grundschulbezogenen Fragestellungen ein intensiver wissenschaftsgestützter Innovationsschub stattgefunden und zu tatsächlichen Veränderungen in der Praxis geführt hat. Als Beispiel kann man die Buchausstattung nennen: Es gehört inzwischen weitgehend zum Standard, dass in jeder Grundschulklasse eine kleine Bücherei vorhanden ist, die im Rahmen von Freiarbeit und anderen offenen Unterrichtsformen genutzt werden kann; in der Sekundarstufe findet man dies viel seltener; wichtig wären hier Schulbibliotheken, aber diese sind in Deutschland rar. Nach neuesten Schätzungen haben von den etwa 43.000 allgemein bildenden und 9.000 berufsbildenden Schulen in Deutschland kaum mehr als 15 Prozent eine den fachlichen Standards entsprechende Schulbibliothek und Schulmediothek (Hoebbel, 2003, S. 9). Für die Leseförderung ist wichtig, dass die Bibliothek nicht nur der Ausleihe dient, sondern eine angenehme Leseatmosphäre bietet. Notwendig sind natürlich auch ausreichende Öffnungszeiten, sodass Schülerinnen und Schüler in Pausen, in Freistunden und nach Schulschluss Zugang haben. Die durch PISA ausgelöste Lesediskussion hat inzwischen zu vielen Initiativen für eine bessere Ausstattung mit Schulbibliotheken geführt – der Deutsche Lehrerverband ist 2002 mit einer entsprechenden Presseerklärung an die Öffentlichkeit getreten, viele Schulen, Kommunen, Ministerien und Staatsinstitute für Schulentwicklung setzen sich für dieses Anliegen ein, entwickeln Konzepte und ergreifen Maßnahmen zur Realisierung. Skandinavische Staaten (vgl. Haas, 2002) mit ihrem vorbildlich ausgebauten Bibliothekssystem können Vorbild sein.

5.2 Leseunterricht in der Grundschule – Literaturunterricht in der Sekundarstufe: ein überholtes Modell

Dass die Grundschule der Förderung von Lesekompetenz besser gerecht wird als die Sekundarstufe I, hängt auch damit zusammen, dass die Aufgabe, den Kindern das Lesen beizubringen, von den Grundschullehrern und -lehrerinnen als zentrale Aufgabe gesehen wird, die auch von den Eltern wahrgenommen und eingefordert wird. In der Sekundarstufe dagegen gehen Lehrerinnen und Lehrer davon aus, dass eine basale Lesekompetenz vorhanden sein müsse. PISA hat aufgedeckt, dass dies bis hin zum Ende der Sekundarstufe I für einen bedenklich großen Teil der Schülerinnen und Schüler nicht gilt und dass sich die Lehrkräfte dieses Problems kaum bewusst sind.

Die unterschiedliche Einstellung zum Leseunterricht in Grundschule und Sekundarstufe I spiegelt sich auch institutionell: Der entsprechende Lernbereich heißt in Lehrplänen der Sekundarstufe „Umgang mit Texten", „Literatur und Sachtexte", „Sachtexte, Literatur, Medien" oder ähnlich, in Grundschullehrplänen dagegen „Lesen und Verstehen", „Lesen", „Umgang mit Texten einschließlich Lesenlernen". Hier Literatur-, dort Leseunterricht, so könnte man den Unterschied benennen.

Die unzureichende Berücksichtigung basaler Leselernprozesse in der Sekundarstufe I ist auch eine Folge institutioneller Traditionen in der Lehrerausbildung. Noch heute liegt die Didaktik des Erstlesens an manchen Universitäten in der Hand der Grundschuldidaktik. Damit wird das Auseinanderfallen von Lese- und Literaturdidaktik gestützt. Dass man in der Deutschdidaktik in der Regel in Sprach- und Literaturdidaktik untergliedert, zeigt im Übrigen schon terminologisch, dass in Ausbildung und Forschung die Didaktik der Literaturvermittlung und nicht die Lesedidaktik im Vordergrund steht.

Zu Recht wird als Folge von PISA auf den verschiedensten Ebenen insbesondere die Forderung erhoben, dass die Diagnosefähigkeit der Lehrerinnen und Lehrer erhöht werden müsse. Wie sehr es daran zum Beispiel in der Lehreraus- und -fortbildung mangelt, zeigt etwa die Tatsache, dass die wenigsten Lehrerinnen und Lehrer in der Sekundarstufe I etwas davon wissen, wie man aus Vorlesefehlern auf die verschiedenen Arten von Leseschwierigkeiten der Schülerinnen und Schüler schließen kann (zu solcher Lesediagnose vgl. von Wedel-Wolff, 1998).

Es sind aber nicht nur solche speziellen Diagnosefähigkeiten zu wenig ausgebildet, es fehlt in der Unterrichtspraxis oft ganz grundsätzlich die notwendige Aufmerksamkeit für die Lernprozesse eines jeden Schülers und einer jeden Schülerin und entsprechend bleibt eine daraus folgende individuell abgestimmte Förderung aus. Das Lamento über die ständig sinkenden Leseleistungen der Heranwachsenden, das unter Lehrerinnen und Lehrern verbreitet ist, mag zwar als Ventil für mancherlei berufliche Frustration entlastend sein, aber es darf nicht eine resignative Einstellung zum Lehrprozess bewirken. Lernschwierigkeiten von Schülerinnen und Schülern müssen Herausforderung für unterstützendes Lehren sein. Besonders fatal ist es, wenn ohne ein vorheriges Ausloten möglicher Ursachenfaktoren und Maßnahmen das Konstrukt Legasthenie als Entschuldigung für missglückte Lernprozesse herhalten muss (zur Legasthenie-Diskussion z.B. Klicpera & Gasteiger-Klicpera, 1998, S. 192–217).

Viele Lehrkräfte in der Sekundarstufe sehen sich auch in einer widersprüchlichen Situation dadurch, dass einerseits in öffentlichen Debatten immer wieder der Schule vorgeworfen wird, sie vermittle nicht mehr einen Kanon an Literatur, dass es aber andererseits ausgesprochen schwierig ist, mit Kanontexten an elementaren Leseproblemen der Schülerinnen und Schüler zu arbeiten. Der Unterricht mit kanonischen Texten sieht dann nicht selten so aus, dass nur eine kleine Minderheit der Schülerinnen und Schüler interessiert mitmacht und von der Beschäftigung profitiert. Die Einstellung, man müsse froh sein, wenn wenigstens ein paar wenige Schülerinnen und Schüler einen Zugang zu den besprochenen Texten fänden, ist durchaus sehr verbreitet unter Lehrerinnen und Lehrern. Ein Unterricht auch für diejenigen, die Leseschwierigkeiten haben, kann auf solcher Grundlage nicht stattfinden.

5.3 Lesekompetenz als Anliegen aller Fächer

Der Lesebegriff von PISA ist nicht abgeleitet von den curricularen Vorgaben des Muttersprachunterrichts (bzw. Erst- und Zweitsprachunterrichts), sondern bezieht sich auf Kompetenzen, die für das Leben in heutigen gesellschaftlichen Verhältnissen notwendig sind. Gelesen wird in ganz unterschiedlichen Lebenszusammenhängen, und auch in der Schule spielt das Lesen in fast allen Fächern eine Rolle. Die PISA-Ergebnisse zur Lesekompetenz sind deshalb in einen überfachlichen Zusammenhang zu stellen, auch was die Förderung der Lesekompetenz betrifft. Der Deutschunterricht in der Sekundarstufe wäre auch gar nicht in der Lage, diese Aufgabe allein zu bewältigen. Die drei Wochenstunden, die ihm in den Klassen 8 bis 10 oft nur zur Verfügung stehen, machen das Fach fast zu einem Nebenfach. Die bildungspolitischen Entscheidungen, die in den vergangenen Jahren zu einer kontinuierlichen Reduktion des Deutschunterrichts in den Schulen geführt haben und nach den derzeitigen Planungen von Lehrplänen weiterhin führen werden, zwingen dazu, die Leseförderung dezidierter als bislang als Anliegen aller Fächer zu begreifen. Man muss sich in diesem Zusammenhang auch vergegenwärtigen, dass die Vermittlung von Lesekompetenz nur einen Teilbereich des Faches Deutsch ausmacht. Dieses ist in Lehrplänen in der Regel in vier Lernbereiche aufgegliedert, nämlich (1) Sprechen, (2) Schreiben, (3) Nachdenken über Sprache und (4) Literatur und Medien (mit jeweils etwas variierenden Bezeichnungen). Der Lernbereich Literatur und Medien ist für die Vermittlung von Lesekompetenz zuständig, hat aber auch andere Aufgaben zu erfüllen, zum Beispiel Förderung des Umgangs mit audiovisuellen und Hörmedien (Hörspiel, Hörbuch) oder die Vermittlung von literaturhistorischem und geistesgeschichtlichem Wissen. Dabei ist zu beobachten, dass trotz der Reduzierung der Stundenzahl dem Deutschunterricht in den letzten Jahren besonders viele neue Aufgaben zugeordnet worden sind; die Medienerziehung ist dafür das sprechendste Beispiel. Es ist, wenn man diese Belastungen des Faches sieht, nicht verwunderlich, wenn die Förderung der Lesekompetenz marginalisiert wird.

Lesekompetenz als Anliegen aller Fächer müsste allerdings bedeuten, dass die entsprechenden Lehrkräfte jeweils diese Aufgabe tatsächlich annehmen und nicht einfach die Verantwortung dem Deutschunterricht zuschieben. Gemeint ist nicht, dass nun in Biologie, Geschichte oder Mathematik eigene Lesestunden eingeführt werden, wohl aber, dass in den Situationen, in denen im Fach Texte gelesen werden müssen, auf angemessene Verstehensstrategien geachtet wird. Wie werte ich ein Diagramm aus, wie kann ich eine politische Rede zur Ermittlung historischer Information nutzen, wie funktioniert der Abstraktionsprozess von der dargestellten Situation zum mathematischen Problem bei einer Textaufgabe – das sind Lesefähigkeiten, die in den Fächern vermittelt werden müssen. Man darf sich fragen, ob in der Lehrerbildung auf diese Aufgabe angemessen vorbereitet wird; Leseförderung als Ausbildungselement wäre fachübergreifend angebracht.

5.4 Situiertes Lernen

Für die Förderung von Lesekompetenz in allen Fächern spricht noch ein weiterer Grund. Die Behandlung von Sachtexten erfolgt im Deutschunterricht oft losgelöst von inhaltlichen Problemzusammenhängen. Als Leseübung wird zum Beispiel eine Reportage über Lebensverhältnisse in einem fremden Land gelesen, ohne dass eine ernsthafte thematische Einbettung erfolgt. Es handelt sich um eine Trockenübung, bei der die Textwahl inhaltlich beliebig erscheint. Das ist, lernpsychologisch gesehen, der Motivation abträglich, bietet wenig Möglichkeit für eine mentale Vernetzung und vermittelt den Eindruck von Künstlichkeit der Lernsituation. Anders stellt es sich dar, wenn im Fach Erdkunde im Rahmen der Beschäftigung mit einer fremden Kultur ein solcher Text gelesen wird; in diesem Falle hat die Informationsentnahme aus dem Text eine einsehbare Funktion.

Dass Sprechen, Lesen und Schreiben in funktionalen inhaltlichen Zusammenhängen besser gefördert werden können als mit isolierten Übungen, ist schon in den siebziger Jahren des 20. Jahrhunderts mit kommunikationstheoretischer Begründung dargelegt und damals mit der Forderung nach Projektunterricht im Fach Deutsch verbunden worden. Nur so seien die Intentionalität und Situationsabhängigkeit von sprachlichen Handlungen für Schülerinnen und Schüler erfahrbar. Aus mehreren (z.B. zeitlichen) Gründen hat sich der Projektunterricht nicht durchgesetzt. Heute ist eher von fächerverbindendem Unterricht die Rede; er ermöglicht sprachliches Lernen in thematischen Zusammenhängen. Wo er nicht realisiert wird, müssten aus den genannten Gründen Fächer wie Biologie, Erdkunde, Geschichte an der Vermittlung pragmatischer Lesekompetenz mitwirken.

Im Umgang mit fiktionalen Texten stellt sich das Problem des situierten Lernens weniger, denn literarische Texte sind tendenziell situationsabstrakt. Sie verweisen nicht auf eine textexterne Situation, es geht beim Lesen vielmehr gerade darum, dass man sich eine Vorstellung der durch den Text evozierten Welt macht. Man kann das als ein Argument dafür sehen, dass sich der Deutschunterricht schwerpunktmäßig mit fiktionalen Texten beschäftigen soll.

Wenn Sachtexte ohne situativen Anlass gelesen werden, ergibt sich übrigens eine Art von Fiktionalisierung. Das lässt sich gut an den PISA-Testaufgaben zeigen; die Schülerinnen und Schüler müssen sich mit ihnen losgelöst von einem übergreifenden inhaltlichen Arbeitszusammenhang beschäftigen, ja, sie müssen sich sogar innerhalb kurzer

Zeit in ganz verschiedene vorgestellte Situationen hineindenken, nämlich zum Beispiel sich so verhalten, als bestünde ein Interesse für sie, etwas über die Klimaentwicklung im Bereich des Tschadsees zu erfahren (Baumert u.a., 2001, S. 529) oder die Szene mit Amanda und der Herzogin zu inszenieren (Baumert u.a., 2001). Die Fiktionalisierung ist gerade bei PISA testtheoretisch ein ausgesprochen interessantes Phänomen. Weil PISA einen pragmatischen, lebensweltbezogenen Ansatz verwirklichen will und nur mit authentischen Texten arbeitet, sind die Schülerinnen und Schüler in besonderem Maße gefordert, sich eine wirkliche Situation vorzustellen, die aber fiktiv bleibt. Es wird von ihnen also ein Stück Imaginationsfähigkeit gefordert, die in einer analogen wirklichen Situation nicht unbedingt in diesem Maße notwendig ist.

Für den Schulunterricht sind solche Einsichten in die Spezifik von Testaufgaben deshalb wichtig, weil sie darauf aufmerksam machen, dass Testsituationen unter Zwängen der Künstlichkeit stehen, die in Lernsituationen so nicht sein müssen. Es ist problematisch, wenn als Folge von PISA unbesehen vermehrt testähnliche Aufgabenformate für das Lernen eingesetzt werden; dass dies geschieht, lässt sich an jüngsten Entwicklungen zum Beispiel bei der Publikation von Übungsmaterialien beobachten. Unterricht wird damit zur Trockenübung, statt dass er Situationen schafft, in denen verstehendes Lesen eine tatsächliche Funktion in einem einsehbaren Arbeitszusammenhang hat. Ein situiertes Lernen in Handlungskontexten ist kognitionspsychologisch wichtig, weil es die Konstruktion mentaler Situationsmodelle (oder, wie man auch sagt, die Speicherung szenischer Vorstellungen) erlaubt, die dann in neuen Zusammenhängen abgerufen werden können. Wer Informationen aus Büchern und dem Internet für ein Referat zusammenstellt, lernt die Strategien der Informationsbeschaffung nachhaltiger, als wenn er Testblätter zur Informationsentnahme ausfüllt. Gerade weil bei Tests die funktionalen Zusammenhänge nicht gegeben, sondern als Vorstellung abgerufen werden müssen, kommt es in den Lernsituationen darauf an, dass situative Erfahrungen vermittelt werden. Sie sind die Voraussetzung dafür, dass dann auch die situationsabstrakten Testformate bewältigt werden können.

5.5 Das Problem des fragend-entwickelnden Unterrichtsgesprächs

PISA und auch schon TIMSS haben die (über 100 Jahre alte) Kritik am fragend-entwickelnden Unterrichtsgespräch als einer nach wie vor in Deutschland verbreiteten Unterrichtsmethode neu belebt (z.B. Baumert, 2002; zur Geschichte der Kritik vgl. Bloch, 1969; Spinner, 1992). Im Deutschunterricht ist es die vorherrschende Vorgehensweise. Bei der Arbeit an Texten werden von der Lehrkraft Fragen gestellt, die die Schülerinnen und Schüler schrittweise und gezielt zum Ergebnis führen sollen, das als Inhaltserschließung, Analyse oder Interpretation vorgesehen ist. Dieses Vorgehen birgt eine doppelte Gefahr in sich: Es pervertiert im Bewusstsein der Schülerinnen und Schüler leicht zu einem Erraten dessen, was die Lehrerin oder der Lehrer hören möchte. Damit wird eine selbstständige Auseinandersetzung mit dem Text, die der ursprünglichen, aufklärerischen Intention der Methode entsprechen würde, verfehlt. Das mag ein Grund dafür sein, dass deutsche Schülerinnen und Schüler bei den PISA-Aufgaben, die auf Reflexion über Texte zielen, besonders schlecht abgeschnitten haben, obschon wir uns doch etwas darauf zugute halten, dass in unserem Unterricht nicht einfach Literaturwissen gepaukt wird.

Das zweite Problem besteht darin, dass das fragend-entwickelnde Unterrichtsgespräch meist nur mit einigen wenigen Schülerinnen und Schülern geführt wird. Für diese kann es eine intellektuelle Herausforderung und damit lernträchtig sein. Aber für die weniger beflissenen und flinken Schülerinnen und Schüler sieht die Unterrichtssituation so aus, dass immer schon jemand eine Antwort gegeben hat, bevor sie ihre eigenen Gedanken zu Ende geführt haben. Das entmotiviert und bewirkt, dass sich diese Schülerinnen und Schüler die Anstrengung des Mitdenkens ersparen und einfach abwarten, bis das Ergebnis erarbeitet ist. Meist wird dieses ja auch an der Tafel festgehalten, kann ins Heft eingetragen und dann gemerkt werden. Was so gelernt wird, ist nicht das, was PISA abgeprüft hat und was man unter Lesekompetenz versteht.

Es ist also eine angemessene Reaktion auf PISA, wenn die Dominanz der fragend-entwickelnden Methode im Deutschunterricht infrage gestellt wird.

5.6 Lesestrategien

Ineffektiv ist das fragend-entwickelnde Unterrichtsgespräch für die Mehrzahl der Schülerinnen und Schüler insbesondere auch im Hinblick auf den Erwerb von Lesestrategien. Mit dem Begriff der Strategie wird eine in unterschiedlichen Situationen einsetzbare, zielgerichtete Vorgehensweise bezeichnet, die automatisiert ablaufen kann, aber auch bewusstseinsfähig ist. Wer über Lesestrategien verfügt, kann sein eigenes Lesen funktional im Hinblick auf den jeweiligen Zweck und die Art des Textes steuern. Wenn die Arbeit an Texten jedoch nur am Gängelband von Lehrerfragen abläuft, entsteht kaum ein solches prozedurales Wissen – es sei denn, die Lehrkraft thematisiere ausdrücklich die Vorgehensweise als Methode. Dies geschieht jedoch eher selten, weil im Literaturunterricht der Blick auf das Ergebnis der Texterschließung gerichtet ist.

Wichtig wäre also, dass im Unterricht mehr, als das bislang geschieht, die Lesestrategien bewusst gemacht und in den unterschiedlichsten Zusammenhängen praktiziert werden. Dazu gehört, dass Schülerinnen und Schüler zum Beispiel begreifen, warum die Antizipationen (z.B. sich Erwartungen an einen Text bewusst machen) oder zusammenfassende Rückblicke nach dem Lesen eines Kapitels für das Verstehen von Texten hilfreich sind. Im Leseunterricht wird Entsprechendes zwar durchaus geübt; aber für die Schülerinnen und Schüler bleibt es oft eine rein schulbezogene, alltagsferne Form des Lesens, weil ihnen nicht gezeigt wird, dass solche expliziten Formen der Textarbeit im Dienste der Aneignung von transferierbaren Strategien stehen. Zu jedem Absatz eine Überschrift formulieren (um eine häufig eingesetzte Übung zu nennen) erscheint den Schülerinnen und Schülern wirklichkeitsfern – welcher Erwachsene macht das schon im alltäglichen Leben –, wenn nicht deutlich wird, dass man beim Zeitungslesen, wo man ja nicht mit dem Kuli an den Rand schreibt, im Kopf, als inneren gedanklichen Prozess, diese Lesestrategie anwenden kann.

In den Lehrplänen und den Bildungsstandards, die derzeit in Erarbeitung sind, versucht man, solchen Forderungen nach Vermittlung von Strategien Rechnung zu tragen, und zwar durch die ausdrückliche und hervorgehobene Nennung von Arbeitstechniken und -methoden. Die PISA-Diskussion wirkt sich hier sichtbar aus. Problematisch ist allerdings, dass es sich dabei meist um recht heterogene Auflistungen von einzelnen Techniken handelt. Man findet seit langem gebräuchliche Verfahren verzeichnet wie das Gliedern von Texten mit Formulierung von Zwischenüberschriften oder das Nachschlagen in Lexika, aber auch neuere Methoden wie das Erstellen einer Mindmap. Noch wenig aufgenommen sind in Lehrplänen und Standards die Anregungen der kognitivistischen Verstehenstheorie, die auch für PISA die Grundlage bildet (z.B. die Ansätze von Walter Kintsch und Teun A. van Dijk; zusammenfassend zu Lesestrategien vgl. Christmann & Groeben, 1999, S. 192–223). Sie finden sich eher in Trainingsprogrammen zum Einsatz von Lesestrategien (dazu Bräuer, 2002). Hier steht allerdings jeweils eine einseitige Ausrichtung am Lernen aus Texten im Vordergrund. Bei den Arbeitstechniken wird im Übrigen das oben bereits angesprochene Problem der funktionalen Einbettung deutlich, wenn sie isoliert in Lehrplänen und Bildungsstandards aufgelistet werden. Die Arbeitstechnik, ein Schaubild zu erstellen, wirkt so formuliert ziemlich beliebig; einsichtig wird sie, wenn sie zum Beispiel auf die Erarbeitung der Figurenkonstellation in einem Drama bezogen wird. Es ist deshalb in der Regel sinnvoll, Arbeitstechniken nicht losgelöst von der Reflexion auf ihre situationsbezogene inhaltliche Leistung zu vermitteln (zu den Effekten von Strategietrainingsprogrammen vgl. z.B. Artelt, 2000, S. 165–177).

Schließlich gibt es ein terminologisches Problem: Man kann begreifen, wenn man in Lehrplänen den aus dem Kriegsvokabular stammenden Terminus der Strategie vermeiden will; der Begriff der Arbeitstechnik ist allerdings eingeschränkter, kognitiv ärmer: Man kann das Unterstreichen von wichtigen Begriffen in einem Text als Arbeitstechnik bezeichnen; damit es eine Lesestrategie wird, müsste die Funktion des Unterstreichens für das Textverstehen (oder für das Behalten von Textinformation) eingeschlossen sein. Wer die Arbeitstechnik des Unterstreichens anwenden kann, aber nicht weiß, wie er damit zu einem besseren Ergebnis seiner Textrezeption kommt, hat noch keine Strategie erworben.

Für die Konstruktion von Lehrplänen ist in diesem Sinne noch einiges an konzeptueller Arbeit notwendig, damit die funktionale Einbettung von Arbeitstechniken im Deutschunterricht deutlich wird.

5.7 Handlungsorientierter Unterricht

Schon seit längerer Zeit gilt in der allgemeinen Didaktik und in den Fachdidaktiken die Handlungsorientierung als Alternative zum lehrerzentrierten Unterricht und damit auch zum fragend-entwickelnden Unterrichtsgespräch. In der Literaturdidaktik ist die Konzeption des handlungs- und produktionsorientierten Literaturunterrichts (als Überblick z.B. Spinner, 2003) zum meistdiskutierten Ansatz geworden. Im Hinblick auf die durch PISA deutlich gewordenen Probleme ist sein Vorteil vor allem darin zu sehen, dass er stärker jeden einzelnen Schüler und jede einzelne Schülerin zum tendenziell selbstständigen Arbeiten anhält. Wenn zum Beispiel eine Geschichte unter Aufnahme wesentlicher Handlungsmotive weiterzuschreiben ist, muss der Text von allen genau gelesen werden.

Allerdings wird dem handlungs- und produktionsorientierten Ansatz in der Fachdiskussion zum Teil gerade der Vorwurf gemacht, dass er vom genauen Lesen abhalte, weil an die Stelle von Analyse und Interpretation beliebiges Herumbasteln trete. Es fällt dem Kenner gegenwärtiger Unterrichtspraxis nicht schwer, sich Belege für solche Tendenzen zu vergegenwärtigen, und man kann begreifen, warum es auch den Ruf nach textnahem Lesen gibt. Die Auseinandersetzung zeigt, dass Handlungsorientierung, die heute oft als Patentrezept propagiert wird, an sich noch nicht Qualitätsverbesserung garantiert. Ihre Vorteile greifen nur dann, wenn sie didaktisch reflektiert umgesetzt werden.

Im Übrigen gibt es Unterrichtsformen, die geradezu als Gegenteil der Handlungsorientierung erscheinen und die doch auch ihren Beitrag zur Förderung der Lesekompetenz leisten können. Dazu gehört des Vorlesen durch die Lehrkraft, das, verglichen mit anderen Ländern, in deutschen Schulen verhältnismäßig wenig praktiziert wird. Es kann ein konzentriertes Zuhören und damit eine intensive Verstehensleistung bewirken, die sich auf das Lesen fördernd auswirkt. Das gängige unvorbereitete Reihum-Vorlesen ist übrigens kein Ersatz dafür, weil es eher vom Verstehensprozess ablenkt. Wenn Schülerinnen und Schüler vorlesen, sollten sie dies vorbereitet tun, und die Vorlesesituation sollte so gestaltet sein, dass die Zuhörenden den Text(ausschnitt) noch nicht kennen. Nur so ist das Zuhören motiviert.

5.8 Verstehen als innerer Vorgang und Reden über einen Text als kommunikative Handlung

Sowohl in der Testtheorie als auch in der Methodik des Literaturunterrichts stellt das Verhältnis von Verstehen als innerem, mentalem Vorgang und Reden oder Schreiben zu einem Text ein diffiziles und wissenschaftlich noch kaum gelöstes Problem dar. Äußerungen im Unterrichtsgespräch, in schriftlichen Arbeiten und Tests dienen im Unterricht als Ausweis für Verstehensleistungen. Aber im Grunde handelt es sich um mindestens zwei Teilleistungen, nämlich um das Verstehen des Textes und die Fähigkeit, das Verstandene in Worte fassen zu können. Die letztere Fähigkeit hinkt der ersteren in der Regel hinterher: Schülerinnen und Schüler können manches verstehen, ohne das

Verstandene selbst formulieren zu können. Schüleräußerungen sind also nur ein indirektes und ungenaues Indiz für Verstehensleistungen.

Mit Multiple-Choice-Aufgaben kann man dieses Problem umgehen. Denn hier muss nur angekreuzt und nicht selbst formuliert werden. Allerdings bilden auch solche Aufgabenformate den Verstehensprozess nur indirekt ab, denn sie lösen einen kognitiven Denkprozess aus, der sich von einer direkten Begegnung mit einem Text unterscheidet. Wer Multiple-Choice-Aufgaben gut lösen kann, betrachtet die Auswahlantworten als Hypothesen und fragt sich, welche die wahrscheinlichste sein mag. Er generiert also nicht selbst Bedeutungen, sondern beurteilt in einem Wahrscheinlichkeitskalkül vorgegebene Bedeutungszuschreibungen. Das Trainieren einer solchen Fähigkeit mag durchaus seinen Sinn haben – es entspricht in gewisser Weise *in nuce* einem wissenschaftlichen Vorgehen von Hypothesenbildung und Überprüfung –, aber mit Textverstehen ist es nicht deckungsgleich.

Sowohl bei offenen als auch bei Multiple-Choice-Aufgaben kommt noch die Tatsache hinzu, dass immer auch die Fähigkeit, die formulierte Aufgabe verstehen zu können, mit abgeprüft wird. Das ist auch eine Art Überprüfung von Textverständnis und entwickelt eine Fähigkeit, die durchaus wichtig und nützlich ist: Verstehen zu müssen, was jemand mit einer Frage meint, ist eine alltägliche Anforderung. Selten werden Schülerinnen und Schüler jedoch darauf hingewiesen, dass es beim Lösen von Textaufgaben um einen doppelten Verstehensanspruch geht, nämlich das Verstehen der Aufgabe und das Verstehen des Textes, auf den sich die Aufgabe bezieht; es wäre zum Beispiel wichtig, damit umgehen zu lernen, dass ein in Aufgabenstellungen beliebter Begriff wie „analysieren" in verschiedenen Kontexten immer wieder andere Bedeutungsvarianten enthält und selbst im Deutschunterricht unterschiedlich gebraucht wird (abgrenzend zum Interpretieren oder dieses einschließend). Schülerinnen und Schüler müssen also lernen, Begriffe in Fragestellungen kontextbezogen zu verstehen; das erfordert beim Unterrichten eine größere Sorgfalt in der Vermittlung und Bewusstmachung der fachspezifischen methodischen Zugänge. Dass hier einiges im Argen liegt, hat Bremerich-Vos gezeigt (Bremerich-Vos, 2001).

Als Beispiel dafür, wie Aufgabenformate von Tests für Lernaufgaben fruchtbar gemacht werden können, sei hier eine Anregung angeführt: Ausgehend von Multiple-Choice-Aufgaben kann man Schülerinnen und Schüler auffordern, zu einer Fragestellung selbst verschiedene Antwortmöglichkeiten – einleuchtende und unzutreffende, das heißt Distraktoren – auszudenken und diese dann zu besprechen. Sie schaffen sich damit Vergleichsfolien, vor denen sie schärfer Phänomene erkennen können. Ein ganz einfaches Beispiel wäre bei der Arbeit mit einem Zeitungstext das Ausdenken einer Aufgabe zur Textsortenzuordnung, etwa „Ist es (a) ein Kommentar, (b) ein Bericht, (c) eine Glosse, (d) eine Werbeanzeige". Durch ein solches eigentätiges Vorgehen wird den Schülerinnen und Schülern deutlich, dass Begriffe jeweils ihre Bedeutung im Feld benachbarter Begriffe erhalten und dass es für die Zuordnung von Begriffen (hier Textsorten) zu Phänomenen (Texten) sinnvoll ist, sich verschiedene infrage kommende Begriffe zu vergegenwärtigen und zu überprüfen.

5.9 Problematik der Begriffe Autorintention und Textaussage

Die Frage nach der Intention oder der Aussage des Textes ist im Deutschunterricht und in Evaluationsstudien wie PISA häufig anzutreffen. Sie ist heuristisch insofern sinnvoll, als sie dazu anhält, sich eine Vorstellung von der wesentlichen Botschaft eines Textes zu machen. Sie ist aber dann, wenn man eine endgültige Antwort erwartet, problematisch. In der neueren Literaturtheorie wird dieses Problem unter anderem unter dem Stichwort des Verschwindens des Autors diskutiert. Es gilt auch für Sachtexte und lässt sich an einfachen Beispielen demonstrieren. Man stelle sich zum Beispiel das Lesen in einem Kochbuch vor. Dies kann mit sehr unterschiedlicher Absicht erfolgen: Man kann die Rezepte lesen und sich überlegen, was einem schmecken würde, und sich so der Imagination der verlockenden Gerichte hingeben. Das wäre eine Art ästhetischer Lektüre. Es kann aber auch sein, dass man das Kochbuch beizieht, um ein Gericht zu finden, das schnell gekocht und billig ist. Eine andere pragmatische Lektüre wäre der Blick ins Kochbuch während des Kochens, bei dem man sich vergewissert, ob man nichts vergessen und die richtige Menge der Zutaten bereitgestellt hat. Das alles hat mit der Intention des Verfassers nur indirekt zu tun. In einer konkreten Situation kommt es gar nicht so sehr darauf an, ob man die Intention des Verfassers rekonstruieren kann, sondern ob man so lesen kann, dass es der eigenen Intention entspricht. Die Suche nach dem schnellen und billigen Essen ist, abhängig von der Leseintention, ein anderes Lesen als das genussvolle Blättern im Kochbuch. Im Blick auf solche realen Rezeptionsprozesse erscheint das Beharren auf einer bestimmten Autorintention seltsam wirklichkeitsfremd.

Mit ihrem pragmatischen Ansatz will die PISA-Studie der Handlungsintention von Leserinnen und Lesern gerecht werden; die Definition von Lesekompetenz lautet bei PISA: „Geschriebene Texte zu verstehen, zu nutzen und über sie zu reflektieren, um eigene Ziele zu erreichen (...)“ (Baumert, Stanat, & Demmrich, 2001, S. 23.). Die eigenen Ziele müssen sich nicht mit den Intentionen eines Autors decken. Natürlich sind die Leserintentionen in der Testsituation virtuell – die Probanden haben nicht die Absicht, Turnschuhe zu kaufen, wenn sie die Testaufgabe „Fühl dich wohl in deinen Turnschuhen“ bearbeiten (Baumert u.a., 2001, S. 526). Dadurch, dass nur authentische Texte, die der Lebenswelt von Schülerinnen und Schülern entsprechen, verwendet werden, versucht PISA jedoch, die Nähe zu tatsächlichen Situationen herzustellen, sodass die Probanden entsprechende realitätsbezogene Vorstellungen abrufen können. Man kann deshalb sagen, dass PISA stärker als traditionelle Tests des Leseverständnisses die Nutzerperspektive berücksichtigt und sich nicht darauf beschränkt zu überprüfen, ob Textaussage und Autorintention richtig verstanden worden sind. Bei den Anweisungen zur Kodierung (Auswertung der Fragebögen) sieht man das zum Beispiel daran, dass in vielen Fällen unterschiedliche Interpretationen akzeptiert werden, weil die kognitive Operation (z.B. eine Verbindung zwischen zwei auseinander liegenden Textaussagen herstellen zu können) und nicht das Ergebnis überprüft werden soll. Das mag nicht in allen Fällen überzeugend gelungen sein (jedenfalls gibt es in der Fachdidaktik in dieser Hinsicht manche Kritik), aber grundsätzlich kann man gerade auch für den Unterricht einiges von der kompetenzorientierten und damit inhaltlich wenig dogmatischen Ausrichtung der PISA-Studie lernen.

5.10 Förderung der Lesefreude und Förderung der Lesekompetenz

Aus der PISA-Lesekompetenzuntersuchung werden für den Deutschunterricht zwei Hauptkonsequenzen gezogen, die nicht ohne weiteres miteinander kompatibel sind. Das Ergebnis, dass deutsche Schülerinnen und Schüler im internationalen Vergleich besonders dadurch auffallen, dass sie ungern lesen, führt zur Forderung, dass Unterricht mehr zum Lesen verlocken soll. Andererseits wird ausgehend vom Begriff der Lesekompetenz und den Aufgabenformaten bei PISA eine stärkere Berücksichtigung von Lesetechniken und -strategien gefordert. Letzteres hat zu einer Flut von Unterrichtsmaterialien zum Lesetraining geführt und eine Verstärkung entsprechender Einheiten in Lese- und Sprachbüchern bewirkt. Methodisch geht das bis zum isolierten Üben von Teilkompetenzen, was mit lustbetonten Leseerfahrungen nicht mehr viel zu tun hat. Lesefreude entsteht nicht durch Strategietraining, sondern durch Bereitstellen von Situationen, in denen selbstvergessenes Lesen, Raum für Phantasie und Identifikation gegeben wird.

Man wird nicht abstreiten können, dass beides notwendig ist, Vermittlung sowohl von Lesefreude als auch von Lesekompetenz im Sinne genauer, reflektierter Informationsermittlung. Es wäre jedoch wichtig, dass die beiden Ansprüche nicht losgelöst voneinander realisiert werden. Lesefreude und -interesse sollten fruchtbar werden können für die Entfaltung der Lesekompetenz wie umgekehrt diese das genießende Lesen reicher und differenzierter machen sollen. Im Übrigen ist schon angesichts der wenigen Zeit, die im Deutschunterricht für das Lesen zur Verfügung steht, ein integriertes Vorgehen notwendig.

Aber wie ist dies möglich? Grundmaxime für Lehrerinnen und Lehrer müsste sein, dass die Vermittlung von Lesetechniken bei jeder Textarbeit mitgedacht und begleitend geleistet wird. Als Beispiel vergegenwärtige man sich eine Situation, in der eine Textstelle für einige Schülerinnen und Schüler schwer verständlich ist. Wenn man nicht an die Vermittlung von Lesetechniken denkt, fragt man in der Regel einfach: „Weiß jemand, was das bedeutet?" und klärt so die Stelle; eine Anwendung einer Lesestrategie findet so nicht statt. Dies wäre der Fall, wenn kurz überlegt würde, warum wohl die Stelle nicht recht verstanden wird (liegt es an einem unbekannten Wort, an der Unmöglichkeit, sich die Situation vorzustellen, an der Schwierigkeit, einen Bezug zum Vorhergehenden zu erkennen usw.). Von dieser Überlegung ausgehend würde dann eine Lösung für das Verstehensproblem gesucht. Ein Unterricht, der in dieser Weise den Verstehensprozess im Blick hat und nicht nur am zu erzielenden Stundenergebnis ausgerichtet ist, leistet seinen Beitrag zur Entwicklung basaler Lesekompetenz, ohne auf sture Übungen angewiesen zu sein.

5.11 Tradierte Stundenverlaufsschemata und Kompetenzbegriff

Zu den Kennzeichen der gegenwärtigen schulpädagogischen und didaktischen Diskussion gehört die Favorisierung des Kompetenzbegriffs, der auch in PISA konsequent umgesetzt wird. Schon mit der Lernzieltheorie der 1970er Jahre wurde die Stofforientierung der Unterrichtsplanung infrage gestellt und die Vermittlung von Qualifikationen im Sinne von Fähigkeiten und Fertigkeiten zur Leitschnur für die curricularen Planungsprozesse gemacht. Kompetenzorientierter Unterricht führt diesen Ansatz weiter, zielt jedoch entschiedener auf grundlegende, vor allem kognitive Fähigkeiten, die nicht durch Addition von einzelnen erfüllten Lernzielen erworben werden können, sondern auf übergreifende Förderung angewiesen sind. Auch wenn man Lesekompetenz nach PISA in Teilkompetenzen wie Bildung von Makrostrukturen oder von Situationsmodellen aufgliedern kann, handelt es sich doch nicht um einzelne Fähigkeiten, die nacheinander und getrennt voneinander vermittelt werden können. Dies hat Folgen für die Strukturierung von Unterricht und widerspricht manchen Modellen von Stundenvorbereitung, die in der Praxis noch anzutreffen sind. So kann die Anforderung, eine Unterrichtsstunde mit einer Ergebnissicherung abzuschließen, dysfunktional sein. Sie mag bei der Vermittlung von einzelnen Wissenselementen oder begrenzten Fähigkeiten sinnvoll sein, aber bei grundlegenden Kompetenzen ist es illusionär zu meinen, man könne innerhalb einer Unterrichtslektion etwas vermitteln, was dann am Ende der 45 Minuten gesichert sein kann. Bei Unterrichtsentwürfen und -stunden, die dies versuchen, lässt sich immer wieder beobachten, dass in der – vermeintlichen – Phase der Ergebnissicherung die Komplexität und das Anregungspotenzial des tatsächlichen Unterrichts reduziert, oftmals geradezu trivialisiert wird. Als extremes Beispiel dafür können Trainingsprogramme dienen, bei denen zum Beispiel das Beachten der Überschrift als Verstehensmethode geübt und in einer Ergebnissicherung dann wiederholt wird, wann, warum und wie man diese Methode einsetzen kann. Die Stunde wird damit auf das rein Formale reduziert – dass sich die Schülerinnen und Schüler beim Lesen eines Textes auch mit einem relevanten Inhalt beschäftigen (sollten), bleibt einfach ausgespart.

5.12 Lernfeindliche Einstellungen von Schülerinnen und Schülern in der Sekundarstufe I

Abschließend sei darauf hingewiesen, dass lernfeindliche Einstellungen, die in der Sekundarstufe I ein verbreitetes Problem darstellen, für den Deutschunterricht besonders hinderlich sind; denn er setzt beim literarischen Lesen darauf, dass sich Schülerinnen und Schüler auf die imaginativen Textwelten einlassen und dass sie in einen Austausch über Leseerfahrungen eintreten. Wenn Abwehrhaltungen gegenüber Unterricht vorherrschen, ist das nicht möglich. Das mit der Lernunlust zusammenhängende, verbreitete Problem, dass Schülerinnen und Schüler, die sich aktiv am Unterricht beteiligen, als „Streber“ und „Schleimer“ ausgegrenzt werden, kann durch den Abbau des lehrerzentrierten, insbesondere fragend-entwickelnden Unterrichts etwas gemildert werden. In einer Erlebnis- und Konkurrenzgesellschaft bleibt aber die Herstellung eines vernünftigen Lernklimas schwierig. Fatal ist es, wenn in einer Art Teufelskreis die Lehrkräfte resignieren und schülerfeindliche Ressentiments entwickeln. Mit den Schulentwicklungsprogrammen, die neuerdings – zum Teil ziemlich forciert – in Gang gesetzt werden, sind, wie erste Erfahrungen zeigen, zum Teil positive Effekte im Hinblick auf das Lernklima zu erreichen.

5.13 Resümee

Durch PISA und die dadurch ausgelöste Diskussion sind wesentliche Defizite des herrschenden Unterrichts aufgedeckt worden. Das Lesen als basale Fähigkeit wird in der Sekundarstufe wenig gefördert, sondern oft einfach vorausgesetzt. Notwendig ist, dass sowohl Lehrkräfte als auch Schülerinnen und Schüler eine größere Aufmerksamkeit für die Verstehensprozesse beim Lesen aufbringen. Welche Lesestrategien jeweils sinnvoll und hilfreich sind, sollte in den unterschiedlichsten situativen Zusammenhängen immer wieder ins Bewusstsein gehoben werden. Einzelne Trainingsübungen zum Lesen reichen dazu nicht aus; vielmehr ergibt sich hier eine Aufgabe für alle Fächer, in denen Arbeit an Texten vorkommt. Auf diese Weise ist ein situiertes Lernen möglich, bei dem die Schülerinnen und Schüler die Funktion von Lesestrategien erfahren können. Förderung der Lesekompetenz lässt sich so verbinden mit Handlungsorientierung, die in der Didaktik der letzten Jahre verstärkt gefordert und in Schulen zunehmend umgesetzt wird. Allerdings darf das Handeln der Schülerinnen und Schüler nicht zu einem beliebigen Herumwerkeln werden. Gerade im Hinblick auf den Erwerb von Lesekompetenz ist Bewusstheit bezogen auf das Vorgehen notwendig. Dieser metakognitive Aspekt ist im Begriff der Lesekompetenz mitenthalten. Intentionengeleiteter, planvoller Umgang mit Texten, der auch Selbstkontrolle einschließt, ist gefragt. Ein überwiegend fragend-entwickelnder Unterricht, bei dem Planung, Lenkung und Kontrolle durch die Lehrkraft erfolgen, kann einem solchen Anspruch nicht gerecht werden. Schülerinnen und Schüler müssen in die Lage vesetzt werden, selbst Verantwortung für den eigenen Lernprozess zu übernehmen. Lehrkräfte und Schülerinnen und Schüler sollen wissen, dass nachhaltiges Lesen-Lernen nicht mit kurzatmigen Trainingssequenzen und punktuellen Unterrichtsstunden, die der Lesetechnik gewidmet sind, erreicht wird, sondern dass kontinuierliche Förderung im Sinne langfristig angelegten, kumulativen Lernens notwendig ist.

Cordula Artelt, Petra Stanat, Wolfgang Schneider, Ulrich Schiefele und Rainer Lehmann

6 Die PISA-Studie zur Lesekompetenz: Überblick und weiterführende Analysen

6.1 Einleitung

Zur PISA-2000-Studie und speziell zur Lesekompetenz im nationalen und internationalen Vergleich liegen bereits zahlreiche Veröffentlichungen vor (z.B. Artelt, Brunner u.a., 2003; Artelt, Schneider, & Schiefele, 2002; Artelt u.a., 2001; Kirsch u.a., 2002; OECD, 2001). Mit dem Ziel, einen Überblick über die zentralen Aspekte der Studie zu geben, werden die das Lesen betreffenden Inhalte im ersten Teil des Kapitels noch einmal zusammenfassend dargestellt. Diese Ausführungen beziehen sich vor allem auf die zu Grunde liegende Konzeption von Lesekompetenz sowie auf die Definition von Kompetenzstufen.

Im zweiten Teil des Kapitels werden Befunde aus Analysen zusammengetragen, die sich mit der Validität des PISA-Tests beschäftigen. Hierzu wird zunächst ein Überblick über die Ergebnisse der national durchgeführten Befragung von Lehrplanexperten der Länder der Bundesrepublik Deutschland zur curricularen Validität des PISA-Tests gegeben und dargestellt, welche Effekte die Nichtübereinstimmung zwischen den Inhalten des Tests und den Lehrplänen der Länder haben. Im Anschluss daran wird genauer analysiert, welche Anforderungsmerkmale die Schwierigkeit der Aufgaben des Lesetests bestimmen. Hierzu werden einzelne Anforderungsmerkmale der Aufgaben zur Vorhersage der empirisch ermittelten Schwierigkeit der PISA-Aufgaben genutzt. Als weiterer Aspekt der Validität des Lesetests wird dann auf internationaler Ebene der Frage nachgegangen, ob der PISA-Lesetest eine geeignete Basis darstellt, um einen fairen Vergleich der Lesekompetenz von 15-jährigen Schülerinnen und Schülern in den beteiligten Staaten durchzuführen. Hierzu wird analysiert, ob Schülerinnen und Schüler bei Aufgaben, die ursprünglich aus ihrem Sprachraum stammen, einen (über die im Test gemessenen Kompetenzunterschiede hinausgehenden) differenziellen Vorteil aufweisen, was als eine Verletzung der Voraussetzung der Vergleichbarkeit im internationalen Vergleich gesehen werden kann.

Im dritten und letzten Teil des Kapitels wird dann der Versuch gemacht, die Befunde zum Lesen aus PISA in die Befundlage aus bisherigen internationalen Studien zur Lesekompetenz, wie zum Beispiel der Internationalen Grundschul-Lese-Untersuchung (IGLU) und der Erwachsenenuntersuchung *International Adult Literacy Study* (IALS), einzuordnen. Nach einer Darstellung der Traditionen und Inhalte dieser Studien konzentrieren wir uns hier vor allem auf die Diskussion der nur sehr eingeschränkten Möglichkeit, anhand der vorliegenden Daten Vergleiche über das Leistungsniveau einzelner Länder zu unterschiedlichen Zeitpunkten anzustellen oder Aussagen über Veränderungen abzuleiten.

6.2 Konzeption von PISA

PISA steht für *Programme for International Student Assessment* und stellt die bisher umfassendste international durchgeführte Schulleistungsstudie dar. Die Studie der Organisation für wirtschaftliche Zusammenarbeit und Entwicklung (OECD) wurde konzipiert, um den OECD-Mitgliedsstaaten vergleichende Daten über ihre Bildungssysteme zur Verfügung zu stellen. PISA ist ein langfristig angelegtes Projekt, das zunächst drei Erhebungszyklen umfasst. In jedem Zyklus werden die drei Kompetenzbereiche Lesekompetenz *(Reading Literacy)*, mathematische Grundbildung *(Mathematical Literacy)* und naturwissenschaftliche Grundbildung *(Scientific Literacy)* untersucht, wobei der Schwerpunkt im Jahr 2000 auf der Messung von Lesekompetenz lag. Die Studie umfasst neben der Messung von Schülerfähigkeiten in diesen drei Kompetenzbereichen auch weitere Aspekte schulischen Lernens, die mit umfangreichen Fragebögen für die Schülerinnen und Schüler, deren Eltern und Schulleiter erfasst wurden, und deren Ergebnisse zum Teil auch in eigenen thematischen Bänden veröffentlicht werden. Auf Beschluss der Kultusminister der Länder wurde die Studie zudem in Deutschland so erweitert, dass es möglich ist, die Ergebnisse auch auf Länderebene zu analysieren und zu vergleichen (siehe auch Baumert, Artelt, Klieme u.a., 2002, 2003).

6.2.1 Was versteht PISA unter Lesekompetenz?

Lesekompetenz, wie sie in PISA gemessen wird, wird in erster Linie mit dem Inhalt des internationalen Tests zum Lesen assoziiert (vgl. OECD, 1999). In Deutschland wurde jedoch zusätzlich auch ein nationaler Test mit anderer Schwerpunktsetzung durchgeführt. Da die Inhalte des nationalen Tests, der nur in einer Substichprobe der deutschen PISA-2000-Stichprobe administriert wurde, noch ausführlich in Kapitel 8 dieses Bandes dargestellt werden, wird die Konzeption des nationalen Tests – im Anschluss an die Darstellung des internationalen Tests – im Rahmen dieses Kapitels nur kurz skizziert. Bei der nachfolgenden Darstellung ist daher anzumerken, dass sich die alleinige Verwendung des Begriffs „Lesekompetenztest“ bzw. „Lesekompetenz in PISA“ jeweils auf den internationalen Lesekompetenztest bezieht.

Unter Lesekompetenz wird in der PISA-Studie mehr verstanden als einfach nur lesen zu können. Im Mittelpunkt der internationalen Konzeption zur Lesekompetenz steht vielmehr der auf Verstehen, zielgerichtete Informationsentnahme und Reflektieren und Bewerten ausgerichtete Umgang mit lebenspraktisch relevantem Textmaterial. Lesekompetenz wird dabei als eine Voraussetzung für die Teilhabe am gesellschaftlichen und kulturellen Leben betrachtet, da über das Lesen nicht nur eine Vielzahl von Lebensbereichen erschlossen werden, sondern über die Schriftsprache neben Informationen und Fakten auch Ideen, Wertvorstellungen und kulturelle Inhalte transportiert und vermittelt werden. Lesefähigkeit stellt damit ein universelles Kulturwerkzeug dar, dessen Bedeutung auch in einer sich verändernden Medienlandschaft nicht geringer geworden ist. Vielmehr stellt sich immer wieder heraus, dass lesen zu können eine notwendige Voraussetzung bzw. eine Schlüsselqualifikation für den kompetenten und selbstbestimmten Gebrauch aller Medien darstellt (vgl. Hippler, 2001; Oerter, 1999; siehe auch Schön, 1997). Umgekehrt bedeutet eine geringe Lesefähigkeit bis hin zum modernen Analphabetismus einen enormen Chancennachteil.

PISA versteht Lesekompetenz somit als ein wichtiges Hilfsmittel für das Erreichen persönlicher Ziele, als Bedingung für die Weiterentwicklung des eigenen Wissens und der eigenen Fähigkeiten und als Voraussetzung für die Teilhabe am gesellschaftlichen Leben. Das Verständnis von Lesekompetenz in PISA orientiert sich an der angelsächsischen *Literacy*-Konzeption und setzt damit auf die Funktionalität der bis zum Ende der Pflichtschulzeit erworbenen Kompetenzen für die Lebensbewältigung im jungen Erwachsenenalter und deren Anschlussfähigkeit für kontinuierliches Weiterlernen über die gesamte Lebensspanne. In der angelsächsischen *Literacy*-Diskussion ist die funktionale Sicht auf Kompetenzen als basale Kulturwerkzeuge zentral. Die Beherrschung der Muttersprache in Wort und Schrift gehört in allen modernen Gesellschaften zum Kernbestand kultureller und sprachlicher Literalität.

Bei der Konzeptualisierung und Operationalisierung von Lesekompetenz wurde auf Vorarbeiten von Kirsch und Mosenthal zurückgegriffen, die sich in amerikanischen (*National Assessment of Educational Progress* [NAEP]) und internationalen (*International Adult Literacy Study* [IALS]) Studien bewährt haben (Kirsch, 1995; Kirsch, Jungeblut, & Mosenthal, 1998; Mosenthal, 1996). Ein zentrales Anliegen bei der Testkonstruktion bestand darin, eine möglichst große Bandbreite von Anlässen für Leseaktivitäten abzudecken. Dies geschah unter anderem dadurch, dass vorab eine Reihe von Texttypen und Lesesituationen unterschieden wurden, auf die sich eine jeweils festgelegte Zahl der Testaufgaben inhaltlich beziehen sollte. Neben fortlaufend geschriebenen Texten (kontinuierliche Texte) wurden dabei auch bildhafte Darstellungen wie Diagramme, Bilder, Karten, Tabellen oder Graphiken einbezogen (nichtkontinuierliche Texte). Kontinuierliche Texte bestehen normalerweise aus Sätzen, die in Absätzen organisiert sind. Sie können Teil von größeren Strukturen wie Abschnitten, Kapiteln oder Büchern sein. Zu den kontinuierlichen Texten zählen unter anderem Erzählungen, Sachbeschreibungen, Kommentare und Argumentationen. Nichtkontinuierliche Texte liegen häufig in Matrixformat vor und beruhen auf Kombinationen von Listen. Der überwiegende Teil der Aufgaben im PISA-Test (etwa zwei Drittel) bezieht sich auf kontinuierliche Texte (siehe auch Artelt & Schlagmüller, in diesem Band).

Um eine möglichst große Vielfalt von Anwendungssituationen abzubilden, enthält der PISA-Test Texte, die für verschiedene Lesesituationen geschrieben wurden. Eine Lesesituation definiert sich über die Funktion des Lesens, den allgemeinen Inhalt der Texte sowie die im Text oder der Aufgabe implizit oder explizit enthaltenen Bezüge zu anderen Personen. Die Lesesituationen werden im Hinblick darauf differenziert, ob das Lesen eines bestimmten Textes in der Regel eher privaten (z.B. Auszüge aus Erzählungen) oder öffentlichen Zwecken (z.B. amtliche Dokumente), der beruflichen Weiterqualifikation (z.B. Lehrbücher) oder dem allgemeinen Bildungsinteresse (z.B. Sachbücher) dient. Das Lesen eines Schulbuchs wäre danach ein Beispiel für eine Bildungssituation, da der primäre Nutzen dieser Tätigkeit im Erwerb von Informationen im Rahmen einer bildungsrelevanten Aufgabe besteht.

Rund 45 Prozent der Items des PISA-Tests sind Aufgaben, bei denen die Schülerinnen und Schüler selbstständig Antworten formulieren müssen (offene Formate). Die Richtlinien für die Bewertung der freien Schülerantworten sind umfangreich und enthalten präzise Beschreibungen der Kriterien zur Beurteilung der Richtigkeit bzw. Teilrichtigkeit der Antworten sowie zahlreiche Beispiele für richtige und falsche Antworten. Auszüge aus den Kodieranweisungen sind in den veröffentlichten Dokumenten zu den PISA-2000-Beispielaufgaben im Lesen enthalten (siehe auch <http://www.pisa.oecd.org>).

Fast alle in PISA verwendeten Texte sind authentisch und wurden in einem aufwändigen Verfahren aus den von den Ländern eingereichten Vorschlägen ausgewählt. Zusätzlich wurden die Items im Rahmen eines Feldtests, der im Jahr 1999 in allen Ländern durchgeführt wurde, auf internationale Vergleichbarkeit, Passung des zu Grunde liegenden testtheoretischen Modells (Raschmodell) und hinsichtlich weiterer statistischer Kriterien überprüft und ausgewählt (vgl. Adams & Wu, 2002). Die Vielfalt der eingesetzten Texte stellt ein besonderes Merkmal dieser Studie dar.

Welche Skalen werden im PISA-Test unterschieden?

Das PISA-Modell unterscheidet grob textimmanente von wissensbasierten Verstehensleistungen, die jeweils noch einmal nach Gesichtspunkten der Komplexität oder formalen Anforderung unterschieden werden. Im ersten Fall sind die im Text selbst enthaltenen Informationen ausreichende Grundlage für die Beantwortung der Fragen; im zweiten Fall muss eine situationsadäquate Interpretation unter Rückgriff auf nicht im Text enthaltenes Vorwissen entwickelt werden. Abbildung 6.1 stellt die theoretischen Strukturannahmen, die der Erfassung der Lesekompetenz in PISA zu Grunde liegen, im Überblick dar. Aufgaben, die sich auf eine textimmanente Verstehensleistung beziehen, sind im Test am stärksten repräsentiert. Etwa 70 Prozent der Aufgaben messen die Fähigkeit, Informationen aus dem vorgegebenen Text herauszusuchen, ein allgemeines Textverständnis zu entwickeln oder eine Textinterpretation vorzunehmen. Bei den restlichen 30 Prozent der Aufgaben müssen die Schülerinnen und Schüler über die im Text selbst

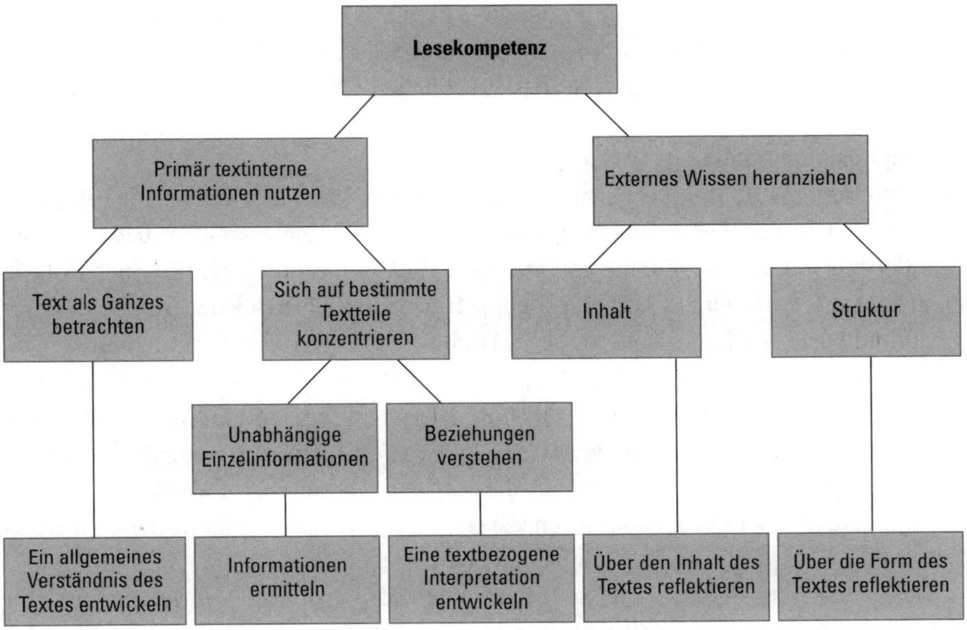

Abbildung 6.1 Theoretische Struktur der Lesekompetenz in PISA

vorhandenen Informationen hinausgehen, um die Inhalte oder die Form bzw. Struktur des Textes zu reflektieren und zu bewerten.

Im unteren Teil der Abbildung 6.1 werden fünf Aspekte der Lesekompetenz differenziert. Diese fünf Aspekte wurden für die Berichterstattung zu drei Berichtsskalen zusammengefasst, da sich die Unterscheidung von fünf Skalen empirisch nicht nachweisen ließ (vgl. Tab. 6.1).

Vertiefende Analysen zur Dimensionalität des PISA-Tests im Lesen werden in Kapitel 7 beschrieben, wo neben der Differenzierung der drei Skalen „Informationen ermitteln", „Textbezogenes Interpretieren" und „Reflektieren und Bewerten" auch noch die Lesekompetenz bei kontinuierlichen versus nichtkontinuierlichen Texten unterschieden

Aspekte des Lesens	Subskalen
Informationen ermitteln	→ Informationen ermitteln
Ein allgemeines Verständnis des Textes entwickeln Eine textbezogene Interpretation entwickeln	→ Textbezogenes Interpretieren
Über den Inhalt des Textes reflektieren Über die Form des Textes reflektieren	→ Reflektieren und Bewerten

Tabelle 6.1 Von fünf Aspekten des Lesens zu drei Subskalen

(diese Unterscheidung liegt quer zu den drei Berichtsskalen) und untersucht wird, ob sich die Anforderungen bei bestimmten Textsorten, wie etwa bei literarischen Texten (Erzähltexte), von denen bei anderen Textsorten abheben.

Die fünf Kompetenzstufen im Lesen

Im Lesen werden fünf Kompetenzstufen unterschieden. Diese beschreiben die Fähigkeit, Aufgaben mit unterschiedlich anspruchsvollen Anforderungsmerkmalen zu lösen. So ist zum Beispiel ein Schüler, der die Expertenstufe im Lesen erreicht hat (Kompetenzstufe V), in der Lage, tief in einem Text eingebettete Informationen zu lokalisieren, auch wenn Inhalt und Form des Textes unvertraut sind und indirekt erschlossen werden muss, welche Informationen zur Lösung der Aufgabe relevant sind. Ein Jugendlicher hingegen, der nur die Elementarstufe (Kompetenzstufe I) erreicht hat, wird lediglich explizit angegebene Informationen in einer vertrauten Art von Text auffinden, wenn dieser nur wenige konkurrierende Elemente enthält, die von der relevanten Information ablenken könnten. Anhand der Kompetenzstufen lassen sich die von den Schülerinnen und Schülern erzielten Leistungsergebnisse qualitativ beschreiben.

Die Methode der Bildung von Kompetenzstufen wird ausführlich in Adams und Wu (2002) beschrieben. Im Vergleich zu anderen in der Literatur vorgestellten Verfahren des *Proficiency Scaling* (z.B. Beaton & Allen, 1992; Klieme, 2000; Sheehan, 1997) bestanden bei der Definition der Kompetenzstufen in PISA nur wenig Freiheitsgrade. Entscheidend war dabei unter anderem die Vorgabe, gleich breite Kompetenzstufen zu bilden, was Vorteile bezüglich der eindeutigen Interpretation der Lösungswahrscheinlichkeiten der Aufgaben für Schülerinnen und Schüler auf den einzelnen Kompetenzstufen mit sich bringt. Die charakteristischen Anforderungsmerkmale der so unterschiedenen Stufen wurden dann – zum Teil unter Nutzung von so genannten Aufgabenvariablen (vgl. OECD, 1999; Turner, 2002) – in Kurzbeschreibungen mit illustrierenden Beispielaufgaben dargestellt (siehe auch Artelt u.a., 2001; Kirsch u.a., 2002). Diese fünf im Lesen unterschiedenen Kompetenzstufen bilden die Grundlage der Ergebnisberichterstattung zu PISA (z.B. Artelt, Schneider, & Schiefele, 2002; Artelt u.a., 2001; Kirsch u.a., 2002; OECD, 2001). Zur weiteren Beschreibung der im PISA-Test untersuchten typischen Anforderungen wird in Abschnitt 6.3 eine Analyse einzelner Anforderungsmerkmale der Aufgaben dargestellt, die dann zur Vorhersage der Aufgabenschwierigkeiten herangezogen werden. Nachfolgend wird eine Kurzbeschreibung der typischen Anforderungen der fünf Kompetenzstufen im Lesen gegeben.

Stufe I: Oberflächliches Verständnis einfacher Texte (Skalenwerte 335–407)

Schülerinnen und Schüler, die über Kompetenzstufe I nicht hinauskommen, verfügen lediglich über elementare Lesefähigkeiten. Sie können mit einfachen Texten umgehen, die ihnen in Inhalt und Form vertraut sind. Die zur Bewältigung der Leseaufgabe notwendige Information im Text muss deutlich erkennbar sein, und der Text darf nur wenige konkurrierende Elemente enthalten, die von der relevanten Information ablenken könnten. Es können nur relativ offensichtliche Verbindungen zwischen dem Gelesenen und allgemein bekanntem Alltagswissen hergestellt werden.

Stufe II: Herstellen einfacher Verknüpfungen (Skalenwerte 408–480)
Schülerinnen und Schüler, die Kompetenzstufe II erreichen, sind in der Lage, einfache Verknüpfungen zwischen verschiedenen Teilen eines Textes herzustellen und mit einer begrenzten Anzahl von ablenkenden Informationen umzugehen. Sie verfügen auch über die Fähigkeit, die Bedeutung einzelner Elemente durch simple Schlussfolgerungen zu erschließen. Auf dieser Grundlage kann der Hauptgedanke eines im Hinblick auf Inhalt und Form relativ vertrauten Textes identifiziert und ein breites Verständnis des Textes entwickelt werden. Die gelesenen Informationen können mit Alltagswissen in Beziehung gesetzt und unter Bezugnahme auf persönliche Erfahrungen und Einstellungen beurteilt werden.

Stufe III: Integration von Textelementen und Schlussfolgerungen (Skalenwerte 481–552)
Schülerinnen und Schüler, deren Leistungen der Kompetenzstufe III entsprechen, können Leseaufgaben mittleren Anspruchsniveaus bewältigen. Sie sind in der Lage, verschiedene Teile des Textes zu integrieren, auch wenn die einzubeziehende Information wenig offensichtlich ist und ihre Bedeutung teilweise indirekt erschlossen werden muss. Die Schülerinnen und Schüler können mit relativ auffälligen konkurrierenden Informationen umgehen, die von den relevanten Elementen ablenken könnten. Sie sind in der Lage, ein genaues Verständnis von Texten mittleren Komplexitätsgrades zu entwickeln und spezifisches Wissen gezielt zu nutzen, um das Gelesene auf dieser Grundlage zu beurteilen.

Stufe IV: Detailliertes Verständnis komplexer Texte (Skalenwerte 553–625)
Schülerinnen und Schüler, die Kompetenzstufe IV erreicht haben, können mit Texten umgehen, die im Hinblick auf Inhalt und Form relativ unvertraut sind. Sie sind in der Lage, eingebettete Informationen zu nutzen und sie den Anforderungen der Aufgabe entsprechend zu organisieren. Potenzielle Hürden wie Mehrdeutigkeiten, Sprachnuancen oder den eigenen Erwartungen widersprechende Elemente können diese Schülerinnen und Schüler weitgehend bewältigen. Sie sind in der Lage, ein genaues Verständnis komplexer, relativ langer Texte zu erreichen und diese unter Rückgriff auf externes Wissen zu beurteilen.

Stufe V: Flexible Nutzung unvertrauter, komplexer Texte (Skalenwerte über 625)
Bei Schülerinnen und Schülern, die sich auf Kompetenzstufe V befinden, handelt es sich um Expertenleser, die auch komplexe, unvertraute und lange Texte für verschiedene Zwecke flexibel nutzen können. Sie sind in der Lage, solche Texte vollständig und detailliert zu verstehen. Dieses Verständnis schließt auch Elemente ein, die außerhalb des Hauptteils des Textes liegen und die in starkem Widerspruch zu den eigenen Erwartungen stehen. Die Bedeutung feiner sprachlicher Nuancen wird angemessen interpretiert. Diese Schülerinnen und Schüler sind in der Lage, das Gelesene in ihr Vorwissen aus verschiedenen Bereichen einzubetten und den Text auf dieser Grundlage kritisch zu bewerten.

6.2.2 Der nationale Lesekompetenztest

Die internationale Testkonzeption zielt auf die Erfassung von Lesekompetenz auf Basis einer breiten Auswahl von Textsorten, typischen Anwendungssituationen und Leseaufgaben ab. Dabei wird Lesekompetenz als *verstehender Umgang* mit Texten gemessen. Im Mittelpunkt steht die Erfassung von Verstehensleistungen beim Arbeiten mit Texten. Den Schülerinnen und Schülern standen bei der Beantwortung der Testfragen die zu Grunde liegenden Texte ständig zur Einsicht zur Verfügung. Lern- oder Gedächtnisleistungen spielen entsprechend eine untergeordnete Rolle, da die Antworten jeweils am Text überprüft und gegebenenfalls verändert werden konnten. Lesekompetenz umfasst jedoch nicht nur die Fähigkeit, Texte zu verstehen, sondern auch, Inhalte von Texten zu behalten und sich zu Eigen zu machen. Diese Fähigkeit ist insbesondere für Schule und Ausbildung von großer Bedeutung. Aber auch im Alltag hat man nicht immer Gelegenheit, Quellen ausführlich zu studieren und mit sich zu führen. Oft ist es erforderlich, innerhalb kurzer Zeit Informationen aus Texten zu entnehmen und mehr oder weniger dauerhaft zu behalten. So kann man etwa im Rahmen von Prüfungen, Arbeitsbesprechungen oder privaten Diskussionen in der Regel nicht auf die Texte zugreifen, auf deren Inhalte man sich beziehen möchte. Lesekompetenz bedeutet also nicht nur, in der Lage zu sein, mithilfe eines Textes Verständnisfragen zu beantworten, sondern beinhaltet auch die Fähigkeit, eine sinnvolle Textrepräsentation im Gedächtnis aufzubauen, die es erlaubt, zu einem späteren Zeitpunkt auf die Textinformationen zurückzugreifen. Um diesen stärker gedächtnisabhängigen Aspekt der Lesekompetenz abbilden zu können, wurde ein nationaler Zusatztest entwickelt. Darin bearbeiteten die Schülerinnen und Schüler Aufgaben, ohne nochmals Einblick in den Text, auf den sich die Fragen beziehen, nehmen zu können. Eine detaillierte Darstellung zur Konzeption und den Ergebnissen der nationalen Erweiterung im Bereich Lesen findet sich in Kapitel 8.

6.3 Validität des PISA-Lesetests

6.3.1 Wie lehrplanvalide ist der internationale Lesetest?[1]

Mit der Konstruktion der internationalen PISA-Tests war die Absicht verbunden, abzubilden, in welchem Maße Schülerinnen und Schüler gegen Ende der regulären Schulzeit über Basiskompetenzen in den Bereichen Lesen, Mathematik und Naturwissenschaften verfügen. Statt von einem lehrplanbasierten Modell der Wissensüberprüfung und Fähigkeitsdefinition auszugehen, wurde dem internationalen Test ein normatives Modell mit einer Konzentration auf Basisfähigkeiten zu Grunde gelegt. Ausgangspunkt dieser normativen Definition von Basiskompetenzen war die Beschreibung derjenigen Fähigkeiten, über die Schülerinnen und Schüler am Ende der regulären Schulzeit verfügen können sollten, um auf die Herausforderungen des Berufslebens und auf die mündige Teilhabe am gesellschaftlichen Leben vorbereitet zu sein (vgl. Abschnitt 6.2.1.). Die Testentwickler beabsichtigten also nicht, die Curricula der relevanten Unterrichtsfächer in den Teilnehmerstaaten von PISA umfassend abzubilden. Insofern überrascht es nicht, dass einige der im Test verwendeten Aufgaben hinsichtlich der gestellten Anforderungen bzw. der Art der Aufgabenstellung von dem abweichen, was in den Lehrplänen der Länder der Bundesrepublik explizit thematisiert wird. Auch ist es nicht verwunderlich, dass einzelne Themen und Inhaltsbereiche, die in Lehrplänen vorgesehen werden, in PISA nicht oder mit einem anderen Schwerpunkt berücksichtigt werden. Zu einem solchen Eindruck kommt man vor allem dann, wenn man versucht, die Inhalte des PISA-Tests mit einem einzelnen Unterrichtsfach in Beziehung zu setzen. Während dies im Bereich des mathematischen Lernens am ehesten zu rechtfertigen ist, scheitert dieses Vorhaben spätestens dann, wenn es um die Lesekompetenz geht.

Durch die Analyse der Lehrplanvalidität des PISA-Lesetests für die einzelnen Bundesländer gehen wir der Frage nach, ob sich anhand der internationalen Aufgaben ein realistisches Bild des Leistungsstands von Schülerinnen und Schülern in den Ländern der Bundesrepublik zeichnen lässt (siehe auch Artelt, Brunner u.a., 2003). Um die unterschiedlich allgemein gehaltenen Formulierungen in Lehrplänen mit den konkreten PISA-Aufgabenanforderungen in Beziehung zu setzen, wurden unter anderem alle PISA-Aufgaben von Lehrplanexperten der 16 Länder pro Fach und Schulform hinsichtlich ihrer Passung mit den Lehrplänen der Sekundarstufe I beurteilt. Die Einschätzungen der Experten beziehen sich auf das intendierte Curriculum, was vom implementierten Curriculum durchaus abweichen kann.

Die detaillierte Auswertung dieser Angaben hat bereits zu der Erkenntnis geführt, dass die Lehrplanvalidität des Tests für den Bereich Lesekompetenz insgesamt als zufriedenstellend angesehen werden kann (Artelt, Brunner u.a., 2003; Artelt u.a., 2001). In der Regel wird die Bewältigung der Aufgaben vor der 8. Klassenstufe erwartet, und auch der Prozentsatz der Schülerinnen und Schüler, von denen erwartet wird, dass sie die jeweiligen Aufgaben lösen können sollten, liegt relativ hoch – deutlich höher, als sich empirisch nachweisen lässt (vgl. Tab. 6.2). Selbst die Lösung von Aufgaben, die auf Kompetenzstufe V angesiedelt sind und damit die höchsten Anforderungen an die Schülerinnen und Schüler stellen, werden von den befragten Lehrplanexperten der Länder im Durchschnitt vor der 9. Klassenstufe erwartet. Bei den Aufgaben der niedrigsten Kompetenzstufe (I) liegt die Klassenstufe, in der der in der Aufgabe abgefragte Stoff in der Regel behandelt wird bzw. in der die Schülerschaft diesen Anforderungen entsprechen muss, in allen drei Bereichen unterhalb der 8. Klassenstufe.

Die Standardabweichungen in Tabelle 6.2 verdeutlichen allerdings auch, dass bezüglich dieser Urteile durchaus Unterschiede bestehen, die durch eine getrennte Betrachtung für die einzelnen Bundesländer zu differenziellen Passungsmustern führen können. Hiermit ist die Frage verbunden, ob oder in welchem Maße die Lehrplanvalidität auch für die einzelnen Länder der Bundesrepublik angenommen werden kann bzw. welche Aufgaben in den einzelnen Ländern der Bundesrepublik jeweils als lehrplanvalide angesehen werden. Tabelle 6.3 gibt einen Überblick über die Aufgaben, die von allen

Kompetenzstufe	Ab welcher Klasse wird erwartet, dass die Anforderung der Leseaufgabe bewältigt wird?		
	Schulform	Mittelwert	Standardabweichung
Stufe I	*Gesamt*	7,66	1,21
	Hauptschule	7,64	1,17
	Realschule	7,63	1,24
	Gymnasium	7,73	1,22
Stufe II	*Gesamt*	8,07	1,16
	Hauptschule	8,03	1,07
	Realschule	8,14	1,28
	Gymnasium	8,04	1,13
Stufe III	*Gesamt*	8,26	1,10
	Hauptschule	8,21	1,07
	Realschule	8,33	1,13
	Gymnasium	8,24	1,08
Stufe IV	*Gesamt*	8,10	1,12
	Hauptschule	8,12	1,08
	Realschule	8,14	1,20
	Gymnasium	8,04	1,10
Stufe V	*Gesamt*	8,66	1,08
	Hauptschule	8,65	1,07
	Realschule	8,77	1,07
	Gymnasium	8,55	1,10

Tabelle 6.2 Mittelwerte und Standardabweichungen der Klassenstufe, in der die Bewältigung der Aufgaben des internationalen PISA-Lesetests im Unterricht erwartet wird

Lehrplanexperten der unterschiedlichen Schulformen für das Fach Deutsch im jeweiligen Land als lehrplanvalide eingestuft wurden.

Auffallend gering ist die Übereinstimmung zwischen den Inhalten des PISA-Tests und den Lehrplänen laut Angabe der Experten in Berlin (33 %), während in Thüringen mit über 90 Prozent für fast alle Aufgaben eine Lehrplanpassung angenommen werden kann[2]. Als ein erster Hinweis auf die Bedeutsamkeit dieser Einschätzungen für die Erklärung von Länderunterschieden lässt sich der Zusammenhang zwischen dem Anteil an lehrplanvaliden Aufgaben pro Land und dem jeweiligen mittleren Abschneiden im Gesamttest Lesen heranziehen. Dieser Zusammenhang ist mit $r = -.11$ ($R^2 = .01$; n.s.) weder signifikant noch bedeutsam, was sich auch schon an dem deutlich unterschiedlichen Abschneiden im PISA-Test der Länder Bremen und Bayern (510 vs. 448) bei faktisch gleichem Anteil an Aufgaben, die als lehrplanvalide eingestuft wurden (je 63 %), ablesen lässt (vgl. Tab. 6.3). Um die Bedeutsamkeit des unterschiedlichen Anteils an lehrplanvaliden Aufgaben im Lesetest genauer abzuschätzen, wurden bereits in Artelt,

Land	Lehrplanvalide Aufgaben (N = 129)		Leistungen 15-Jähriger im PISA-Lesetest	
	Anzahl	Anteil (in %)	Mittelwert	Standardfehler
Baden-Württemberg	76	59	500	5,5
Bayern	81	63	510	4,0
Berlin	43	33	*	*
Brandenburg	94	73	459	6,3
Bremen	81	63	448	4,1
Hamburg	74	57	*	*
Hessen	70	54	476	6,6
Mecklenburg-Vorpommern	91	71	467	5,9
Niedersachsen	65	50	474	4,9
Nordrhein-Westfalen	82	64	482	2,6
Rheinland-Pfalz	86	67	485	6,6
Saarland	58	45	484	2,4
Sachsen	108	84	491	5,0
Sachsen-Anhalt	99	77	455	5,9
Schleswig-Holstein	87	67	478	4,2
Thüringen	119	92	482	7,0

* Aufgrund unzureichender Beteiligungsquoten können die Mittelwerte für die Gesamtpopulation der 15-jährigen Schülerinnen und Schüler für Berlin und Hamburg nicht berichtet werden (vgl. Baumert, Artelt, Carstensen u.a., 2002).

Tabelle 6.3 Anzahl und Anteil der Aufgaben aus dem internationalen Lesetest, die von den Lehrplanexperten der Länder als lehrplanvalide eingestuft wurden, und Mittelwerte der 15-Jährigen im PISA-Lesetest

Brunner u.a. (2003) die Ergebnisse einer Neuskalierung der Leistungsdaten auf Basis einer lehrplanvaliden Kurzform des Tests berichtet. Diese länderspezifischen Kurzformen des Tests enthalten jeweils nur Aufgaben, bei denen alle befragten Experten dieses Fachs übereinstimmend zu dem Urteil gekommen sind, dass sie vor der 9. Klassenstufe erwartet werden können bzw. der Stoff vor der 9. Klassenstufe behandelt wird.

Wie aus Abbildung 6.2 deutlich wird, schneiden die Schülerinnen und Schüler im internationalen PISA-Lesetest und im lehrplanoptimierten Test nicht unterschiedlich ab. Die Konzentration auf die lehrplanvaliden Aufgaben aus dem internationalen PISA-Lesetest führt weder bei den 15-Jährigen noch bei den Neuntklässlern zu der eigentlich erwarteten Verbesserung des Leistungsniveaus im Lesen bzw. in der Lesekompetenz. Abbildung 6.2 zeigt die Mittelwerte und die dazugehörigen Vertrauensintervalle für den internationalen Gesamttest und die lehrplanoptimierte Fassung. Die überlappenden Vertrauensintervalle machen deutlich, dass die zum Teil numerisch vorhandenen Differenzen der Testwerte innerhalb der Länder allein aufgrund von Zufallsschwankungen hätten zu Stande kommen können.

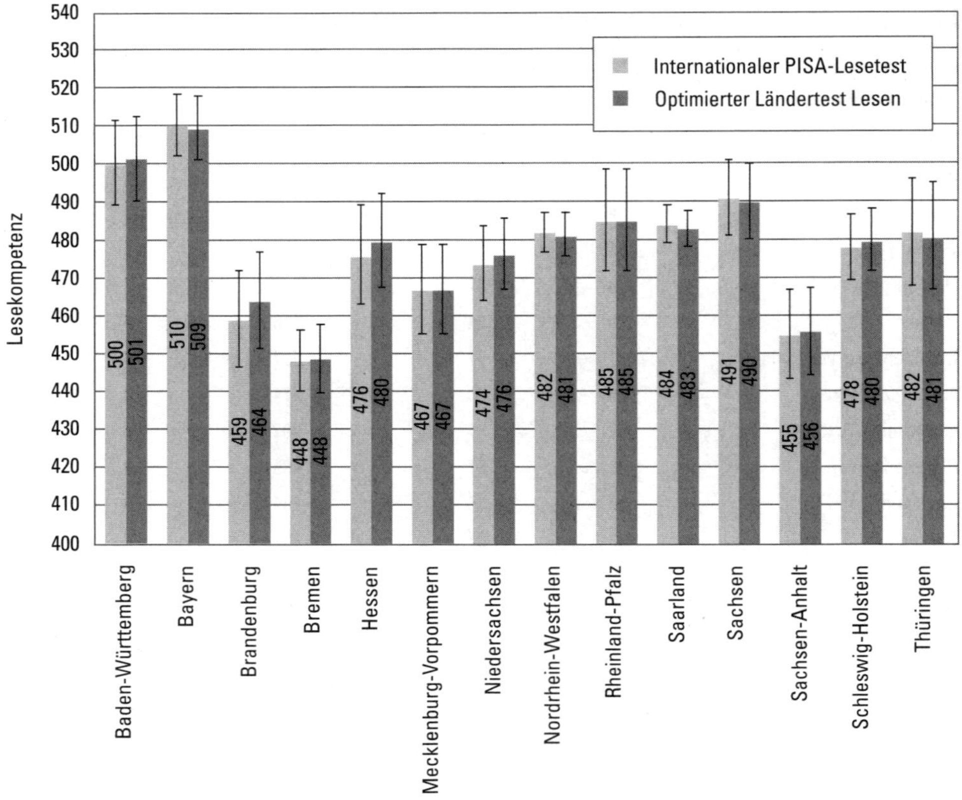

Abbildung 6.2 Mittelwerte im internationalen PISA-Lesetest und im optimierten Ländertest Lesen

Auch die Verteilung auf die Kompetenzstufen im Lesen sowie die Größe der Gruppen potenzieller Risikoschüler und Expertenleser unterscheiden sich kaum (maximal 1 Prozentpunkt) zwischen den beiden Testversionen (vgl. Artelt, Brunner u.a., 2003, S. 95). Die Unterschiede liegen hier ebenfalls im Bereich dessen, was aufgrund von Zufallsschwankungen erwartet werden kann.

Diese Ergebnisse bestärken die Annahme, dass die im PISA-Lesetest gestellten Anforderungen nicht im Widerspruch zu dem stehen, was in deutschen Lehrplänen der Sekundarstufe I erwartet wird. Die Tatsache, dass die Auswahl von lehrplanvaliden Aufgaben zu keiner nachweisbaren Verbesserung des Leistungsniveaus führt, bedeutet im Umkehrschluss, dass die nach Expertenurteil nicht lehrplanvaliden Aufgaben ähnlich gut gelöst werden.

6.3.2 Welche Aufgabenmerkmale haben einen Einfluss auf die Schwierigkeit des internationalen Lesekompetenztests?

Im Idealfall sollte bereits bei der Konzeption eines Tests feststehen, welche Anforderungsmerkmale die Schwierigkeit der Aufgaben bestimmen. Annahmen dieser Art ließen sich aus einem dem Test zu Grunde liegenden Kompetenzmodell ableiten. In der PISA-Studie wurde jedoch auf internationaler Ebene keine A-priori-Klassifikation der Leseaufgaben nach einzelnen Anforderungsmerkmalen auf Basis eines Kompetenzmodells vorgenommen. Die Aufgaben wurden zwar in Anlehnung an die in der Rahmenkonzeption vorgegebenen Kategorien und Anforderungsklassen ausgewählt und gruppiert, bezüglich der Schwierigkeit wurde jedoch nur ein globales und vorläufiges Urteil mit drei Abstufungen verwendet. Das Kernstück der Klassifikation der Aufgaben bestand aus einer Unterteilung nach textimmanenten versus wissensbasierten Verstehensleistungen, die jeweils in sich noch einmal nach Gesichtspunkten der Komplexität oder formaler Anforderungen unterschieden werden (vgl. Abschnitt 6.2.1, siehe auch Abb. 6.1).

Schon bei der Konstruktion der Aufgaben wurde jedoch darauf geachtet, diese Aspekte als Teilfähigkeiten und nicht als schwierigkeitsbestimmende Merkmale zu konzipieren. Praktisch bedeutet dies, dass die fünf ursprünglichen Subskalen jeweils sowohl leichte als auch schwere Aufgaben enthalten. Auch wenn implizit oft davon ausgegangen wird, dass die Anforderungen des Ermittelns von Informationen generell leichter sind als die Anforderungen des Interpretierens sowie des Reflektierens und Bewertens, ist dies im Rahmen des PISA-Tests de facto nicht der Fall. Die Tatsache, dass es problemlos gelungen ist, Aufgaben zum Ermitteln von Informationen zu konzipieren, die ähnlich schwierig sind wie Aufgaben der höchsten Kompetenzstufe zum Reflektieren und Bewerten, verdeutlicht, dass es sich beim Ermitteln von Informationen nicht generell um eine leichtere Anforderung handeln muss. Eine auf Basis der veröffentlichten Aufgaben vorgenommene beispielhafte Darstellung der typischen Aufgaben auf den unterschiedlichen Schwierigkeitsniveaus in Abhängigkeit von der Subskala findet sich bei Artelt u.a. (2001, S. 91–93).

Welche Merkmale bestimmen die Schwierigkeit von Aufgaben?

Eine mehr oder weniger kohärente mentale Repräsentation eines gelesenen Textes ist das Resultat einer Text-Leser-Interaktion bzw. des Aufeinandertreffens von Text- und Aufgabenmerkmalen mit den spezifischen Voraussetzungen des Lesers (wie Vorwissen, Intentionen, Lesetechniken) (Graesser, Singer, & Trabasso, 1994). Kintsch (1998) beschreibt Lesen sowohl als einen vom Text gesteuerten Konstruktions- wie auch als einen vom Wissen gesteuerten Integrationsprozess, bei dem die aktive Steuerung des Lesers erst bei Widersprüchen und dem Scheitern von lokaler und globaler Kohärenzbildung notwendig wird. Nach Kintsch ist die Bildung einer mentalen Textrepräsentation im Sinne eines Situationsmodells des im Text dargestellten Sachverhalts zudem von den Erwartungen, Zielen sowie dem Vorwissen des Lesers abhängig.

Während bei der Erklärung von interindividuellen Leistungsunterschieden beim Umgang mit Texten unterschiedliche Einflussgrößen berücksichtigt werden müssen (Merkmale des Lesers, Leseanforderungen, Beschaffenheit des Textes, Aktivitäten des Lesers; vgl. Artelt, 2004), muss für die Beschreibung der konzeptuellen Schwierigkeit einzelner Aufgaben die Leserseite (Aktivitäten und Merkmale des Lesers) konstant gehalten werden. Hierzu muss allerdings angenommen werden, dass die Abhängigkeit bestimmter Schülermerkmale (z.B. Grad des Vorwissens) die konzeptuellen Schwierigkeiten einzelner Aufgaben nicht qualitativ beeinflusst, zum Beispiel dadurch, dass das Verständnis und die Anforderung der Aufgabe ohne Kenntnis der Begrifflichkeit etwas gänzlich anderes ist, und nicht nur eine graduelle Zunahme von Schwierigkeit darstellt. Bei der Messung von Lesekompetenz in der PISA-Studie, in der in der Regel fast nur Aufgaben vorkommen, die wenig inhaltliches Vorwissen voraussetzen, ist diese Annahme vergleichsweise gut zu verteidigen.

Zur Bestimmung schwierigkeitsbestimmender Merkmale der PISA-Aufgaben wurden zunächst Merkmale von Aufgaben ausgewählt, von denen a priori angenommen werden kann, dass sie systematisch mit der Aufgabenschwierigkeit zusammenhängen und sich auf einer kontinuierlichen Skala beschreiben lassen. Im nächsten Schritt wurden alle PISA-Aufgaben hinsichtlich der jeweiligen Merkmalsausprägung eingeschätzt. Einschränkend muss hinzugefügt werden, dass keine Überprüfung der Beurteilerübereinstimmung vorgenommen werden konnte, sondern nur ein Expertenurteil der Erstautorin zu jeder Aufgabe vorliegt. Anhand dieser Einschätzung der Aufgaben wurde anschließend regressionsanalytisch überprüft, ob und in welchem Maße eingeschätzte Anforderungsmerkmale zur Erklärung der Schwierigkeit der einzelnen Aufgaben beitragen (siehe unten).

Dass es sich bei der Frage nach der generellen Schwierigkeit von Aufgaben bzw. den diese Schwierigkeit bestimmenden Merkmalen um keine triviale Frage handelt, machen nicht zuletzt die Ergebnisse der bereits besprochenen Befragung der Lehrplanexperten deutlich. Die Erwartungen, wie viele Schülerinnen und Schüler die einzelnen Aufgaben tatsächlich lösen, sind in der Regel keine guten Schätzungen der tatsächlichen Lösungshäufigkeit der Aufgaben. So weisen die Urteile der Lehrplanexperten auf eine generelle Überschätzung der Leistungsfähigkeit von Neunklässlern hin und zeigen darüber hinaus, dass – und dies ist sicherlich der wichtigere Befund – leichte von schweren Aufgaben kaum unterschieden wurden. Obwohl große Unterschiede in den Lösungshäufigkeiten bei einzelnen Aufgaben bestehen, werden diese von den Lehrplanexperten der Länder (vgl. Abschnitt 6.3.1; siehe auch Artelt, Brunner u.a., 2003) offenbar nicht gesehen. Abbildung 6.3 zeigt die Differenz zwischen dem tatsächlichen Anteil an Neuntklässlern, die die Aufgaben der unterschiedlichen Kompetenzstufen im Lesen tatsächlich lösen, und dem Anteil der Neuntklässler, von denen erwartet wird, dass sie die Aufgaben lösen sollten. Während letzterer zwischen den Stufen kaum variiert, sind die Unterschiede in den tatsächlichen Lösungshäufigkeiten sehr groß (sie variieren von 32 % [Stufe I] bis 84 % [Stufe V]).

Die Beschreibung und der Nachweis schwierigkeitsgenerierender Merkmale von Aufgaben haben hohen Praxisbezug. So setzt eine gezielte Intervention und Förderung der

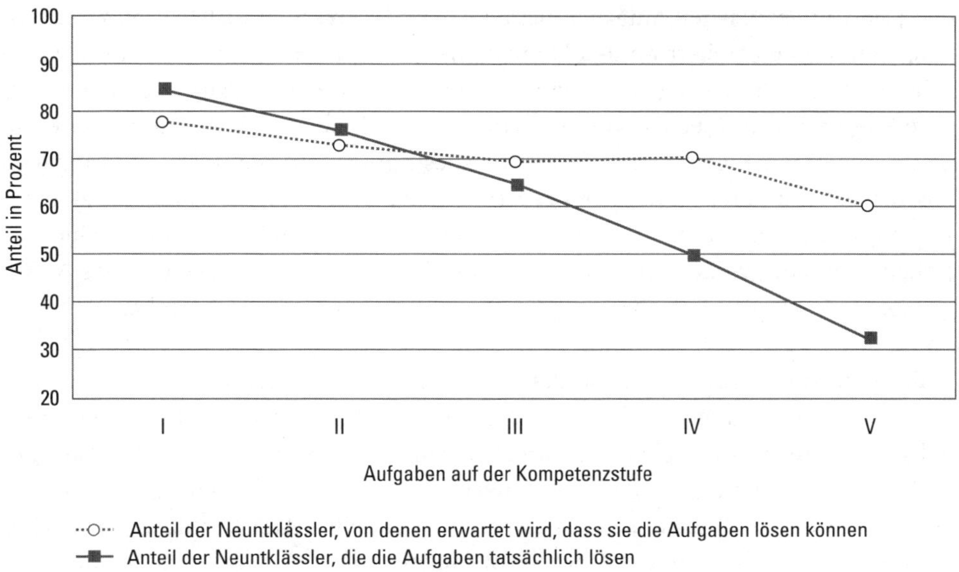

Abbildung 6.3 Anteil an Neuntklässlern, die die Aufgaben der unterschiedlichen Kompetenzstufen im Lesen tatsächlich lösen, und Anteil an Neuntklässlern, von denen erwartet wird, dass sie die Aufgaben lösen können

Lesekompetenz von Schülerinnen und Schülern – schulisch wie außerschulisch – voraus, dass die beim Textverstehen im Allgemeinen und bei der Bewältigung einzelner Anforderungen im Besonderen auftretenden Probleme gesehen und verstanden werden. Dies bezieht sich sowohl auf die generellen entwicklungsdeterminierten Fähigkeitsniveaus (vgl. Schneider, in diesem Band) als auch auf die Variabilität innerhalb einer Alterskohorte, die sich beispielsweise in der Leistungsstreuung der 15-Jährigen im Rahmen des PISA-Tests bemerkbar macht.

Aber auch die im Rahmen von *Large Scale*-Untersuchungen so zentrale kriteriale Interpretation der Schülerleistungen anhand von Kompetenzstufen (siehe auch Abschnitt 6.2.1) ist an ein fundiertes Verständnis der schwierigkeitsgenerierenden Merkmale gebunden. Die Terminologie der Kompetenzstufen legt nahe, dass das Leistungsniveau der Schülerinnen und Schüler auf einer bestimmten Kompetenzstufe anhand der für jene Stufe charakteristischen Anforderungsmerkmale beschrieben werden kann, und dass sich diese Anforderungen qualitativ von denen unterscheiden, die für die anderen Kompetenzstufen charakteristisch sind. Besonders der letzte Teil dieser Implikationen ist jedoch sehr voraussetzungsvoll und lässt sich in der Praxis kaum nachweisen. In gewisser Hinsicht läuft die Idee qualitativer Stufen auch der Annahme einer kontinuierlich ansteigenden Fähigkeit zuwider, die im Test gemessen wird (siehe Turner, 2003). In der Literatur werden jedoch Verfahren beschrieben, mit denen anhand einer Kombination von a priori eingeschätzten Aufgabenmerkmalen und regressionsanalytischen Verfahren Kompetenzstufen etabliert werden können, die sich den oben genannten Ansprüchen an homogene Anforderungen auf bestimmten Stufen annähern (vgl. Beaton & Allen, 1992; Klieme, 2000; Sheehan, 1997). Da in der PISA-Studie zur Bestimmung der Kompetenzstufenübergänge keine schwierigkeitsbestimmenden Merkmale der Aufgaben ausschlaggebend waren, sondern eine Definition zu Grunde gelegt wurde, die zu einer eindeutigen Interpretation der Lösungswahrscheinlichkeit pro Stufe führt, soll hier zusätzlich analysiert werden, ob es anhand einer Kombination unterschiedlicher Anforderungsmerkmale der Aufgaben möglich ist, die Schwierigkeit der Aufgaben vorherzusagen.

Als Basis für die Einschätzung der schwierigkeitsbestimmenden Aufgabenanforderungen wurden zwei verschiedene Datenquellen herangezogen. Bezüglich eines Globalurteils zur Schwierigkeit der Aufgaben wurde ein entsprechendes Urteil aus der bereits erwähnten Befragung der Lehrplanexperten der Länder verwendet. Hierbei handelt es sich um die über alle Lehrplanexperten gemittelten Angaben dazu, ab welcher Klassenstufe die Bewältigung der jeweiligen Aufgaben von den Schülerinnen und Schülern der 9. Klasse erwartet wird. Diese zwischen 6,1 und 9,4 variierende Klassenstufenangabe weist einen Mittelwert von 8,2 und eine Standardabweichung von 0,55 auf. Es handelt sich um die aggregierte Einschätzung von 60 Lehrplanexperten der unterschiedlichen Schulformen bzw. Bildungsgänge und Bundesländer für das Unterrichtsfach Deutsch.

Zusätzlich zu diesen gemittelten Urteilen wurden alle Aufgaben des PISA-Tests von der Erstautorin hinsichtlich der unten aufgelisteten Merkmale eingeschätzt. Die Einschätzung erfolgte in Unkenntnis der tatsächlichen Schwierigkeitsparameter der Aufgaben. Pro Merkmal wurde eine fünfstufige Skala verwendet. Als eine formale Eigenschaft der Aufgaben wurde zunächst bewertet, welchen *Entscheidungsspielraum* die Schülerinnen und Schüler bei der Beantwortung haben. Hoch ist dieser Spielraum dann, wenn es verschiedene, von den Schülern selbst zu generierende Antwortmöglichkeiten gibt, deren Wahl begründet werden muss. Als Beispiel für Aufgaben mit hohem Entscheidungsspielraum kann die veröffentlichte Aufgabe „Graffiti 6b" zu den beiden Leserbriefen zum Thema Graffiti gesehen werden (vgl. Artelt u.a., 2001, S. 93 und 528). Unabhängig davon, welchem der beiden Texte zugestimmt wird, ist die Antwort dann richtig, wenn sie hinreichend konsistent begründet wird. Gering ist der Entscheidungsspielraum hingegen dann, wenn lediglich eine eindeutig definierte Information aus dem vorliegenden Text entnommen werden muss. Als Beispiel wäre hier die Aufgabe „Erwerbstätige Bevölkerung 1" (vgl. Artelt u.a., 2001, S. 92 und 527) zu nennen, bei der die zu entnehmende Information wörtlich aus dem der Aufgabe zu Grunde liegenden Text (Baumdiagramm) abgelesen werden kann.

Als weiteres, theoretisch als zentral angesehenes Aufgabenmerkmal wurde der für die Aufgabenlösung notwendige *Integrationsgrad* eingeschätzt. Hiermit wird unter anderem abgebildet, welche Form von Kohärenzbildung für die korrekte Aufgabenbearbeitung notwendig ist. Aufgaben, für die der zu Grunde liegende Text lediglich auf lokale Kohärenz hin geprüft werden muss, weisen niedrige Werte auf. Aufgaben mit niedrigem Integrationsgrad können durchaus auch niedrige Werte in Bezug auf den oben genannten „Entscheidungsspielraum" aufweisen, der Unterschied in der Definition der Skalen liegt vor allem im Bereich der hohen Skalenausprägung. Aufgaben, die hohe Anforderungen in Bezug auf den Integrationsgrad aufweisen, zeichnen sich dadurch aus, dass der Text hierzu auf globale Kohärenz geprüft werden muss. Dies bedeutet, dass Verbindungen zwischen im Text weit voneinander entfernten Satzteilen gebildet werden müssen. Obwohl es eine Reihe von Aufgaben gibt, die sowohl hinsichtlich des Entscheidungsspielraums als auch hinsichtlich des Integrationsgrades hohe Ausprägungen aufweisen (z.B. Aufgabe „Plan International 4b", vgl. Artelt u.a., 2001, S. 93 und 532), variieren diese Merkmale bei anderen Aufgaben erheblich. So stellt die Aufgabe „Tschadsee 3a" (vgl. Artelt u.a., 2001, S. 91 und 529), bei der das Jahr des Beginns der Darstellung in einem Diagramm zur Veranschaulichung des Wasserstands des Tschadsees erschlossen werden muss, ein Beispiel für eine Aufgabe dar, die zwar einen hohen Integrationsgrad verlangt, hinsichtlich des Entscheidungsspielraums jedoch keine hohen Anforderungen stellt. Aufgaben mit hohem Integrationsgrad beinhalten sowohl die Verständniskontrolle beim Lesen als auch das Bilden von Inferenzen, die beim spontanen Lesen durchaus nicht selbstverständlich sind (vgl. Graesser, Singer, & Trabasso, 1994). Die Menge und Qualität der Inferenzen ist hierbei vor allem im oberen Bereich der Skala die entscheidende Hürde für die Aufgabenbewältigung. In der Regel stellt dabei auch die Bildung eines kohärenten referenziellen mentalen Modells die Voraussetzung erfolgreicher Bearbeitung dar.

Als drittes Aufgabenmerkmal wurde die für die Aufgabenbewältigung notwendige *Präzision* eingeschätzt. Präzision wird definiert als sorgfältiges Einbeziehen aller relevanten Informationen aus Item und Text. Besonders das Beachten von Informationen, die an wenig prominenten Stellen stehen, impliziert die Notwendigkeit hoher Präzision bei der Aufgabenbearbeitung. Verdeutlichen lässt sich die Präzision an einer Aufgabe, bei der nur die genaue Beachtung des Wortlauts der Aufgabenstellung sowie der Informationen im Text zur richtigen Lösung führt. Die Aufgabe „Erwerbstätige Bevölkerung 3" (vgl. Artelt u.a., 2001, S. 91 und 527) stellt ein typisches Beispiel für eine Aufgabe mit hohen Anforderungen an die Genauigkeit der Beachtung der Formulierungen dar. Aufgabenanforderungen und die relevante Textstelle (einschließlich Fußnoten) müssen genau gelesen werden, um die richtige Antwort geben zu können.

	N	Mittelwert	Standardabweichung
Entscheidungsspielraum	129	2,17	1,21
Präzisionsgrad	129	2,52	1,24
Integrationsgrad	129	2,98	1,24

Tabelle 6.4 Mittelwert und Standardabweichung der Experteneinschätzung zu den Aufgabenanforderungen

	(1)	(2)	(3)
Entscheidungsspielraum (1)	1.00		
Präzisionsgrad (2)	.20 n.s.	1.00	
Integrationsgrad (3)	.60*	.34*	1.00
Ab wann wird die Bewältigung der Aufgabe erwartet (4)	.28*	.05 n.s.	.29*

* $p < .01$; n.s. = nicht signifikant.

Tabelle 6.5 Bivariate Korrelationen zwischen den Aufgabenmerkmalen

	Unstandardisierte Koeffizienten		Standardisierte Koeffizienten		Bivariate Korrelation[1]
	Beta[1]	Standardfehler	Beta[1]	t-Wert	
Entscheidungsspielraum	13,93	4,50	.17	3,09	.58
Präzisionsgrad	29,86	3,72	.38	8,03	.58
Integrationsgrad	33,72	4,63	.43	7,29	.74
Ab wann wird die Bewältigung der Aufgabe erwartet[2]	46,85	8,31	.26	5,64	.46

[1] Alle Koeffizienten sind auf dem 1 %-Niveau signifikant.
[2] Einschätzung auf Basis der Befragung der Lehrplanexperten.

Tabelle 6.6 Vorhersage der Schwierigkeitsparameter der Aufgaben des PISA-Tests durch vier Aufgabenmerkmale (multiple Regression) und bivariate Korrelation der Aufgabenmerkmale mit den Schwierigkeitsparametern der Aufgaben

Tabelle 6.4 gibt einen Überblick über die deskriptiven Kennwerte der drei den Analysen zu Grunde liegenden Skalen. Wie bereits aus der Beschreibung deutlich geworden ist, sind die Aufgabeneinschätzungen nicht wechselseitig exklusiv. Dies drückt sich auch in den Interkorrelationen der Skalen aus, die bis zu $r = .60$ (Entscheidungsspielraum × Integrationsgrad) reichen (vg. Tab. 6.5).

Die in Tabelle 6.6 dargestellten Regressionsgewichte machen deutlich, dass die einzelnen Merkmale zusammengenommen und spezifisch einen bedeutsamen Beitrag zur Vorhersage der Aufgabenschwierigkeit der PISA-Aufgaben leisten. Insgesamt können 76 Prozent der Variabilität der Aufgabenschwierigkeit anhand der hier verwendeten Regressionsgleichung vorhergesagt werden. Die Kombination dieser Anforderungsmerkmale klärt also einen hohen Anteil der empirisch beobachteten Schwierigkeitsvarianz der Aufgaben des PISA-Tests auf. Unabhängig davon, dass die Lehrplanexperten Probleme damit hatten, den korrekten Anteil von Schülerinnen und Schülern zu bestimmen, die einzelne Aufgaben lösen können müssten (siehe auch Abb. 6.3), erwies sich ihre Klassenstufenangabe bei der Beantwortung der Frage, ab wann die Bewältigung der Anforderung erwartet werden kann, im Sinne eines globalen Schwierigkeitsurteils als geeigneter Prädiktor der empirisch nachgewiesenen Aufgabenschwierigkeit.

6.3.3 Wie fair ist der PISA-Lesetest im internationalen Vergleich? (DIF-Analysen zur Ursprungssprache der Aufgaben)

Zur Überprüfung der Gütekriterien der Instrumente und zum Nachweis der Äquivalenz der erfassten Konstrukte und verwendeten Skalen werden im Rahmen von *Large Scale*-Untersuchungen zahlreiche Maßnahmen ergriffen, um diese notwendigen Voraussetzungen für die Interpretierbarkeit der Ergebnisse eines internationalen Vergleichs zu erfüllen (vgl. Adams & Wu, 2002; van de Vijver & Poortinga, 1997). Auch aufgrund des vermehrten Einsatzes von Tests für internationale Vergleichszwecke (Hambleton, 1994) sind die Standards in den Bereichen Stichprobenziehung, Messmethodik und Auswertung sehr hoch und entsprechen in der Regel dem *state-of-the-art* der Disziplin. Am Beispiel der PISA-Studie lässt sich dies anhand der Veröffentlichungen zur Methodik gut nachvollziehen (z.B. Adams & Wu, 2002; Baumert u.a., 2001).

Nicht zuletzt im Zuge der Rezeption der Ergebnisse der PISA-Studie wurde jedoch die Frage nach der Vergleichbarkeit der in verschiedenen kulturellen Kontexten erhobenen Daten erneut thematisiert und einer grundlegenden Kritik unterzogen (vgl. Bonnet, 2002). Der Ansatzpunkt der Projektgruppe um Bonnet[3] – die Bedenken bezüglich der Angemessenheit von übersetzten Tests für die Zwecke eines internationalen Vergleichs – ist vor dem Hintergrund bisheriger Forschungen zu diesem Thema durchaus begründet. So machen Gierl und Khaliq (2001) deutlich, dass der Anteil von Aufgaben, bei denen sich eine unbeabsichtigte Verschiebung der Inhalte und der Schwierigkeit der Aufgaben durch die Übertragung in eine andere Sprache und/oder Kultur zeigt, in verschiedenen kanadischen Untersuchungen (Französisch/Englisch) zum Teil sehr hoch ist. Ähnliches berichtet Allalouf (2003) für den Vergleich von Testitems im Israelischen und im Russischen und Angoff und Cook (1988) für die Übersetzung des *Scholastic Aptitude Test* (SAT) vom Englischen ins Spanische.

Über die oft verantwortlich gemachten Fehler bei der Übersetzung von Texten und Aufgaben hinaus kann der sprachliche Ursprung der Texte und Aufgaben noch eine weitere Varianzquelle beinhalten, die hier als kulturelle Färbung beschrieben wird. Die kulturelle Färbung von Texten und Aufgaben würde sich in einem Vorteil der Schülerinnen und Schüler aus dem Kulturraum bemerkbar machen, aus dem die Texte und Aufgaben stammen. Für diesen Vorteil könnten dabei unterschiedliche Faktoren, wie zum Beispiel textrelevantes Vorwissen (Christmann & Groeben, 1999; Richter & Christmann, 2002), textrelevantes Alltagswissen (Olson, 1980; Olson & Pelletier, 2003) sowie auch Wissen über typische Kommunikationsabsichten, Textgenres und Darstellungsformen verantwortlich sein, deren Ausprägungen aufgrund von schulischen und außerschulischen Lerngelegenheiten zwischen Kulturen variieren. Sozialisationstheoretische Ansätze gehen beispielsweise davon aus, dass die Lesesozialisation zu großen Teilen mit dem Hineinwachsen in Kultur (Enkulturation) gleichgesetzt werden kann (siehe auch Oerter, 1999).

Nicht nur die Inhalte, sondern auch die Vorlieben, die Gewohnheiten und die Art der Kommunikation über Gelesenes können sich zwischen Kulturen erheblich unterscheiden.

Da der PISA-Test mit Texten (z.T. auch Aufgaben) arbeitet, die von den Ländern als authentische Texte selbst eingereicht wurden, und diese von den Ländervertretern mit der Absicht ausgewählt wurden, eine möglichst gute Passung dieser Texte zu der in der Rahmenkonzeption dargelegten Definition (vgl. OECD, 1999) für ihr jeweiliges Land herzustellen, ist anzunehmen, dass hiermit auch tendenziell kulturspezifische Aspekte eingefangen werden, für die die Schülerinnen und Schüler des jeweiligen Sprach- bzw. Kulturraums auch vermehrt Lerngelegenheiten hatten. Von dieser Annahme ausgehend wird vermutet, dass eine Überlegenheit dann festzustellen ist, wenn Schülerinnen und Schüler Aufgaben bearbeiten, die im Original aus ihrer Landessprache stammen.

Effekte von Sprache bzw. der damit einhergehenden kulturellen Prägungen und Besonderheiten sollten sich – bei Kontrolle des Fähigkeitsniveaus – für Schülerinnen und Schüler einer Sprachgruppe in höheren Lösungswahrscheinlichkeiten bei Aufgaben und Texten aus dieser Sprachgruppe nachweisen lassen. Schülerinnen und Schüler sollten also bei denjenigen Aufgaben bzw. Texten einen differenziellen Vorteil haben, die nicht übersetzt wurden bzw. die aus ihrem eigenen Land stammen. Dieser Vorteil, der im Rahmen der PISA-Untersuchung einen Bias darstellt, sollte als differenzielle Itemfunktion (DIF) nachweisbar sein (vgl. Erläuterungskasten zu DIF-Analysen).

DIF-Analysen zur Überprüfung der differenziellen Vorteile und der Fairness des PISA-Lesetests

Die in PISA verwendeten Modelle zur Bestimmung individueller Leistungswerte beruhen auf der *Item-Response*-Theorie (IRT; Fischer & Molenaar, 1995; Rost, 2003) oder – wie man im Deutschen sagt – der probabilistischen Testtheorie. Die einparametrische Variante – das Raschmodell – wurde in PISA verwendet. IRT-Modelle bieten eine geeignete Möglichkeit, die auf den sprachlichen Ursprung der Texte und Aufgaben zurückzuführenden Verzerrungen zu untersuchen und zu quantifizieren. Skalenäquivalenz ist dann anzunehmen – und Verzerrungen damit auszuschließen –, wenn die Beziehung zwischen den beobachteten Testwerten und der durch den Test gemessenen latenten Fähigkeit für unterschiedliche Subgruppen identisch ist (Drasgow, 1984). In IRT-Modellen wird die Beziehung zwischen der durch den Test gemessenen latenten Fähigkeit und der Antwort auf jede einzelne Aufgabe des Tests in Form einer Itemfunktion abgebildet, deren monoton ansteigende Funktion durch mathematische Modelle beschrieben werden kann (vgl. Rost, 2003). Wenn die Itemfunktionen für unterschiedliche Subgruppen bei einzelnen Items nicht gleich sind, drückt sich dies in differenziellen Itemfunktionen (DIF) aus, die – in Abhängigkeit von der Perspektive – als Bias, als substanzieller Befund über relative Stärken und Schwächen oder auch als nicht modellierte Mehrdimensionalität des Tests angesehen werden können (Baumert, Klieme, & Watermann, 1998; Glöckner-Rist & Hojtink, 2003; Roussos & Stout, 1996).

Anders ausgedrückt: Ein perfekt eindimensionaler Test misst nach der dem Raschmodell zu Grunde liegenden theoretischen Konzeption eine einzige homogene Fähigkeit, deren Ausprägung die Lösungswahrscheinlichkeit der Testaufgaben ausschließlich bestimmt. Demnach können alle Gruppenunterschiede in den Lösungswahrscheinlichkeiten von Testaufgaben – von zufällig verteilten Schätzfehlern abgesehen – vollständig auf unterschiedliche Fähigkeitsverteilungen zwischen den Gruppen (z.B. Länder) zurückgeführt werden. Wenn die Lösungswahrscheinlichkeit von Aufgaben zusätzlich und systematisch von weiteren Faktoren bestimmt wird, spiegelt sich dies in Abweichungen vom eindimensionalen Raschmodell wider. Diese Abweichungen lassen sich – wenn sie systematischer Natur sind – in Form von differenziellen Itemfunktionen nachweisen.

Vorausgesetzt, dass ein eindimensionales probabilistisches Testmodell mit den empirischen Daten kompatibel ist, bietet sich über IRT-basierten DIF-Analysen ein optimaler Weg, die Auswirkungen der kulturellen Färbung von Texten und Aufgaben zu entdecken und ihre Effektstärke zu bestimmen. DIF-Prozeduren, die auf der klassischen Testtheorie aufbauen (z.B. der Vergleich von Anteilen korrekt gelöster Aufgaben), sind hingegen stärker durch mittlere Fähigkeitsunterschiede zwischen den Gruppen konfundiert, was beim Nachweis von DIF allgemein zu erheblichen Fehlinterpretationen führen kann (Camilli & Shapard, 1994).

Bei dem im Frühjahr 2000 eingesetzten PISA-Lesetest handelt es sich um einen Test, der – unter anderem durch eine Auswahl, die auf Basis des Feldtests aus dem Jahr 1999 durchgeführt wurde – die vorab definierten Kriterien bezüglich der Angemessenheit für

Ursprungssprache	Absoluter Anteil	Relativer Anteil (in %)
Englisch	66	51
Finnisch	11	8
Französisch	18	14
Deutsch	5	4
Griechisch	3	2
Spanisch	4	3
Schwedisch	6	5
Dänisch	1	1
IEA-Items[1]	16	12
Gesamt	129	100

[1] Diese Items wurden aus der *International Adult Literacy Study* der *International Association for the Evaluation of Educational Achievement* (IEA) übernommen.

Tabelle 6.7 Absoluter und relativer Anteil der Aufgaben aus dem PISA-Lesetest nach Ursprungssprachen

Ursprungssprache der Aufgaben	Länder aus der PISA-2000-Untersuchung
Englisch	Australien, Irland, Neuseeland, Vereinigtes Königreich, Vereinigte Staaten[1]
Französisch	Frankreich, französischsprachige Schweiz, Belgien (Wallonien)
Deutsch	Deutschland, Österreich, deutschsprachige Schweiz
Spanisch	Spanien, Mexiko

[1] Kanada musste aufgrund der fehlenden Information über die Regionalkennung (englisch- bzw. französischsprachig) ausgeschlossen werden.

Tabelle 6.8 Ländergruppen nach Landessprache

den Zweck eines internationalen Vergleichs erfüllt. Nicht enthalten bei dieser sehr aufwändigen Überprüfung waren jedoch DIF-Analysen in Abhängigkeit von der Sprachgruppe und der Ursprungssprache der jeweiligen Texte. Zwar wurde von Grisay (in Adams & Wu, 2002) analysiert, inwiefern die Länge der Texte in Abhängigkeit von der Sprache variiert, eine systematische Prüfung differenzieller Itemfunktionen blieb – nach Kenntnislage der Autoren – jedoch aus[4].

PISA untersucht die Lesekompetenz von Schülerinnen und Schülern auf Basis von authentischen Texten. Diese wurden zum größten Teil von den Teilnehmerländern eingereicht. Die Anzahl der Texte, die von nicht englischsprachigen Ländern eingereicht wurden und den Feldtest überstanden haben, ist dabei verhältnismäßig gering. Die insgesamt 129 Aufgaben des PISA-2000-Lesetests verteilen sich, wie in Tabelle 6.7 dargestellt, auf acht unterschiedliche Ursprungssprachen. Tabelle 6.8 gibt einen Überblick über die für die Analysen nach Landessprache gruppierten Länder.

Abbildung 6.4 gibt die Ergebnisse der DIF-Analysen wieder. Dargestellt sind Mittelwerte und Standardabweichungen der DIF-Parameter für die einzelnen Sprachgruppen. Negative Werte stehen dabei für einen differenziellen Vorteil der jeweils bezeichneten Sprachgruppe, positive Werte für einen differenziellen Nachteil. Der in Abbildung 1 dargestellte Mittelwert von –.21 für die französischsprachigen Schülerinnen und Schüler bedeutet dabei, dass die Leistungsmessung anhand der 18 Aufgaben, deren Ursprungssprache Französisch war, im Mittel zu einem Vorteil von d = –.21 für die französischsprachigen Schülerinnen und Schüler führt. Da auch rund zwei Drittel der DIF-Werte (±1 Standardabweichung in Abb. 6.4) der französischen Aufgaben ebenfalls deutlich im negativen Bereich liegen und damit auf einen Vorteil französischer Schülerinnen und Schüler bei Aufgaben aus diesem Sprachraum hinweisen, kann dieser Effekt als substanziell und systematisch bezeichnet werden.

Auch für andere Sprachen – insbesondere Griechisch, zum Teil auch Deutsch – ist ein deutlicher und für fast alle Items der eigenen Sprachgruppe nachweisbarer DIF feststellbar. Kein Vorteil lässt sich hingegen bei finnischen Schülerinnen und Schülern nachweisen. Die ebenfalls in Abbildung 6.4 abgetragenen Standardabweichungen verdeutlichen auch für die schwedischen und spanischen Items eine erhebliche Streuung. Nicht

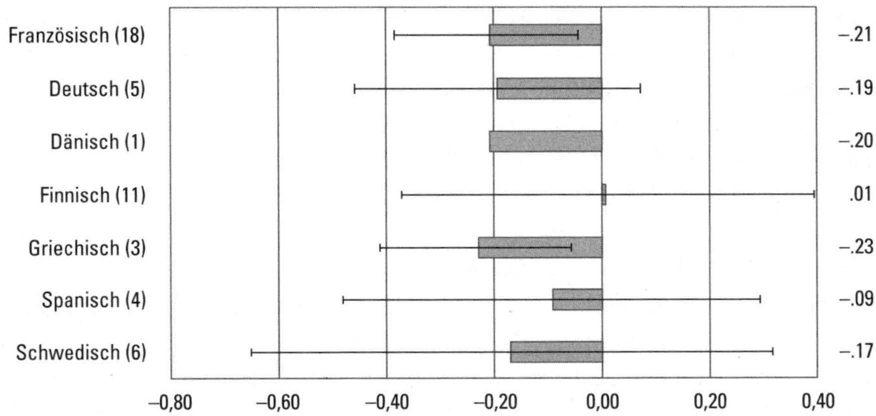

Fehlerindikator: Standardabweichung (nur bei 3 und mehr Items abgetragen).
Negative Werte: Vorteil für Schülerinnen und Schüler derselben Sprachgruppe wie Ursprungssprache der Items.
Positive Werte: Nachteil für Schülerinnen und Schüler derselben Sprachgruppe wie Ursprungssprache der Items.

Abbildung 6.4 Differenzielle Itemfunktionen (Mittelwerte und Standardabweichungen) bei Aufgaben im Lesen; Vor- bzw. Nachteil für Schülerinnen und Schüler aus Sprachgruppen der Ursprungssprache der Aufgaben

für alle Items aus diesen Sprachen lassen sich Vorteile für Schülerinnen und Schüler dieser Sprachen feststellen.

Auch die getrennte Betrachtung der Subskalen im Lesen (vgl. Artelt & Schlagmüller, in diesem Band; siehe auch Artelt & Baumert, in Druck) führt zu strukturell ähnlichen Ergebnissen. Schülerinnen und Schüler – mit Ausnahme der finnischen Schülerinnen und Schüler – haben bei Aufgaben, die ihrem Sprach- und Kulturraum entstammen, unabhängig von der untersuchten Kompetenzdimension einen Vorteil.

Wie stark machen sich die nachgewiesenen DIF-Werte in den Leistungen der Schülerinnen und Schüler dieser Länder bemerkbar?

Das Ausmaß des auf die Ursprungssprache zurückführbaren Effekts lässt sich auf zwei verschiedene Arten abschätzen. Eine Möglichkeit besteht darin, die Veränderungen im mittleren Abschneiden der Länder für einen jeweils nur aus Aufgaben der Landessprache bestehenden Test „hochzurechnen“. Wenn man von einem hypothetischen Test ausgeht, der ausschließlich aus Aufgaben der jeweiligen Landessprache besteht und der im Mittel denselben DIF-Wert wie in den hier vorgestellten Analysen aufweisen würde, lässt sich der mittlere Leistungszugewinn für Schülerinnen und Schüler derselben Landessprache direkt aus den in Abbildung 6.4 dargestellten Werten ablesen. Bei einem mittleren DIF-Wert von –.21, der sich bei französischen Aufgaben zeigt, würden französischsprachige Schülerinnen und Schüler in einem solchen Test .21 Einheiten der Standardabweichung besser abschneiden. Auf der internationalen PISA-Metrik, die einen

Mittelwert von 500 und eine Standardabweichung von 100 aufweist, entspräche dies 21 Punkten (Artelt u.a., 2001). Bei diesem Gedankenspiel wird allerdings die Streuung der DIF-Parameter nicht berücksichtigt. Aufgrund nicht unerheblicher Variabilität muss die Systematik der Effekte in einigen Ländern stark bezweifelt werden. So etwa in Schweden und Spanien, wo die DIF-Werte einzelner Aufgaben klar zwischen Vor- und Nachteil schwanken. Auch der Effekt für Deutschland bzw. die deutschsprachigen Länder ist nicht immer positiv. Im Mittel würde er jedoch bei einem aus im Original rein deutschsprachigen Items bestehenden Test auf einen 19 Punkte höheren Mittelwert hinauslaufen.

Eine für die Beurteilung der Fairness des PISA-Tests und die Zuverlässigkeit der bereits publizierten Ergebnisse entscheidendere Art, das Ausmaß der nachgewiesenen differenziellen Itemfunktionen zu betrachten, geht von der tatsächlichen Zusammensetzung des PISA-Tests aus. Wie würden die Ergebnisse der einzelnen Länder ausfallen, wenn die Items, bei denen ein Vorteil einzelner Sprachgruppen nachgewiesen werden konnte, nicht berücksichtigt werden? Aufgrund der zum Teil nur geringen Repräsentanz von Aufgaben aus unterschiedlichen Ursprungssprachen im Lesetest ist der Effekt bezüglich der jeweiligen Gesamtleistung nur sehr gering. Durch eine erneute Skalierung der Leistungsdaten der Schülerinnen und Schüler wurden die Ländermittelwerte ermittelt, die sich für einen Test ohne die jeweils aus der Sprachgruppe der Schülerinnen und Schüler stammenden Aufgaben ergeben würden. Durch die Nichtberücksichtigung dieser Items, die insbesondere im Fall von Frankreich deutliche Effekte zeigen, wird also deutlich, wie die Länder abgeschnitten hätten, wenn aus ihrer Sprachgruppe überhaupt keine Aufgaben enthalten gewesen wären. Wie aufgrund der DIF-Analysen zu erwarten war, zeigt sich für die Länder jeweils ein numerisch schlechteres Ergebnis bei der Skalierung eines Tests, der keine Aufgaben aus der Sprachgruppe des untersuchten Landes enthält. Der Effekt ist jedoch insgesamt sehr gering und macht auch im Fall der französischsprachigen Schülerinnen und Schüler (N = 18 Aufgaben) lediglich eine Differenz von 2,6 Punkten auf der PISA-Skala (Mittelwert = 500, SD = 100) aus. Vor dem Hintergrund der ebenfalls in der Größenordnung dieses Unterschieds liegenden Standardfehler der Mittelwerte (für Frankreich SE = 2,7) wird deutlich, dass diese Differenz nicht zufallskritisch abgesichert werden kann. Für die deutschsprachigen Schüler führt die Nichtberücksichtigung der ursprünglich deutschsprachigen Items zu einer „Verschlechterung" von 1,7 Punkten, einem ebenfalls statistisch nicht bedeutsamen Effekt.

Vor dem Hintergrund der Fairness des Tests ist hierbei vor allem der Befund entscheidend, dass sich für die englischsprachigen Items, die den Hauptteil der Items des Lesetests ausmachen, kein vergleichbar hoher Vorteil für die englischsprachigen Länder nachweisen lässt. Der hohe Anteil an im Original aus dem Englischen stammenden Items im PISA-Test führt offenbar zu keinem zufallskritisch absicherbaren Vorteil für englischsprachige Schülerinnen und Schüler. Eine differenzierte Auswertung der Ergebnisse für die fünf englischsprachigen Länder findet sich in Artelt und Baumert (in Druck).

Die Ergebnisse lassen sich auf zwei unterschiedliche Arten diskutieren: einerseits bezüglich des prinzipiellen Nachweises eines auf die Ursprungssprache der Items zurückführbaren Effekts, andererseits bezüglich des *cultural bias,* das heißt, des Ausmaßes an Verzerrung, das durch die differenziellen Vorteile für die PISA-Gesamttest nachweisbar ist. Beide Betrachtungsarten wurden hier anhand der Ergebnisdarstellung vorgenommen.

Die Tatsache, dass sich der Ursprung der Sprache prinzipiell nachweisen lässt – und im Fall eines rein aus den Items einer Ursprungssprache bestehenden Tests auch Veränderungen der Ländermittelwerte von einer Fünftel Standardabweichung nach sich ziehen könnte – steht dabei im Einklang mit den bisher publizierten Befunden zu differenziellen Itemfunktionen beim Übertragen von Texten in andere Sprachen und Kulturen (vgl. Allalouf, 2003; Allalouf, Hambleton, & Sireci, 1999; Budgell, Namburty, & Douglas, 1995; Gierl & Khaliq, 2001; Murat & Rocher, 2003). Die Vorteile bei Aufgaben, die im Original aus der eigenen Sprachgruppe stammen, lassen darauf schließen, dass Faktoren wie etwa die Vertrautheit mit dem Inhalt und der Form des eingesetzten Stimulusmaterials die Lösungswahrscheinlichkeit der Aufgaben der Schülerinnen und Schüler mitbestimmen. Die sprachliche und kulturelle Herkunft einzelner Aufgaben stellt somit eine systematische Varianzquelle dar, die es in konzeptionellen Arbeiten genauer zu untersuchen gilt.

In Bezug auf den von internationalen Vergleichsstudien anvisierten Kompetenzbereich stellen die hier vorgestellten Sprach- und Kultureffekte einen potenziellen *cultural bias* dar, da es sich um unbeabsichtigte Variationen in der Lösungswahrscheinlichkeit von Aufgaben handelt, die die Validität des Tests beeinträchtigen können. Die Ergebnisse sprechen jedoch nicht dafür, dass sich auf der Ebene des Tests insgesamt ein *cultural bias* nachweisen lässt, der die Fairness des Tests beeinträchtigen würde. Unter Beachtung der tatsächlichen Zusammensetzung des Tests lassen sich für die getesteten Sprachgruppen keine zufallskritisch nachweisbaren Veränderungen der Gesamtmittelwerte nachweisen.

In Tests wie dem PISA-Test, der sich aus unterschiedlichen Herkunftssprachen zusammensetzt, mitteln sich die begünstigenden Effekte der jeweiligen Sprachgruppe tendenziell aus. Zumindest kann dies für die hier analysierten Sprachgruppen gesagt werden. Für diejenigen Länder, die keine Items und Texte in den PISA-Lesetest eingebracht haben (z.B. Japan, Korea usw.) kann dabei zunächst keine Aussage gemacht werden.

Vor dem Hintergrund der eventuell gefährdeten Fairness des PISA-Tests machen die Ergebnisse insgesamt deutlich, dass die sprachliche Herkunft der Aufgaben zwar einen *cultural bias* auf der Itemebene darstellt, der *cultural bias* des Gesamttests jedoch durch eine möglichst multikulturelle Zusammensetzung von Testaufgaben ausgeglichen werden kann (siehe auch Artelt & Baumert, in Druck).

6.4 Vorgängerstudien zur Lesekompetenz

Zwei Traditionen: Interne Systembeobachtung und internationaler Vergleich

Die PISA-Studie setzt in ihren theoretischen Grundannahmen und in methodischer Hinsicht zwei Entwicklungsstränge fort: die vor allem in den Vereinigten Staaten mit dem

National Assessment for Educational Progress (NAEP) fest etablierte Tradition der Systembeobachtung im nationalen Bildungswesen und die von der *International Association for the Evaluation of Educational Achievement* (IEA) begründete Tradition internationaler Schulleistungsvergleiche.

Für die Vereinigten Staaten liegen mit NAEP für 9-, 13- und 17-Jährige schulbezogene Zeitreihen zum Leseverständnis vor, die bis 1971 zurückreichen (vgl. U.S. Department of Education, 2000). Über die Verwendung von Ankeritems ist es hier gelungen, ein bis zum Ende der 1980er Jahre leicht ansteigendes, seitdem aber offenbar stagnierendes Niveau des durchschnittlichen Leseverständnisses amerikanischer Schülerinnen und Schüler festzustellen. Andere Länder, etwa England und Wales, die Niederlande oder einige kanadische Provinzen führen ebenfalls regelmäßige, systematische Beobachtungen der Lernstände von Schülerinnen und Schülern in ihren Ländern durch.

Dass internationale Schulleistungsvergleiche im Bereich des Leseverständnisses über die Sprachgrenzen hinweg möglich sind, hat erstmals die 1970 bis 1971 realisierte so genannte „Sechs-Fächer-Studie" der IEA gezeigt, in der das Leseverständnis eines der untersuchten Kriterien war, und zwar parallel in verschiedenen Zielpopulationen (vgl. Thorndike, 1973). Die IEA hat 1990 bis 1991 in zwei jahrgangsbasierten Zielgruppen, mit ca. 9- und ca. 14-jährigen Schülerinnen und Schülern, nochmals eine international vergleichende Lesestudie durchgeführt (*Reading Literacy Study*, Elley, 1994; zu den deutschen Befunden vgl. Lehmann u.a., 1995). Inzwischen ist das Forschungsprogramm der IEA im Bereich Lesen unter dem Namen *Progress in International Reading Literacy Study* (PIRLS, erstmals 2001, im Deutschen: IGLU) auf den Primarschulsektor beschränkt, gleichzeitig aber auf einen kürzeren Replikationszyklus umgestellt worden (vgl. Mullis u.a., 2003; zu den deutschen Befunden vgl. Bos, Lankes, Prenzel u.a., 2003, 2004; siehe auch Tab. 6.9).

In der Annahme, dass eine gut entwickelte Lesekompetenz nicht nur für kumulative Lernprozesse innerhalb des Bildungssystems wesentlich sei, sondern sich letztlich im Alltag von Erwachsenen bewähren müsse, ist das Hauptmotiv dafür zu suchen, dass seit den 1980er Jahren das Leseverständnis zunehmend älterer Populationen zum Gegenstand der Forschung wurde. Die ersten Studien hierzu fanden wiederum auf nationaler Ebene (Vereinigte Staaten und Kanada) statt, wo das Leseverständnis von 21- bis 25-Jährigen (*Young Adults Literacy Survey* [YALS]; Kirsch & Jungeblut, 1986), von Arbeitsuchenden (Kirsch, Jungeblut, & Campbell, 1992), von Strafgefangenen (Haigler u.a., 1994) und der erwachsene Bevölkerung (Kirsch u.a., 1993) untersucht wurde und auch die allgemeine Bewährung im Alltagsleben Erwachsener Gegenstand der Betrachtung war (*Life Skills Used in Daily Activities* [LSUDA]; vgl. Statistics Canada, 1991). In der international durchgeführten Erwachsenenstudie (IALS) der Organisation für wirtschaftliche Entwicklung und Zusammenarbeit (OECD) und Statistics Canada (OECD/Statistics Canada, 1995, 1997, 2000) wurde dieser neue Ansatz mit der Tradition der internationalen Vergleiche zusammengeführt. Unter weitgehender Übernahme des lebensweltlich orientierten Ansatzes aus den US-amerikanischen und kanadischen Vorgängerstudien (*nicht* jedoch des entsprechenden Itempools) wurden die in der erwachsenen Wohnbe-

Studie/Federführende Organisation	Referenzen	Durchführungszeitraum	Getestete Fächer	Alterskohorte (Population)	Anzahl teilnehmender Staaten	Teilnehmende Länder in Deutschland
„Six-Subject-Study" u.a. Reading Comprehension (IEA)	Thorndike (1973)	1970/71	Leseverständnis	10-Jährige, 14-Jährige	15	Ohne deutsche Teilnahme
RL: Reading Literacy (IEA)	Elly (1992, 1994); Lundberg & Linnakylä (1993); Lehmann u.a. (1995); Postlethwaite & Ross (1992)	1990/91	Leseverständnis	9-Jährige, 14-Jährige	26 bzw. 31	Repräsentativ alte und neue Länder der Bundesrepublik Deutschland
IALS: International Adult Literacy Study (OECD/StatCan)	OECD/Statistics Canada (1995, 1997, 2000); Murray, Kirsch, & Jenkins (1998); Lehmann (2000)	1994–1999	Leseverständnis	16- bis 65-Jährige	8	Repräsentativ
PIRLS/IGLU: Progress in International Reading Literacy (IEA)	Bos u.a. (2003, 2004); Mullis u.a. (2003)	2001	Leseverständnis	10-Jährige	38	Repräsentativ
PISA: Programme for International Student Assessment (OECD)	OECD (2001); Baumert u.a. (2001); Baumert, Artelt, Klieme u.a. (2002, 2003); Kirsch u.a. (2003)	2000	Leseverständnis (u.a.)	15-Jährige	32	Repräsentativ für Deutschland und die 16 Länder der Bundesrepublik
	OECD (in Vorb.); Deutsches PISA-Konsortium (in Vorb.)	2003	Leseverständnis (u.a.)	15-Jährige	41	Repräsentativ für Deutschland

Quelle: Modifiziert und ergänzt nach Bos & Schwippert (2002, S. 10 f.) und Stanat & Lüdtke (in Vorb.).

Tabelle 6.9 Internationale Studien zum Lesen im Überblick

völkerung vorhandenen Grundqualifikationen, darunter das Leseverständnis, miteinander verglichen. Dabei war übrigens eine nach Ländern differenzierte Kompetenzverteilung zu beobachten, die im Unterschied zu den Schulleistungsvergleichen für Deutschland vergleichsweise günstige Parameter ergab (sechsthöchster Mittelwert nach drei skandinavischen Ländern, den Niederlanden und Kanada; für eine mögliche Erklärung siehe Lehmann, 2000).

Mit dem *Programme for International Student Assessment* (PISA) hat in jüngerer Zeit auch die OECD begonnen, Schulleistungen zu erheben. Im Rahmen von PISA werden seit dem Jahr 2000 regelmäßig alle drei Jahre Schülerleistungen an repräsentativen Stichproben 15-jähriger Schülerinnen und Schüler untersucht, womit im internationalen Vergleich erstmals Leseleistungen von Schülerinnen und Schülern einer Altersgruppe in einem dreijährigen Zyklus auf einer gemeinsamen Metrik abgebildet werden können. Inhaltlich und methodisch baut die PISA-Studie auf den oben aufgeführten Studien auf. Die konsequente Ausrichtung auf Funktionalität (*Literacy*-Konzeption) sowie die damit verbundene Authentizität der Testitems, die, ausformuliert in einer Rahmenkonzeption (OECD, 1999), die Konstruktion des Tests leitete, stellen dabei charakteristische Merkmale der PISA-Studie dar. Eine Übersicht bisher durchgeführter Studien zur Lesekompetenz ist in Tabelle 6.9 enthalten.

Vergleichbarkeit der Ergebnisse unterschiedlicher Studien

Angesichts der Pluralität internationaler Vergleiche, die auf unterschiedlichen Messinstrumenten, unterschiedlichen (Schüler-)Populationen und unterschiedlichen Teilnehmerländern beruhen, stellt sich die Frage, ob sich die Ergebnisse wechselseitig bestätigen bzw. welchen Ergebnissen im Falle divergenter Befunde vertraut werden kann. Beispiele für solche Divergenzen liegen durchaus vor. Bereits erwähnt wurde die im Gegensatz zur PISA-Studie relativ günstige Vergleichsposition deutscher Erwachsener in der IALS-Untersuchung. Auch im Vergleich zu der vor knapp zehn Jahren durchgeführten Lesestudie der IEA (vgl. Elley, 1994; Lehmann u.a., 1995), bei der die deutschen Achtklässler in ihren Leseleistungen oberhalb des internationalen Durchschnitts lagen, scheint es zunächst so, als hätten sich die Leistungen der deutschen Jugendlichen „verschlechtert". Bemerkenswert ist auch der Umstand, dass in der Interpretation der Ergebnisse aus PIRLS/IGLU diese vor dem Hintergrund der enttäuschenden PISA-Befunde als eher günstig interpretiert werden (vgl. Bos, Lankes, Prenzel u.a., 2003, S. 134 ff.).

Um Schülerleistungen aus unterschiedlichen Studien miteinander vergleichen zu können, müssen verschiedene Kriterien erfüllt sein. Zentral ist hier vor allem die Verwendung von gleichen Messinstrumenten, was schon durch die Administrierung weniger gleicher Aufgaben (so genannte Ankeritems) gewährleistet werden kann. Darüber hinaus ist die Vergleichbarkeit der Schülerpopulationen (Klassenstufe, Altersgruppe) zentral. Die bisher erfolgte Skalierung der Leistungsscores für die einzelnen internationalen Studien wurde jedoch in der Regel ohne Verwendung von Ankeritems und damit getrennt vorgenommen. Sie ist daher nur innerhalb der jeweiligen Gruppe von Teilnehmerstaaten gültig. Auch bei nominell identischer Metrik (z.B. Mittelwert = 500, Standardabweichung = 100) sind die Kennwerte über verschiedene Untersuchungen hinweg nicht vergleichbar. Lediglich anhand der relativen Positionen der Staaten zueinander lassen sich Anhaltspunkte über die Stabilität der Ergebnisse gewinnen. Beim Vergleich dieses sehr groben Indikators der relativen Position fällt auf, dass Finnland, das mit Ausnahme von PIRLS an allen Erhebungen zur Lesekompetenz teilgenommen hat, durchweg sehr gute Ergebnisse erzielte. Auch Neuseeland und Schweden gehören im Lesen häufig zu den besten Staaten (vgl. Stanat & Lüdtke, in Vorb.)

Um gesicherte Aussagen über Veränderungen über die Zeit (z.B. infolge von politischen Maßnahmen) abbilden zu können, werden im Rahmen von PISA alle drei Jahre Erhebungen durchgeführt. Auf diese Weise ist es möglich, zumindest für die Gruppe der 15-Jährigen Trendindikatoren zur Verfügung zu stellen. Qualitativ vergleichbare Aussagen über Veränderungen werden auch im Rahmen von PIRLS/IGLU möglich sein, da man über eine gemeinsame Skalierung mit Items aus der IEA-Studie bei zumindest ähnlicher Zielpopulation im Grundschulbereich (3. vs. 4. Jahrgangsstufe) zu einem methodisch abgesicherten Vergleich der Ergebnisse von 1991 und 2001 gelangen kann.

Auch im Rahmen von PISA sind Items aus der Erwachsenenstudie IALS mitgelaufen, sodass Aussagen zum Abschneiden der im Jahr 2000 getesteten 15-jährigen Schülerinnen und Schüler auf der IALS-(Prosa-)Skala möglich sind. Eine ausführliche Darstellung hierzu – einschließlich einer Diskussion zu Gemeinsamkeiten und Unterschieden in der Konzeption und der Methodik und der Alterkohorte der beiden Studien – findet sich bei Kirsch u.a. (2002; siehe auch Yamamoto, 2002). Unter Beachtung der Unterschiede in den typischen Anforderungen der jeweils unterschiedlich definierten Kompetenzstufen lassen sich Aussagen zum Abschneiden der PISA-Schüler auf der IALS-(Prosa-)Skala und den Kompetenzstufen der IALS-Studie machen. Ausgehend von der Annahme, dass IALS die Lesefähigkeiten misst, die im Erwachsenenleben benötigt werden, kann hiermit ein Anhaltspunkt darüber gewonnen werden, in welchem Ausmaß die in PISA untersuchten 15-Jährigen bereits über die für das Erwachsenenleben nötigen Kompetenzen verfügen (Kirsch u.a., 2002). Aufgrund des jüngeren Alters ist dabei der deutlich höhere Anteil von Schülerinnen und Schülern auf den unteren Kompetenzstufen sowie der geringere Anteil auf den höheren Stufen nicht überraschend. Beim Vergleich der Leistungen von 15-Jährigen (PISA) mit denen von 16- bis 65-Jährigen (IALS) muss man aufgrund der größeren Erfahrung zwangsläufig mit besseren Ergebnissen der in der IALS-Stichprobe untersuchten Erwachsenen rechnen. Ein Vergleich der 15-Jährigen aus PISA mit der Substichprobe der 16- bis 25-Jährigen aus IALS macht hingegen insgesamt geringere Unterschiede zwischen diesen beiden Altersgruppen deutlich. Interessant ist in diesem Zusammenhang auch der auf Basis der Neuskalierung von Kirsch u.a. (2002) berichtete Befund, dass der Leistungsrückstand der 15-Jährigen (PISA) zu dem der 15- bis 25-Jährigen (IALS) vor allem auf das relativ schlechte Abschneiden der männlichen Probanden aus der PISA-Studie zurückzuführen ist.

Sowohl IGLU (Primarstufe) als auch PISA (15-Jährige) entwickeln sich zu auf Dauer gestellten Ansätzen des *system monitoring*, mit denen es jeweils innerhalb der Studien möglich sein wird, Ergebnisse der zu unterschiedlichen Messzeitpunkten untersuchten Populationen mit denselben Messinstrumenten und einer gemeinsamen Metrik zu vergleichen. Ein solcher Vergleich ist für die berichteten Studien bisher nicht oder nur ansatzweise möglich. Die Populationsdefinitionen aus PISA und IGLU unterscheiden sich jedoch weiterhin inhaltlich (Ende Primarstufe vs. Ende Sekundarstufe I) als auch konzeptionell (Alters- vs. Jahrgangsdefinition) zu stark, als dass die jeweiligen Ergebnisse über die beiden Studien hinweg verglichen werden können.

Anmerkungen

1 Der Abschnitt zur Lehrplanvalidität des PISA-Lesetests basiert in Teilen auf Artelt, Brunner u.a. (2003).

2 Beim Vergleich der Einschätzungen der Lehrplanexperten pro Land, Fach und Schulform haben sich einige Inkonsistenzen ergeben, die die eingeschränkte Brauchbarkeit von „untrainierten" Urteilern bei einem so komplexen Beurteilungsgegenstand im Ländervergleich deutlich machen. Durch die Wahl eines Maximalkriteriums der Übereinstimmung wurde sichergestellt, dass lediglich diejenigen Aufgaben berücksichtigt werden, für die Lehrplanvalidität mit hoher Wahrscheinlichkeit angenommen werden kann.

3 Weniger ihr Vorschlag einer alternativ zu wählenden Methodik (vgl. Artelt & Baumert, in Druck).

4 Eine erste Modellierung entsprechender Effekte für die französischen Items findet sich bei Murat und Rocher (2003).

Cordula Artelt und Matthias Schlagmüller

7 Der Umgang mit literarischen Texten als Teilkompetenz im Lesen? Dimensionsanalysen und Ländervergleiche

7.1 Welche Teilkompetenzen lassen sich im PISA-Lesetest unterscheiden?

Der erste Teil dieses Kapitels beschäftigt sich mit der Frage, ob die in PISA erfasste Lesekompetenz eine eindimensionale Fähigkeit darstellt oder ob nach Teilkompetenzen unterschieden werden kann und sollte. Hierbei steht vor allem die Frage im Vordergrund, ob die Art des Textes und das Textgenre einen Einfluss auf die jeweils erfasste Lesekompetenz haben. Diese Unterscheidung steht quer zu der ursprünglich in der PISA-Rahmenkonzeption erarbeiteten Unterscheidung nach verschiedenen Aspekten des Lesens (vgl. Artelt u.a., 2001; OECD, 2001) und stellt einen neuen Aspekt der Betrachtung der Leseleistungen dar. Ergänzend hierzu wird auch die Frage behandelt, ob die Tatsache, dass unterschiedliche Textformate (kontinuierlich vs. nichtkontinuierlich bzw. mit vs. ohne Bildmaterial) zur Messung der Lesekompetenz der 15-Jährigen verwendet wurden, einen Einfluss auf die Testleistungen hat (siehe auch Schnotz & Dutke, in diesem Band). Für die deutlich separierbare Teilkompetenz des kompetenten Umgangs mit literarischen Texten werden anschließend im zweiten und dritten Teil des Kapitels die mittleren Leistungen in den PISA-Teilnehmerstaaten und den Ländern der Bundesrepublik dargestellt und verglichen.

Ziel der Untersuchung der Dimensionalität des Tests ist ein vertieftes konzeptuelles Verständnis der in der PISA-Studie gemessenen Lesekompetenz. Aus diagnostischer Sicht ist hierbei die Frage nach der Konstruktvalidität des Tests (bzw. der hieraus abzuleitenden Aussagen) angesprochen. Die Frage nach der Dimensionalität des Tests lässt sich auch folgendermaßen formulieren: Handelt es sich bei der in PISA untersuchten Lesekompetenz um eine homogene Kompetenz oder sollte hierbei nach Teilkompetenzen unterschieden werden? Letzteres ist dann der Fall, wenn – Raschskalierbarkeit des Gesamttests vorausgesetzt – die Leistungsergebnisse einer spezifischen Teilmenge von Aufgaben aus dem Gesamttest anders ausfallen würden als bei der Berücksichtigung aller Aufgaben. Wenn eine a priori festgelegte Teilmenge von Aufgaben zu anderen Leistungsergebnissen führt – die spezifische Objektivität des Tests also nicht gegeben ist –, liegt es nahe, dass diese Aufgabenmenge eine separierbare Teilkompetenz darstellt, die getrennt betrachtet werden sollte und hinsichtlich differenzieller Ergebnisse aufschlussreich sein könnte.

Im Rahmen dieses Beitrags wird vorrangig die Höhe der Korrelation zwischen den potenziellen Teilkompetenzen im Lesen als Kriterium verwendet. Als Vergleichsmaßstab dient dabei die Höhe der Zusammenhänge zwischen den Gesamtwerten der drei relativ klar voneinander abgrenzbaren Kompetenzbereichen in PISA (mathematische Grundbildung, naturwissenschaftliche Grundbildung und Lesekompetenz). Zusätzlich wird gegebenenfalls überprüft, inwiefern Leistungsunterschiede bei einzelnen Teilkompetenzen für einzelne Länder oder Subgruppen innerhalb von Ländern nachweisbar sind, was als Hinweis auf die Konstruktvalidität dieser Teilfähigkeiten gewertet werden kann.

Grundlegend für die Konstruktion des PISA-Tests war die Idee, Lesekompetenz möglichst breit und mit lebenspraktisch relevantem Material zu erfassen. Dieser Idee folgend wurde ein Vielzahl von Textsorten verwendet. Neben Erzählungen, Darlegungen, Beschreibungen, Argumentationen und Anweisungen – den Textsorten, die die Gruppe der kontinuierlich geschriebenen Texte bilden – wurden auch nichtkontinuierlich geschriebene Texte (Diagramme/Graphen, Tabellen, schematische Zeichnungen, Karten, Formulare und Anzeigen) verwendet. Gleichzeitig wurden verschiedene Leseanlässe berücksichtigt und Anforderungen an die Textrezeption formuliert, die vor allem für die Auswahl von Textsorten und die Konstruktion von Aufgaben handlungsleitend waren. Ziel dieses Lesetests ist es, ein homogenes Kompetenzkonstrukt auf einer breiten empirischen Grundlage valide abzubilden. Zur Überprüfung dieses Ziels wurde in einem Feldtest ein Jahr vor der Haupterhebung sichergestellt, dass die ausgewählten Leseinhalte und Aufgaben sich im Sinne des Raschmodells als eindimensionale latente Kompetenz abbilden lassen (vgl. Adams & Wu, 2002). Da die Konstruktion des Tests aber ebenfalls darauf abzielte, theoretisch postulierte unterschiedliche Teilaspekte der Lesekompetenz als unterscheidbare Dimensionen zu erfassen, wurde bei der Konstruktion des Tests ein Kompromiss zwischen einer Unterscheidung nach Teilkompetenzen (Teilskalen) und der Möglichkeit der Berichterstattung eines Gesamtwerts gewählt. Ob dieser Kompromiss gelungen ist, soll im Folgenden geprüft werden. Auf diese Weise kann ein vertieftes Verständnis der untersuchten Kompetenz erreicht werden. Diese Analysen sind besonders in Hinblick auf Stärken und Schwächen einzelner Schülergruppen und den daraus ableitbaren Hinweisen auf entsprechenden Förderbedarf relevant.

7.1.1 Zusammenhänge zwischen den in PISA untersuchten Kompetenzbereichen als Vergleichskriterium zur Prüfung der Dimensionalität

Wenn die Korrelationen zwischen den vermuteten Teilkompetenzen im Lesen in vergleichbarer Höhe liegen wie die Korrelationen zwischen den inhaltlich relativ klar voneinander abgrenzbaren Kompetenzen in Mathematik, Naturwissenschaften und Lesen, wird dies als Hinweis gewertet, dass eine Unterteilung in Teilkompetenzen des Lesens

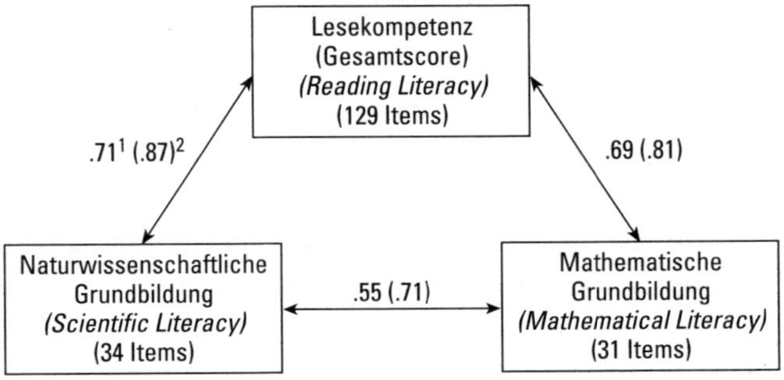

[1] Unkorrigierte Korrelation (Korrelation der WLE-*estimates*).
[2] Latente (minderungskorrigierte) Korrelation (Korrelation der *plausible values*).

Abbildung 7.1 Korrelationen zwischen den drei in PISA untersuchten Kompetenzbereichen

empirisch begründet ist. Abbildung 7.1 enthält die als Vergleichskriterium verwendeten Korrelationen (vgl. Kasten 1) zwischen den drei Hauptdomänen in PISA. Die Ergebnisse basieren auf einer dreidimensionalen Skalierung der nationalen PISA-2000-Stichprobe des Bundesländervergleichs (N = 33.809). Die Zusammenhänge auf latenter Ebene liegen, wie aufgrund der Attenuitätskorrektur zu erwarten war, sehr hoch (vgl. Kasten 1). Betrachtet man hingegen die nicht messfehlerbereinigten Korrelationen (*WLE-estimates*, siehe Kasten 1), verändert sich das Bild erheblich. Relativ gesehen ist es jeweils der Zusammenhang zwischen der naturwissenschaftlichen Grundbildung und der Lesekompetenz, der höher liegt als die Korrelation zwischen der mathematischen und der naturwissenschaftlichen Grundbildung, ein Befund, der bereits ausführlich besprochen wurde (vgl. Prenzel u.a.. 2001). Die hohen Zusammenhänge zwischen den Kompetenzbereichen sind unter anderem darauf zurückzuführen, dass auch die mathematischen und naturwissenschaftlichen Aufgaben viele Textpassagen aufweisen und umgekehrt auch im Lesetest nicht nur kontinuierlich geschriebene Texte verwendet werden. Im Vergleich zu gspezifischen Messungen weisen die drei Kompetenzbereiche also durchaus Überlappungen auf. Trotz dieser Überlappungen bilden die zwischen den in PISA untersuchten Domänen (Lesen, Mathematik und Naturwissenschaften) gefundenen Zusammenhänge der Schülerleistungen nachfolgend die Grundlage für eine erste Beurteilung der Dimensionalität des Lesetests. Liegen sie im vergleichbaren Bereich oder sind sogar kleiner als die in Abbildung 7.1 dargestellten Zusammenhänge, spricht dies dafür, die entsprechenden Teilkompetenzen im Lesen ebenfalls zu unterscheiden und differenziert auszuwerten.

Kasten 1: Anmerkungen zu den verwendeten Zusammenhangsmaßen zwischen potenziellen Teilfähigkeiten

Beim PISA-2000-Test wurde ein *Multi-Matrix Design* verwendet, was zur Folge hat, dass nicht jede Schülerin oder jeder Schüler alle Testaufgaben bearbeitet hat (vgl. Baumert, Artelt, Klieme u.a. 2002; Baumert u.a., 2001, 2003; OECD, 2001). Um die gesamte Breite der Aufgaben zu berücksichtigen, ist man auf statistische Verfahren angewiesen, die die durch das Design der Studie verursachten fehlenden Werte im Datensatz verarbeiten können. Gerade hierin liegt ein Vorzug der *Item Response Theory* (IRT, vgl. Fischer & Molenaar, 1995; Rost, 1996), auf der die in PISA verwendeten Modelle zur Bestimmung individueller Leistungsscores beruhen. Auch die Dimensionalität des Tests wurde mithilfe von IRT-Software (Wu, Adams, & Wilson, 1998) modelliert[1]. Hierbei sollten zwei Arten von Zusammenhangsmaßen der potenziellen Teilkompetenzen betrachtet werden: Korrelationen und latente Korrelationen. Die Berücksichtigung latenter Korrelationen geschah vor allem deshalb, um die Vergleichbarkeit mit bisherigen Ergebnisdarstellungen bezüglich der Interkorrelation von Teilkompetenzen zu gewährleisten[2] (vgl. Adams & Wu, 2002; Baumert u.a., 2001). Latente Korrelationen sind messfehlerbereinigt (minderungskorrigiert) und somit höher als die üblicherweise berechneten Korrelationen zwischen Messwerten. Sie geben die Höhe des Zusammenhangs von zwei Merkmalen an, so als ob diese jeweils perfekt reliabel gemessen wären. Latente Korrelationen (Korrelationen der *plausible values*, vgl. Adams & Wu, 2002; siehe auch Mislevy, 1991; Mislevy u.a., 1992) liegen je nach Höhe der Reliabilität der Messwerte deutlich über den in der sozialwissenschaftlichen Forschung üblichen unkorrigierten Korrelationen. Eine Rückrechnung der messfehlerbereinigten in eine messfehlerbehaftete Korrelation anhand einer „Verdünnungsformel" im klassischen Sinne lässt sich jedoch für die im Rahmen des Raschmodells mit *Multi-Matrix Design* ermittelten minderungskorrigierten Korrelationen nicht durchführen. Um dem Leser zu ermöglichen, gewohnte Beurteilungsmaßstäbe bei der Interpretation der Höhe von Zusammenhangsmaßen anzuwenden, werden im Folgenden auch die Korrelationen der ebenfalls auf Basis der Raschskalierung ermittelten *WLE-estimates* (*weighted maximum likelihood estimates*, vgl. Warm, 1985) berichtet. Diese sind jedoch im Gegensatz zu den Korrelationen der *plausible values* nicht minderungskorrigiert und entsprechen somit weitestgehend den üblicherweise berechneten Produkt-Moment-Korrelationen[3].

1 Eine klassische Überprüfung durch konfirmatorische Faktorenanalysen würde voraussetzen, dass fehlende Werte auf der Einzelitemebene imputiert würden.

2 Die nachfolgend dargestellten Korrelationen zwischen den Kompetenzbereichen sowie für die Subskalen im Lesen beruhen jeweils auf dem Gesamtdatensatz der bundeslandspezifischen Erweiterung der 15-Jährigen (N = 33.809). Die latenten Korrelationen weichen leicht von denen von Prenzel u.a. (2001, S. 222) sowie von Adams und Wu (2002, S. 153) ab, die entweder nur die nationale Teilstichprobe des internationalen Vergleichs oder die gesamte internationale Stichprobe zu

Grunde gelegt haben. Aus Gründen der Vergleichbarkeit der Koeffizienten werden alle Korrelationen im Folgenden auf Basis eines Datensatzes berechnet.

3 Die Korrelationen der *WLE-estimates* stimmen dabei weitestgehend mit den Korrelationen der auf Basis des Prozentsatzes korrekter Antworten ermittelten Leistungsindikatoren überein. Da diese Auswertung der prozentrichtig gelösten Aufgaben jedoch jeweils nur getrennt nach Testheft geschehen kann und damit jeweils nur auf einem Neuntel des Datensatzes beruht, werden hier lediglich die *IRT*-basierten *WLE-scores* verwendet.

7.1.2 Handelt es sich bei der in PISA gemessenen Lesekompetenz um ein einheitliches Konstrukt?

Bevor auf die Frage nach der Rolle des Textgenres (literarische vs. nichtliterarische Texte) und die des Textformats und der Anforderungen zusätzlicher Bildverarbeitung beim Lesen (kontinuierlich vs. nichtkontinuierlich geschriebene Texte) eingegangen wird, soll überprüft werden, bis zu welchem Grad es gerechtfertigt ist, die ursprünglich (OECD, 1999) als Berichtsdimensionen konzipierten Aspekte des Lesens als eigenständige Teilkompetenzen zu unterscheiden.

Informationen ermitteln, textbezogenes Interpretieren sowie Reflektieren und Bewerten als separate Teilkompetenzen?

Bereits in der Rahmenkonzeption zu PISA 2000 wurden unterschiedliche Teilkompetenzen bzw. Aspekte des Lesens unterschieden (vgl. Artelt u.a., 2001; OECD, 1999), die jeweils über das Beherrschen der zu dieser Teilkompetenz zählenden Aufgaben definiert sind. Es handelt sich um die fünf Teilkompetenzen: Informationen ermitteln, ein allgemeines Verständnis des Textes entwickeln, eine textbezogene Interpretation entwickeln, über den Inhalt des Textes reflektieren und über die Form des Textes reflektieren. Es wurde angenommen, dass die erfolgreiche Bewältigung von Aufgaben einer Teilkompetenz nicht unbedingt die erfolgreiche Bewältigung der Aufgaben einer anderen Teilkompetenz voraussetzt, die Beherrschung beider Aufgabenklassen also möglicherweise auf einer Reihe gleicher grundlegender Fähigkeiten basiert. Kann dennoch davon ausgegangen werden, dass es sich um separate Teilkompetenzen handelt? Die Annahme separierbarer Teilkompetenzen lässt sich empirisch besser für drei als für fünf Teilkompetenzen aufrechterhalten. Die ursprünglich getroffene Unterteilung nach Anforderungen der Textinterpretation, die sich entweder auf den Text als Ganzes oder aber auf bestimmte Textteile und deren Beziehungen zueinander beziehen, ließ sich empirisch nicht untermauern. Ähnliches gilt auch für die beiden Arten der Reflexion über den Text, bei der ursprünglich zwischen dem Inhalt und der Form des Textes unterschieden wurde (vgl. Artelt u.a., 2001; OECD 2001).

Die Zusammenhänge zwischen den drei vom internationalen Konsortium unterschiedenen Berichtsskalen im Lesen sind in Abbildung 7.2 dargestellt. Es handelt sich

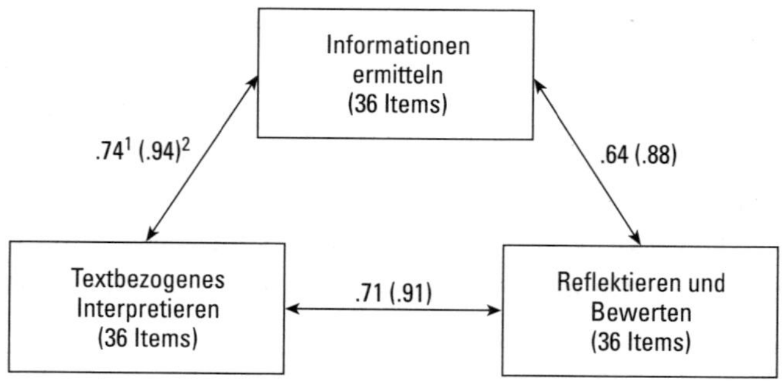

1 Unkorrigierte Korrelation (Korrelation der WLE-*estimates*).
2 Latente (minderungskorrigierte) Korrelation (Korrelation der *plausible values*).

Abbildung 7.2 Korrelationen zwischen den drei Subskalen des internationalen Lesekompetenztests

um die Subskalen „Informationen ermitteln", „textbezogenes Interpretieren" und „Reflektieren und Bewerten". Aufgrund der großen Stichprobe – auch die effektive Stichprobengröße liegt bei über 13.000 Schülerinnen und Schülern – ist auch der Unterschied zwischen r = .74 (Informationen ermitteln × Textbezogenes Interpretieren) und r = .71 (Textbezognes Interpretieren × Reflektieren und Bewerten) signifikant.

Die Korrelationen zwischen den drei Teildimensionen (Subskalen) im Lesen liegen deutlich höher als die Korrelationen zwischen der mathematischen und der naturwissenschaftlichen Fähigkeit, die bei r = .55 liegt (vgl. Abb. 7.1 und 7.2). Der engste Zusammenhang der drei Lesesubskalen findet sich zwischen den Subskalen „Informationen ermitteln" und „textbezogenes Interpretieren". Deutlich niedriger ist der Zusammenhang zwischen „Informationen ermitteln" und „Reflektieren und Bewerten", der mit r = .64 zum Beispiel niedriger liegt als der Zusammenhang zwischen dem Gesamtscore im Lesen und der mathematischen Grundbildung (r = .69, vgl. Abb. 7.1). Wird bei der Frage nach der Unterscheidbarkeit von Teilkompetenzen im Lesen das oben genannte Kriterium zu Grunde gelegt (niedrigere Zusammenhänge als zwischen den relativ klar voneinander abgrenzbaren Kompetenzbereichen mathematische Grundbildung, naturwissenschaftliche Grundbildung und Lesekompetenz [Gesamtscore]), scheint es von den Zahlenwerten her vertretbar, zumindest zwei der im Lesen gebildeten Subskalen – „Reflektieren und Bewerten" versus „Informationen ermitteln" – als separate Teilkompetenzen zu differenzieren. Weniger deutlich ist jedoch die Differenzierung zwischen den Skalen „Informationen ermitteln" versus „textbezogenes Interpretieren". Einen weiteren Hinweis auf die Nützlichkeit dieser Unterscheidung bieten die differenziellen Befunde, die bezüglich der Schülerleistungen auf diesen Subskalen gefunden wurden. Einige Länder weisen gerade beim „Reflektieren und Bewerten" besondere Stärken auf (vgl. Kirsch u.a., 2002; siehe auch Artelt, in diesem Band).

Zusammenfassend lassen sich die drei Subskalen hinsichtlich ihrer Anforderungen folgendermaßen charakterisieren: Aufgaben der Subskala „Informationen ermitteln" verlangen vom Leser, eine oder mehrere Informationen oder Stücke von Informationen im Text zu lokalisieren. Dies erfordert vom Leser bzw. von der Leserin eine sorgfältige Analyse von Textabschnitten mit dem Ziel, Detailinformationen (wie etwa die Abfahrt eines Zuges oder das Vorhandensein eines bestimmten Arguments) zu finden. Je nach Komplexität der Aufgabe sind dafür unmittelbares Verstehen größerer Textteile und der Vergleich unterschiedlicher Angaben erforderlich. Dies ist etwa dann der Fall, wenn die gesuchte Information nicht explizit im Text enthalten ist, sondern gefolgert werden muss.

Bei den Aufgaben der Subskala „textbezogenes Interpretieren" muss der Leser Bedeutung konstruieren und Schlussfolgerungen bzw. Ableitungen aus einem oder mehreren Teilen des Textes ziehen. Hierzu gehören auch schlussfolgerndes Denken und der Vergleich unterschiedlicher Textteile im Hinblick auf Evidenz, die mit der bevorzugten Interpretation kompatibel ist. Eine Aufgabe dieser Subskala kann vom Leser auch verlangen, Schlüsse über die Absichten des Autors zu ziehen.

Die Aufgaben der Subskala „Reflektieren und Bewerten" verlangen vom Leser, den Text mit eigenen Erfahrungen, Wissen und Ideen in Beziehung zu setzen. Es kann beispielsweise darum gehen, die Schlussfolgerungen des Autors bzw. die Botschaft eines Textes mit dem Wissen in Verbindung zu bringen, über das man hinsichtlich der spezifischen Thematik schon verfügt. Mögliche Aufgabenstellungen beziehen sich auf die Generierung von Evidenz für die Validität zentraler Textaussagen, wobei allgemeines Weltwissen mit einzubeziehen ist, die Bewertung der zentralen Aussagen über den Vergleich mit alternativen Positionen oder die Bewertung und Einschätzung der Beschaffenheit und Angemessenheit einer Textart. Hierzu muss der Leser unter anderem in der Lage sein, Textmerkmale wie Ironie, Humor und logischen Aufbau kritisch zu bewerten und in ihren Auswirkungen zu verstehen. So sollen die Schülerinnen und Schüler etwa herausarbeiten, inwieweit die Textstruktur dazu geeignet scheint, die Ziele des Verfassers zu erreichen.

Kontinuierlich und nichtkontinuierlich geschriebene Texte – Welche Rolle spielt die Art der Informationsdarbietung?

Quer zu der Unterscheidung nach den drei oben genannten Anforderungsklassen im Lesen liegt die Differenzierung nach Textsorten. Ein Spezifikum der Ausrichtung des internationalen PISA-2000-Lesetests besteht unter anderem in der breiten Abdeckung von Textsorten. Grob lassen sich diese danach unterteilen, ob die Texte fortlaufend geschrieben sind (z.B. Erzählungen, Darlegungen und Beschreibungen) oder ob Informationen nichtkontinuierlich dargeboten werden (z.B. Tabellen, Karten und Formulare). Die Aufgaben der drei oben unterschiedenen Anforderungsklassen verteilen sich in etwa zu gleichen Teilen auf kontinuierlich und nichtkontinuierlich geschriebene Texte. Es sei dabei angemerkt, dass alle nicht fortlaufend geschriebenen Texte auch Bilder oder Diagramme beinhalten, während diese bei kontinuierlich geschriebenen Texten grundsätzlich fehlen.

Dass die Organisation von Informationen und die Art der Darbietung bei kontinuierlich und nichtkontinuierlich geschriebenen Texten unterschiedlich geschehen, ist offen-

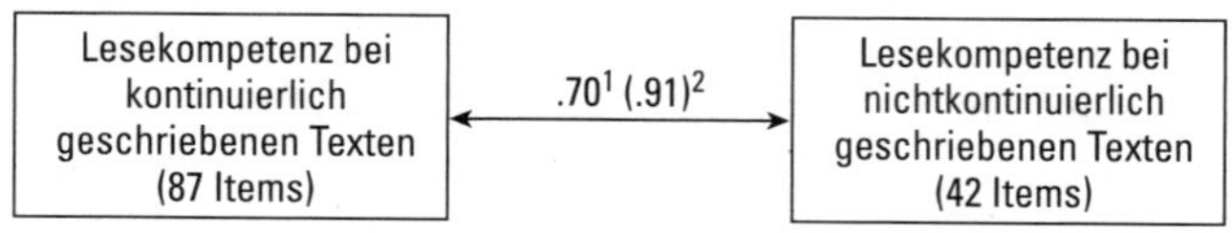

[1] Unkorrigierte Korrelation (Korrelation der WLE-*estimates*).
[2] Latente (minderungskorrigierte) Korrelation (Korrelation der *plausible values*).

Abbildung 7.3 Korrelationen zwischen den Subskalen zu kontinuierlichen und nichtkontinuierlichen Texten im Lesetest

sichtlich. Die Annahme, dass die Unterschiedlichkeit der Informationsdarbietung auch Auswirkungen auf die Informationsverarbeitung hat, ist nicht zuletzt im Beitrag von Schnotz und Dutke (in diesem Band) dargelegt worden. Während bei fortlaufend geschriebenen Texten zum Beispiel die Frage der Kohärenz, der Propositionsdichte und des Gebrauchs von Metaphern und Analogien von großer Bedeutung ist (vgl. Britton & Graesser, 1996; Christmann & Groeben, 1999; Kintsch, 1998; Richter & Christmann, 2002), treten diese Merkmale bei nichtkontinuierlich geschriebenen Texten, die neben Textpassagen auch Bildverarbeitung beinhalten, vor allem bei Tabellen und schematischen Zeichnungen, aber auch bei Bildern und Karten, zu Gunsten anderer schwierigkeitsbestimmender Merkmale in den Hintergrund (siehe auch OECD, 1999). Es ist daher anzunehmen, dass die Unterschiedlichkeit der Anforderungen sich auch in den unterschiedlichen Kompetenzdimensionen manifestiert – die Korrelation zwischen beiden Teilskalen also *verhältnismäßig* niedrig liegt. Dieses ist tatsächlich auch der Fall. Der kompetente Umgang mit ausschließlich fortlaufend geschriebenen Texten ist hinsichtlich der Anforderungen und der damit assoziierten Fähigkeit nicht mit dem kompetenten Umgang mit Aufgabenstellungen gleichzusetzen, die sich auf nichtkontinuierlich geschriebene Texte beziehen. Die Korrelation zwischen diesen beiden Teilkompetenzen liegt mit .70 in vergleichbarer Höhe wie der Zusammenhang zwischen der Lesekompetenz (Gesamtscore) und der naturwissenschaftlichen Grundbildung (r_{wle} = .71, vgl. Abb. 7.1).

Auch für die in Abbildung 7.3 dargestellten zwei Subskalen lässt sich anhand eines Vergleichs der Korrelationen mit denen der drei in PISA untersuchten Kompetenzbereiche (vgl. Abb. 7.1) sagen, dass die Unterscheidung der Lesekompetenz in spezifische Kompetenzen beim Umgang mit kontinuierlich und nichtkontinuierlich geschriebenen Texten von den Zahlenwerten her vertretbar ist.

Als weiteres Kriterium zur Beurteilung der Gültigkeit der Unterscheidung lässt sich das differenzielle Ergebnismuster in den Leistungen von Mädchen und Jungen heranziehen. Während Mädchen in allen an PISA 2000 teilnehmenden Ländern im Gesamttestwert Lesen bessere Ergebnisse erzielen als Jungen, verringert sich dieser Vorsprung, wenn lediglich die Leistungen bei nichtkontinuierlichen Texten untersucht werden. Zwar erzielen noch immer die Mädchen die signifikant besseren Leistungen, jedoch in geringerem Maße (vgl. Stanat & Kunter, 2001, S. 255). Der relative Vorteil von Mädchen wird offenbar besonders beim Umgang mit kontinuierlich geschriebenen Texten deutlich, was als zusätzlicher Beleg für die Konstruktvalidität der Unterscheidung dieser beiden Subskalen gesehen werden kann.

Stellt der Umgang mit literarischen Texten eine eigenständige Kompetenzdimension dar?

Eine in PISA bislang empirisch noch nicht behandelte Frage, die jedoch im Zuge der Ergebnisrezeption immer wieder diskutiert wurde, ist die nach der Rolle des Textgenres. Insbesondere die Texte, die unter die Kategorie „Erzählung" (OECD, 1999) fallen, sind vor dem Hintergrund der Schwerpunktsetzungen im Deutschunterricht interessant. Die Behandlung von Literatur im Unterricht stellt innerhalb der Deutschdidaktik (spezieller: der Literaturdidaktik) einen zentralen Aspekt dar und trägt unter anderem zum Selbstverständnis der Disziplin bei. In PISA können 17 der insgesamt 129 Aufgaben (13 %) der Kategorie „Erzählungen" zugeordnet und damit im weiteren Sinne als literarische Anforderungen bezeichnet werden[1]. Die insgesamt geringe Zahl literarischer Texte im PISA-Lesetest ist unter anderem darauf zurückzuführen, dass nur wenige literarische Texte für den internationalen Vergleich geeignet waren. Die vier zu Grunde liegenden literarischen Texte bestehen aus einer Fabel, zwei Romanauszügen und einem Drama. Zwar kommen bei den Aufgaben zu diesen Texten prinzipiell alle als Teilaspekte konzipierten Anforderungen vor, die Anforderung des „Informationen-Ermittelns" ist jedoch im Verhältnis zum „textbezogenen Interpretieren" und zum „Reflektieren und Bewerten" deutlich weniger repräsentiert. Zur weiteren Verdeutlichung der in PISA 2000 gestellten Anforderungen beim Umgang mit literarischen Texten ist einer der Texte – die Erzählung *Das Geschenk* (The Gift) von Louis Dollarhide (1985) aus der von Dorothy Abbott herausgegebenen Sammlung *Mississippi Writers: Reflections of Childhood and Youth* – samt Aufgaben im Anhang wiedergegeben.

Orientiert man sich bei der Frage nach charakteristischen Anforderungsmerkmalen literarischer Texte an der Literaturdidaktik (vgl. Eggert, 2002; Eggert & Garbe, 2003), wird das Problem der Abhängigkeit dieser Anforderungen vom jeweils vertretenen Literaturbegriff deutlich. Dennoch gibt es gemeinsame Strukturmerkmale, die Eggert (2002, S. 187) folgendermaßen beschreibt: „Der Kernbereich gesellschaftlich prägnanter Literaturauffassungen konstituiert sich offenkundig über literarische Formen der Symbolik, der Andeutung von Mehrdeutigkeit (Konnotation) und der Verfremdung von Alltagssprache bzw. etablierter literarischer Formensprache. Auf diese Weise entsteht ein eigenes, abgegrenztes literarisches Territorium, in dessen Geltungsbereich andere ‚Spielregeln' gelten als in der Pragmatik des Alltagshandelns (Autofunktionalität). Es müssen demnach ‚Signale' am Text oder aus der Situation der Textpräsentation vom Leser so wahrgenommen werden, dass sie als literarische Texte im Sinne von Literatur als Kunst aufgefasst und gedeutet werden."

Inwieweit die Wahrnehmung der PISA-Texte als Kunst bei den 15-Jährigen Rezipienten tatsächlich als gegeben angesehen werden kann, lässt sich auf Basis der PISA-Daten nicht beurteilen. Entscheidend scheint jedoch zu sein, dass durch die Stilmittel der Ent-

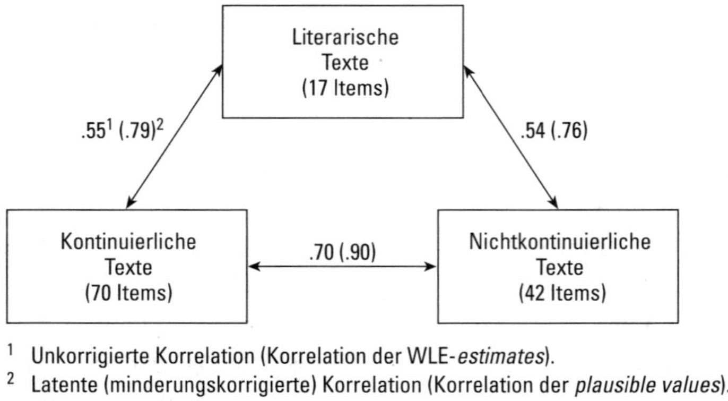

Abbildung 7.4 Korrelationen zwischen den Subskalen zur Lesekompetenz bei literarischen, kontinuierlich und nichtkontinuierlich geschriebenen Texten[2]

fremdung und die Verwendung von Metaphern, Symbolen und Allegorien spezifische Anforderungen an den Lesenden gestellt werden. So setzt die Erschließung der Bedeutung einer Metapher in einigen Fällen die Neustrukturierung des semantischen Raums bei der Verarbeitung voraus (vgl. Kintsch, 2000; siehe auch Glucksberg, 1998) .

Die hier genannten Anforderungen an die Verarbeitung „literarischer Texte" werden auch in den PISA-Aufgaben zu Erzählungen deutlich. So müssen bei der im Anhang wiedergegebenen Erzählung sprachliche Feinheiten in einem Zitat verstanden und mit der Atmosphäre der Geschichte als Ganzes in Verbindung gesetzt (vgl. Aufgabe R119Q07) oder die Bedeutung eines in sich mehrdeutigen Satzes aus dem Kontext erschlossen (vgl. Aufgabe R119Q04) oder aber auf nicht explizit in der subtilen Kurzgeschichte erwähnte Ideen Bezug genommen werden (vgl. Aufgabe R119Q05).

Durch eine getrennte IRT-Modellierung der Schülerleistungen bei den als literarisch zu klassifizierenden Aufgaben und jenen, die zur Kategorie der „nichtliterarischen Texte" gehören, kann wiederum der Zusammenhang dieser Konstrukte als Kriterium der Dimensionalität herangezogen werden. Aufgrund der Unterschiedlichkeit der Anforderungen von Aufgaben, die sich auf kontinuierliche bzw. nichtkontinuierlich geschriebene Texte beziehen (siehe auch Kirsch u.a., 2002), und der Tatsache, dass es sich bei den literarischen Texten durchgängig um kontinuierlich geschriebene Texte handelt, werden die Aufgaben zu nichtkontinuierlich geschriebenen Texten als eigene Dimension behandelt. Eine Konfundierung zwischen nichtliterarischen (kontinuierlichen) und nichtkontinuierlichen Texten kann damit ausgeschlossen werden. Bis auf die gering vertretene Anforderung des „Informationen-Ermittelns" bei literarischen Texten sind die drei Anforderungen bei kontinuierlich und nichtkontinuierlich geschriebenen Texten der Konzeption nach gleich häufig vertreten (vgl. OECD, 1999). Wie aus Abbildung 7.4 deutlich wird, liegt die Korrelation zwischen den Schülerleistungen bei literarischen Texten und den beiden anderen Dimensionen verhältnismäßig niedrig.

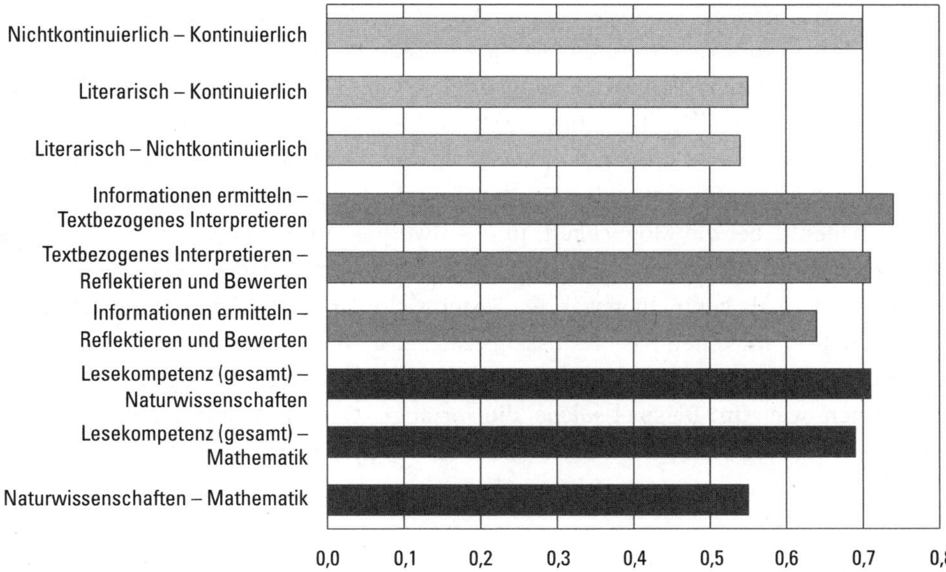

Abbildung 7.5 Interkorrelationen (WLE) zwischen den Subskalen zur Lesekompetenz und den drei Kompetenzbereichen aus PISA

Die Korrelationen aus den verschiedenen Analysen auf Basis der deutschen Gesamtstichprobe der 15-Jährigen sind in Abbildung 7.5 noch einmal zusammen abgetragen. Der Vergleich macht deutlich, dass die Lesekompetenz bei literarischen Texten mit gutem Grund als separate Fähigkeit aufgefasst werden kann. Der Zusammenhang zwischen den Subskalen „literarische Texte" und „nichtkontinuierliche Texte" liegt numerisch – wenn auch nicht in jedem Fall signifikant – niedriger als die Interkorrelationen zwischen den drei in PISA untersuchten Kompetenzbereichen (Mathematik, Naturwissenschaften und Lesen). Dieser Befund bestätigt sich auch bei einer Dimensionsprüfung im internationalen Vergleich (vgl. Anmerkung 2). Keine der anderen Subskalen im Lesen weist ähnlich niedrige Zusammenhänge auf wie die Fähigkeit zum Umgang mit literarischen Texten. Gerade der Vergleich mit den Zusammenhängen zwischen den drei in PISA untersuchten Hauptkompetenzbereichen (diese sind in Abb. 7.5 dunkelgrau dargestellt) macht deutlich, dass der kompetente Umgang mit literarischen Texten als ein separater Teilaspekt der Lesekompetenz verstanden werden sollte, und dass diese Unterscheidung – mehr noch als die nach den Teilanforderungen „Informationen ermitteln", „textbezogenes Interpretieren" und „Reflektieren und Bewerten" im Lesen – aufschlussreich für die Analyse von Leistungsprofilen im Ländervergleich sein kann (siehe unten).

Die hier vorgestellten Dimensionsanalysen des PISA-Lesetests sollten vor folgendem Hintergrund betrachtet werden: Der PISA-Lesetest ist explizit sehr breit angelegt. Eine Vielzahl von Leseanlässen, Textsorten und Anforderungen aus für Jugendliche lebenspraktisch relevanten Zusammenhängen wird berücksichtigt, um das abzubilden, was als

Reading Literacy bzw. als kompetenter, reflektierter und auf Verstehen orientierter Umgang mit Texten verstanden wird. Trotz dieser Breite ist der Test nicht in der Lage, alle potenziell relevanten Teilkompetenzen beim Lesen und Textverstehen abzubilden. Im Vergleich zum nationalen Ergänzungstest zu PISA 2000 (vgl. Artelt u.a., 2001, 2002; Schaffner & Schiefele, in diesem Band) wird der Schwerpunkt im internationalen Test zum Beispiel auf den verstehenden Umgang mit Texten gelegt. Die Schülerinnen und Schüler haben dabei die Möglichkeit, ihre Antworten auf die Fragen durch erneutes Nachschauen im Text zu erarbeiten und müssen entsprechend weniger gedächtnisbasiert vorgehen als bei nicht gewährter Texteinsicht. Die hier vorgestellte Unterscheidung nach Teilfähigkeiten basiert ausschließlich auf den im internationalen Test enthaltenen Texten und Aufgaben und den darin enthaltenen Anforderungen. Andere Anforderungen, wie zum Beispiel solche, die vorrangig Gedächtnisleistungen erfordern, können im Rahmen dieses Tests daher nicht ohne weiteres unterschieden werden[3].

7.2 Das Abschneiden der Staaten und Länder bei literarischen Texten

7.2.1 Leistungen bei literarischen, nichtliterarischen und nichtkontinuierlichen Texten im internationalen Vergleich

Bisher wurde überprüft, inwiefern der PISA-Lesetest in unterschiedliche Teilkompetenzen unterteilt werden kann. Die Analysen legen nahe, dass vor allem eine Unterscheidung nach (1) der Kompetenz im Umgang mit literarischen Texten, (2) der Kompetenz im Umgang mit sonstigen kontinuierlich geschriebenen Texten und (3) der Kompetenz im Umgang mit nichtkontinuierlichen Texten sinnvoll erscheint und für weitere Analysen aufschlussreich sein kann. Einen weiteren Hinweis auf die Gültigkeit der Unterscheidung bietet die Analyse differenzieller Länderleistungen. Führt die Unterscheidung nach dem Textgenre dazu, dass besondere Stärken oder Schwächen in einzelnen Ländern deutlich werden? Lässt sich für Deutschland aufgrund der Ausrichtung des Deutschunterrichts vermuten, dass hier besonders gute Leistungen zu verzeichnen sind?

Für die Analyse der mittleren Leistungsergebnisse auf den drei Subskalen („literarische Texte", „kontinuierliche Texte" und „nichtkontinuierliche Texte") wurden die Daten der 15-jährigen Schülerinnen und Schüler für die drei Teildimensionen sowohl für den internationalen Datensatz als auch für die nationalen Daten der Bundesländererweiterung neu berechnet. Tabelle 7.1 verdeutlicht das Abschneiden einer Auswahl von PISA-Teilnehmerstaaten in Abhängigkeit von der jeweiligen Teilkompetenz im Lesen. Unterschiede in den Mittelwerten der Länder in Abhängigkeit von der Teilskala zeigen sich vor allem zwischen der Lesekompetenz bei literarischen Texten im Vergleich zu den beiden anderen Teilskalen. Letztere weisen jeweils ähnliche Ländermittelwerte auf.

Ein direkter Vergleich der Mittelwerte der OECD-Länder macht deutlich, dass die Schülerleistungen bei literarischen Texten insgesamt niedriger liegen als auf den anderen Teilskalen bzw. im Vergleich zum Mittelwert (500) auf der Gesamtskala im Lesen

Literarische Texte			Kontinuierliche Texte			Nichtkontinuierliche Texte		
Länder	M	SE[1]	Länder	M	SE[1]	Länder	M	SE[1]
Finnland	540	2,6	Finnland	558	3,2	Finnland	558	2,6
Kanada	529	1,9	Kanada	537	1,9	Neuseeland	545	3,0
Korea	526	3,1	Korea	534	2,7	Australien	545	3,6
Irland	521	3,8	Australien	533	3,9	Kanada	540	1,9
Neuseeland	520	3,2	Japan	531	5,6	Irland	537	3,9
Norwegen	518	3,7	Neuseeland	531	3,5	Verein. Königreich	537	2,5
Verein. Königreich	516	3,0	Irland	528	3,9	Schweden	529	2,9
Australien	513	4,0	Schweden	524	2,5	Korea	525	2,9
Schweden	511	2,7	Verein. Königreich	519	3,0	Belgien[2]	525	3,5
Island	509	2,5	Belgien[2]	517	3,6	Japan	522	5,7
Österreich	509	3,2	Island	515	2,0	Norwegen	520	3,5
Japan	505	4,3	Österrreich	513	3,2	Frankreich	518	3,1
Ungarn[2]	505	4,2	Norwegen	507	3,5	Island	515	2,5
Tschech. Republik[2]	502	2,6	Vereinigte Staaten	507	7,1	Dänemark	512	3,0
OECD-Durchschnitt	**499**	**0,8**	**OECD-Durchschnitt**	**506**	**0,7**	Vereinigte Staaten	510	6,8
Belgien[2]	497	3,6	Frankreich	502	3,4	**OECD-Durchschnitt**	**508**	**0,8**
Vereinigte Staaten	497	7,6	Schweiz	502	4,8	Tschech. Republik[2]	507	2,9
Portugal	496	4,9	Dänemark	501	3,2	Österreich	505	2,8
Russ. Föderation	492	4,2	**Deutschland[2]**	**499**	**3,0**	**Deutschland[2]**	**500**	**2,7**
Spanien	488	3,4	Italien	495	3,3	Spanien	498	3,4
Deutschland[2]	**485**	**3,6**	Tschech. Republik[2]	495	3,0	Schweiz	497	4,7
Griechenland	485	5,0	Spanien	494	2,8	Ungarn[2]	490	4,7
Dänemark	483	3,0	Ungarn[2]	487	4,4	Italien	486	3,5
Frankreich	483	3,4	Griechenland	482	6,3	Portugal	466	5,1
Italien	477	3,2	Portugal	472	4,8	Russ. Föderation	458	4,7
Schweiz	475	4,4	Lettland	463	5,6	Griechenland	458	5,4
Lettland	472	5,5	Russ. Föderation	461	4,6	Lettland	456	5,4
Luxemburg	445	3,0	Luxemburg	443	2,3	Luxemburg	447	2,3
Mexiko	435	3,5	Mexiko	427	3,8	Mexiko	406	4,3
Brasilien	416	3,5	Brasilien	396	3,5	Brasilien	369	4,0

1 Der Bereich von ±2 SE um den Mittelwert wird als Vertrauensintervall bezeichnet. Als Faustregel gilt: Bei sich überlappenden Vertrauensintervallen zwischen den betrachteten Mittelwerten können die Unterschiede auch auf Zufallsschwankungen zurückgeführt werden. Nur bei nicht überlappenden Vertrauensintervallen sind die Mittelwertunterschiede aussagekräftig (signifikant).

2 Ohne Berücksichtigung von Sonderschülerinnen und -schülern.

Grau hinterlegt: Nicht vom OECD-Durchschnitt verschieden.

Tabelle 7.1 Mittelwerte (M) und Standardfehler (SE) für die Leistungen in den drei Teilskalen „literarische Texte", „kontinuierliche Texte" und „nichtkontinuierliche Texte" für eine Auswahl von PISA-2000-Staaten (vgl. Artelt u.a., 2001). Unter anderem in Deutschland[4] liegen die Mittelwerte aus Tabelle 7.1 jedoch vergleichsweise zu hoch. Da für die Berechnungen hier die Sonderschülerinnen und -schüler (in Deutschland allein rund 4 % der Alterskohorte) ausgeschlossen werden mussten, liegen die für Deutschland dargestellten Mittelwerte ungefähr 10 Punkte auf der internationalen Skala (vgl. Baumert, Artelt, Carstensen u.a., 2002) zu hoch. Durch diesen Umstand „steigt" Deutschland auf einen international höheren Rangplatz. Die in Tabelle 7.1 berichteten Mittelwertunterschiede können jedoch unter Berücksichtigung dieses „Vorteils" der gesondert gekennzeichneten Länder interpretiert werden.

Im direkten Vergleich der OECD-Mittelwerte in den drei berichteten Teilskalen erweisen sich die nichtkontinuierlichen Texte insgesamt als am leichtesten. Zwischen den Skalen kontinuierliche Texte und nichtkontinuierliche Texte besteht dabei kein signifikanter Unterschied in den OECD-Mittelwerten. Der generell niedrigere Mittelwert bei den Leistungen im Umgang mit literarischen Texten zeigt sich auch im direkten Vergleich der Leistungen bei literarischen und kontinuierlichen Texten.

In insgesamt elf Ländern findet sich ein signifikant niedrigeres Abschneiden der 15-Jährigen bei den Aufgaben zu literarischen Texten im Vergleich zu den jeweiligen Schülerleistungen bei sonstigen kontinuierlich geschriebenen Texten. Zu diesen Ländern mit einer relativen Schwäche bei literarischen Texten zählen neben Deutschland die Länder Kanada, Schweden, Australien, Japan, Belgien, Dänemark, Frankreich, Italien, Schweiz und Finnland. In weiteren 14 Ländern ist kein Unterschied in den Schülerleistungen bei literarischen und kontinuierlichen Texten nachweisbar.

Ein deutlich anderes und dem allgemeinen Trend entgegenlaufendes Bild zeigt sich hingegen in der Russischen Föderation, in Brasilien, Portugal und Ungarn. In diesen vier Ländern weisen Schülerinnen und Schüler gerade bei literarischen Texten im Vergleich zu den übrigen kontinuierlich geschriebenen Texten die besseren Leistungen auf. In Portugal, Brasilien und der Russischen Förderation lässt sich der relative Vorteil bei literarischen Texten auch im Vergleich zum mittleren Abschneiden im hier nicht gesondert dargestellten Gesamttest Lesen[5] nachweisen. Zusätzlich zu diesen drei Ländern finden sich auch in Norwegen signifikant bessere Leistungen bei literarischen Texten im Vergleich zum Gesamttest Lesen. In Frankreich, Dänemark, der Schweiz, Belgien und Australien hingegen schneiden die Schülerinnen und Schüler bei literarischen Texten signifikant schlechter ab als im Gesamttest Lesen.

Deutschland zählt zu den 19 Ländern, in denen es keinen signifikanten Unterschied zwischen den mittleren Schülerleistungen im Gesamttest Lesen und der mittleren Leistung bei literarischen Texten gibt. Die Schülerleistungen bei literarischen Texten liegen jedoch signifikant unterhalb der Schülerleistungen bei kontinuierlichen und bei nichtkontinuierlichen Texten (vgl. Tab. 7.1). Ein Vorteil bei literarischen Texten lässt sich also nicht nachweisen, die Leistungen bei dieser Art von Texten liegen sogar deutlich unter denen der anderen Teilskalen im Lesen. Eine gegebenenfalls vorhandene Schwerpunktsetzung im Deutschunterricht, die sich auf den Umgang mit literarischen Texten bezieht, schlägt sich also nicht in entsprechenden Leistungen nieder[6]. Das vergleichsweise schlechte Abschneiden deutscher Schülerinnen und Schüler bei literarischen Texten bietet Anlass, über die Angemessenheit der Vermittlung von literarischen Inhalten im Deutschunterricht nachzudenken.

Lesekompetenz bei literarischen Texten – Ein Privileg der Mädchen?

Bereits im ersten Ergebnisbericht zu PISA 2000 (vgl. Stanat & Kunter, 2001) wurde deutlich, dass sich hinsichtlich ihrer Leseleistungen in fast allen Ländern Vorteile zu Gunsten der Mädchen ergeben. Dieser Vorteil ist bei kontinuierlich geschriebenen Texten deutlich stärker ausgeprägt als bei nichtkontinuierlich geschriebenen Texten. Die weiterführende Differenzierung nach dem Inhalt der Texte erlaubt es zu prüfen, bei welchen speziellen Anforderungen Mädchen besondere Vorteile haben. Anders formuliert: Ist der Leistungsvorsprung vorrangig auf das Format der Texte (kontinuierlich vs. nichtkontinuierlich geschriebene Texte) zurückzuführen, oder ist dieser Vorteil vor allem auf den Inhalt (Erzählungen) zurückführbar (siehe auch Stanat & Kunter, 2001)? Wäre Letzteres der Fall, sollten Mädchen besonders große Leistungsvorteile bei literarischen Texten aufweisen, während ihr Vorsprung bei den sonstigen kontinuierlich geschriebenen Texten deutlich geringer sein sollte. Wie aus Abbildung 7.6 deutlich wird, führt die Unterscheidung nach literarischen und sonstigen kontinuierlichen Texten zu einem differenzierten Bild bezüglich der Leistungen von Jungen und Mädchen. Abgetragen ist jeweils die Effektstärke des Unterschieds zwischen den Leistungen von Jungen und Mädchen auf den beiden Teilskalen. Da in allen Ländern und auf allen Skalen Mädchen jeweils höhere Werte erzielen, sind die Werte alle nach rechts abgetragen.

Die Länder in Abbildung 7.6 sind nach der Größe des jeweils bestehenden Leistungsvorteils der Mädchen bei literarischen Texten angeordnet. Der Leistungsvorteil wird hier als standardisierte Mittelwertdifferenz, das heißt als Effektstärke[7] angegeben. Mit einer Effektstärke von d = .5 in Finnland, was hier einem Mittelwertunterschied von 62 Punkten auf der internationalen Metrik und damit knapp der Breite einer Kompetenzstufe entspricht, weisen die finnischen Mädchen gegenüber ihren Mitschülern die größten Leistungsvorteile auf (vgl. Abb. 7.6). Dieser Vorteil zeigt sich bei literarischen Texten, bei anderen kontinuierlich geschriebenen Texten sind die Unterschiede etwas geringer (d = .45). Ein relativ kleiner Leistungsvorteil der Mädchen, sowohl bei literarischen als auch bei anderen kontinuierlich geschriebenen Texten (d = .16 bzw. .20), zeigt sich in Brasilien. In Deutschland beläuft sich der Leistungsvorteil von Mädchen auf d = .26 bei literarischen und d = .29 bei anderen kontinuierlichen Texten. Der Vorteil der Mädchen ist also auf beiden Teilskalen deutlich sichtbar. Vergleicht man die über alle Länder gemittelten Effektstärken (.30 bei literarischen Texten, .28 bei nichtliterarischen Texten), so zeigt sich, dass der Unterschied bei literarischen Texten zu Gunsten der Mädchen nicht deutlich stärker ausgeprägt ist. Dies gilt auch für die Ergebnisse in Deutschland. Zwar finden sich generell und unabhängig von der Teilskala bessere Leistungen von Mädchen, dieser Vorteil ist jedoch bei literarischen Texten nicht am deutlichsten ausgeprägt. Als Ausnahmen von diesem Trend sind Korea, die Schweiz, die Tschechische Republik sowie Dänemark und Neuseeland zu nennen. In diesen Staaten ist der Leis-

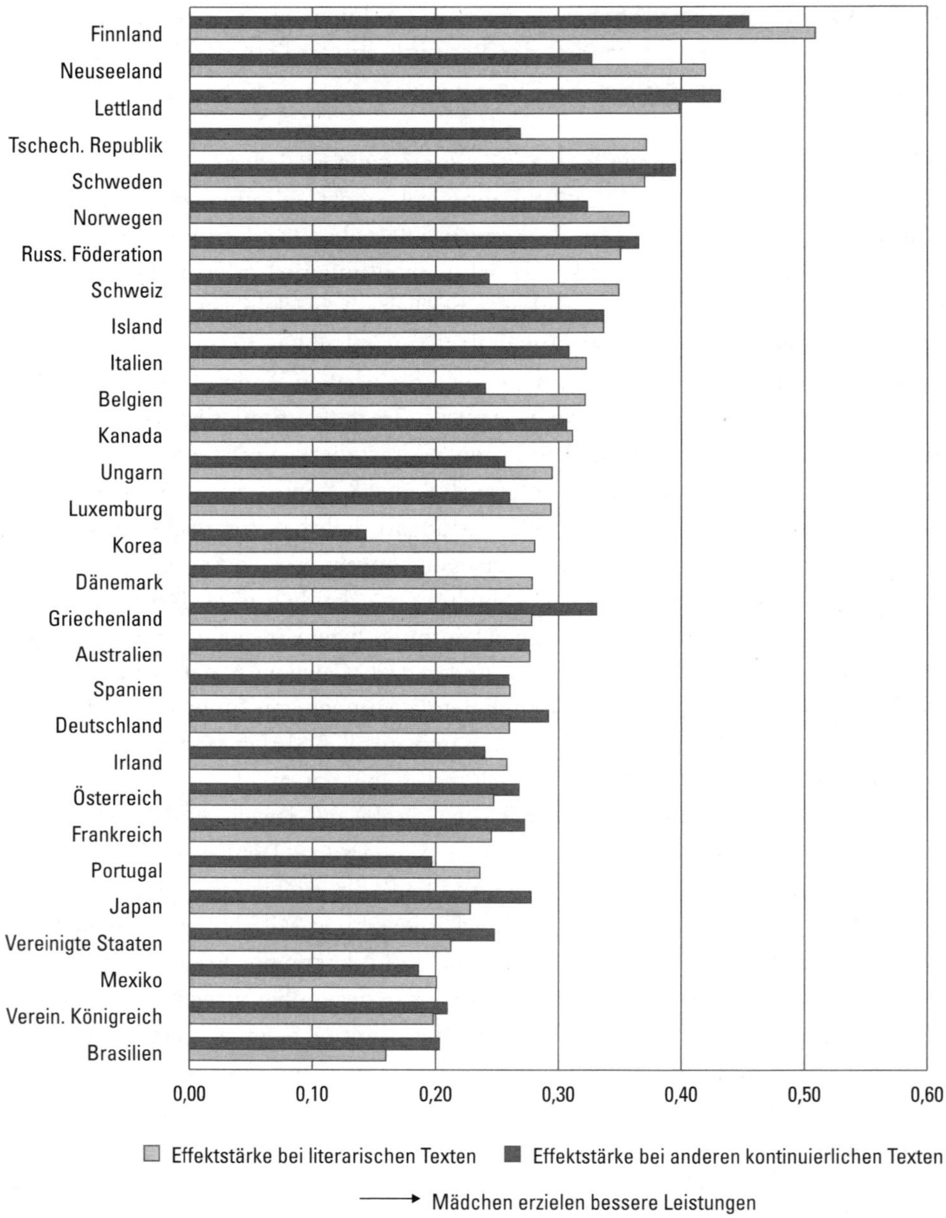

Abbildung 7.6 Geschlechterunterschiede: Vorteil von Mädchen bei literarischen und kontinuierlich geschriebenen Texten

tungsvorteil der Mädchen bei literarischen Texten deutlich stärker ausgeprägt als bei kontinuierlichen Texten.

Während sich bei nichtkontinuierlichen Texten eine deutliche Verringerung des allgemeinen Leistungsvorteils der Mädchen im Lesen zeigt – die mittleren Effektstärken des Geschlechterunterschieds liegen hier lediglich bei d = .14 –, kann für den Umgang mit literarischen Texten kein besonderer, das heißt über den allgemeinen Leistungsvorsprung im Lesen von kontinuierlich geschriebenen Texten hinausgehender Vorteil der Mädchen nachgewiesen werden. Ihre generell besseren Leistungen im Lesen bei fortlaufend geschriebenen Texten finden sich in etwa derselben Größenordnung auch bei literarischen Texten. Der im PISA-Test gemessene kompetente Umgang mit literarischen Texten – von einigen Ausnahmen im internationalen Vergleich abgesehen – ist also keine nachweisliche Domäne von Mädchen, und die spezifische inhaltliche Ausrichtung der Texte (literarisches Genre) scheint nicht der eigentliche Grund für den deutlichen Leistungsvorteil der Mädchen gegenüber den Jungen im Lesen zu sein.

7.2.2 Leistungen bei literarischen, kontinuierlichen und nichtkontinuierlichen Texten im nationalen Vergleich

Die Stichprobe des Bundesländervergleichs ermöglicht eine differenzierte Betrachtung der mittleren Länderleistungen für die beschriebenen Teilkompetenzen im Lesen. Nachfolgend soll also der Frage nachgegangen werden, ob es in den Ländern der Bundesrepublik besondere Leseprofile bei literarischen im Vergleich zu sonstigen kontinuierlichen und nichtkontinuierlichen Texten gibt. Hierzu sind in Tabelle 7.2 die Mittelwerte für die drei Teilskalen pro Land aufgelistet. Die dort berichteten Werte beruhen auf der Gesamtstichprobe des Ländervergleichs und nicht, wie in Tabelle 7.1, lediglich auf der vom Umfang her geringeren deutschen Stichprobe des internationalen Vergleichs. Die leichten Abweichungen in den deutschen Mittelwerten sind daher unter anderem auf diesen Unterschied in der Stichprobengröße zurückzuführen[8]. Wie auch schon beim internationalen Vergleich wurden bei der Berechnung der Ländermittelwerte grundsätzlich nur diejenigen Schülerinnen und Schüler beachtet, denen die Aufgaben der Teildimensionen auch vorlagen. Dies führte zu einem generellen Ausschluss der Sonderschülerinnen und -schüler, die keine literarischen Texte bearbeitet haben. Bei der Interpretation der Länderleistungen im Vergleich zu bereits publizierten Befunden der 15-Jährigen (vgl. Artelt, Schneider, & Schiefele, 2002) ist die damit verbundene Überschätzung der Leistungen der Gesamtpopulation der 15-Jährigen (etwa 10 Punkte im Bundesdurchschnitt auf der Gesamtskala Lesen) zu beachten.

Die Profile in den Länderleistungen auf diesen drei Subskalen sind in Abbildung 7.7 noch einmal separat dargestellt. Als generelles Bild lässt sich in allen Ländern der Bundesrepublik das durchgängig niedrigere Abschneiden bei den Aufgaben zu literarischen Texten feststellen. Innerhalb der Länder liegen die Leistungen auf dieser Teilskala durchgängig am niedrigsten. Allerdings verdeutlichen die ebenfalls in Abbil-

Literarische Texte[1]			Kontinuierliche Texte[1]			Nichtkontinuierliche Texte[1]		
Länder	M	SE	Länder	M	SE	Länder	M	SE
Bayern	520	4,4	Bayern	521	3,6	Bayern	521	2,4
Baden-Württemberg	506	4,1	Baden-Württemberg	512	5,8	Baden-Wüttemberg	516	3,7
Sachsen	492	6,2	Sachsen	501	3,8	Sachsen	509	3,6
Rheinland-Pfalz	490	5,8	**Deutschland**	**497**	**1,2**	Thüringen	499	3,4
Deutschland	**489**	**1,3**	Thüringen	497	3,8	**Deutschland**	**498**	**0,9**
Nordrhein-Westfalen	485	3,2	Nordrhein-Westfalen	496	2,9	Rheinland-Pfalz	497	7,2
Schleswig-Holstein	484	3,3	Rheinland-Pfalz	495	7,4	Saarland	493	2,9
Saarland	482	2,8	Saarland	494	2,4	Schleswig-Holstein	492	2,1
Thüringen	481	6,1	Schleswig-Holstein	487	2,2	Niedersachsen	491	4,6
Hessen	481	5,7	Niedersachsen	485	6,1	Nordrhein-Westfalen	490	2,8
Niedersachsen	480	5,6	Hessen	484	7,6	Hessen	486	5,7
Mecklenburg-Vorp.	470	5,4	Mecklenburg-Vorp.	480	4,5	Mecklenburg-Vorp.	481	4,3
Sachsen-Anhalt	464	3,5	Brandenburg	473	3,1	Sachsen-Anhalt	475	3,7
Brandenburg	455	4,8	Sachsen-Anhalt	467	4,7	Brandenburg	473	3,5
Bremen	450	4,6	Bremen	462	4,6	Bremen	458	3,9

[1] Ohne Sonderschülerinnen und -schüler.

Grau hinterlegt: Nicht vom Mittelwert Deutschlands verschieden.

Tabelle 7.2 Mittelwerte (M) und Standardfehler (SE) für die Leistungen in den drei Teilskalen „literarische Texte", „kontinuierliche Texte" und „nichtkontinuierliche Texte" für die Länder der Bundesrepublik Deutschland

dung 7.7 abgetragenen Vertrauensintervalle um den Mittelwert (±2 SE), dass die Unterschiede in der Regel nicht statistisch signifikant sind. Lediglich in Brandenburg und dem Saarland zeigen sich signifikant niedrigere Leistungen bei literarischen im Vergleich zu den Leistungen bei sonstigen kontinuierlich geschriebenen Texten.

Als weiterer, fast in allen Ländern zu beobachtender Trend wird deutlich, dass die Schülerleistungen bei nichtkontinuierlichen Texten in der Regel am höchsten ausgeprägt sind. Für Deutschland insgesamt liegen sowohl die Leistungen bei nichtkontinuierlich als auch bei kontinuierlich geschriebenen Texten signifikant höher als bei literarischen Texten (vgl. Tab. 7.2). Auf der Länderebene lassen sich die entsprechenden Unterschiede jedoch nur in Brandenburg und zum Teil auch im Saarland zufallskritisch absichern.

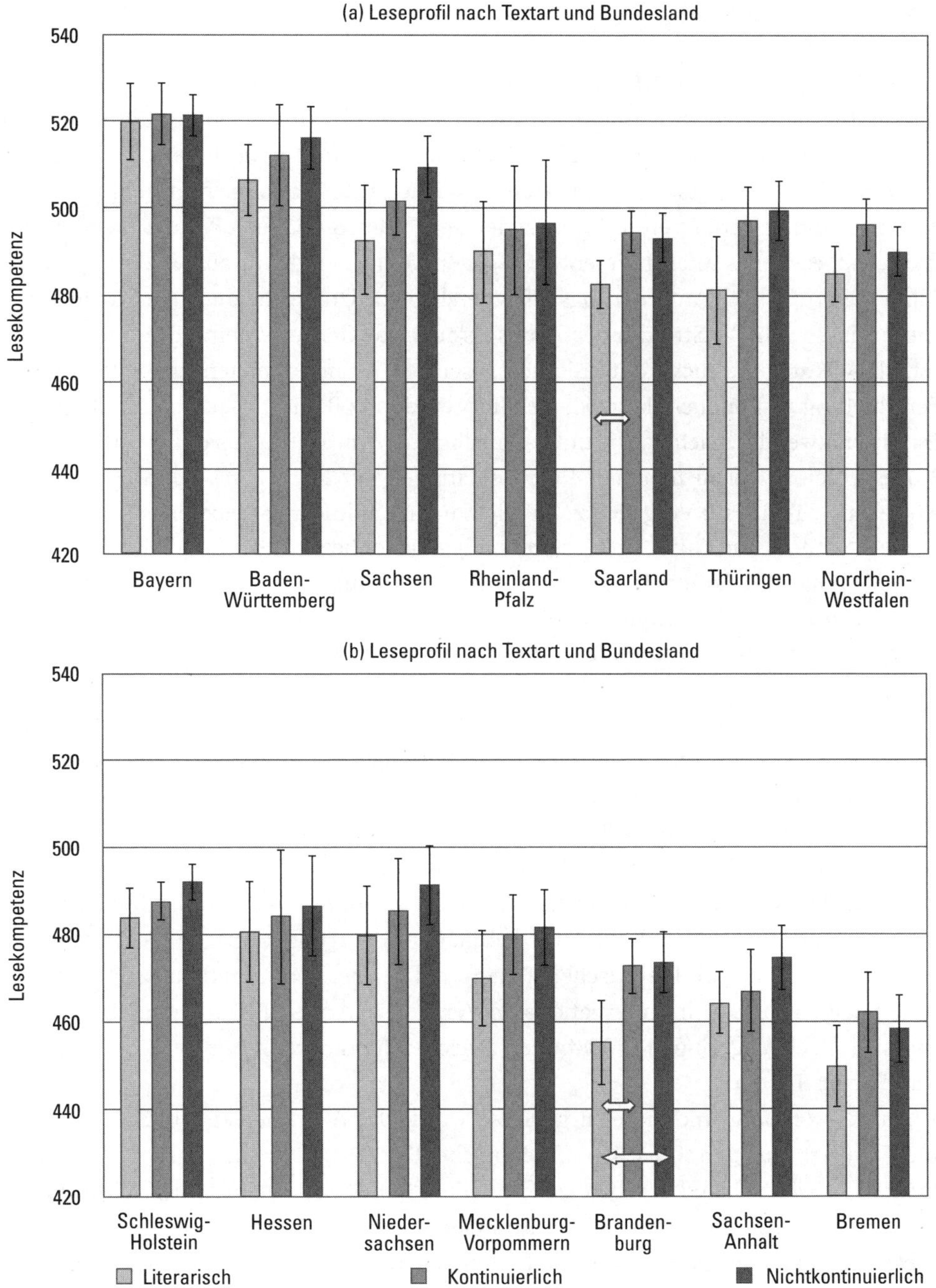

Fehlerindikator = ± 2 Standardfehler; Pfeile kennzeichnen signifikante Unterschiede; geordnet nach mittlerem Abschneiden im Gesamttest Lesen.

Abbildung 7.7a–b Mittelwerte und Standardfehler für die Leistungen in den drei Teilskalen „literarische Texte", „kontinuierliche Texte" und „nichtkontinuierliche Texte" für die Länder der Bundesrepublik Deutschland

7.3 Fazit

Bei der Konstruktion des PISA-2000-Lesetests war unter anderem die Idee handlungsleitend, für die Berichterstattung nach verschiedenen Teilfähigkeiten unterscheiden zu können. Von den ursprünglich fünf verschiedenen Anforderungsbereichen im Lesen zeigte sich für die Unterschiedlichkeit der Bereiche „ Informationen ermitteln“ und „Reflektieren und Bewerten“ empirische Evidenz (siehe auch Adams & Wu,, 2002), die Subskala „textbezogenes Interpretieren“ ist dagegen weniger eindeutig abgrenzbar. Quer zur Differenzierung nach Anforderungsbereichen liegt die Unterscheidung nach Textsorten. Hierbei ist sowohl die Struktur des Textes als auch das Genre gemeint. Rund 30 Prozent der PISA-Texte sind nichtkontinuierlich geschrieben und enthalten Elemente, die die Verarbeitung von bildlich dargebotener Information (z.B. ein Schaubild, ein Baumdiagramm) notwendig machen. Die unterschiedlichen, zum Teil auch parallel verlaufenden Prozesse beim Aufbau mentaler Repräsentationen auf Basis eines kontinuierlich geschriebenen Textes im Vergleich zu bildlich und nicht linear dargebotener Information sind bei Schnotz und Dutke (in diesem Band) genauer beschrieben. Auch für die Unterscheidung nach Teilkompetenzen bei kontinuierlich und nichtkontinuierlich dargebotenen Texten zeigt sich empirische Evidenz, die durch die differenziellen Befunde der Leistungen von Jungen und Mädchen noch unterstützt wird (siehe auch Stanat & Kunter, 2001).

Nimmt man die Höhe der Zusammenhänge zwischen den in PISA untersuchten Kompetenzbereichen mathematische Grundbildung, naturwissenschaftliche Grundbildung und Lesekompetenz (Gesamtscore) als Vergleichskriterium, ist vor allem *eine* Differenzierung innerhalb des PISA-Lesetests von weit reichender Bedeutung: Der kompetente Umgang mit literarischen Texten scheint andere Lese- und Verstehensanforderungen zu beinhalten als der Umgang mit anderen kontinuierlich und nichtkontinuierlich geschriebenen Texten. Die relativ deutliche Abgrenzung zwischen der Teilkompetenz beim Umgang mit literarischen Texten und der bei kontinuierlich geschriebenen Texten zeigt sich auch im internationalen Vergleich. In allen PISA-Teilnehmerstaaten finden sich relativ geringe Korrelationen zwischen literarischen und kontinuierlich geschriebenen Texten.

Vor dem Hintergrund dieser Ergebnisse wurde das Abschneiden von Schülerinnen und Schülern auf den Teilskalen „literarische Texte“ und „kontinuierlicheTexte“ betrachtet. In Deutschland ergeben sich vor allem Schwächen beim Umgang mit literarischen Texten. Neben Deutschland schneiden auch die Länder Kanada, Schweden, Australien, Japan, Belgien, Dänemark, Frankreich, Italien, Schweiz und Finnland bei literarischen im Vergleich zu sonstigen kontinuierlich geschriebenen Texten schlechter ab. In Portugal, Brasilien, der Russischen Föderation und Ungarn weisen die Schüler hingegen gerade bei literarischen Texten bessere Leistungen auf.

Die Vermutung, dass es sich beim Umgang mit literarischen Texten – im Vergleich zu anderen fortlaufend geschriebenen Texten – um ein ausgesprochenes Privileg der Mädchen handelt, ließ sich nicht bestätigen. Der generelle Vorteil von Mädchen zeigt sich zwar auch hier, er ist jedoch in der Regel nicht stärker ausgeprägt als bei anderen kontinuierlich geschriebenen Texten.

Die Unterscheidung nach Teilkompetenzen im Lesen geht von der Annahme aus, dass die Prozesse der erfolgreichen Aufgabenbearbeitung unterschiedlich sind, was sich empirisch darin abbildet, dass Erfolg bei einer Teilanforderung nicht notwendigerweise mit Erfolg in einem anderen Bereich einhergeht. Der Umgang mit literarischen Texten definiert sich in erster Linie über die Textsorte. Als bedeutende Strukturmerkmale literarischer Texte beschreibt Link (1996, zit. nach Eggert, 2002, S. 187) Autofunktionalität, Verfremdung, Vorherrschen der Konnotation und der Symbolik, womit die Pragmatik der Alltagssprache überschritten und spezifische Anforderungen an den Leser gestellt werden (siehe auch Kintsch, 2000).

Die inhaltlichen Anforderungen beim Lesen und Verstehen von literarischen Texten lassen sich deutlich von denen unterscheiden, die beim Lesen anderer kontinuierlich und nichtkontinuierlich geschriebener Texten von Bedeutung sind. Wie aber bereits das Adjektiv „anderen“ bzw. „sonstigen“ anzeigt, handelt es sich bei den anderen Texten, die als kontinuierlich geschriebene Texte beschrieben wurden, um inhaltlich weniger klar bestimmbare Anforderungen. Sie lassen sich besser in Abgrenzung zu den Anforderungen bei nichtkontinuierlich geschriebenen Texten und bei den literarischen Texten beschreiben, denn als spezifische Anforderungen dieser Textsorte.

Literarische Texte stellen in PISA einen Teilbereich dar. Sie wurden aufgenommen, um die Fülle möglicher Texte und Leseanlässe abzubilden. Trotz dieser relativ geringen Abdeckung literarischer Texte lässt sich die Lesekompetenz bei literarischen Texten deutlich von anderen Teilkompetenzen im Lesen unterscheiden. Weitere Forschung ist notwendig, um zu einem differenzierteren Verständnis dieser Teilkompetenz zu gelangen und das Wissen über die spezifischen Verstehensanforderungen für die Förderung dieser Kompetenz nutzbar zu machen.

Anmerkungen

1 Nicht alle Aufgaben, die sich auf einen als Erzählung klassifizierten Text beziehen, sind ihrer Anforderung nach ausschließlich hierauf bezogen. Deutlich wird dies am Beispiel des Amanda-Textes (veröffentlicht unter <www.mpib-berlin.mpg.de/pisa/beispielaufgaben.html>). Hier zählen die Aufgaben, die sich auf die Definitionen zu den verschiedenen Berufen am Theater beziehen, nicht zu der Kategorie „Erzählung“, wohingegen die Aufgaben, in denen es um die Handlung bzw. die Handlungsabsichten der Akteure des Dramas geht, der Kategorie „Erzählung“ angehören.

2 Die in Abbildung 7.4 dargestellten Korrelationen basieren wie alle weiteren dargestellten Korrelationen auch auf der deutschen Stichprobe der Bundesländererweiterung. Die Korrelationen dieser drei Dimensionen wurden für jeden der 32 an PISA teilnehmenden Staaten auch noch einmal separat berechnet. Dabei zeigte sich generell die niedrigste Korrelation zwischen literarischen versus nichtliterarischen Texten.

Auch der Zusammenhang zwischen nichtliterarischen kontinuierlichen und nicht-kontinuierlichen Texten ist im internationalen Vergleich am engsten.

3 Der nationale Test, bei dem der Einblick in die zu Grunde liegenden Texte bei der Bearbeitung der Aufgaben nicht gewährt wurde, wurde allerdings nur einer Substichprobe vorgegeben, sodass keine Ergebnisse im Ländervergleich berichtet werden können. Die Dimensionsanalysen machen jedoch deutlich, dass primär gedächtnisbasierte Kompetenzen beim Lesen (nationaler Test) von verstehensbasierten Kompetenzen (internationaler Test) zu unterscheiden sind (vgl. Artelt, Schiefele, & Schneider, 2001; Artelt u.a., 2001).

4 Auch für Belgien, die Tschechische Republik und Ungarn wurden Sonderschülerinnen und -schüler aufgrund des speziell für diese Schülergruppen konzipierten Testheftes, das keine Aufgaben zu literarischen Texten enthielt, ausgeschlossen. Die berichteten Mittelwerte liegen also in Ländern mit *special education*-Schulen höher, als dies bei gleichzeitiger Berücksichtigung der Leistungen der Sonderschülerinnen und -schüler zu erwarten gewesen wäre.

5 Für die Länder mit ausgeschlossenen Sonderschülerinnen und -schülern (Belgien, Deutschland, Tschechische Republik und Ungarn) wurden die ebenfalls ohne Sonderschülerinnen und -schüler berechneten Mittelwerte auf der Gesamtskala Lesen für den Vergleich verwendet.

6 Es sei hier jedoch angemerkt, dass die „unterstellte" Schwerpunktsetzung nicht auf einer ländervergleichenden Analyse der Curricula, sondern primär auf der von Deutschdidaktikern vorgebrachten Kritik an der inhaltlichen Ausrichtung des PISA-Tests basiert.

7 Die Effektstärke gibt die Differenz im Verhältnis zur Standardabweichung an. Eine Effektstärke von 1 bedeutet, dass die Unterschiede zwischen Jungen und Mädchen so groß sind wie die Standardabweichung der Gesamtstichprobe.

8 Zusätzlich beruhen die für die Länder der Bundesrepublik Deutschland berechneten Werte auf einer Skalierung mit *plausible values*, die Ergebnisse des internationalen Vergleichs hingegen aufgrund des nicht verfügbaren Hintergrundmodells auf *Maximum-Likelihood Estimates* (MLE). Eine vollkommene Übereinstimmung der deutschen Werte ist aufgrund der unterschiedlichen Schätzalgorithmen und des unterschiedlichen Stichprobenumfangs nicht zu erwarten.

Anhang

Beispiele für einen Erzähltext und entsprechende Aufgaben zur Messung der Lesekompetenz bei literarischen Texten

Quelle: *Das Geschenk* (The Gift) von Louis Dollarhide aus der von Dorothy Abbott herausgegebenen Sammlung *Mississippi Writers: Reflections of Childhood and Youth* (1985).

DAS GESCHENK

Wie viele Tage, fragte sie sich, hatte sie wohl so dagesessen und dem kalten braunen Wasser zugesehen, das das Ufer Zentimeter um Zentimeter verschlang. Sie konnte sich nur schwach an den Beginn des Regens erinnern, der durch den Sumpf vom Süden her kam und gegen die Außenschale ihres Hauses peitschte. Dann begann der Fluss selbst langsam zu steigen, stoppte endlich, nur um noch stärker anzusteigen. Stunde um Stunde füllte er Buchten und Gräben und ergoss sich in tiefer gelegene Stellen. In der Nacht, während sie schlief, bemächtigte er sich der Straße und umzingelte sie, so dass sie allein dasaß: Ihr Boot war verschwunden, das Haus lag wie ein Stück Treibholz auf dem Steilufer. Jetzt leckten die Wassermassen bereits an den geteerten Planken der Stützpfeiler. Und noch immer stiegen sie.

So weit sie blicken konnte, bis zu den Baumkronen, wo das andere Ufer gewesen war, war der Sumpf nur noch eine leere, regenverschleierte See, in deren Weite sich der Fluss irgendwo verlor. Ihr Haus war mit seinem schiffsähnlichen Unterbau eigens gebaut worden, um einer solchen Flut standzuhalten, falls je eine käme, doch jetzt war es alt. Vielleicht waren die unteren Planken teilweise vermodert. Möglicherweise würde das Tau, mit dem das Haus an der großen immergrünen Eiche festgemacht war, reißen und sie stromabwärts schießen lassen, wohin bereits ihr Boot verschwunden war.

Niemand konnte jetzt noch kommen. Sie könnte schreien, aber es wäre sinnlos, niemand würde sie hören. In der Weite des Sumpfes kämpften andere um das wenige, was zu retten war, vielleicht sogar um ihr Leben. Sie hatte ein ganzes Haus vorbeitreiben sehen, so still, dass sie an eine Begräbnisfeier erinnert wurde. Als sie es sah, glaubte sie zu wissen, wessen Haus es war. Es war schmerzlich, es treiben zu sehen, doch seine Besitzer hatten sich wohl an einen höher gelegenen Ort gerettet. Später, als der Regen und die Dunkelheit stärker wurden, hatte sie flussaufwärts einen Panter brüllen gehört.

Plötzlich schien das Haus um sie herum wie ein lebendiges Wesen zu erzittern. Sie griff nach einer Lampe, um sie aufzufangen, als sie von dem Tisch neben ihrem Bett glitt, und stellte sie zwischen ihre Füße, um sie aufrecht zu halten. Dann, knarrend und ächzend vor Anstrengung, kämpfte sich das Haus vom Lehm frei, bewegte sich schwimmend, tanzte wie ein Korken auf und ab und wurde langsam von der Strömung des Flusses erfasst. Sie klammerte sich an die Bettkante. Hin und her schwankend bewegte sich das Haus bis zur vollen Länge seiner Vertäuung. Es gab einen Ruck, dann einen Klagelaut des alten Holzes und schließlich ein Innehalten. Langsam gab die Strömung es frei und ließ es zurückschaukeln und über seinen alten Ruheplatz schleifen. Sie hielt den Atem an und saß lange Zeit still und fühlte die langsamen, pendelartigen Schwingungen. Die Dunkelheit durchdrang den unaufhörlichen Regen, und mit dem Kopf auf dem Arm und sich an der Bettkante festhaltend, schlief sie ein.

Irgendwann in der Nacht weckte sie der Schrei, ein Laut so qualvoll, dass sie auf den Beinen war, noch bevor sie wach war. In der Dunkelheit stolperte sie gegen das Bett. Er kam von dort draußen, vom Fluss. Sie konnte hören, wie sich etwas bewegte, etwas Großes, das ein kratzendes, streichendes Geräusch machte. Vielleicht war es ein anderes Haus. Dann stieß es an, nicht frontal, sondern längsseits streifend und gleitend. Es war ein Baum. Sie lauschte, wie die Äste und Blätter freikamen und weiter stromabwärts trieben, so dass nur noch der Regen und das Schwappen der Flut zurückblieben, ein so beständiges Geräusch, dass es Teil der Stille zu sein schien. Zusammengekauert auf dem Bett war sie fast wieder eingeschlafen, als ein weiterer Schrei ertönte, diesmal so nah, dass es im Zimmer hätte sein können. Sie starrte in die Dunkelheit und bewegte sich vorsichtig auf ihrem Bett nach hinten, bis ihre Hand die kalte Form des Gewehres ergriff. Sie kauerte auf dem Kissen und hielt das Gewehr auf ihren Knien. „Wer ist da?" rief sie.

Die Antwort war ein neuerlicher Schrei, doch dieses Mal weniger gellend, eher müde klingend, dann brach wieder leere Stille herein. Sie wich auf dem Bett weiter zurück. Was immer dort war, sie konnte hören, wie es sich auf der Veranda bewegte. Planken knarrten, und sie konnte Geräusche von umfallenden Gegenständen ausmachen. Da war ein Kratzen an der Wand, als ob es sich hereinscharren wollte. Jetzt wusste sie, was es war, eine große Katze, die der entwurzelte Baum, der vorbeigetrieben war, hier abgesetzt hatte. Sie war mit der Flut gekommen – ein Geschenk.

Unbewusst presste sie ihre Hand an das Gesicht und an ihren zugeschnürten Hals. Das Gewehr schaukelte auf ihren Knien. Sie hatte noch nie in ihrem Leben einen Panter gesehen. Man hatte ihr von Pantern erzählt, und sie hatte ihre klagenden Schreie in der Ferne gehört. Die Katze kratzte wieder an der Wand und rüttelte am Fenster neben der Tür. Solange sie das Fenster bewachte und die Katze zwischen Wand und Wasser eingeschlossen war, wie in einem Käfig, brauchte sie sich keine Sorgen zu machen. Draußen verharrte das Tier, um dann mit seinen Krallen über das verrostete Fliegengitter zu kratzen. Ab und zu wimmerte und knurrte es.

Als endlich das Licht durchdrang, gefiltert durch den Regen wie eine andere Art Dunkelheit, saß sie noch immer steif und durchfroren auf dem Bett. Ihre Arme, die an das Rudern auf dem Fluss gewöhnt waren, schmerzten vom bewegungslosen Festhalten des Gewehres. Aus Angst, irgendein Laut könnte der Katze Kraft verleihen, hatte sie sich kaum zu rühren gewagt. Starr dasitzend, schwankte sie mit den Bewegungen des Hauses. Es regnete noch immer, als wollte es nie aufhören. Durch das graue Licht konnte sie schließlich die von Regentropfen gezeichnete Flut und in weiter Ferne die nebelhafte Form überfluteter Baumkronen erkennen. Die Katze bewegte sich jetzt nicht. Vielleicht war sie gar nicht mehr da. Sie legte das Gewehr beiseite, glitt vom Bett und bewegte sich lautlos zum Fenster. Die Katze war noch immer dort, lag zusammengekauert am Rand der Veranda und starrte zur Eiche hinauf, an der das Haus vertäut war, als ob sie ihre Chancen abwägen wollte, auf einen herabhängenden Ast zu springen. Sie wirkte nun nicht mehr so angsteinflößend, da sie zu erkennen war mit ihrem rauhen, stachelig verklebten Fell, ihren eingefallenen Flanken und den hervortretenden Rippen. Sie wäre leicht zu erschießen, wie sie dort saß mit ihrem langen Schwanz, der hin und her wedelte. Die Frau wollte gerade zurückgehen, um das Gewehr zu holen, als die Katze sich umwandte. Ohne Warnung, ohne sich zu ducken oder die Muskeln anzuspannen, sprang sie gegen das Fenster und zerschmetterte eine Scheibe. Die Frau schreckte zurück, unterdrückte einen Schrei, nahm das Gewehr auf und feuerte durch das Fenster. Sie konnte den Panter jetzt nicht sehen, aber sie hatte ihn verfehlt. Er begann wieder umherzulaufen. Sie konnte seinen Kopf und die Rundung seines Rückens erkennen, wenn er am Fenster vorbeikam.

Zitternd zog sie sich auf das Bett zurück und legte sich hin. Das stetige einschläfernde Geräusch des Flusses und des Regens, die durchdringende Kälte ließen ihre Entschlossenheit schwinden. Sie beobachtete das Fenster und hielt das Gewehr bereit. Nach langem Warten bewegte sie sich wieder, um nachzusehen. Der Panter war eingeschlafen, mit dem Kopf auf den Tatzen, wie eine Hauskatze. Zum ersten Mal seit der Regen begonnen hatte, wollte sie weinen, um sich selbst, um all die Menschen, um alles, was in der Flut versunken war. Sie ließ sich auf das Bett gleiten und zog die Decke um ihre Schultern. Sie hätte weggehen sollen, als sie noch konnte, als die Straßen noch offen waren oder bevor ihr Boot fortgeschwemmt wurde. Während sie sich so mit dem Schaukeln des Hauses hin und her wiegte, erinnerte sie ein stechender Schmerz in ihrem Magen daran, dass sie nichts gegessen hatte. Sie wusste nicht, wie lange schon. Sie war genauso ausgehungert wie die Katze. Sie bewegte sich vorsichtig in die Küche und machte mit den übrig gebliebenen Holzscheiten Feuer. Wenn die Flut anhielt, würde sie den Stuhl und vielleicht sogar den Tisch verbrennen müssen. Sie nahm den Rest eines geräucherten Schinkens von der Decke, schnitt dicke Scheiben von dem rötlich-braunen Fleisch ab und legte sie in eine Bratpfanne. Der Geruch des gebratenen Fleisches machte sie benommen. Es waren noch trockene Brötchen da vom letzten Mal, als sie gekocht hatte, und sie konnte sich Kaffee machen. Wasser gab es ja reichlich.

Während sie ihr Essen zubereitete, vergaß sie die Katze beinahe, bis diese wimmerte. Sie war ebenfalls hungrig. „Lass mich essen," rief die Frau, „und dann kümmere ich mich um *dich*". Und sie lachte leise. Als sie den Rest des Schinkens wieder an den Nagel hängte, gab die Katze ein tiefes, kehliges Knurren von sich, das ihre Hand erzittern ließ.

Nachdem sie gegessen hatte, ging sie wieder zum Bett und nahm das Gewehr in die Hand. Das Haus war mittlerweile so hoch gestiegen, dass es nicht mehr über das Steilufer schrammte, wenn es vom Fluss weg trieb. Vom Essen war ihr warm geworden. Sie könnte die Katze loswerden, solange noch etwas Licht durch den Regen kam. Sie kroch langsam zum Fenster. Die Katze war noch dort, miaute und begann, auf der Veranda umherzulaufen. Die Frau starrte sie lange Zeit furchtlos an. Dann, ohne zu überlegen, was sie da tat, legte sie das Gewehr beiseite und ging um die Bettkante herum zur Küche. Hinter ihr bewegte sich die Katze gereizt auf und ab. Sie nahm den restlichen Schinken herunter, bewegte sich über den schwankenden Boden zurück zum Fenster und schob das Fleisch durch die zerbrochene Scheibe. Auf der anderen Seite ertönte ein hungriges Knurren, und eine Art Schockwelle übertrug sich von dem Tier auf sie. Verblüfft über ihr Tun, zog sie sich zum Bett zurück. Sie konnte hören, wie der Panter das Fleisch zerriss. Das Haus schaukelte um sie herum.

Als sie das nächste Mal erwachte, wusste sie sofort, dass alles anders war. Der Regen hatte aufgehört. Sie versuchte, die Bewegung des Hauses zu spüren, aber es schwankte nicht mehr auf der Flut. Als sie die Tür aufzog, sah sie durch das zerfetzte Fliegengitter eine veränderte Welt. Das Haus ruhte auf dem Steilufer, auf dem es immer gestanden hatte. Unter ihr toste der Fluss noch immer als reißender Strom, aber er bedeckte nicht mehr die wenigen Meter zwischen dem Haus und der Eiche. Die Katze war verschwunden. Von der Veranda zu der Eiche und zweifellos in den Sumpf hinein führten Spuren, undeutlich und bereits im weichen Schlamm verschwindend. Und dort auf der Veranda lag, weißgenagt, was von dem Schinken übrig war.

Beziehe dich auf die Erzählung „Das Geschenk" auf den vorigen drei Seiten, um die folgenden Fragen zu beantworten. (Beachte dabei, dass am Rand des Textes Zeilennummern angegeben sind, die dir helfen sollen, die Textstellen zu finden, auf die sich die Fragen beziehen.)

R119Q07: GESCHENK

Hier einige frühe Hinweise auf den Panter in der Erzählung:

> „... weckte sie der Schrei, ein Laut so qualvoll ..." (Zeile 37)
> „Die Antwort war ein neuerlicher Schrei, doch dieses Mal weniger gellend, eher müde klingend, ..." (Zeilen 50–51)
> „... sie hatte ihre klagenden Schreie in der Ferne gehört." (Zeilen 59–60)

Wenn du bedenkst, wie die Geschichte weitergeht, weshalb hat deiner Meinung nach der Autor diese Beschreibungen zur Einführung des Panters gewählt?

GESCHENK BEWERTUNG: vgl. Kodieranweisung unter
www.mpib-berlin.mpg.de/pisa/beispielaufgaben.html

R119Q08: GESCHENK

Was war wohl laut Erzählung der Grund dafür, dass die Frau den Panter gefüttert hat?

....

....

....

....

GESCHENK BEWERTUNG: vgl. Kodieranweisung unter
www.mpib-berlin.mpg.de/pisa/beispielaufgaben.html

R119Q04: GESCHENK

Wenn die Frau sagt, „... dann kümmere ich mich um dich" (Zeilen 106–107), meint sie, dass sie:

A sicher ist, dass die Katze sie nicht angreift.
B versucht, die Katze zu erschrecken.
C vorhat, die Katze zu erschießen.
D die Katze füttern will.

GESCHENK BEWERTUNG: Antwort C ist korrekt

R119Q05: GESCHENK
Findest du, dass der letzte Satz der Erzählung „Das Geschenk“ ein passendes Ende ist?

Erkläre deine Antwort und mache dabei deutlich, wie nach deinem Verständnis der letzte Satz mit dem Sinn der Geschichte zusammenhängt.

....

....

....

....

GESCHENK BEWERTUNG: vgl. Kodieranweisung unter www.mpib-berlin.mpg.de/pisa/beispielaufgaben.html

Ellen Schaffner, Ulrich Schiefele und Wolfgang Schneider

8 Ein erweitertes Verständnis der Lesekompetenz: Die Ergebnisse des nationalen Ergänzungstests

8.1 Ziele des nationalen Ergänzungstests

Im Rahmen der internationalen PISA-2000-Erhebungen wurde eine Reihe von nationalen Zusatzerhebungen durchgeführt, die vor allem dazu dienten, vernachlässigte Bereiche ausführlicher zu erfassen. In Bezug auf den internationalen PISA-Test zur Erfassung der Lesekompetenz hatte der nationale Ergänzungstest die Funktion einer komplementären Erweiterung. Bei der Entwicklung des Ergänzungstests gingen wir prinzipiell davon aus, dass im internationalen Testteil eine sinnvolle und differenzierte Konzeption zum Einsatz kam. Unsere Überlegungen gingen deshalb dahin, den internationalen Test um neue Aspekte zu ergänzen, insbesondere um solche, die den Schwerpunkt der kognitionspsychologischen und pädagogisch-psychologischen Forschung zum Lernen aus Texten bilden.

Im internationalen Test der Lesekompetenz steht das *Verstehen* von Texten im Vordergrund, und es ist daher durchaus folgerichtig, dass die Schülerinnen und Schüler darin enthaltene Verstehensfragen unter Zuhilfenahme der offen vor ihnen liegenden Texte beantworteten. Würden sie die Fragen ohne Texteinsicht beantworten, so würden mit den Fragen nicht nur Verstehens-, sondern auch Lern- oder Gedächtnisleistungen gemessen. Die Fragen müssten dann anhand der mentalen Repräsentation des Textes beantwortet werden. Während in der Vergangenheit Leseverständnis- bzw. Lesekompetenztests meist als reine Verstehenstests entwickelt worden sind, untersuchten die pädagogisch-psychologische und die kognitionspsychologische Forschung die kognitive Verarbeitung und das Verstehen von Texten in der Regel in Situationen, in denen die Probanden während der Testphase nicht die Möglichkeit hatten, auf den Text zu rekurrieren. In diesen Studien sind Verstehens- und Gedächtnisfaktoren folglich konfundiert. Ein wesentlicher Grund für dieses unterschiedliche Vorgehen liegt vor allem darin, dass kognitionspsychologische Theorien davon ausgehen, dass während des Lesens eine multidimensionale Repräsentation der Textinhalte aufgebaut wird (vgl. Schnotz & Dutke, in diesem Band). Diese Repräsentation kann nur dann sinnvoll geprüft werden, wenn der Leser den Text in der Testphase nicht mehr einsehen kann, um eventuelle Lücken in seiner Repräsentation ad hoc zu schließen (Kintsch, 1998). Ein weiterer Grund dafür, dass die kognitive bzw. pädagogisch-psychologische Forschung die kognitive Verarbeitung von Texten nicht (wie im internationalen PISA-Test geschehen) in der Auseinandersetzung mit direkt einsehbaren Texten prüft, liegt wohl in der großen praktischen Relevanz des Lernens aus Texten. Im Alltag werden Texte häufig mit dem Ziel einer dauerhaften Informationsentnahme verarbeitet. Ohne die Fähigkeit, Textinhalte im Gedächtnis so zu speichern, dass sie zu einem späteren Zeitpunkt wiedergegeben oder zur Beantwortung spezifischer Fragen genutzt werden können, ist eine erfolgreiche Ausbildung in Schule, Betrieb und Studium kaum denkbar. Folglich ist es von großem Interesse, Theorien des Lernens von Textmaterial zu entwickeln und empirisch zu prüfen.

Diese Ausführungen machen deutlich, dass zwei sich stark überlappende Formen der Lesekompetenz zu unterscheiden sind: einmal das Verstehen von Texten (ohne die Notwendigkeit, sich etwas merken zu müssen) und zum anderen das Lernen aus Texten. Letzteres setzt ein Verstehen des Textes in gewissem Umfang voraus. Die grundlegendere Form der Lesekompetenz ist sicherlich das Verstehen. Sie reicht für viele Texte und Gebrauchskontexte vollkommen aus. Ein typisches Beispiel aus dem Alltag wäre das Verstehen und Anwenden einer Montageanleitung, deren Inhalt zu einem späteren Zeitpunkt in der Regel nicht mehr abrufbar sein muss. Lernen aus Texten wird immer dann notwendig, wenn das in den Texten enthaltene Wissen künftig angewendet werden muss, auch wenn die Textquellen nicht mehr zur Verfügung stehen. Dies gilt natürlich ganz besonders in schulischen und außerschulischen Ausbildungssituationen. Dabei kommt es darauf an, Texte so zu verarbeiten und zu repräsentieren, dass eine optimale Verwendung des erworbenen Wissens in späteren Situationen möglich ist. Theoretisch ist zu erwarten, dass beide Formen der Lesekompetenz sehr eng zusammenhängen, sodass ein Schüler, der eine hohe Verstehenskompetenz aufweist, mit hoher Wahrscheinlichkeit auch in einem Test zum Textlernen gut abschneiden wird. Gleichwohl gingen wir davon aus, dass Verstehens- und Lernfähigkeit nicht deckungsgleich sind, sondern auch abweichen können. Beispielsweise ist zu vermuten, dass eine Person, die in einem Verstehenstest sehr gut abschneidet, in einem Lerntest relativ zu anderen Personen mit gleich hoher Verstehenskompetenz schlechter abschneiden kann (siehe Artelt, Schiefele, & Schneider, 2001).

Eine Ergänzung zum internationalen PISA-Test stellt der nationale Lesetest auch insofern dar, als in ihm zusätzlich einige Variablen erfasst wurden (insbesondere textspezifisches Vorwissen und thematisches Interesse), die als wichtige proximale Bedingungen des Textverstehens angesehen werden und somit Leistungsunterschiede zwischen den Schülerinnen und Schülern erklären können (vgl. Schiefele, 1996a). Erwähnenswert ist in diesem Zusammenhang auch, dass wir einen Lesegeschwindigkeitstest einsetzten, der eine grobe Einschätzung grundlegender Lesefertigkeiten (Dekodiergeschwindigkeit bzw. -fähigkeit) erlaubt. Sollte sich zeigen, dass die im nationalen Lesetest erfassten Bedingungsvariablen mit den erfassten Leistungsunterschieden im textbezogenen Lernen und Verstehen substanziell kovariieren, hätte man zumindest Hinweise auf einige Möglichkeiten positiver Leistungsbeeinflussung gewonnen.

8.2 Theoretische Grundlagen des nationalen Ergänzungstests

8.2.1 Die Theorie der Textverarbeitung und -repräsentation von Kintsch

Dem Lernen aus Texten liegt der Aufbau einer kognitiven Textrepräsentation zu Grunde. Entsprechend stützen sich unsere Auffassung vom Textlernen und die daraus abgeleiteten Operationalisierungen auf einen theoretischen Ansatz, der die kognitive Repräsentation von Texten zum Gegenstand hat. Besonders geeignet erschien uns die – teilweise in Zusammenarbeit mit van Dijk entstandene – Theorie von Kintsch, da sie die kognitive Repräsentation von Texten sowohl aus einer Struktur- als auch aus einer Prozessperspektive beschreibt (Kintsch, 1988, 1998; Kintsch & van Dijk, 1978). Die Theorie unterscheidet verschiedene Ebenen der kognitiven Textrepräsentation und gibt ein detailliertes Abbild der Prozesse, die dem Aufbau der verschiedenen Repräsentationsebenen zu Grunde liegen. Somit lassen sich aus der Erfassung der Repräsentationskomponenten Rückschlüsse auf Textverarbeitungsprozesse und mögliche Verarbeitungsdefizite ziehen.

Die Theorie von Kintsch unterscheidet drei verschiedene Komponenten der mentalen Textrepräsentation: die wörtliche, die propositionale und die situative (van Dijk & Kintsch, 1983; Kintsch, 1994). Die *wörtliche Repräsentation* bildet die Textoberfläche, das heißt den exakten Wortlaut eines Textes, ab. Sie ist das Resultat grundlegender Verarbeitungsschritte, wie zum Beispiel der Buchstaben- und Worterkennung. In der *propositionalen Repräsentation* ist die hinter der Textoberfläche stehende Textbedeutung enthalten. Ihre Entstehung setzt neben syntaktischen insbesondere semantische Verarbeitungsschritte voraus. Weitgehend gelöst von der Textoberfläche ist schließlich die *situative Repräsentation,* die als ein Abbild der im Text beschriebenen Sachverhalte und Ereignisse zu verstehen ist. Darin enthaltene Informationen können (dies unterscheidet die situative von den anderen Repräsentationskomponenten) prinzipiell auch aus anderen Quellen als dem vorliegenden Text gewonnen werden (vgl. Schnotz & Dutke, in diesem Band). Die Konstruktion einer situativen Textrepräsentation basiert auf der Integration von Textinhalt und Vorwissen des Lesers.

Die große Bedeutung der drei Komponenten liegt darin begründet, dass sie eine theoretisch fundierte Unterscheidung verschiedener Verstehenstiefen ermöglichen. Das Konzept der Verarbeitungs- oder Verstehenstiefe ist für die kognitive bzw. pädagogisch-psychologische Erforschung des Textlernens von großer Bedeutung, allerdings erfolgten darauf bezogene Operationalisierungen in vielen Fällen eher intuitiv (vgl. Schiefele, 1996a). Dieses Defizit versuchten wir im nationalen PISA-Ergänzungstest durch die Bezugnahme auf die Theorie von Kintsch zu überwinden.

In einer Vielzahl empirischer Studien konnte bestätigt werden, dass die verschiedenen Repräsentationsebenen eines Textes tatsächlich unterschiedlich tief gehende Verstehensleistungen indizieren (z.B. Perrig & Kintsch, 1985; Schmalhofer, Boschert, & Kühn, 1990). Beispielsweise haben Lernziele, die weniger tief gehendes Textverstehen erfordern (z.B. das Schreiben einer Textzusammenfassung), positive Effekte auf die propositionale

Textrepräsentation, wohingegen Lernziele, für die ein besonders tief gehendes Textverständnis notwendig ist (z.B. die Anwendung von Textinhalten), zu einer stärkeren Ausbildung situativer Textrepräsentationen führen (Schmalhofer & Glavanov, 1986).

8.2.2 Determinanten des Textlernens und Textverstehens

Die Forschung zum Textlernen hat eine Reihe von Merkmalen (z.B. Arbeitsgedächtniskapazität, Vorwissen, Interesse) identifiziert, die bedeutsame Einflussgrößen im Textverarbeitungsprozess darstellen. Viele dieser Merkmale sind jedoch experimentell nicht oder nur schwer manipulierbar. Ihre Auswirkungen auf das Textlernen werden daher vorwiegend im Rahmen korrelativer oder quasiexperimenteller Designs untersucht, die – wie auch die PISA-Studie – keine oder nur sehr eingeschränkte kausale Schlussfolgerungen zulassen. Wir betonen dies, weil wir im Folgenden – sowohl bei der Darstellung früherer Forschung als auch bei unseren eigenen Ergebnissen – auch *Einflüsse* bzw. *Effekte* von bestimmten Variablen auf das Verstehen und Lernen von Texten unterstellen. Dabei ist jedoch zu beachten, dass sich aus den vorliegenden Daten eine kausale Abhängigkeit nicht direkt ableiten lässt. Kausalitätsannahmen können gleichwohl aufgrund theoretischer Erwägungen und methodischer Verfahren (z.B. statistische Kontrolle alternativer Einflussvariablen) plausibler gemacht werden.

Kognitive und motivationale Determinanten

Ein wichtiges Ziel der Ergänzungsstudie zur Lesekompetenz bestand darin, möglichst viele Einflussfaktoren in die Untersuchung textspezifischer Lernleistungen einzubeziehen. Dies hat unter anderem den Vorteil, dass Abhängigkeiten zwischen verschiedenen Einflussfaktoren sichtbar werden und fundiertere Aussagen über die Wirksamkeit einzelner Faktoren relativ zu anderen getroffen werden können.

Die Auswahl der berücksichtigten Determinanten orientierte sich an den bisher vorliegenden pädagogisch-psychologischen Befunden zum Textlernen und Textverstehen (z.B. Alexander, Kulikowich, & Schulze, 1994; Kunz u.a., 1992; Schiefele, 1996a). Die einschlägige Literatur legt insbesondere die folgenden Einflussfaktoren nahe: kognitive Grundfähigkeit (Intelligenz), Vorwissen, metakognitives Strategiewissen, Dekodierfähigkeit, intrinsische Lesemotivation, Selbstkonzept, Interesse und Lernstrategienutzung.

Definitionen zur *kognitiven Grundfähigkeit* stimmen weitgehend darin überein, dass diese als eine Fähigkeit anzusehen ist, die beim Lösen eher unvertrauter Probleme zum Ausdruck kommt. Als solche setzt sie das Vermögen zum Wissenstransfer voraus (Klauer, 2001b) und sollte umso deutlicher in der Repräsentation eines Textes sichtbar werden, je weiter sich diese von der Textoberfläche entfernt. Aber auch für die textnahen Repräsentationskomponenten sollte die kognitive Grundfähigkeit zumindest indirekt von Bedeutung sein. Diese Annahme beruht auf Ergebnissen, die zum einen enge Zusammenhänge zwischen Intelligenz und Arbeitsgedächtniskapazität nachweisen (Kyllonen & Christal, 1990) und zum anderen die Bedeutung des Arbeitsgedächtnisses für den Aufbau der wörtlichen und propositionalen Textrepräsentation belegen (Kintsch, 1998).

Dem *Vorwissen* über das Thema eines Textes kommt insofern eine bedeutende Funktion im Verstehensprozess zu, als insbesondere tiefer gehende Lern- und Verstehensleistungen die Integration des Textes mit dem Leservorwissen voraussetzen (Kintsch, 1998; Schiefele, 1996a). Positive Effekte des Vorwissens können beispielsweise daraus resultieren, dass es das Erkennen von Zusammenhängen im Text erleichtert, die Inferenzbildung fördert, elaborative Prozesse anregt oder zur Klärung mehrdeutiger Textstellen beiträgt. Empirisch konnte die theoretische Bedeutung des Vorwissens für das Textverstehen wiederholt bestätigt werden (z.B. Alexander & Kulikowich, 1991; Schneider, Körkel, & Weinert, 1989). Je nach Art des Vorwissens können sich Vorwisseneffekte in der Textbasis oder im situativen Verständnis eines Textes manifestieren (vgl. Schnotz & Dutke, in diesem Band).

Neben dem inhaltlichen Vorwissen ist auch das *metakognitive Wissen* für Textlernleistungen von Bedeutung (Körkel & Schneider, 1991; van Kraayenoord & Schneider, 1999; Roeschl-Heils, Schneider, & van Kraayenoord, 2003). Zum metakognitiven Wissen zählt zum Beispiel das Wissen des Lerners über sein Gedächtnis und über den effektiven Einsatz von Lernstrategien (van Kraayenoord & Schneider, 1999). Derartige Kenntnisse ermöglichen es einem Lerner unter anderem, Verstehensdefizite im Umgang mit einem Text durch den Einsatz adäquater Strategien zu beheben und auf diese Art seine Verstehensleistung zu verbessern. Empirisch zeigt sich dies beispielsweise in dem Befund, dass gute von schlechten Lesern durch ihr höheres Metagedächtniswissen unterscheidbar sind (van Kraayenoord & Schneider, 1999; Roeschl-Heils, Schneider, & van Kraayenoord, 2003; Schneider & Pressley, 1997).

Die *intrinsische Lesemotivation* ist als eine habituelle (d.h. überdauernde bzw. wiederkehrende) Form der Motivation zu verstehen, die darin besteht, dass Individuen vor allem deshalb lesen, weil das Lesen für sie positive, in der Lesetätigkeit selbst liegende Anreize beinhaltet. Die intrinsische Lesemotivation wird verschiedentlich (so auch in der PISA-Studie) als „Leseinteresse“ oder „Leselust“ bezeichnet (zur Problematik dieser Begriffe siehe Möller & Schiefele, in diesem Band). Es ist zu vermuten, dass die *habituelle* intrinsische Lesemotivation das Auftreten *aktueller* intrinsischer Motivation in der Auseinandersetzung mit einem Text begünstigt und sich dadurch positiv insbesondere auf tiefer gehende Textlernleistungen auswirkt (z.B. Benware & Deci, 1984; Grolnick & Ryan, 1987).

Individuelles bzw. thematisches Interesse ist als relativ stabile Vorliebe einer Person für einen bestimmten Wissensbereich definiert (Krapp, 1992, 1999a, 1999b; Schiefele, 1996a). Ihm liegt die Verknüpfung eines Gegenstandsbereichs mit gefühls- und wertbezogenen Attributen zu Grunde (Schiefele, 1990b, 1996a). Diese Verknüpfungen werden als Valenzüberzeugungen bezeichnet und beruhen darauf, dass die Auseinandersetzung mit einem Gegenstand als angenehm oder stimulierend (gefühlsbezogene Valenzen) bzw. als persönlich bedeutsam oder identitätsbildend (wertbezogene Valenzen) erlebt wird. Zusammenhänge zwischen thematischen Interessen und textbezogenen Lernleistungen können empirisch als gut belegt gelten (Schiefele, 1996a, 1999; Schiefele & Krapp, 1996). Da Hinweise darauf vorliegen, dass Interesse mit dem erhöhten Gebrauch verstehensorientierter Lernstrategien einhergeht (Schiefele & Schreyer, 1994), sollten Interesseneffekte in tiefer gehenden Verstehensleistungen deutlicher sichtbar werden als in eher oberflächlichen.

Das *Selbstkonzept eigener Fähigkeit* umfasst die subjektiven Überzeugungen einer Person über ihre eigene Fähigkeit in verschiedenen Bereichen (z.B. Mathematik). Die Selbstkonzeptforschung weist darauf hin, dass die Differenzierung verschiedener bereichsspezifischer Selbstkonzepte (z.B. eines mathematischen und eines verbalen) sinnvoll ist, da diese erhebliche intraindividuelle Unterschiede aufweisen können (Marsh, 1990b). Für sprachliche Lernleistungen, wie dem Lernen aus Texten, ist insbesondere das verbale Selbstkonzept von Bedeutung (van Kraayenoord & Schneider, 1999; Lüdtke u.a., 2002). Allerdings richtet sich das verbale Selbstkonzept im Wesentlichen auf die selbst eingeschätzte Fähigkeit im muttersprachlichen Unterrichtsfach. Es ist daher zu fordern, in künftigen Studien auch ein direktes auf das Lesen bezogenes Selbstkonzept der eigenen Lesefähigkeit zu erfassen (vgl. Möller & Schiefele, in diesem Band).

Die *Dekodierfähigkeit* bildet die Effizienz von Worterkennungsprozessen ab und ist somit ein Indikator für die basale Lesefähigkeit einer Person (Juel, 1988). Für höher wertige Verstehensleistungen gewinnt die Dekodierfähigkeit aufgrund der Ressourcenbegrenzung des Arbeitsgedächtnisses an Bedeutung. Effiziente Dekodierer profitieren beim Lesen eines Textes somit davon, dass ihnen mehr Kapazitäten für Verarbeitungsprozesse zur Verfügung stehen, die über die bloße Dechiffrierung des Textes hinausgehen (Perfetti, 1985). Dies sollte sich auf das Textverständnis positiv auswirken. Empirische Studien konnten den postulierten Zusammenhang zwischen Dekodierfähigkeit und Lese- bzw. Verstehenskompetenzen bestätigen (Artelt u.a., 2001; Juel, 1988).

Lernstrategien bezeichnen jene kognitiven, metakognitiven und verhaltensbezogenen Lernaktivitäten, die mit der Absicht durchgeführt werden, ein bestimmtes Lernziel zu erreichen. Beim Lernen mit Texten spielen insbesondere kognitive und metakognitive Strategien eine Rolle (siehe Artelt, 2000; Schiefele, 1996a). Für tiefer gehende Verstehensleistungen wiederum haben Elaborations- und Kontrollstrategien besondere Relevanz. Elaborationsstrategien basieren darauf, dass Textinhalte mit bereits vorhandenem Wissen in Beziehung gebracht werden. Ihre Verwendung sollte sich auf tiefer gehende Verstehensleistungen positiv auswirken, sofern das aktivierte Vorwissen dem Verständnis im Text beschriebener Sachverhalte dienlich ist. Kontrollstrategien richten sich auf die kontinuierliche Überwachung von Verstehens- und Lernprozessen. Während Elaborationsstrategien der Gruppe kognitiver Lernstrategien angehören und somit aktiv in den Lernprozess eingreifen, lassen sich Kontrollstrategien der Gruppe metakognitiver Strategien zuordnen, zu denen neben der Überwachung auch die Planung und die Regulation (Maßnahmen bei Verstehensproblemen) zählen.

Merkmale des familiären Hintergrunds

Ein Befund, der nach der Veröffentlichung der PISA-Studie besondere Aufmerksamkeit erfahren hat, war die in Deutschland außergewöhnlich starke Abhängigkeit der Lesekompetenz (aber auch der anderen Kompetenzbereiche) von der sozialen Herkunft der

Schülerinnen und Schüler. Zwar ließen sich in allen PISA-Teilnehmerstaaten substanzielle positive Zusammenhänge zwischen der Lesekompetenz und der sozialen Schichtzugehörigkeit aufzeigen, in keinem anderen Land war der Zusammenhang jedoch so eng wie in Deutschland (Baumert & Schümer, 2001).

Wenngleich wir mit diesem Beitrag primär eine Klärung der psychologischen Bedingungsfaktoren des Textlernens anstreben, erschien es uns sinnvoll und informativ, bestimmte Aspekte der familiären Herkunft als potenzielle Bedingungsfaktoren des Textlernens in unsere Analysen einzubeziehen. Dieses Vorgehen soll beispielsweise Aufschluss darüber geben, in welchem Ausmaß die psychologischen Lernermerkmale, die für das Verstehen und Lernen der Texte bedeutsam sind, durch Aspekte des familiären Hintergrunds der Schülerinnen und Schüler beeinflusst werden.

Da wir das Zusammenwirken aller von uns postulierten Einflussfaktoren auf das Textlernen innerhalb eines Gesamtmodells untersuchen wollten, schien es ratsam, die Komplexität des Modells und der darauf bezogenen Analysen zu reduzieren und den familiären Hintergrund (bzw. die soziale Herkunft) der Schülerinnen und Schüler nur unter Berücksichtigung einiger zentraler Indikatoren einzubeziehen (vgl. Baumert & Schümer, 2001; Baumert, Watermann, & Schümer, 2003). Die Wahl fiel auf den *sozioökonomischen Status* und den *Bildungsabschluss* der Eltern sowie auf jeweils einen Indikator für das *soziale* und das *kulturelle Kapital* (bzw. der kulturellen Praxis) der Familie. Dabei stellen der sozioökonomische Status und der Bildungsabschluss (der eigentlich auch Teil des kulturellen Kapitals ist) *strukturelle* Merkmale der sozialen Herkunft dar, die vermittelt über *funktionale, prozesshafte* Merkmale (des sozialen und kulturellen Kapitals) auf die Kompetenzentwicklung einwirken (vgl. Baumert & Schümer, 2001; Baumert, Watermann, & Schümer, 2003).

Die Begriffe des kulturellen und sozialen Kapitals gehen unter anderem auf Bourdieu (1983) zurück. Sie bezeichnen „alle kulturellen und sozialen Ressourcen (...), die Handlungsmöglichkeiten von Personen erweitern und folglich auch deren sozioökonomische Stellung positiv beeinflussen können" (Baumert, Watermann, & Schümer, 2003, S. 53). *Kulturelles Kapital* besteht beispielsweise im Besitz von Kunstwerken, Literatur und Bildungszertifikaten, aber auch in gesellschaftlich akzeptierten Einstellungen, Denk- und Handlungsschemata. Unter anderem gehören zum kulturellen Kapital auch schulrelevante Kenntnisse und Interessen, die sich auf die schulischen Leistungen eines Kindes positiv auswirken können. In PISA wurden verschiedene Indikatoren des kulturellen Kapitals berücksichtigt, zum Beispiel der Besitz von Kulturgütern, die Häufigkeit kultureller Aktivitäten und die Bildungsaspirationen der Eltern für ihre Kinder. Im vorliegenden Kontext sind speziell solche Indikatoren interessant, die einen spezifischen Bezug zur Lesekompetenz aufweisen, wie zum Beispiel die Anzahl der Bücher in einer Familie. Das Vorhandensein von Büchern verweist auf literarische Interessen und Lesegewohnheiten der Eltern, die unter anderem die Häufigkeit des Lesens und die intrinsische Lesemotivation der Kinder positiv beeinflussen können. Beide Faktoren sollten sich langfristig positiv auf die Lese- und Textverstehensleistungen der Kinder auswirken. Daneben ist der Bücherbesitz jedoch – genau wie die anderen Indikatoren des kulturellen Kapitals – mit einer Reihe weiterer Einflussfaktoren (z.B. bestimmten Wertesystemen, Erziehungspraktiken und mit den kognitiven Fähigkeiten der Eltern) assoziiert, die für das kulturelle Kapital im weiteren Sinne kennzeichnend sind und die die Abhängigkeit der Leseleistung (der Kinder) vom Bücherbesitz ihrer Familien erklären können. Die Anzahl der Bücher in einer Familie hat sich bereits in früheren Studien als ein besonders starker Prädiktor für die Leseleistung der Kinder herausgestellt (Elley, 1992, 1994).

Soziales Kapital entsteht auf der Basis sozialer Beziehungen (z.B. in der Familie, in Vereinen oder in religiösen Gemeinschaften), in denen beispielsweise Informationen ausgetauscht, gesellschaftliche Regeln und Werte übermittelt und Normüberschreitungen sanktioniert werden. Nach Bourdieu (1983) ist soziales Kapital eine wichtige Bedingung dafür, dass Schulen erfolgreich arbeiten (und Schülerinnen und Schüler erfolgreich lernen) können. Schülerinnen und Schüler mit hohem sozialen Kapital sollten sich unter anderem dadurch auszeichnen, dass sie die Regeln in einer Schule akzeptieren, sich für den Unterrichtserfolg mitverantwortlich sehen und Lernen allgemein als etwas Sinnvolles betrachten. Daneben ist zu erwarten, dass ein Schüler mit hohem sozialen Kapital von seinen Eltern ein hohes Maß an Unterstützung (z.B. bei den Hausaufgaben) erhält, wodurch seine Leistungsentwicklung positiv beeinflusst wird. Neben anderen Indikatoren (z.B. akzeptierendes Familienklima, Kontakt der Eltern mit der Schule) wurde in PISA die Kommunikation der Eltern mit ihren Kinden (Kommunikationshäufigkeit und -inhalte) als Indikator für das soziale Kapital der Familien erfasst (siehe auch Baumert, Watermann, & Schümer, 2003).

Von besonderer Bedeutung für ein Verständnis der Zusammenhänge, die zwischen Merkmalen der sozialen Herkunft und den in PISA erfassten Kompetenzen bestehen, ist der vermittelnde Einfluss der besuchten *Schulformen*. Kinder aus sozial schwächeren Familien haben (bei vergleichbarem Leistungsstand) deutlich geringere Chancen, ein Gymnasium zu besuchen, als Kinder aus sozial besser gestellten Familien (Baumert & Schümer, 2001). Sie sind daher seltener einem günstigen schulischen Entwicklungsmilieu ausgesetzt, das ihre Leistungen optimal fördert. Als Folge davon verstärken sich Leistungsunterschiede zwischen Schülerinnen und Schülern aus unterschiedlichen Sozialschichten im Verlauf der Sekundarschulzeit (Baumert, Köller, & Schnabel, 2000).

Das Ausmaß, in dem die Schichtabhängigkeit der in PISA erfassten Kompetenzen auf Einflüsse schulformspezifischer Entwicklungsmilieus zurückzuführen ist, lässt sich auf Basis der querschnittlichen PISA-Daten nur unzureichend ermitteln. So haben die 15-Jährigen zum Zeitpunkt der Testung bereits seit mehreren Jahren eine weiterführende Schulform besucht, die ihre motivationale und kognitive Entwicklung sowie ihren aktuellen Leistungsstand beeinflusst hat. Ohne eine genaue Kenntnis darüber, inwiefern sich Kinder aus unterschiedlichen Schichten bereits vor Eintritt in die weiterführende Schule in leistungsrelevanten Merkmalen unterschieden haben, lässt sich das Ausmaß, in dem die Schulformen bestehende Leistungsunterschiede (bzw. Unterschiede in kognitiven und motivationalen Merkmalen) verstärkt haben, nicht hinreichend genau bestimmen. Zu diesem Zweck wären längsschnittliche Daten und Analysen erforderlich.

Die Variable Schulform kommt daher in unserem Gesamtmodell zur Bedingungsanalyse des Textlernens nicht vor (siehe Abschnitt 8.2.3). Wir führen allerdings zusätzliche schulformspezifische Tests dieses Modells durch, um die Effekte des familiären Hintergrunds, die wir in der Gesamtstichprobe erwarten, unabhängig von den Effekten der Schulformen bewerten zu können.

8.2.3 Ein Vorhersagemodell zum Lernen und Verstehen von Texten

Die verschiedenen Einflussfaktoren des Textlernens wirken sich nicht isoliert voneinander auf das Verstehen und Behalten von Textinhalten aus, sondern in einem komplexen Zusammenspiel. Dabei gehen wir weniger von Wechselwirkungen aus als vielmehr von indirekten Effekten. Das heißt, manche Faktoren, wie zum Beispiel der Bildungsabschluss der Eltern, sind bezogen auf die konkrete Textlernleistung relativ *distal* und entfalten ihre Wirkung nur vermittelt über die Beeinflussung von anderen Variablen (z.B. intrinsische Lesemotivation). Um das Zusammenwirken der relevanten Einflussfaktoren zu spezifizieren, gehen wir von dem in Abbildung 8.1 dargestellten Modell aus. Dieses Modell soll mithilfe der Daten der nationalen PISA-Ergänzungsstudie im Rahmen dieses Beitrags geprüft werden (siehe Abschnitt 8.4).

Das Modell in Abbildung 8.1 ist in stark vereinfachter Form dargestellt, das heißt, es sind aus Gründen einer besseren Übersicht nicht alle theoretisch erwartbaren Zusammenhänge und Einflüsse berücksichtigt. Zudem enthält das Modell nur diejenigen Variablen, die in der PISA-Studie auch tatsächlich erhoben worden sind. Daraus folgt, dass das Modell nicht den Anspruch auf Generalität erhebt. Vielmehr ist beabsichtigt, die Zusammenhänge und Einflussrichtungen der in der PISA-Studie erfassten Variablen theoretisch angemessen zu konzipieren. Die mögliche Abweichung zu einem generalisierbaren Modell des Textlernens und -verstehens wird sowohl bei den Merkmalen des familiären Hintergrunds (hier beschränken wir uns auf eine Auswahl der in PISA erfassten Indikatoren) als auch bei den einbezogenen Prozessvariablen evident. Während in der Literatur (vgl. Schiefele, 1996a; Schnotz & Dutke, in diesem Band) eine Fülle von Prozessvariablen (z.B. diverse Lesestrategien, Inferenzprozesse, Aktivierungsniveau) diskutiert und untersucht wird, hat man sich in PISA auf zwei vermutliche Kernvariablen (Elaborations- und Kontrollstrategien) beschränkt.

In dem Modell werden vier Variablengruppen unterschieden, die sich hinsichtlich ihrer Nähe zu dem vorherzusagenden Kriterium (Textlernleistung) unterscheiden. Am weitesten entfernt erscheinen zunächst die Variablen des familiären Hintergrunds. Zwischen diesen Hintergrundmerkmalen sind interdependente (gerichtete und ungerichtete) Beziehungen wahrscheinlich. Insbesondere gehen wir in Übereinstimmung mit Baumert, Watermann und Schümer (2003) davon aus, dass die strukturellen Merkmale des familiären Hintergrunds (sozioökonomischer Status und Bildungsabschluss der Eltern) sich vermittelt über funktionale Aspekte des sozialen und kulturellen Kapitals (hier: Kommunikationshäufigkeit und Bücherbesitz in der Familie) auf andere Variablen auswirken.

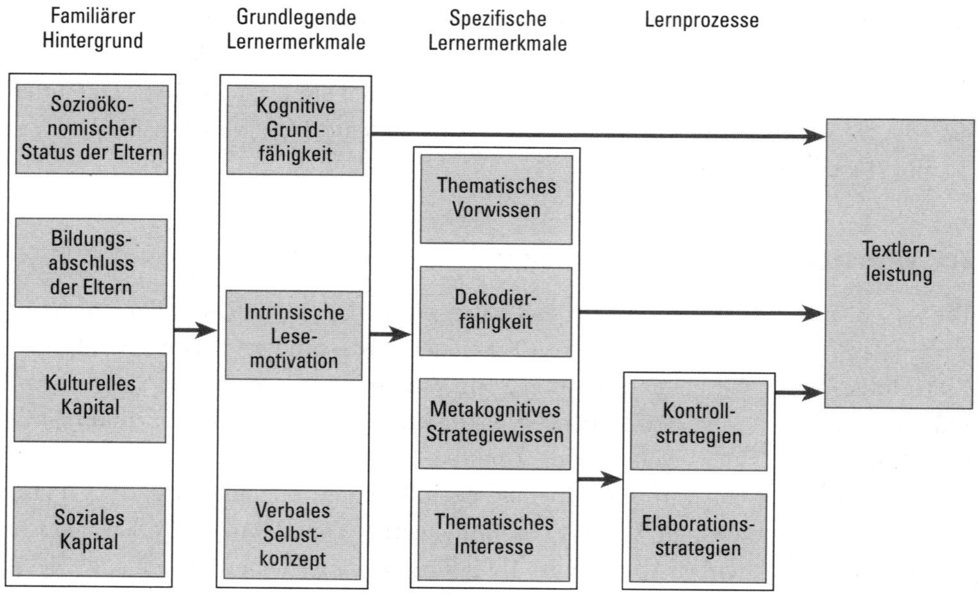

Abbildung 8.1 Vorhersagemodell der Textlernleistung (vereinfachte Darstellung)

In einem nächsten Schritt vermuten wir, dass der familiäre Hintergrund grundlegende kognitive und motivationale Lernermerkmale beeinflusst. Als grundlegende Lernermerkmale sehen wir die kognitive Grundfähigkeit, die intrinsische Lesemotivation und das verbale Selbstkonzept an (auch zwischen diesen drei Faktoren sind wechselseitige Abhängigkeiten zu erwarten). Bei den vermuteten Einflüssen des familiären Hintergrunds auf die grundlegenden Lernermerkmale ist einerseits zu beachten, dass es sich um langfristige Effekte handelt, die streng genommen im Rahmen längsschnittlicher Untersuchungen zu prüfen wären. Andererseits ist bei der Interpretation der entsprechenden Pfade zu berücksichtigen, dass sie hinsichtlich der zu Grunde liegenden Vermittlungsmechanismen mehrdeutig bleiben. So steht der Bildungsabschluss auch für die kognitive Fähigkeit, Einstellungen zu Leistung und Schule, Erwartungshaltungen (z.B. Bildungsaspirationen) und bestimmte Erziehungspraktiken der Eltern. Sämtliche der hier aufgezählten Faktoren können somit zur Erklärung der Abhängigkeit des Textlernens vom Bildungsabschluss der Eltern beitragen.

Unser Modell geht weiter davon aus, dass die grundlegenden Lernermerkmale eine Reihe spezifischer lernbezogener Merkmale beeinflussen. Hohe kognitive Grundfähigkeit, hohe Lesemotivation und ein positives Selbstkonzept sollten demnach mit größerem Vorwissen, stärkeren thematischen Interessen, adäquaterem Strategiewissen sowie einer höheren Dekodierfähigkeit einhergehen. Während wir in Abhängigkeit der familiären Hintergrundmerkmale keine direkten Effekte auf das Textlernen annehmen, erscheinen uns direkte Effekte grundlegender Lernermerkmale auf die Textlernleistung wahrscheinlich. Dies betrifft vor allem die kognitive Grundfähigkeit, deren zu erwartender großer Effekt vermutlich nur zu einem Teil durch die im Modell berücksichtigten Variablen vermittelt werden kann. Bereits in früheren Analysen der PISA-Daten hat sich gezeigt, dass die kognitive Grundfähigkeit über andere bedeutsame Lernermerkmale (z.B. metakognitives Strategiewissen) hinaus zur Erklärung der Lesekompetenz beiträgt (Artelt u.a., 2001).

Schließlich sieht das Modell vor, dass sich die spezifischen Merkmale vermittelt über Textverarbeitungsprozesse auf das Textlernen auswirken. Nicht zuletzt deshalb, weil in der PISA-Studie nur zwei Prozessvariablen berücksichtigt wurden, kann allerdings nur ein teilweiser Vermittlungseffekt erwartet werden.

Um die Gültigkeit des Modells auf der Basis von Strukturgleichungsanalysen zu prüfen, ist es erforderlich, die Beziehungen zwischen den Variablen, die wir in Abbildung 8.1 nur schematisch darstellen, exakt zu spezifizieren. Dies betrifft sowohl die gerichteten Pfade als auch die ungerichteten Zusammenhänge (Kline, 1998). Ungerichtete Zusammenhänge nehmen wir generell zwischen Variablen an, die derselben Variablenebene (z.B. der Ebene spezifischer Lernermerkmale) zugeordnet sind.

Wie oben bereits angedeutet, gehen wir davon aus, dass die Merkmale des familiären Hintergrunds nur indirekte Effekte auf die Textlernleistung ausüben (vgl. Baumert, Watermann, & Schümer, 2003; Stanat & Schneider, in diesem Band). Im Einzelnen nehmen wir gerichtete Pfade des Bildungsabschlusses und des sozioökonomischen Status der Eltern auf das soziale und kulturelle Kapital an. Durch das soziale und kulturelle Kapital sollten schließlich alle grundlegenden Lernermerkmale (kognitive Grundfähigkeit, Lesemotivation und Selbstkonzept) beeinflusst werden.

Auf der Ebene grundlegender Lernermerkmale postulieren wir direkte Effekte der kognitiven Grundfähigkeit auf alle spezifischen Lernermerkmale (mit Ausnahme des Interesses) und auf das verbale Selbstkonzept. Zusätzlich nehmen wir jedoch auch einen direkten Einfluss der kognitiven Grundfähigkeit auf die Textlernleistung an (siehe oben). Des Weiteren gehen wir davon aus, dass die intrinsische Lesemotivation Auswirkungen auf die Dekodierfähigkeit, das metakognitive Strategiewissen und das thematische Interesse der Schüler hat.

Schwieriger ist es, für das Selbstkonzept klare Annahmen zu formulieren, da man über den Prozess, durch den sich das Selbstkonzept auf Textlernleistungen auswirkt, relativ wenig weiß. Mangels geeigneter Hypothesen gingen wir analog zur intrinsischen Lesemotivation von Einflüssen auf die spezifischen Lernermerkmale aus, prüften aber zusätzlich direkte Effekte des Selbstkonzepts auf die Prozessvariablen und die Textlernleistung.

Direkte Effekte auf die Textlernleistung postulieren wir darüber hinaus für das thematische Vorwissen und die Dekodierfähigkeit, die der Ebene spezifischer Lernermerkmale zugeordnet sind. Hohes Vorwissen und eine große Dekodierfähigkeit sollten die Textlernleistungen der Schülerinnen und Schüler folglich unabhängig vom Strategiegebrauch fördern. Demgegenüber erwarten wir, dass sich das Metagedächtniswissen und das thematische Interesse indirekt (über den Gebrauch von Elaborations- und Kontrollstrategien) auf die Textlernleistung auswirken.

8.3 Methodisches Vorgehen

8.3.1 Stichprobe

Der nationale Ergänzungstest zur Lesekompetenz wurde nur in der so genannten „Validierungsstichprobe“ (PISA-V) vorgegeben, die vor allem den Zweck erfüllte, die Validität der PISA-Aufgaben in Mathematik und Naturwissenschaften durch einen Vergleich mit Aufgaben aus der TIMS-Studie (Baumert, Bos, & Lehmann, 2000) zu belegen. Insgesamt bearbeiteten 3.650 15-jährige Schüler (1.848 Jungen und 1.802 Mädchen) aus insgesamt 171 Schulen den nationalen Lesetest. 18 dieser Schulen waren gleichzeitig Teil der internationalen Stichprobe (PISA-O), die restlichen 153 Schulen gehörten der Erweiterungsstichprobe (PISA-E) zur Durchführung des Bundesländervergleichs an. Von den 3.650 Schülerinnen und Schülern besuchten 577 eine Hauptschule, 932 eine Realschule, 619 eine Schulform mit mehreren Bildungsgängen, 393 eine Gesamtschule und 1.129 ein Gymnasium. 2.408 Schüler befanden sich zum Zeitpunkt der Datenerhebung in der 9. Klasse, 518 Schülerinnen und Schüler besuchten eine darunter liegende und 724 Schülerinnen und Schüler eine darüber liegende Klassenstufe. 269 Schülerinnen und Schüler gaben an, eine andere Muttersprache als Deutsch zu haben. Im Rahmen des nationalen Ergänzungstests bearbeiteten jede Schülerin und jeder Schüler zwei (der insgesamt fünf) Texte, sodass Auswertungen, die sich auf einzelne Texte beziehen, immer nur auf einem Teil der gesamten Stichprobe basieren (Erde-Text: N = 1.630, Wasser-Text: N = 1.626, Mond-Text: N = 1.613, Computer-Text: N = 1.228, Aids-Text: N = 1.203). Wenn im Folgenden (Abschnitte 8.3.3 und 8.3.4) bei einzelnen Analysen für die genannten Texte variierende Stichprobengrößen angeführt werden, so ist das jeweils auf fehlende Werte zurückzuführen. Für die in Tabelle 8.3 sowie im Ergebnisteil (Abschnitt 8.4) berichteten Analysen wurden jedoch fehlende Werte mit geeigneten Verfahren ersetzt bzw. imputiert.

8.3.2 Textmaterial und Lerninstruktion

Zur Erfassung der Verständnisleistung beim Lernen aus Texten wurden fünf Texte ausgewählt, von denen drei als typische Sachtexte gelten können und zwei eher narrativen Charakter haben. Die beiden narrativen Texte („Wann war der Beginn von Aids?“ [492 Wörter], „Computerspiele sind nur selten schlecht für Kinder“ [422 Wörter]) waren ursprünglich für den internationalen Lesetest vorgesehen, wurden aber trotz guter Eignung nicht in den endgültigen Textpool aufgenommen. Für ihre Übernahme in den nationalen Test sprach, dass sie bezüglich Art und Form mit den typischen PISA-Texten vergleichbar sind. Die drei neu ausgewählten Sachtexte („Die Entstehung der Erde“ [628 Wörter], „Die Entstehung des Mondes“ [552 Wörter], „Die Auswirkungen der Eigenschaften von Wasser auf das Klima“ [451 Wörter]) behandeln naturwissenschaftliche Themen. Wir hielten diese Texte zur Erforschung des Textverstehens für besonders geeignet, da sich bei naturwissenschaftlichen Sachverhalten (verglichen mit geisteswissenschaftlichen) das Situationsmodell eines Textes besser definieren lässt. Dies wiederum hat zur Folge, dass korrekte und falsche Inferenzen, die zur Testung des Situationsmodells notwendig sind (siehe unten), leichter aus dem Text abgeleitet werden können.

Allen Texten wurde in schriftlicher Form die folgende Lerninstruktion vorangestellt: „Der Text über (...) befindet sich auf der nächsten Seite. Deine Aufgabe ist es, den Text zu lesen und dir den Inhalt des Textes möglichst gut zu merken. Wenn der Testleiter das Zeichen gibt, darfst du umblättern und hast dann 8 Minuten Zeit, den Text so zu lernen, wie du es für sinnvoll hältst." Zusätzlich erhielten die Schülerinnen und Schüler explizit die Möglichkeit, an den Texträndern Notizen anzubringen. Es wurde zudem angekündigt, dass im Anschluss an die Lese- bzw. Lernphase Fragen zum Text beantwortet werden sollen, ohne den Text zu Hilfe nehmen zu können. Die Bearbeitung der Texte erfolgte somit unter einer Testerwartung, wie sie für den schulischen Kontext typisch ist.

8.3.3 Tests zur Erfassung des Lernens mit Texten[1]

Zur Erfassung textspezifischer Lernleistungen kamen unterschiedliche Verfahren zum Einsatz (Tab. 8.1), die darauf abzielten, qualitativ unterschiedliche Formen des Textlernens zu erfassen. Zum einen wurden den Schülerinnen und Schülern Fragen – sowohl im Multiple-Choice(MC)-Format als auch im offenen Antwortformat – zu den Textinhalten gestellt. Mit diesen Fragen sollte eine valide Messung der textbezogenen Reproduktions- bzw. Verstehensleistung erreicht werden. Zum anderen bearbeiteten die Schüler Rekognitions- und Verifikationstests, mit deren Hilfe sich die in Anlehnung an Kintsch unterschiedenen Repräsentationsebenen eines Textes erfassen lassen. Zu berücksichtigen ist, dass es aufgrund begrenzter Testzeiten nicht möglich war, alle Indikatoren bezogen auf jeden einzelnen Text zu erfassen. So nahmen wir eine Messung der unterschiedlichen Repräsentationsebenen nur in Bezug auf den Erde- und den Wasser-Text vor, Reproduktions- und Verstehensleistungen (offene und Multiple-Choice-Fragen) wurden zu allen Texten mit Ausnahme des Erde-Textes erfasst. Von Bedeutung ist dieser Sachverhalt insbesondere, wenn Indikatoren des Textlernens – wie es im Rahmen der folgenden Analysen geschieht – über verschiedene Texte aggregiert und zueinander in Beziehung gesetzt werden, da diesen aggregierten Indikatoren dann teilweise Lernleistungen aus unterschiedlichen Texten zu Grunde liegen.

Tests zur Erfassung der Reproduktions- und Verstehensleistungen. Die hier eingesetzten Verfahren umfassten offene Fragen und MC-Items (im Folgenden: textbezogene Fragen), die sowohl auf die Reproduktion bestimmter Textinhalte (z.B. „Welche Beispiele für leicht flüchtige Materie werden im Text genannt?") als auch auf konzeptuelle Verstehensleistungen (z.B. „Warum bildet sich das Eis zuerst an der Seeoberfläche und nicht am Grund des Sees?") gerichtet waren. Für die Lösung eines MC-Items wurde maximal ein Punkt vergeben. Bei der Beantwortung einer offenen Frage konnten maximal 8 Punkte (Computer-Text) bzw. maximal 5 Punkte (alle anderen Texte) erzielt werden. Auf der Basis von Itemanalysen (berechnet mit dem Programm CONQUEST) wurden

Text	Interne Konsistenz		
	α	Anzahl der Testitems	N
Wasser	.61	8	1.609
Erde[1]	–	–	–
Mond	.75	13	1.613
Computer	.67	8	1.227
Aids	.65	9	1.202

[1] Beim Erde-Text wude kein Lerntest auf der Basis textbezogener Fragen eingesetzt.

Tabelle 8.1 Reliabilitäten (Cronbachs α) der Lerntests (Reproduktion/Verstehen)

nicht trennscharfe Antwortkategorien der Testitems zusammengefasst. Unbeantwortete Fragen wurden – sofern nicht alle Items des jeweiligen Tests betroffen waren – wie falsche Antworten, das heißt mit 0 Punkten, bewertet. Die Indikatoren textspezifischer Lernleistungen bildeten wir, indem wir für jeden Schüler alle Items des Lerntests aufsummierten und die erreichte Punktzahl in einen Prozentwert (Anteil erreichter Punkte an der Maximalpunktzahl) überführten. Es ergaben sich für alle Lerntests zur Messung der Reproduktions- und Verstehensleistungen akzeptable Reliabilitäten[2] (siehe Tab. 8.1).

Tests zur Erfassung der Repräsentationskomponenten nach Kintsch. Diese Tests wurden bei zwei Texten (Erde, Wasser) eingesetzt. Sie bestehen pro Text aus 20 Sätzen, die zunächst dahingehend beurteilt werden müssen, ob sie dem Lerntext wörtlich entnommen sind oder nicht (Rekognition). Beurteilen die Schüler einen Satz als „nicht wörtlich", so sind sie gehalten, den entsprechenden Satz auf dem Hintergrund des Textes als wahr oder falsch einzustufen (Verifikation). Erst dann können sie zum nächsten Testsatz übergehen.

Entsprechend der bei Perrig und Kintsch (1985) sowie Schmalhofer und Glavanov (1986) beschriebenen Vorgehensweise sind die Testsätze vier verschiedenen Satztypen zugeordnet: Originalsätzen (O-Sätzen), Paraphrasen (P-Sätzen), bedeutungsveränderten Sätzen (B-Sätzen) und falschen Sätzen (F-Sätzen). O-Sätze sind wörtlich aus dem Text entnommen. Bei den P-Sätzen wird der Wortlaut eines Originalsatzes verändert (z.B. durch Synonyme oder Veränderungen des Satzbaus), nicht aber seine Bedeutung. B-Sätze sind Inferenzen (Schlussfolgerungen), die sich aus dem vorgegebenen Textinhalt folgern lassen und somit über die explizite Textbedeutung hinausgehen. F-Sätze stellen schließlich Distraktoren in Form von falschen Schlussfolgerungen dar, die dem Textinhalt widersprechen.

Zur Ermittlung von Testwerten, die die Ausprägungen der drei Repräsentationsebenen indizieren, ist es zunächst erforderlich, für die unterschiedlichen Satztypen die relativen Rekognitions- bzw. Verifikationshäufigkeiten zu bestimmen. Diese werden anschließend in z-Werte (der standardnormalverteilten Zufallsvariablen Z) überführt[3].

Werte für die Ausprägung der wörtlichen, propositionalen und situativen Repräsentation eines Textes können entweder auf der Grundlage von Rekognitions- oder Verifikationsurteilen gebildet werden. Prinzipiell müssten beide Verfahren zu ähnlichen Ergebnissen führen. Die Rekognitionsaufgabe ist jedoch trennschärfer hinsichtlich der Bestimmung der wörtlichen Repräsentation und die Verifikationsaufgabe hinsichtlich der situativen Repräsentation (Schmalhofer, 1986).

Zur Berechnung der Ausprägungsstärke der einzelnen Textrepräsentationen wurde der in der Signalentdeckungsanalyse gebräuchliche d'-Wert herangezogen (Egan, 1975). Der d'-Wert kann als Maß der Unterscheidbarkeit zweier Antwortverteilungen verstanden werden. Die Ausprägung der wörtlichen Repräsentation wird als Differenz der Ja-Antworten („Treffer") bei den O-Sätzen und der Ja-Antworten („falscher Alarm") bei den P-Sätzen bestimmt. Dem d'-Wert für die Ausprägung der propositionalen Repräsentation wird die Differenz der Ja-Antworten bei den P-Sätzen und der Ja-Antworten bei den B-Sätzen zu Grunde gelegt. Die Ausprägung der situativen Repräsentation ergibt sich aus der Differenz der Ja-Antworten bei den B-Sätzen und der Ja-Antworten bei den F-Sätzen. Die Bildung dieser Differenzen ist deshalb sinnvoll, da gezeigt werden kann, dass die voneinander subtrahierten Satztypen sich jeweils genau um den Beitrag einer Repräsentationskomponente unterscheiden (Schmalhofer & Glavanov, 1986). Bei O-Sätzen tragen alle drei Repräsentationsformen zu einer Ja-Antwort bei, bei P-Sätzen nur die propositionale und die situative Repräsentation und bei B-Sätzen nur die situative Repräsentation. Bei F-Sätzen tragen alle Repräsentationsformen zu einer Nein-Antwort bei. Die Berechnung der Differenzen zwischen O- und P-Sätzen, P- und B-Sätzen sowie B- und F-Sätzen erlaubt somit die Ermittlung des spezifischen Einflusses aller drei Repräsentationsformen. Zu beachten ist, dass bei der Berechnung der d'-Werte für die situative Repräsentation auf die *Verifikationsurteile* für die B- und F-Sätze zurückgegriffen wurde.

Für die Konstruktion valider Lerntests sensu Kintsch ist es von besonderer Wichtigkeit, dass sich O-, P- und B-Sätze hinsichtlich ihrer Rekognitionsraten unterscheiden, das heißt dass O-Sätze im Durchschnitt signifikant häufiger als P-Sätze, und diese wiederum signifikant häufiger als B-Sätze rekogniziert werden. Wird dieses Kriterium nicht erreicht, wäre das ein Hinweis darauf, dass es nicht gelungen ist, passende Sätze auszuwählen bzw. angemessene Veränderungen der Originalsätze vorzunehmen. Gleiches gilt natürlich auch für die Verifikationsraten von B- und F-Sätzen.

In Tabelle 8.2 sind die durchschnittlichen relativen Häufigkeiten der fünf Sätze, die pro Text jeweils einen Satztyp repräsentieren, dargestellt. Die Werte lassen erkennen, dass es weitgehend gelungen ist, theoriekonforme und signifikante Unterschiede zwischen den Satztypen zu erhalten (t-Test, $p < .05$, einseitige Prüfung). Es zeigt sich allerdings auch, dass die Differenz zwischen den *Verifikationsraten* wahrer und falscher Schlussfolgerungen deutlich größer ausfällt als die Differenzen zwischen den *Rekognitionsraten* verschiedener Satztypen (O-, P- und B-Sätze). Dieser Sachverhalt kann ein Hinweis darauf sein, dass die Erfassung der situativen Textrepräsentationen durch die Verifikationstests besser gelingt als die Erfassung der wörtlichen bzw. propositionalen Textrepräsentationen durch die Rekognitionstests. So deutet die geringere Unterscheid-

Satz Nr.	Rekognition						Verifikation			
	O-Sätze		P-Sätze		B-Sätze		B-Sätze		F-Sätze	
	Erde-Text	Wasser-Text	Erde-Text	Wasser-Text	Erde-Text	Wasser-Text	Erde-Text	Wasser-Text	Erde-Text	Wasser-Text
1	.42	.49	.43	.40	.21	.26	.83	.64	.31	.37
2	.62	.66	.30	.31	.34	.16	.83	.75	.32	.33
3	.54	.61	.42	.28	.36	.14	.81	.75	.32	.34
4	.60	.50	.33	.24	.19	.27	.70	.72	.25	.40
5	.52	.45	.38	.46	.31	.33	.81	.76	.49	.41
M	.54	.54	.37	.34	.28	.23	.80	.72	.34	.37

N = 1.506–1.544.

Tabelle 8.2 Rekognitions- und Verifikationsraten (mittlere relative Häufigkeiten) unterschiedlicher Satztypen

barkeit der Satztypen im Rekognitionstest ein geringeres Differenzierungsvermögen dieser Tests in der Stichprobe an, das heißt, interindividuelle Unterschiede in den Ausprägungen der wörtlichen und propositionalen Textrepräsentation werden eventuell weniger gut abgebildet als Unterschiede in der situativen Textrepräsentation. Dies dürfte insbesondere die propositionale Repräsentation betreffen, denn die Mittelwertunterschiede zwischen der Rekognition von P- und B-Sätzen sind besonders gering (vgl. Tab. 8.2).

Zusammenhänge zwischen den Lerntests. Bei den in Tabelle 8.3 dargestellten Korrelationen war es notwendig, auch die Schülerinnen und Schüler mit fehlenden Werten einzubeziehen (vgl. Anhang A). Um dies zu ermöglichen, wurden (mithilfe des Statistikprogramms AMOS 5.0; Arbuckle & Wothke, 2003) *Full Information Maximum Likelihood* (FIML)-Schätzungen der Korrelationen berechnet, die eine Berücksichtigung aller Personen mit fehlenden Werten erlauben (für genauere Angaben zum Umgang mit fehlenden Werten siehe Anhang A). Darüber hinaus ist zu beachten, dass die Korrelationen zwischen den Repräsentationskomponenten auf der Stichprobe basieren, die den Erde- und/oder Wasser-Text bearbeitete (N = 2.841). Die Korrelationen zwischen den Repräsentationskomponenten und den Reproduktions-/Verstehensleistungen konnten dagegen ausschließlich für den Wasser-Text bestimmt werden (N = 1.626), denn nur zu diesem Text wurden neben den Reproduktions-/Verstehensleistungen auch die Repräsentationskomponenten erfasst.

Die Indikatoren der Repräsentationskomponenten korrelieren sowohl untereinander als auch mit dem Test der Reproduktions-/Verstehensleistungen (siehe Tab. 8.3). Erwartungsgemäß ergeben sich überwiegend signifikante positive Zusammenhänge zwischen den verschiedenen Indikatoren des Textlernens. Die situative Textrepräsentation korreliert höher als die anderen beiden Repräsentationskomponenten mit der Reproduktions-/Verstehensleistung. Dies ist insofern theoriekonform, als die situative Repräsentation das Verständnis des im Text beschriebenen Sachverhalts umfasst. Die nega-

	Wörtliche Komponente	Propositionale Komponente	Situative Komponente
Reproduktion/Verstehen	.23	.14	.44
Wörtliche Komponente		–.30	.19
Propositionale Komponente			.12

Die Korrelationen stellen FIML-Schätzungen dar (vgl. Anhang A). Die Korrelationen zwischen den Repräsentationskomponenten basieren auf der Stichprobe, die den Erde- und/oder Wasser-Text bearbeitete (N = 2.841). Die Korrelationen zwischen den Repräsentationskomponenten und den Reproduktions-/Verstehensleistungen konnten ausschließlich für den Wasser-Text bestimmt werden (N = 1.626). Alle Korrelationen sind signifikant ($p < .01$, zweiseitige Prüfung).

Tabelle 8.3 Korrelationen zwischen den verschiedenen Indikatoren des Textlernens

tive Korrelation zwischen wörtlicher und propositionaler Repräsentation deutet darauf hin, dass sich eine wörtliche und eine bedeutungsorientierte Verarbeitung bis zu einem gewissen Grad gegenseitig ausschließen. Allerdings kann es sich dabei auch um ein Artefakt handeln, denn bei der Bildung von Werten für die Ausprägung beider Repräsentationskomponenten wird auf die gleichen P-Sätze zurückgegriffen (siehe oben). Theoretisch wäre eine leicht positive Korrelation zu erwarten gewesen, da die „höheren" Textverarbeitungsprozesse auf den jeweils „niedrigeren" aufbauen. Dass der Zusammenhang zwischen propositionaler und situativer Repräsentation darüber hinaus signifikant niedriger ausgefallen ist als der zwischen wörtlicher und situativer Repräsentation ($z = 2{,}2$, $p < .05$), kann ein weiteres Anzeichen dafür sein, dass die Erfassung der propositionalen und der wörtlichen Textrepräsentationen nicht optimal gelungen ist[4]. Theoretisch würde man davon ausgehen, dass die propositionale Repräsentation mindestens genauso stark mit der situativen Repräsentation assoziiert ist wie die wörtliche.

8.3.4 Determinanten textbezogenen Lernens

Kognitive und motivationale Einflussfaktoren

Kognitive Grundfähigkeiten. Die kognitiven Grundfähigkeiten der Schülerinnen und Schüler wurden mit dem verbalen und dem figuralen Subtest des „Kognitiven Fähigkeitstests" (KFT) erfasst. Der KFT ist ein differenzieller Intelligenztest, der jene kognitiven Fähigkeitsdimensionen erfasst, die für schulisches Lernen relevant sind (vgl. Heller & Perleth, 2000). In dem verbalen Subtest (20 Items) werden den Schülerinnen und Schülern je Item zunächst zwei Wörter vorgegeben, die in einem bestimmten Verhältnis zueinander stehen. Aufgabe der Schülerinnen und Schüler ist es dann, ein neues Wortpaar analog zu dem Beispielwortpaar zu bilden, wobei jeweils ein Wort aus dem neuen Wortpaar und fünf Antwortmöglichkeiten vorgegeben werden, aus denen das passende Wort auszuwählen ist. Der figurale Subtest (25 Items) basiert auf demselben Prinzip (Bilden von Analogien), anstelle von Wörtern werden jedoch Bilder bzw. geometrische Figuren verwendet. Beide Subtests lassen sich sowohl einzeln als auch gemeinsam skalieren, wodurch entweder spezifische Intelligenzaspekte (räumliche vs. verbale) bestimmbar sind oder aber eine Schätzung der allgemeinen Intelligenz (des so genannten g-Faktors) ermöglicht wird. Wir verwenden in den nachfolgenden Analysen einen Indikator der allgemeinen Intelligenz, der auf Basis sowohl des verbalen als auch des figuralen Subtests gebildet wurde. Dieser Indikator korreliert höher als die beiden Subtests (einzeln betrachtet) mit den Textlernleistungen im nationalen Ergänzungstest.

Für jedes richtig gelöste Item in den beiden hier berücksichtigten KFT-Subtests wurde ein Punkt vergeben. Anschließend wurden die Punkte über alle Items aufsummiert. Dabei blieben allerdings zwei Items des verbalen und ein Item des figuralen Subtests aufgrund niedriger Trennschärfen unberücksichtigt. Die Reliabilität des Gesamttests (42 Items) in der von uns untersuchten Stichprobe erwies sich als hoch (Cronbachs $\alpha = .89$, N = 1.693).

Intrinsische Lesemotivation. Zur Erfassung der intrinsischen Lesemotivation beurteilten die Schülerinnen und Schüler neun Aussagen, die sich auf ihr Leseverhalten in der Freizeit („Ich lese nur, wenn ich muss", umgepolt) und ihre Freude am Lesen bzw. am Umgang mit Büchern richteten („Ich freue mich, wenn ich ein Buch geschenkt bekomme"). Die Items waren auf einer vierfach abgestuften Ratingskala (1 = *stimmt überhaupt nicht* bis 4 = *stimmt ganz genau*) einzuschätzen. Die Reliabilität (Cronbachs α) der Skala beträgt .89 (N = 3.385).

Metakognitives Strategiewissen. Das metakognitive Wissen der Schülerinnen und Schüler zur Nutzung von Strategien beim Textlernen wurde mit einem von Schlagmüller und Schneider (1999) entwickelten Testverfahren erfasst. Dieses Verfahren zeichnet sich dadurch aus, dass es das Wissen über Textverstehens- und Textlernstrategien in Bezug auf konkrete Situationen misst. Es werden insgesamt sechs Situationen geschildert, in denen es um das Verstehen und Lernen von Texten geht. Zu jeder Situation werden Strategien vorgegeben, die in Bezug auf ihre Nützlichkeit in der jeweiligen Situation zu bewerten sind. Ausgewertet wird dieses Verfahren, indem die durch den Probanden erstellten Bewertungen der unterschiedlichen Strategien mit einer Bewertung von Experten (Lehrer, Wissenschaftler) verglichen werden (Paarvergleiche). Als Maß für die Übereinstimmung zwischen der Strategiebeurteilung durch die Probanden und die Experten wird ein Prozentwert gebildet. Die im PISA-Haupttest ermittelte Reliabiliät der Skala erreichte einen Wert von .96 (Cronbachs α, N = 3.905).

Dekodierfähigkeit. Die Dekodierfähigkeit wurde mit einem von Mejding (1993, 2000) entwickelten Test überprüft. Der Test besteht aus einem relativ langen narrativen Text (1.847 Wörter). In jedem fünften Satz fehlt dabei ein Wort, das vom Leser ergänzt werden muss. Das richtige Wort ist dabei jeweils aus drei Alternativen auszuwählen. Diese Aufgabe ist relativ leicht und dient dazu, sicherzustellen, dass die Probanden den Text tatsächlich lesen. Es stehen vier Minuten zur Verfügung, sodass keine Schülerin und kein Schüler die Möglichkeit hat, das Ende zu erreichen, um Deckeneffekte zu vermeiden. Nach Ablauf der vier Minuten werden die Schülerinnen und Schüler aufgefordert, die Stelle im Text zu markieren, bis zu der sie gelesen haben. Der Test liefert zwei Messwerte, die auch kombiniert werden können: die Zahl der gelesenen Wörter und die Zahl der korrekt ergänzten Wörter. Die beste Prädiktion der Leseleistung wird üblicherweise durch die Kombination beider Messwerte erreicht. Wir verwenden deshalb in den folgenden Analysen ausschließlich ein kombiniertes Maß als Indikator der Dekodierfähigkeit.

Vorwissen. Zu den drei Sachtexten (Erde-, Wasser- und Mond-Text) wurde auch das Vorwissen der Schülerinnen und Schüler über die entsprechenden Textinhalte unmittelbar vor der Textbearbeitung erfasst (6–7 Items je Text). Die Vorwissenstests bestanden aus offenen Fragen (Wasser) bzw. aus einer Kombination offener Fragen und MC-Items (Erde, Mond). Je Item konnten unterschiedlich viele Punktzahlen erreicht werden. Auf Basis einer Itemanalyse wurde die Trennschärfe einzelner Antwortkategorien für die offenen Fragen überprüft, nichttrennscharfe Antwortkategorien wurden bei der Auswertung zusammengefasst. Für die einzelnen Schülerinnen und Schüler wurden die Punkte aller Vorwissensitems aufsummiert und in einen Prozentwert überführt. Diese Prozentwerte drücken den Anteil erreichter Punkte an der Maximalpunktzahl aus. Die Reliabilitäten (Cronbachs α) der Vorwissenstests waren mit Ausnahme des Tests zum Erde-Text (7 Items: $\alpha = .62$, N = 1.620) eher unbefriedigend (Wasser-Text, 6 Items: $\alpha = .53$, N = 1.590; Mond-Text, 6 Items: $\alpha = .42$, N = 800). Dies kann unter anderem dadurch bedingt sein, dass eine Konsistenzschätzung zur Reliabilitätsprüfung eines (textspezifischen) Wissenstests nur bedingt geeignet ist. Wahrscheinlich kann auch thematisch zusammengehöriges Wissen relativ unabhängig voneinander auftreten, sodass eine Retestmessung (ohne zwischenzeitliche Textrezeption) zur Reliabilitätsprüfung angemessener wäre. Da ein Retest in der PISA-Studie jedoch nicht möglich war, kann eine geringe Reliabilität in unserem Fall nicht ausgeschlossen werden. Dies ist bei der Interpretation der Ergebnisse zu beachten. Effekte des Vorwissens auf andere Variablen (z.B. die Textleistung) können durch eine geringe Messgenauigkeit systematisch unterschätzt werden.

Interesse. Das Interesse der Schülerinnen und Schüler an den Textthematiken wurde nach der Textbearbeitung durch vier Items (z.B. „Wie interessant hast du den Text gefunden?", „Wie wichtig ist es dir, noch mehr über dieses Thema zu erfahren?") gemessen, die auf gefühls- und wertbezogene Valenzen gerichtet waren. Die Items waren auf Ratingskalen von 1 = *sehr* bis 5 = *überhaupt nicht* zu beantworten. Die Reliabilitäten (Cronbachs α) der textspezifischen Interessentests liegen zwischen Werten von .83 und .88 (Erde: $\alpha = .85$, N = 1.295; Wasser: $\alpha = .83$, N = 1.162; Mond: $\alpha = .87$, N = 1.219; Computer: $\alpha = .88$, N = 998; Aids: $\alpha = .86$, N = 1.086).

Elaborations- und Kontrollstrategien. Die Schüler beurteilten im Anschluss an die Textbearbeitungen Aussagen, die sich auf ihren Gebrauch von Elaborationsstrategien (4 Items) und Kontrollstrategien (3 Items) richteten (Ratingskalen von 1 = *trifft zu* bis 4 = *trifft nicht zu*). Items zur Erfassung von Elaborationsstrategien erfragten das Ausmaß, in dem Verbindungen zwischen Textinhalten und bereits verfügbarem Wissen hergestellt worden waren (z.B. „Ich habe versucht, das Gelesene besser zu verstehen, indem ich Verbindungen zu Dingen hergestellt habe, die ich schon kenne"). Items zur Erfassung von Kontrollstrategien richteten sich auf die Überwachung des Verstehensprozesses (z.B. „Ich habe beim Lesen überprüft, ob ich das Gelesene auch behalten habe"). Die Reliabilitäten (Cronbachs α) der Kontrollstrategieskala zeigen je nach Textzugehörigkeit Werte zwischen .66 und .75 (Erde: $\alpha = .66$, N = 1.610; Wasser: $\alpha = .66$, N = 1.604; Mond: $\alpha = .66$, N = 1.591; Computer: $\alpha = .75$, N = 1.210; Aids: $\alpha = .71$, N = 1.181). Die Reliabilitäten der Elaborationsstrategieskala liegen zwischen .68 und .76 (Erde: $\alpha = .68$, N = 1.597; Wasser: $\alpha = .70$, N = 1.604; Mond: $\alpha = .73$, N = 1.587; Computer: $\alpha = .76$, N = 1.213; Aids: $\alpha = .76$, N = 1.182).

Einflussfaktoren des familiären Hintergrunds

Sozioökonomischer Status der Eltern. Der sozioökonomische Status wurde anhand der Berufstätigkeit der Eltern ermittelt. Die Berufe der Eltern wurden in den Fragebögen, die die Eltern der PISA-Teilnehmer ausfüllten, erfasst und anhand eines Kategoriensystems (*International Standard Classification of Occupations,* ISCO) kodiert. Anschließend wurde der sozioökonomische Index (*International Socio-Economic Index,* ISEI) basierend auf einem von Ganzeboom, de Graaf, Treiman, & de Leeuw (1992) entwickelten Verfahren bestimmt. Aus den Einzelindikatoren beider Eltern bildeten wir für die nachfolgenden Analysen einen Indikator, der den jeweils höheren sozioökonomischen Status beider Elternteile abbildet (bzw. den Status desjenigen Elternteils, für den Angaben zur Berufstätigkeit vorlagen).

Bildungsabschluss der Eltern. Die Angaben zum Bildungsabschluss der Eltern entnahmen wir nicht den Eltern-, sondern den Schülerfragebögen (in beiden Fragebögen waren entsprechende Items enthalten), da der auf Basis des Schülerfragebogens gebildete Indikator weniger fehlende Werte enthielt als der, der auf den Elternangaben basierte.

Die Schülerinnen und Schüler wurden nach dem Bildungsabschluss beider Elternteile befragt („Welche berufliche Ausbildung hat deine Mutter/dein Vater?"). Aus dem jeweils höheren der genannten Abschlüsse wurde der Indikator „höchster Abschluss" gebildet, den wir in den anschließenden Analysen verwendeten. Die Bildungsabschlüsse wurden anhand eines Kategoriensystems kodiert: 1 = keine abgeschlossene Ausbildung, 2 = abgeschlossene Lehre, Abschluss an einer Berufsaufbauschule, 3 = Abschluss an einer Berufsfachschule/Handelsschule, 4 = Abschluss an einer Fachschule, Meister- oder Technikerschule, Schule des Gesundheitswesens, 5 = Fachhochschulabschluss, Abschluss an einer Berufsakademie, 6 = Hochschulabschluss, 7 = Promotion, 8 = sonstiger beruflicher Abschluss. Da die Kategorie „sonstiger beruflicher Abschluss" in der PISA-Ergänzungsstichprobe nicht vorkam, kann die Variable als rangskaliert angenommen werden, das heißt, höhere Werte entsprechen einem höheren Bildungsabschluss.

Kulturelles Kapital (Anzahl der Bücher). Um den in unserem Zusammenhang zentralen Indikator des kulturellen Kapitals der Familie zu erfassen, wurden die Schülerinnen und Schüler aufgefordert, die Anzahl der Bücher einzuschätzen, die es bei ihnen zu Hause gab („Wie viele Bücher habt ihr zu Hause?"). Um ihnen diese Einschätzung zu erleichtern, erhielten sie die Information, dass auf einem Meter Regal gewöhnlich etwa 40 Bücher Platz finden. Zeitschriften sollten nicht mitgezählt werden. Bei der Beantwortung des Items konnten die Schülerinnen und Schüler zwischen sieben Antwortalternativen wählen (keine, 1–10, 11–50, 51–100, 101–250, 251–500, mehr als 500).

Soziales Kapital (Kommunikation mit den Eltern). Auch bei der Erfassung des sozialen Kapitals stützten wir uns auf einen ausgewählten Indikator mit besonders großer Prädiktionskraft. Die Schülerinnen und Schüler hatten in diesem Fall die Häufigkeit zu beurteilen, mit der fünf verschiedene Kommunikationssituationen zwischen ihnen und ihren Eltern gewöhnlich stattfanden. Die folgenden Situationen werden dabei unterschieden: (1) über politische oder soziale Fragen diskutieren, (2) über Bücher, Filme oder Fernsehsendungen diskutieren, (3) über Schulleistungen sprechen, (4) gemeinsam am Tisch sitzen und zu Mittag oder Abend essen und (5) einfach nur miteinander reden. Die Häufigkeiten dieser Situationen wurden auf Ratingskalen von 1 = *nie oder fast nie* bis 5 = *mehrmals in der Woche* beurteilt. Die Reliabilität (Cronbachs α) der Skala beträgt .64 ($N = 2.686$).

8.4 Ergebnisse

8.4.1 Überblick

Im Folgenden stellen wir zunächst Mittelwerte und Standardabweichungen textbezogener Lernleistungen und der proximalen (motivationalen und kognitiven) Bedingungsfaktoren dar (Abschnitt 8.4.2). Anschließend gehen wir differenziert auf die Zusammenhänge zwischen den Textlernleistungen im nationalen Ergänzungstest und der international erfassten Lesekompetenz ein (Abschnitt 8.4.3). Die in Abschnitt 8.4.4 dokumentierten Analysen beziehen sich schließlich auf die Überprüfung der theoretischen Modellvorstellung, die wir zum Lernen mit Texten vorgeschlagen haben. Es werden zunächst die Zusammenhänge zwischen den postulierten Einflussfaktoren und den verschiedenen Indikatoren des Textlernens aufgezeigt. Im Anschluss prüfen wir, inwiefern sich das in Abschnitt 8.2.3 vorgestellte Gesamtmodell zum Textlernen anhand der vorliegenden Daten bestätigen lässt. Die Überprüfung unserer Modellvorstellung zum Textlernen nehmen wir getrennt für sachtext- und erzähltextbezogene Lernleistungen und getrennt für verschiedene Indikatoren des Textlernens vor. In allen Auswertungsschritten war es notwendig, fehlende Werte auf der Basis geeigneter Schätzverfahren zu ersetzen (zum Umgang mit fehlenden Werten siehe Anhang A).

8.4.2 Deskriptive Statistiken

Tabelle 8.4 bildet die Mittelwerte und Standardabweichungen textspezifischer Lernleistungen unter Berücksichtigung der verschiedenen Indikatoren des Textlernens ab.

Deutlich wird, dass die Tests zur Erfassung der Reproduktions-/Verstehensleistung in Bezug auf die verschiedenen Texte nahezu identische Schwierigkeiten aufweisen. Die Schülerinnen und Schüler erreichen im Durchschnitt in diesen Tests etwa 45 Prozent der maximal möglichen Punkte. Aus den Standardabweichungen von etwa 20 Punkten lässt sich ablesen, dass die Testleistungen der Schülerinnen und Schüler in einem relativ breiten Intervall um den Mittelwert streuen. So erzielen bei einem Mittelwert von 45 zwei Drittel aller Schüler Testwerte zwischen 25 und 65 Prozent, die Testleistungen der restlichen Schüler entfernen sich noch weiter vom Mittelwert (und liegen unter 25 % oder über 65 %).

Betrachtet man die drei Repräsentationskomponenten als Indikatoren der Lernleistung (Erde- und Wassertext), so wird deutlich, dass die situative Komponente in Bezug auf beide Texte von allen Komponenten am stärksten ausgebildet ist (vgl. Tab. 8.4). Dies ist ein typischer Befund für Studien, in denen die Repräsentationsebenen eines Textes

Lernindikator		Erde-Text (N = 1.630)		Wasser-Text (N = 1.626)		Mond-Text (N = 1.613)		Computer-Text (N = 1.228)		Aids-Text (N = 1.203)	
		M	(SD)	M	(SD)	M	(SD)	M	(SD)	M	(SD)
Reproduktion/	Jungen			48,1[a]	(20,0)	41,6[a]	(21,9)	36,5[a]	(21,6)	41,9[a]	(23,6)
Verstehen	Mädchen	–		49,9[a]	(20,0)	44,1[b]	(22,5)	42,4[b]	(23,2)	43,0[a]	(22,6)
	Gesamt			49,0	(20,0)	42,8	(22,2)	39,4	(22,6)	42,5	(23,1)
Wörtliche	Jungen	0,30[a]	(0,56)	0,34[a]	(0,60)						
Repräsentation	Mädchen	0,35[a]	(0,61)	0,45[b]	(0,60)	–		–		–	
	Gesamt	0,33	(0,59)	0,39	(0,60)						
Propositionale	Jungen	0,12[a]	(0,57)	0,18[a]	(0,54)						
Repräsentation	Mädchen	0,24[b]	(0,59)	0,26[b]	(0,52)	–		–		–	
	Gesamt	0,18	(0,59)	0,22	(0,53)						
Situative	Jungen	0,97[a]	(0,75)	0,70[a]	(0,78)						
Repräsentation	Mädchen	0,88[b]	(0,80)	0,70[a]	(0,76)	–		–		–	
	Gesamt	0,92	(0,78)	0,70	(0,77)						

Für die Reproduktions-/Verstehensleistungen sind Prozentwerte (Anteil an der Maximalpunktzahl) und für die Repräsentationskomponenten d'-Werte (theoretische Spannweite von –2.14 bis +2.14) angegeben. Fehlende Werte wurden durch EM-Schätzungen ersetzt. Mittelwerte, die sich zwischen Jungen und Mädchen (je Lernindikator und je Text) bedeutsam unterscheiden ($p < .05$, t-Test, zweiseitige Prüfung), werden mit unterschiedlichen Buchstaben (a, b) gekennzeichnet.

Stichprobengrößen: Jungen: N = 809 (Erde), N = 835 (Wasser), N = 843 (Mond), N = 617 (Computer), N = 592 (Aids); Mädchen: N = 821 (Erde), N = 791 (Wasser), N = 770 (Mond), N = 611 (Computer), N = 611 (Aids).

Tabelle 8.4 Mittelwerte und Standardabweichungen der Textlernleistungen

mit einer gewissen zeitlichen Verzögerung erfasst werden (z.B. Kintsch u.a., 1990; Schmalhofer, Boschert, & Kühn, 1990). Früheren Befunden gegenüber abweichend sind die hier relativ niedrigen Ausprägungen der propositionalen Textrepräsentation. So findet man üblicherweise, dass Probanden in einem gewissen zeitlichen Abstand zur Phase des Textlernens (nach Zeitintervallen, die dem in der PISA-Studie in etwa entsprechen) über eine stärkere propositionale als wörtliche Repräsentation verfügen (z.B. Kintsch u.a., 1990). Dies wird darauf zurückgeführt, dass die wörtliche Repräsentation schneller als die anderen Komponenten wieder „zerfällt", weil eine wörtliche Speicherung in den meisten Situationen wenig funktional ist. In unserer Stichprobe verfügen die Schülerinnen und Schüler hingegen über stärkere wörtliche als propositionale Repräsentationen, woraus man schließen könnte, dass die Schülerinnen und Schüler eine wörtliche Verarbeitung bevorzugen und Schwächen bei der Bedeutungsentnahme aufweisen. Es kann allerdings nicht ausgeschlossen werden, dass methodische Probleme bei der Erfassung der wörtlichen und propositionalen Repräsentation für die abweichenden Befunde verantwortlich sind (siehe auch Abschnitt 8.3.3).

Bei der Mehrzahl der Indikatoren des Textlernens werden Geschlechterunterschiede sichtbar, wobei im Regelfall eine Überlegenheit der Mädchen gegenüber den Jungen mit allerdings nur geringen Effektstärken[5] ($.11 < d < .24$) festzustellen ist. Einzig bei der situativen Repräsentationskomponente des Erde-Textes schneiden die Jungen signifikant besser ab als die Mädchen ($t\,[1.628] = 2{,}45$, $p < .05$, $d = .12$), obwohl sie im Vergleich zu diesen über eine schwächere propositionale Textrepräsentation verfügen ($t\,[1.628] = -3{,}99$, $p < .05$, $d = .20$). Die Überlegenheit der Jungen beim Aufbau der situativen Textrepräsentation ist umso bemerkenswerter, als diese im internationalen Test der Lesekompetenz deutlich schlechter abschneiden als die Mädchen (Stanat & Kunter, 2001). Als erklärender Faktor kommt vermutlich das Vorwissen in Betracht, das speziell für den Aufbau der situativen Repräsentation eines Textes von großer Bedeutung ist und das bei den Jungen (bezogen auf alle Texte) deutlich höher ausfällt als bei den Mädchen (siehe Tab. 8.5).

Wir betrachten im Folgenden die deskriptiven Statistiken der proximalen Determinanten des Textlernens, die im nationalen Ergänzungstest enthalten waren (siehe Tab. 8.5 für die textspezifischen Variablen und Tab. 8.6 für die textunspezifischen Variablen). Für das textspezifische Vorwissen sind neben den Geschlechterunterschieden insbesondere die hohen Streuungen von Bedeutung, die darauf verweisen, dass die Schülerinnen und Schüler bei der Textbearbeitung in sehr unterschiedlichem Ausmaß auf Vorkenntnisse über die behandelten Textthemen zurückgreifen konnten.

Die Themen der fünf Texte werden von den Schülerinnen und Schülern als unterschiedlich interessant eingeschätzt. In der Tendenz beurteilen sie die beiden narrativen Texte im Vergleich zu den Sachtexten als interessanter, ein Befund, der bereits in früheren Studien zu Erzähl- und Sachtexten beobachtet werden konnte (Bergin, 1999; Hidi & Anderson, 1992). Ein deutlicher Interessenunterschied zwischen Jungen und Mädchen ist ausschließlich in Bezug auf den Aids-Text nachweisbar ($t\,[1.201] = -11{,}5$, $p < .05$, $d = .67$), der von den Mädchen im Vergleich zu den Jungen als interessanter beurteilt

Bedingungen des Textlernens		Erde-Text (N = 1.630)		Wasser-Text (N = 1.626)		Mond-Text (N = 1.613)		Computer-Text (N = 1.228)		Aids-Text (N = 1.203)	
		M	(SD)	M	(SD)	M	(SD)	M	(SD)	M	(SD)
Textspezifisches	Jungen	35,5[a]	(23,0)	30,4[a]	(24,0)	54,3[a]	(23,1)				
Vorwissen	Mädchen	28,1[b]	(20,2)	26,8[b]	(22,0)	43,5[b]	(23,3)	–		–	
	Gesamt	31,8	(21,9)	28,7	(23,1)	49,2	(23,8)				
Thematisches	Jungen	3,0[a]	(1,0)	2,6[a]	(0,9)	3,0[a]	(1,0)	3,2[a]	(1,0)	3,3[a]	(0,9)
Interesse	Mädchen	3,1[a]	(0,9)	2,7[a]	(0,8)	2,9[a]	(1,0)	3,1[b]	(0,9)	3,9[b]	(0,8)
	Gesamt	3,1	(1,0)	2,7	(0,9)	3,0	(1,0)	3,2	(1,0)	3,6	(0,9)
Elaborations-	Jungen	2,5[a]	(0,7)	2,5[a]	(0,7)	2,5[a]	(0,7)	2,6[a]	(0,7)	2,6[a]	(0,7)
strategien	Mädchen	2,4[b]	(0,6)	2,5[a]	(0,6)	2,3[b]	(0,7)	2,5[b]	(0,7)	2,6[a]	(0,7)
	Gesamt	2,5	(0,6)	2,5	(0,7)	2,4	(0,7)	2,6	(0,7)	2,6	(0,7)
Kontroll-	Jungen	2,7[a]	(0,7)	2,8[a]	(0,7)	2,8[a]	(0,7)	2,6[a]	(0,8)	2,7[a]	(0,7)
strategien	Mädchen	2,9[b]	(0,6)	3,1[b]	(0,6)	2,9[b]	(0,6)	2,8[b]	(0,7)	2,9[b]	(0,6)
	Gesamt	2,8	(0,7)	2,9	(0,7)	2,9	(0,7)	2,7	(0,7)	2,8	(0,7)

Mit Ausnahme des Vorwissens (Prozentwerte) wurden zur Berechnung individueller Werte Itemmittelwerte verwendet (Skalierung von 1 bis 4). Fehlende Werte wurden durch EM-Schätzungen ersetzt. Mittelwerte, die sich zwischen Jungen und Mädchen (je Variable und je Text) bedeutsam unterscheiden ($p < .05$, t-Test, zweiseitige Prüfung), sind mit unterschiedlichen Buchstaben (a, b) gekennzeichnet.
Stichprobengrößen: Jungen: N = 809 (Erde), N = 835 (Wasser), N = 843 (Mond), N = 617 (Computer), N = 592 (Aids); Mädchen: N = 821 (Erde), N = 791 (Wasser), N = 770 (Mond), N = 611 (Computer), N = 611 (Aids).

Tabelle 8.5 Mittelwerte und Standardabweichungen für Vorwissen, Interesse und Strategienutzung

wird. Im Hinblick auf den Gebrauch von Lernstrategien zeigt sich, dass Kontrollstrategien textübergreifend häufiger zum Lernen der Textinhalte verwendet werden als Elaborationsstrategien. Bei einzelnen Texten sind auch Geschlechtereffekte in den Strategievariablen nachweisbar, die für den Gebrauch von Elaborationsstrategien ausschließlich zu Gunsten der Jungen ($d = .13$ bzw. .14) und für den Gebrauch von Kontrollstrategien ausschließlich zu Gunsten der Mädchen ($.24 < d < .39$) ausfallen.

Wegen ihrer großen potenziellen Bedeutung für das Textlernen sind die Geschlechterunterschiede bezüglich des textspezifischen Vorwissens hervorzuheben. Jungen weisen in allen Fällen ein signifikant höheres Vorwissen auf als Mädchen. Die Berechnung von Effektstärken (vgl. Westermann, 2000) lässt erkennen, dass insbesondere die in Bezug auf den Erde- und Mond-Text zu beobachtenden Vorwissensunterschiede zwischen Jungen und Mädchen praktisch bedeutsam sind (Erde-Text: $d = .35$, Wasser-Text: $d = .14$, Mond-Text: $d = .46$). Da das Vorwissen entscheidend für die Ausprägung der situativen Textrepräsentation ist, könnte das niedrigere Vorwissen der Mädchen dazu geführt haben, dass sie die Texte nicht stärker bzw. sogar weniger stark situativ repräsentieren als die Jungen (siehe Tab. 8.4).

Abschließend betrachten wir die deskriptiven Statistiken für das metakognitive Strategiewissen und die Dekodierfähigkeit, deren Erfassung textunabhängig erfolgte. Die

	Metakognitives Strategiewissen		Dekodierfähigkeit	
	M	(SD)	M	(SD)
Jungen (N = 1.848)	71,9[a]	(13,4)	563,9[a]	(199,2)
Mädchen (N = 1.802)	76,5[b]	(12,6)	583,5[b]	(199,5)
Gesamt (N = 3.650)	74,1	(13,2)	573,6	(199,6)

Individuelle Werte für das metakognitive Strategiewissen drücken in Prozent die Übereinstimmung mit Expertenurteilen aus. Für die Dekodierfähigkeit liegen gewichtete Werte vor (Anzahl der gelesenen Wörter × Anzahl korrekt ergänzter Wörter). Fehlende Werte wurden durch EM-Schätzungen ersetzt. Mittelwerte, die sich zwischen Jungen und Mädchen bedeutsam unterscheiden ($p < .05$, t-Test, zweiseitige Prüfung), werden mit unterschiedlichen Buchstaben (a, b) gekennzeichnet.

Tabelle 8.6 Mittelwerte und Standardabweichungen für metakognitives Strategiewissen und Dekodierfähigkeit

Werte in Tabelle 8.6 machen deutlich, dass die von den Schülerinnen und Schülern vorgenommene situationsspezifische Beurteilung der Nützlichkeit verschiedener Strategien durchschnittlich zu 74 Prozent mit der Expertenbeurteilung übereinstimmt. Sowohl für das metakognitive Strategiewissen ($d = .36$) als auch für die Dekodierfähigkeit ($d = .10$) lassen sich Geschlechterunterschiede zu Gunsten der Mädchen aufzeigen, wobei jedoch vor allem der Unterschied im metakognitiven Strategiewissen (kleine bis mittlere Effektstärke) praktisch bedeutsam ist. Dieser Unterschied sollte unter anderem auch dazu beitragen, dass die Mädchen in dem internationalen Lesetest besser abschneiden als die Jungen, da sie beispielsweise Strategien im Umgang mit den Texten effizienter einsetzen. In den Tests der situativen Textrepräsentation können die Mädchen von diesem relativen Vorteil allerdings nicht erkennbar profitieren, da sie gegenüber den Jungen gleichzeitig durch ein geringeres Vorwissen benachteiligt sind.

8.4.3 Zusammenhänge zwischen national und international erfasster Lesekompetenz

Wegen der unterschiedlichen theoretischen Konzeptionen ist die Frage interessant, wie die Textlernleistungen im nationalen Ergänzungstest mit der international erfassten Lesekompetenz zusammenhängen. Im PISA-Feldtest (Voruntersuchung zum eigentlichen Haupttest) waren die Zusammenhänge zwischen international erfasster Lesekompetenz und national erfassten sachtextbezogenen Lernleistungen hoch (Artelt, Schiefele, & Schneider, 2001). Je nach Text (Erde, Wasser oder Mond) lagen die entsprechenden Korrelationen zwischen .60 und .66 (als Indikator des Textlernens wurde ein aggregiertes Maß verwendet, das alle pro Text verfügbaren Einzelindikatoren umfasste).

Trotz dieser hohen Korrelationen konnten Artelt, Schiefele und Schneider (2001) zeigen, dass der nationale und der internationale Lesetest unterscheidbare Kompetenzen erfassen. In einem Vergleich von ein- versus zweidimensionalen Modellen, auf der Grundlage der *Item Response*-Theorie (IRT), wurde nachgewiesen, dass ein zweidimensionales IRT-Modell zur Beschreibung der nationalen und internationalen Lesetestdaten besser geeignet ist als ein eindimensionales Modell. Daraus kann gefolgert werden, dass mit den nationalen Tests zum Textlernen tatsächlich Aspekte der Lesekompetenz gemessen werden, die von der international erfassten Lesekompetenz empirisch unterscheidbar sind.

Wir wollen den Zusammenhang zwischen international und national erfasster Lesekompetenz an dieser Stelle differenzierter betrachten als bisher geschehen, das heißt unter Berücksichtigung verschiedener Indikatoren des Textlernens (anstelle eines globalen Indikators, der alle Lerntests umfasst). Wir gingen so vor, dass jede Schülerin und jeder Schüler pro Textkategorie (Sach- vs. Erzähltext) für jeden Textlernindikator einen Wert zugewiesen bekamen. Da alle Schülerinnen und Schüler zwei Texte vorliegen hatten, wurden die jeweiligen Werte für das Textlernen (z.B. Reproduktion/Verstehen) immer dann aggregiert, wenn eine Schülerin oder ein Schüler zwei Texte derselben Textkategorie und mit den gleichen Textlernindikatoren bearbeitet hatte. Über Texte aggregierte Indikatoren der Lernleistung bildeten wir, indem wir jedem Schüler den Mittelwert z-standardisierter, textspezifischer Indikatorwerte zuwiesen. Zu beachten ist dabei, dass im nationalen Lesetest die Erzähltexte immer mit einem Sachtext zusammen vorgegeben wurden, sodass kein Schüler zwei Erzähltexte zu bearbeiten hatte. Im Gegensatz dazu wurden die Sachtexte auch untereinander kombiniert, sodass nur die Textlernindikatoren von Sachtexten bei einem Teil der Schülerinnen und Schüler aggregiert werden mussten. Schließlich ist noch darauf hinzuweisen, dass für Erzähltexte nur ein Indikator des Textlernens bzw. der Reproduktions-/Verstehensleistung (gebildet aus der Beantwortung textbezogener Fragen) vorlag, während für zwei der drei Sachtexte zusätzlich noch Maße für die wörtliche, propositionale und situative Repräsentation zur Verfügung standen.

Die hier beschriebene Vorgehensweise der Zusammenfassung von Texten zu drei übergeordneten Kategorien (Reproduktions-/Verstehensleistung bei Sach- und Erzähltexten, situative Repräsentation bei Sachtexten) dient vor allem einer einfacheren Darstellung der Befunde. Alternativ hätten wir die Analysen bzw. Ergebnisse dieses Abschnitts (und die in Abschnitt 8.4.4 beschriebenen Modellprüfungen) auch textspezifisch präsentieren können. Ein Vergleich der hier vorgelegten (textübergreifenden) mit den textspezifischen Ergebnissen (und Modellen) rechtfertigt unser Vorgehen und zeigt, dass beide Prozeduren zu sehr ähnlichen Resultaten führen.

In Tabelle 8.7 werden die Zusammenhänge zwischen den verschiedenen Textlernindikatoren und der Lesekompetenz dargestellt. Dabei haben wir auch die drei Teildimensionen der international erfassten Lesekompetenz (Informationen ermitteln, textbezogenes Interpretieren, Reflektieren und Bewerten) sowie die Unterscheidung von kontinuierlichen und nichtkontinuierlichen Texten berücksichtigt (vgl. Artelt u.a., 2001). Mit Ausnahme der beiden textnahen Textrepräsentationen korrelieren die national erfassten Indikatoren des Textlernens insgesamt hoch ($r > .50$) mit der international erhobenen Lesekompetenz[6] (Tab. 8.7). Dabei macht es wenig Unterschied, welche Dimension der Lesekompetenz oder welche Textkategorie man betrachtet. Wir sehen da-

National erfasste Textlern-leistung	International erfasste Lesekompetenz					
	Gesamt-wert	Informationen ermitteln	Text-bezogenes Inter-pretieren	Reflektieren und Bewerten	Kontinuier-liche Texte (Gesamtwert)	Nicht-kontinuierliche Texte (Gesamtwert)
Reproduktion/ Verstehen (Sachtexte)	.66	.68	.70	.66	.69	.66
Reproduktion/ Verstehen (Erzähltexte)	.71	.72	.74	.70	.73	.71
Wörtliche Repräsentation (Sachtexte)	.25	.24	.26	.24	.25	.23
Propositionale Repräsentation (Sachtexte)	.25	.26	.25	.25	.26	.25
Situative Repräsentation (Sachtexte)	.55	.55	.55	.52	.55	.55

Bei den Korrelationen handelt es sich um FIML-Schätzungen. Alle Korrelationen sind signifikant ($p < .001$, zweiseitige Prüfung).
Stichprobengrößen: Reproduktion/Verstehen: N = 2.835 (Sachtexte), N = 2.431 (Erzähltexte); Repräsentationskomponenten: N = 2.841 (Sachtexte).

Tabelle 8.7 Korrelationen zwischen Lesekompetenz und verschiedenen Indikatoren des Textlernens

her in allen folgenden Analysen von einer Differenzierung der Dimensionen international erfasster Lesekompetenz ab.

Deutlicher sind die Unterschiede zwischen den Korrelationen in Tabelle 8.7 jedoch in Abhängigkeit von der Art der Komponente der Textrepräsentation. Während die situative Textrepräsentation (wie die Reproduktions-/Verstehensleistung) hoch mit den Dimensionen international erhobener Lesekompetenz korreliert, bestehen zwischen der wörtlichen bzw. propositionalen Textrepräsentation und der international erfassten Lesekompetenz nur geringe bis mittlere Abhängigkeiten.

Zusammenfassend kann gefolgert werden, dass das Ausmaß der in PISA erfassten Lesekompetenz für alle Textlernindikatoren, in denen ein tiefer gehendes Textverständnis zum Ausdruck kommt, von gleichermaßen hoher Bedeutung ist. Dagegen legen die Ergebnisse den Schluss nahe, dass die Lesekompetenz nur in sehr begrenztem Ausmaß mit der Bildung textnaher mentaler Repräsentationen (wörtlich, propositional) assoziiert ist. Möglicherweise spielen die textnahen Repräsentationen beim Textverstehen nur eine relativ geringe Rolle, weil sie – anders als die situative Repräsentation – auf grundlegenden Prozessen basieren, die eine notwendige, aber nicht hinreichende Bedingung für tiefer gehende Verstehensleistungen darstellen.

Die eben berichteten Befunde sprechen für deutliche, linear positive Beziehungen zwischen Lesekompetenz und Textlernleistungen. Die Linearität und (teilweise unterschiedliche) Stärke der Zusammenhänge lässt sich gut veranschaulichen, wenn wir die in der PISA-Studie definierten fünf Kompetenzstufen der Lesekompetenz heranziehen (vgl. Artelt u.a., in diesem Band). In den Abbildungen 8.2a und 8.2b werden die durchschnittlich erreichten nationalen Lerntestergebnisse in Abhängigkeit von den unterschiedlichen Kompetenzstufen dargestellt. Abbildung 8.2a zeigt zunächst die mit den textbezogenen Fragen erfassten, durchschnittlichen Reproduktions-/Verstehensleistungen der Schülerinnen und Schüler auf den unterschiedlichen Kompetenzniveaus. Erwartungsgemäß geht der Anstieg der Kompetenzstufen mit einer kontinuierlichen Zunahme textspezifischer Lernleistungen einher, wobei sich dieser Effekt im Umgang mit den Erzähltexten noch deutlicher zeigt als im Umgang mit den Sachtexten. In einfaktoriellen Varianzanalysen lassen sich signifikante Effekte der Kompetenzstufenzugehörigkeit auf die Indikatoren des Textlernens aufzeigen (Sachtexte: $F[5,2829] = 388,9$, Erzähltexte: $F[5,2425] = 451,8$; beide $p < .01$). Effektstärken (η^2) belegen, dass die Kompetenzstufen in der erzähltextbezogenen Lernleistung einen höheren Varianzanteil (48 %) erklären als in der sachtextbezogenen Lernleistung (41 %). Der paarweise Vergleich einzelner Kompetenzstufen (mittels Tukey HSD) macht deutlich, dass Schülerinnen und Schüler einer höheren Lesekompetenzstufe bei der Beantwortung von Fragen, die auf die zuvor gelesenen Texte bezogen sind, ohne Ausnahme besser abschneiden als Schülerinnen und Schüler eines darunter liegenden Kompetenzniveaus. Dasselbe lässt sich in Bezug auf die Stärke der situativen Textrepräsentation feststellen, die (ausnahmslos) von Schülerinnen und Schülern einer höheren Kompetenzstufe signifikant stärker bzw. besser ausgebildet wird als von Schülerinnen und Schülern einer niedrigeren Kompetenzstufe ($F[5,2020] = 192,4$; $p < .01$). In den Abbildungen 8.2a und 8.2b kommt dieser Sachverhalt in dem kontinuierlichen Ansteigen der Geraden zum Ausdruck, die den Zusammenhang von Kompetenzstufen und Textlernleistung (indiziert durch die Ausprägungen der Reproduktions-/Verstehensleistung und der situativen Textrepräsentation) darstellen. Betrachtet man dazu im Vergleich die Geraden, die die Abhängigkeit der textnahen Repräsentationsaspekte von den Lesekompetenzstufen beschreiben (Abb. 8.2b), so zeigt sich, dass diese weniger kontinuierlich ansteigen. Einzelvergleiche (Tukey HSD) machen entsprechend deutlich, dass sich einerseits Schülerinnen und Schüler der Kompetenzstufen < I und I und andererseits Schülerinnen und Schüler der Kompetenzstufen IV und V jeweils nicht bedeutsam im Ausmaß ihrer wörtlichen Repräsentation unterscheiden. In ähnlicher Weise können keine Unterschiede in der propositionalen Textrepräsentation zwischen Schülerinnen und Schülern der Kompetenzstufen < I, I und II bzw. zwischen Schülerinnen und Schülern der Kompetenzstufen IV und V festgestellt werden. Ein Haupteffekt der Kompetenzstufenzugehörigkeit lässt sich allerdings auch für die textnahen Repräsentationskomponenten nachweisen (wörtliche Repräsentation: $F[5,2020] = 29,1$, propositionale Repräsentation: $F[5,2020] = 32,2$; alle $p < .01$). Die für die wörtliche bzw. propositionale Repräsentationskomponente nachweisbare Varianzaufklärung durch die Kompetenzstufen ist mit jeweils 7 Prozent deutlich geringer als die Varianzaufklärung für die situative Repräsentation (32 %) und die Reproduktions-/Verstehensleistungen (41 % bzw. 48 %).

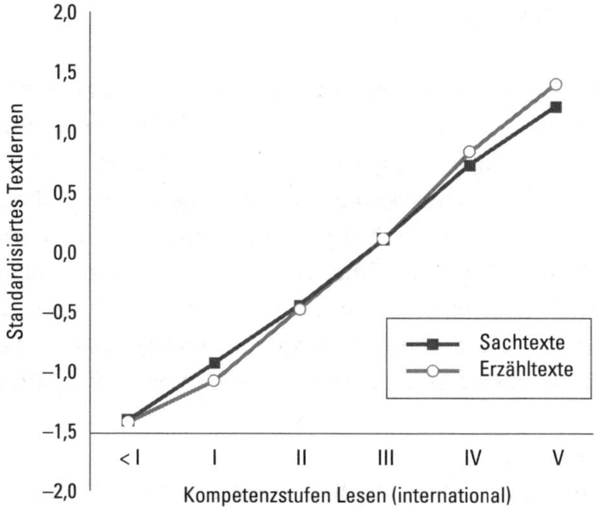

Abbildung 8.2a Abhängigkeit standardisierter Textlernleistungen (Reproduktion/Verstehen) von den Kompetenzstufen international erfasster Lesekompetenz; N variiert je nach Kompetenzstufe zwischen N = 166 (< Stufe I) und N = 783 (Stufe III)

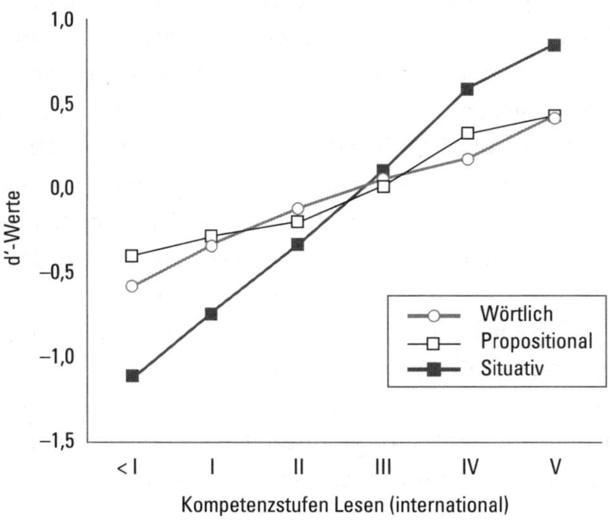

Abbildung 8.2b Abhängigkeit der wörtlichen, propositionalen und situativen Textrepräsentation (d'-Werte) von den Kompetenzstufen international erfasster Lesekompetenz; N variiert je nach Kompetenzstufe zwischen N = 166 (< Stufe I) und N = 670 (Stufe III)

8.4.4 Bedingungsanalyse der Textlernleistung

Im Folgenden wollen wir prüfen, inwiefern das in Abschnitt 8.2.3 beschriebene Modell zur Vorhersage des Textlernens mit den empirischen Daten übereinstimmt. Dazu gehen wir in zwei Schritten vor. Zunächst analysieren wir die direkten bzw. einfachen Zusammenhänge zwischen den von uns berücksichtigten potenziellen Bedingungsfaktoren und den Indikatoren des Textlernens. Dies gibt einen ersten Eindruck von der Bedeutsamkeit einzelner Faktoren. Da wir allerdings davon ausgehen, dass einige der Variablen (z.B. die Merkmale des familiären Hintergrunds) sich nur indirekt, das heißt vermittelt über andere Variablen, auf das Textlernen auswirken, wird ein zweiter Schritt notwendig, in dem wir unser theoretisches Modell im Ganzen einer Prüfung unterziehen.

Korrelative Zusammenhänge

Die in Tabelle 8.8 dargestellten Korrelationen zeigen, inwiefern die in unserem Modell berücksichtigten Bedingungsfaktoren zur Vorhersage textspezifischer Lernleistungen geeignet sind. Wir unterscheiden auch hier erzähl- und sachtextbezogenes Textlernen, denn es besteht die Möglichkeit, dass in Abhängigkeit der Textarten unterschiedliche Modelle resultieren. Darüber hinaus ist nur bei den Sachtexten das Vorwissen der Schülerinnen und Schüler erfasst worden.

Die Ergebnisse der Korrelationsanalysen zeigen erwartungsgemäß die stärksten Zusammenhänge für die kognitiven Lernermerkmale, allen voran die kognitive Grundfähigkeit. Etwas schwächer sind die Vorhersagewerte für die motivationalen Variablen (intrinsische Lesemotivation, thematisches Interesse, verbales Selbstkonzept). Sehr geringe Zusammenhänge ergeben sich für die Kontroll- und Elaborationsstrategien. Dieses Resultat ist durchaus in Einklang mit anderen empirischen Befunden, die gezeigt haben, dass selbstberichtete Lernstrategien schwache Leistungsprädiktoren darstellen (z.B. Artelt, 2000). Die Merkmale des familiären Hintergrunds korrelieren in mittlerem Ausmaß mit den Textlernleistungen. Von diesem Muster weicht nur der niedrige Zusammenhang zwischen sozialem Kapital und Textlernen ab.

Der Vergleich verschiedener Indikatoren des Textlernens zeigt, dass die Reproduktions-/Verstehensleistungen und die Ausprägung der situativen Textrepräsentation erheblich besser vorhergesagt werden können als die textnahen Repräsentationskomponenten. Dies ist vermutlich darauf zurückzuführen, dass die textnahen Repräsentationen auf grundlegenderen Verarbeitungsprozessen beruhen und in geringerem Ausmaß höhere Verstehensleistungen implizieren. Dazu passt auch der in Abschnitt 8.4.3 berichtete Befund, wonach mit den in PISA ermittelten Kompetenzstufen vergleichsweise geringe Unterschiede in der wörtlichen und propositionalen Repräsentation einhergehen. Offenbar unterscheiden sich gute und schlechte Leser eher bei den anspruchsvolleren Lernindikatoren. Ein Test des Gesamtmodells bezüglich der wörtlichen und propositionalen Repräsentation schien uns jedenfalls aufgrund der geringen Varianzaufklärung nicht sinnvoll zu sein (entsprechende Modelltests ergaben eine Varianzaufklärung von höchstens 7 %).

Bedingungsfaktoren	Indikatoren des Textlernens				
	Reproduktion/ Verstehen (Sachtexte)[1]	Reproduktion/ Verstehen (Erzähltexte)[2]	Wörtliche Komponente (Sachtexte)[3]	Propositionale Komponente (Sachtexte)[3]	Situative Komponente (Sachtexte)[3]
Kognitive Fähigkeit (KFT)	.57	.60	.24	.21	.51
Intrinsische Lesemotivation	.28	.35	.13	.13	.22
Verbales Selbstkonzept	.18	.19	.12	.10	.09
Vorwissen[4]	.43	–	.12	.14	.43
Metakognitives Strategiewissen	.38	.45	.17	.17	.36
Dekodierfähigkeit	.37	.40	.12	.11	.30
Thematisches Interesse	.22	.16	.10	.05	.17
Elaborationsstrategien	.08	.10	.02	.03	.13
Kontrollstrategien	.17	.11	.12	.08	.14
Bildungsabschluss (Eltern)	.29	.28	.07	.07	.25
Sozioökonomischer Status (Eltern)	.29	.30	.09	.08	.27
Kulturelles Kapital (Anzahl der Bücher)	.28	.32	.07	.12	.25
Soziales Kapital (familiäre Kommunikation)	.13	.14	.05	.04	.12

Bei den angezeigten Korrelationen handelt es sich um FIML-Schätzungen. Mit Ausnahme der Korrelationen $< .05$ sind alle Korrelationen signifikant ($p < .01$, zweiseitige Prüfung).
[1] N = 2.835, [2] N = 2.431, [3] N = 2.841, [4] Vorwissen wurde nur bei den Sachtexten erhoben.

Tabelle 8.8 Korrelationen zwischen Bedingungsfaktoren und Indikatoren des Textlernens

Modellüberprüfung

(1) Methodisches Vorgehen

Die zur Überprüfung des in Abschnitt 8.2.3 vorgestellten Modells notwendigen Strukturgleichungsanalysen wurden mit dem Programm AMOS 5.0 (Arbuckle & Wothke, 2003) durchgeführt. Das Modell wurde getrennt für das sach- und erzähltextbezogene Textlernen sowie für die (sachtextbezogene) situative Textrepräsentation analysiert. Der Modelltest umfasst somit die Prüfung von drei Modellvarianten, in denen jeweils unterschiedliche Indikatoren des Textlernens vorhergesagt werden. Außer in der Kriteriumsvariablen unterscheiden sich die Modellvarianten in zwei Punkten: *Erstens* gehen die sach- und erzähltextbezogenen Reproduktions- und Verstehensleistungen als *latente Variablen* (indikatorisiert durch offene Fragen und MC-Items) in die entsprechenden Modelle ein (Modellvariante 1 für Sachtexte, Modellvariante 2 für Erzähltexte). Die situative Textrepräsentation, für die wir nur einen Indikator verfügbar haben, ist demgegenüber als manifeste Variable in dem entsprechenden Modell enthalten (Modellvariante 3). Ein zweiter Unterschied zwischen den Modellvarianten besteht darin, dass das Modell zur erzähltextbezogenen Lernleistung den Bedingungsfaktor Vorwissen nicht enthält, da in Bezug auf die Erzähltexte kein Vorwissen erfasst wurde.

Bei der Überprüfung der Modellvarianten gingen wir jeweils so vor, dass wir zunächst das theoretisch postulierte Modell testeten (wobei wir in allen Fällen bereits akzeptable Fit-Indizes erhielten). Anschließend nahmen wir eine Anpassung vor, indem wir sowohl neue signifikante Pfade in das Modell aufnahmen *(model building)* als auch ursprünglich angenommene, aber nichtsignifikante Pfade entfernten *(model trimming)*. Dabei ist noch zu beachten, dass wir (wie bereits in Abschnitt 8.2.3 erwähnt) generell zwischen den Variablen, die derselben Ebene (z.B. der Ebene spezifischer Lernermerkmale) angehören, ungerichtete Zusammenhänge annahmen und folglich in den Modellen berücksichtigten[7]. Auf diese korrelativen Beziehungen gehen wir im Folgenden nicht weiter ein (siehe dazu Anhang B).

Die Aufnahme neuer Pfade verlief schrittweise. Ausgehend von unserem Modell prüften wir zunächst einzeln die Stärke aller direkten Pfade zwischen den Variablen, die nicht derselben Ebene zugeordnet waren und die wir aus theoretischen Erwägungen nicht in das Ausgangsmodell aufgenommen hatten. Die signifikanten Pfade wurden anschließend schrittweise (beginnend mit dem jeweils stärksten) in das Modell aufgenommen und nur dann beibehalten, wenn es durch die Aufnahme zu einer signifikanten Verbesserung des Modellfits (im Sinne des χ^2-Werts) kam[8]. Nachdem der Prozess der Modellbildung abgeschlossen war, entfernten wir die nichtsignifikanten Pfade (beginnend mit dem jeweils schwächsten) nacheinander aus dem Modell, wobei es in keinem Fall zu einer signifikanten Verschlechterung des Modells kommen durfte.

In den Abbildungen 8.3, 8.4 und 8.5 sind die resultierenden, angepassten Modelle zu den drei Indikatoren der Textlernleistung dargestellt. Wie bereits in den korrelativen Analysen (siehe oben und Abschnitt 8.4.3) stimmen die Stichproben, für die die verschiedenen Lernindikatoren erfasst wurden, nur zum Teil überein, weil nicht alle Schülerinnen und Schüler alle Texte bearbeitet haben. Die unterschiedlichen Modellvarianten wurden somit in unterschiedlichen, aber teilweise überlappenden Stichproben angepasst. Um die Übersichtlichkeit der Modelldarstellungen zu erhöhen, beschränkten wir uns auf die wesentlichen Zusammenhänge bzw. Effekte und nahmen in die Abbildungen nur signifikante Pfade mit Koeffizienten ab $|.10|$ auf. Wegen der relativ großen Stichproben werden auch irrelevante bzw. sehr niedrig ausgeprägte Pfade signifikant.

(2) Sachtextbezogenes Lernen I (Textreproduktion und -verständnis)

Abbildung 8.3 zeigt das angepasste Modell für die sachtextbezogene Reproduktions- und Verstehensleistung (Wasser- und Mond-Text). Das Modell erreicht insgesamt eine sehr hohe Varianzaufklärung (68 %). Dabei ergibt sich ganz eindeutig die kognitive Grundfähigkeit als der entscheidende und wichtigste Einflussfaktor. Dies zeigt sich einerseits in dem höchsten Pfadkoeffizienten (.44) für den direkten Effekt auf das Textlernen. Andererseits hat die kognitive Grundfähigkeit substanziellen Einfluss auf alle anderen kognitiven Bedingungsfaktoren (nämlich Vorwissen, Dekodierfähigkeit und Strategiewissen) und übt somit zusätzlich zu ihrem direkten Effekt einen nennenswerten indirekten Effekt auf die Textlernleistung aus.

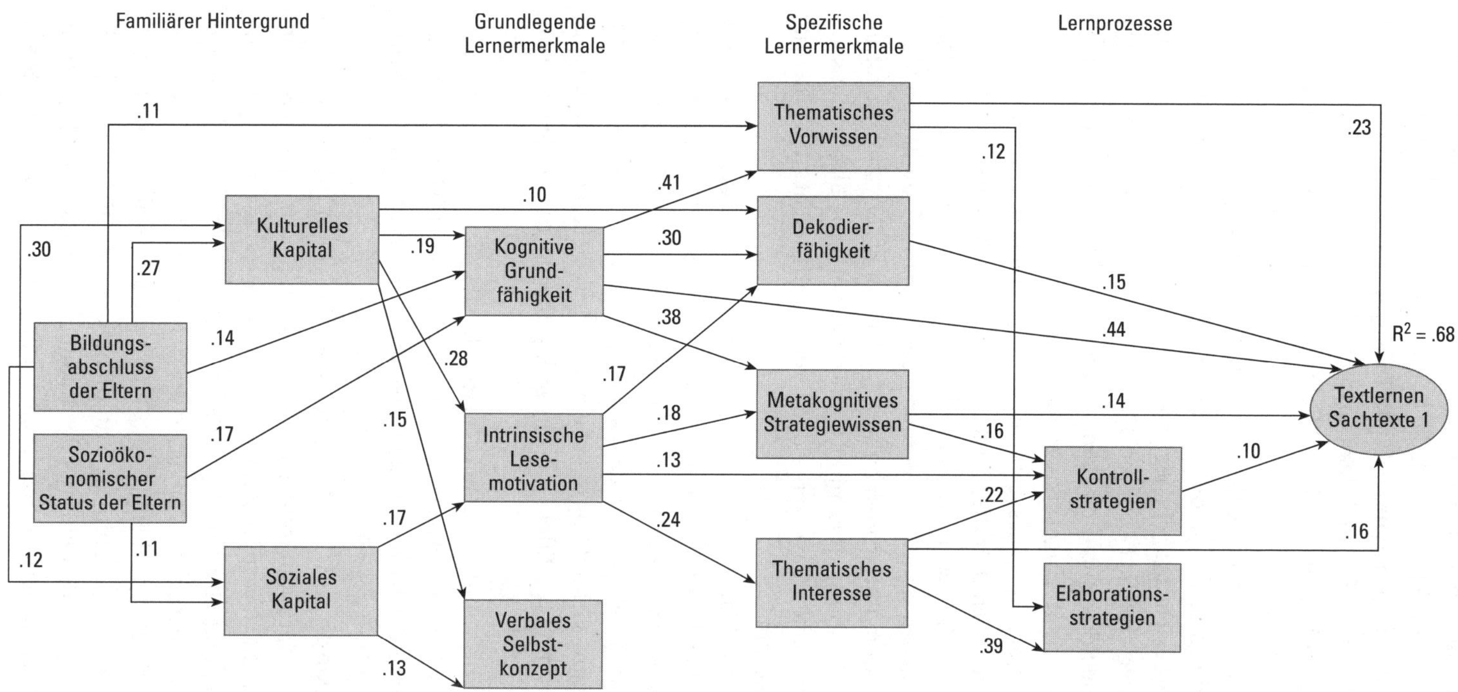

χ^2 = 118,5 (df = 52, N = 2.835); p < .01, χ^2/df = 2,28, TLI = .981, CFI = .992, RMSEA = .02; alle Pfade sind signifikant (p < .05); signifikante Pfade mit Koeffizienten < | .10 | und ungerichtete Pfade werden nicht angezeigt.

Abbildung 8.3 Angepasstes Modell des Lernens mit Sachtexten (Reproduktions-/Verstehensleistung)

Neben der kognitiven Grundfähigkeit erweist sich das thematische Vorwissen als zweitwichtigster Faktor, gefolgt von dem thematischen Interesse, der Dekodierfähigkeit und dem metakognitiven Strategiewissen. Auch die Kontrollstrategien tragen signifikant zur Textlernleistung bei. Allerdings ist dieser Effekt so gering, dass die Kontrollstrategien nicht als wirksamer Mediator für die Effekte anderer Variablen in Frage kommen. Die mangelnde Mediation wird in den direkten Effekten des Strategiewissens und des thematischen Interesses deutlich.

Die Nutzung von Elaborationsstrategien ist zwar sehr hoch mit dem thematischen Interesse assoziiert, allerdings bleibt sie ohne substanzielle Bedeutung für das Textlernen. Wider Erwarten ergab sich sogar ein negativer (wenngleich sehr geringer und daher in Abb. 8.3 nicht angezeigter) Pfad (–.07) von den Elaborationsstrategien auf die Textlernleistung. Eine mögliche Erklärung für diesen negativen Effekt wäre, dass die Elaborationsstrategien nicht effizient eingesetzt wurden. So können Elaborationen zu unwichtigen Textstellen von den Kernaussagen eines Textes ablenken und dadurch Verstehensleistungen beeinträchtigen. Für diese Interpretation spricht, dass das metakognitive Strategiewissen nahe null (bzw. leicht negativ: –.05) zur Vorhersage der Elaborationsstrategien beiträgt. Daneben kann dieser Befund jedoch auch auf Validitätsprobleme bei der Erfassung der Elaborationsstrategien hinweisen. Wie bereits erwähnt, ist aus der Literatur bekannt (z.B. Artelt, 2000), dass mittels Fragebögen erfasste Elaborationsstrategien – im Gegensatz zu verhaltensbasierten Indikatoren – häufig nicht zur Vorhersage von Lernleistungen geeignet sind.

Ähnlich wie der kognitiven Grundfähigkeit, wenn auch in deutlich geringerem Ausmaß, kommt der intrinsischen Lesemotivation eine Schlüsselrolle in dem Modell zu. So gibt es signifikante und substanzielle Pfade der Lesemotivation auf die Dekodierfähigkeit, das metakognitive Strategiewissen, das thematische Interesse und die Kontrollstrategien. Anders als die kognitive Grundfähigkeit übt die intrinsische Lesemotivation allerdings keinen zusätzlichen direkten Effekt auf die sachtextbezogene Lernleistung aus (siehe jedoch das Modell in Abb. 8.4).

Der Einfluss des dritten grundlegenden Lernermerkmals, nämlich des verbalen Selbstkonzepts, auf das Textlernen ist dagegen als sehr gering einzuschätzen. Hier wäre es für künftige Studien empfehlenswert, anstelle des unspezifischen verbalen Selbstkonzepts das Selbstkonzept *lesebezogener Fähigkeit* zu erfassen.

Betrachtet man die Effekte der sozialen Herkunft innerhalb des Modells, so zeigt sich, dass die strukturellen Hintergrundmerkmale (Bildungsabschluss und sozioökonomischer Status) nicht ausschließlich vermittelt über das kulturelle und soziale Kapital wirksam werden. So hat der Bildungsabschluss zusätzlich auch direkte Pfade zur kognitiven Grundfähigkeit und dem thematischen Vorwissen der Schülerinnen und Schüler. Der sozioökonomische Status weist (unabhängig vom kulturellen Kapital) ebenfalls einen direkten Zusammenhang mit der kognitiven Grundfähigkeit auf. Offenbar ist die Berücksichtigung von Faktoren, die den Einfluss des Bildungsabschlusses und des sozioökonomischen Status auf das Textlernen vermitteln, in unserem Modell relativ gut gelungen. Zu erwähnen ist allerdings, dass der sozioökonomische Status einen zwar schwa-

Pfade	Gesamtstichprobe (N = 2.835)	Hauptschule (N = 450)	Realschule (N = 727)	Gymnasium (N = 875)
Bildungsabschluss → kulturelles Kapital	.27**	.27**	.21**	.27**
Bildungsabschluss → soziales Kapital	.12**	.12*	.09*	.11*
Sozioökonomischer Status → kulturelles Kapital	.30**	.12*	.23**	.24**
Sozioökonomischer Status → soziales Kapital	.11**	.01	.10*	.07
Bildungsabschluss → Vorwissen	.11**	.09	.08*	.11**
Bildungsabschluss → kognitive Grundfähigkeit	.14**	–.12	–.03	.14**
Sozioökonomischer Status → kognitive Grundfähigkeit	.17**	.08	.01	–.01
Sozioökonomischer Status → Textlernleistung[1]	.09**	.08	.09	.05
Kulturelles Kapital → kognitive Grundfähigkeit	.19**	.03	.12*	.20**
Kulturelles Kapital → Dekodierfähigkeit	.10**	.03	.12**	.07
Kulturelles Kapital → intrinsische Lesemotivation	.28**	.05	.25**	.23**
Kulturelles Kapital → verbales Selbstkonzept	.15**	.04	.16**	.13**
Soziales Kapital → intrinsische Lesemotivation	.18**	.25**	.18**	.16**
Soziales Kapital → verbales Selbstkonzept	.13**	.10**	.08*	.19**

[1] Dieser Pfad ist wegen seiner geringen Ausprägung nicht im Modell (siehe Abb. 8.3) enthalten.
* $p < .05$, ** $p < .01$.

Tabelle 8.9 Direkte Effekte (standardisierte Pfadkoeffizienten) familiärer Hintergrundmerkmale im Gesamtmodell und in den schulformspezifischen Modellen (sachtextbezogenes Lernen I)

chen (und deshalb in Abb. 8.3 nicht enthaltenen), aber dennoch vorhandenen direkten Pfad (.09) zur Textlernleistung aufweist.

Das kulturelle Kapital (Bücherbesitz) stellt einen besonders einflussreichen Indikator der sozialen Herkunft dar. Es ergeben sich direkte Effekte dieser Variablen auf alle grundlegenden Lernermerkmale sowie die Dekodierfähigkeit und das thematische Vorwissen. Die stärksten Effekte übt das kulturelle Kapital auf die Lesemotivation und die kognitive Grundfähigkeit der Schülerinnen und Schüler aus, das heißt auf die beiden Merkmale, die in dem Modell eine Schlüsselposition einnehmen. Demgegenüber wirkt sich das soziale Kapital nur auf die Lesemotivation und das verbale Selbstkonzept aus. Das höhere Ausmaß, in dem das kulturelle Kapital (verglichen mit dem sozialen) mit der Textlern-

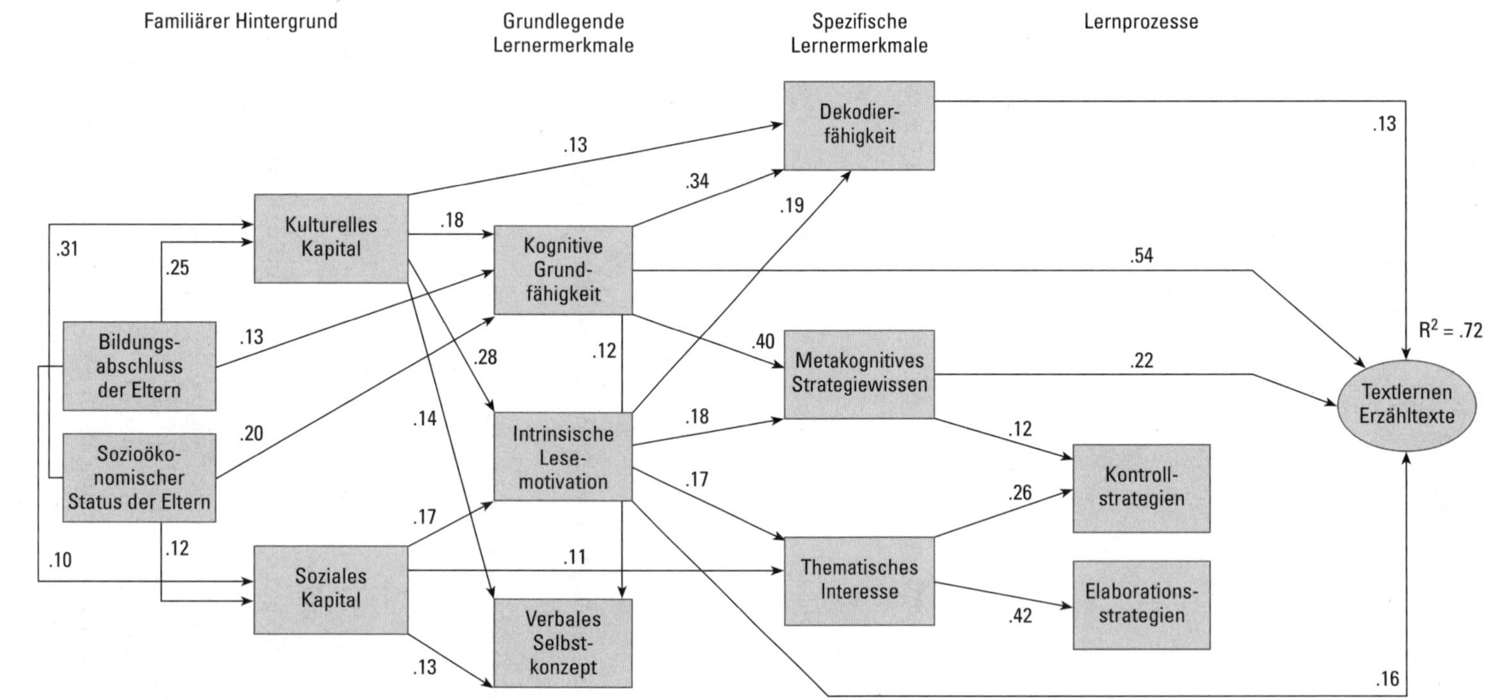

χ^2 = 127,0 (df = 53, N = 2.431); p < .01, χ^2/df = 2,40, TLI = .976, CFI = .988, RMSEA = .02; alle Pfade sind signifikant (p < .05); signifikante Pfade mit Koeffizienten < |.10| und ungerichtete Pfade werden nicht angezeigt.

Abbildung 8.4 Angepasstes Modell des Lernens mit Erzähltexten (Reproduktions-/Verstehensleistung)

leistung assoziiert ist (siehe Tab. 8.8), lässt sich somit vor allem darauf zurückführen, dass das kulturelle Kapital (im Unterschied zum sozialen) auch zentrale kognitive Bedingungsfaktoren des Textlernens beeinflusst.

Wie sich in früheren Studien gezeigt hat (Baumert, Köller, & Schnabel, 2000), können Effekte der sozialen Herkunft auf Leistungsindikatoren teilweise dadurch bedingt sein, dass Schülerinnen und Schüler aus unterschiedlichen Sozialschichten ungleiche Chancen haben, eine besonders entwicklungsförderliche Schulform, wie zum Beispiel das Gymnasium, zu besuchen (siehe Abschnitt 8.2.2). Die Schulformen verstärken somit die vermutlich zum Zeitpunkt der Übergangsentscheidung bereits vorhandenen Leistungsunterschiede zwischen Schülern aus unterschiedlichen Schichten (Baumert, Köller, & Schnabel, 2000). Die Effekte des familiären bzw. sozialen Hintergrunds auf die Leseleistung sind folglich mit dem Effekt der Schulformzugehörigkeit konfundiert. Wir hielten es daher für ratsam, ergänzende schulformspezifische Modelltests (für Hauptschüler, Realschüler und Gymnasiasten) durchzuführen[9]. Durch diese Tests kann geprüft werden, ob die für die Gesamtstichprobe festgestellten Effekte des familiären Hintergrunds von der Schulformzugehörigkeit unabhängig sind oder ob sie durch die differenziellen Einflüsse der Schulformen erst erzeugt werden. Tabelle 8.9 zeigt die innerhalb der Schulformen (auf der Basis des in Abb. 8.3 dargestellten Modells) ermittelten Effekte der Hintergrundmerkmale im Vergleich mit den in der Gesamtstichprobe berechneten Koeffizienten. Dabei ist zu erwähnen, dass die schulformspezifischen Modelle ebenfalls einen sehr guten Modellfit erzielten.

Die für Schülerinnen und Schüler unterschiedlicher Schulformen getrennt durchgeführten Modelltests zeigen zunächst erwartungsgemäß, dass der Zusammenhang von sozioökonomischem Status und kulturellem bzw. sozialem Kapital unabhängig von der Schulform bestehen bleibt. Allerdings sind die direkten Effekte des Status auf die kognitive Grundfähigkeit innerhalb der Schulformen nicht mehr nachweisbar. Daraus kann gefolgert werden, dass diese in der Gesamtstichprobe nachweisbaren Effekte (vgl. Abb. 8.3) mit großer Wahrscheinlichkeit auf den vermittelnden Einfluss der Schulformen zurückzuführen sind.

Die Pfade des sozialen und kulturellen Kapitals bleiben dagegen auch in den schulformspezifischen Modellen weitgehend in ihrer Stärke erhalten. Dies bestätigt die theoretischen Überlegungen in Abschnitt 8.2.2, denen zufolge schulformunabhängige Einflüsse des sozialen und kulturellen Kapitals einer Familie auf die (Text-)Lernleistungen der Kinder zu erwarten sind. Lediglich in der Stichprobe der Hauptschülerinnen und -schüler fällt auf, dass keine signifikanten Pfade vom kulturellen Kapital ausgehen. Die Effekte der strukturellen Hintergrundmerkmale auf die Textlernleistungen der Hauptschülerinnen und -schüler werden offenbar vor allem durch Unterschiede im sozialen Kapital vermittelt, das wiederum Effekte auf motivationale Schülermerkmale (insbesondere Lesemotivation) ausübt.

Darüber hinaus ist auffällig, dass der positive Pfad vom Bildungsabschluss der Eltern auf die kognitive Grundfähigkeit nur in der Gymnasialstichprobe auftritt, während in der Hauptschule sogar ein negativer (wenngleich nicht signifikanter) Pfad zu beobachten ist.

Darin könnte sich eine gewisse Tendenz andeuten, dass die Kinder von Eltern mit hohen Bildungsabschlüssen nur dann eine Hauptschule besuchen, wenn ihre Fähigkeiten übermäßig gering sind. Dies wiederum passt gut zu dem in der PISA-Studie berichteten Befund, wonach Kinder höherer Sozialschichten auch bei gleicher Fähigkeit eine deutlich größere Chance als Kinder niedriger Sozialschichten haben, eine höhere Schulform zu besuchen.

(3) Erzähltextbezogenes Lernen (Textreproduktion und -verständnis)
Das Modell zum erzähltextbezogenen Lernen unterscheidet sich von dem für Sachtexte vor allem durch das Fehlen des Faktors Vorwissen. Für narrative Texte, wie die hier verwendeten, fällt es im Allgemeinen schwer, relevantes inhaltliches Vorwissen zu operationalisieren. Deshalb wurde im nationalen Ergänzungstest bei den Erzähltexten auf eine Vorwissensbefragung verzichtet.

Die Überprüfung des Modells erfolgte wie oben bereits beschrieben. Zunächst ist festzustellen, dass das resultierende Modell (siehe Abb. 8.4) sehr gute Fit-Indizes aufweist, eine hohe Varianzaufklärung erreicht (72 %) und weitgehend mit dem Modell für Sachtexte übereinstimmt. Gegenüber dem Modell für Sachtexte erwiesen sich jedoch einige Pfade als nicht signifikant. Dies betrifft unter anderem die Pfade der Kontrollstrategien und des thematischen Interesses auf das Textlernen. Gewissermaßen als „Ausgleich" ist nun ein signifikanter Pfad der Lesemotivation auf das Textlernen festzustellen. Die besondere Bedeutung der Lesemotivation könnte dadurch begründet sein, dass der Fragebogen zur Erfassung der Lesemotivation vor allem auf freizeitbezogenes Lesen gerichtet ist und narrative Texte im Freizeitbereich vermutlich dominieren.

Im Vergleich zu dem Modell für Sachtexte konnten in dem Modell für Erzähltexte höhere Koeffizienten für die Pfade der kognitiven Grundfähigkeit und des metakognitiven Strategiewissens festgestellt werden. Dies ist vermutlich darauf zurückzuführen, dass das thematische Vorwissen, das mit diesen beiden Faktoren assoziiert ist (siehe Anhang B) und in dem Modell für Sachtexte substanziell zur Varianzaufklärung beiträgt, in dem Modell des erzähltextbezogenen Lernens nicht enthalten ist.

(4) Sachtextbezogenes Lernen II (situative Textrepräsentation)
Abschließend betrachten wir die Eignung des Modells im Hinblick auf die Vorhersage der situativen Repräsentationskomponente. Das Vorgehen bei der Anpassung des Ausgangsmodells entspricht den bereits beschriebenen Prozeduren.

Das resultierende Modell (vgl. Abb. 8.5) leistet eine substanzielle Varianzaufklärung von 33 Prozent, die allerdings deutlich unter den Werten liegt, die für die berichteten Modelle zur Vorhersage von Reproduktions-/Verstehensleistungen erreicht wurden. Auch wenn man berücksichtigt, dass die situative Repräsentation als manifeste (und damit messfehlerbehaftete) Variable in die Modellberechnungen einging und die Varianzaufklärung somit etwas unterschätzt wurde, ist hier von einem gravierenden Unterschied in der Vorhersagbarkeit auszugehen.

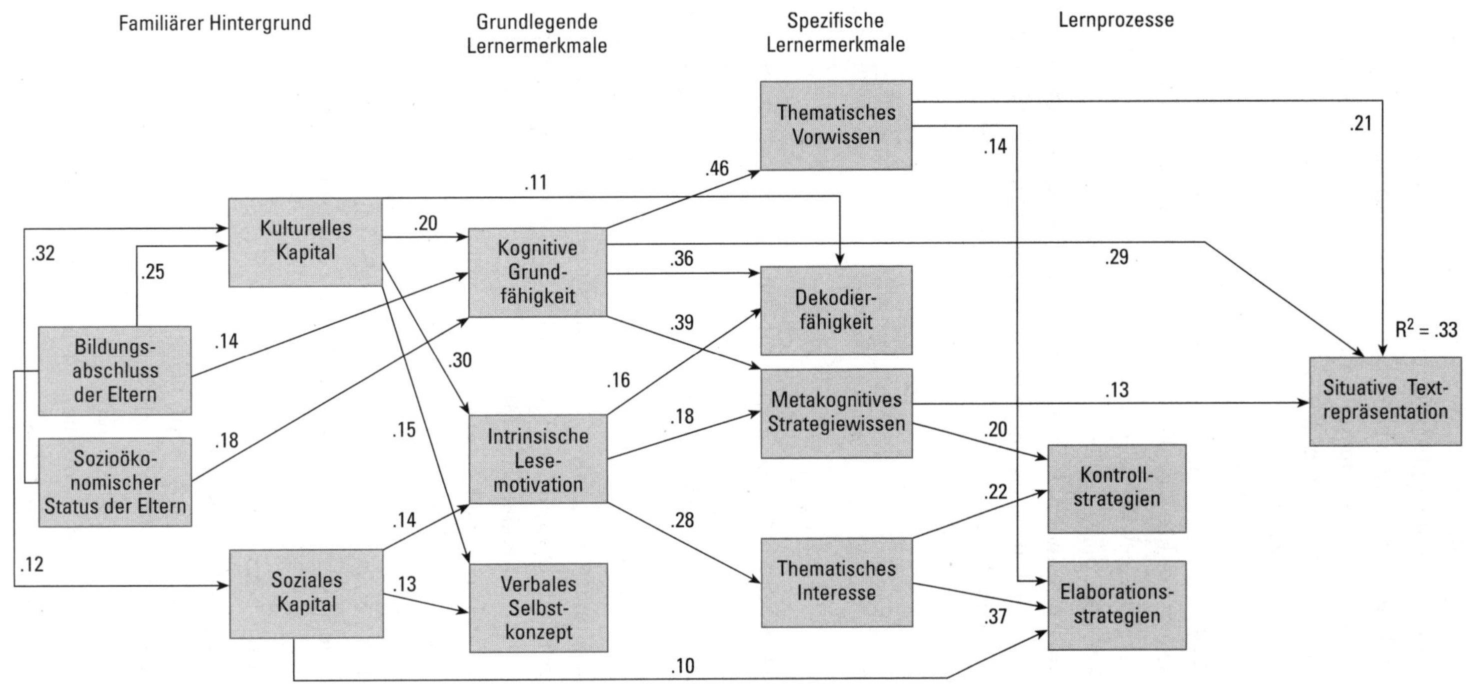

$\chi^2 = 120{,}7$ (df = 45, N = 2.841); $p < .01$, $\chi^2/df = 2{,}68$, TLI = .975, CFI = .989, RMSEA = .02; alle Pfade sind signifikant ($p < .05$); signifikante Pfade mit Koeffizienten $< |.10|$ und ungerichtete Pfade werden nicht angezeigt.

Abbildung 8.5 Angepasstes Modell der situativen Textrepräsentation

Insgesamt gesehen kann eine große Übereinstimmung mit den obigen sach- und erzähltextbezogenen Modellen festgestellt werden, wenngleich die auf die situative Repräsentation direkt gerichteten Pfade zum Teil deutlich geringer ausfallen. Keine direkten oder indirekten Pfade sind für das thematische Interesse zu beobachten. Für die intrinsische Lesemotivation ergibt sich nur ein indirekter Pfad über das Strategiewissen.

Interessant erscheint der tendenzielle Befund, dass das Vorwissen und das metakognitive Strategiewissen relativ zur Größe der Fähigkeitsindikatoren (kognitive Grundfähigkeit und Dekodierfähigkeit) bei der Vorhersage der situativen Textrepräsentation – im Vergleich mit der Vorhersage der sachtextbezogenen Lernleistung (siehe Abb. 8.3) – an Bedeutsamkeit gewinnen. So entsprechen sich die direkten Einflussstärken des Vorwissens und des metakognitiven Strategiewissens in beiden Modellen in etwa, obwohl die Varianzaufklärung in dem Modell der situativen Repräsentation insgesamt deutlich reduziert ist. Allerdings könnte zumindest der geringere direkte Effekt der kognitiven Grundfähigkeit auf die Textlernleistung auch durch die stärkeren *indirekten* Pfade (der Grundfähigkeit) über das thematische Vorwissen und die Dekodierfähigkeit erklärbar sein.

8.5 Diskussion

Die in diesem Kapitel beschriebene nationale Ergänzungsstudie zur Lesekompetenz zeichnet sich insbesondere durch vier Merkmale aus: (a) Untersuchung des *Lernens* aus Texten anstelle der Erfassung von Verstehensleistungen ohne Lernanforderungen, (b) Messung unterschiedlicher Indikatoren der Textlernleistung (Reproduktions-/Verstehensleistung und Komponenten der Textrepräsentation), (c) Einbeziehung zusätzlicher Bedingungen von Textlernleistungen, die in der PISA-Hauptstudie nicht erhoben wurden (z.B. thematisches Vorwissen und Interesse), und (d) Modellierung aller berücksichtigten Bedingungen in einem differenzierten Modell.

Ein erster interessanter Befund betraf den Zusammenhang zwischen international erfasster Lesekompetenz und national erfasster Textlernleistung. Zunächst einmal konnte gezeigt werden, dass die Reproduktions-/Verstehensleistungen bei Erzähl- und Sachtexten sehr hoch mit der in PISA erfassten Lesekompetenz korreliert sind ($.66 < r < .74$). Dies bestätigt einerseits die enge Verwandtschaft von Maßen des Leseverstehens (mit minimalen Anforderungen an die Merkfähigkeit) mit Maßen des Textlernens. Andererseits zeigt die erreichte Höhe der Korrelationen auch, dass sich die nationalen und internationalen Leistungsmaße nicht vollständig überschneiden, sondern auch gewisse Unterschiede aufweisen und – wie Artelt u.a. (2001) belegt haben – als separierbare Dimensionen modelliert werden können. Noch deutlicher fällt die Unterscheidung zwischen der national erfassten situativen Textrepräsentation und der Lesekompetenz aus. Hier lagen die einfachen Korrelationen nur zwischen .52 und .55. Dennoch ist auch hier wichtig festzustellen, dass ein substanzieller Zusammenhang zwischen der Fähigkeit zum Aufbau einer situativen Repräsentation und dem in PISA erforderlichen Leseverstehen besteht, und zwar gleichermaßen für alle Dimensionen der Lesekompetenz (z.B. Informationen ermitteln). Nachdem die Textrepräsentation aus theoretischer Sicht die Grundlage für die Beantwortung textbezogener Fragen darstellt, kann aufgrund der vorliegenden Befunde gefolgert werden, dass mit dem Aufbau einer situativen Repräsentation eine zentrale Voraussetzung der Lesekompetenz identifiziert worden ist. Dabei ist zu beachten, dass auch im PISA-Lesetest situative Textrepräsentationen erforderlich sind (insbesondere bei Fragen, die weit reichende Inferenzen erfordern), auch wenn deren Aufbau wegen der direkt zugänglichen Texte leichter fällt.

Im Gegensatz zu der erkennbaren Bedeutung der situativen Textrepräsentation legen die Ergebnisse nahe, dass interindividuelle Unterschiede hinsichtlich der textnahen Komponenten der Repräsentation (wörtlich, propositional) wahrscheinlich von untergeordneter Wichtigkeit für die Lesekompetenz sind. Hier bleibt in künftigen Studien allerdings noch zu prüfen, inwiefern die vorliegenden Ergebnisse zur wörtlichen und propositionalen Repräsentation auf methodische Schwächen bei der Erfassung zurückgeführt werden können. Für diese Möglichkeit sprechen die verhältnismäßig geringen Unterschiede in den Rekognitionsraten der Satztypen, die zur Ermittlung dieser Komponenten verwendet wurden (siehe Tab. 8.1). Auf ein methodisches Problem verweist auch der eher ungewöhnliche Befund, dass die Werte für die propositionale Repräsentation sehr gering und zudem niedriger als für die wörtliche Repräsentation ausfielen (siehe Tab. 8.4).

Obwohl die Determinanten von Lesekompetenz und Textlernen in der Vergangenheit bereits Gegenstand zahlreicher empirischer Forschungsarbeiten (vgl. Abschnitt 8.2.2) waren, liegen bislang kaum Versuche einer umfassenden und differenzierten Modellierung von Einflussfaktoren vor. Das im Rahmen dieses Beitrags vorgestellte theoretische Modell zur Vorhersage von Textlernleistungen hat sich gut bewährt. Bereits im Test des Ausgangsmodells erhielten wir akzeptable Fit-Indizes, die durch einige Modifikationen (insbesondere durch die Aufnahme neuer Pfade) weiter verbessert wurden. Für die Gültigkeit des Modells spricht auch, dass es in seiner Grundstruktur für verschiedene Textlernkriterien bestätigt werden konnte, wenngleich sich nicht alle Bedingungsfaktoren bei allen Lernindikatoren als gleichermaßen wirksam erwiesen.

Verglichen mit den bereits publizierten einfachen Regressionsmodellen zur Vorhersage der Lesekompetenz im internationalen und nationalen PISA-Test (vgl. Artelt, Schiefele & Schneider, 2001; Artelt u.a., 2001) ergeben die hier vorgestellten Analysen ein differenzierteres Bild. Dies äußert sich in dreierlei Hinsicht. *Erstens* verdeutlichen unsere Analysen die Schlüsselrolle der kognitiven Grundfähigkeit, die nicht nur direkt wirkt, sondern zusätzlich indirekte Effekte über andere bedeutsame Faktoren, nämlich das Vorwissen, die Dekodierfähigkeit und das Strategiewissen, auf die Textlernleistung ausübt. *Zweitens* wird deutlich, dass die Lesemotivation zwar im „Schatten" der kognitiven Fähigkeit steht, aber auf niedrigerem Niveau eine ähnliche Schlüsselrolle einnimmt, da sich hier signifikante Pfade zur Dekodierfähigkeit, zum Strategiewissen, zum thematischen Interesse, zur Verwendung von Kontrollstrategien und – in einem Fall – direkt zur Textlernleistung ergeben. *Drittens* werden die Effekte der sozialen Herkunft auf die

Textlernleistung spezifiziert, indem über die bisher bekannten Mediatoren des kulturellen und sozialen Kapitals hinausgehend (vgl. Baumert, Watermann, & Schümer, 2003) indirekte Wirkmechanismen offen gelegt werden.

Insgesamt bestätigen unsere Analysen, dass sich die strukturellen Hintergrundmerkmale, also der sozioökonomische Status und der Bildungsabschluss der Eltern, vermittelt über das kulturelle und soziale Kapital auf das Textlernen und -verstehen auswirken (siehe auch Baumert, Watermann, & Schümer, 2003). Zwar legen die direkten Pfade der strukturellen Hintergrundmerkmale auf die kognitive Fähigkeit den Schluss nahe, dass die soziale Herkunft die Fähigkeit auch unabhängig vom sozialen und kulturellen Kapital beeinflusst, jedoch erweisen sich diese direkten Pfade (im Gegensatz zu den indirekten, über das soziale und kulturelle Kapital wirkenden Pfaden) in den schulformspezifischen Analysen als wenig robust (siehe Tab. 8.9). Sie basieren somit überwiegend auf den differenziellen Einflüssen der Schulformen, die mit der sozialen Herkunft assoziiert sind (siehe Abschnitt 8.2.2). In der Gymnasialstichprobe bleibt allerdings ein direkter Effekt des elterlichen Bildungsabschlusses auf die kognitive Fähigkeit der Kinder nachweisbar. Zusammenfassend lässt sich hieraus folgern, dass die Abhängigkeit der Textlernleistung von der sozialen Herkunft der Schülerinnen und Schüler *erstens* auf sozialschichtbedingte Unterschiede im sozialen und vor allem kulturellen Kapital zurückzuführen ist, die wiederum Auswirkungen auf grundlegende kognitive und motivationale Lernermerkmale haben (siehe unten). *Zweitens* tragen die schulformspezifischen Entwicklungsmilieus (durch die differenzielle Förderung kognitiver Fähigkeiten) zur Sozialschichtabhängigkeit der Textlernleistung bei. Dies lässt sich daraus folgern, dass in den schulformspezifischen Analysen die direkten Einflüsse struktureller Hintergrundmerkmale auf die Grundfähigkeit an Bedeutung verlieren bzw. in der Regel nicht mehr substanziell sind. Der Befund, wonach in der Gymnasialstichprobe neben dem über das kulturelle Kapital vermittelten Effekt auch ein direkter Einfluss des Bildungsabschlusses der Eltern auf die kognitive Fähigkeit nachweisbar bleibt, weist darauf hin, dass hier *drittens* weitere Faktoren (z.B. genetische) die Abhängigkeit des Textlernens vom familiären Hintergrund (bzw. vom Bildungsabschluss der Eltern) bedingen.

Von Bedeutung erscheint in diesem Zusammenhang auch, dass die indirekten Effekte des kulturellen und sozialen Kapitals auf das Textlernen durch das Modell relativ detailliert abgebildet werden. In früheren Studien (z.B. Elley, 1992, 1994) wurden meist nur einzelne Zusammenhänge berichtet, so zum Beispiel die wiederholt beobachtete substanzielle Korrelation zwischen der Anzahl von Büchern im Elternhaus und der Lesekompetenz. Diese Zusammenhänge lassen sich auf Basis der vorliegenden Analysen besser interpretieren. Es wird deutlich, dass das kulturelle Kapital (hier: Bücherbesitz) ein besonders einflussreicher Prädiktor des Textlernens und -verstehens ist, weil hier Effekte auf alle grundlegenden Lernermerkmale (kognitive Fähigkeit, intrinsische Lesemotivation, verbales Selbstkonzept) und die Dekodierfähigkeit der Schülerinnen und Schüler nachweisbar sind. Besonders groß ist der Einfluss des kulturellen (und auch des sozialen) Kapitals auf die intrinsische Lesemotivation. Verglichen mit dem kulturellen Kapital ist das soziale Kapital insgesamt schwächer mit der Textlernleistung korreliert, weil es anders als das kulturelle Kapital keine Auswirkungen auf die zentralen Fähigkeitsindikatoren (kognitive Fähigkeit, Dekodierfähigkeit) in dem Modell hat.

Zu berücksichtigen ist jedoch, dass die Effekte des kulturellen und sozialen Kapitals auf die grundlegenden (und spezifischen) Lernermerkmale nicht eindeutig interpretierbar sind, das heißt, ihnen können verschiedene Vermittlungsprozesse zu Grunde liegen, die sich auf der Basis eines querschnittlichen Datensatzes und unter Berücksichtigung der in PISA erfassten Variablen nicht prüfen lassen (siehe auch Abschnitt 8.2.3). Gleichwohl existieren theoretische Konzeptionen, die die Annahme dieser Zusammenhänge plausibel machen. Die vermittelnden Prozesse der Abhängigkeit psychologischer Lernermerkmale vom sozialen bzw. kulturellen Kapital können durch ein entwicklungspsychologisches Erklärungsmodell zum Metagedächtniserwerb (vgl. Schneider, 1999) veranschaulicht werden. Demnach erfolgt der Erwerb metakognitiver Kompetenzen überwiegend in der Interaktion mit „Experten" – in der Regel mit den Eltern. Dies kann zum Beispiel beim gemeinsamen Anschauen eines Bilderbuches geschehen. Durch Fragen und Erläuterungen modellieren die Eltern in diesen Interaktionen mögliche Verläufe von Verstehensprozessen. Zu vermuten ist, dass derartige Interaktionen in sozial schwächeren Familien weniger häufig sind bzw. weniger günstig verlaufen als in sozial besser gestellten Familien (siehe auch Heath, 1981). Sofern die Vermittlung von Strategiewissen vor allem in der Familie (und nicht in anderen Institutionen) erfolgt, hat dies eine starke Abhängigkeit der metakognitiven Merkmale eines Kindes von seinem sozialen Hintergrund zur Folge. Unsere Analysen bestätigen eine solche Abhängigkeit, die allerdings auf dem vermittelnden Einfluss des kulturellen Kapitals sowie der kognitiven Fähigkeit und der Lesemotivation basiert. Diese Effekte sind auch innerhalb der verschiedenen Schulformen nachweisbar (siehe Tab. 8.9), sodass Effekte schulformspezifischer Entwicklungsmilieus zur Erklärung der Abhängigkeiten nicht in Frage kommen.

Auf dem Hintergrund der in diesem Beitrag vorgestellten Analysen kann auch die bereits von Artelt u.a. (2001) aufgeworfene Frage nach der Förderung von Lesekompetenz neu betrachtet werden (siehe auch Streblow, in diesem Band). Auf den ersten Blick könnte die dominierende Rolle der kognitiven Fähigkeit entmutigend wirken, da sie sich nicht nur direkt besonders stark, sondern darüber hinaus auch indirekt auf die Textlernleistung auswirkt. Dem ist jedoch entgegenzuhalten, dass die Effekte der kognitiven Fähigkeit auf die spezifischen Lernermerkmale und auf das Textlernen bei weitem kein Ausmaß erreichen, das eine vollständige Determination erkennen ließe. In Bezug auf die Textlernleistung wird dies besonders deutlich, da wir eine Reihe weiterer Einflussfaktoren identifizieren konnten, die insgesamt eine relativ hohe Varianzaufklärung ermöglichen. Zu diesen Einflussfaktoren zählen das Vorwissen, das metakognitive Strategiewissen, die Lesemotivation, Kontrollstrategien und das thematische Interesse. Die Möglichkeiten zur Förderung des Textlernens und -verstehens sind damit recht vielfältig und auch viel versprechend. Sie können bei der Motivation der Schülerinnen und Schüler (Lesemotivation und thematisches Interesse), beim Strategiegebrauch (metakognitives Strategiewissen, Kontrollstrategien) und beim thematischen Vorwissen ansetzen (z.B. Bergin, 1999; Schiefele, 2004; Streblow, in diesem Band). Zwar werden auch diese Variablen (mit Ausnahme der Motivation und des Interesses) teilweise durch die kognitive Fähigkeit beeinflusst, aber auch in diesen Fällen gilt, dass das Ausmaß der Determination die Beeinflussbarkeit der Merkmale lediglich einschränkt, aber nicht ausschließt.

Anmerkungen

1 Alle Tests und Skalen, die wir in den anschließenden Analysen verwenden, sind im Skalenhandbuch zu PISA 2000 dokumentiert (Kunter u.a., 2002).

2 Zur Bestimmung der Reliabilitäten aller hier verwendeten Skalen wurden Schülerinnen und Schüler mit fehlenden Werten in der betreffenden Skala aus der Stichprobe ausgeschlossen (fallweiser Ausschluss fehlender Werte).

3 Um auch für die relativen Häufigkeiten von 0/7 und 7/7 z-Werte zu erhalten, wurden diese Häufigkeiten in Anlehnung an Schmalhofer, Boschert und Kühn (1990) durch 1/7 bzw. 6/7 ersetzt.

4 In den für PISA 2003 entwickelten Tests zum Textlernen wurde deshalb die Verwendung identischer Testsätze zur Erfassung verschiedener Repräsentationskomponenten weitgehend vermieden.

5 Effektstärken ab d = .20 werden gewöhnlich als kleine Effekte, Effektstärken ab d = .50 als mittlere Effekte und Effektstärken ab d = .80 als große Effekte bewertet (Bortz & Döring, 1995; Westermann, 2000).

6 Aufgrund des besonderen Designs der PISA-Studie *(Multi-Matrix Sampling)* wurden individuelle Werte der (international erfassten) Lesekompetenz mithilfe der *Plausible Value*-Technik berechnet (siehe Köller, Watermann, & Baumert, 2001). Nach diesem Verfahren erhalten jede Schülerin und jeder Schüler fünf Werte *(plausible values)*, sodass fünf verschiedene Datensätze vorliegen. Analysen der Lesekompetenz müssen jeweils mit jedem einzelnen Datensatz durchgeführt werden, aus den Ergebnissen der Einzelanalysen kann anschließend ein kombiniertes Gesamtergebnis berechnet werden (vgl. Rubin, 1987). Da wir in den einzelnen Analysen identische Ergebnisse erhielten, berichten wir im Folgenden nur die auf den ersten *plausible value* bezogenen Befunde.

7 Einzige Ausnahmen sind die postulierten direkten Pfade von den strukturellen Hintergrundmerkmalen auf das kulturelle bzw. soziale Kapital sowie von der kognitiven Grundfähigkeit auf das verbale Selbstkonzept.

8 Sowohl die einzelnen Pfade als auch die χ^2-Differenzen wurden bezogen auf ein reduziertes α-Niveau (.05 geteilt durch die Anzahl jeweils durchgeführter Signifikanztests) geprüft.

9 Die Schülerinnen und Schüler aus Schulen mit mehreren Bildungsgängen wurden hier nicht berücksichtigt. Zudem verzichteten wir an dieser Stelle auf einen spezifischen Modelltest für die Gesamtschule.

Anhang A: Umgang mit fehlenden Werten

In den Strukturgleichungsanalysen und bei der Berechnung von Korrelationen (Abschnitte 8.4.3 und 8.4.4) wurden fehlende Werte durch FIML-Schätzungen der Stichprobenkennwerte berücksichtigt (mithilfe des Programms AMOS 5.0, Arbuckle & Wothke, 2003). Varianzanalytische Auswertungen (Abschnitt 8.4.2) führten wir mit dem Programm SPSS 11.0 durch. Da der FIML-Algorithmus in SPSS nicht enthalten ist, imputierten wir fehlende Werte in diesen Analysen auf der Basis des EM-Algorithmus (SPSS, *missing values module*). Die Berücksichtigung fehlender Werte durch geeignete Schätzverfahren erwies sich als notwendig, da der Werteausfall systematisch mit den Ausprägungen bedeutsamer Leistungsindikatoren und -prädiktoren assoziiert war. Die entsprechenden Analysen ergaben, dass beispielsweise Schülerinnen und Schüler mit geringerer kognitiver Fähigkeit und mit geringeren Werten in den zentralen Kompetenzbereichen im nationalen Lesetest häufiger Items ausließen als andere. Würde man diese Schülerinnen und Schüler in den statistischen Analysen nicht berücksichtigen, hätte dies systematische Fehler in den Schätzungen der Populationsparameter (z.B. die Überschätzung der durchschnittlichen Textlernleistung) zur Folge (vgl. Schafer & Graham, 2002).

	Sozioökonomischer Status (Eltern)	Bildungsabschluss (Eltern)	Kulturelles Kapital (Bücher)	Soziales Kapital (Kommunikation)	Kognitive Grundfähigkeit	Intrinsische Lesemotivation	Verbales Selbstkonzept	Thematisches Vorwissen	Dekodierfähigkeit	Metakognitives Strategiewissen	Thematisches Interesse	Kontrollstrategien
Bildungsabschluss (Eltern)	.57 (.58/.58)	–										
Kulturelles Kapital (Bücher)	.46 (.45/.47)	.44 (.43/.44)	–									
Soziales Kapital (Kommunikation)	.18 (.18/.17)	.18 (.18/.18)	.28 (.30/.26)	–								
Kognitive Grundfähigkeit	.33 (.35/.33)	.31 (.31/.31)	.32 (.31/.34)	.12 (.10/.12)	–							
Intrinsische Lesemotivation	.18 (.16/.16)	.18 (.17/.16)	.33 (.33/.34)	.26 (.25/.23)	.27 (.27/.29)	–						
Verbales Selbstkonzept	.11 (.10/.11)	.12 (.09/.12)	.21 (.22/.20)	.18 (.19/.18)	.13 (.17/.13)	.34 (.32/.32)	–					
Thematisches Vorwissen	.28 (–/.29)	.28 (–/.27)	.27 (–/.28)	.12 (–/.10)	.48 (–/.51)	.14 (–/.19)	.05 (–/.08)	–				
Dekodierfähigkeit	.27 (.26/.25)	.27 (.24/.24)	.31 (.30/.30)	.14 (.14/.13)	.41 (.42/.43)	.33 (.32/.33)	.22 (.19/.21)	.28 (–/.31)	–			
Metakognitives Strategiewissen	.19 (.18/.19)	.15 (.14/.14)	.18 (.18/.20)	.13 (.15/.15)	.43 (.46/.45)	.28 (.29/.29)	.15 (.16/.16)	.25 (–/.27)	.23 (.24/.26)	–		
Thematisches Interesse	.08 (.06/.07)	.07 (.08/.08)	.08 (.08/.09)	.14 (.16/.13)	.13 (*.04*/.13)	.25 (.19/.28)	.06 (.14/.06)	.17 (–/.20)	*.02* (.11/*.02*)	.20 (.17/.24)	–	
Kontrollstrategien	.04 (*.00*/.05)	.04 (*.00/.03*)	.06 (.05/.08)	.13 (.10/.13)	.12 (*.04*/.13)	.21 (.16/.21)	.13 (.07/.13)	*.02* (–/.04)	.08 (*.04*/.09)	.22 (.18/.27)	.27 (.29/.29)	–
Elaborationsstrategien	.06 (*.04*/.06)	.08 (.07/.10)	.08 (.06/.09)	.15 (.14/.16)	.08 (*.01*/.08)	.08 (.10/.11)	.04 (*.03/.04*)	.18 (–/.21)	*.01* (*.04/.03*)	.07 (.08/.09)	.41 (.43/.40)	.29 (.29/.33)

Zu den Stichproben der drei Modellvarianten siehe Abschnitt 8.4.4. Mit Ausnahme der kursiv gedruckten Koeffizienten sind alle Korrelationen signifikant ($p < .05$).

Anhang B Interkorrelationen der Bedingungsvariablen des Textlernens in den drei Modellvarianten (ohne Klammern: sachtextbezogene Reproduktions-/Verstehensleistung [Modellvariante 1]; in Klammern: erzähltextbezogene Reproduktions-/Verstehensleistung [Modellvariante 2] und situative Textrepräsentation [Modellvariante 3])

Petra Stanat und Wolfgang Schneider

9 Schwache Leser unter 15-jährigen Schülerinnen und Schülern in Deutschland: Beschreibung einer Risikogruppe

9.1 Einleitung

Ein besonders besorgniserregender Befund der PISA-2000-Studie bestand darin, dass sich der Anteil von Jugendlichen mit sehr schwacher Lesekompetenz in Deutschland als vergleichsweise groß erwies. Fast ein Viertel der 15-Jährigen erreichte im Lesen nicht die in PISA definierte Kompetenzstufe II. Diese Schülerinnen und Schüler sind demnach allenfalls in der Lage, einfachste Texte zu verstehen und deutlich erkennbare Informationen daraus zu nutzen (Artelt u.a., 2001). Geht man davon aus, dass es sich beim Leseverständnis um eine Schlüsselkompetenz handelt, die für den Erwerb von Wissen zentral ist, so mangelt es diesen Schülerinnen und Schülern an einer wichtigen Voraussetzung für selbstständiges Weiterlernen. Auch wenn eine empirische Überprüfung dieser Annahme noch aussteht, so erscheint doch wahrscheinlich, dass Jugendliche, die gegen Ende der Schulpflicht nicht die Kompetenzstufe II erreicht haben, in ihren Lebenschancen erheblich beeinträchtigt sind (Artelt u.a., 2001; Baumert & Schümer, 2001).

Schwache Leseleistungen kommen in verschiedenen Schülergruppen unterschiedlich häufig vor. So sind in der Gruppe der Jungen deutlich mehr schwache Leser zu finden als in der Gruppe der Mädchen (Kunter & Stanat, 2003; Stanat & Kunter, 2001). Auch unter den Schülerinnen und Schülern mit Migrationshintergrund ist der Anteil derjenigen, die bestenfalls einfachste Texte verstehen und nutzen können, vergleichsweise groß (Baumert & Schümer, 2001, 2002; Stanat, 2003). In kaum einem Land ist der Leistungsnachteil dieser Gruppe von Jugendlichen stärker ausgeprägt als in Deutschland (Baumert & Schümer, 2001; OECD, 2001).

Die Ursachen für die Entwicklung unzureichender Lesekompetenz sind vielfältig, und es ist zu vermuten, dass das Zusammenspiel von Risikofaktoren zwischen den verschiedenen Gruppen variiert. So hat sich beispielsweise in Analysen von Geschlechterunterschieden bei 15-Jährigen gezeigt, dass der Leistungsnachteil von Jungen im Bereich Lesen auf ihre relativ geringe Lesemotivation zurückgeführt werden kann (Stanat &

Kunter, 2001). Demnach dürfte die Überrepräsentation von Jungen unter den schwachen Lesern unter anderem auf eine im Hinblick auf das Lesen ungünstige Entwicklung motivationaler Tendenzen zurückzuführen ist. Bei Schülerinnen und Schülern mit Migrationshintergrund ist dagegen keine substanziell niedrigere Lesemotivation zu beobachten, die zur Erklärung ihres Leistungsnachteils herangezogen werden könnte (siehe unten). Der relativ hohe Anteil von schwachen Leseleistungen in dieser Gruppe muss also durch andere Faktoren bedingt sein.

Ziel des vorliegenden Kapitels ist es, die Gruppe der Schülerinnen und Schüler mit geringer Lesekompetenz zu beschreiben und mögliche Ursachen für ihre Leistungsschwäche zu bestimmen. Das Kapitel beginnt mit einem Überblick der vorliegenden Theorien und Befunde zur Entwicklung von Lesekompetenz. Dabei wird insbesondere auf die Frage eingegangen, welche Faktoren zur Erklärung von differenziellen Entwicklungsverläufen und Leistungsunterschieden zwischen schwachen und guten Lesern beitragen. Ausgehend von diesem Literaturüberblick wird anschließend im empirischen Teil des Kapitels die Gruppe der Jugendlichen untersucht, die in PISA maximal die Kompetenzstufe II erreicht haben. Ziel der Analysen ist es, die Zusammensetzung dieser Gruppe zu beschreiben und Prädiktoren für die schwachen Leseleistungen zu identifizieren. Dabei wird auch der Frage nachgegangen, inwieweit sich das Bedingungsgefüge für die Entwicklung schwacher Leseleistungen zwischen Jugendlichen mit und ohne Migrationshintergrund unterscheidet.

9.2 Theorien und Befunde zur Leseentwicklung

9.2.1 Theoretische Ansätze

Während inzwischen unzählige Arbeiten zu Lese-Rechtschreib-Schwierigkeiten von Kindern und Jugendlichen vorliegen, ist die verfügbare Literatur zur Entwicklung von Lesekompetenz relativ überschaubar. Sie beschäftigt sich vornehmlich mit normalen, ungestörten Entwicklungsprozessen und konzentriert sich dabei auf die frühe bis mittlere Kindheit (vgl. Marx, 1997; Scheerer-Neumann, 1997). Im Mittelpunkt der Betrachtung stehen Entwicklungsstufenmodelle des Worterkennens (z.B. Frith, 1985; Marsh u.a., 1981; Seymour, 1986), die qualitativ unterscheidbare Stufen der Leseentwicklung beschreiben. Relativ übereinstimmend wird von drei groben Entwicklungsphasen ausgegangen, die durch verschiedene Lesestrategien charakterisiert sind. Die zuerst beobachtbare Strategie findet sich häufig schon bei Vorschulkindern. Es handelt sich dabei um direktes Worterkennen, ohne dass weitergehende Wortanalysen möglich sind. Wörter werden anhand von einigen typischen, den Kindern bekannten Buchstaben, mithilfe von visuellen Merkmalen (dem „Umriss“ der Wörter) und vielfach auch durch den Kontext, in dem die Wörter auftauchen, erkannt. Marsh u.a. (1981) sprechen im Zusammenhang mit dieser Strategie von „discrimination net guessing“, während Frith (1985) und Seymour (1986) die Strategie als „logographisches Lesen“ bezeichnen.

Zu Beginn der Schulzeit wird diese Vorgehensweise bei der Worterkennung von einer Lesestrategie abgelöst, die übereinstimmend als „alphabetisch" charakterisiert wird. Demnach erlesen sich die Kinder Wörter im Anfangsunterricht sequenziell, wobei Graphemen oder Buchstaben korrespondierende Laute zugeordnet werden. Die dominierende Strategie der dritten und letzten Stufe schließlich wird – wie Scheerer-Neumann (1997) herausstellt – von verschiedenen Autoren unterschiedlich konzipiert: Während Marsh u.a. (1981) von einem eher bewusst ablaufenden hierarchischen Analyseprozess *(hierarchical decoding)* sprechen und die besondere Relevanz von komplexen orthographischen Regeln sowie gezielten Analogiebildungen betonen, geht Frith (1985) davon aus, dass orthographische Strategien dem direkten, eher unbewusst/automatischen Zugriff auf das orthographische Lexikon entsprechen. Obwohl Seymour (1986) den Begriff der orthographischen Strategie von Frith übernimmt, entspricht seine Konzeptualisierung dieser Stufe eher den Annahmen von Marsh und Kollegen.

Es ist ein besonderes Verdienst dieser Modelle, den Entwicklungsgedanken beim Schriftspracherwerb gefördert und den Blick auf qualitative Veränderungen in den Zugriffsweisen beim Lesen gelenkt zu haben (Scheerer-Neumann, 1997). Inzwischen hat sich jedoch empirisch nachweisen lassen, dass die Bedeutung der unterschiedlichen Entwicklungsstufen in Abhängigkeit von der zu Grunde liegenden Orthographie variiert. So ist etwa bei irregulären Orthographien, wie etwa dem Englischen, davon auszugehen, dass der logographischen Stufe vergleichsweise großes Gewicht zukommt und der Übergang zur alphabetischen Stufe relativ spät erfolgt (Goswami & Bryant, 1990). Demgegenüber fällt in einer (zumindest im Hinblick auf das Lesen) regulären Orthographie wie dem Deutschen die logographische Stufe kaum ins Gewicht. Sie wird hier bereits im Verlauf des 1. Schuljahres von der alphabetischen Stufe abgelöst (vgl. Wimmer, Hartl, & Moser, 1990).

Entscheidende Fortschritte beim Lesenlernen werden im deutschsprachigen Raum etwa bis zum Ende der 1. Klassenstufe registriert. Zu diesem Zeitpunkt können die meisten Kinder eines Altersjahrgangs Grapheme (Buchstaben) bestimmten Lauten zuordnen und sind aufgrund dieser Kompetenz auch dazu im Stande, sich neue, unbekannte Wörter zu erlesen. Im Unterschied zu Kindern aus dem angloamerikanischen Raum können die meisten deutschsprachigen Kinder dann auch schon so genannte „Pseudowörter" oder Kunstwörter korrekt lesen. Es fallen jedoch bereits zu diesem frühen Zeitpunkt enorme interindividuelle Unterschiede in der Lesegeschwindigkeit auf (vgl. Klicpera & Gasteiger-Klicpera, 1993).

Im weiteren Verlauf der Grundschulzeit beansprucht die Worterkennung immer weniger Zeit und auch einen geringeren Anteil an bewusster Aufmerksamkeitszuwendung. Die Schülerinnen und Schüler wechseln allmählich in die Stufe der orthographischen Strategien und können beim Lesevorgang zunehmend größere Einheiten simultan beachten. Es wird immer weniger erforderlich, einzelne Wörter in ihre Buchstaben-Laut-Korrespondenzen zu zerlegen, sie also phonologisch zu rekodieren. Über die simultane Erfassung und Verarbeitung größerer Worteinheiten, wie etwa Silben, wird letztendlich der Übergang zur orthographischen Strategie vollzogen, bei der direkt auf ein spezifisches schriftsprachliches bzw. orthographisches Lexikon zugegriffen wird und die Wortbedeutung auch ohne phonologische Rekodierung direkt erfasst werden kann. Obwohl sich für die Mehrzahl von fortgeschrittenen Grundschülerinnen und -schülern nachweisen lässt, dass sie erfolgreich mit orthographischen Strategien operieren können, ist auch in dieser Phase eine große interindividuelle Leistungsvarianz zu finden, die insbesondere als Variabilität der Lesegeschwindigkeit zum Ausdruck kommt (Klicpera & Gasteiger-Klicpera, 1993; Schneider & Näslund, 1999).

9.2.2 Prozessebenen der Lesekompetenz

Obwohl beim Leselernvorgang gerade in seiner frühen Phase die Identifikation einzelner Wörter im Vordergrund steht, bleibt er darauf nicht beschränkt. Modernen Theorien der Lesekompetenz ist gemeinsam, dass sie sich mehr oder weniger explizit auf hierarchische Modelle des Lesens bzw. Textverstehens beziehen und dabei Teilprozesse auf verschiedenen Verarbeitungsebenen analysieren (vgl. die Überblicke bei Christmann & Groeben, 1999, 2002; sowie Richter & Christmann, 2002). Neben den Ebenen der Buchstaben- und Worterkennung spielt die Fähigkeit zur syntaktischen und semantischen Analyse von Wortfolgen bis hin zur satzübergreifenden Analyse von Textstrukturen bei der Erfassung von Lesekompetenz eine wichtige Rolle. Vorliegende Theorien zur Erklärung des Lesevorgangs (z.B. van Dijk & Kintsch, 1983; Fodor, 1983; McClelland & Rumelhart, 1981) unterscheiden sich vor allem darin, wie das Zusammenspiel dieser unterschiedlichen Ebenen modelliert wird. Während etwa Fodor (1983) eine modulare Theorie konzipierte, derzufolge die am Leseprozess beteiligten Teilsysteme weitgehend autonom operieren und höhere Teilprozesse erst dann einsetzen, wenn Verarbeitungsprozesse auf den niedrigeren Ebenen bereits abgeschlossen sind, gehen interaktionistische Ansätze (z.B. van Dijk & Kintsch, 1983) davon aus, dass hierarchieniedrige und hierarchiehohe Prozessebenen gleichzeitig oder in zeitlicher Überlappung aktiviert sein können, höhere Prozesse also in der Regel bereits einsetzen, bevor niedrigere völlig abgeschlossen sind (vgl. auch Herrmann, 1990).

In der modernen empirischen Leseforschung haben sich die interaktionistischen Modelle (insbesondere das Modell von Kintsch und van Dijk) besser bewährt (vgl. Richter & Christmann, 2002). Diese Modelle gehen davon aus, dass im natürlichen Leseprozess Wörter nicht isoliert, sondern in einem weiteren sprachlichen Kontext verarbeitet werden. Der sprachliche Kontext bestimmt also die Wortidentifikation zu einem beträchtlichen Ausmaß mit. Weiterhin wird unterstellt, dass zum Verstehen der Bedeutung eines Satzes die Identifikation von einzelnen Wörter nicht ausreicht. Stattdessen wird angenommen, dass Wortfolgen auf der Basis ihrer semantischen Relationen aufeinander bezogen und zu Propositionen (semantischen Sinneinheiten) integriert werden (van Dijk & Kintsch, 1983; Kintsch, 19983). Als empirische Belege für die propositionale Verarbeitung von Satzelementen gelten Studien, aus denen hervorgeht, dass Texte mit identischer Oberflächenstruktur, jedoch variierender propositionaler Tiefenstruktur unterschiedlich gut gelesen und verarbeitet werden (vgl. Richter & Christmann, 2002).

Wenn semantische Relationen zwischen aufeinander folgenden Sätzen analysiert werden, spricht man von „lokaler Kohärenzbildung". Die Leser stellen hier unter Rückgriff auf ihr inhaltsbezogenes oder allgemeines Weltwissen Verknüpfungen zwischen Propositionen her, was wohl in der Regel automatisch und nicht strategisch geschieht. Demgegenüber wird von „globaler Kohärenzherstellung" oder von „Bildung einer Makrostruktur" (van Dijk, 1980) gesprochen, wenn beim Lesen längerer und komplexerer Texte Propositionsfolgen in Form von größeren Textteilen analysiert werden, um den globalen inhaltlichen Zusammenhang auf höherer Abstraktionsebene zu erfassen. Es wird angenommen, dass solche Vorgänge zumindest teilweise bewusst ablaufen und im Vergleich zu den lokalen Kohärenzbildungen im Gedächtnis besser verankert sind.

9.2.3 Empirische Befunde zur allgemeinen und differenziellen Leseentwicklung im Kindes- und Jugendalter

Aus entwicklungspsychologischer Perspektive sind längsschnittliche Untersuchungen zur Veränderung der Lesekompetenz besonders wichtig. Leider finden sich kaum Langzeitstudien, die sowohl den Grundschul- als auch den Sekundarschulbereich umfassen. Eine wichtige Ausnahme stellen die Wiener Längsschnittstudien von Klicpera und Gasteiger-Klicpera (1993) dar, die Aussagen zur Lesekompetenzentwicklung für den Zeitraum zwischen dem 1. und dem 8. Schuljahr ermöglichen. Da in diesen Studien sowohl die Lesefertigkeit im Sinne von Lesegeschwindigkeit als auch das Leseverständnis erfasst wurden, lassen sich anhand der Daten unterschiedliche Aspekte der Lesekompetenz analysieren.

Klicpera und Gasteiger-Klicpera (1993) untersuchten in einer ersten Längsschnittstudie die Leseentwicklung im Verlauf des 1. Schuljahres zu fünf verschiedenen Zeitpunkten. Als globales Ergebnis konnte festgehalten werden, dass sich die Lesefertigkeit der Kinder in diesem Zeitraum sehr schnell entwickelte, sodass sie gegen Ende des 1. Schuljahres bereits ein relativ hohes Maß an Lesesicherheit aufwiesen. Wie schon bei Wimmer, Hartl und Moser (1990) fand sich auch in der Wiener Studie kein Hinweis auf ein ausgeprägtes logographisches Stadium. Dieses blieb auf die ersten Wochen des Schriftspracherwerbs beschränkt. Es dominierte die alphabetische Phase, also die Strategie, bei der das Erlesen der Wörter auf alphabetischen Kenntnissen und der phonologischen Rekodierung beruht. Qualitative Unterschiede zwischen Kindern mit normalen Leseleistungen und Kindern mit Leseschwächen waren von Anfang an nachweisbar. Schwächere Leser verharrten länger auf der logographischen Stufe und zeigten auch noch gegen Ende der Grundschulzeit die Tendenz, phonologische Rekodierstrategien einzusetzen. Wie bereits in der Münchner Längsschnittstudie LOGIK (Näslund & Schneider, 1993; Schneider & Näslund, 1999), ergab sich auch hier schon zu Beginn des Leselernprozesses eine enorme Varianz in der Lesegeschwindigkeit, wobei einige schwache Leser erst in der 4. Klassenstufe die Lesefertigkeit von Erstklässlern mit normaler Leseentwicklung erreichten.

Eine weitere von Klicpera und Gasteiger-Klicpera (1993) durchgeführte Längsschnittstudie untersuchte den Verlauf des Schriftspracherwerbs zwischen Mitte des 2. Schuljahres und Ende des 8. Schuljahres. Hier zeigten diejenigen Kinder, die schon zu einem frühen Zeitpunkt eine große Sicherheit im Umgang mit der alphabetischen Strategie demonstriert hatten, stärkere Zunahmen in der Lesegeschwindigkeit. Da sie bereits ab der 3. Klassenstufe über einen soliden Sichtwortschatz verfügten (also viele Wörter unmittelbar identifizieren konnten), waren sie in der Lage, ihre Lesefertigkeit in der Folge so weiterzuentwickeln und zu automatisieren, dass bei ihnen bereits vor Ende der Grundschulzeit orthographische Strategien beobachtbar waren. Dies war so für die schwachen Leser nicht zu verzeichnen, die auch noch in der Sekundarschulzeit basale alphabetische Strategien einsetzten und bei wenig vertrauten Wörtern auf phonologische Rekodierungen angewiesen waren.

Wie schon erwähnt, untersuchten Klicpera und Gasteiger-Klicpera (1993) in ihrer Studie nicht nur die Lesefertigkeit im Sinne von Lesegeschwindigkeit, sondern auch die Entwicklung des Leseverständnisses der Schülerinnen und Schüler. Hierzu setzten sie in der 3. und 8. Klassenstufe standardisierte Leseverständnistests ein. Dabei zeigte sich, dass die meisten Drittklässler zwar hohes thematisches Vorwissen aufwiesen, es ihnen aber dennoch nicht leicht fiel, angemessene Schlussfolgerungen zu ziehen. Große Schwächen in dieser Kompetenz wurden insbesondere bei solchen Schülerinnen und Schülern registriert, deren Lesefertigkeit unterdurchschnittlich ausgeprägt war. Mit abnehmender Lesefertigkeit wurde es für die Kinder dieser Altersgruppe immer schwerer, Textinformationen zu integrieren und sie bei der Beantwortung von Verständnisfragen richtig zu kombinieren. In der 8. Klassenstufe wurden zwei vergleichsweise einfache Aufgaben aus der Internationalen Lesestudie der IEA (*International Association for the Evaluation of Educational Achievement;* Lehmann u.a., 1995) vorgegeben. Nur etwa 25 Prozent der Schülerinnen und Schüler konnten beide Aufgaben völlig korrekt lösen. Klicpera und Gasteiger-Klicpera folgerten aus diesen Befunden, dass ein größerer Prozentsatz der Jugendlichen in ihrer Stichprobe über eine eher mäßig ausgeprägte Lesekompetenz verfügt. Mit großer Besorgnis wurde in diesem Zusammenhang weiterhin beobachtet, dass die Schwierigkeiten in den Bereichen der Wortlesekompetenz und des Leseverständnisses über den Untersuchungszeitraum hinweg ausgesprochen stabil waren: Ein Großteil derjenigen Kinder, die schon am Anfang der Grundschulzeit zu den Leistungsschwächsten gehörten, befand sich auch im 8. Schuljahr noch am Ende der Leistungsverteilung. Im Falle weiterer Stagnation würde diese Gruppe wohl auch im weiteren Leben bei der Lektüre alltäglicher Gebrauchstexte große Schwierigkeiten haben. Die ungünstige Prognose für diese Kinder wurde dadurch noch verschärft, dass sich – wie bereits in anderen Studien – ein enger Zusammenhang zwischen Lese- und Rechtschreibleistungen zeigte (vgl. für ähnliche Befunde auch die Überblicksarbeiten von Schneider, 1980, 1997). Schülerinnen und Schüler mit Leseschwierigkeiten haben demnach auch vermehrt Rechtschreibprobleme, was im Hinblick auf die weitere Schullaufbahn mit Sicherheit negative Konsequenzen hat.

9.2.4 Mögliche Ursachen von Leistungsunterschieden zwischen schwachen und guten Lesern

Theoretische Analysen zu relevanten Verarbeitungsschritten beim Lesen haben eine Reihe von Prozesskomponenten identifiziert, die bei guten und schwachen Lesern unterschiedlich ausgeprägt sein können. Es gibt nur wenige Hinweise darauf, dass sich die beiden Gruppen in basalen Wahrnehmungsprozessen oder der Aufmerksamkeitsspanne unterscheiden. Vielmehr scheinen vor allem die folgenden prozessnahen Faktoren bedeutsam zu sein (vgl. auch Richter & Christmann, 2002).

Worterkennungsprozesse. Es dauert bei schwachen Lesern vergleichsweise lange, bis ein sicherer und schneller Zugriff auf das semantische Lexikon möglich ist. Weiterhin sind ihre sprachlichen Kompetenzen insgesamt weniger gut entwickelt. Sie verfügen im Vergleich mit normalen Lesern über einen geringeren Wortschatz.

Arbeitsgedächtniskapazität. Schwächere Leser weisen von Anfang an geringere Leistungen im Bereich des verbalen Kurzzeit- bzw. Arbeitsgedächtnisses auf. Das Arbeitsgedächtnis spielt beim Erwerb der Lesefertigkeit insbesondere im Anfangsstadium der alphabetischen Strategieanwendung eine besondere Rolle, da beim Lautierungsvorgang die anfangs bearbeiteten Buchstabenlaute auch am Ende des Wortleseprozesses noch präsent sein müssen, um das Wort richtig identifizieren zu können. Kinder mit relativ schwachem Arbeitsgedächtnis sind also schon in einer frühen Phase des Schriftspracherwerbs im Nachteil. Diese Problematik setzt sich auch später bei der Bewältigung von Leseprozessen auf der Satz- und Textebene fort. Da hier die Integration einer Vielzahl von Teilinformationen gefordert ist, stellen Defizite im Arbeitsgedächtnis einen limitierenden Faktor dar.

Inhaltliches Vorwissen. Das bereichsspezifische Vorwissen spielt in vielen Fällen bei der Entwicklung eines angemessenen Textverständnisses eine wesentliche Rolle. Um ein angemessenes Situationsmodell im Sinne von Kintsch und van Dijk (vgl. z.B. van Dijk & Kintsch, 1983; Kintsch, 1998) zu entwickeln, ist entsprechendes Vorwissen unentbehrlich. Auch die Defizite im Wortschatz, die viele schwache Leser aufweisen, beeinträchtigen ihre Verständnismöglichkeiten (vgl. Körkel, 1987).

Die aufgeführten Probleme schwacher Leser in den Bereichen der Worterkennung, der Arbeitsgedächtniskapazität und des bereichsspezifischen Vorwissens machen es sehr unwahrscheinlich, dass es bei der Analyse von Textstrukturen zur globalen Kohärenzherstellung oder der Bildung von Makrostrukturen kommt. Ebenso ist fraglich, ob unter diesen Bedingungen lokale Kohärenzbildungen, also die Verknüpfung zwischen verschiedenen Propositionen, ohne Probleme möglich sind.

Weitere Einflussgrößen. In der Längsschnittstudie von Klicpera und Gasteiger-Klicpera (1993) ergab der Vergleich von Kindern mit und ohne Schwierigkeiten beim Schriftspracherwerb zusätzliche relevante Faktoren. So sind lese-rechtschreib-schwache Kinder durch eine vergleichsweise geringer ausgeprägte verbale Intelligenz sowie ein niedrigeres Niveau der phonologischen Bewusstheit und der sprachlichen Analysefähigkeit charakterisiert. Sie stammen häufiger aus Familien mit ungünstigen wirtschaftlichen Verhältnissen und wurden in der Familie nur wenig lesespezifisch gefördert (vgl. auch van Kraayenoord & Schneider, 1999; Schneider, 1997). Klicpera und Gasteiger-Klicpera vermuteten weiterhin, dass ein erhöhter Fernsehkonsum mit den schlechteren Leseleistungen korrespondieren könnte. Wie spätere Längsschnittstudien zeigten, wird dieser Zusammenhang jedoch nur bei so genannten „Vielsehern" bedeutsam, die täglich mehr als drei Stunden vor dem Fernseher verbringen (vgl. Ennemoser u.a., 2003).

In anderen Längsschnittstudien wurden leistungsrelevante Unterschiede in motivationalen und metakognitiven Faktoren identifiziert. In der Untersuchung von van Kraayenoord und Schneider (1999; Roeschl-Heils, Schneider, & van Kraayenoord, 2003) wurden schon bei leseschwachen Drittklässlern ein sehr niedriges auf das Lesen bezogenes Selbstkonzept und eine unterdurchschnittliche Lesemotivation diagnostiziert. Vier Jahre später ergaben sich für diese Gruppe weiterhin relativ ungünstige Werte im motivationalen Bereich und im schulischen Selbstvertrauen. Schülerinnen und Schüler mit Leseschwierigkeiten fielen in dieser Studie darüber hinaus durch ein vergleichsweise geringes metakognitives Wissen auf. Sie wussten wenig darüber, wie man beim Lesen und Behalten von Texten am sinnvollsten vorgeht.

9.2.5 Leseprobleme bei Schülerinnen und Schülern mit Migrationshintergrund

In verschiedenen Studien hat sich gezeigt, dass Schülerinnen und Schüler, die aus zugewanderten Familien stammen, in Bezug auf den Schriftspracherwerb und die Entwicklung von Lesekompetenz häufig zur Risikogruppe gehören (vgl. z.B. Baumert & Schümer, 2001; Bos, Lankes, Prenzel u.a., 2003; OECD, 2001). Befunden aus IGLU (Internationale Grundschul-Lese-Untersuchung) zufolge sind in Deutschland die Leistungsunterschiede im Lesen zwischen Kindern mit und ohne Migrationshintergrund bereits gegen Ende der Grundschulzeit sehr ausgeprägt. In der deutschsprachigen Literatur ist jedoch bislang kaum untersucht worden, inwieweit sich die Leseprobleme, die bei Kindern und Jugendlichen mit und ohne Migrationsgeschichte auftreten, systematisch voneinander unterscheiden. Auch vergleichende Analysen zur differenziellen Wirksamkeit von Maßnahmen der Leseförderung für diese Schülergruppen werden erst seit kurzer Zeit verstärkt durchgeführt (vgl. z.B. Gräsel & Gutenberg, 2004; Schneewind & Merkens, 2003; Weber, Marx, & Schneider, 2004). Im letzten Abschnitt wurden mögliche Ursachen für Leistungsunterschiede zwischen schwachen und guten Lesern beschrieben, die weitgehend ohne Berücksichtigung des Migrationshintergrunds der Schülerinnen und Schüler untersucht worden sind. Im Folgenden soll nun der Frage nachgegangen werden, welche dieser Faktoren für die Entwicklung von Lesekompetenz bei Schülerinnen und Schülern aus zugewanderten Familien eine besondere Rolle spielen könnten und welche zusätzlichen Variablen für diese Gruppe möglicherweise relevant sind.

Es ist davon auszugehen, dass die zu Schulbeginn verfügbaren Deutschkenntnisse von Kindern aus zugewanderten Familien den Verlauf des Schriftspracherwerbs entscheidend beeinflussen. Die Mehrzahl der in Deutschland lebenden Schülerinnen und

Schüler mit Migrationshintergrund wächst in mehr oder weniger ausgeprägt zweisprachigen Situationen auf. Wie eine Vielzahl von Untersuchungen zur Bilingualität gezeigt hat, muss dies nicht zwangsläufig zu Problemen führen (vgl. zusammenfassend z.B. Bialystok, 2001). Unter günstigen Bedingungen ist es durchaus möglich, mehr als eine Sprache zu erwerben. Inwieweit die jeweiligen Sprachen auf vergleichbar hohem Niveau beherrscht werden, ist allerdings in erheblichem Maße davon abhängig, wann mit ihrem Erwerb begonnen wird. Ob für den Zweitspracherwerb kritische Phasen bestehen, ist umstritten (Bialystok & Hakuta, 1994; Harley & Wang, 1997). Weitgehende Einigkeit besteht jedoch darüber, dass die Aneignung einer Zweitsprache in der Regel umso erfolgreicher verläuft, je früher sie einsetzt. Meisel (in Druck) etwa geht davon aus, dass die optimale Phase für das Erlernen einer zweiten Sprache bereits im fünften Lebensjahr abzuklingen beginnt.

Inwiefern das Aufwachsen in mehrsprachigen Situationen die Entwicklung der Lesekompetenz von Kindern beeinflusst, ist bislang kaum systematisch untersucht worden (García, 2000). Aus der Literatur zur Bilingualität lassen sich jedoch vereinzelt Hinweise darüber ableiten, welche spezifischen Hürden mit dem Prozess des Lesenlernens in einer Zweitsprache verbunden sein können. Eine solche Hürde kann im Wortschatz bestehen, der bei mehrsprachigen Personen tendenziell geringer ist, und zwar sowohl in der Erstsprache als auch in den jeweiligen Zweitsprachen (vgl. zusammenfassend Bialystok, 2001). Der Umfang des Wortschatzes wiederum beeinflusst den Zugriff auf das semantische Lexikon und damit den Prozess der Worterkennung, der für zügiges und flüssiges Lesen entscheidend ist. Durch Brüche auf der Ebene der Worterkennung wird die Lesegeschwindigkeit reduziert und die Kohärenzbildung auf der Ebene des Textes erschwert. Insbesondere bei Kindern, die zum Zeitpunkt der Einschulung über geringe Kenntnisse der Instruktionssprache verfügen, ist damit zu rechnen, dass der Erwerb von Lesekompetenz durch einen eingeschränkten Wortschatz beeinträchtigt oder zumindest verlangsamt wird (vgl. Durgunoglu, 1997; Koda, 1994; Verhoeven, 2000).

Mangelnde Beherrschung der Instruktionssprache dürfte sich jedoch nicht nur vermittelt über Wortschatzprobleme, sondern auch über geringe Vertrautheit mit linguistischen Strukturen der Zweitsprache auf die Entwicklung von Lesekompetenz auswirken. Diesem Aspekt wird in sprachsystematischen Ansätzen für Unterricht in Deutsch als Zweitsprache eine wichtige Bedeutung beigemessen (vgl. z.B. Rösch, 2003). Die Ansätze zielen darauf ab, Strukturen der Zielsprache bewusst zu machen, um auf diese Weise den Zweitspracherwerb zu unterstützen. Es wird versucht, die vom eigentlichen Regelsystem häufig stark abweichende implizite Grammatik, die Kinder mit nichtdeutscher Muttersprache entwickelt haben, zu einer korrekten und expliziten Grammatik weiterzuentwickeln. Welche Rolle diese Form des Regelerwerbs für die Entwicklung von Lesekompetenz spielt, ist allerdings bislang weder theoretisch noch empirisch genauer bestimmt worden.

Im Bereich der phonologischen Bewusstheit, die sich als wichtige Vorläuferkompetenz für Lesefertigkeit im Sinne von Dekodiergeschwindigkeit erwiesen hat (vgl. Schneider, in diesem Band), scheinen dagegen keine spezifischen Barrieren für die Entwicklung von Lesekompetenz unter Bedingungen von Mehrsprachigkeit vorzuliegen. Aufgrund der Ergebnisse einzelner Untersuchungen wurde im Gegenteil sogar die Vermutung abgeleitet, dass bilinguale Kinder über eine ausgeprägtere Sensibilität für phonologische Sequenzierungen verfügen als monolinguale Kinder (z.B. Bruck & Genesee, 1995; Campbell & Sais, 1995). Die Befundlage hierzu ist jedoch über die untersuchten Sprachen, Altersgruppen und Aspekte phonologischer Bewusstheit hinweg zu uneinheitlich, um von einer gesicherten Erkenntnis sprechen zu können (Bialystok, 2001). Der Zusammenhang zwischen Mehrsprachigkeit und phonologischer Bewusstheit scheint unter anderem davon abzuhängen, welche Sprachen involviert sind (vgl. z.B. Bialystok, Majumder, & Martin, 2003; Rickard Liow & Poon, 1998). Die Befunde einiger Studien deuten allerdings auch darauf hin, dass Transfereffekte zwischen Sprachen möglich sind. Demnach kann sich phonologische Bewusstheit in der Erstsprache positiv auf den Prozess des Lesenlernens in einer Zweitsprache auswirken (vgl. z.B. Geva, Yaghoub-Zade, & Schuster, 2000; Gottardo, 2002).

Inwieweit Schülerinnen und Schüler aus zugewanderten Familien, die Deutsch als Zweitsprache erwerben, im Bereich der phonologischen Fähigkeiten Vor- oder Nachteile aufweisen, ist bislang ungeklärt (Limbird, in Vorb.). Erste Befunde aus Interventionsstudien haben allerdings Hinweise darauf ergeben, dass auch Kinder nichtdeutscher Herkunftssprache von Trainings der phonologischen Bewusstheit in Kindergärten profitieren können (Gräsel & Gutenberg, 2004; Weber, Marx, & Schneider, 2004). Der Fördereffekt in dieser Gruppe scheint dabei sogar etwas stärker ausgeprägt zu sein als bei Kindern deutscher Herkunftssprache, die erhebliche Defizite im Bereich der sprachlichen Bewusstheit aufweisen (vgl. Schneider, in diesem Band).

Ein weiterer Faktor, der für die Entwicklung von Lesekompetenz bei Schülerinnen und Schülern nichtdeutscher Herkunftssprache eine besondere Rolle spielen könnte, ist kulturell geprägtes Vorwissen, das zum Verständnis von Texten herangezogen werden muss. Dabei kann es sich um Inhalte handeln, die an einen kulturellen Kontext gebunden sind, oder auch um die Vertrautheit mit Textstrukturen, die über verschiedene Kulturkreise variieren. Die Berücksichtigung der Lebens- und Erfahrungswelten von Schülerinnen und Schülern mit und ohne Migrationshintergrund wird vor allem in Ansätzen der interkulturellen Bildung betont (vgl. z.B. Bühler-Otten, Neumann, & Reuter, 2000; Walter, 2001). Systematische Analysen von Effekten dieser Ansätze für schulischen Erfolg im Allgemeinen und für die Entwicklung von Lesekompetenz im Besonderen liegen allerdings kaum vor.

Angesichts der kumulativen Misserfolgserfahrungen, denen Schülerinnen und Schüler mit Migrationshintergrund im schulischen Kontext häufig ausgesetzt sind, könnte weiterhin vermutet werden, dass sich die motivationale Lage dieser Gruppe vergleichsweise ungünstig entwickelt. Eine Längsschnittstudie mit Aussiedlerkindern weist beispielsweise darauf hin, dass sich ihr Selbstkonzept im Fach Deutsch mit zunehmenden Deutschkenntnissen verschlechtert (Roebers, 1997; Roebers, Mecheril, & Schneider, 1998). Dieser scheinbar paradoxe Befund ist wohl darauf zurückzuführen, dass den Schülerinnen und Schülern erst im Verlauf der Verbesserung ihrer Deutschkenntnisse klar wurde, wie groß der Abstand zu Gleichaltrigen ohne Migrationsgeschichte immer noch ist.

Neben solchen relativ nah am Leseprozess liegenden Faktoren spielen auch Merkmale der sozialen Herkunft und der Migrationsgeschichte für die Entwicklung von Lesekompetenz bei Schülerinnen und Schülern aus zugewanderten Familien eine Rolle. So geht der Migrationsstatus häufig mit ungünstigen sozialen Milieubedingungen und – im Hinblick auf die Förderung von Kulturtechniken wie Lesen und Schreiben – geringem Anregungsgehalt im außerschulischen Kontext einher (vgl. z.B. Jungbluth, 1999). Auch das Alter bei der Zuwanderung, die Aufenthaltsdauer und die in der Familie gesprochene Sprache scheinen die Entwicklung von Lesekompetenz und den schulischen Erfolg von Schülerinnen und Schülern mit Migrationshintergrund zu beeinflussen (vgl. z.B. Alba, Handl, & Müller, 1994; Alba & Nee, 1997; Baumert & Schümer, 2001; Esser, 1990; Stanat, 2003).

9.3 Analysen schwacher Leser im Rahmen von PISA 2000

Ziel der folgenden Reanalysen der PISA-2000-Daten ist es, die Gruppe der 15-Jährigen, die im PISA-Lesetest die Kompetenzstufe II nicht erreicht haben, genauer zu beschreiben und Prädiktoren für die schwachen Leseleistungen zu identifizieren. Dabei wird der Blick insbesondere auf mögliche Unterschiede zwischen Jugendlichen mit und ohne Migrationshintergrund gerichtet. Es sollen Anhaltspunkte darüber gewonnen werden, ob sich schwache Leseleistungen in diesen Gruppen auf ähnliche Struktur- und Prozessmerkmale zurückführen lassen oder ob Unterschiede in der Bedeutung dieser Merkmale zwischen den Gruppen zu erkennen sind.

Den Ausgangspunkt der Analysen bilden die in Abschnitt 9.2 beschriebenen Faktoren, die sich als wichtig für die Entwicklung von Lesekompetenz erwiesen haben. Einige der wichtigsten dieser Merkmale sind auch im Rahmen von PISA erhoben worden, sodass es möglich ist, ihren Beitrag zur Vorhersage schwacher Leseleistungen an einer repräsentativen Stichprobe von 15-Jährigen zu prüfen. Durch die simultane Berücksichtigung von verschiedenen Gruppen von Faktoren werden zwei Perspektiven miteinander kombiniert. Mit der Analyse von Hintergrundmerkmalen der Jugendlichen wird der Frage nachgegangen, welche Schülerinnen und Schüler ein erhöhtes Risiko aufweisen, zur Gruppe der schwachen Leser zu gehören. Neben dem Geschlecht der Jugendlichen werden dabei vor allem Aspekte des familiären Hintergrunds einbezogen. Wie Baumert, Watermann und Schümer (2003) gezeigt haben, wirken sich diese Faktoren jedoch nicht direkt auf die Lesekompetenz der Schülerinnen und Schüler aus, sondern vermittelt über psychologische Merkmale, die näher am eigentlichen Leseprozess liegen. Als zweite Gruppe von Faktoren werden daher kognitive und motivationale Variablen untersucht. Hiermit ist die Frage verbunden, welche Rolle diese Faktoren bei der Entstehung schwacher Leseleistungen spielen.

9.3.1 Stichprobe

Die folgenden Analysen basieren auf den Daten der nationalen Erweiterung der PISA-Stichprobe (PISA-E) von 15-jährigen Schülerinnen und Schülern in Deutschland (zur Stichprobenziehung im Rahmen von PISA-E vgl. Baumert, Artelt, Carstensen u.a., 2002). Da in Berlin und Hamburg die vorab festgelegten Beteiligungsraten der für die Teilnahme an den Erhebungen zufällig ausgewählten Schülerinnen und Schüler nicht erreicht werden konnten, wurden diese Länder aus der PISA-E-Stichprobe ausgeschlossen (vgl. Baumert, Artelt, Carstensen u.a., 2002, S. 28 f.). Weiterhin bleiben in den folgenden Analysen die Jugendlichen aus Sonder- und Berufsschulen unberücksichtigt[1]. Insgesamt umfasst die Stichprobe, die bei den folgenden Analysen herangezogen wird, 29.871 15-jährige Schülerinnen und Schüler. Von diesen Jugendlichen leben 5.316 in einer Familie mit mindestens einem im Ausland geborenen Elternteil.

9.3.2 Messinstrumente

In die folgenden Analysen werden, wie bereits erwähnt, zwei Gruppen von Faktoren einbezogen. Bei der ersten Gruppe handelt es sich um Indikatoren für die familiären Lebensverhältnisse der Jugendlichen, während die zweite Gruppe eher prozessnahe kognitive und motivationale Variablen umfasst. Bei den Indikatoren für den familiären Hintergrund wird, wie Baumert, Watermann und Schümer (2003) dies vorgeschlagen haben, zwischen soziokulturellen Struktur- und Prozessmerkmalen unterschieden.

Zu den wichtigsten Strukturmerkmalen der sozialen Herkunft gehört der *sozioökonomischen Status der Familie*. Als Indikator hierfür dient in PISA der Internationale Sozioökonomische Index (ISEI), der von Ganzeboom u.a. entwickelt wurde (Ganzeboom u.a., 1992). Der ISEI wurde auf der Grundlage von Angaben zum Beruf der Eltern gebildet, der in Deutschland sowohl von den Jugendlichen als auch von den Eltern erfragt worden ist. Bei fehlenden Elternangaben wurden zur Bildung des ISEI die entsprechenden Informationen aus dem Schülerfragebogen herangezogen. In die Analysen geht der jeweils höchste Sozialschichtindex des Vaters oder der Mutter ein.

Das *Bildungsniveau der Eltern* wird durch den höchsten Bildungsabschluss in der Familie repräsentiert. Dabei wird eine siebenstufige Skala zu Grunde gelegt, die zwischen den Polen „Hauptschulbesuch ohne Lehre“ und „Abschluss einer wissenschaftlichen Hochschule“ variiert. Weiterhin wird die *Anzahl der Kinder in der Familie* als Strukturmerkmal des familiären Hintergrunds in die Analysen einbezogen, die anhand von Angaben der Jugendlichen zu ihren Geschwistern erfasst wurde (zur Rolle der Kinderzahl in der Familie vgl. z.B. Wolter, 2003).

Als Indikator für den *Migrationshintergrund der Familie* wird das Geburtsland der Eltern verwendet. Dabei wird unterschieden zwischen Familien, in denen (1) beide Eltern in Deutschland geborenen sind, (2) ein Elternteil im Ausland geboren ist und (3) beide Eltern im Ausland geboren sind. Um das *Schulalter der Jugendlichen bei der Zuwanderung* zu erfassen, wurden die Jugendlichen gefragt, ob sie in Deutschland geboren sind und, sofern dies nicht der Fall ist, wie alt sie waren, als ihre Familie zugewandert ist. Anhand dieser Angaben ist ein Indikator für das Alter der Schülerinnen und Schüler bei der Zuwanderung mit den folgenden Ausprägungen gebildet worden: (1) in Deutschland geboren, (2) vor Eintritt in die Grundschule zugewandert, (3) im Grundschulalter zugewandert, (4) im Sekundarschulalter zugewandert.

Nach Baumert u.a. (2003) werden soziale Disparitäten in der Kompetenzentwicklung nur unvollständig abgebildet, wenn neben Strukturmerkmalen nicht auch Prozessmerkmale der familiären Herkunft berücksichtigt werden. Daher wird in den Analysen zum Hintergrund von schwachen Lesern weiterhin die Rolle der folgenden Aspekte der familiären Lebensverhältnisse untersucht.

Um die *Wohlstandsinvestitionen* der Familien zu erfassen, wurde im Schülerfragebogen erhoben, ob bestimmte Gegenstände zur Verfügung stehen (Beispielitems: „Wie viele der folgenden Dinge habt ihr zu Hause?" – Fernseher, Autos, Badezimmer). Die interne Konsistenz der Skala liegt bei $\alpha = .66$[2]. Als ein Indikator für die kulturelle Praxis in der Familie gehen ihre *kulturellen Ressourcen* in die Analysen ein (Beispielitem: „Wie viele Bücher habt ihr zu Hause?"). Mit $\alpha = .70$ ist die interne Konsistenz dieser Skala zufriedenstellend. Der zweite Indikator für die kulturelle Praxis basiert auf Angaben zu *kulturellen Aktivitäten* der Schülerinnen und Schüler, wie etwa den Besuch eines Museums oder eines Theaters. Die interne Konsistenz dieser Skala beträgt $\alpha = .64$.

Als weiteres Prozessmerkmal der familiären Lebensverhältnisse wird ein Indikator für die Intensität und Qualität der Kommunikation in der Familie einbezogen (Beispielitems: „Wie oft kommt es im Allgemeinen vor, dass deine Eltern mit dir über politische oder soziale Fragen diskutieren?" „Wie oft kommt es im Allgemeinen vor, dass deine Eltern gemeinsam mit dir am Tisch sitzen und zu Mittag oder Abend essen?"). Diese fünf Items umfassende Skala der *kommunikativen Praxis* weist eine interne Konsistenz von $\alpha = .65$ auf. Die *Familiensprache* schließlich wurde mit der Frage „Welche Sprache sprecht ihr normalerweise zu Hause?" erfasst. Sie geht als dichotome Variable (Deutsch vs. eine andere Sprache) in die Analysen ein.

Anknüpfend an die Literatur zu psychologischen Determinanten der Lesekompetenz, wird die Rolle einer Reihe von kognitiven und motivationalen Merkmalen für schwache Leseleistungen untersucht. Die *kognitiven Grundfähigkeiten* der Schülerinnen und Schüler wurden mit zwei Subskalen des kognitiven Fähigkeitstests (KFT) erfasst, die als Indikatoren für schlussfolgerndes Denken gelten (Heller & Perleth, 2000). Zur Erfassung der *Dekodierfähigkeit* diente ein Lesegeschwindigkeitstest, bei dem die Schülerinnen und Schüler gebeten wurden, einen Text innerhalb von sieben Minuten so schnell wie möglich zu lesen. Dabei war in Abständen von etwa drei bis sechs Sätzen jeweils eine Klammer mit drei alternativen Wörtern eingefügt, aus denen die Jugendlichen das jeweils in den Satz passende Wort auswählen sollten. Der Indikator für die Dekodierfähigkeit besteht aus einem Maß für die Lesegeschwindigkeit, das mit dem Anteil richtig ausgewählter Wörter gewichtet wurde.

Eine weitere kognitive Variable, die in die Analysen einbezogen wird, ist die Verwendung von *metakognitiven Kontrollstrategien* beim Lernen. Die in PISA eingesetzte Selbstberichtsskala umfasst sechs Items (Beispielitem: „Wenn ich lerne, passe ich genau auf, dass ich das Wichtigste behalte.") und weist mit $\alpha = .72$ eine befriedigende interne Konsistenz auf. Die metakognitiven Kontrollstrategien, wie auch die im Folgenden beschriebenen motivationalen Merkmale, wurden im Rahmen von PISA als Teil eines Fragebogens zu Voraussetzungen selbstregulierten Lernens erfasst (vgl. Artelt, Baumert u.a., 2003; Artelt, Demmrich, & Baumert, 2001).

Als motivationale Merkmale, die sich direkt auf das Lesen bzw. auf den sprachlichen Bereich allgemein beziehen, werden das *Interesse am Lesen*[3] (Beispielitem: „Weil mir das Lesen Spaß macht, würde ich es nicht gerne aufgeben.") und das *verbale Selbstkonzept* (Beispielitem: „Im Fach Deutsch lerne ich schnell.") der Schülerinnen und Schüler in die Analysen einbezogen. Die interne Konsistenz beider Skalen ist gut (Interesse am Lesen: $\alpha = .85$; verbales Selbstkonzept: $\alpha = .83$).

Um weiterhin zu prüfen, inwieweit schwache Leistungen im Lesen auch mit einer allgemein geringen Lernmotivation einhergehen, wird außerdem die Rolle von domänenübergreifenden motivationalen Merkmalen untersucht. Dabei handelt es sich vor allem um das *akademische Selbstkonzept* der Schülerinnen und Schüler (Beispielitem: „Ich bin in den meisten Schulfächern gut.") und um die *Anstrengung und Ausdauer,* die von den Jugendlichen beim Lernen investiert wird (Beispielitem: „Wenn ich lerne, arbeite ich auch dann weiter, wenn der Stoff schwierig ist."). Die interne Konsistenz beider Skalen ist zufriedenstellend (akademisches Selbstkonzept: $\alpha = .78$; Anstrengung und Ausdauer beim Lernen: $\alpha = .77$). Darüber hinaus werden in einer deskriptiven Analyse Skalen für Selbstwirksamkeitsüberzeugungen ($\alpha = .75$), instrumentelle Motivation ($\alpha = .83$), Interesse an Mathematik ($\alpha = .76$) und mathematisches Selbstkonzept ($\alpha = .90$) der Schülerinnen und Schüler einbezogen.

Da, wie bereits erwähnt, frühere Studien Hinweise darauf gegeben haben, dass ein sehr hoher Fernsehkonsum mit der Entwicklung schwacher Leseleistungen zusammenhängen kann, soll zusätzlich auch dieser Faktor in den Analysen berücksichtigt werden. Die *Häufigkeit des Fernsehkonsums* wurde in PISA mit der Frage „Wie viele Stunden am Tag (Montag bis Freitag) schaust du durchschnittlich Fernseh-/Videofilme an?" erfasst. Die Antwortalternativen reichten von 1 („bis zu einer Stunde") bis 5 („mehr als 5 Stunden").

9.4 Ergebnisse

Der Ergebnisteil dieses Kapitels gliedert sich in drei Abschnitte. Im ersten Abschnitt wird zunächst dargestellt, wie sich die Gruppe der schwachen Leser zusammensetzt. Im zweiten Schritt wird dann mithilfe von Clusteranalysen untersucht, ob Teilgruppen schwacher Leser identifiziert werden können, die sich im Hinblick auf Prozessmerkmale[4] der familiären Herkunft und psychologische Faktoren systematisch voneinander unterscheiden. Der letzte Abschnitt des empirischen Teils schließlich widmet sich der Frage, welche Faktoren zur Vorhersage schwacher Leseleistungen beitragen und ob die Bedeutung dieser Faktoren für Jugendliche mit und ohne Migrationshintergrund variiert.

9.4.1 Zusammensetzung der Gruppe von Jugendlichen mit schwacher Lesekompetenz: Deskriptive Befunde

Unter den 15-Jährigen, die im Rahmen von PISA-E untersucht worden sind, und die weder eine Sonder- noch eine Berufsschule besuchen, haben N = 6.247 nicht die Kompetenzstufe II erreicht. Dies entspricht einer Quote von 21 Prozent[5]. In den allgemein bildenden Schulen der 14 Länder, die in die PISA-E-Analysen einbezogen werden können, sind also etwa ein Fünftel der 15-Jährigen als potenzielle Risikoschülerinnen und -schüler einzustufen. Fast 80 Prozent dieser Jugendlichen besuchen eine Hauptschule oder eine Integrierte Gesamtschule (vgl. Tab. 9.1). Aber auch in Realschulen sind einige schwache Leser anzutreffen. Insgesamt erreichen 11 Prozent der Realschülerinnen und -schüler, 28 Prozent der Schülerinnen und Schüler in Integrierten Gesamtschulen und 53 Prozent der Hauptschülerinnen und -schüler nicht Kompetenzstufe II. In Gymnasien liegt die entsprechende Quote bei unter 1 Prozent.

Es mag überraschend erscheinen, dass auch unter den Realschülerinnen und -schülern ein nicht unerheblicher Anteil von Jugendlichen zu finden ist, die Kompetenzstufe II nicht erreichen. Dies hängt damit zusammen, dass die Muster der Bildungsbeteiligung über die Länder variieren. In Ländern, in denen insgesamt relativ wenige Schülerinnen und Schüler eine Hauptschule besuchen, ist der Anteil der Realschülerinnen und -schüler unter den schwachen Lesern tendenziell höher (Korrelation zwischen Anteil von Jugendlichen in Hauptschulen insgesamt und Anteil schwacher Leser unter den Realschülerinnen und -schülern auf Länderebene: $r = -.67$, $p = .009$). Bei gleichem Anteil von

	Schwache Leser (unter Kompetenzstufe II)	Nichtschwache Leser (auf Kompetenzstufe II oder darüber)
Bildungsgang		
Hauptschule	65,7	14,2
Integrierte Gesamtschule	13,2	8,1
Realschule	20,1	39,1
Gymnasium	1,0	38,6
Gesamt	100,0	100,0
Geschlecht		
Mädchen	41,3	53,3
Jungen	58,7	46,7
Gesamt	100,0	100,0
Migrationshintergrund		
Beide Eltern in Deutschland geboren	62,2	82,4
Ein Elternteil im Ausland geboren	5,9	6,4
Beide Eltern im Ausland geboren	31,9	11,2
Gesamt	100,0	100,0
Umgangssprache zu Hause		
Deutsch	73,0	92,6
Andere Sprache	27,0	7,4
Gesamt	100,0	100,0

Tabelle 9.1 Schwache und nichtschwache Leser: Zusammensetzung der Gruppen (in %)

schwachen Lesern sind also die Jugendlichen in Ländern mit geringeren Hauptschulquoten stärker in Realschulen repräsentiert. Hierbei handelt es sich um einen im Grunde trivialen Befund, der keinerlei Rückschlüsse darüber zulässt, inwieweit die Effektivität der Förderung von Schülerinnen und Schülern im unteren Leistungsbereich durch verschiedene Muster der Bildungsbeteiligung beeinflusst wird. So besteht etwa zwischen der Bildungsbeteiligung an Hauptschulen und dem Anteil von Jugendlichen, die nicht Kompetenzstufe II erreichen, kein signifikanter Zusammenhang (Korrelation auf Länderebene: $r = -.24$, $p = .409$).

Rund 59 Prozent der 15-Jährigen, die nicht Kompetenzstufe II erreichen, sind Jungen (vgl. Tab. 9.1). Weiterhin ist der Anteil der schwachen Leser unter den Jugendlichen mit Migrationshintergrund besonders hoch. Von den 15-Jährigen, die mindestens ein im Ausland geborenes Elternteil haben, sind fast 35 Prozent schwache Leser. Innerhalb der Gruppe von Schülerinnen und Schülern aus Familien, in denen beide Elternteile zugewandert sind, liegt der Anteil sogar bei 41 Prozent. Unter den Jugendlichen ohne Migrationshintergrund (beide Eltern in Deutschland geboren) sind dagegen nur 11 Prozent schwache Leser. Aus diesem Befundmuster lässt sich allerdings umgekehrt nicht schließen, dass es sich bei der Mehrzahl der schwachen Leser um Schülerinnen und Schüler mit Migrationshintergrund handelt. Wie Tabelle 9.1 zeigt, haben über 60 Prozent der Jugendlichen, die nicht Kompetenzstufe II erreichen, in Deutschland geborene Eltern, und 73 Prozent geben an, in der Familie Deutsch zu sprechen. Nach diesen Befunden wäre es also falsch, die schwachen Leser ausschließlich unter den Jungen und den Schülerinnen und Schülern mit Migrationshintergrund zu suchen. Die überwiegende Mehrheit dieser Jugendlichen sind deutscher Herkunft und immerhin 40 Prozent sind Mädchen.

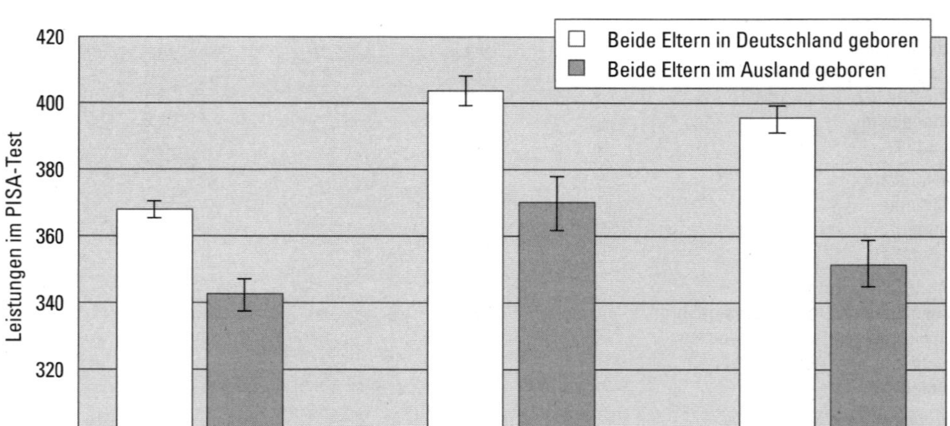

Abbildung 9.1 Leistungsunterschiede zwischen schwachen Lesern mit und ohne Migrationshintergrund (Mittelwerte und Konfidenzintervall)

Die in Abbildung 9.1 dargestellten Ergebnisse zeigen, dass Schülerinnen und Schüler aus zugewanderten Familien auch innerhalb der Gruppe schwacher Leser deutlich geringere Leistungen erreichen als Jugendliche mit in Deutschland geborenen Eltern. Dabei ist wiederum der bereits im ersten Bericht des deutschen PISA-Konsortiums identifizierte kumulative Effekt geringer Kompetenzen in der Verkehrssprache zu erkennen, der sich offenbar auch auf die Leistungen in anderen Fächern niederschlägt (Baumert & Schümer, 2001). Innerhalb der Gruppe schwacher Leser erzielen 15-Jährige aus zugewanderten Familien etwa 26 Punkte weniger im Lesetest als Jugendliche ohne Migrationshintergrund. Im Bereich Mathematik beträgt die Differenz 34 Punkte, in den Naturwissenschaften sogar 44 Punkte. Die Leistungsunterschiede zwischen den beiden Gruppen sind in allen drei Domänen signifikant.

Dass Schülerinnen und Schüler aus zugewanderten Familien in allen drei Domänen, die in PISA einbezogen wurden, geringere Leistungen erreichen als Jugendliche ohne Migrationshintergrund, könnte Anlass zu der Vermutung geben, dass die Disparitäten auf schulbezogene motivationale Tendenzen zurückzuführen sein könnten, die fächerübergreifend wirksam sind. Dies scheint jedoch keineswegs der Fall zu sein. Tendenziell weisen Jugendliche mit Migrationshintergrund eher günstigere Werte auf den im Rahmen von PISA erhobenen motivationalen Variablen auf als Schülerinnen und Schüler mit in Deutschland geborenen Eltern (Stanat, 2004; Stanat & Müller, in Vorb.; siehe auch Artelt, Baumert u.a., 2003). Dies gilt auch innerhalb der Gruppe schwacher Leser. Abbildung 9.2 zeigt die Mittelwerte der über die Gesamtstichprobe standardisierten Ausprägungen auf verschiedenen motivationalen Variablen jeweils getrennt für Jugendliche mit im Ausland geborenen Eltern und für Jugendliche aus Familien ohne Migrationsgeschichte[6]. Wie zu erkennen ist, weichen die Werte beider Gruppen zumeist deutlich vom durchschnittlichen Niveau der Gesamtstichprobe ab. Insgesamt weist also die Gruppe schwacher Leser vergleichsweise ungünstige motivationale Tendenzen auf. Besonders ausgeprägt ist die Differenz für das Interesse am Lesen, das verbale und akademische Selbstkonzept, die Selbstwirksamkeitsüberzeugungen und die Anstrengung/Ausdauer beim Lernen. Für das mathematische Interesse und Selbstkonzept wie auch für die instrumentelle Motivation liegen die Werte der schwachen Leser dagegen näher am Gesamtmittelwert. Das Interesse an Mathematik ist bei den Schülerinnen und Schülern mit Migrationshintergrund im Vergleich zum Durchschnitt der Gesamtstichprobe sogar höher ausgeprägt.

Sowohl für die 15-Jährigen aus zugewanderten Familien als auch für die Jugendlichen ohne Migrationshintergrund liegen also auf der Mehrzahl der motivationalen Variablen unterdurchschnittliche Ausprägungen vor. Gleichzeitig sind jedoch auch deutliche Differenzen zwischen den beiden Teilgruppen zu beobachten. Bei fünf der acht Variablen haben die Jugendlichen mit im Ausland geborenen Eltern signifikant günstigere Werte. Die größten Unterschiede bestehen im Interesse an Mathematik und im akademischen Selbstkonzept. Lediglich das verbale Selbstkonzept ist bei den 15-Jährigen ohne Migrationshintergrund etwas höher ausgeprägt als bei Gleichaltrigen mit im Ausland geborenen Eltern. Dieser Unterschied ist jedoch vergleichsweise klein und statistisch nicht signifikant.

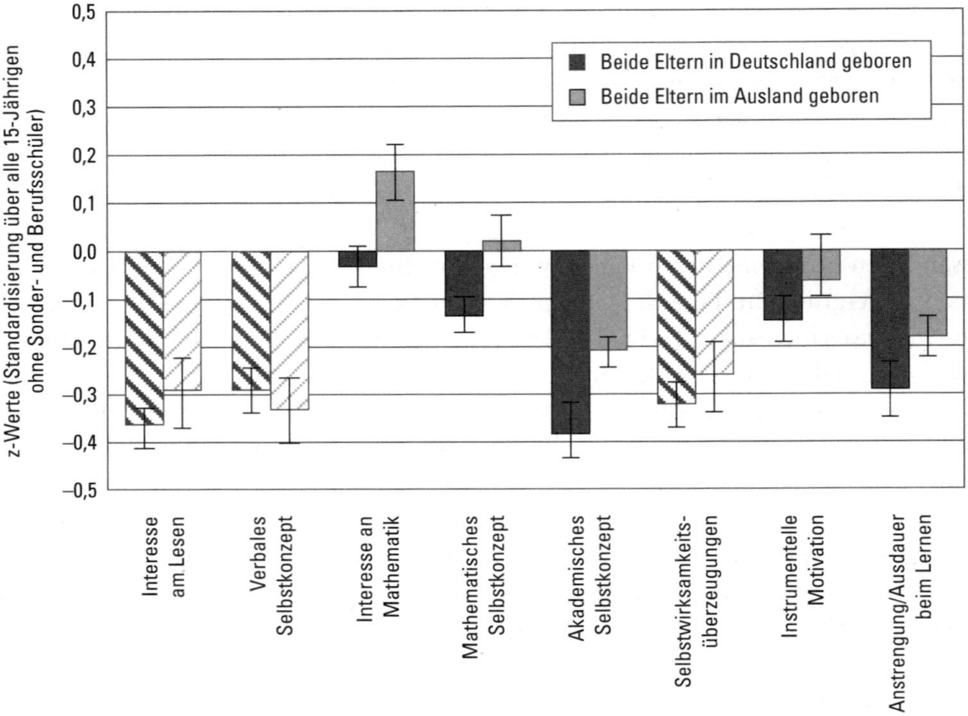

Nicht signifikante Unterschiede werden durch schraffierte Balken gekennzeichnet.

Abbildung 9.2 Abweichungen der Ausprägungen motivationaler Tendenzen vom Gesamtmittelwert bei schwachen Lesern mit und ohne Migrationshintergrund (mittlere z-Werte und Konfidenzintervall)

Trotz der Misserfolgserfahrungen, denen Schülerinnen und Schüler aus Familien mit Migrationsgeschichte angesichts ihrer vergleichsweise schwachen schulischen Leistungen häufig ausgesetzt sein dürften, verfügen diese Jugendlichen also über eine relativ zu ihren Mitschülern aus einheimischen Familien günstigere motivationale Ausgangslage. Dies kann als Ressource angesehen werden, an die gezielte Fördermaßnahmen für Schülerinnen und Schüler mit Migrationshintergrund anknüpfen können. Jedenfalls sind die Leistungsunterschiede zwischen Jugendlichen mit und ohne Migrationshintergrund offenbar nicht durch entsprechende Differenzen im motivationalen Bereich zu erklären (vgl. auch Stanat, 2004; Stanat & Müller, in Vorb.).

9.4.2 Teilgruppen von Jugendlichen mit schwacher Lesekompetenz: Ergebnisse aus Clusteranalysen

Die im letzten Abschnitt dargestellten deskriptiven Befunde weisen darauf hin, dass es sich bei den schwachen Lesern unter den 15-Jährigen nicht um eine homogene Gruppe handelt. So hat sich beispielsweise gezeigt, dass schwache Leseleistungen offenbar mit unterschiedlichen Ausprägungen in motivationalen Orientierungen einhergehen können. Im Folgenden soll nun der Frage nachgegangen werden, ob unter den Schülerinnen und Schülern mit schwachen Leseleistungen Teilgruppen identifiziert werden können, die sich im Hinblick auf Prozessmerkmale des familiären Hintergrunds und psychologische Faktoren, die für Leistungen im Bereich Lesen relevant sind, systematisch unterscheiden.

Zur Identifizierung homogener Teilgruppen schwacher Leser wurde eine Reihe von Clusteranalysen durchgeführt. Unter Verwendung des Programms Latent GOLD 3.0 wurde dabei ein auf der *Latent Class Analysis* basierendes Verfahren gewählt. Mit diesem Verfahren ist unter anderem der Vorteil verbunden, dass es Kennwerte für die Güte der Clusterlösungen (BIC, AIC, R^2, Klassifikationsfehler) liefert, die eine empirisch fundierte Entscheidungsgrundlage bilden.

Wiederholte Analysen mit verschiedenen Startwerten weisen darauf hin, dass eine Lösung mit fünf Clustern die Daten am besten beschreibt. Mit der in Abbildung 9.3 dargestellten Gruppierung werden 93 Prozent der Varianz erklärt, und nur 3 Prozent der Fälle lassen sich nicht eindeutig einem der fünf Cluster zuordnen. Bei den in der Graphik abgetragenen Ausprägungen der Variablen, die der Clusteranalyse zu Grunde lagen, handelt es sich wiederum um z-Werte, die für die Gesamtstichprobe gebildet wurden. Die Datenpunkte geben also an, inwieweit der Mittelwert des jeweiligen Clusters schwacher Leser auf der betreffenden Variable vom mittleren Niveau der in die Analysen einbezogenen Gesamtstichprobe der 15-Jährigen abweicht. Wie anhand der Graphik zu erkennen ist, liegt die überwiegende Mehrzahl der Datenpunkte unter dem Gesamtmittelwert. Deutlich überdurchschnittliche Werte sind lediglich für Cluster 4 sowie bei einer Variablen (kulturelle Aktivitäten) auch für Cluster 3 zu beobachten.

Ein äußerst robustes Ergebnis der durchgeführten Clusteranalysen ist, dass die Schülerinnen und Schüler mit schwachen Leseleistungen im Hinblick auf ihre kognitiven Grundfähigkeiten und ihre Dekodierfähigkeit eine relativ homogene Gruppe bilden. Auf diesen Variablen weisen alle Cluster deutlich unterdurchschnittliche Werte auf. In keiner der Analysen wurden Teilgruppen von Schülerinnen und Schülern mit schwachen Leseleistungen identifiziert, die systematisch höhere oder niedrigere Ausprägungen auf den Maßen der kognitiven Grundfähigkeiten oder Dekodierfähigkeiten aufweisen. In Übereinstimmung mit Ergebnissen aus Analysen zur Prädiktion von interindividuellen Unterschieden der Lesekompetenz (z.B. Artelt u.a., 2001; siehe auch Schaffner & Schiefele, in diesem Band), weist das Ergebnis auf die zentrale Bedeutung dieser Faktoren für die Entwicklung schwacher bzw. guter Leseleistungen hin. Wie im nächsten Abschnitt dieses Kapitels gezeigt wird, ist ihr relativer Beitrag bei der Vorhersage der Zugehörigkeit von Schülerinnen und Schülern zur Gruppe potenzieller Risikoschüler beträchtlich.

Auch im Hinblick auf die Wohlstandsinvestitionen der Familien unterscheiden sich die Schülerinnen und Schüler in den fünf Teilgruppen schwacher Leser kaum. Lediglich die Jugendlichen in Cluster 5 weisen hier durchschnittliche Werte auf und liegen damit

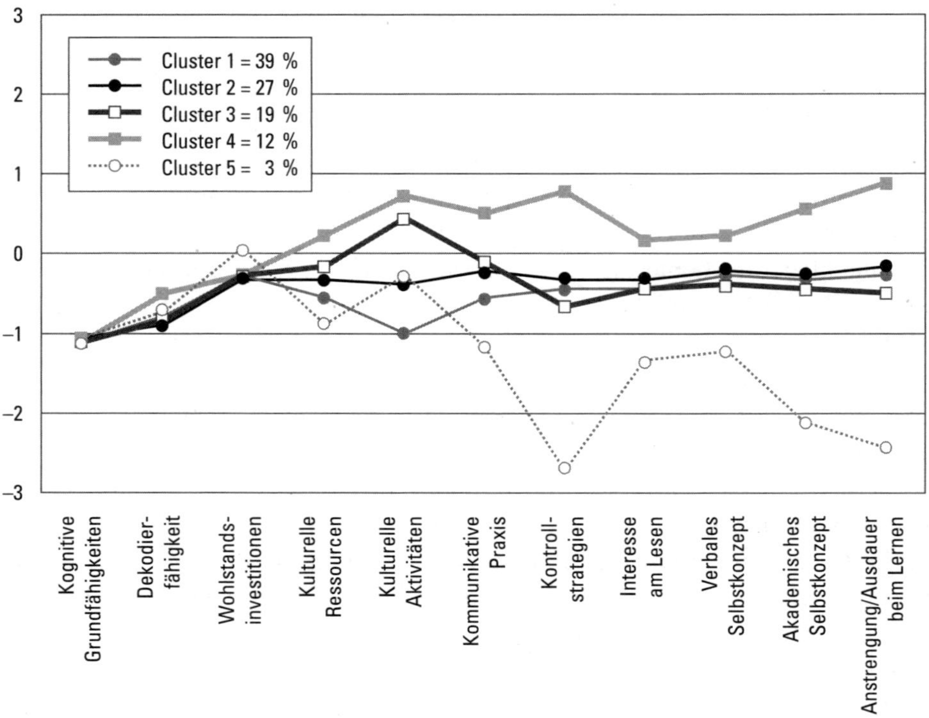

Abbildung 9.3 Teilgruppen schwacher Leser: Ergebnisse einer Clusteranalyse

etwas über den Mittelwerten der anderen Teilgruppen. Bei Cluster 5 handelt es sich weiterhin um eine Teilgruppe von 15-Jährigen mit schwachen Leseleistungen, die vor allem durch sehr geringe Ausprägungen in den Voraussetzungen selbstregulierten Lernens auffällt. Diese Schülerinnen und Schüler scheinen so gut wie nie metakognitive Kontrollstrategien beim Lernen einzusetzen, insgesamt beim Lernen wenig Anstrengung zu investieren und über ein geringes akademisches Selbstkonzept zu verfügen. Auch ihr Interesse am Lesen und ihr verbales Selbstkonzept sind deutlich unterdurchschnittlich ausgeprägt. Insgesamt ergibt sich bei diesem Cluster das Bild einer relativ kleinen Gruppe von Jugendlichen, die sich durch eine allgemein äußerst negative Haltung zum Lernen auszeichnet. Knapp 3 Prozent der Schülerinnen und Schüler, die nicht Kompetenzstufe II erreichen, sind dieser Gruppe zuzuordnen. Wie in der ersten Spalte von Tabelle 9.2 zu erkennen ist, gehen mit diesen wenig günstigen Voraussetzungen auch besonders schwache Leistungen im Lesen einher. Der Mittelwert für Cluster 5 im PISA-Lesetest liegt mehr als 20 Punkte unter den mittleren Leistungen der Cluster 2 und 4 und übersteigt nicht einmal die Schwelle zu Kompetenzstufe I7.

Den Gegenpol zu Cluster 5 bildet das etwas größere Cluster 4, das sowohl auf einigen Prozessmerkmalen der familiären Herkunft als auch auf den Voraussetzungen selbstregulierten Lernens überdurchschnittliche Werte aufweist. Teilweise betragen die Ab-

	N (Stichprobe)	Population (in %)	Lesekompetenz M (SE)	SD	Mädchen % (SE)	Mindestens ein Elternteil im Ausland geboren % (SE)	Familiensprache ist nicht Deutsch % (SE)
Cluster 1	2.321	38,9	341 (1,7)	55,6	40,9 (1,6)	36,0 (1,9)	26,0 (1,8)
Cluster 2	1.715	27,8	346 (1,9)	51,5	42,4 (1,6)	37,5 (1,8)	28,2 (1,9)
Cluster 3	1.215	19,5	335 (3,0)	60,8	37,8 (1,7)	40,0 (2,3)	27,3 (2,2)
Cluster 4	669	11,1	348 (2,9)	50,1	53,2 (2,7)	43,0 (3,0)	28,6 (2,8)
Cluster 5	157	2,7	325 (6,4)	58,9	14,0 (4,1)	29,5 (5,2)	19,8 (4,8)

M = Mittelwert, SE = Standardfehler, SD = Standardabweichung.

Tabelle 9.2 Lesekompetenz und Zusammensetzung der Teilgruppen schwacher Leser

weichungen vom Mittelwert der Gesamtstichprobe mehr als eine halbe Standardabweichung. Diese relativ günstigen Voraussetzungen sind mit Leistungen im Lesen verbunden, die deutlich über denen des schwächsten Clusters 5 liegen. Allerdings ist der Leistungsvorteil im Vergleich zu den mittleren drei Teilgruppen nicht sehr groß. Die relativ ausgeprägte Bereitschaft zum Lernen der Schülerinnen und Schüler in Cluster 4, das 11 Prozent der schwachen Leser umfasst, scheint sich also nur bedingt in besseren Leistungen niederzuschlagen. Die mittlere Lesekompetenz der Jugendlichen in Cluster 4 liegt zwar über der unteren Grenze von Kompetenzstufe I, aber immer noch deutlich unterhalb der Schwelle zu Kompetenzstufe II.

Die drei mittleren Cluster schwacher Leser schließlich bewegen sich auf den meisten Variablen etwas unterhalb der Gesamtmittelwerte und unterscheiden sich untereinander in stärkerem Ausmaß lediglich in Bezug auf die kulturellen Aktivitäten in der Familie. Dieser Unterschied scheint sich jedoch nicht auf die mittlere Lesekompetenz der Schülerinnen und Schüler in diesen Teilgruppen auszuwirken. Die Leistungsdifferenzen zwischen Cluster 1 und 2 sind zu vernachlässigen, und die Jugendlichen in Cluster 3 erreichen – trotz relativ günstiger Voraussetzungen im Hinblick auf die kulturellen Aktivitäten in der Familie – eher etwas geringere Leistungen. Die Leistungsstreuung ist in Cluster 3 allerdings besonders ausgeprägt.

Insgesamt ergibt sich aus den Clusteranalysen ein weitgehend einheitliches Bild der Gruppe schwacher Leser, das lediglich von den abweichenden Befundmustern der Cluster 4 und 5 durchbrochen wird. Dabei fällt das Cluster 4 vor allem durch relativ günstige familiäre Hintergrundmerkmale und Voraussetzungen selbstregulierten Lernens auf, während sich das Cluster 5 primär durch eine allgemein negative Haltung zum Lernen auszeichnet. Angesichts dieses Befundmusters überrascht es nicht, dass der Anteil der Mädchen in Cluster 4 höher, in Cluster 5 dagegen deutlich geringer ist als in den anderen Teilgruppen (vgl. Tab. 9.2). Bemerkenswert ist allerdings, dass auch Jugendliche mit Migrationshintergrund in Cluster 4 etwas stärker und in Cluster 5 erheblich weniger repräsentiert sind. Dies dürfte unter anderem auf die bei den Schülerinnen und Schülern mit Migrationshintergrund relativ günstigen Ausprägungen der motivationalen Merkmale, die bereits in Abschnitt 9.4.1 beschrieben worden sind, zurückzuführen sein.

9.4.3 Vorhersage schwacher Lesekompetenz

Wie bereits im ersten PISA-Bericht gezeigt wurde, ist der Zusammenhang zwischen Merkmalen der familiären Herkunft und Lesekompetenz in Deutschland besonders ausgeprägt (Baumert & Schümer, 2001). Dies gilt auch für das Risiko der Zugehörigkeit zur Gruppe der schwachen Leser (vgl. Tab. 9.3). Stammt ein Jugendlicher beispielsweise aus einer Familie, die dem unteren Viertel der Sozialstruktur zuzuordnen ist, so ist sein Risiko, zur Gruppe mit schwacher Lesekompetenz zu gehören, in Deutschland um fast das 2,5-fache höher als für Gleichaltrige aus Familien mit höherem Sozialstatus, und dies bei Kontrolle aller anderen in Tabelle 9.3 enthaltenen Variablen, also dem sozioökonomischen Status und dem Bildungsniveau der Eltern, dem Migrationshintergrund der Familie und dem Geschlecht des Jugendlichen. Wie anhand der Werte des Pseudo-R^2 in der letzten Spalte der Tabelle 9.3 zu erkennen ist, haben die Variablen, die in die logistische Regression einbezogen wurden, für die Vorhersage der Zugehörigkeit zur Gruppe schwacher Leser in Deutschland eine vergleichsweise große Bedeutung. Neben Liechtenstein, Luxemburg und der Schweiz gehört Deutschland zu den Ländern, in denen der Zusammenhang zwischen den Hintergrundmerkmalen und dem Risiko, die Kompetenzstufe II nicht zu erreichen, relativ eng ist (Baumert & Schümer, 2001).

In Abschnitt 9.3 wurde bereits erwähnt, dass der Erklärungsabstand zwischen den in Tabelle 9.3 aufgeführten Hintergrundmerkmalen und der Kompetenzentwicklung von Schülerinnen und Schülern relativ groß ist. Befunde von Baumert, Watermann und Schümer (2003) etwa weisen darauf hin, dass die Effekte soziokultureller Strukturfaktoren, wie etwa der sozioökonomische Status oder der Migrationshintergrund der Familie, durch soziokulturelle und psychologische Prozessmerkmale vermittelt sind. Im Folgenden soll daher untersucht werden, welchen Beitrag diese Faktoren zur Vorhersage der Zugehörigkeit von Schülerinnen und Schülern zur Gruppe schwacher Leser leisten. Die Analysen orientieren sich am Vorgehen von Baumert, Watermann und Schümer (2003), wobei jedoch anstelle der Lesekompetenz als kontinuierliches Merkmal das Nichterreichen der Kompetenzstufe II vorhergesagt wird. Weiterhin wird als zusätzliches Hintergrundmerkmal das Geschlecht der Jugendlichen in die Modelle aufgenommen und die Bedeutung des Fernsehkonsums für die Vorhersage schwacher Leseleistungen untersucht. In Ergänzung zu motivationalen Merkmalen, die sich direkt auf das Lesen beziehen, werden darüber hinaus auch domänenübergreifende motivationale Tendenzen berücksichtigt.

Um der Frage nachzugehen, inwieweit sich die Erklärungsmodelle für Schülerinnen und Schüler mit und ohne Migrationshintergrund unterscheiden, werden im Folgenden Ergebnisse logistischer Regressionsanalysen berichtet, die für diese beiden Gruppen getrennt durchgeführt worden sind. Aufgrund der geringen Anzahl von zugewanderten

Staat	15-Jährige, die im Lesen Kompetenzstufe I nicht überschreiten (in %)	Risikofaktoren *(Odds Ratios)*					Pseudo-R^2 (Nagelkerke) für Modell I
		Stellung der Familie im unteren Viertel der Sozialstruktur (ISEI)	Höchster Bildungsabschluss der Familie, maximal Sekundarstufe I (ohne formale Berufsausbildung)		Familie mit Migrationshintergrund (mindestens ein Elternteil im Ausland geboren)	Geschlecht männlich	
			Modell I: Vergleichsgruppe Sekundarstufe II	Modell II: Vergleichsgruppe Tertiäre Bildung			
Australien	12,2	2,28	1,77	2,56	ns	2,04	.09
Belgien	18,8	2,73	2,13	1,72	3,20	1,95	.11
Brasilien	56,3	1,92	1,94	2,18	–	1,44	.09
Dänemark	18,0	1,44	2,47	6,03	2,27	2,22	.16
Deutschland	**22,5**	**2,45**	**2,52**	**4,02**	**2,62**	**1,69**	**.18**
Finnland	6,9	1,79	1,46	2,72	–	3,62	10
Frankreich	15,2	2,19	1,66	1,57	1,73	2,02	.09
Griechenland	24,4	1,77	1,90	2,17	2,18	2,27	.11
Irland	10,6	2,55	ns	ns	–	1,71	.05
Island	14,6	1,53	1,69	1,77	–	2,85	.08
Italien	18,6	1,72	1,63	2,16	–	2,33	.08
Japan	10,1	–	–	–	–	–	–
Kanada	9,5	2,07	1,74	2,54	1,35	2,37	.08
Korea	5,4	–	–	–	–	–	–
Lettland	29,7	2,25	2,67	2,96	–	3,02	.13
Liechtenstein	21,1	3,07	1,45	1,61	2,98	1,79	.21
Luxemburg	34,8	2,09	1,43	2,24	3,40	1,81	.22
Mexiko	43,8	1,87	2,65	3,48	–	1,81	.18
Neuseeland	14,0	2,26	ns	1,74	1,47	2,76	.10
Norwegen	17,5	2,13	1,50	1,65	1,55	2,59	.09
Österreich	14,7	2,61	1,52	2,90	2,65	1,97	.15
Polen	22,7	2,13	1,92	5,08	–	2,25	.12
Portugal	26,2	2,57	ns	2,21	–	1,80	.10
Russische Föderation	26,6	2,27	2,24	2,21	ns	2,44	.09
Schweden	12,6	2,30	1,68	1,48	1,68	2,44	.09
Schweiz	20,4	2,70	2,31	2,58	2,43	1,90	.20
Spanien	16,4	1,84	2,56	2,91	–	2,16	.12
Tschechische Republik	17,4	2,19	2,49	5,35	–	2,44	.10
Ungarn	22,7	2,17	4,74	11,74	–	2,29	.17
Vereinigtes Königreich	12,8	3,09	1,82	2,19	1,42	1,86	.10
Vereinigte Staaten	18,0	2,29	1,27	2,34	1,67	2,13	.12

Quelle: Baumert und Schümer (2001, S. 400).

Tabelle 9.3 Relatives Risiko der Zugehörigkeit zur Gruppe der 15-Jährigen, die im Lesen Kompetenzstufe I nicht überschreiten, in Abhängigkeit von Sozialschicht, Bildungsniveau und Migrationshintergrund der Familie und Geschlecht der 15-Jährigen (Verhältnisse des relativen Risikos *[Odds Ratios]*)

Familien in den neuen Ländern der Bundesrepublik Deutschland, und weil sich die Bedeutung sozialer Hintergrundmerkmale für die Vorhersage von Lesekompetenz regional teilweise deutlich unterscheidet (Baumert u.a., 2003), werden in die Analysen nur die Daten aus Westdeutschland (ohne Berlin und Hamburg) einbezogen. Damit reduziert sich der Stichprobenumfang auf N = 18.250 Schülerinnen und Schüler (N = 13.499 mit in Deutschland geborenen Eltern, N = 4.751 mit mindestens einem im Ausland geborenen Elternteil).

In Tabelle 9.4 sind zunächst einige deskriptive Ergebnisse für die Merkmale dargestellt, die im Folgenden zur Vorhersage schwacher Leseleistungen herangezogen werden sollen[8]. Diese wurden innerhalb der Gruppen von Jugendlichen mit und ohne Migrationshintergrund jeweils getrennt für die schwachen und die nichtschwachen Leser bestimmt. Der Berechnung der z-Werte liegt als Referenz wiederum die Gesamtstichprobe zu Grunde, sodass die Mittelwerte in der Tabelle kennzeichnen, inwieweit die Ausprägungen der Variablen in der jeweiligen Teilgruppe im Durchschnitt von der Gesamtstichprobe abweichen. Dabei ergibt sich für die Jugendlichen mit und ohne Migrationshintergrund teilweise ein deutlich unterschiedliches Befundmuster. Die Indikatoren für den sozioökonomischen Hintergrund der Familien, das Bildungsniveau der Eltern und die Verfügbarkeit von Wohlstandsgütern sind insgesamt bei den Schülerinnen und Schülern mit Migrationshintergrund erheblich weniger günstig ausgeprägt. Dies gilt sowohl innerhalb der Gruppe der schwachen Leser als auch für die Schülerinnen und Schüler, die Kompetenzstufe II erreicht oder überschritten haben. Des Weiteren ist allgemein die Anzahl der Kinder in zugewanderten Familien größer, wobei vor allem die schwachen Leser mit Migrationshintergrund relativ viele Geschwister haben. Weniger ausgeprägt sind dagegen die Unterschiede zwischen den Jugendlichen mit und ohne Migrationsgeschichte für die Indikatoren des kulturellen und sozialen Kapitals. Familien schwacher Leser verfügen zwar insgesamt über weniger kulturelle Ressourcen und beschäftigen sich seltener mit kulturellen Aktivitäten als Familien von Schülerinnen und Schülern, die bessere Leseleistungen aufweisen, die Unterschiede zwischen den Jugendlichen mit und ohne Migrationshintergrund sind bei diesen Variablen jedoch relativ klein. Im Hinblick auf die kommunikative Praxis schließlich scheinen schwache Leser aus zugewanderten Familien sogar unter etwas günstigeren Verhältnissen aufzuwachsen als vergleichbare Schülerinnen und Schüler ohne Migrationshintergrund.

Deutlich zu erkennen ist weiterhin, dass sich die schwachen und die nichtschwachen Leser unter den Jugendlichen aus zugewanderten Familien in zentralen Merkmalen der Migrationsgeschichte unterscheiden. Im Durchschnitt waren die schwachen Leser bereits älter, als ihre Familie nach Deutschland kam, wobei allerdings auch in dieser Gruppe etwa 62 Prozent der Schülerinnen und Schüler in Deutschland geboren oder vor Eintritt in die Grundschule zugewandert sind. Bei lediglich knapp 14 Prozent der Jugendlichen, die Kompetenzstufe II nicht erreichen, handelt es sich um Seiteneinsteiger, die erst seit der Sekundarstufe I eine Schule in Deutschland besuchen. Während weiterhin mehr als die Hälfte der Schülerinnen und Schüler mit Migrationshintergrund, die Kompetenzstufe II erreichen oder überschreiten, zu Hause Deutsch spricht, ist dies bei

	Schwache Leser		Nichtschwache Leser	
	Beide Eltern in Deutschland geboren	Mindestens ein Elternteil im Ausland geboren	Beide Eltern in Deutschland geboren	Mindestens ein Elternteil im Ausland geboren
Anteil Jungen (in %)	59,8 (1,50)	55,7 (1,83)	47,3 (0,91)	46,0 (1,24)
Soziokulturelle Strukturmerkmale				
Sozialschicht[1]	–0,40 (0,02)	–0,75 (0,02)	0,23 (0,01)	–0,20 (0,03)
Bildungsniveau der Eltern[1]	–0,30 (0,02)	–0,74 (0,03)	0,22 (0,01)	–0,22 (0,03)
Anzahl der Kinder in der Familie	2,80 (0,05)	3,20 (0,06)	2,48 (0,02)	2,73 (0,04)
Soziokulturelle Prozessmerkmale				
Investition in Wohlstandsgüter[1]	0,05 (0,03)	–0,85 (0,04)	0,23 (0,01)	–0,39 (0,03)
Kulturelle Ressourcen[1]	–0,39 (0,03)	–0,31 (0,04)	0,12 (0,01)	–0,03 (0,02)
Kulturelle Aktivitäten[1]	–0,38 (0,02)	–0,31 (0,03)	0,10 (0,02)	0,01 (0,03)
Kommunikative Praxis[1]	–0,36 (0,04)	–0,24 (0,04)	0,08 (0,01)	0,04 (0,02)
Merkmale der Migrationsgeschichte (nur Jugendliche mit Migrationshintergrund)				
Schulalter des Jugendlichen bei Zuwanderung[1]		–0,13 (0,02)		0,25 (0,04)
Familiensprache nicht Deutsch (in %)		71,4 (1,78)		41,2 (1,29)
Psychologische Merkmale				
Dekodierfähigkeit[1]	–0,72 (0,03)	–1,00 (0,03)	0,23 (0,02)	–0,05 (0,03)
Metakognitive Lernstrategien[1]	–0,50 (0,04)	–0,32 (0,04)	0,11 (0,01)	0,11 (0,02)
Motivationale Merkmale – Lesen				
– Interesse am Lesen[1]	–0,40 (0,03)	–0,32 (0,04)	0,12 (0,01)	0,01 (0,02)
– Verbales Selbstkonzept[1]	–0,24 (0,03)	–0,28 (0,03)	0,09 (0,01)	0,02 (0,02)
Motivationale Merkmale – Domänenübergreifend				
– Akademisches Selbstkonzept[1]	–0,35 (0,03)	–0,18 (0,03)	0,07 (0,01)	0,07 (0,02)
– Anstrengung/Ausdauer beim Lernen[1]	–0,31 (0,04)	–0,17 (0,03)	0,07 (0,01)	0,07 (0,02)
Fernsehkonsum[1]	0,29 (0,03)	0,48 (0,03)	–0,14 (0,02)	0,08 (0,03)

[1] Mittlerer z-Wert.

Tabelle 9.4 Soziokulturelle und psychologische Merkmale von schwachen und nichtschwachen Lesern nach Migrationshintergrund: Deskriptive Befunde (Standardfehler in Klammern)

weniger als einem Drittel der schwachen Leser der Fall. Dieses Befundmuster weist darauf hin, dass die schwachen Leser unter den Schülerinnen und Schülern aus zugewanderten Familien insgesamt weniger Zeit in einem deutschsprachigen Umfeld verbracht haben und ihnen somit vermutlich weniger Lerngelegenheiten für den Erwerb der Verkehrssprache zur Verfügung standen.

Abgesehen von den Dekodierfähigkeiten, die bei Jugendlichen mit Migrationshintergrund sowohl innerhalb der Gruppe schwacher Leser als auch innerhalb der Gruppe nichtschwacher Leser deutlich weniger entwickelt sind, ergibt sich für diese Schülergruppe in Bezug auf die psychologischen Variablen ein etwas günstigeres Bild. Wie bereits in Abschnitt 9.4.1 beschrieben, ist die motivationale Lage unter den Schülerinnen und Schülern, die Kompetenzstufe II nicht erreichen, bei Jugendlichen mit Migrationsgeschichte positiver ausgeprägt. Ein ähnliches Muster ergibt sich auch für den Einsatz von metakognitiven Kontrollstrategien (vgl. Tab. 9.4). Der relative Vorteil von Jugendlichen aus zugewanderten Familien in den Voraussetzungen selbstregulierten Lernens scheint allerdings vor allem im unteren Leistungsbereich zu bestehen. Unter den nichtschwachen Lesern finden sich kaum nennenswerte Unterschiede zwischen den 15-Jährigen mit und ohne Migrationshintergrund bei diesen Variablen.

Der Fernsehkonsum schließlich ist unter den schwachen Lesern insgesamt deutlich höher als unter den nichtschwachen Lesern. Etwa 58 Prozent der Jugendlichen, die Kompetenzstufe II nicht erreicht haben, berichten, sich an Wochentagen im Durchschnitt 3 Stunden oder länger Fernseh- oder Videofilme anzusehen. Unter den Jugendlichen, deren Leseleistungen mindestens Kompetenzstufe II entsprechen, liegt dieser Anteil dagegen nur bei rund 38 Prozent. Gleichzeitig sind erhebliche Unterschiede zwischen Schülerinnen und Schülern mit und ohne Migrationshintergrund zu beobachten. Sowohl in der Gruppe der schwachen Leser als auch in der Gruppe der nichtschwachen Leser verbringen Jugendliche mit mindestens einem im Ausland geborenen Elternteil erheblich mehr Zeit vor dem Fernsehapparat als Jugendliche, deren Eltern beide in Deutschland geboren sind (vgl. Tab. 9.4).

Um zu schätzen, inwieweit die in Tabelle 9.4 aufgeführten Faktoren zur Vorhersage schwacher Leseleistungen beitragen, wurden logistische Regressionsanalysen durchgeführt. Die Ergebnisse dieser Analysen sind in Tabelle 9.5 dargestellt. Abhängige Variable ist dabei die Zugehörigkeit der Jugendlichen zur Gruppe schwacher Leser. Die *Odds Ratios* und Regressionskoeffizienten wurden mit dem Programm WesVar 4.2 geschätzt, das es erlaubt, die Schachtelung der Datenstruktur (Schüler innerhalb von Schulen) zu berücksichtigen. Die *Odds Ratios* kennzeichnen das mit dem jeweiligen Merkmal verbundene relative Risiko, zur Gruppe der schwachen Leser zu gehören. Werte, die größer als 1 sind, bilden ein erhöhtes Risiko, Werte unter 1 ein verringertes Risiko ab. Bei dichotomen Variablen, wie beispielsweise dem Geschlecht, wird das relative Risiko der genannten Gruppe mit dem der Referenzkategorie verglichen. So bedeutet beispielsweise ein *Odds Ratio* von 1,79 für männliches Geschlecht bei 15-Jährigen mit Migrationshintergrund (vgl. erste Spalte in Tab. 9.5), dass in dieser Gruppe das relative Risiko der Jungen, zur Gruppe der schwachen Leser zu gehören, um das 1,79-fache höher ist als das der Mädchen. Bei kontinuierlichen Variablen kennzeichnen die *Odds Ratios* die mit einer Standardabweichung auf der unabhängigen Variablen assoziierte Veränderung des relativen Risikos. Mit einem Anstieg des Sozialschichtindex von einer Standardabweichung ist also bei den 15-Jährigen ohne Migrationshintergrund eine Reduktion des relativen Risikos um den Faktor 0,63 bzw. um 37 Prozent verbunden (vgl. dritte Spalte in Tab. 9.5). Die *Odds Ratios* sollten nur dann interpretiert werden, wenn der Regressionskoeffizient für die betreffende unabhängige Variable signifikant ist.

Modell 1 enthält als Prädiktoren zunächst nur die familiären Struktur- und Prozessmerkmale sowie das Geschlecht der Jugendlichen. Für das Geschlecht und die Strukturmerkmale der familiären Herkunft ergibt sich in den Gruppen der Jugendlichen mit und ohne Migrationshintergrund ein recht ähnliches Befundmuster[9]. Auch der Anteil der durch die unabhängigen Variablen erklärten Varianz ist nahezu identisch. In beiden Gruppen sind Jugendliche tendenziell eher gefährdet, Kompetenzstufe I nicht zu überschreiten, wenn sie männlich sind, wenn sie aus Familien mit vergleichsweise niedri-

	Modell 1				Modell 2				Modell 3	
	15-Jährige mit Migrations-hintergrund		15-Jährige ohne Migrations-hintergrund		15-Jährige mit Migrations-hintergrund		15-Jährige ohne Migrations-hintergrund		15-Jährige mit Migrations-hintergrund	
	Odds Ratio	Regressions-gewicht	*Odds Ratio*	Regressions-gewicht	*Odds Ratio*	Regressions-gewicht	*Odds Ratio*	Regressions-gewicht	*Odds Ratio*	Regressions-gewicht
Geschlecht männlich	1,79	.58*	1,66	.51*	1,63	.49*	1,12	.11(n.s.)	1,64	.50*
Soziokulturelle Strukturmerkmale										
Sozialschicht	0,64	–.44*	0,63	–.46*	0,81	–.22*	0,75	–.29*	0,82	–.20*
Bildungsniveau der Eltern	0,84	–.17*	0,79	–.23*	0,89	–.12(n.s.)	0,96	–.04(n.s.)	0,91	–.10(n.s.)
Anzahl der Kinder in der Familie	1,26	.23*	1,22	.20*	1,13	.12*	1,18	.17*	1,13	.12*
Schulalter des Jugendlichen bei Zuwanderung									1,10	.10*
Soziokulturelle Prozessmerkmale										
Investition in Wohlstandsgüter	0,73	–.32*	0,93	–.07(n.s.)	0,84	–.18*	0,97	–.03(n.s.)	0,88	–.12(n.s.)
Kulturelle Ressourcen	0,98	–.02(n.s.)	0,87	–.14*	1,06	.06(n.s.)	0,98	–.02(n.s.)	1,04	.04(n.s.)
Kulturelle Aktivitäten	0,84	–.17*	0,72	–.32*	0,97	–.03(n.s.)	0,98	–.02(n.s.)	0,97	–.03(n.s.)
Kommunikative Praxis	0,91	–.10*	0,81	–.21*	0,96	–.04(n.s.)	0,89	–.12*	0,97	–.03(n.s.)
Familiensprache nicht Deutsch									1,52	.42*
Psychologische Merkmale										
Kognitive Grundfähigkeiten					0,22	–1.50*	0,18	–1.72*	0,23	–1.48*
Dekodierfähigkeit					0,40	–.93*	0,50	–.70*	0,41	–.89*
Metakognitive Lernstrategien					0,75	–.29*	0,69	–.37*	0,76	–.28*
Motivationale Merkmale – Lesen										
– Interesse am Lesen					0,96	–.04(n.s.)	0,90	–.10(n.s.)	0,96	–.04(n.s.)
– Verbales Selbstkonzept					1,00	–.00(n.s.)	0,88	–.13*	1,03	.03(n.s.)
Motivationale Merkmale – Domänenübergreifend										
– Akademisches Selbstkonzept					0,97	–.03(n.s.)	0,97	–.03(n.s.)	0,96	–.04(n.s.)
– Anstrengung/Ausdauer beim Lernen					1,10	.09(n.s.)	1,10	.09(n.s.)	1,09	.08(n.s.)
Fernsehkonsum					1,16	.14*	1,12	.12*	1,14	.13*
Pseudo R^2 (Nagelkerke)		.18		.17		.56		.53		.57

* $p < .05$.

Tabelle 9.5 Prädiktion der Zugehörigkeit zur Gruppe schwacher Leser bei Jugendlichen mit in Deutschland geborenen Eltern (ohne Migrationshintergrund) und bei Jugendlichen mit mindestens einem im Ausland geborenen Elternteil (mit Migrationshintergrund): Ergebnisse logistischer Regressionsanalysen (*Odds Ratios* und Regressionskoeffizienten geschätzt mit WesVar 4.2)

gem Sozialstatus und Bildungsniveau stammen und wenn sie relativ viele Geschwister haben. Die Bedeutung der Prozessmerkmale für die Vorhersage schwacher Leseleistungen unterscheidet sich jedoch für die Jugendlichen mit und ohne Migrationshintergrund. Während die Investition in Wohlstandsgüter in der Gruppe der 15-Jährigen mit in Deutschland geborenen Eltern keinen Beitrag zur Vorhersage geringer Lesekompetenz leistet (*Odds Ratio* = 0,93; $\beta = -.07$, n.s.), ist diese Variable bei den Jugendlichen aus zugewanderten Familien durchaus bedeutsam (*Odds Ratio* = 0,73; $\beta = -.32$, $p < .05$). Das kulturelle und soziale Kapital der Familien scheint dagegen für Jugendliche ohne Migrationshintergrund eine größere Rolle zu spielen. Insbesondere die kulturellen Aktivitäten der Familie erweisen sich als relativ starker Prädiktor.

Die größere Bedeutung des familiären Wohlstands für die Gruppe der Jugendlichen mit Migrationshintergrund könnte auf die insgesamt relativ niedrige Ausprägung dieses Merkmals bei zugewanderten Familien zurückzuführen sein (vgl. Tab. 9.3). Möglicherweise wirkt sich ein geringer Lebensstandard erst dann negativ auf die Kompetenzentwicklung aus, wenn er eine gewisse Schwelle unterschreitet. Im Falle der Schülerinnen und Schüler aus zugewanderten Familien wird dieser Effekt offenbar nicht vollständig durch Prozessmerkmale der kulturellen und sozialen Lebensverhältnisse vermittelt. Die Effekte der kulturellen Ressourcen und Aktivitäten sowie der sozialen Praxis sind in dieser Gruppe deutlich geringer ausgeprägt als bei den Jugendlichen ohne Migrationshintergrund.

Nach Einführung der psychologischen Prädiktoren in Modell 2 sinkt allerdings auch in der Gruppe der Jugendlichen ohne Migrationshintergrund der Vorhersagewert der soziokulturellen Prozessmerkmale erheblich. Nur der Regressionkoeffizient für die kommunikative Praxis der Familie bleibt weiterhin signifikant. Dies stimmt mit den Ergebnissen von Baumert u.a. (2003) überein, die darauf hinweisen, dass der Einfluss der Prozessmerkmale familiärer Herkunft fast vollständig über psychologische Mechanismen vermittelt wird. Der Einfluss der Verfügbarkeit von Wohlstandsgütern für die Gruppe der Jugendlichen aus zugewanderten Familien ist zwar in Modell 2 ebenfalls reduziert, er ist jedoch weiterhin signifikant. Der starke Anstieg in der erklärten Varianz, der in beiden Gruppen ähnlich ausgeprägt ist, bestätigt weiterhin die zentrale Bedeutung der psychologischen Faktoren für die Lesekompetenz.

Der Effekt des Geschlechts ist bei Kontrolle der psychologischen Variablen innerhalb der Gruppe ohne Migrationshintergrund nicht mehr nachweisbar. Dies dürfte vor allem durch die domänenspezifischen motivationalen Merkmale – das Interesse am Lesen und das verbale Selbstkonzept – bedingt sein, auf die sich der globale Leistungsunterschied zwischen Jungen und Mädchen im Lesen zurückführen lässt (Stanat & Kunter, 2001). Unter den Jugendlichen mit Migrationshintergrund bleibt dagegen der erhebliche Einfluss des Geschlechts auch bei Kontrolle der psychologischen Merkmale weiterhin bedeutsam. Dem Leistungsunterschied zwischen Jungen und Mädchen scheinen in den hier betrachteten Teilgruppen also unterschiedliche Mechanismen zu Grunde zu liegen.

Die erklärungsmächtigsten Prädiktoren sind in Modell 2 die kognitiven Grundfähigkeiten und die Dekodierfähigkeit der Schülerinnen und Schüler. Dies gilt in weitgehend ähnlichem Maße für die Gruppen der Jugendlichen mit und ohne Migrationshintergrund. Auch die Verwendung metakognitiver Lernstrategien hat in beiden Gruppen einen zusätzlichen Effekt. Weiterhin ist zu erkennen, dass eine geringe Lesekompetenz mit erhöhtem Fernsehkonsum einhergeht. Obwohl deutliche Unterschiede im Ausmaß des Fernsehkonsums zwischen Schülerinnen und Schülern mit und ohne Migrationshintergrund zu erkennen sind (siehe oben), ist der Effekt dieser Variable innerhalb der beiden Gruppen in etwa vergleichbar. Motivationale Merkmale scheinen dagegen bei den Jugendlichen mit Migrationshintergrund kaum Einfluss darauf zu haben, ob sie die Kompetenzstufe II erreichen oder nicht. In dem für die Schülerinnen und Schüler ohne Migrationshintergrund geschätzten Modell 2 wird dagegen der Regressionskoeffizient für das verbale Selbstkonzept signifikant, und der Koeffizient für das Interesse am Lesen verfehlt das Signifikanzniveau nur knapp.

Modell 3 schließlich ist nur für die Schülerinnen und Schüler mit Migrationshintergrund relevant. Hier zeigt sich, dass insbesondere die Familiensprache, aber auch das Alter der Jugendlichen bei der Zuwanderung zur Prädiktion schwacher Leseleistungen beitragen. Schülerinnen und Schüler mit Migrationshintergrund, die in der Familie nicht Deutsch sprechen, haben ein fast 1,6-mal höheres Risiko, zur Gruppe der schwachen Leser zu gehören, als Jugendliche aus zugewanderten Familien, deren Umgangssprache Deutsch ist. Der Einfluss von Investitionen in Wohlstandsgüter ist in Modell 3 hingegen nicht mehr signifikant. Dies könnte darauf zurückzuführen sein, dass insbesondere später zugewanderte Familien über weniger ökonomische Ressourcen verfügen, was mit dem Schulalter des Jugendlichen zum Zeitpunkt der Zuwanderung in Modell 3 zumindest teilweise kontrolliert wird.

9.5 Zusammenfassung und Diskussion

In der PISA-2000-Studie hat sich gezeigt, dass der Anteil der 15-Jährigen, die im Lesen Kompetenzstufe II nicht erreichen und daher zur Gruppe potenzieller Risikoschülerinnen und -schüler zu zählen sind, in Deutschland besonders hoch ist. In dieser Gruppe sind Jugendliche aus zugewanderten Familien überrepräsentiert. Aber auch ein nicht unerheblicher Anteil von 15-Jährigen ohne Migrationshintergrund sind als schwache Leser einzustufen. Ziel der in diesem Kapitel dargestellten Analysen war es, die Gruppe der schwachen Leser genauer zu beschreiben und Prädiktoren für ein geringes Leistungsniveau im Lesen zu bestimmen. Studien zur Entwicklung von Lesekompetenz haben bereits eine Reihe von Faktoren identifiziert, die zur Erklärung von interindividuellen Unterschieden im erreichten Leistungsniveau beitragen. In diesen Untersuchungen wurde jedoch in der Regel nicht zwischen Schülerinnen und Schülern mit und ohne Migrationshintergrund unterschieden, und es ist daher weitgehend ungeklärt, inwieweit die Bedingungen für die Entwicklung schwacher Leseleistungen zwischen diesen beiden Gruppen variieren. Anhand der PISA-Daten wurde daher der Versuch unternommen, erste Anhaltspunkte über mögliche Differenzen zwischen den Gruppen zu gewinnen.

Die Ergebnisse unserer Analysen weisen darauf hin, dass es sich bei den schwachen Lesern in verschiedener Hinsicht um eine relativ homogene Gruppe handelt. Besonders bedeutsam sind dabei die kognitiven Grundfähigkeiten und die Dekodierfähigkeit, die bei Schülerinnen und Schülern, die im PISA-Test nicht Kompetenzstufe II erreicht haben, deutlich unterdurchschnittlich ausgeprägt sind. Dies gilt in weitgehend vergleichbarem Maße für 15-Jährige mit und ohne Migrationshintergrund. Auch der Fernsehkonsum, der bei den schwachen Lesern unter den 15-Jährigen sehr hoch ist, hängt in beiden Gruppen ähnlich stark damit zusammen, ob die Kompetenzstufe II erreicht wird oder nicht. Dagegen scheinen Jugendliche aus zugewanderten Familien tendenziell über eine etwas günstigere motivationale Orientierungen zu verfügen als Jugendliche ohne Migrationsgeschichte. Diese potenzielle Ressource wird jedoch offenbar nicht in einer Weise genutzt, dass daraus positive Effekte für die Entwicklung von Lesekompetenz resultierten.

Weiterhin konnten Unterschiede zwischen Jugendlichen mit und ohne Migrationshintergrund in der Bedeutung des Geschlechts für die Vorhersage schwacher Leseleistungen identifiziert werden. Die Leistungsdifferenz zwischen Jungen und Mädchen ist in den Gruppen zwar ähnlich groß. Bei Kontrolle der psychologischen Merkmale verschwindet sie jedoch nur für die Schülerinnen und Schüler ohne Migrationshintergrund, während sie bei den Jugendlichen aus zugewanderten Familien stabil bleibt. Demnach lässt sich also der Geschlechterunterschied in der Entwicklung schwacher Leseleistungen bei Jugendlichen mit Migrationsgeschichte nicht auf Differenzen im Interesse am Lesen oder im verbalen Selbstkonzept zurückführen (vgl. Stanat & Kunter, 2001).

Die Bedeutsamkeit der Prozessmerkmale familiärer Herkunft bei der Vorhersage von Lesekompetenz variiert ebenfalls über die Gruppen von Jugendlichen mit und ohne Migrationshintergrund. Bei den 15-Jährigen aus zugewanderten Familien zeigt sich ein deutlicher Effekt der Verfügbarkeit von Wohlstandsgütern, der unter den Gleichaltrigen ohne Migrationhintergrund nicht zu beobachten ist. Da die ökonomischen Ressourcen von Familien mit Migrationsgeschichte insgesamt deutlich unterdurchschnittlich sind, könnte dies als Hinweis darauf gewertet werden, dass dieser Faktor erst zum Tragen kommt, wenn er einen bestimmten Schwellenwert unterschreitet. Allerdings scheint der Effekt von Wohlstandsinvestitionen mit spezifischen Merkmalen des Migrationshintergrunds zusammenzuhängen; nach Kontrolle der Umgangssprache in der Familie und des Alters der Jugendlichen bei der Zuwanderung ist er nicht mehr bedeutsam.

Die Effekte der Umgangssprache in der Familie und des Alters der Jugendlichen bei der Zuwanderung weisen darauf hin, dass mit einem Migrationshintergrund offenbar auch besondere Hürden für die Entwicklung von Lesekompetenz verbunden sind. Diese Effekte dürften vor allem über die Menge an Lerngelegenheiten für den Erwerb der deutschen Sprache vermittelt sein. Die psychologischen Prozesse, die dem letztlich zu Grunde liegen, sind jedoch bislang kaum systematisch untersucht worden. Um hierüber Aufschluss zu erhalten, sind Längsschnittstudien und Untersuchungen zur Wirksamkeit von Fördermaßnahmen erforderlich, in denen die Rolle von verschiedenen Determinanten der Entwicklung von Lesekompetenz, die in der Literatur identifiziert worden sind, speziell für Schülerinnen und Schüler mit Migrationshintergrund bestimmt wird. Solche Daten sind notwendig, um die gezielte Förderung dieser Gruppe von besonders gefährdeten Kindern und Jugendlichen auf eine empirische Grundlage zu stellen.

Anmerkungen

1 In Sonderschulen wurde eine verkürzte Fassung des Schülerfragebogens eingesetzt, sodass die meisten für die Analysen notwendigen Hintergrundinformationen für diese Gruppe nicht zur Verfügung stehen. Berufsschulen wurden nur insoweit in der Stichprobe repräsentiert, dass Berufsschülerinnen und -schüler bei der Schätzung von Kennwerten auf Länder- und Bundesebene entsprechend ihrer relativen Bedeutung in der Population berücksichtigt werden können. Es ist jedoch nicht möglich, anhand der Daten Aussagen über die Population von 15-Jährigen in Berufsschulen abzuleiten (zur Stichprobenziehung in PISA-E vgl. Baumert, Artelt, Carstensen u.a., 2002).

2 Alle Angaben zu internen Konsistenzen beziehen sich auf die deutsche PISA-Stichprobe, die in den internationalen Vergleich eingegangen ist. Die Kennwerte sind im Skalenhandbuch des nationalen PISA-Konsortiums dokumentiert (Kunter u.a., 2002).

3 Möller und Schiefele (in diesem Band) wählen die Bezeichnung „intrinsische Lesemotivation" bzw. kurz „Lesemotivation".

4 Da, wie Baumert, Watermann und Schümer (2004) gezeigt haben, die Wirkung von Strukturmerkmalen der familiären Herkunft zu einem großen Teil durch soziale und psaychologische Prozessmerkmale vermittelt wird, kann auf eine Einbeziehung der Strukturmerkmale verzichtet werden.

5 Abweichungen von den in Artelt u.a. (2001) berichteten Ergebnissen sind auf den Ausschluss von Sonder- und Berufsschülern in den vorliegenden Analysen zurückzuführen.

6 Die internen Konsistenzen der Skalen sind in beiden Teilstichproben vergleichbar.

7 Um festzustellen, inwieweit die identifizierte Clusterlösung durch die Extremwerte der Schülerinnen und Schüler in Cluster 5 bestimmt worden ist, wurden die Clusteranalysen unter Ausschluss dieser Jugendlichen wiederholt. Dabei ergaben sich vier Teilgruppen, die mit den Clustern 1 bis 4 in Abbildung 9.3 praktisch identisch sind. Auch die Anpassungsgüte der Lösung bleibt stabil ($R^2 = .94$, Anteil nicht klassifizierbarer Fälle = 3 %).

8 Die kognitiven Grundfähigkeiten der Schülerinnen und Schüler werden im Rahmen von PISA grundsätzlich nur in Analysen einbezogen, um die Effekte anderer Faktoren isolieren zu können. Daher werden für diese Variable keine deskriptiven Befunde berichtet.

9 Der Geschlechterunterschied in den Leseleistungen ist auch insgesamt in den Gruppen der Jugendlichen mit und ohne Migrationshintergrund in etwa vergleichbar.

Lilian Streblow

10 Zur Förderung der Lesekompetenz

10.1 Einleitung

Eine Konsequenz der schwachen PISA-Leistungen der Jugendlichen in Deutschland (Baumert u.a., 2001) ist die nahe liegende Frage nach effektiven Maßnahmen zur Förderung der Lesekompetenz. Dies gilt insbesondere, da trotz der zunehmenden Verbreitung neuer Medien dem Lesen von Texten eine zentrale Bedeutung für die aktive Teilnahme am gesellschaftlichen Leben nicht abgesprochen werden kann (vgl. Groeben, 2002).

Es gestaltet sich allerdings schwierig, konkrete Entscheidungen über Maßnahmen für eine langfristige Verbesserung der Lesekompetenz zu treffen. So stellt sich für die Planung von Interventionen zunächst die Frage, warum und zu welchem Zeitpunkt Schülerinnen und Schüler in Deutschland die für gute Leistungen erforderlichen Lernschritte nicht vollziehen. Verläuft bereits der Schriftspracherwerb in den ersten Grundschuljahren nicht optimal, oder sind Schwächen vor allem im Unterricht der Sekundarstufe I zu sehen? Die vergleichsweise guten Ergebnisse der deutschen Grundschülerinnen und -schüler in der IGLU-Studie (Bos, Lankes, Schwippert u.a., 2003) deuten darauf hin, dass die Defizite bei den 15-jährigen Schülern zumindest nicht ausschließlich kumulierte Versäumnisse der Grundschule widerspiegeln, sondern im Laufe der Sekundarstufe I zu erwartende Leistungszuwächse ausgeblieben sind. Die Befunde aus PISA und IGLU sind allerdings aufgrund der unterschiedlichen teilnehmenden Länder nur bedingt vergleichbar. Aktuell begonnene Studien – wie die umfangreiche Längsschnittstudie von Möller (2003) – werden weiteren Aufschluss über die Entwicklung der Lesekompetenz von der 5. bis zur 10. Klasse und die relative Bedeutung unterschiedlicher Determinanten liefern. Gegenwärtig ist für praktische Implikationen der PISA-Befunde die Frage bedeutungsvoller, welche Förderkonzepte für den Bereich Lesekompetenz bereits existieren und wie deren Effektivität und Umsetzbarkeit zu bewerten sind. Der Schwerpunkt dieses Kapitels liegt auf evaluierten pädagogisch-psychologischen Lesetrainings.

Im Folgenden ist zu beachten, dass den Programmen und Evaluationsstudien zum Teil recht unterschiedliche Auffassungen des Konstrukts Lesekompetenz zu Grunde liegen. Die Erkenntnisse sind also nur bedingt generalisierbar. Der PISA-Lesetest basiert auf dem Modell der Lesekompetenz von Kirsch und Mosenthal (vgl. Kirsch, 1995; Kirsch, Jungeblut, & Mosenthal, 1998; Mosenthal, 1996). In diesem Modell wird zwischen fünf Dimensionen des Textverstehens differenziert, nämlich den textimmanenten Verstehensleistungen (1) „Informationen ermitteln", (2) „ein allgemeines Verständnis des Textes entwickeln" und (3) „eine textbezogene Interpretation entwickeln" sowie den wissensbasierten Verstehensleistungen (4) „über den Inhalt des Textes reflektieren" und (5) „über die Form des Textes reflektieren". Zudem besteht der PISA-Lesetest aus einem breiten Spektrum unterschiedlicher kontinuierlicher (z.B. Sachtexte, Werbetexte, Gebrauchsanweisungen) und nichtkontinuierlicher Texte (z.B. Diagramme, Tabellen, Landkarten).

Im internationalen PISA-Test ging es explizit um den *verstehenden Umgang* mit Texten und nicht um das *Lernen* aus Texten. Aus diesem Grund konnten die Schülerinnen und Schüler den Text während der Aufgabenbearbeitung einsehen. Im nationalen Ergänzungstest hingegen hatten die Schülerinnen und Schüler zusätzlich noch eine Gedächtnisleistung zu erbringen, da ihnen die Texte bei der Aufgabenbearbeitung nicht vorlagen (vgl. Schaffner & Schiefele, in diesem Band). Die Befunde, die im Folgenden dargestellt werden, beziehen sich häufig auf Forschungsarbeiten zum Textlernen. Da effizientes Textlernen die Fähigkeit zum verstehenden Umgang mit Texten impliziert und sich Leseförderung im Idealfall günstig auf beide Dimensionen auswirkt, erscheint die Vermischung beider Forschungsrichtungen hier zulässig.

Im ersten Abschnitt dieses Kapitels werden Ergebnisse der PISA-Studie sowie der Forschung zum Textlernen aufgegriffen, die im Hinblick auf die Förderung von Lesekompetenz relevant sind. Ziel ist die Beschreibung einzelner Teilprozesse des kompetenten Umgangs mit Texten, um beeinflussbare Faktoren identifizieren zu können. Anschließend werden existierende Konzepte zur Verbesserung des verstehenden Umgangs mit Texten dargestellt und hinsichtlich ihrer Effektivität und praktischen Bedeutsamkeit diskutiert. Die Programme wurden entweder speziell zur Förderung der Lesekompetenz entwickelt oder sollen sich indirekt – durch die Verbesserung basaler Kompetenzen – positiv auf den verstehenden Umgang mit Texten auswirken. Nicht berücksichtigt werden Trainings, die Schülerinnen und Schüler mit einer Lese-Rechtschreib-Schwäche fördern bzw. die durch die Förderung von metalinguistischen Kompetenzen im Vorschulalter möglichen Schwierigkeiten beim Schriftspracherwerb vorbeugen, wie zum Beispiel das Training der phonologischen Bewusstheit (Küspert, 1998; Schneider, 2001; vgl. Schneider, in diesem Band). Abschließend werden die Programme vor dem Hintergrund der PISA-Studie und dem dort zu Grunde gelegten Verständnis von Lesekompetenz betrachtet und Vorschläge für ergänzende Fördermaßnahmen diskutiert.

10.2 Determinanten der Lesekompetenz und ihre Beeinflussbarkeit

10.2.1 Übersicht

Um Maßnahmen zur Verbesserung der Lesekompetenz diskutieren zu können, ist es zunächst erforderlich, Teilprozesse des verstehenden Umgangs mit Texten zu betrachten und zu analysieren, über welche Merkmale und Fähigkeiten gute Leser im Unterschied zu schwachen Lesern verfügen. Bei den Theorien zum Textverstehen dominieren hierarchische Ansätze, in denen Prozesse auf verschiedenen Ebenen zueinander in Beziehung gesetzt werden (z.B. Kintsch, 1998; Kintsch & van Dijk, 1978; van Dijk & Kintsch, 1983; für einen Überblick vgl. Schiefele, 1996a). Eine ausführliche Darstellung kognitionspsychologischer Theorien zur Lesekompetenz liefern Schnotz und Dutke (in diesem Band). An dieser Stelle sollen nur die im Hinblick auf Leseförderung relevanten Aspekte dargestellt werden.

Ganz allgemein unterscheiden Kintsch und van Dijk zwischen hierarchieniedrigen und hierarchiehohen Prozessen. Zu den Prozessen auf niedriger Hierarchieebene gehören der Aufbau einer propositionalen Textrepräsentation und die lokale Kohärenzbildung. Mit der propositionalen Textrepräsentation werden einzelne Inhalte des Textes abgebildet. Die Grundlage dafür liefern überwiegend automatisierte Prozesse der Wort- und Satzerkennung. Bezüge zwischen einzelnen Propositionen werden durch lokale Kohärenzbildung hergestellt. Für die Steuerung dieses Prozesses werden Textmerkmale genutzt oder Informationen aus dem Langzeitgedächtnis abgerufen.

Zu den hierarchiehohen Prozessen gehören die globale Kohärenzbildung und die Bildung von Superstrukturen. Bei der globalen Kohärenzbildung findet eine Loslösung vom Text statt. Der Text wird auf seine wichtigen Inhalte reduziert und diese werden zu bestehendem Vorwissen in Beziehung gesetzt. Hierbei handelt es sich im Wesentlichen nicht um automatisierte Vorgänge, sondern um Prozesse, die stark von individuellen Zielsetzungen und Interessen des Lesers beeinflusst sind. Durch die Bildung von eher abstrakten Kategorien zu unterschiedlichen Textformaten oder rhetorischen Intentionen von Autoren entstehen Superstrukturen, die als Teile des Vorwissens betrachtet werden können. Wenn die Informationen aus einem Text in das Vorwissen des Lesers integriert sind, ist ein Situationsmodell entstanden. Die Prozesse auf den unterschiedlichen Verarbeitungsebenen laufen – in Abhängigkeit von der Länge und Komplexität des Textes – parallel oder zumindest überlappend in mehreren Zyklen ab. Es werden eine wörtliche, propositionale und situative Repräsentation unterschieden, wobei diese Repräsentationen nicht unabhängig sind, sondern interagieren (Kintsch, 1998; Schnotz, 1994).

Im Hinblick auf Fördermaßnahmen werden unterschiedliche Annahmen zur relativen Bedeutung der einzelnen Prozesse vertreten. So geht Perfetti (1985) davon aus, dass vor allem die Effizienz hierarchieniedriger Prozesse die Leseleistung determiniert. Spiro (1980) hingegen postuliert in seiner Schematheorie bedeutsame Effekte des Vorwissens des Lesers auf hierarchieniedrige Leseprozesse. Es geht somit auch um die Frage, ob Unterschiede zwischen guten und schwachen Lesern eher auf lesespezifische Fähigkeiten, wie zum Beispiel die Geschwindigkeit der korrekten Wort- und Satzerkennung (Dekodiergeschwindigkeit), oder eher leseunspezifische Faktoren wie Intelligenz oder Vorwissen zurückzuführen sind.

Richter und Christmann (2002) kommen nach einer kritischen Würdigung kognitionspsychologischer Befunde zum Textverstehen zu dem Schluss, dass den folgenden drei Gruppen von Faktoren die größte Bedeutung bei der Erklärung von Fähigkeitsunterschieden im Lesen zukommt: Worterkennungsprozesse (Sicherheit und Schnelligkeit beim lexikalischen Zugriff), Arbeitsgedächtniskapazität und Vorwissen. Grundlegenden Wahrnehmungsprozessen (wie z.B. der Wahrnehmungsspanne) messen sie hingegen im Hinblick auf Lesekompetenz nur eine geringe Bedeutung bei. Schiefele (1996a) beschreibt ebenfalls die Faktoren Vorwissen, Intelligenz und Arbeitsgedächtniskapazität als zentral für das Textlernen. Zudem betont er die besondere Bedeutung von Lernstrategien und berichtet differenzierende Befunde zur Bedeutung motivationaler Variablen für den verstehenden Umgang sowie das Lernen mit Texten (Schiefele, 1996a, 1996b, 1999; siehe auch Wigfield & Tonks, 2004). In der PISA-Studie erwiesen sich Intelligenz, Dekodierfähigkeit, metakognitives Wissen über Lern- und Lesestrategieeinsatz, das allgemeine Leseinteresse und das verbale Selbstkonzept als signifikante Korrelate der Lesekompetenz. Der engste Zusammenhang bestand dabei zwischen Intelligenz und Lesekompetenz.

Für die Erklärung von interindividuellen Unterschieden in der Lesekompetenz und der Leistung beim Lernen aus Texten sind folglich die Faktoren Arbeitsgedächtniskapazität, Intelligenz, strategiebezogenes metakognitives Wissen und bereichsspezifisches Vorwissen besonders bedeutend. Des Weiteren unterscheiden sich gute und schwache Leser in den Merkmalen Dekodierfähigkeit, Lernstrategien, verbales Selbstkonzept und Lesemotivation.

Diese Faktoren finden sich auch weitgehend in der Beschreibung Guthries (2004) wieder, der vor allem drei Merkmale hervorhebt, die den idealen Leser als Ziel jeder Leseförderung charakterisieren. Kompetente, engagierte Leser zeichnen sich demzufolge (1) durch hohe kognitive Leistungsfähigkeit und effektive Nutzung von Lernstrategien aus. Sie sind (2) motiviert, zeigen eine hohe Bereitschaft zu lernen, verfügen über eine positive leistungsbezogene Selbsteinschätzung und verfolgen auch bei Schwierigkeiten konsequent das Ziel, sich die Inhalte eines Textes zu erarbeiten. Ihr Vorgehen ist dabei (3) vom Vorwissen geleitet. Das vorhandene Wissen in einem Bereich haben sie konsolidiert und verknüpfen während des Lesens effektiv die neuen Inhalte mit den bereits bestehenden.

Es schließt sich die Frage an, welche der genannten Faktoren durch gezielte Interventionen positiv zu beeinflussen sind und ob dadurch Defizite in nicht beeinflussbaren Merkmalen kompensiert werden können. Zunächst sollen zentrale Befunde zur Trainierbarkeit von *Arbeitsgedächtnis, Dekodierfähigkeit* und *Intelligenz* diskutiert werden, die basale Fähigkeiten darstellen. Es folgen Ausführungen zu Faktoren, die in engem Zusammenhang mit der Selbststeuerung des Lernens zu sehen sind: *verbales Selbstkonzept, Lesemotivation und Lernstrategien*. Beim *Vorwissen*, das ebenfalls zu dieser zweiten Gruppe gehört, wird zwischen inhaltlichem Vorwissen und metakognitivem Wissen unterschieden, wobei im Hinblick auf die Leseförderung vor allem Letzteres von Bedeutung ist.

10.2.2 Arbeitsgedächtnis, Dekodierfähigkeit und Intelligenz

Das Arbeitsgedächtnis übt zentrale Funktionen sowohl bei der Speicherung als auch bei der aktiven Verarbeitung von Informationen aus. Kintsch und van Dijk (1978; van Dijk & Kintsch, 1983) gehen davon aus, dass bei der Bearbeitung eines Textes im Arbeitsgedächtnis dem Text Informationen entnommen, Propositionen gebildet, diese auf ihre Kohärenz überprüft und eventuelle Kohärenzlücken geschlossen werden. So wird der Text in mehreren Zyklen auf seine Kernbedeutungen, die Makropropositionen, reduziert. Im Arbeitsgedächtnis werden zudem Textinformationen mit Informationen aus dem Langzeitgedächtnis verknüpft (globale Kohärenzbildung). Dabei sind sowohl Speicherdauer als auch Kapazität des Arbeitsgedächtnisses relativ gering. Bei der Kapazität muss zwischen einer strukturellen (speicherbezogenen) und einer prozessualen (verarbeitungsbezogenen) Komponente unterschieden werden (Daneman, Carpenter, & Just, 1982; Mähler & Hasselhorn, 2000). Veränderungen in der Gedächtnisleistung bei Kindern und Jugendlichen sind vor allem in der zunehmenden Automatisierung von Verarbeitungsprozessen und somit in Veränderungen der prozessualen Komponente begründet. Die große Bedeutung des Arbeitsgedächtnisses für die effektive Textverarbeitung ist unbestritten (z.B. Just & Carpenter, 1992; Palladino u.a., 2001). Allerdings hat sich gezeigt, dass das Leistungsvermögen des Arbeitsgedächtnisses kaum durch Trainings zu steigern ist (Mähler & Hasselhorn, 2000). Deshalb ist die Arbeitsgedächtniskapazität gegenwärtig nicht als Ansatzpunkt für Interventionen zur Leseförderung zu betrachten.

In engem Zusammenhang mit der Arbeitsgedächtniskapazität ist die Dekodierfähigkeit zu sehen. Defizite im Erkennen von Wörtern und ihrer Zuordnung zu Bedeutungen führen zu einer höheren Belastung im Arbeitsgedächtnis, was dort die ohnehin begrenzte Kapazität bindet und den Verstehensprozess verlangsamt. Der lexikalische Zugriff ist abhängig vom Wortschatz und der phonologischen Rekodierung (Übersetzung von Graphemen in eine lautliche Struktur). Die Art der Kausalität im Hinblick auf Fähigkeitsunterschiede im Lesen ist allerdings zum Teil noch unklar. So bedingt ein umfangreicher Wortschatz zwar eine effektivere Textverarbeitung, ein größerer Wortschatz könnte allerdings ebenso ursächlich auf eine effektivere Textbearbeitung und Erschließung von Wortbedeutungen zurückzuführen sein (vgl. Richter & Christmann, 2002). Der lexikalische Zugriff kann durch Interventionen verbessert werden, die sich positiv auf den Wortschatz und die phonologische Rekodierung auswirken (vgl. Schneider, in diesem Band).

Sowohl im internationalen Test wie auch im nationalen Ergänzungsteil der PISA-Studie erwies sich die kognitive Grundfähigkeit als stärkster Prädiktor der Lesekompetenz. Dieser Befund deckt sich mit Ergebnissen einer Vielzahl von Studien, die Zusammenhänge zwischen verbaler und nonverbaler Intelligenz und Textlernen aufzeigen (z.B.

Alexander & Kulikowich, 1991; Schneider, Körkel, & Weinert, 1989). Körkel und Schneider (1991) wiesen nach, dass die Effekte der Intelligenz zum Teil über das bereichsspezifische Vorwissen sowie das allgemeine metakognitive Wissen vermittelt sind.

Fluide Intelligenzkomponenten sind trainierbar. So konnte die Effektivität des Trainings zur Förderung des induktiven Denkens von Klauer in einer Reihe von Evaluationsstudien belegt werden (Klauer, 1989, 1991, 1993). Im Hinblick auf die Förderung von Lesekompetenz ist eine Studie (Klauer, 1996) von besonderem Interesse, in der das Denktraining für Kinder allein und kombiniert mit einem Lesetraining mit Kindern der 5. und 6. Klassen einer Hauptschule durchgeführt wurde (Klauer, 1991). Eine weitere Experimentalgruppe erhielt nur ein für die Altersgruppe adaptiertes Lesetraining (Friedrich u.a., 1987). Wie erwartet, zeigten sich mittlere positive Effekte des Denktrainings auf die Lesekompetenz gegenüber einer untrainierten Kontrollgruppe. Noch effektiver war allerdings das spezifische Lesetraining und am effektivsten die Kombination von Denktraining und Lesetraining.

10.2.3 Motivation

Nach Borkowski (1996) wird der Prozess der Informationsverarbeitung durch Kompetenzen bzw. Einstellungen in folgenden Dimensionen beeinflusst: selbstbezogene Wissenskomponenten (z.B. Selbstkonzept), motivationale Variablen (z.B. extrinsische und intrinsische Motivation, Leistungsmotivation), Strategiewissen und -gebrauch sowie das inhaltliche Vorwissen.

Ein sehr auffälliger Befund der PISA-Studie war die im internationalen Vergleich extrem geringe Lesemotivation der deutschen Schülerinnen und Schüler (vgl. Artelt u.a., 2001; Möller & Schiefele, in diesem Band). Dies ist insofern beachtenswert, als diverse Studien belegen, wie wichtig die Lesemotivation für das Niveau der Lesekompetenz ist (z.B. Gottfried, 1985). Von Vorteil ist, dass die unterschiedlichen Facetten der Motivation von Umgebungsfaktoren abhängig sind und somit auch positiv zu beeinflussen sind.

Die Lesemotivation beeinflusst die Lesehäufigkeit, die ein starker Prädiktor für Lesekompetenz ist (Guthrie & Wigfield, 2000). Wigfield und Guthrie (1997b) konnten zeigen, dass motivierte Kinder – insbesondere intrinsisch motivierte – dreimal so viel lesen wie unmotivierte. Intrinsisch motiviertes Lesen wiederum geht einher mit einer tieferen Verarbeitung des Gelesenen (z.B. Hidi & Harackiewicz, 2000; Ryan & Deci, 2000). Die Befunde der PISA-Studie sind dabei nicht eindeutig zu interpretieren, da zum Beispiel die Schülerinnen und Schüler aus Japan trotz schwach ausgeprägter Lesemotivation sehr gute Leseleistungen erzielt haben.

Schiefele hat die Bedeutung des thematischen Interesses für das Textlernen untersucht und konnte auch hier Zusammenhänge mit einer tieferen Verarbeitung aufzeigen (Schiefele, 1990a, 1990b, 1991a, 1996a; Schiefele & Krapp, 1996). So stellt das thematische Interesse – bei Kontrolle der kognitiven Grundfähigkeit und des inhaltlichen Vorwissens – ebenfalls einen bedeutenden motivationalen Prädiktor des Textlernens dar. Als mögliche Ansatzpunkte für die Interessenförderung schlägt Schiefele (2004) Maßnahmen in den Bereichen *Kompetenzwahrnehmung, Selbstbestimmung, soziale Einbindung* und *Bedeutungsgehalt des Lerngegenstands* vor. Die ersten drei Aspekte stehen dabei in Zusammenhang mit den in der Selbstbestimmungstheorie postulierten psychologischen Grundbedürfnissen nach Kompetenz, Autonomie und sozialer Eingebundenheit (Deci & Ryan, 1985, 1993). Die Kompetenzwahrnehmung könnte Schiefele zufolge durch informative, lobende Rückmeldungen und angemessene soziale Unterstützung beim Lernen positiv beeinflusst werden. Als Autonomie unterstützende Maßnahmen würde es sich anbieten, Schülerinnen und Schüler bei der Auswahl des Lernstoffs einzubeziehen und ihnen Handlungs- und Gestaltungsmöglichkeiten im Unterricht einzuräumen (z.B. Projektunterricht). Für Schülerinnen und Schüler weniger interessante Inhalte müssten mit übergeordneten Zielen verknüpft werden, um eine Beziehung zwischen relativ abstrakten Lerngegenständen und deren praktischer Bedeutsamkeit herzustellen. Die soziale Eingebundenheit der Schülerinnen und Schüler könnte durch verschiedene Formen der Gruppenarbeit, durch Projektunterricht oder Ähnliches gefördert werden. Schiefele (2004) diskutiert des Weiteren eine Reihe von Maßnahmen, die die persönliche Bedeutsamkeit eines Lerngegenstands erhöhen könnten, wie zum Beispiel die klare Festlegung persönlich relevanter Lernziele, die Erhöhung des emotionalen Gehalts des Lernstoffs (z.B. durch die Verbindung von Inhalten mit Biographien wichtiger Forscher), die Hervorhebung praktischer Anwendungsmöglichkeiten oder die Induktion kognitiver Konflikte (z.B. durch Befunde, die anscheinend im Widerspruch zu eigenen Überzeugungen stehen). Diese Methoden sind sicher praktikabel und werden in unterschiedlichem Maße bereits im schulischen Unterricht realisiert. Es existieren gegenwärtig allerdings noch keine evaluierten Programme zur systematischen Förderung des Interesses.

Zu beachten ist weiterhin, dass neben thematischem Interesse und intrinsischer Lesemotivation auch extrinsisch motiviertes Lesen die Lesekompetenz positiv beeinflussen kann. Dies ist allerdings nur der Fall, sofern die Lesesituation von den Schülerinnen und Schülern nicht als kontrollierend erlebt wird und sich ungünstig auf die intrinsische Motivation auswirkt (Wigfield & Guthrie, 1997b).

Signifikante Einflüsse werden zudem für die lesebezogene Selbstwirksamkeit als einem weiteren motivationalen Konstrukt berichtet. Schunk und Pajares (2002) zeigten, dass Schüler bei hoher lesebezogener Selbstwirksamkeit schwierigere Aufgaben wählten und diese mit größerer Persistenz bei Verständnisschwierigkeiten bearbeiteten. Ebenfalls bessere Lernzuwächse durch die Wahl von schwierigerem Textmaterial erzielten erwartungsgemäß lernzielorientierte Schülerinnen und Schüler im Vergleich zu leistungszielorientierten (Anderman, Austin, & Johnson, 2002).

Im Hinblick auf die Förderung von Lesemotivation sind insbesondere zwei Ansatzpunkte und damit verbundene Trainingskonzepte zu nennen. Zum einen ist angestrebt worden, die positiven Effekte von Lesekompetenz- und Lernstrategietrainings durch die zusätzliche Förderung des Leistungsmotivs zu verstärken (z.B. Schreblowski & Hasselhorn, 2001). Zum anderen haben Wigfield und Guthrie (Guthrie, 2004; Wigfield & Tonks, 2004) den Versuch unternommen, die intrinsische und extrinsische Lesemotivation zu fördern. Für beide Ansätze wird zunächst der theoretische Hintergrund kurz dargestellt, bevor im nächsten Unterkapitel die zugehörigen Trainingsprogramme erläutert werden.

Heckhausen (1989, S. 232) beschreibt das Leistungsmotiv als „Auseinandersetzung mit einem Tüchtigkeitsmaßstab". Mithilfe unterschiedlicher Prozessvariablen versucht Heckhausen (1989) die Entwicklung von zwei empirisch ermittelten Ausprägungen des Leistungsmotivs zu erklären, die Erfolgszuversichtlichkeit und die Misserfolgsvermeidung. Erfolgszuversichtliche Personen entscheiden sich für mittelschwere Aufgaben, setzen sich also *realistische Ziele,* die Rückschlüsse über das eigene Leistungsvermögen zulassen. Sie *attribuieren Erfolge internal* auf die eigene Fähigkeit und/oder die eigene Anstrengung. Misserfolge hingegen werden auf mangelnde Anstrengung oder eventuell auch auf den Zufall zurückgeführt. Da Misserfolge somit keine starken negativen Konsequenzen für die Selbstbewertung haben und Erfolge zu Freude und Stolz über die erbrachte Leistung führen, entwickeln erfolgszuversichtliche Personen eine *positive Selbstbewertungsbilanz* und sind eher bereit, Leistungssituationen aufzusuchen. Misserfolgsmeidende Personen hingegen setzen sich keine realistischen Ziele. Sie wählen zu einfache oder zu schwere Aufgaben und vermeiden damit eine interpretierbare Rückmeldung über ihr Leistungsvermögen. Zudem attribuieren sie Erfolge eher external auf den Zufall bzw. eine geringe Aufgabenschwierigkeit und Misserfolge internal auf eine zu geringe Fähigkeit. Es resultiert eine negative Selbstbewertungsbilanz, die zur Vermeidung von Leistungssituationen führt, da die Misserfolge einen viel stärkeren Einfluss auf die Selbstbewertung ausüben als die Erfolge.

Diese einzelnen Prozesskomponenten sind Ansatzpunkte für Trainingsprogramme, die für misserfolgsmeidende Schülerinnen und Schüler entwickelt worden sind. Es zeigte sich, dass diese Aspekte prinzipiell zu beeinflussen sind (Fries, 2002; Krug & Hanel, 1976; Rheinberg & Krug, 1999). Zum Teil erwies sich allerdings der Transfer von schulfernen Inhalten auf konkrete schulische Situationen als schwierig oder langfristige Trainingseffekte blieben aus (Krug & Hanel, 1976).

Schreblowski und Hasselhorn (2001) vermuten, dass mangelnde Transfereffekte von Strategietrainings auf schulische Lernsituationen auf eine misserfolgsmeidende Motivausprägung der Probanden zurückzuführen sein könnten. So könnten Erfolge bei der Textbearbeitung trotz des Erwerbs von Strategiewissen ausbleiben, wenn die Schülerinnen und Schüler versuchen, die erworbenen Strategiekenntnisse auf zu schwierige Aufgaben anzuwenden. Deswegen wurden Strategietrainings mit Programmen zur Förderung des Leistungsmotivs kombiniert. In Abschnitt 11.3 werden zwei Beispiele für diese kombinierten Trainings für den Bereich der Lesekompetenz ausführlich erläutert. Es handelt sich dabei um die Programme von Schreblowski und Hasselhorn (2001) sowie von Souvignier, Küppers und Gold (2003a, 2003b).

Neben diesen Trainings, die auf dem Selbstbewertungsmodell von Heckhausen basieren, gibt es Lesestrategietrainings, die nur um eine Komponente des Selbstbewertungsmodells erweitert wurden, nämlich um die Förderung motivational günstiger Kausalattributionen. Carr und Borkowski (1989) zeigten, dass die Kinder, die ein kombiniertes Training erhielten, über mehr metakognitives Wissen verfügten, häufiger Strategien anwandten und bessere Leseleistungen zeigten als die Kinder der reinen Strategiegruppe und der untrainierten Kontrollgruppe. Diesen Ansatz stützend, betonen Pressley, Borkowski und Schneider (1989) die Bedeutung der Anstrengungsattribution für den Transfer von Strategiewissen und -nutzung auf neue Aufgabentypen. Die genauen Auswirkungen von Attributionstrainings sind allerdings gegenwärtig noch unklar. So zeigten Analysen von Schneider (1996) zu unterschiedlichen Trainingsstudien zwar die erwarteten positiven Korrelationen zwischen Anstrengungsattribution und Strategieeinsatz bei der Bearbeitung trainingsferner Aufgaben, allerdings korrelierten die Leistungsindikatoren selbst nicht mit einem günstigen Attributionsstil. In einer Trainingsstudie von Miranda, Villaescusa und Vidal-Abarca (1997) zeigte sich keine Verbesserung der Effekte eines Lesekompetenztrainings durch die zusätzliche Förderung motivational günstiger Attributionsstile. Es gibt also bisher keine eindeutigen empirischen Befunde, die für die Effektivität der Attributionsförderung als einer Komponente von Lesekompetenztrainings sprechen.

Guthrie und Wigfield (2000) betrachten den verstehenden Umgang mit Texten als komplexen Prozess selbstregulierten Lernens, der von motivationalen sowie kognitiven Faktoren bestimmt wird. Zentrales Konstrukt in ihren Arbeiten ist das Leseengagement *(reading engagement)*. Unter Leseengagement verstehen sie dabei: „(...) simultaneous functioning of motivation, conceptual knowledge, strategies, and social interactions during literacy activities“ (Baker, Dreher, & Guthrie, 2000, S. 9). Guthrie (2004) postuliert ein Modell, in dem er die Faktoren spezifiziert, die für die Ausprägung des Leseengagements relevant sind. Er unterscheidet dabei die folgenden drei Ebenen: (1) die Bedürfnisse der Schüler, (2) die relevanten Prozesse und (3) die relevanten Unterrichtsmerkmale. Zu den Bedürfnissen der Schülerinnen und Schüler zählt er das Streben nach Leistung, Wissen und Erfahrung. Bei den relevanten Prozessen wird differenziert zwischen Vorwissen, strategischem Lesen, intrinsischer und extrinsischer Motivation sowie der Interaktion mit anderen Schülerinnen und Schülern während der Leseaktivität. Auf der dritten Ebene unterscheidet Guthrie verschiedene Unterrichtsmerkmale (z.B. Auswahl interessanter Texte, Autonomieunterstützung, Anerkennung, praktische Bezüge, Strategievermittlung), die er als wichtig für die Entwicklung von Leseengagement und somit als zentral für Lesekompetenz betrachtet. Die Zusammenhänge, die Guthrie in dem Modell beschreibt, werden in einem umfassenden Förderprogramm für Grundschülerinnen und -schüler (CORI) berücksichtigt (vgl. Abschnitt 10.3.6).

10.2.4 Selbstkonzept

Unter dem verbalen Selbstkonzept werden die mit dem sprachlichen Bereich verbundenen selbstbezogenen Fähigkeitskognitionen verstanden. Wenn Kinder ihre Schulzeit im Alter von sechs Jahren beginnen, verfügen sie noch nicht über fachspezifische Selbsteinschätzungen, sondern über ein eher globales Fähigkeitsselbstbild, das in der Regel unrealistisch hoch ist (Parsons, Kaczala, & Meece, 1982; Pintrich & Blumenfeld, 1985). Im

Laufe der ersten Schuljahre nimmt die Ausprägung des akademischen Selbstkonzepts ab, und es differenzieren sich in zunehmendem Maße fachspezifische Selbstkonzepte unterschiedlicher Generalisierungsniveaus heraus (z.B. Marsh & Shavelson, 1985).

Das verbale Selbstkonzept erwies sich in der PISA-Studie ebenfalls als bedeutsame Einflussgröße für Lesekompetenz. Überdies belegen viele Studien, dass das Selbstkonzept vermittelt über motivationale Faktoren auf schulisches Lernen und auf die Leistung wirkt (Byrne, 1996; Köller u.a., 1999; Krapp, 1997; Pekrun & Jerusalem, 1996). Der zentrale Prozess, der der Ausdifferenzierung fachspezifischer Fähigkeitsselbstkonzepte zu Grunde liegt, ist die Verarbeitung von Leistungsrückmeldungen. Chapman, Tunmer und Prochnow (2000) fanden erwartungsgemäß ungünstige Effekte negativer Leseerfahrungen auf das lesebezogene Selbstkonzept, das wiederum zu niedriger Lesekompetenz führte. Damit Leistungssituationen einen Einfluss auf die Fähigkeitseinschätzungen haben, müssen Kinder in der Lage sein, bestimmte Kausalattributionen vorzunehmen (Möller, 2001). Sie müssen die erbrachte Leistung auf internale Faktoren zurückführen und zwischen Konsequenzen von Anstrengung und Fähigkeit differenzieren können. Die Einschätzungen, ab wann Kinder Fähigkeit und Anstrengung als zwei voneinander zu trennende Konzepte begreifen, variieren stark (Kun, 1977; Nicholls, 1978; Surber, 1980).

Für ein besseres Verständnis darüber, wie Kinder Leistungsrückmeldungen verarbeiten, ist neben dem Einblick in die Art der Leistungsattribution wichtig zu verstehen, an welchen Standards Kinder die Leistungsrückmeldungen messen. Die Schule fördert dabei sehr stark den sozialen Vergleich. Die Bedeutung sozialer Vergleiche für die Selbstkonzeptgenese ist durch eine Vielzahl von Studien belegt (z.B. Helmke, 1992; Köller, 2004b; Rogers, Smith, & Coleman, 1978; Wagner, 1999). Studien zu Vergleichsprozessen von Grundschulkindern ergeben allerdings noch kein einheitliches Bild. Suls und Sander (1982) berichten, dass Kinder erst etwa ab dem neunten Lebensjahr soziale Vergleiche vollziehen und bei jüngeren Kindern nur autonome temporale Vergleiche zu beobachten sind. Butler (1998) hingegen kommt zu dem Schluss, dass Kinder soziale Vergleiche früher nutzen als temporale Vergleiche.

Eine weitere bedeutende Vergleichsdimension für die Selbstkonzeptgenese stellen dimensionale Vergleiche dar (Marsh, 1986; Möller & Köller, 2004; Streblow, 2004). Bei dimensionalen Vergleichen handelt es sich um einen intraindividuellen Prozess, bei dem beispielsweise ein Kind seine Leistung in Mathematik mit der in Deutsch vergleicht. Für die fachspezifischen Selbstkonzepte in der mathematischen und verbalen Domäne konnten in diversen Studien negative Effekte der Mathematikleistung auf das sprachliche Selbstkonzept und entsprechende negative Effekte der sprachlichen Leistung auf das Mathematikselbstkonzept gezeigt werden (z.B. Marsh, 1986, 1990a; Marsh, Kong, & Hau, 2001; Skaalvik & Valas, 1999). Erste stützende Befunde aus experimentellen Arbeiten liegen ebenfalls vor (Möller & Köller, 2001a; Pohlmann, 2003). Befunden von Faber (1992) zufolge, vollziehen Kinder der 4. Grundschulklasse neben sozialen auch dimensionale Leistungsvergleiche.

Insgesamt sprechen die Studien dafür, dass Kinder während der Grundschulzeit die Bedeutung der Begriffe Fähigkeit, Anstrengung und Leistung erwerben und Verständnis für die Kausalbeziehungen zwischen diesen Faktoren entwickeln, wenn auch die Altersangaben zu den einzelnen Entwicklungsschritten uneinheitlich sind.

Befunde über die Nutzung unterschiedlicher Vergleichsperspektiven für die Verarbeitung von Leistungsrückmeldungen sind ebenfalls nicht eindeutig zu interpretieren. Sie deuten aber darauf hin, dass Kinder zumindest am Ende der Grundschulzeit unterschiedliche Referenzrahmen (sozial, temporal, dimensional) für die Einordnung von Leistungsrückmeldungen nutzen, wobei dem sozialen Vergleich die größte Bedeutung zukommt.

Mit dem verbalen Selbstkonzept liegt ein weiterer Faktor vor, der positiv zu beeinflussen ist und somit einen weiteren Ansatzpunkt für Maßnahmen zur Förderung von Lesemotivation und -kompetenz darstellt. Dabei bieten sich bei der Verarbeitung von Leistungsrückmeldungen vor allem bei der Leistungsattribution und bei der Wahl der Vergleichsperspektive Interventionsmöglichkeiten, um ungünstige Effekte auf das Selbstkonzept zu vermeiden. Forschungsarbeiten zur Bezugsnormorientierung belegen, dass die Vergleichsperspektive durch entsprechende Instruktionen zu beeinflussen ist und sich dies auf das Begabungsselbstkonzept auswirkt (vgl. Mischo & Rheinberg, 1995; Rheinberg, 2000). Zudem ließen sich in diesen Studien zur individuellen Bezugsnormorientierung auch positive Effekte auf motivational günstige Attributionsmuster zeigen. Weitere Programme zur Veränderung ungünstiger Attributionsmuster nach Leistungsrückmeldungen sind im Abschnitt über Motivation bereits erläutert worden (z.B. Carr & Borkowski, 1989; Rheinberg & Krug, 1999).

10.2.5 Lernstrategien

In der Forschung zu Lernstrategien konkurrieren sowohl unterschiedliche Definitionen als auch Klassifikationen miteinander (für eine ausführliche Darstellung vgl. Artelt, 2000; Wild, 2000). Folgende Merkmale von Lernstrategien in unterschiedlichen Definitionen lassen sich erkennen: Bei Lernstrategien handelt es sich (a) um eine Abfolge von effizienten Lerntechniken, die (b) zielführend und flexibel eingesetzt werden, die (c) zunehmend automatisiert ablaufen, aber (d) dennoch bewusstseinsfähig bleiben (vgl. Artelt, 2000; Baumert & Köller, 1996; Schneider, 1989b). Es soll hier der Klassifikation von Pintrich (1990) gefolgt werden, der Ressourcenmanagement von kognitiven und metakognitiven Strategien unterscheidet. Da das Ressourcenmanagement (z.B. Zeiteinteilung) für den verstehenden Umgang mit und das Lernen aus Texten eine untergeordnete Rolle spielt (Schiefele, 1996a), wird auf diese Strategien hier nicht näher eingegangen.

Beim Prozess der Textbearbeitung können nach Weinstein und Mayer (1986; Mayer, 1992) vier Komponenten unterschieden werden, die durch den Einsatz von Strategien in unterschiedlichem Maße beeinflussbar sind. In der Selektionsphase werden bestimmte Informationen ausgewählt, die in der Konstruktionsphase im Arbeitsgedächtnis zueinander in Beziehung gesetzt werden. Die Erwerbsphase kennzeichnet die Übertragung der Informationen ins Langzeitgedächtnis und die Integrationsphase die Verknüpfung der neuen Informationen mit bestehendem Vorwissen. Zu den *kognitiven Strategien,* die besonders in der Selektions- und Erwerbsphase von Bedeutung sind, gehören Wiederholungsstrategien wie das mehrmalige Lesen bestimmter Textstellen. Organisationsstrategien, wie Übersichten anfertigen oder Zusammenfassungen schreiben, können effektiv bei der Selektion, Konstruktion und dem Erwerb von Informationen eingesetzt werden. Der Verbesserung der Integration – also der Verknüpfung neuer Informationen mit Vorwissen – dienen *Elaborationsstrategien* (z.B. neue Inhalte auf bekanntes Wissen beziehen, praktische Beispiele suchen). *Metakognitive Strategien* umfassen Strategien, die der Planung, Überwachung und Regulation von Lernaktivitäten dienen. Zur Planung gehören unter anderem die Analyse der Anforderung, das Formulieren von einzelnen Lernzielen und die Auswahl geeigneter kognitiver Strategien. Die Lernphase wird mittels Kontrollstrategien überwacht, denen beispielsweise die Verstehensüberprüfung zuzuordnen ist. Regulationsmechanismen greifen, wenn ungünstige Lernverläufe durch Überwachung identifiziert und dann optimiert werden. So können während der Überwachung Verständnisprobleme bei der Textbearbeitung aufgezeigt werden, die dann durch den effektiven Einsatz bestimmter Organisations- oder Elaborationsstrategien beseitigt werden. Van Kraayenoord und Schneider (1999) wiesen nach, dass sich bereits in der 3. und 4. Schulklasse gute Leser in ihrem metakognitiven Lesestrategiewissen von schwachen Lesern unterscheiden. Eine drei Jahre später durchgeführte *Follow-up*-Erhebung der Schülerinnen und Schüler belegt zudem die zeitliche Stabilität der Zusammenhänge (Roeschl-Heils, Schneider, & van Kraayenoord, 2003). Eine logistische Regressionsanalyse ergab, dass metakognitives Wissen über Lesestrategien und Gedächtnisprozesse den besten Prädiktor für Lesekompetenz darstellt.

Die Bedeutung von Lernstrategien für das Textlernen konnte in vielen Studien belegt werden (z.B. Alexander & Judy, 1988; Gold, in Druck; Groeben, 1982; Körkel & Hasselhorn, 1987). Im Modell des „guten Informationsverarbeiters" wird der erfolgreiche Lernprozess ganz entscheidend mit einem flexiblen, effektiven Strategiegebrauch in Verbindung gebracht (Pressley, 1995; Pressley, Borkowski, & Schneider, 1989; Schneider, 1996). Insbesondere für die Selbststeuerung des Lernens werden Strategiekenntnisse und der effiziente Einsatz von Strategien als eine notwendige Voraussetzung betrachtet (Hasselhorn, 2001; Zimmerman & Schunk, 2001). Eine Reihe von Studien belegt, dass sich gute und schwache Lerner im Einsatz von Lern- und Lesestrategien unterscheiden (z.B. Paris, Lipson, & Wixson, 1983; Pressley, Borkowski, & Schneider, 1989). Bestimmte Strategien haben sich allerdings in anwendungsnahen Situationen zum Teil als weitgehend wirkungslos erwiesen, obwohl sie in der Grundlagenforschung als zentral postuliert wurden (wie z.B. Elaborationsstrategien). Die Art der Erfassungsmethode hat sich dabei jedoch als wichtiger Faktor herauskristallisiert. Studien, in denen der Strategieeinsatz nicht mittels Fragebögen, sondern über handlungsnahe Messmethoden (z.B. lautes Denken) erfasst wird, beschreiben in der Regel stärkere Beziehungen zwischen dem Einsatz von Lernstrategien und dem erzielten Lernerfolg (vgl. Artelt, 1999, 2000).

Es hat sich wiederholt gezeigt, dass Strategien gut trainierbar sind (z.B. Brown & Palincsar, 1982; Friedrich, 1992, 1995; Hasselhorn & Körkel, 1983). Eine umfassende

Darstellung von Studien des *National Reading Panel* (2000; zitiert nach Guthrie, 2004) unterstreicht, dass Strategiekenntnis und effektive Strategienutzung durch Interventionen beeinflussbar sind. Besonders wichtig für den effektiven Einsatz von Strategien scheint dabei die zielführende Vermittlung der trainierten Strategien zu sein. So konnten Leutner, Barthelt und Schreiber (2001) zeigen, dass Studierende Inhalte eines Strategietrainings häufiger umsetzten und mehr Wissen bei der Textbearbeitung erwarben, wenn ihnen zusätzlich der persönliche Nutzen des jeweiligen Lerninhalts verdeutlicht wurde und sie eine Lernabsicht entwickeln konnten. Eine Studie von Schmitz (2001) weist darauf hin, dass selbstregulative Strategien, die im Rahmen einer Schulung erworben wurden, eher auf das alltägliche Lernverhalten übertragen werden, wenn zusätzlich die Selbstbeobachtung und Selbstreflexion mittels standardisierter Lerntagebücher angeregt wird. Strategietrainings zur Verbesserung der Lesekompetenz werden in Abschnitt 11.3 ausführlich erläutert.

10.2.6 Vorwissen

Auch das Vorwissen hat sich als bedeutsamer Prädiktor für Lesekompetenz erwiesen, wobei themenbezogenes (bzw. inhaltliches) Wissen von metakognitivem Wissen unterschieden werden muss. Eine Vielzahl von Studien – zum Beispiel zum Experten-Novizen-Paradigma – belegten die Bedeutung von thematischem Vorwissen auf das Textverstehen (Körkel, 1987; Recht & Leslie, 1988). Des Weiteren zeigte sich, dass thematisches Vorwissen Defizite in hierarchieniedrigen Textverarbeitungsprozessen kompensieren kann (Adams, Bell, & Perfetti, 1995; Schneider, Körkel, & Weinert, 1989). Auf die Bedeutung von thematischem Vorwissen soll hier jedoch nicht weiter eingegangen werden, da es weder praktikabel noch sinnvoll wäre, den Versuch zu unternehmen, Lesekompetenz durch die Vermittlung inhaltlichen Wissens zu steigern. Ziel von Lesetrainings ist vielmehr, Wissen – zum Beispiel Strategiewissen – zu vermitteln, das sich unabhängig vom konkreten Inhalt positiv auf den verstehenden Umgang mit Texten und das effektive Lernen mit Textmaterial auswirkt. Die Bedeutung des Strategiewissens als ein wichtiger Bereich des metakognitiven Wissens wurde im Absatz über Lernstrategien bereits erläutert.

Flavell und Wellman (1977, zitiert nach Hasselhorn & Körkel, 1983) differenzieren beim metakognitiven Wissen zwischen verschiedenen Faktoren, die Lernhandlungen beeinflussen. Sie unterscheiden zwischen Aufgabenwissen (Wissen über Aufgabenmerkmale und -anforderungen), Strategiewissen (Wissen über Lernstrategien und deren effektiver Nutzung) und Personenwissen (Wissen über eher stabile Merkmale der eigenen Person, wie Fähigkeiten und Interessen). Zudem gehört zum Personenwissen auch die Fähigkeit, den eigenen Lernprozess zu überwachen und zu kontrollieren. Die einzelnen Facetten des metakognitiven Wissens haben sich als sehr wichtig für das Textlernen erwiesen (vgl. Schiefele, 1996a).

Vor dem Hintergrund der PISA-Studie ist insbesondere ein Wissensaspekt von Interesse, der in Zusammenhang mit dem breiten Spektrum unterschiedlicher Textformate des PISA-Tests steht. So führt Spiro (1980) Unterschiede in der Lesekompetenz unter anderem auch auf die Verfügbarkeit relevanter Textschemata zurück. Bei Textschemata handelt es sich um metakognitives Textformatwissen, also um Kenntnisse bezüglich charakteristischer Merkmale unterschiedlicher kontinuierlicher (z.B. Sachtext, Gedicht) und nichtkontinuierlicher Textformate (z.B. Tabelle, Diagramm). Auch van Dijk und Kintsch (1983) betrachten Textschemata als eine Facette des relevanten Vorwissens. Der Prozess der Integration von Vorwissen und Textinhalten führt zur Bildung eines Situationsmodells und somit zu einem tief gehenden Verstehen des jeweiligen Textes. Es erscheint plausibel, durch die Vermittlung von metakognitivem Wissen über die unterschiedlichen Textformate den Verstehensprozess optimieren zu können. Doch ist diese Annahme nicht unumstritten (z.B. Perfetti & McCutchen, 1987). Es existieren gegenwärtig keine eindeutigen empirischen Befunde zu den Wechselwirkungen zwischen globalen (z.B. Wissen über Textformate) und spezifischen (z.B. Inferenzen) Prozessen der Textverarbeitung. Befunde zu Prozessen auf Textebene deuten allerdings darauf hin, dass unter bestimmten Bedingungen eine kompensatorische Beziehung zwischen den Teilprozessen bestehen kann. So können schwache Leser Defizite in den hierarchieniedrigen Prozessen durch globale Kohärenzbildung teilweise ausgleichen (z.B. Adams, Bell, & Perfetti, 1995; Schneider, Körkel, & Weinert, 1989).

10.2.7 Fazit

Die kognitionspsychologische sowie die pädagogisch-psychologische Forschung zum Textlernen diskutieren eine Reihe von Faktoren, die Ansatzpunkte für Interventionen darstellen. Zunächst ist es wichtig, möglichst günstige Voraussetzungen für den Sprach- sowie den Schriftspracherwerb zu schaffen. Dazu gehören beispielsweise metalinguistische Kompetenzen, wie die phonologische Bewusstheit. Defizite im Schriftspracherwerb führen unter anderem dazu, dass aufgrund mangelnder Automatisierung das reine Entziffern von Texten zu viel Kapazität im Arbeitsgedächtnis bindet, was sich ungünstig auf höhere Verarbeitungsprozesse – wie die globale Kohärenzbildung – auswirkt. Zur Bedeutung früher Sprachförderung siehe Schneider (in diesem Band).

Der Erwerb der Schriftsprache ist allerdings nur eine notwendige und keine hinreichende Bedingung für die Entwicklung von Lesekompetenz. Damit aus Schülern, die gut lesen können, Schüler werden, die kompetent Texte bearbeiten und aus ihnen effektiv selbstgesteuert lernen, müssen weitere Bedingungen gegeben sein. Dabei scheinen im Hinblick auf Leseförderung insbesondere die Lesemotivation, das verbale Selbstkonzept sowie Lernstrategien geeignete Ansatzpunkte zu sein. Inwiefern es bereits gelungen ist, diese Faktoren im Rahmen strukturierter Trainings positiv zu beeinflussen, wird Thema des nächsten Abschnitts sein.

10.3 Programme zur Förderung der Lesekompetenz

In der Vergangenheit sind bereits unterschiedliche Fördermaßnahmen entwickelt worden, mit denen positive Effekte auf den verstehenden Umgang mit Texten erzielt werden können. Im Folgenden sollen insbesondere pädagogisch-psychologische Trainingsprogramme, die für den Einsatz in der Schule entwickelt wurden, vorgestellt werden. Die einzige Ausnahme stellen die Programme von Friedrich dar (1992, 1995), die sich an Studierende richten. Zur Beurteilung der Trainings werden Inhalte, Material, Umfang sowie die genaue Vorgehensweise und Evaluationsergebnisse dargestellt. Es ist dabei vor allem von Interesse, ob sich Trainingseffekte auch langfristig positiv auf Lesekompetenz und -motivation auswirken und inwiefern erworbene Kompetenzen auch auf die Arbeit mit trainingsfernem Textmaterial übertragen werden. Friedrich (1995) benennt eine Reihe von Trainingsmerkmalen, die sich als günstig für den Transfer von Leistungen erwiesen haben, wie zum Beispiel: Strategievermittlung in authentischen Nutzungskontexten, hohe Trainingsintensität (begünstigt Automatisierung von Operationen und entlastet so das Arbeitsgedächtnis), variierende Aufgabenbedingungen, Vermittlung von konditionalem Strategiewissen sowie von Kontrollstrategien zur Überwachung der Strategieausführung. Weitere transferförderliche Effekte könnten durch Maßnahmen wie die Förderung emotional-motivationaler Lernvoraussetzungen oder das Lernen im sozialen Kontext erzielt werden. Die von Friedrich beschriebenen Faktoren sind zum Teil Bestandteil der hier erläuterten Trainings.

Es gibt jedoch neben pädagogisch-psychologischen Trainings noch weitere mögliche Interventionsformen. So wurden – nicht zuletzt als Folge der PISA-Befunde – von Ministerien und Verbänden Initiativen ins Leben gerufen, um die Lesebereitschaft von Schülerinnen und Schülern zu erhöhen. Das Thüringer Kultusministerium will zum Beispiel im Rahmen des Projekts „Lust auf Lesen“ die Aufmerksamkeit auf die zentrale Bedeutung des Lesens für die Kultur und das Lernen lenken. In einer Leseinitiative Nordrhein-Westfalens (Ministerium für Schule, Jugend und Kinder) werden unter anderem Grundschülerinnen und -schüler mit Büchern für die Sommerferien versorgt, es werden Lesungen an den Schulen und Bücherwurm-Rallyes organisiert. Bei den Rallyes lesen die Kinder Geschichten, bei denen das Ende fehlt und von ihnen ergänzt werden soll. Unterstützt wird dieses Projekt von Verbänden und Wirtschaftsunternehmen sowie von renommierten Schriftstellern wie Peter Härtling. Weitere Beispiele für Initiativen sind „Eine Stadt liest ein Buch“ in Hamburg und „Lesen in Deutschland“ der Bund-Länder-Kommission. Zu diesen relativ neuen Projekten liegen allerdings gegenwärtig noch keine Evaluationsstudien vor.

Die Befunde der PISA-Studie haben vor allem auch deshalb viel Aufmerksamkeit erregt, weil sie deutlich gezeigt haben, dass die Lesekompetenz der 15-jährigen deutschen Schüler im internationalen Vergleich nicht nur unterdurchschnittlich ausgeprägt ist, sondern darüber hinaus auch eine sehr große Streuung aufweist (Artelt, Schiefele, & Schneider, 2001; Artelt u.a., 2001). So fand man im Bundesländervergleich für alle deutschen Bundesländer einen großen Leistungsabstand zwischen den 5 Prozent besten und den 5 Prozent schlechtesten Schülerinnen und Schülern. Artelt, Schiefele und Schneider (2001) sehen in dieser auffallend großen Leistungsstreuung ein mögliches Indiz für eine mangelhafte Förderung von leistungsschwächeren Schülerinnen und Schülern im deutschen Schulsystem. Zudem zeigt PISA, dass es deutschen Schulen – im Unterschied zu fast allen anderen teilnehmenden Ländern – bisher nicht gelingt, ungünstige häusliche Lernbedingungen von Schülerinnen und Schülern auszugleichen. Bei außerschulischen Angeboten besteht nun wiederum die Gefahr, gerade diese bereits in zweifacher Hinsicht benachteiligten Schülerinnen und Schüler nicht zu erreichen. Insbesondere schwache Schülerinnen und Schüler müssten von Maßnahmen zur Leseförderung profitieren, sodass nicht nur das Leistungsniveau insgesamt angehoben, sondern zudem die Leistungsvarianz innerhalb der Klassen verringert wird.

Im Folgenden werden sechs Förderkonzepte vorgestellt, die zum Teil unterschiedliche Trainingsvarianten umfassen. Tabelle 10.1 enthält einen Überblick über die Trainings, die im nächsten Abschnitt ausführlich erläutert werden. Zu allen Trainings liegen Evaluationsstudien mit Prä-Posttest-Kontrollgruppendesign vor.

Bei dem ersten Training handelt es sich um das *Reciprocal Teaching,* einem Strategietraining von Palincsar und Brown (1984), das in seiner ursprünglichen Form für Schülerinnen und Schüler der 7. Klasse entwickelt wurde. Inzwischen existieren Versionen für unterschiedliche Altersgruppen sowie eine deutsche Adaptation (Demmrich & Brunstein, 2004).

Dann werden Programme von Friedrich (1992, 1995) erläutert, bei denen eine Verbesserung des Textlernens durch die Vermittlung weniger, effektiver Strategien erreicht werden sollte. Diese Trainings wenden sich in erster Linie an Studierende.

Die nächste Gruppe bilden die Trainings, die ausgehend vom Konzept des *Informed Strategies Learning* von Paris und Mitarbeitern (Paris, Cross, & Lipson, 1984; Paris & Jakobs, 1984) mit unterschiedlichen Schwerpunkten und für verschiedene Zielgruppen entwickelt wurden. Bei der ersten deutschsprachigen Version des Programms von Hasselhorn und Körkel (1986) handelt es sich um ein Strategietraining für Kleingruppen. Schreblowski und Hasselhorn (2001) erweiterten dieses Training um Inhalte zur Förderung des Leistungsmotivs, und Souvignier, Küppers und Gold (2003a, 2003b) adaptierten dieses kombinierte Training für Großgruppen.

Es folgt der Interventionsansatz von Lehtinen (1992), der speziell für lernschwache Schülerinnen und Schüler entwickelt wurde. Bei diesem Programm wurden kognitive, motivationale und affektive Faktoren berücksichtigt, die im Hinblick auf Lesekompetenz von Bedeutung sind.

Das nächste Programm für Schülerinnen und Schüler der Grundschule sowie der Sekundarstufe I ist von Pressley und Mitarbeitern unter dem Titel *Transactional Strategies Instruction* (TSI) entwickelt worden (Pressley u.a., 1998).

Den Abschluss bildet das Programm *Concept-Oriented Reading Instruction* (CORI) von Guthrie und Wigfield (2000). In diesem umfassenden Training für die Primarstufe werden Elemente zur Förderung der Lesemotivation und Lesekompetenz kombiniert.

Training	Zielgruppe[1]	Dauer	Inhalt	Material	Variante	Effektivität
Reciprocal Teaching Palincsar & Brown (1984)	7. Klasse, für Schüler mit Leseproblemen	Flexibel, ursprünglich 20 Sitzungen à 25 Min.	Reziprokes Lehren und Strategien 1. Fragen stellen 2. Zusammenfassen 3. Klären 4. Vorhersagen	Kontinuierliche Sachtexte, variabel	Kleingruppe (4–6 Schüler)	Pos. Effekte auf Lesekompetenz; mittl. Effektstärke: .32 (bei standardisierten Tests)/ .88 bei selbst entwickelten Tests
REDTEX Friedrich (1995)	Studierende	ca. 120 Min.	Reduktive Textverarbeitungsstrategien 1. Tilgen 2. Generalisieren 3. Auswählen 4. Formulieren in eigenen Worten	Sachtexte zu unterschiedlichen Themen, variabel	Selbstinstruktionstraining	Nur bei Texten effektiv, zu denen kein Vorwissen vorhanden ist
Informed Strategies Learning Paris u.a. (1984)	8- bis 11-jährige Schüler	20 Module zu je 30 Min. Einheiten	Strategiewissen und effektiver Einsatz	Sachtexte und literarische Texte, variabel	Schulklasse	Pos. Effekte auf Strategiewissen, -anwendung und Lesekompetenz
Metakognitives Textverarbeitungstraining Hasselhorn & Körkel (1986)	6. Klasse	10 Schulstunden	Verstehens- und Behaltensstrategien und Umgang mit Textschwierigkeiten	Texte aus Sachbüchern	Kleingruppe	Pos. Effekte auf das Strategiewissen, aber s.a. Schreblowski & Hasselhorn (2001) (s.u.)
Metakognitives Textverarbeitungstraining Schreblowski & Hasselhorn (2001)	5. Klasse	20 Schulstunden	Adaptation des Trainings von Hasselhorn & Körkel und Förderung des Leistungsmotivs	Kontinuierliche Texte (Sachtexte und literarische Texte)	Kleingruppe	Pos. Effekte auf metakognitives Wissen, Textverstehen und -wiedergabe nur bei der Trainingsgruppe ohne Motivförderung
REGULESE Souvignier, Küppers, & Gold (2003a, b)	5. Klasse	13 Module für je 1–3 Schulstunden	Adaptation der Textdetektive (von Schreblowski & Hasselhorn)	Kontinuierliche Texte (Sachtexte und literarische Texte)	Schulklasse	Noch in der formativen Evaluation
Lehtinen (1992)	3. Klasse, für lernschwache Schüler	16 Wochen; 2 Std. pro Woche; 32 Std. insgesamt	Sozio-emotionale Bewältigungstherapie und metakognitive Verstehensstrategien	z.T. aus Schulbüchern, variabel	Kleingruppe (3 Schüler)	Pos. Effekte auf die Qualität von Zusammenfassungen von Texten
Transactional Strategies Instruction (TSI) Pressley u.a. (1998)	Ab der 2. Klasse	Variiert, abhängig vom Leistungsniveau; von 3 Monaten bis zu einem Schuljahr	Je nach Zielgruppe unterschiedliche Lese- und Verstehensstrategien und effektiver Einsatz	z.T. aus Schulbüchern, variabel	Schulklasse und Kleingruppe	Pos. Effekte auf Strategienutzung und Textverstehen
Concept-Oriented Reading Instruction (CORI) Guthrie & Wigfield (2000)	3. Klasse	Variiert, von 3 Monaten (90–120 Min. täglich) bis zu einem Schuljahr	Strategiewissen u. effektiver Einsatz; Lesemotivation (Interesse, intrinsische und extrinsische Motivation)	Sachtexte aus der Biologie	Schulklasse und Kleingruppe	Pos. Effekte auf Strategienutzung, Textverstehen, intrinsische und extrinsische Motivation

[1] Die Zielgruppen werden in den Trainings in der Regel nicht so eng definiert. Evaluationsstudien liegen allerdings nur für die hier berichteten Altersgruppen vor.

Tabelle 10.1 Überblick über Trainingsprogramme zur Förderung von Lesekompetenz und/oder Lesemotivation

Die einzelnen Trainings sind schwer miteinander zu vergleichen, da sie zum großen Teil mit unterschiedlichen Zielsetzungen und für verschiedene Personengruppen entwickelt wurden. Wenn man das Verständnis von Lesekompetenz der PISA-Studie betrachtet, wird allerdings sehr deutlich, dass in bisherigen Trainings immer nur einzelne Facetten der Lesekompetenz bzw. von Bedingungen der Lesekompetenz berücksichtigt wurden.

10.3.1 Reciprocal Teaching

Bei der ursprünglichen Version des *Reciprocal Teaching* (Brown & Palincsar, 1982; Palincsar & Brown, 1984) handelt es sich um ein spezifisches Training zur Förderung des Leseverständnisses und der selbstständigen Verstehenskontrolle von Schulkindern mit Problemen im Textverstehen (siehe auch Palincsar, 1986).

Das Training wurde für Siebtklässler entwickelt und umfasst 20 Sitzungen, die jeweils etwa 25 Minuten dauern und in Kleingruppen durchgeführt werden. Die Anzahl der Sitzungen variiert in den unterschiedlichen Evaluationsstudien. Im Training werden vier Lesestrategien gefördert:

(1) Fragenstellen

Das Formulieren von Fragen dient der eigenständigen Verstehenskontrolle und der Elaboration der gelesenen Inhalte. Es wird ein schrittweises Vorgehen gewählt, bei dem die Kinder zunächst Fragen zu einzelnen kurzen Textpassagen stellen, bevor sie sich auf den ganzen Text beziehen (siehe Kasten 10.1).

(2) Zusammenfassen

Mithilfe von Zusammenfassungen soll der Text auf wesentliche Inhalte reduziert werden. Dazu werden Lesestrategien wie das Unterstreichen oder das Notieren in Stichworten vermittelt und geübt.

(3) Klären von Wortbedeutungen oder unklaren Textpassagen

Bei Unklarheiten sollen die Schülerinnen und Schüler zunächst versuchen, sich Wortbedeutungen oder unklare Zusammenhänge aus dem Text zu erschließen. Für Fälle, in denen dies nicht zum gewünschten Erfolg führt, lernen die Schülerinnen und Schüler weiterhin die Benutzung von Lexika.

(4) Vorhersagen, wie der Text weitergehen wird

Die Schülerinnen und Schüler sollen vor dem Lesen eines Textabschnitts Vermutungen darüber äußern, was in der Passage stehen wird. Dies geschieht entweder ausgehend von den bereits gelesenen Abschnitten oder aufgrund von inhaltlichem Vorwissen der Schülerinnen und Schüler.

Die Einheiten dieses Trainings sind in einer besonderen Weise gestaltet: Die Strategien werden durch schrittweise direkte Instruktion im Sinne des Modellierens vermittelt und durch wechselnde Lehr-Lern-Schritte geübt, wobei explizit die jeweils individuelle „Zone der nächsten Entwicklung" berücksichtigt wird (Vygotsky, 1978/1935). Der Lehrer gibt zunächst Hilfestellung und zieht sich dann langsam zurück. Diese Methode wird auch als *Scaffolding* bezeichnet. In Kasten 10.1 sind Beispiele für die Vorgehensweise auf-

Kasten 10.1: Beispiele für die Vermittlung von Kompetenzen im Fragenstellen (aus Brown & Palincsar, 1982, S. 138 f.)

Day 1:

TEXT: The water moccasin, somewhat longer than the copperhead, is found in the southeastern states. It lives in swampy regions. It belongs, as do also the copperhead and the rattlesnakes, to a group of poisonous snakes called pit vipers. They have pits between their eyes and their nostrils which, because they are sensitive to heat, help the snakes tell when they are near a warm-blooded animal. Another name for the water moccasin is „cottonmouth". This name comes from the white lining of the snake's mouth.

Charles: What is found in the southeastern snakes, also the copperhead, rattlesnakes, vipers – they have. I'm not doing this right.

Teacher: All right. Do you want to know about the pit vipers?

Charles: Yeah.

Teacher: What would be a good question about the pit vipers that starts with the word „why?"

Charles: (No response)

Teacher: How about, „Why are the snakes called pit vipers?"

Charles: Why do they want to know that they are called pit vipers?

Teacher: Try it again.

Charles: Why do they, pit vipers in a pit?

Teacher: How about, „Why do they call the snakes pit vipers?"

Charles: Why do they call the snakes pit vipers?

Teacher: There you go! Good for you.

Day 11:

TEXT: One of the most interesting of the insect-eating plants is the Venus's flytrap. This plant lives in only one small area of the world – the coastal marshes of North and South Carolina. This Venus's flytrap doesn't look unusual. Its habits, however, make it truly a plant wonder.

Charles: What is the most interesting of the insect eating plants, and where do the plants live at?

Teacher: Two excellent questions! They are both clear and important questions. Ask us one at a time now.

Day 15:

TEXT: Scientists also come to the South Pole to study the strange lights that glow overhead during the antarctic night. (It's a cold and lonely world for the few hardy people who „winter over" the polar night.) These „southern lights" are caused by the Earth acting like a magnet on electrical particles in the air. They are clues that may help us understand the Earth's core and the upper edges of its blanket of air.

Charles: Why do scientists come to the South Pole to study?

Teacher: Excellent question! That is what this paragraph is all about.

geführt. Es werden Teile von Dialogen wiedergegeben, die mit dem Siebtklässler Charles geführt wurden, der zu Beginn des Trainings große Schwierigkeiten hatte, einfache Fragen zu formulieren.

Mit der speziellen Methode des reziproken Lehrens wollten Palincsar und Brown (1984) die Benachteiligung schwacher oder eher passiver Schülerinnen und Schüler auszugleichen: „We needed, then, a mode of instruction that would ensure that the students would participate at whatever level they were capable, that would enable them to witness the success of such activities, and that would situate the strategies in an actual reading context where the goal of the activities would be transparent." (S. 122) Überdies sollten so zwei weitere wichtige Trainingselemente berücksichtigt werden, nämlich die Formulierung von konkreten Zielen des Strategieeinsatzes sowie konstruktive Rückmeldungen zu der erfolgten Textarbeit.

Als Trainingsmaterial dienen kontinuierliche Sachtexte aus unterschiedlichen Lesebüchern (Themen, die in den Untersuchungen verwendet wurden, sind z.B. Giftschlangen, Solarenergie und die Kultur der Inkas). Zu Beginn einer Trainingssitzung werden mit den Teilnehmern Regeln für die Gruppenarbeit vereinbart (z.B. „Andere ausreden lassen!"). Der Trainer fungiert zunächst als Modell und führt die Textbearbeitung und den Einsatz der Strategien vor. Dann übernehmen die Schülerinnen und Schüler in den Kleingruppen abwechselnd die Rolle des „Lehrers" und bearbeiten einzelne Textpassagen mit den jeweiligen „Schülern".

Mit diesem Training konnten in standardisierten Lesetests auch nach sechs Monaten noch deutliche Trainingseffekte festgestellt und Leistungsrückstände von bis zu zwei Jahren aufgeholt werden (Brown & Palincsar, 1987; Palincsar & Brown, 1984). Mit einer Adaptation des Programms, bei dem das Training von Lehrern und älteren Mitschülern in Großgruppen durchgeführt wurde, konnte die Lesekompetenz ebenfalls effektiv gesteigert werden (Brown, Palincsar, & Armbruster, 1994). Lysynchuk, Pressley und Vye (1990) berichten positive Trainingseffekte für Viert- und Siebtklässler.

Es liegt eine Metaanalyse von Rosenshine und Meister (1994) zum *Reciprocal Teaching* vor, die 16 Studien umfasst. Da sich die berücksichtigten Studien in verschiedenen Aspekten der Durchführung unterschieden, konnten differenzierende Analysen zur Bedeutung von einzelnen Trainingsbedingungen gerechnet werden. So wurden zur Erfassung der Lesekompetenz standardisierte Lesetests oder im Rahmen der jeweiligen Studie selbst entwickelte Tests verwendet. Wenn selbst entwickelte Tests verwendet wurden (10 Studien), lag die mittlere Effektstärke bei .88. Wenn in die Berechnung Ergebnisse aus standardisierten Tests eingingen (9 Studien), betrug die mittlere Effektstärke dagegen nur .32. Rosenshine und Meister führen diese Diskrepanz vor allem auf die unterschiedliche Länge der verschiedenen Testverfahren zurück. Die mittlere Länge der Texte der standardisierten Tests lag bei 84 Wörtern (44–144 Wörter), während die selbst entwickelten Tests sich aus Texten zusammensetzten, die im Schnitt 400 Wörter lang waren (200–900 Wörter). Rosenshine und Meister vermuten, dass es einfacher sei, Aufgaben zu längeren Texten zu bearbeiten, und dass sich positive Effekte auf die Lesekompetenz bei längeren Texten deutlicher zeigen, da die einzelnen Themen in einen größeren Gesamtkontext eingebettet sind. So ergaben sich beispielsweise in der Studie von Alfassi (1998) deutlich positive Trainingseffekte bei der Messung mit einem selbst entwickelten Lesetest, keine Effekte hingegen beim standardisierten Lesetest.

Rosenshine und Meister prüften des Weiteren, ob sich Unterschiede in den Trainingseffekten feststellen lassen, wenn die Durchführung des Trainings variiert wird. Dabei ergaben sich keine Unterschiede in den Effekten in Abhängigkeit davon, ob ganze Klassen trainiert werden oder Schüler ausgewählt wurden, die zwar gut lesen können, aber über eine geringe Lesekompetenz verfügen. Auch für die folgenden Faktoren ließen sich im Hinblick auf den Trainingserfolg keine systematischen Einflüsse aufzeigen: die Anzahl der vermittelten Strategien (2, 3, 4 oder 10), das Alter der Probanden (7 Jahre bis Erwachsenenalter), die Anzahl der Sitzungen (6 bis 25) sowie den jeweiligen Trainer (Lehrer vs. externer Trainer).

Beim *Reciprocal Teaching* handelt es sich um ein effektives Interventionsverfahren, das zudem relativ robust gegen Abweichungen von einer bestimmten Durchführungsart und dem Alter der Probanden zu sein scheint. Die bisherigen Befunde sprechen dafür, dass dieses Programm auch im Unterricht von Lehrern durchgeführt werden kann (Demmrich & Brunstein, 2004). Unklar ist allerdings noch, welche der vermittelten Strategien sich günstig auf die Lesekompetenz auswirken. Möglicherweise sind die positiven Effekte des Trainings vor allem auf die besondere Methode des wechselseitigen Lehr-Lern-Prozesses zurückzuführen und weniger auf die Vermittlung spezifischer Strategien. Des Weiteren wird die Art der Erfassung von Lesekompetenz – und insbesondere die Unterschiede in den Befunden je nach verwendetem Testverfahren – noch zu klären sein.

10.3.2 Das Training reduktiv-organisierender Strategien für das Lernen mit Texten (REDUTEX)

In einer frühen Trainingsvariante (Friedrich u.a., 1987) wurde eine Verbesserung der Textverarbeitung durch die Vermittlung von (1) Strategien zur formalen Analyse von Sätzen, (2) Strategien zur Analyse des formalen Aufbaus eines Textes, (3) elaborativen Strategien und (4) reduktiven Strategien angestrebt. Friedrich (1992) beschränkte sich hingegen in späteren Trainingsvarianten auf reduktive Textverarbeitungsstrategien, also auf Strategien, die dazu dienen, den Text möglichst effektiv auf seine Kerninhalte zu reduzieren. Teilfertigkeiten, die für die erfolgreiche Textreduktion beherrscht werden müssen, sind nach Friedrich (1995, S. 10 f.): (1) das Erkennen relevanter Informationen in einem Text, (2) die Reduktion des Textinhalts mithilfe semantischer Verdichtungsprozesse (so genannte Makrooperatoren) und (3) die Organisation des Textinhalts mithilfe von Schemastrategien. Mit der Methode der Selbstinstruktion wurde die Verwendung folgender Regeln trainiert: Tilgen, Generalisieren, Auswählen und Formulieren in eigenen Worten. In der mit 53 Jurastudierenden durchgeführten Evaluationsstudie zu diesem Programm konnten allerdings die nichttrainierten Personen aus der Kontrollgruppe signifikant mehr relevante Bedeutungsinhalte reproduzieren als die trainierten. Diese Studie liefert somit ein Beispiel für eine lernhemmende Wirkung einer Instruktionsmaßnahme. Eine mögliche Erklärung ist, dass die alten Lernroutinen nach dem Training nicht mehr automatisiert zur Verfügung standen und die neue Strategie noch nicht ausreichend geübt und verinnerlicht wurde. So könnte es in Lernsituationen zu einer vorübergehenden Leistungsverschlechterung gekommen sein, da weder auf die neue noch auf die alte, zwar suboptimale, aber dennoch funktionale Lernstrategie zurückgegriffen werden konnte.

Als Konsequenz aus dieser ersten Studie entwickelte Friedrich (1995) eine neue Version von REDUTEX. Dieses Training, das ebenfalls in erster Linie für Erwachsene konzipiert wurde, zeichnet sich durch zwei Hauptmerkmale aus: Zum einen fokussiert es bei der Vermittlung von Lernstrategien (wie das Training von Friedrich, 1992) auf reduktiv-organisierende Textverarbeitungsstrategien, zum anderen enthält es einen „multithematischen Trainingskontext", bei dem zur Übung Texte mit unterschiedlichen Inhalten verwendet werden. Das Training setzt sich aus vier Einheiten zusammen (vgl. Kasten 10.2), die insgesamt in etwa 120 Minuten durchgearbeitet werden können. Die verwendete Methode ist die schriftliche Selbstinstruktion.

Auch diese Trainingsvariante hatte unter bestimmten Bedingungen negative Effekte auf den Lernprozess. Friedrich berichtet zwar positive Trainingseffekte der reduktiv-organisierenden Textverarbeitungsstrategien für Wissensgebiete, in denen die Lernenden noch über kein Vorwissen verfügen. Studierende, die das Strategietraining absolvierten und dann einen Text aus dem Bereich ihres Studienfachs erhielten, erzielten hingegen schlechtere Leistungen als die Studierenden der Kontrollgruppe, die nur an Übungen, nicht aber am Strategietraining teilnahmen.

Bei REDUTEX handelt es sich nur bedingt um ein effektives Trainingsprogramm. Förderlich wirkt es nur, wenn neue Themen bearbeitet werden, zu denen wenig Vorwissen vorhanden ist. Positiv an dem Programm ist die Konzentration auf wenige Strategien sowie die sehr kurze Trainingsdauer. Die Anlage als Selbstinstruktionstraining hat zudem den Vorteil der hohen Flexibilität, stellt allerdings damit auch hohe Anforderungen an die Selbststeuerung des Lernprozesses der Probanden und ist somit vornehmlich für Studierende geeignet.

Kasten 10.2: Aufbau von REDUTEX (Friedrich, 1995, S. 138).

Einheit 1: Reduktive Verarbeitung einzelner Sätze durch ...
- Tilgen irrelevanter und/oder redundanter Informationen
- Generalisieren

Einheit 2: Reduktive Verarbeitung von Textabschnitten durch ...
- Auswahl einer zusammenfassenden Aussage
- Tilgen irrelevanter und/oder redundanter Informationen
- Formulieren einer zusammenfassenden Aussage in eigenen Worten

Einheit 3: Analyse der formalen Struktur von Texten

Einheit 4: Eine Strategie für das Zusammenfassen von Texten

10.3.3 Informed Strategies Learning (Textdetektive)

Das Lesestrategietraining von Paris und Mitarbeitern (Paris, Cross, & Lipson, 1984; Paris & Jakobs, 1984) für Kinder im Alter von acht bis elf Jahren besteht aus 20 Modulen zu je drei halbstündigen Einheiten. Es wird metakognitives Wissen über Lesestrategien vermittelt, wobei fünf Instruktionselemente eingesetzt werden: (1) die Schüler werden über verschiedene Strategien zur Erarbeitung der Textbedeutung und zur Verstehensüberwachung informiert, (2) mithilfe von bildlich dargestellten Metaphern aus Kriminalgeschichten („Textdetektive") werden Lesestrategien illustriert, (3) die Strategien werden explizit in der Klasse diskutiert, (4) die diskutierten Strategien werden eingeübt, und die Schüler erhalten dazu Rückmeldungen, und (5) Textbeispiele werden aus sehr unterschiedlichen Inhaltsbereichen ausgewählt, um die Generalisierung der vermittelten Strategien zu fördern. Zentral ist bei diesem Programm vor allem die Vermittlung von metakognitivem Wissen darüber, wann und warum der Einsatz einer bestimmten Strategie sinnvoll ist.

Paris und Oka (1986) konnten in einer umfangreichen Evaluationsstudie, bei der 50 Lehrer insgesamt 800 Drittklässler und 800 Fünftklässler trainierten, die Überlegenheit der trainierten Kinder in folgenden Dimensionen belegen: (a) Wissen über verschiedene Textlernstrategien, (b) Gebrauch von verschiedenen Lesestrategien und (c) Textverständnis.

Hasselhorn und Körkel (1983, 1986) entwickelten ein ähnliches metakognitives Textverarbeitungsprogramm wie Paris und Jacobs für Schülerinnen und Schüler der 6. Jahrgangsstufe. Das Training umfasst die folgenden Komponenten: (1) Üben von Strategien, die sowohl das Verstehen als auch das Behalten von Texten erleichtern (z.B. Überschriften beachten, wichtige Inhalte unterstreichen und zusammenfassen sowie die eigene Behaltensleistung überprüfen), (2) Vermitteln von explizitem Wissen über Nutzen und Anwendungsmöglichkeiten der oben genannten Strategien (die Kinder werden z.B. zu Überlegungen darüber angeregt, wann die gelernten Strategien hilfreich bzw. hinderlich sein können), (3) Üben von Techniken und Prinzipien der Lernregulation und Selbstkontrolle (Problemlösestrategie für den Umgang mit Textschwierigkeiten, Leseplan zur Kontrolle des eigenen Lernprozesses) und (4) Trainieren von Strategietransfer durch Variation der Aufgabenstellung und Textinhalte. Hasselhorn und Körkel (1986) bedienen sich wie Paris und Jakobs (1984) einer kriminalistischen Rahmenhandlung, in die sie ihr Training einbetten, und bezeichnen die einzelnen zu vermittelnden Strategien als unterschiedliche „Textdetektivmethoden". Das konkrete metakognitive Strategietraining besteht aus der Vermittlung und dem Üben von sechs Lesestrategien („Detektivmethoden"): drei Verstehensmethoden (Überschriften beachten, bildliche Vorstellungen generieren, Verstehen überprüfen) und drei Behaltensmethoden (Wichtiges unterstreichen, Wichtiges zusammenfassen, Behalten überprüfen). Für den Umgang mit Textschwierigkeiten wird folgendes Vorgehen eingeübt: Der Trainer fungiert als Modell und liest einen Text vor, er unterbricht bei Verstehensproblemen, unterstreicht die entsprechende Stelle und markiert sie am Textrand mit einem Fragezeichen. Dann verbalisiert der Trainer laut vier aufeinander aufbauende Fragen mit den jeweiligen Antworten (Was ist das Problem? Welche Lösungsmöglichkeiten gibt es für das Problem? Welches wird davon die beste Lösungsmöglichkeit sein? Ist das Problem nach Anwendung der überlegten Strategie beseitigt?)

In einer Evaluationsstudie mit 48 Hauptschülerinnen und -schülern der 6. Klasse erzielte die Trainingsgruppe nur für das metakognitive Strategiewissen signifikante Verbesserungen. Es ließen sich hingegen keine bedeutsamen Verbesserungen der Verstehens- und Behaltensleistung der trainierten Probanden feststellen. Die mangelnde Effektivität des Trainings führen die Autoren auf die sehr geringe Trainingsdauer von nur zehn Einheiten zurück, da sich Lernzuwächse zu Gunsten der Trainingsgruppe abzeichneten, diese allerdings nicht statistisch bedeutsam waren.

Schreblowski und Hasselhorn (2001; Schreblowski, 2004) modifizierten das Trainingsprogramm von Hasselhorn und Körkel (1983, 1986) für Schülerinnen und Schüler der 5. Jahrgangsstufe als Kleingruppentrainings mit 20 Trainingseinheiten und erweiterten es um eine Motivänderungskomponente. Die Basis lieferten die Motivänderungsprogramme von Krug und Hanel (1976) sowie Rheinberg und Krug (1999), bei denen eine realistische Zielsetzung, der Abbau ungünstiger Kausalattributionen und eine positive Selbstbewertungsbilanz angestrebt wurden. Das kombinierte Training beginnt mit Übungen zu diesen drei Prozesskomponenten. Es folgen die Einheiten zur Textverarbeitung, die sich von dem reinen Textverarbeitungstraining darin unterscheiden, dass das zuvor erworbene Ablaufschema für Leistungssituationen angewandt wird. Die Kinder müssen vor der Textarbeit ein Ziel formulieren, also angeben, wie viele Aufgaben sie vermutlich lösen werden. Nachdem sie die Fragen bearbeitet und eine Leistungsrückmeldung erhalten haben, sollen sie diese bewerten und eine Ursachenzuschreibung vornehmen. Erfolge werden belohnt. Bei Misserfolgen überlegen Schüler und Trainer gemeinsam, wie die nächste Textarbeit besser bearbeitet werden kann.

Das kombinierte Training wurde in einer Evaluationsstudie mit dem reinen metakognitiven Textverarbeitungstraining und einer Kontrollgruppe verglichen (Schreblowski & Hasselhorn, 2001). An dieser Studie nahmen 81 Fünftklässler aus zwei Orientierungsstufen teil. Die Gesamttrainingslänge sowie die Zahl der Trainingseinheiten zur Textverarbeitung wurden in beiden Trainingsgruppen gleich gehalten. In der Gruppe ohne Motivförderung standen somit noch fünf Stunden zur Verfügung, in der die Kinder das gleiche Textmaterial erhielten und sich mit den gleichen Spielen beschäftigten wie die andere Gruppe, nur ohne motivfördernde Übungen. Beim integrierten Training konnte nur ein bedeutsamer Abbau ungünstiger Attributionsmuster bei Erfolg, nicht aber bei Misserfolg erreicht werden. Positive Effekte auf Textverständnis und -wiedergabe sowie metakognitives Wissen wurden nur für die Gruppe berichtet, die das Training ohne die Motivänderungskomponente erhalten hatte. Dies spricht – trotz der hohen theoretischen Plausibilität eines integrierten Trainings – zunächst gegen eine Steigerung der Effektivität des Lesetrainings durch die Integration eines Motivänderungsprogramms. Es zeigte sich allerdings, dass das von Hasselhorn und Körkel (1986) entwickelte metakognitive Textverarbeitungstraining Aspekte der Lesekompetenz effektiv fördert. Eine Entscheidung für oder gegen die Kombination kognitiver Trainings mit Programmen zur Förderung des Leistungsmotivs ist auf der Basis dieser Studie nicht zu treffen, da die erwarteten Effekte der Motivförderung zum großen Teil ausblieben.

Souvignier, Küppers und Gold (2003a, 2003b) entwickeln gegenwärtig auf der Basis des Trainings von Schreblowski und Hasselhorn ein Programm zur „Förderung der Regulation von Lesestrategien bei Schülerinnen und Schülern der Sekundarstufe I" (REGULESE), das im Klassenunterricht eingesetzt werden kann (Küppers & Souvignier, 2002; Souvignier, Küppers, & Gold, 2003a, 2003b). Dabei werden unter Verwendung von zwei Textformaten (kontinuierliche Sachtexte und Geschichten) folgende Lernziele verfolgt: (1) Ziel-Mittel-orientiertes Lesen, (2) Benennen und Auswählen wichtiger Texteinheiten, (3) Erkennen und Umgehen mit inhaltlichen Widersprüchen und unbekannten Wörtern, (4) planvolle Organisation, ein ständiges Überwachen und ein konkretes Bewerten des Lernprozesses. Das Training setzt sich aus 13 Lerneinheiten zusammen, für die jeweils ein bis drei Schulstunden vorgesehen sind. Da das Training ohne externe Trainer von Lehrern durchgeführt werden soll, ist ein detailliertes Handbuch zu diesem Programm erstellt worden.

Küppers und Souvignier (2002) berichten in einer ersten Evaluationsstudie positive Trainingseffekte auf das Strategiewissen und das Interesse am Fach Deutsch. Bräuer (2002) kritisiert allerdings, dass das Konzept für literarische Texte zu kognitiv ausgerichtet sei, eine Reflexion von Inhalt und Form der zu bearbeitenden Texte fehle und die verwendeten Textformate nicht präzise charakterisiert würden. Positiv ist an diesem Ansatz allerdings die hohe praktische Relevanz und Realisierbarkeit zu bewerten. Kleingruppentrainings mit externen Trainern sind in der Vergangenheit häufig kritisiert worden, weil sie wegen des hohen Aufwands im Unterricht kaum umsetzbar sind. Die Effektivität dieses Programms kann gegenwärtig noch nicht endgültig beurteilt werden, da es sich noch in der formativen Evaluation befindet und erste Befunde aus Evaluationsstudien zu Veränderungen des Trainingsmaterials sowie des Handbuchs geführt haben (Souvignier, Küppers, & Gold, 2003a, 2003b).

10.3.4 Lern- und Bewältigungsstrategien für lernschwache Schülerinnen und Schüler

Lehtinen (1992) entwickelte ein Training für Kinder der 3. Klasse. Mit dieser Intervention sollte der spontane Einsatz von Verstehensstrategien gefördert und ungünstigen sozioemotionalen Bewältigungsstrategien – wie zum Beispiel ungünstigen Attributionsmustern oder negativen Selbsteinschätzungen – entgegen gewirkt werden. Für eine Evaluationsstudie wurden aus 417 Schülerinnen und Schülern 48 Kinder ausgewählt, bei denen Probleme im Hinblick auf Verstehens- und Bewältigungsstrategien identifiziert werden konnten. Um die relative Effektivität einzelner Trainingskomponenten beurteilen zu können, wurden die lernschwachen Schüler auf drei unterschiedliche Trainingsgruppen und eine Kontrollgruppe verteilt. Eine Gruppe erhielt nur die sozioemotionale Bewältigungstherapie, eine Gruppe erhielt ein kognitives Strategietraining, und für die dritte Gruppe wurden beide Trainings kombiniert. Damit das Training in der kombinierten Gruppe genauso lang sein würde wie die Interventionen der ersten beiden Gruppen, wurden die Inhalte verkürzt. Insgesamt acht Kinder aus den drei Trainingsgruppen erhielten weiterführende Trainingseinheiten, die in ihren regulären Schulunterricht integriert wurden. Dazu erhielten die Lehrer eine sechsstündige Schulung. Weiterhin gab es eine zweite Kontrollgruppe mit Schülerinnen und Schülern, die über gute Lern- und Bewältigungsstrategien verfügten und an keiner Intervention teilnahmen. Die Trainings wurden in Kleingruppen mit je drei Schülern durchgeführt. Das Programm erstreckte sich über insgesamt 16 Wochen mit jeweils zwei Sitzungen pro Woche. Als Trainingsmaterial wurden unterschiedlich komplexe Texte verwendet, die den Schülerinnen und Schülern zum Teil bereits aus dem Unterricht bekannt waren.

Inhalt der sozioemotionalen Bewältigungstherapie war die Bearbeitung von Annäherungs-Vermeidungskonflikten, Abhängigkeitsverhalten und emotionalen Konflikten, die negative Selbstbilder, ungünstige Attributionsmuster sowie gehemmte Handlungen bedingen können. Im Rahmen des Strategietrainings wurden – ähnlich wie beim *Reciprocal Teaching* – mit der Methode des *Scaffolding* verschiedene Textverarbeitungsstrategien vermittelt und geübt. Bei den geförderten Strategien handelte es sich um Selbstüberwachungstechniken *(monitoring)*, den Umgang mit Lernzielen, die Aktivierung relevanten Vorwissens sowie das Zusammenfassen und Verknüpfen wichtiger Informationen. In Kasten 10.3 sind die Hauptziele sowie die Vorgehensweise beschrieben, die Lehtinen (1992) für die Durchführung des Programms im regulären Klassenunterricht empfiehlt.

Zu drei Messzeitpunkten – vor, während und nach dem Training – wurden Daten zu kognitiven und motivationalen Variablen erhoben. Als Indikator für Strategiewissen und -anwendung mussten die Kinder Texte zusammenfassen, und es wurde geprüft, ob sie die Hauptgedanken der Texte wiedergeben konnten und inwiefern sie lokale und globale Kohärenzbildung umsetzten. Zwischen Prä- und Posttest lag eine Zeitspanne von 18 Monaten. Interpretiert wurden Zuwachswerte für die Strategieanwendung.

Die höchsten Zuwachsraten zeigte die Kontrollgruppe mit guten Schülerinnen und Schülern sowie die Gruppe mit dem weiterführenden Training, die geringsten die Kontrollgruppe der schwachen Schülerinnen und Schüler. Die Zuwachsrate der Gruppe „sozioemotionale Bewältigungstherapie“ war die zweitniedrigste, dann folgte die des reinen Strategietrainings und die des kombinierten Trainings. Es wird ein signifikanter Interaktionseffekt zwischen Messzeitpunkt und Trainingsbedingung berichtet. Da allerdings Angaben zu Post-hoc-Tests fehlen, ist nicht nachvollziehbar, was den Interaktionseffekt bedingt. Möglicherweise ist dieser Effekt nur auf den Unterschied zwischen der „Kontrollgruppe schwache Schüler“ versus „Weiterführendes Training“ zurückzuführen. Das weiterführende Training wurde allerdings nur von acht Schülern durchgeführt, die auch insgesamt mehr Trainingseinheiten erhielten. Problematisch ist zudem, dass diese Schüler zuvor unterschiedlichen Trainingsgruppen zugeteilt waren. Mittelwerte und Standardabweichungen werden nicht berichtet. Weiterhin ist die Art der Erfassung der Strategieanwendung zu kritisieren. Beurteilt wurde nur die Qualität der Zusammenfassungen der Texte und nicht, inwiefern Schülerinnen und Schüler Strategien

Kasten 10.3: Ziele und Durchführung des Textverarbeitungstrainings von Lehtinen (1992, S. 140 f.)

(a) Betonung der Notwendigkeit und Nützlichkeit von Verstehens- und Lernstrategien höherer Ordnung und entsprechender metakognitiver Kontrollstrategien. Beispielsweise wurden den Kindern anspruchsvollere Aufgaben als sonst üblich gestellt, um in verstärktem Maße tiefe Verarbeitung und elaborative Lernstrategien anzuregen. Konnten die Kinder die richtigen Lösungen nicht alleine finden, so wurden sie gebeten, die Aufgaben gemeinsam in der Gruppe zu lösen. Dabei wurden sie von den Lehrenden unterstützt, die auch die für die Lösung der Aufgaben erforderlichen Strategien in der Diskussion explizit machten.

(b) Modellierung der Textverstehensstrategien im Kontext neuer Lehrinhalte. Hierzu wurde den Schülern ein Text ausgehändigt, der in einen neuen Gegenstandsbereich einführte. Der Lehrer las diesen Text laut vor und demonstrierte dabei die zu erwerbenden Verstehensstrategien (Aktivierung von Vorwissen, Bilden von Makropropositionen, Kontrolle und Überwachung des Verstehens während des Lesens) durch die Methode des lauten Denkens.

(c) Anwendung der Verstehensstrategien beim Bearbeiten der Hausaufgaben. Die Lernenden bekamen den Auftrag, sich bei der Bearbeitung der Hausaufgaben Rechenschaft darüber abzulegen, welche Strategien von ihnen eingesetzt wurden und zu welchen Ergebnissen die Reflexion über diese Methoden geführt hat.

(d) Explizites Einbeziehen der außerschulischen Wirklichkeit in den Lehrstoff. Kleinere Untersuchungen und konkrete Beobachtungsaufträge sollten es den Schülern erleichtern, den schulischen Lernstoff mit außerschulischen Phänomenen in Beziehung zu setzen. Auch hatten die Lernenden selbst Lehrtexte zu verfassen. Diese basierten auf den von den Kindern zusammengetragenen Informationen und auf ihren Feldbeobachtungen. Diese Texte wurden dann mit den normalen Schultexten zu demselben Gegenstand verglichen. Alle diese Maßnahmen sollten die Lernenden anregen, selbst angemessene Situationsmodelle (Kintsch, 1986) zu bilden.

(e) Modellierung aufgabenorientierter Bewältigungsstrategien in typischen und emotional belastenden Schulsituationen anhand von Videoaufnahmen und Klassendiskussionen. Hierbei wurde explizit das Problem der sozialen Abhängigkeit und das der Übernahme von Verantwortung für das eigene Lernen diskutiert.

(f) Aktivierung der intrinsischen Motivation beim Lernen. Zu diesem Zweck demonstrierte der Lehrer epistemisches Neugierverhalten im Zusammenhang mit verschiedenen Lehrstoffen.

(g) Gestaltung längerer Lernprojekte. Diese sollten es den Lernenden ermöglichen, Erfahrungen bezüglich der Selbststeuerung ihres Lernens zu sammeln.

erfolgreich angewandt haben. Als weiterer Befund wird noch berichtet, dass Kinder, die über eine Sachorientierung (im Unterschied zu einer defensiven Ich-Orientierung und starken sozialen Abhängigkeit) verfügen, unter allen Trainingsbedingungen positivere Effekte aufwiesen.

Gegenwärtig ist die Effektivität dieses Förderprogramms aufgrund der in verschiedener Hinsicht problematischen Evaluationsstudie schwer zu beurteilen. Positiv ist zu bewerten, dass aufgrund differenzierender Massnahmen gezielt auch emotionale Probleme der Schülerinnen und Schüler berücksichtigt werden. Es ist zunächst eine plausible Annahme, dass auf diese Weise Effekte eines kognitiven Strategietrainings insbesondere bei schwachen Schülerinnen und Schülern intensiviert werden können. In diesem Programm sind zudem motivationsfördernde Maßnahmen berücksichtigt worden, was vor dem Hintergrund der PISA-Ergebnisse zur Lesemotivation sehr viel versprechend ist. Leider wird über die Effektivität dieser Maßnahmen nichts berichtet. Die Übertragung des Trainings auf die schulische Lernsituation, insbesondere auch unter Berücksichtigung von Hausaufgabensituationen, könnte ebenfalls aussichtsreich sein.

10.3.5 Transactional Strategies Instruction (TSI)

Pressley u.a. (1998) schlussfolgern aus einer Reihe von Forschungsarbeiten zum Textverstehen, dass insbesondere Grundschülerinnen und -schüler zu wenig Anregungen und Hilfestellungen von Lehrern bei der Nutzung von Lese- und Verstehensstrategien erhalten. Sie beschreiben mit dem TSI-Ansatz eine Vorgehensweise, die bereits in anderen Trainingsprogrammen für unterschiedliche Altersgruppen umgesetzt wurde. Eine genaue Anzahl an Trainingseinheiten ist nicht festgelegt, sondern richtet sich nach den Bedürfnissen der jeweiligen Schülerinnen und Schüler. Pressley, Wood und Woloshyn (1990) gehen davon aus, dass weniger als zehn Stunden ausreichen können, um effektiv Strategiewissen und -nutzung zu vermitteln. Bei TSI handelt es sich letztendlich nicht um eine abgeschlossene Interventionsmaßnahme, sondern eher um einen Ansatz, der die herkömmlichen Lehrmethoden für die Textarbeit in der Schule ersetzen soll. Im Zentrum dieses Ansatzes steht die Vermittlung ausgewählter Lernstrategien, die sich als effektiv erwiesen haben (z.B. Visualisieren von Inhalten, Fragen stellen, Verbindungen zum Vorwissen herstellen, Textschwierigkeiten bearbeiten, Zusammenfassen). Zudem wird metakognitives Wissen zum Lese- und Verstehensprozess vermittelt. Der Lehrer fungiert anfänglich als Modell, nimmt aber mehr noch die Rolle eines Interaktionspartners ein. Das Programm basiert auf der konstruktivistischen Anschauung, der zufolge nicht *ein* richtiger Weg der Textbearbeitung vermittelt werden kann, sondern die Schülerinnen und Schüler vielmehr durch die gemeinsame Auseinandersetzung mit Texten lernen, Strategien effektiv für den eigenen, individuellen Lernprozess zu nutzen.

Pressley u.a. (1998) berichten drei Studien, in denen nach dem TSI-Ansatz unterrichtete Schülerinnen und Schüler jeweils unterschiedlicher Klassenstufen mit einer Kontrollgruppe verglichen wurden. Untersucht wurden in der ersten Studie leistungsschwache Schüler der 2. Klasse, in der zweiten Studie Fünft- und Sechstklässler und in dritten Studie Schüler mit defizitären Lesekompetenzen der Klassen 6 bis 11. Die Trainingsdauer variierte von drei Monaten bis zu einem Jahr. In allen Studien wurden positive Effekte auf die Strategienutzung und das Textverstehen berichtet. In Studie 2 wurden für das Textverstehen Unterschiede im Posttest in beeindruckender Höhe von drei Standardabweichungen zu Gunsten der Experimentalgruppe berichtet (im Prätest bestanden keine Unterschiede). Insgesamt sprechen die ersten Evaluationsstudien für eine hohe Effektivität des TSI-Ansatzes, wobei allerdings Angaben zu langfristigen Effekten zurzeit noch nicht vorliegen. Ein Vorteil dieser Methode besteht darin, dass sie aufgrund des Verzichts auf externe Trainer gut in den Schulunterricht zu integrieren ist.

10.3.6 Concept-Oriented Reading Instruction (CORI)

Guthrie und Wigfield (1997, 2000) betrachten den verstehenden Umgang mit Texten als eine komplexe Form selbstregulierten Lernens, die das Zusammenspiel motivationaler und kognitiver Prozesse erfordert. Neben der Lesemotivation berücksichtigen Guthrie und Wigfield in ihrem Training auch die konkrete Leseaktivität. Sie kombinieren beide Faktoren und bezeichnen dies als „Leseengagement" *(reading engagement)*. Aus dem engen Zusammenhang zwischen Lesemotivation und Lesekompetenz folgern Guthrie und Wigfield, dass sowohl kognitive als auch motivationale Faktoren bei der Förderung berücksichtigt werden müssen, um langfristig positive Effekte auf die Lesekompetenz und das Leseengagement zu erzielen. Sie entwickelten CORI für Schülerinnen und Schüler der 3. Klasse und kombinierten in dem Programm Übungen zum effektiven Einsatz von Lernstrategien mit motivationsfördernden Maßnahmen. Für das Training haben sie mithilfe eines Biologen Material zum Thema „Überleben an Land und im Wasser" entwickelt. Die Trainingsdauer variiert in den unterschiedlichen Evaluationsstudien von zwölf Wochen (täglich 90–120 Min.) bis zu einem Schuljahr. Die Trainingsinhalte (z.B. Anzahl der vermittelten Strategien) unterscheiden sich ebenfalls zum Teil. Dieses sehr aufwändige Programm lässt sich nicht als klar umrissenes Training beschreiben, das zusätzlich zum normalen Unterricht durchgeführt wird, sondern stellt eine Alternative zum traditionellen Unterricht dar. Es wird auch nicht von externen Trainern durchgeführt, sondern von geschulten Lehrern. Zu diesem Zweck ist für Lehrer umfangreiches Begleitmaterial zum Training erstellt worden.

Die zentralen Strategien, die den Kindern vermittelt werden, sind: Aktivierung von Vorwissen, Fragen stellen, Informationen suchen, Zusammenfassen, Veranschaulichen mittels Graphiken sowie die Auseinandersetzung mit der Textstruktur. Zudem wird angestrebt, die Lesemotivation durch verschiedene Instruktionsmethoden positiv zu beeinflussen. So soll die Einstellung und Erwartung der Schülerinnen und Schüler an einen Text beeinflusst werden. Sie sollen sich mit Texten aktiv auseinander setzen, um dadurch Kompetenzen in einem bestimmten Bereich zu erwerben. Dabei haben die Schülerinnen und Schüler verschiedene Wahl- und Einflussmöglichkeiten im Hinblick darauf, wie sie ihre Leseaktivität im Rahmen des Trainings gestalten möchten (z.B. Gruppenarbeit). Die Inhalte werden mithilfe von praktischen Übungen und Experimenten, die die Schülerinnen und Schüler selbst durchführen, vermittelt. Die Texte sind dabei möglichst interessant gestaltet.

Die positiven Effekte dieses Trainings auf die Lesemotivation und das Leseengagement konnten in einer Reihe von Studien nachgewiesen werden (Guthrie, u.a., 1998; Guthrie, Wigfield, & von Secker, 2000). So berichtet Guthrie (2004) beispielsweise die Ergebnisse einer Studie, die in insgesamt 19 3. Klassen durchgeführt wurde (acht CORI-Klassen und elf traditionell unterrichtete Klassen). Es zeigten sich nach einer zwölfwöchigen Intervention signifikante Unterschiede in der Lesekompetenz zu Gunsten der CORI-Klassen mit einer Effektstärke von 2,75 sowie in den Ausprägungen der intrinsischen und extrinsischen Motivation mit Effektstärken von jeweils 1,35. Keine signifikanten Unterschiede werden hingegen für die Selbstwirksamkeitsüberzeugungen berichtet.

Insgesamt ist CORI ein sehr aufwändig entwickeltes und sorgfältig evaluiertes Interventionsprogramm, das allerdings hohe Anforderungen an die durchführenden Lehrer stellt. Die Befunde bisheriger Evaluationsstudien sprechen für eine hohe Effektivität dieses Programms, mit dem sowohl die Lesekompetenz als auch die Lesemotivation von Schülerinnen und Schülern der 3. Klassenstufe positiv beeinflusst werden können.

10.4 Diskussion und Ausblick

Neben der grundlagenorientierten Forschung zum Textverstehen sind in den letzten 20 Jahren auch verstärkt Versuche unternommen worden, den kompetenten Umgang mit Texten durch Trainingsprogramme zu verbessern. Im Zentrum der Programme steht dabei die Vermittlung von Lese- und Lernstrategien. Der Versuch, Strategien zu trainieren, ist in verschiedenen Trainings erfolgreich umgesetzt worden. Damit neu erworbene Strategien sich tatsächlich positiv auf das Lernverhalten auswirken, hat es sich als wichtig erwiesen, zusätzlich metakognitives Personen-, Situations- und Aufgabenwissen zu vermitteln. Obwohl sich diese Vorgehensweise inzwischen durchgesetzt hat, ist das Problem des mangelhaften Transfers von Trainingsinhalten auf schulische Lernsituationen noch nicht gelöst. So schreibt Hasselhorn (1999), dass positive Transfereffekte auf trainingsfernes Aufgabenmaterial eher die Ausnahme als die Regel seien. Zudem besteht das Problem des unzureichenden zeitlichen Transfers. *Follow-up*-Erhebungen werden meistens kurz nach den Interventionen durchgeführt, und Angaben zu langfristigen Transfereffekten fehlen. Eine Strategie, die verfolgt wurde, um den Transfer zu begünstigen, besteht in der Kombination kognitiver und motivationaler Förderung. Ob sich diese Methode langfristig bewährt, wird möglicherweise aus zukünftigen Arbeiten von Souvignier, Küppers und Gold (2003a, 2003b) mit dem Programm REGULESE hervorgehen. Aus bisherigen Studien zu kombinierten Trainings – wie dem von Schreblowski und Hasselhorn (2001) – liegen keine stützenden Befunde vor. Dabei gibt es aus anderen Bereichen Studien, in denen kognitive Trainings durch zusätzliche Motivationsförderung optimiert werden konnten. Hasselhorn (1999) bezeichnet diesen

Weg als viel versprechend, wenn auch steinig. Fries, Lund und Rheinberg (1999) ist es beispielsweise gelungen, das Denktraining II (Klauer, 1991) mit Übungen aus dem Motivförderprogramm von Krug und Hanel (1976) zu kombinieren und so Trainingseffekte zu erzielen, die denen des reinen Denktrainings überlegen waren. Einschränkend muss man allerdings anmerken, dass die in dieser Studie berichteten Effekte des reinen Denktrainings deutlich geringer ausfielen als in anderen Studien. Mannhaupt u.a. (1999) mussten – ähnlich wie Schreblowski und Hasselhorn – die Erfahrung machen, dass eine zusätzliche Motivförderung die positiven Effekte, die Mannhaupt (1992) für seine lernstrategische Intervention im frühen Schriftspracherwerb berichtet, eher zunichte macht als fördert. Trotz der theoretischen Plausibilität eines kombinierten Trainings stehen stützende empirische Belege für den Bereich des Textlernens zurzeit noch aus.

Vielversprechender als eine Förderung des Leistungsmotivs erscheint gegenwärtig die Förderung intrinsischer und extrinsischer Lesemotivation im Rahmen eines Textverarbeitungstrainings zu sein. So liegen zu dem Training von Wigfield und Guthrie (CORI) eine Reihe umfangreicher Evaluationsstudien vor, die positive Befunde für Textverstehen und Lesemotivation berichten. Ein Nachteil dieses Programms ist allerdings der hohe zeitliche Aufwand, der betrieben werden muss, um dieses Programm zu implementieren. Beim *Reciprocal Teaching* sowie den Arbeiten von Pressley handelt es sich dagegen um sehr flexible Ansätze, die einfach auf unterschiedliche Inhalte übertragen werden können und geringeren zeitlichen Aufwand erfordern.

Dass diese Programme insgesamt relativ selten durchgeführt werden, dürfte auf unterschiedliche Ursachen zurückzuführen sein. Möglicherweise wird der Trainingsaufwand als zu hoch beurteilt, oder die Programme sind aufgrund von bestimmten Rahmenbedingungen (z.B. nicht genügend Personal) nicht durchführbar. Die Befunde bezüglich der Effektivität dieser Trainings sind allerdings auch nicht einheitlich, oder es liegen noch nicht in ausreichendem Maße Evaluationsstudien vor. Zu beachten ist bei Programmen, die mit Kleingruppen arbeiten, dass die Förderung sozialer Interaktion eine allgemeine Wirkung auf Faktoren wie zum Beispiel allgemeine Intelligenz ausüben kann (Hager, Hübner, & Hasselhorn, 2000). Da diese Wirkung den Trainingseffekt steigert, ist sie natürlich wünschenswert, muss aber bei der Evaluation von der trainingsspezifischen Wirkung getrennt werden.

Ein Vergleich mit dem umfassenden Verständnis von Lesekompetenz in der PISA-Studie macht deutlich, dass in bisherigen Trainings die unterschiedlichen Dimensionen des verstehenden Umgangs mit Texten nicht systematisch berücksichtigt worden sind. So nimmt beispielsweise die Reflexion zu Form und Inhalt von Texten nur wenig Raum ein. Ein weiteres Merkmal des PISA-Lesetests, das in Förderprogrammen aufgegriffen werden könnte, ist die Berücksichtigung unterschiedlicher kontinuierlicher und nichtkontinuierlicher Textformate. Textformate und Themen werden zwar in allen hier vorgestellten Trainings zumindest begrenzt variiert, aber metakognitives Textformatwissen wird bislang nicht explizit vermittelt und für das Textverstehen genutzt.

Es ist wünschenswert, in Zukunft stärker alle Lesedimensionen sowie unterschiedliche Textformate in Trainingsprogramme einzubeziehen. Zudem sprechen die PISA-

Befunde für die Notwendigkeit, motivationale Aspekte vermehrt zu berücksichtigen und insbesondere die intrinsische Lesemotivation gezielt zu fördern. Möglicherweise ist dies auch ein Weg, die bestehenden Transferprobleme zu bewältigen und Programme zu entwickeln, die problemloser in den regulären Unterricht implementierbar sind.

Literatur

Aaronson, D., & Ferres, S. (1986). Reading strategies for children and adults: A quantitative model. *Psychological Review, 93,* 89–112.

Adams, B. C., Bell, L., & Perfetti, C. (1995). A trading relationship between reading skill and domain knowledge in children's text comprehension. *Discourse Processes, 20,* 307–323.

Adams, R., & Wu, M. (2002). *PISA 2000 technical report.* Paris: OECD.

Ainsworth, S. (1999). The functions of multiple representations. *Computers & Education, 33,* 131–152.

Alba, R., & Nee, V. (1997). Rethinking assimilation theory for a new era of immigration. *International Migration Review, 31* (4), 826–874.

Alba, R. D., Handl, J., & Müller, W. (1994). Ethnische Ungleichheiten im deutschen Bildungssystem. *Kölner Zeitschrift für Soziologie und Sozialpsychologie, 46* (2), 209–237.

Albrecht, J. E., & O'Brien, E. J. (1993). Updating a mental model: Maintaining both local and global coherence. *Journal of Experimental Psychology: Learning, Memory, and Cognition, 19,* 1061–1070.

Alexander, J. E., & Filler, R. C. (1976). *Attitudes and reading.* Newark, DE: International Reading Association.

Alexander, P. A., & Judy, J. E. (1988). The interaction of domain-specific and strategic knowledge in academic performance. *Review of Educational Research, 58,* 375–404.

Alexander, P. A., & Kulikowich, J. M. (1991). Domain knowledge and analogic reasoning ability as predictors of expository text comprehension. *Journal of Reading Behavior, 23,* 165–190.

Alexander, P. A., Kulikowich, J. M., & Schulze, S. K. (1994). The influence of topic knowledge, domain knowledge, and interest on the comprehension of scientific exposition. *Learning and Individual Differences, 6,* 379–397.

Alfassi, M. (1998). Reading for meaning: The efficacy of reciprocal teaching in fostering reading comprehension in high school students in remedial reading classes. *American Educational Research Journal, 35,* 309–332.

Allalouf, A. (2003). Revising translated differential item functioning items as a tool for improving cross-lingual assessment. *Applied Measurement in Education, 16,* 55–73.

Allalouf, A., Hambleton, R. K., & Sireci, S. (1999). Identifying the causes of DIF in translated verbal items. *Journal of Educational Measurement, 36,* 185–198.

Ames, C. (1992). Classroom goals, structures, and student motivation. *Journal of Educational Psychology, 84*, 261–271.

Anderman, E. M., Austin, C. C., & Johnson, D. M. (2002). The development of goal orientation. In A. Wigfield & J. S. Eccles (Eds.), *Development of achievement motivation* (pp. 197–220). San Diego, CA: Academic Press.

Anderson, R. C., & Pichert, J. W. (1978). Recall of previously unrecallable information following a shift in perspective. *Journal of Verbal Learning and Verbal Behavior, 17*, 1–12.

Angoff, W. H., & Cook, L. K. (1988). *Equating the scores of the Prueba de Aptitud Academica and the Scholastic Aptitude Test* (College Board Report No. 88-2). New York: College Entrance Examination Board.

Arbuckle, J. L., & Wothke, W. (2003). *AMOS 5.0 users' guide.* Chicago, IL: SPSS Inc.

Artelt, C. (1999). Lernstrategien und Lernerfolg. Eine handlungsnahe Studie. *Zeitschrift für Entwicklungspsychologie und Pädagogische Psychologie, 31*, 86–96.

Artelt, C. (2000). *Strategisches Lernen.* Münster: Waxmann.

Artelt, C. (2004). *Lesekompetenz und selbstreguliertes Lernen.* Unveröff. Habilitationsschrift, Universität Potsdam, Humanwissenschaftliche Fakultät.

Artelt, C. (in press). Cross-cultural approaches to measuring motivation. *Educational Assessment.*

Artelt, C., & Baumert, J. (in Druck). Zur Vergleichbarkeit von Schülerleistungen bei Leseaufgaben unterschiedlichen sprachlichen Ursprungs. *Zeitschrift für Pädagogische Psychologie.*

Artelt, C., Baumert, J., Julius-McElvany, N., & Peschar, J. (2003). *Approaches to learning: Strategies and motivation. A thematic report for the OECD Programme for International Student Assessment.* Paris: OECD.

Artelt, C., Brunner, M., Schneider, W., Prenzel, M., & Neubrand, M. (2003). Literacy oder Lehrplanvalidität? Ländervergleiche auf der Basis lehrplanoptimierter PISA-Tests. In J. Baumert, C. Artelt, E. Klieme, M. Neubrand, M. Prenzel, U. Schiefele, W. Schneider, K.-J.Tillmann, & M. Weiß (Hrsg.), PISA 2000. *Ein differenzierter Blick auf die Länder der Bundesrepublik Deutschland* (S. 77–108). Opladen: Leske + Budrich.

Artelt, C., Demmrich, A., & Baumert, J. (2001). Selbstreguliertes Lernen. In J. Baumert, E. Klieme, M. Neubrand, M. Prenzel, U. Schiefele, W. Schneider, P. Stanat, K.-J. Tillmann, & M. Weiß (Hrsg.), *PISA 2000. Basiskompetenzen von Schülerinnen und Schülern im internationalen Vergleich* (S. 271–298). Opladen: Leske + Budrich.

Artelt, C., Schiefele, U., & Schneider, W. (2001). Predictors of reading literacy. *European Journal of Psychology of Education, 16* (3), 363–384.

Artelt, C., Schiefele, U., Schneider, W., & Stanat, P. (2002). Leseleistungen deutscher Schülerinnen und Schüler im internationalen Vergleich. Ergebnisse und Erklärungsansätze. *Zeitschrift für Erziehungswissenschaft, 44*, 6–28.

Artelt, C., Schneider, W., & Schiefele, U. (2002). Ländervergleich zur Lesekompetenz. In J. Baumert, C. Artelt, E. Klieme, M. Neubrand, M. Prenzel, U. Schiefele, W. Schneider, K.-J. Tillmann, & M. Weiß (Hrsg.), *PISA 2000. Die Länder der Bundesrepublik Deutschland im Vergleich* (S. 55–94). Opladen: Leske + Budrich.

Artelt, C., Stanat, P., Schneider, W., & Schiefele, U. (2001). Lesekompetenz: Testkonzeption und Ergebnisse. In J. Baumert, E. Klieme, M. Neubrand, M. Prenzel, U. Schiefele, W. Schneider, P. Stanat, K.-J. Tillmann, & M. Weiß (Hrsg.), *PISA 2000. Basiskompetenzen von Schülerinnen und Schülern im internationalen Vergleich* (S. 69–137). Opladen: Leske + Budrich.

Atkinson, J. W. (1957). Motivational determinants of risk-tasking behaviour. *Psychological Review, 64*, 359–372.

Baddeley, A. D. (1986). *Working memory*. Oxford, UK: Clarendon Press.

Baddeley, A. D., & Hitch, G. J. (1974). Working memory. In G. Bower (Ed.), *The psychology of learning and motivation* (Vol. 8, pp. 47–89). New York: Academic Press.

Baker, L. (1985). Differences in the standards used by college students to evaluate their comprehension of expository prose. *Reading Research Quarterly, 20*, 297–313.

Baker, L., Dreher, M. J., & Guthrie, J. T. (2000). *Engaging young readers: Promoting achievement and motivation*. New York: Guilford Press.

Baker, L., & Wigfield, A. (1999). Dimensions of children's motivation for reading and their relations to reading activity and reading achievement. *Reading Research Quarterly, 34*, 452–477.

Bandura, A. (1997). *Self-efficacy: The exercise of control*. New York: Freeman Press.

Barth, S. (1997). Differenzen: weiblich – männlich? *Praxis Deutsch, 24* (143), 17–23.

Bartlett, B. J. (1978). *Top-level structure as an organizational strategy for recall of classroom text*. Doctoral dissertation, Arizona State University.

Baumert, J. (2002). Deutschland im internationalen Bildungsvergleich: Teil 2. Fachleistungen in der gymnasialen Oberstufe. *Universitas, 57* (6), 570–586.

Baumert, J., Artelt, C., Carstensen, C. H., Sibberns, H., & Stanat, P. (2002). Untersuchungsgegenstand, Fragestellungen und technische Grundlagen der Studie. In J. Baumert, C. Artelt, E. Klieme, M. Neubrand, M. Prenzel, U. Schiefele, W. Schneider, K.-J. Tillmann, & M. Weiß (Hrsg.), *PISA 2000. Die Länder der Bundesrepublik Deutschland im Vergleich* (S. 11–38). Opladen: Leske + Budrich.

Baumert, J., Artelt, C., Klieme, E., Neubrand, M., Prenzel, M., Schiefele, U., Schneider, W., Tillmann, K.-J., & Weiß, M. (Hrsg.). (2002). *PISA 2000. Die Länder der Bundesrepublik Deutschland im Vergleich*. Opladen: Leske + Budrich.

Baumert, J., Artelt, C., Klieme, E., Neubrand, M., Prenzel, M., Schiefele, U., Schneider, W., Tillmann, J.-K., & Weiß, M. (2003). *PISA 2000. Ein differenzierter Blick auf die Länder der Bundesrepublik Deutschland*. Opladen: Leske + Budrich.

Baumert, J., Bos, W., & Lehmann, R. (Hrsg.). (2000). *TIMSS/III. Dritte internationale Mathematik- und Naturwissenschaftsstudie – Mathematische und naturwissenschaftliche Bildung am Ende der Schullaufbahn: Bd. 1. Mathematische und naturwissenschaftliche Grundbildung am Ende der Pflichtschulzeit*. Opladen: Leske + Budrich.

Baumert, J., Klieme, E., Neubrand, M., Prenzel, M., Schiefele, U., Schneider, W., Stanat, P., Tillmann, K.-J., & Weiß, M. (Hrsg.). (2001). *PISA 2000. Basiskompetenzen von Schülerinnen und Schülern im internationalen Vergleich*. Opladen: Leske + Budrich.

Baumert, J., & Köller, O. (1996). Lernstrategien und schulische Leistung. In J. Möller & O. Köller (Hrsg.), *Emotionen, Kognitionen und Schulleistung* (S. 137–154). Weinheim: Psychologie Verlags Union.

Baumert, J., Köller, O., & Schnabel, K. U. (2000). Schulformen als differenzielle Entwicklungsmilieus – Eine ungehörige Fragestellung? In Gewerkschaft, Erziehung und Wissenschaft GEW (Hrsg.), *Messung sozialer Motivation. Eine Kontroverse* (S. 28–68). Frankfurt a.M.: GEW (Schriftenreihe des Bildungs- und Förderwerks der GEW, 14).

Baumert, J., & Schümer, G. (2001). Familiäre Lebensverhältnisse, Bildungsbeteiligung und Kompetenzerwerb. In J. Baumert, E. Klieme, M. Neubrand, M. Prenzel, U. Schiefele, W. Schneider, P. Stanat, K.-J. Tillmann, & M. Weiß (Hrsg.), *PISA 2000. Basiskompetenzen von Schülerinnen und Schülern im internationalen Vergleich* (S. 323–407). Opladen: Leske + Budrich.

Baumert, J., & Schümer, G. (2002). Familiäre Lebensverhältnisse, Bildungsbeteiligung und Kompetenzerwerb im nationalen Vergleich. In J. Baumert, C. Artelt, E. Klieme, M. Neubrand, M. Prenzel, U. Schiefele, W. Schneider, K.-J. Tillmann, & M. Weiß (Hrsg.), *PISA 2000. Die Länder der Bundesrepublik Deutschland im Vergleich* (S. 159–202). Opladen: Leske + Budrich.

Baumert, J., Stanat, P., & Demmrich, A. (2001). PISA 2000: Untersuchungsgegenstand, theoretische Grundlagen und Durchführung der Studie. In J. Baumert, E. Klieme, M. Neubrand, M. Prenzel, U. Schiefele, W. Schneider, P. Stanat, K.-J. Tillmann, & M. Weiß (Hrsg.), *PISA 2000. Basiskompetenzen von Schülerinnen und Schülern im internationalen Vergleich* (S. 15–68). Opladen: Leske + Budrich.

Baumert, J., Watermann, R., & Schümer, G. (2003). Disparitäten der Bildungsbeteiligung und des Kompetenzerwerbs. Ein institutionelles und individuelles Mediationsmodell. *Zeitschrift für Erziehungswissenschaft, 6* (1), 46–71.

Beaton, A. E., & Allen, N. L. (1992). Interpreting scales through scale anchoring. *Journal of Educational Statistics, 17* (2), 191–204.

Beck, U. (1986). *Risikogesellschaft. Auf dem Weg in eine andere Moderne.* Frankfurt a.M.: Suhrkamp.

Belgrad, J., & Fingerhut, K.-H. (Hrsg.). (1998). *Textnahes Lesen. Annäherungen an Literatur im Unterricht.* Baltmannsweiler: Schneider Verlag Hohengehren.

Bentin, S., Deutsch, A., & Liberman, I. Y. (1990). Syntactic competence and reading ability in children. *Journal of Experimental Child Psychology, 48,* 147–172.

Benware, C. A., & Deci, E. L. (1984). Quality of learning with an active versus passive motivational set. *American Educational Research Journal, 21,* 755–765.

Berg, K., & Ridder, C.-M. (Hrsg.). (2002). *Massenkommunikation VI. Eine Langzeitstudie zur Mediennutzung und Medienbewertung 1964–2000.* Baden-Baden: Nomos (Schriftenreihe Media Perspektiven 16).

Bergin, D. A. (1999). Influences on classroom interest. *Educational Psychologist, 34,* 87–98.

Bialystok, E. (2001). *Bilingualism in development. Language, literacy & cognition.* Cambridge: Cambridge University Press.

Bialystok, E., & Hakuta, K. (1994). *In other words: The psychology and science of second language acquisition.* New York: Basic Books.

Bialystok, E., & Majumder, S. (1998). The relationship between bilingualism and the development of cognitive processes in problem-solving. *Applied Psycholinguistics, 19,* 69–85.

Bialystok, E., Majumder, S., & Martin, M. M. (2003). Developing phonological awareness: Is there a bilingual advantage? *Applied Psycholinguistics, 24* (1), 27–44.

Bishop, D. V. M. (1999, September). *Specific language impairment and dyslexia: Same or different?* Paper presented at the European Commission COST A8 Dyslexia Conference, Cambridge, UK.

Bishop, D. V. M., & Adams, C. (1990). A prospective study of the relationship between specific language impairment, phonological disorders and reading retardation. *Journal of Child Psychology and Psychiatry and Allied Disciplines, 31,* 1027–1050.

Blachman, B. A. (1997). Early intervention and phonological awareness: A cautionary tale. In B. A. Blachman (Ed.), *Foundations of reading acquisition and dyslexia* (pp. 409–430). Mahwah, NJ: Erlbaum.

Bloch, K. H. (1969). *Der Streit um die Lehrerfrage im Unterricht in der Pädagogik der Neuzeit. Problemgeschichtliche Untersuchungen.* Wuppertal: Henn.

Blum, I. H., Koskinen, P. S., Tennant, N., & Parker, E. M. (1995). Using audiotaped books to extend classroom literacy instruction into the homes of second-language learners. *Journal of Reading Behaviour, 27,* 535–563.

Bogdal, K.-M. (Hrsg.). (1993). *Neue Literaturtheorien in der Praxis. Textanalysen von Kafkas „Vor dem Gesetz".* Opladen: Westdeutscher Verlag.

Bonfadelli, H. (1994). *Die Wissenskluft-Perspektive. Massenmedien und gesellschaftliche Information.* Konstanz: UVK.

Bonfadelli, H., & Fritz, A. (1993). Lesen im Alltag von Jugendlichen. In H. Bonfadelli, A. Fritz, & R. Köcher, *Lesesozialisation: Bd. 2. Leseerfahrungen und Lesekarrieren. Mit einer Synopse von U. Saxer* (S. 7–213). Gütersloh: Verlag Bertelsmann Stiftung.

Bong, M. (1998). Tests of the internal/external frames of reference model with subject specific academic self-efficacy and frame-specific academic self-concepts. *Journal of Educational Psychology, 90,* 102–110.

Bong, M., & Clark, R. E. (1999). Comparison between self-concept and self-efficacy in academic motivation research. *Educational Psychologist, 34,* 139–153.

Bong, M., & Skaalvik, E. M. (2003). Academic self-concept and self-efficacy: How different are they really? *Educational Psychology Review, 15,* 1–40.

Bonnet, G. (2002). Reflections in a critical eye: On the pitfalls of international assessment. *Assessment in Education, 9,* 387–399.

Borkowski, J. G. (1996). Metacognition: Theory or chapter heading. *Learning and Individual Differences, 8,* 391–402.

Borkowski, J. G., Weyhing, R., & Carr, M. (1988). Effects of attributional retraining on strategy-based reading comprehension in learning disabled students. *Journal of Educational Psychology, 80,* 46–53.

Börsenverein des Deutschen Buchhandels. (2002). *Buch und Buchhandel in Zahlen. Jubiläumsausgabe 2002*. Frankfurt a.M: Buchhändler-Vereinigung.

Bortz, J., & Döring, N. (1995). *Forschungsmethoden und Evaluation* (2. Aufl.). Berlin: Springer.

Bos, W., Lankes, E.-M., Prenzel, M., Schwippert, K., Valtin, R., & Walther, G. (Hrsg). (2004). *IGLU. Einige Länder der Bundesrepublik Deutschland im nationalen und internationalen Vergleich*. Münster: Waxmann.

Bos, W., Lankes, E.-M., Prenzel, M., Schwippert, K., Walther, G., & Valtin, R. (Hrsg.). (2003). *Erste Ergebnisse aus IGLU. Schülerleistungen am Ende der vierten Jahrgangsstufe im internationalen Vergleich*. Münster: Waxmann.

Bos, W., Lankes, E.-M., Schwippert, K., Valtin, R., Voss, A., Badel, I., & Plaßmeier, N. (2003). Lesekompetenzen deutscher Grundschülerinnen und Grundschüler am Ende der vierten Jahrgangsstufe im internationalen Vergleich. In W. Bos, E.-M. Lankes, M. Prenzel, K. Schwippert, G. Walther, & R. Valtin (Hrsg.), *Erste Ergebnisse aus IGLU. Schülerleistungen am Ende der vierten Jahrgangsstufe im Vergleich* (S. 69–141). Münster: Waxmann.

Bos, W., & Schwippert, K. (2002). TIMSS, PISA, IGLU & Co: Vom Sinn und Unsinn internationaler Schulleistungsuntersuchungen. *Bildung und Erziehung, 55*, 5–23.

Bourdieu, P. (1982). *Die feinen Unterschiede. Kritik der gesellschaftlichen Urteilskraft*. Frankfurt a.M.: Suhrkamp.

Bourdieu, P. (1983). Ökonomisches Kapital, kulturelles Kapital, soziales Kapital. In R. Kreckel (Hrsg.), *Soziale Ungleichheiten* (S. 183–198). Göttingen: Schwartz (Soziale Welt, Sonderband 2).

Bradley, L., & Bryant, P. (1985). *Rhyme and reason in reading and spelling*. Ann Arbor: The University of Michigan Press.

Bransford, J. D., & Johnson, M. K. (1972). Contextual prerequisites for understanding: Some investigations of comprehension and recall. *Journal of Verbal Learning and Verbal Behavior, 11*, 717–726.

Bräuer, C. (2002). Als Textdetektive der Lesekompetenz auf der Spur ... – Zwei Blicke auf ein Unterrichtskonzept zur Vermittlung von Lesestrategien. *Didaktik Deutsch, 7* (13), 17–32.

Bremerich-Vos, A. (1996). Hermeneutik, Dekonstruktivismus und produktionsorientierte Verfahren. Anmerkungen zu einer Kontroverse in der Literaturdidaktik. In J. Belgrad & H. Melenk (Hrsg.), *Literarisches Verstehen – Literarisches Schreiben* (S. 25–49). Baltmannsweiler: Schneider Verlag Hohengehren.

Bremerich-Vos, A. (2001). Zum Lehren von Lernstrategien im Umgang mit Texten und mit Lyrik im Besonderen. In C. Köppert & K. Metzger (Hrsg.), *„Entfaltung innerer Kräfte". Blickpunkte der Deutschdidaktik* (S. 149–162). Seelze/Velber: Erhard Friedrich Verlag.

Brewer, W. F., & Nakamura, G. V. (1984). The nature and functions of schemas. In R. S. Wyer, Jr. & T. K. Srull (Eds.), *Handbook of social cognition* (Vol. 1, pp. 119–160). Hillsdale, NJ: Erlbaum.

Britton, B. K., & Graesser, A. C. (Eds.). (1996). *Models of understanding text.* Mahwah, NJ: Erlbaum.

Britton, B., & Tesser, A. (1982). Effects of prior knowledge on use of cognitive capacity in three complex cognitive tasks. *Journal of Verbal Learning and Verbal Behavior, 21,* 421–436.

Brown, A. L., Armbruster, B. B., & Baker, L. (1986). The role of metacognition in reading and studying. In J. Orasanu (Ed.), *Reading comprehension: From research to practice* (pp. 49–75). Hillsdale, NJ: Erlbaum.

Brown, A. L., & Palincsar, A. S. (1982). Inducing strategic learning from texts by means of informed, self-control training. *Topics in Learning and Learning Disabilities, 2,* 1–17.

Brown, A. L., & Palincsar, A. S. (1987). Reciprocal teaching of comprehension strategies: A natural history of one program for enhancing learning. In J. D. Day & J. G. Borkowski (Eds.), *Intelligence and exceptionality: New directions for theory, assessment, and instructional practices* (pp. 81–132). Norwood, NJ: Ablex.

Brown, A. L., Palincsar, A. S., & Armbruster, B. B. (1994). Instructing comprehension-fostering activities in interactive learning situations. In H. Mandl, N. Stein, & T. Trabasso (Eds.), *Learning from texts* (pp. 757–787). Hillsdale, NJ: Erlbaum.

Bruck, M., & Genesee, F. (1995). Phonological awareness in young second language learners. *Journal of Child Language, 22,* 307–324.

Brügelmann, H. (2000). *Kinder auf dem Weg zur Schrift* (7. Aufl.). Konstanz: Faude.

Budgell, G. R., Namburty, S. R., & Douglas, A. Q. (1995). Analysis of differential item functioning in translated assessment instruments. *Applied Psychological Measurement, 19,* 309–321.

Bühler, K. (1934). *Sprachtheorie.* Jena: Fischer.

Bühler-Otten, S., Neumann, U., & Reuter, L. (2000). Interkulturelle Bildung in den Lehrplänen. In I. Gogolin & B. Nauck (Hrsg.), *Migration, gesellschaftliche Differenzierung und Bildung* (S. 279–320). Opladen: Leske + Budrich.

Bus, A. G., & van Ijzendoorn, M. H. (1999). Phonological awareness and early reading: A meta-analysis of experimental training studies. *Journal of Educational Psychology, 91,* 403–414.

Buswell, G. T. (1937). *How adults read.* Chicago: University of Chicago Press.

Butler, R. (1998). Age trends in the use of social and temporal comparison for self-evaluation: Examination of a novel developmental hypothesis. *Child Development, 69,* 1054–1061.

Byrne, B. M. (1996). Academic self-concept: Its structure, measurement, and relation to academic achievement. In B. A. Bracken (Ed.), *Handbook of self-concept* (pp. 287–316). New York: Wiley.

Byrne, B., Fielding-Barnsley, R., & Ashley, L. (2000). Effects of preschool phoneme identity training after six years: Outcome level distinguished from rate of response. *Journal of Educational Psychology, 92,* 659–667.

Camilli, G., & Shapard, L. A. (1994). *Methods for identifying biased test items* (Vol. 4). London: Sage.

Campbell, R., & Sais, E. (1995). Accelerated metalinguistic (phonological) awareness in bilingual children. *British Journal of Developmental Psychology, 13,* 61–68.

Carney, R. N., & Levin, J. R. (2002). Pictorial illustrations still improve students' learning from text. *Educational Psychology Review, 14,* 5–26.

Carr, M., & Borkowski, J. G. (1989). Attributional training and the generalization of reading strategies with underachieving children. *Learning and Individual Differences, 1,* 327–341.

Carr, M., Mizelle, N. B., & Charak, D. (1998). Motivation to read and learn from text. In C. R. Hynd (Ed.), *Learning from text across conceptual domains* (pp. 45–70). Mahwah, NJ: Erlbaum.

Chapman, J. W., Prochnow, J. E., & Tunmer, W. E. (2000). A longitudinal study of early literacy achievement and gender. *New Zealand Journal of Educational Studies, 36,* 221–336.

Chapman, J. W., & Tunmer, W. E. (1995). Development of young children's reading self-concepts: An examination of emerging subcomponents and their relationship with reading achievement. *Journal of Educational Psychology, 87,* p. 154.

Chapman, J. W., & Tunmer, W. E. (1997). A longitudinal study of beginning reading achievement and reading self-concept. *British Journal of Educational Psychology, 67,* 279–291.

Chapman, J. W., & Tunmer, J. E. (2002, August). *Relations between self-perceptions and literacy achievement: Developmental factors and Metthew effects.* Paper presented at the conference of the Self-Centre, Sydney, Australia.

Chapman, J. W., Tunmer, W. E., & Prochnow, J. E. (2000). Early reading-related skills and performance, reading self-concept, and the development of academic self-concept: A longitudinal study. *Journal of Educational Psychology, 92,* 703–708.

Chiesi, H., Spilich, G., & Voss, J. (1979). Acquisition of domain-related information in relation to high and low domain knowledge. *Journal of Verbal Learning and Verbal Behavior, 18,* 257–273.

Christmann, U., & Groeben, N. (1999). Psychologie des Lesens. In B. Franzmann, K. Hasemann, D. Löffler, & E. Schön (Hrsg.), *Handbuch Lesen* (S. 145–223). München: Saur.

Christmann, U., & Groeben, N. (2002). Anforderungen und Einflussfaktoren bei Sach- und Informationstexten. In N. Groeben & B. Hurrelmann (Hrsg.), *Lesekompetenz – Bedingungen, Dimensionen, Funktionen* (S. 150–173). Weinheim: Juventa.

Cipielewski, J., & Stanovich, K. E. (1992). Predicting growth in reading ability from children's exposure to print. *Journal of Experimental Child Psychology, 54,* 74–89.

Clay, M. M. (1979). *Reading: The patterning of complex behavior.* Auckland, New Zealand: Heinemann.

Coleman, J. S. (1990). *Foundations of social theory.* Cambridge, MA: Belknap Press.

Cook, L. K., & Mayer, R. E. (1988). Teaching readers about the structure of scientific text. *Journal of Educational Psychology, 80,* 448–456.

Cornoldi, C., Rizzo, A., & Pra Baldi, A. (1991). *Prove avanzate MT di comprensione nella lettura* [Advanced MT reading comprehension tests]. Florence: Organizzazioni Speciali.

Covington, M. V. (1984). The motive of self-worth. In R. Ames & C. Ames (Eds.), *Research on motivation in education: Student motivation* (pp. 77–113). Orlando, FL: Academic Press.

Cunningham, A. E., & Stanovich, K. E. (1997). Early reading acquisition and its relation to reading experience and ability 10 years later. *Developmental Psychology, 33,* 934–945.

Daneman, M., & Carpenter, P. A. (1980). Individual differences in working memory and reading. *Journal of Verbal Learning and Verbal Behavior, 19,* 450–466.

Daneman, M., & Carpenter, P. A. (1983). Individual differences in integrating information between and within sentences. *Journal of Experimental Psychology: Learning, Memory, and Cognition, 9,* 561–583.

Daneman, M., Carpenter, P. A., & Just, M. A. (1982). *Cognitive processes and reading skills. Advances in Reading/Language Research, 1,* 83–124.

Deci, E. L., & Ryan, R. M. (1985). *Intrinsic motivation and self-determination in human behavior.* New York: Plenum Press.

Deci, E. L., & Ryan, R. M. (1993). Die Selbstbestimmungstheorie der Motivation und ihre Bedeutung für die Pädagogik. *Zeitschrift für Pädagogik, 39,* 223–238.

Demmrich, A., & Brunstein, J. C. (2004). Förderung sinnverstehenden Lesens durch „Reziprokes Lehren". In G. W. Lauth, M. Grünke, & J. C. Brunstein (Hrsg.), *Interventionen bei Lernstörungen* (S. 134–144). Göttingen: Hogrefe.

De Vega, M. (1995). Backward updating of mental models during continuous reading of narratives. *Journal of Experimental Psychology: Learning, Memory, and Cognition, 21,* 373–385.

Deutsche Shell (Hrsg.). (2002). *Jugend 2002. Zwischen pragmatischem Idealismus und robustem Materialismus.* Frankfurt a.M.: Fischer.

Deutsches PISA-Konsortium. (o.J.). PISA 2000. *Beispielaufgaben aus dem Lesekompetenztest.* <http://www.mpib-berlin.mpg.de/Pisa/beispielaufgaben.html>

van Dijk, T. A. (1980). *Macrostructures: An interdisciplinary study of global structures in discourse, interaction, and cognition.* Hillsdale, NJ: Erlbaum.

van Dijk, T. A., & Kintsch, W. (1983). *Strategies of discourse comprehension.* New York: Academic Press.

Dollarhide, L. (1985). The gift [Das Geschenk]. In D. Abbott (Ed.), *Mississippi Writers: Reflections of childhood and youth: Vol. I. Fiction.* Jackson, MS: University Press of Mississippi.

Drasgow, F. (1984). Scrutinizing psychological tests: Measurement equivalence and equivalent relations with external variables are the central issues. *Psychological Bulletin, 95,* 134–135.

Duda, J., & Nicholls, J. G. (1992). Dimensions of achievement motivation in schoolwork and sport. *Journal of Educational Psychology, 84,* 290–299.

Durgunoglu, A. Y. (1997). Bilingual reading: Its components, development, and other issues. In A. M. B. de Groot & J. F. Kroll (Eds.), *Tutorials in bilingualism: Psycholinguistic perspectives* (pp. 225–276). Mahwah, NJ: Erlbaum.

Dutke, S. (1993). Mentale Modelle beim Erinnern sprachlich beschriebener räumlicher Anordnungen. Zur Interaktion von Gedächtnisschemata und Textrepräsentation. *Zeitschrift für experimentelle und angewandte Psychologie, 40,* 44–71.

Dutke, S. (1994). Mentale Modelle beim Erinnern sprachlich beschriebener räumlicher Anordnungen. Zeitliche Aspekte der Modellkonstruktion und -nutzung. *Zeitschrift für experimentelle und angewandte Psychologie, 41,* 523–548.

Dutke, S. (1996). Generic and generative knowledge: Memory schemata in the construction of mental models. In W. Battmann & S. Dutke (Eds.), *Processes of the molar regulation of behavior* (pp. 35–54). Lengerich: Pabst.

Dutke, S. (1998). Zur Konstruktion von Sachverhaltsrepräsentationen beim Verstehen von Texten. Fünfzehn Jahre nach Johnson-Lairds Mental Models. *Zeitschrift für Experimentelle Psychologie, 45,* 42–59.

Dutke, S., Ribback, S., & Wagner, B. (2003). Direct distance, route distance, and implied temporal distance: Effects on the accessibility of situation model components. *Scientific Studies of Reading, 7,* 357–381.

Dutke, S., & Rinck, M. (2003). *The situation model's impact on anaphor resolution depends on cognitive resources and extratextual expectations.* Unpublished manuscript, Universität Kaiserslautern.

Dweck, C. S., & Leggett, E. L. (1988). A social-cognitive approach to motivation and personality. *Psychological Review, 95,* 256–273.

Dwyer, F. M. (1978). *Strategies for improving visual learning.* Pennsylvania, NE: Learning Services.

Egan, J. P. (1975). *Signal detection theory and ROC-analysis.* New York: Academic Press.

Eccles, J. S. (1994). Understanding women's educational and occupational choices: Applying the Eccles et al. model of achievement-related choices. *Psychology of Women Quarterly, 18,* 585–609.

Eccles, J. S., Adler, T. F., Futterman, R., Goff, S. B., Kacsala, C. M., Meece, J., & Midgley, C. (1983). Expectancies, values, and academic behaviors. In J. T. Spence (Ed.), *Achievement and achievement motives* (pp. 75–146). New York: Freeman.

Eccles, J. S., Freedman-Doan, C., Frome, P., Jacobs, J., & Yoon, K. S. (2000). Gender-role socialization in the family: A longitudinal approach. In T. Eckes & H. M. Trautner (Eds.), *The developmental social psychology of gender* (pp. 333–360). Mahwah, NJ: Erlbaum.

Edelstein, W. (1999). Soziale Selektion, Sozialisation und individuelle Entwicklung. Zehn Thesen zur sozialkonstruktivistischen Rekonstruktion der Sozialisationsforschung. In M. Grundmann (Hrsg.), *Konstruktivistische Sozialisationsforschung. Lebensweltliche Erfahrungskontexte, Handlungskompetenzen und die Konstruktion sozialer Strukturen* (S. 35–52). Frankfurt a.M.: Suhrkamp.

Eggert, H. (1997). Intimisierung des Lesens und Formbewußtsein. Zum Verhältnis von Privatlektüre und institutionell vermittelter ästhetischer Normen. In C. Garbe, W. Graf, C. Rosebrock, & E. Schön (Hrsg.), *Lesen im Wandel. Probleme der literarischen So-*

zialisation heute (S. 161–180). Lüneburg: Universität Lüneburg (Schriftenreihe Didaktik Diskurse 2).

Eggert, H. (2002). Literarische Texte und ihre Anforderungen an die Lesekompetenz. In N. Groeben & B. Hurrelmann (Hrsg.), *Lesekompetenz* (S. 186–194). Weinheim: Juventa.

Eggert, H., Berg, C., & Rutschky, M. (1975). *Schüler im Literaturunterricht. Ein Erfahrungsbericht*. Köln: Kiepenheuer.

Eggert, H., & Garbe, C. (2003). *Literarische Sozialisation (*2. Aufl.). Weimar: Metzler.

Eggert, H., Garbe, C., Krüger-Fürhoff, I.-M., & Kupfmüller, M. (2000). *Literarische Intellektualität in der Mediengesellschaft. Empirische Vergewisserungen über Veränderungen kultureller Praktiken*. Weinheim: Juventa.

Ehlich, K. (1994). Struktur und Funktion schriftlicher Kommunikation. In H. Günther & O. Ludwig (Hrsg.), *Schrift und Schriftlichkeit. Ein interdisziplinäres Handbuch internationaler Forschung* (Bd. 1, S. 18–41). Berlin: de Gruyter.

Ehri, L. C., Nunes, S. R., Willows, D. M., Schuster, B. V., Yaghoub-Zadeh, Z., & Shanahan, T. (2001). Phonemic awareness instruction helps children learn to read: Evidence from the National Reading Panel's meta-analysis. *Reading Research Quarterly, 36,* 250–287.

Ehrlich, M. F., Kurtz-Costes, B., & Loridant, C. (1993). Cognitive and motivational determinants of reading comprehension in good and poor readers. *Journal of Reading Behavior, 25,* 365–381.

Ehrlich, M. F., Kurtz-Costes, B., Rémond, M., & Loridant, C. (1995). Les différences individuelles dans la compréhension de l'écrit: Facteurs cognitivo-linguistiques et motivationnels. *Cahiers d'acquisition et de la pathologie du langage, 13,* 37–58.

Einsiedler, W., Frank, A., Kirschhock, E.-M., Martschinke, S., & Treinies, G. (2002). Der Einfluss verschiedener Unterrichtsformen auf die phonologische Bewusstheit sowie auf Lese- und Rechtschreibleistungen im 1. Schuljahr. *Psychologie in Erziehung und Unterricht, 49,* 194–209.

Elbro, C., & Arnbak, E. (1996). The role of morpheme recognition and morphological awareness in dyslexia. *Annals of Dyslexia, 46,* 209–240.

Elley, W. B. (1992). *How in the world do students read?* The Hague: IEA.

Elley, W. B. (Ed.). (1994).*The IEA study of reading literacy: Achievement and instruction in thirty-two school systems*. Oxford, UK: Pergamon.

Elliott, A., & Harackiewicz, J. M. (1996). Approach and avoidance achievement goals and intrinsic motivation: A mediational analysis. *Journal of Personality and Social Psychology, 70,* 461–475.

Engelkamp, J., & Zimmer, H. (1994). *The human memory: A multi-modal approach.* Seattle, WA: Hogrefe & Huber.

Engle, R. W., Cantor, J., & Carullo, J. (1992). Individual differences in working memory and comprehension: A test of four hypotheses. *Journal of Experimental Psychology: Learning, Memory, and Cognition, 18,* 972–992.

Ennemoser, M. (2003). *Der Einfluss des Fernsehens auf die Entwicklung von Lesekompetenzen. Eine Längsschnittstudie vom Vorschulalter bis zur dritten Klasse.* Hamburg: Kovacs.

Ennemoser, M., Schiffer, K., Reinsch, C., & Schneider, W. (2003). Fernsehen und die Entwicklung von Sprach- und Lesekompetenzen im Grundschulalter. *Zeitschrift für Entwicklungspsychologie und Pädagogische Psychologie, 35,* 12–26.

Ericsson, K. A., Chase, W. G., & Faloon, S. (1980). Acquisition of a memory skill. *Science, 208,* 1181–1182.

Esser, H. (1990). Familienmigration und Schulkarriere ausländischer Kinder und Jugendlicher. In H. Esser & J. Friedrichs (Hrsg.), *Generation und Identität: Theoretische und empirische Beiträge zur Migrationssoziologie* (S. 127–146). Opladen: Westdeutscher Verlag.

Estes, T. H. (1971). A scale to measure attitudes toward reading. *Journal of Reading, 15,* 135–138.

Faber, G. (1992). Bereichsspezifische Beziehungen zwischen leistungsthematischen Schülerselbstkonzepten und Schulleistungen. *Zeitschrift für Entwicklungspsychologie und Pädagogische Psychologie, 24,* 66–82.

Falkenhainer, B., Forbus, K. D., & Gentner, D. (1989/1990). The structure-mapping engine: Algorithm and examples. *Artificial Intelligence, 41,* 1–63.

Feneberg, S. (1997). Die Auswirkungen des Geschichtenvorlesens auf die Leseentwicklung von Kindern. In H. Balhorn & H. Niemann (Hrsg.), *Sprachen werden Schrift. Mündlichkeit – Schriftlichkeit – Mehrsprachigkeit* (S. 142–146). Lengwil: Libelle.

Fincher-Kiefer, R. (1993). The role of predictive inferences in situation model construction. *Discourse Processes, 16,* 99–124.

Fincher-Kiefer, R., Post, T. A., Greene, T. R., & Voss, J. F. (1988). On the role of prior knowledge and task demands in the processing of text. *Journal of Memory and Language, 27,* 416–428.

Fischer, G. H., & Molenaar, I. W. (1995). *Rasch models: Foundation, recent developments, and applications.* New York: Springer.

Flavell, J. H. (1979). Metacognition and cognitive monitoring: A new area of cognitive-developmental inquiry. *American Psychologist, 34,* 906–911.

Flavell, J. H., & Wellman, H. M. (1977). Metamemory. In R. V. Kail & J. W. Hagen (Eds.), *Perspectives on the development of memory and cognition* (pp. 3–33). Hillsdale, NJ: Erlbaum.

Fleisher, L. S., Jenkins, J. R., & Pany, D. (1979). Effects on poor readers' comprehension of training in rapid decoding. *Reading Research Quarterly, 15,* 30–48.

Flender, J., & Naumann, J. (2002). Empirisches Beispiel: Erfassung allgemeiner Lesefähigkeiten und Rezeption nicht-linearer Texte. „PL-Lesen" und Longfile-Analyse. In N. Groeben & B. Hurrelmann (Hrsg.), *Lesekompetenz. Bedingungen, Dimensionen, Funktionen* (S. 59–79). Weinheim: Juventa.

Fodor, J. A. (1983). *The modularity of mind.* Cambridge, MA: MIT Press.

Forster, M., & Martschinke, S. (2001). *Leichter lesen und schreiben lernen mit der Hexe Susi: Das Nürnberger Trainingsprogramm zur phonologischen Bewusstheit.* Donauwörth: Auer.

Frank, B., Maletzke, G., & Müller-Sachse, K. H. (1991). *Kultur und Medien. Angebote – Interessen – Verhalten.* Baden-Baden: Nomos (Schriftenreihe Media Perspektiven 11).

Franz, K. (2002). Lese- und Medienverhalten von Schülerinnen und Schülern der 8. Jahrgangsstufe. Ausgewählte Ergebnisse einer empirischen Untersuchung in vier Bundesländern. In K. Franz & F.-J. Payrhuber (Hrsg.), *Lesen heute. Leseverhalten von Kindern und Jugendlichen und Leseförderung im Kontext der PISA-Studie* (S. 2–25). Baltmannsweiler: Schneider Verlag Hohengehren.

Franzmann, B. (2001a). Ein Blick auf die Drittelgesellschaft der Leser im Jahr 2000. In G. Lange (Hrsg.), *Leseerlebnisse und Leseerfahrungen. Annäherungen an literarische Werke von Luther bis Enzensberger. Festschrift für Kurt Franz* (S. 358–367). Baltmannsweiler: Schneider Verlag Hohengehren.

Franzmann, B. (2001b). Die Deutschen als Leser und Nichtleser. Ein Überblick. In Stiftung Lesen & SPIEGEL-Verlag (Hrsg.), *Leseverhalten in Deutschland im neuen Jahrtausend. Eine Studie der Stiftung Lesen* (S. 7–32). Hamburg: SPIEGEL-Verlag.

Franzmann, B. (2002a). Die Deutschen als Leser und Nichtleser. Ein Überblick. In Stiftung Lesen (Hrsg.), *Gutenbergs Folgen. Von der ersten Medienrevolution bis zur Wissensgesellschaft* (S. 51–94). Baden-Baden: Nomos.

Franzmann, B. (2002b). Leseverhalten in Deutschland. Erwachsene und Jugendliche im Vergleich. In K. Franz & F.-J. Payrhuber (Hrsg.), *Lesen heute. Leseverhalten von Kindern und Jugendlichen und Leseförderung im Kontext der PISA-Studie* (S. 26–40). Baltmannsweiler: Schneider Verlag Hohengehren.

Frederiksen, J. R. (1982). A componential theory of reading skills and their interactions. In R. J. Sternberg (Ed.), *Advances in the psychology of human intelligence* (Vol. 1, pp. 125–180). Hillsdale, NJ: Erlbaum.

Friedman, N. P., & Miyake, A. (2000). Differential roles for visuospatial and verbal working memory in situation model construction. *Journal of Experimental Psychology: General, 129,* 61–83.

Friedrich, H. F. (1992). Vermittlung von reduktiven Textverarbeitungsstrategien durch Selbstinstruktion. In H. Mandl & H. F. Friedrich (Hrsg.), *Lern- und Denkstrategien* (S. 193–212). Göttingen: Hogrefe.

Friedrich, H. F. (1995). *Training und Transfer reduktiv-organisierender Strategien für das Lernen mit Texten.* Münster: Aschendorff.

Friedrich, H. F., Fischer, P. M., Mandl, H., & Weis, T. (1987). *Vom Umgang mit Lehrtexten. Ein Lehr- und Lesestrategieprogramm.* Deutsches Institut für Fernstudien an der Universität Tübingen.

Fries, S. (2002). *Wollen und Können. Ein Training zur gleichzeitigen Förderung des Leistungsmotivs und des induktiven Denkens.* Münster: Waxmann.

Fries, S., Lund, B., & Rheinberg, F. (1999). Läßt sich durch gleichzeitige Motivförderung das Training des induktiven Denkens optimieren? *Zeitschrift für Pädagogische Psychologie, 13,* 37–49.

Frith, U. (1985). Beneath the surface of developmental dyslexia. In K. E. Patterson, J. C. Marshall, & M. Coltheart (Eds.), *Surfaxe dyslexia* (pp. 301–327). Hillsdale, NJ: Erlbaum.

Fritz, A. (1991). Lesen im Medienumfeld. Mit einer Synopse von U. Saxer. Gütersloh: Verlag Bertelsmann Stiftung.

Fritz, I., & Klingler, W. (2003). Zeitbudgets und Tagesablaufverhalten in Deutschland: Die Position der Massenmedien. *Media Perspektiven, 1,* 12–23.

Frome, P. M., & Eccles, J. S. (1998). Parents' influence on children's achievement-related perceptions. *Journal of Personality and Social Psychology, 74,* 435–452.

Gambrell, B. L., Palmer, B. M., Codling, R. M., & Mazzoni, S. A. (1996). Assessing motivation to read. *Reading Teacher, 49,* 518–533.

Ganzeboom, H. B. G., de Graaf, P. M., Treiman, D. J., & de Leeuw, J. (1992). A standard international socio-economic index of occupational status. *Social Science Research, 21,* 1–56.

Garbe, C. (2003). Mädchen lesen ander(e)s. Für eine geschlechterdifferenzierende Leseförderung. *JuLit Informationen, 29* (2), 14–29.

Garner, R., & Alexander, P. A. (1989). Metacognition: Answered and unanswered questions. *Educational Psychologist, 24,* 143–158.

García, G. E. (2000). Bilingual children's reading. In M. L. Kamil, P. B. Mosenthal, P. D. Pearson, & R. Barr (Eds.), *Handbook of reading research* (Vol. 3, pp. 813–834). Mahwah, NJ: Erlbaum.

Geva, E., Yaghoub-Zadeh, Z., & Schuster, B. (2000). Understanding individual differences in word recognition skills of ESL children. *Annals of Dyslexia, 50,* 121–154.

Gibson, E. J. (1965). Learning to read. *Science, 148,* 1066–1072.

Gierl, M. J., & Khaliq, S. N. (2001). Identifying sources of differential item and bundle functioning on translated achievement tests: A confirmatory analysis. *Journal of Educational Measurement, 38,* 164–187.

Gillam, R. B., & van Kleeck, A. (1996). Phonological awareness training and short-term working memory: Clinical implications. *Topics in Language Disorders, 17,* 72–81.

Gillon, G. T. (2000). The efficacy of phonological awareness intervention for children with spoken language impairment. *Language, Speech, and Hearing Services in Schools, 31,* 126–141.

Glenberg, A. M., & Epstein, W. (1985). Calibration of comprehension. *Journal of Experimental Psychology: Learning, Memory, and Cognition, 11,* 702–718.

Glenberg, A. M., & Langston, W. E. (1992). Comprehension of illustrated text: Pictures help to build mental models. *Journal of Memory and Language, 31,* 129–151.

Glenberg, A. M., Meyer, M., & Lindem, K. (1987). Mental models contribute to foregrounding during text comprehension. *Journal of Memory and Language, 26,* 69–83.

Glenberg, A. M., Sanocki, T., Epstein, W., & Morris, C. (1987). Enhancing calibration of comprehension. *Journal of Experimental Psychology: General, 116,* 119–136.

Glenberg, A. M., Wilkinson, A. C., & Epstein, W. (1982). The illusion of knowing: Failure in the self-assessment of comprehension. *Memory & Cognition, 10,* 597–602.

Glucksberg, S. (1998). Understanding metaphors. *Current Directions in Psychological Science, 7,* 39–43.

Gold, A. (in Druck). Lernstrategien und Lernerfolg in der gymnasialen Oberstufe. In G. Büttner, C. F. Sauter, & W. Schneider (Hrsg.), *Neuere Brennpunkte pädagogisch-psychologischer Forschung und ihre Implikationen für die pädagogische Praxis.* Lengerich: Pabst.

Goldman, S. R., Varma, S., & Coté, N. (1996). Extending capacity-constrained construction integration: Toward „smarter" and flexible models of text comprehension. In B. K. Britton & A. C. Graesser (Eds.), *Models of understanding text* (pp. 73–113). Mahwah, NJ: Erlbaum.

Goswami, U., & Bryant, P. (1990). *Phonological skills and learning to read.* Hove, UK: Erlbaum.

Goswami, U., Ziegler, J., Dalton, L., & Schneider. W. (2003). Nonword reading across orthographies: How flexible is the choice of reading units? *Applied Psycholinguistics, 24,* 235–247.

Gottardo, A. (2002). The relationship between language and reading skills in bilingual Spanish-English speakers. *Topics in Language Disorders, 22,* 46–70.

Gottfried, A. E. (1985). Academic intrinsic motivation in elementary and junior high school students. *Journal of Educational Psychology, 77,* 631–645.

Graesser, A. C., Millis, K. K., & Zwaan, R. A. (1997). Discourse comprehension. *Annual Review of Psychology, 48,* 163–189.

Graesser, A. C., Singer, M., & Trabasso, T. (1994). Constructing inferences during narrative text comprehension. *Psychological Review, 101,* 371–395.

Graf, W. (1997). Das Schicksal der Leselust. Die Darstellung der Genese der Lesemotivation in Lektüreautobiographien. In C. Garbe, W. Graf, C. Rosebrock, & E. Schön (Hrsg.), *Lesen im Wandel. Probleme der literarischen Sozialisation heute* (S. 101–124). Lüneburg: Universität Lüneburg (Schriftenreihe Didaktik Diskurse 2).

Gräsel, C., & Gutenberg, N. (2004). *Zwischenbericht zum Forschungsprojekt Hören–Lauschen–Lernen: Umsetzung und Evaluation des Würzburger Trainingsprogramms zur Vorbereitung auf den Erwerb der Schriftsprache.* Saarbrücken: Universität des Saarlandes.

Grice, M. P. (1967). *Logic and conversation: The William James Lectures.* Cambridge, MA: Harvard University Press.

Grimm, H. (1995). Gestörter Sprachlernprozess: Ursachen und schulische Folgen. In W. Niemeyer (Hrsg.), *Kommunikation und Lese-Rechtschreibschwäche* (S. 53–70). Bochum: Winkler.

Grimm, H. (1999). *Störungen der Sprachentwicklung.* Göttingen: Hogrefe.

Grimm, H. (2001). *Sprachentwicklungstest für drei- bis fünfjährige Kinder (SET-K 3-5).* Göttingen: Hogrefe.

Grimm, H., & Schöler, H. (1991). *Heidelberger Sprachentwicklungstest* (2., verbesserte Aufl.). Göttingen: Hogrefe.

Groeben, N. (1982). *Leserpsychologie: Textverständnis – Textverständlichkeit.* Münster: Aschendorff.

Groeben, N. (2001). *Ko-Konstruktion. Methodisch-methodologische Problem-(Lösungs-)Perspektiven.* Unveröff. Manuskript, Universität Köln.

Groeben, N. (2002). Zur konzeptuellen Struktur des Konstrukts „Lesekompetenz“. In N. Groeben & B. Hurrelmann (Hrsg.), *Lesekompetenz. Bedingungen, Dimensionen, Funktionen* (S. 11–21). Weinheim: Juventa.

Groeben, N., & Hurrelmann, B. (Hrsg.). (2002a). *Lesekompetenz. Bedingungen, Dimensionen, Funktionen.* Weinheim: Juventa.

Groeben, N., & Hurrelmann, B. (Hrsg.). (2002b). *Medienkompetenz. Voraussetzungen, Dimensionen, Funktionen.* Weinheim: Juventa.

Groeben, N., & Vorderer, P. (1988). *Leserpsychologie: Lesemotivation – Lektürewirkung.* Münster: Aschendorff.

Grolnick, W. S., & Ryan, R. M. (1987). Autonomy in children's learning: An experimental and individual difference investigation. *Journal of Personality and Social Psychology, 52*, 890–898.

Günther, H. (1993). Erziehung zur Schriftlichkeit. In P. Eisenberg & P. Klotz (Hrsg.), *Sprache gebrauchen – Sprachwissen erwerben* (S. 85–96). Stuttgart: Klett.

Günther, H. (1997). Mündlichkeit und Schriftlichkeit. In H. Balhorn & H. Niemann (Hrsg.), *Sprachen werden Schrift. Mündlichkeit – Schriftlichkeit – Mehrsprachigkeit* (S. 64–73). Lengwil: Libelle.

Guthke, J., Böttcher, H. R., & Sprung, L. (1990). *Psychodiagnostik.* Berlin: Deutscher Verlag der Wissenschaften.

Guthrie, J. T. (2004). Classroom contexts for engaged reading: An overview. In J. T. Guthrie, A. Wigfield, & K. C. Perencevich (Eds.), *Motivating reading comprehension: Concept-oriented reading instruction* (pp. 1–24). Mahwah, NJ: Erlbaum.

Guthrie, J. T., & Alvermann, D. E. (Eds.). (1999). *Engaged reading. Processes, practices, and policy implications.* New York: Teachers College Press.

Guthrie, J. T., & Anderson, E. (1999). Engagement in reading: Processes of motivated strategic, and knowledgeable, social readers. In J. T. Guthrie & D. E. Alvermann (Eds.), *Engaged reading. Processes, practices, and policy implications* (pp. 17–45). New York: Teachers College Press.

Guthrie, J. T., & Knowles, K. T. (2001). Promoting reading motivation. In L. Verhoeven & C. E. Snow (Eds.), *Literacy and motivation. Reading engagement in individuals and groups* (pp. 159–176). Mahwah, NJ: Erlbaum.

Guthrie, J. T., Schafer, W., Wang, Y. Y., & Afflerbach, P. (1995). Relationships of instruction to amount of reading: An exploration of social, cognitive, and instructional connections. *Reading Research Quarterly, 30*, 8–25.

Guthrie, J. T., van Meter, P., Hancock, G. R., McCann, A., Anderson, E., & Alao, S. (1998). Does concept-oriented reading instruction increase strategy use and conceptual learning from text? *Journal of Educational Psychology, 90*, 261–278.

Guthrie, J. T., & Weber, S. (1991, April). *Searching graphs and illustrations: Cognitive processes and deficits.* Paper presented at the AERA Convention, Chicago.

Guthrie, J. T., & Wigfield, A. (2000). Engagement and motivation in reading. In M. L. Kamil, P. B. Mosenthal, P. D. Pearson, & R. Barr (Eds.), *Reading research handbook* (Vol. 3, pp. 403–424). Mahwah, NJ: Erlbaum.

Guthrie, J. T., Wigfield, A., Metsala, J. L., & Cox, K. E. (1999). Motivational and cognitive predictors of text comprehension and reading amount. *Scientific Studies of Reading, 3*, 231–256.

Guthrie, J. T., Wigfield, A., & Perencevich, K. C. (Eds.). (2004). *Motivating reading comprehension. Concept-oriented reading instruction.* Mahwah, NJ: Erlbaum.

Guthrie, J. T., Wigfield, A., & von Secker, C. (2000). Effects of integrated instruction on motivation and strategy use in reading. *Journal of Educational Psychology, 92*, 331–341.

Haas, G. (1984). *Handlungs- und produktionsorientierter Literaturunterricht in der Sekundarstufe I.* Hannover: Schroedel.

Haas, G. (2002). PISA und die Schulbibliotheken. Ein unrühmliches Kapitel deutscher Bildungspolitik. *Praxis Deutsch, 29* (176), 68–71.

Haas, G., Menzel, W., & Spinner, K. H. (1994). Handlungs- und produktionsorientierter Literaturunterricht. *Praxis Deutsch, 21* (123), 17–25.

Haberlandt, K. F., Graesser, A. C., Schneider, N. J., & Kiely, J. (1986). Effects of task and new arguments on word reading times. *Journal of Memory and Language, 25*, 314–322.

Hacker, D. J. (1997). Comprehension monitoring of written discourse across early-to-middle adolscence. *Reading & Writing, 9*, 207–240.

Hacker, D. J. (Ed.). (1998). *Metacognition in educational theory and practice.* Mahwah, NJ: Erlbaum.

Hacker, W., & Osterland, D. (1995). Mentale Koordinationskapazität. Einfluß von Text- und Arbeitsgedächtnismerkmalen auf das Verstehen von Instruktionstexten. *Zeitschrift für Experimentelle Psychologie, 42*, 646–671.

Hager, W., Hübner, S., & Hasselhorn, M. (2000). Zur Bedeutung der sozialen Interaktion bei der Evaluation kognitiver Förderprogramme. *Zeitschrift für Pädagogische Psychologie, 14*, 106–115.

Haigler, K. O., Harlow, C., O'Connor, P., & Campbell, A. (1994). *Literacy behind prison walls. Profiles of the prison population from the National Adult Literacy Survey.* Princeton, NJ: ETS.

Hambleton, R. K. (1994). Guidelines for adapting educational and psychological tests: A progress report. *European Journal of Psychological Assessment, 10*, 229–244.

Hannover, B. (1991). Zur Unterrepräsentanz von Mädchen in Naturwissenschaften und Technik: Psychologische Prädiktoren der Fach- und Berufswahl. *Zeitschrift für Pädagogische Psychologie, 5*, 169–186.

Hannover, B., & Kessels, U. (2000). *Zur Stabilität des physik- und chemiebezogenen Selbstkonzepts. Längsschnittstudie zu den Auswirkungen der Geschlechterkonstellation einer Lerngruppe auf die situational aktivierte Identität und die schulische Entwicklung Jugendlicher (Zwischenbericht zum gleichnamigen DFG-Projekt).* Berlin/Dortmund: Humboldt-Universität/Universität Dortmund).

Hansen, D. (1996). *Spracherwerb und Dysgrammatismus.* München: Reinhardt.

Harackiewicz, J. M., Barron, K. E., Tauer, J. M., Carter, S. M., & Elliot, A. J. (2000). Short-term and long-term consequences of achievement goals: Predicting interest and performance over time. *Journal of Educational Psychology, 92*, 316–330.

Harley, B., & Wang, W. (1997). The critical period hypothesis: Where are we now? In A. M. B. de Groot & J. F. Kroll (Eds.), *Tutorials in bilingualism: Psycholinguistic perspectives* (pp. 19–51). Mahwah, NJ: Erlbaum.

Harmgarth, F. (Hrsg.). (1997). *Lesegewohnheiten – Lesebarrieren. Schülerbefragung im Projekt „Öffentliche Bibliothek und Schule"*. Gütersloh: Verlag Bertelsmann Stiftung.

Hartmann, E. (2002). *Möglichkeiten und Grenzen einer präventiven Intervention zur phonologischen Bewusstheit von lautsprachgestörten Kindergartenkindern.* Fribourg: Sprachimpuls.

Hasselhorn, M. (1999). Evaluation kognitiver Trainings: Eine Standortbestimmung. *Zeitschrift für Pädagogische Psychologie, 13,* 1–3.

Hasselhorn, M. (2001). Metakognition. In D. H. Rost (Hrsg.), *Handwörterbuch Pädagogische Psychologie* (2. Aufl., S. 466–470). Weinheim: Beltz PVU.

Hasselhorn, M., & Körkel, J. (1983). Gezielte Förderung der Lernkompetenz am Beispiel der Textverarbeitung. *Unterrichtswissenschaft, 11,* 370–382.

Hasselhorn, M., & Körkel, J. (1986). Metacognitive versus traditional reading instructions: The mediating role of domain-specific knowledge on children's text-processing. *Human Learning, 5,* 75–90.

Hasselhorn, M., Schneider, W., & Marx, H. (Hrsg.). (2000). *Diagnostik von Lese- und Rechtschreibschwierigkeiten.* Göttingen: Hogrefe.

Hatcher, J., Hulme, C., & Ellis, N. (1994). Ameriolating early reading failure by integrating the teaching of reading and phonological skills. The phonological linkage hypothesis. *Child Development, 65,* 41–57.

Heath, S. B. (1981). Questioning at home and at school: A comparative study. In G. Spindler (Ed.), *Doing ethnography: Educational anthropology in action* (pp. 102–131). New York: Holt, Rinehart & Winston.

Heckhausen, H. (1989). *Motivation und Handeln.* Berlin: Springer.

Heider, F. (1958). *The psychology of interpersonal relations.* New York: Wiley.

Heller, K. A., & Perleth, C. (2000). *Kognitiver Fähigkeitstest für 4.–12. Klassen, Revision (KFT 4 + 12 + R).* Göttingen: Hogrefe.

Helmke, A. (1992). *Selbstvertrauen und schulische Leistungen.* Göttingen: Hogrefe.

Helmke, A. (1998). Vom Optimisten zum Realisten? Zur Entwicklung des Fähigkeitsselbstbilds vom Kindergarten bis zur 6. Klassenstufe. In F. E. Weinert (Hrsg.), *Entwicklung im Kindesalter* (S. 115–132). Weinheim: Beltz.

Helmke, A. (1999). From optimism to realism? Development of children's academic selfconcept from kindergarten to Grade 6. In F. E. Weinert & W. Schneider (Eds.), *Individual development from 3 to 12: Findings from the Munich Longitudinal Study* (pp. 198–221). Cambridge, UK: Cambridge University Press.

Helmke, A., & van Aken, M. A. G. (1995). The causal ordering of academic achievement and self-concept of ability during elementary school: A longitudinal study. *Journal of Educational Psychology, 87,* 624–637.

Herrmann, T. (1990). Sprechen und Sprachverstehen. In H. Spada (Hrsg.), *Lehrbuch Allgemeine Psychologie* (S. 281–322). Bern: Huber.

Hess, D. J., Foss, D. J., & Carroll, P. (1995). Effects of global and local context on lexical processing during language comprehension. *Journal of Experimental Psychology: General, 124,* 62–82.

Hidi, S. (1990). Interest and its contrubution as a mental resource for learning. *Review of Educational Research, 60,* 549–571.

Hidi, S. (2001). Interest, reading, and learning: Theoretical and practical considerations. *Educational Psychology Review, 13,* 191–209.

Hidi, S., & Anderson, V. (1992). Situational interest and its impact on expository writing. In K. A. Renninger, S. Hidi, & A. Krapp (Eds.), *The role of interest in learning and development* (pp. 215–238). Hillsdale, NJ: Erlbaum.

Hidi, S., & Baird, W. (1986). Interestingness: A neglected variable in discourse processing. *Cognitive Science, 10,* 179–194.

Hidi, S., & Baird, W. (1988). Strategies for increasing text-based interest and students' recall of expository texts. *Reading Research Quarterly, 23,* 465–483.

Hidi, S., & Harackiewicz, J. M. (2000). Motivating the academically unmotivated: A critical issue for the 21st century. *Review of Educational Research, 70,* 151–179.

Hippler, H.-J. (2001). Tummelplatz Internet oder: Ist Lesen eine veraltete „Technologie"? In Stiftung Lesen (Hrsg.), *Leseverhalten in Deutschland im neuen Jahrtausend: Eine Studie der Stiftung Lesen* (S. 165–174). Hamburg: Spiegel.

Hodapp, V., & Mißler, B. (1996). Determinanten der Wahl von Mathematik als Leistungs- bzw. Grundkurs in der 11. Jahrgangsstufe. In R. Schumann-Hengsteler & H. M. Trautner (Hrsg.), *Entwicklung im Jugendalter* (S. 143–164). Göttingen: Hogrefe.

Hoebbel, N. (Hrsg.). (2003). *Schulbibliotheken. Grundlagen der Planung, des Aufbaus, der Verwaltung und Nutzung.* Weinheim: Juventa (Beiträge Jugendliteratur und Medien, 14. Beiheft).

Hörmann, H. (1976). *Meinen und Verstehen.* Frankfurt a.M.: Suhrkamp.

Houghton, H. A., & Willows, D. M. (Eds.). (1987). *The psychology of illustration: Vol. 2. Instructional issues.* New York: Springer.

Hunt, E. B., Lunneborg, C., & Lewis, J. (1975). What does it mean to be high verbal? *Cognitive Psychology, 2,* 194–227.

Hurrelmann, B. (1992). „Lesen ist Familiensache" – Wirklich? *Neue Sammlung, 32* (2), 235–250.

Hurrelmann, B. (1994). Leseförderung. *Praxis Deutsch, 21* (127), 13–25.

Hurrelmann, B. (2002a). Leseleistung – Lesekompetenz. Folgerungen aus PISA, mit einem Plädoyer für ein didaktisches Konzept des Lesens als kultureller Praxis. *Praxis Deutsch, 29* (176), 6–18.

Hurrelmann, B. (2002b). Lesen nach PISA. Kompetenzerwerb zwischen Schulleistung und kultureller Teilhabe. In H. Buchen, L. Horster, G. Pantel, & H.-G. Rolff (Hrsg.), *Unterrichtsentwicklung nach PISA* (S. 19–31). Stuttgart: Raabe.

Hurrelmann, B. (2002c). Zur historischen und kulturellen Relativität des „gesellschaftlich handlungsfähigen Subjekts" als normativer Rahmenidee für Medienkompetenz.

In N. Groeben & B. Hurrelmann (Hrsg.), *Medienkompetenz. Voraussetzungen, Dimensionen, Funktionen* (S. 111–126). Weinheim: Juventa.

Hurrelmann, B., & Elias, S. (Hrsg.). (1998). *Leseförderung in einer Medienkultur.* Seelze: Friedrich Verlag (Praxis Deutsch, Sonderheft).

Hurrelmann, B., Hammer, M., & Nieß, F. (1993). *Lesesozialisation: Bd. 1. Leseklima in der Familie.* Gütersloh: Bertelsmann Stiftung.

Hurrelmann, B., & Nickel-Bacon, I. (2003). Kinder- und Jugendliteratur in Schule und Unterricht. *Praxis Deutsch, Sonderheft,* 3–7.

Hurrelmann, K. (2001). Einführung in die Sozialisationstheorie. Über den Zusammenhang von Sozialstruktur und Persönlichkeit (7. Aufl.). Weinheim: Beltz.

Hurrelmann, K., & Ulich, D. (1998). Gegenstands- und Methodenfragen der Sozialisationsforschung. In K. Hurrelmann & D. Ulich (Hrsg.), *Handbuch der Sozialisationsforschung. Studienausgabe* (S. 3–20). Weinheim: Beltz.

Jackson, M. D., & McClelland, J. L. (1975). Sensory and cognitive determinants of reading speed. *Journal of Verbal Learning and Verbal Behavior, 14,* 565–574.

Jackson, M. D., & McClelland, J. L. (1979). Processing determinants of reading speed. *Journal of Experimental Psychology: General, 108,* 151–181.

Jacobs, J. E., & Paris, S. G. (1987). Children's metacognition about reading: Issues in definition, measurement, and instruction. *Educational Psychologist, 22,* 255–278.

Jansen, H., Mannhaupt, G., & Marx, H. (1993). Probleme bei der Übertragbarkeit angloamerikanischer Entwicklungsmodelle des Lesens und Rechtschreibens auf deutschsprachige Schulkinder. In H. Bauersfeld & R. Bromme (Hrsg.), *Bildung und Aufklärung* (S. 69–88). Göttingen: Hogrefe.

Jansen, H., Mannhaupt, G., Marx, H., & Skowronek, H. (2002). *Bielefelder Screening zur Früherkennung von Lese-Rechtschreibschwierigkeiten (BISC).* Göttingen: Hogrefe.

Jenkins, J. J. (1979). Four points to remember: A tetrahedral model and memory experiments. In L. S. Cermak & F. I. M. Craik (Eds.), *Levels of processing in human memory* (pp. 429–446). Hillsdale, NJ: Erlbaum.

Johnson-Laird, P. N. (1983). *Mental models.* Cambridge, UK: Cambridge University Press.

de Jong, P., & de Jong, P. F. (1996). Working memory, intelligence and reading ability in children. *Personality and Individual Differences, 21,* 1007–1020.

de Jong, P. F., & van der Leij, A. (1999). Specific contributions of phonological abilities to early reading acquisition: Results from a Dutch latent variable longitudinal study. *Journal of Educational Psychology, 91,* 450–476.

Jorm, A. F., & Share, D. L. (1983). Phonological recoding and reading acquisition. *Applied Psycholinguistics, 4,* 103–147.

Juel, C. (1988). Learning to read and write: A longitudinal study of 54 children from first through fourth grades. *Journal of Educational Psychology, 80,* 437–447.

Jungbluth, P. (1999). Lehrererwartungen und Ethnizität. Innerschulische Chancendeterminanten bei Migrantenkindern in den Niederlanden. *Zeitschrift für Pädagogik,* 40 (1), 113–125.

Just, M. A., & Carpenter, P. A. (1992). A capacity theory of comprehension: Individual differences in working memory. *Psychological Review, 99*, 122–149.

Just, M. A., Carpenter, P. A., & Keller, T. A. (1996). The capacity theory of comprehension: New frontiers of evidence and arguments. *Psychological Review, 103*, 773–780.

Kammler, C. (2000). *Neue Literaturtheorien und Unterrichtspraxis. Positionen und Modelle.* Baltmannsweiler: Schneider Verlag Hohengehren.

Kammler, C., & Knapp, W. (Hrsg.). (2002). *Empirische Unterrichtsforschung und Deutschdidaktik.* Baltmannsweiler: Schneider Verlag Hohengehren.

Kämper-van den Boogaart, M. (1997). *Schönes schweres Lesen. Legitimität literarischer Lektüre aus kultursoziologischer Sicht.* Wiesbaden: Deutscher Universitäts-Verlag.

Kerslake, D. (1977). The understanding of graphs. *Mathematics in Schools, 6* (2), 56–63.

King, J., & Just, M. A. (1991). Individual differences in syntactic processing: The role of working memory. *Journal of Memory and Language, 30*, 580–602.

Kintsch, E. (1990). Macroprocesses and microprocesses in the development of summarization skill. *Cognition and Instruction, 7*, 161–195.

Kintsch, W. (1980). Learning from text, levels of comprehension, or: Why anyone would read a story anyway. *Poetics, 9*, 87–98.

Kintsch, W. (1988). The role of knowledge in discourse comprehension: A construction-integration model. *Psychological Review, 95*, 163–182.

Kintsch, W. (1994). Learning from text. *American Psychologist, 49*, 294–303.

Kintsch, W. (1998). *Comprehension: A paradigm for cognition.* Cambridge: Cambridge University Press.

Kintsch, W. (2000). Metaphor comprehension: A computational theory. *Psychonomic Bulletin & Review, 7*, 257–266.

Kintsch, W., & van Dijk, T. A. (1978). Toward a model of text comprehension and production. *Psychological Review, 85*, 363–394.

Kintsch, W., Welsch, D., Schmalhofer, F., & Zimny, S. (1990). Sentence memory: A theoretical analysis. *Journal of Memory and Language, 29*, 133–159.

Kirby, J. R., Moore, P. J., & Schofield, N. J. (1988). Verbal and visual learning styles. *Contemporary Educational Psychology, 13*, 169–184.

Kirsch, I. S. (1995). Literacy performance on three scales: Definition and results. In OECD/Statistics Canada (Ed.), *Literacy, economy and society: Results of the first International Adult Literacy Survey* (pp. 27–53). Paris: OECD.

Kirsch, I. S., de Jong, J., LaFontaine, D., McQueen, J., Mendelovits, J., & Monseur, C. (2002). *Reading for change. Performance and engagement across countries. Results from PISA 2000.* Paris: OECD. <http://www.oecd.org/publications/e-book/9602071E.PDF>

Kirsch, I. S., & Jungeblut, A. (1986). *Literacy: Profiles of America's young adults* (Report No 16-PL-01). Princeton, NJ: Educational Testing Service.

Kirsch, I. S., Jungeblut, A., & Campbell, A. (1992), *Beyond the school doors. The literacy needs of job seekers served by the U.S. Department of Labor.* Princeton, NJ: ETS.

Kirsch, I. S., Jungeblut, A., Jenkins, L., & Kolstad, A. (1993). *Adult literacy in America. A first look at the results of the National Adult Literacy Survey.* Princeton, NJ: ETS.

Kirsch, I. S., Jungeblut, A., & Mosenthal, P. B. (1998). The measurement of adult literacy. In T. S. Murray, I. S. Kirsch, & L. Jenkins (Eds.), *Adult literacy in OECD countries: Technical report on the first international adult literacy survey*. Washington, DC: U.S. Department of Education, National Center for Education Statistics.

Klauer, K. J. (1989). *Denktraining für Kinder I. Ein Programm zur intellektuellen Förderung*. Göttingen: Hogrefe.

Klauer, K. J. (1991). *Denktraining für Kinder II*. Göttingen: Hogrefe.

Klauer, K. J. (1993). *Denktraining für Jugendliche*. Göttingen: Hogrefe.

Klauer, K. J. (1996). Denktraining oder Lesetraining? Über die Auswirkungen eines Trainings zum induktiven Denken sowie eines Lesetrainings auf Leseverständnis und induktives Denken. *Zeitschrift für Entwicklungspsychologie und Pädagogische Psychologie, 28*, 67–89.

Klauer, K. J. (Hrsg.). (2001a). *Handbuch Kognitives Training*. Göttingen: Hogrefe.

Klauer, K. J. (2001b). Intelligenz und Begabung. In D. H. Rost (Hrsg.), *Handwörterbuch Pädagogische Psychologie* (S. 209–212). Weinheim: Beltz.

Klicpera, C., & Gasteiger-Klicpera, B. (1993). *Lesen und Schreiben – Entwicklung und Schwierigkeiten. Die Wiener Längsschnittuntersuchungen über die Entwicklung, den Verlauf und die Ursachen von Lese- und Schreibschwierigkeiten in der Pflichtschulzeit*. Bern: Huber.

Klicpera, C., & Gasteiger-Klicpera, B. (1998). *Psychologie der Lese- und Schreibschwierigkeiten. Entwicklung, Ursachen, Förderung* (2. Aufl.). Weinheim: Psychologie Verlags Union.

Klieme, E. (2000). Fachleistungen im voruniversitären Mathematik- und Physikunterricht: Theoretische Grundlagen, Kompetenzstufen und Unterrichtsschwerpunkte. In J. Baumert, W. Bos, & R. Lehmann (Hrsg.). *TIMSS/III. Dritte Internationale Mathematik- und Naturwissenschaftsstudie. Mathematische und naturwissenschaftliche Bildung am Ende der Schullaufbahn* (Bd. 2, S. 57–128). Opladen: Leske + Budrich.

Kline, R. B. (1998). *Principles and practice of structural equation modeling*. New York: Guilford Press.

Koch, P., & Oesterreicher, W. (1994). Schriftlichkeit und Sprache. In H. Günther & O. Ludwig (Hrsg.), *Schrift und Schriftlichkeit. Ein interdisziplinäres Handbuch internationaler Forschung* (Bd. 1, S. 587–604). Berlin: de Gruyter.

Köcher, R. (1988). *Familie und Lesen. Eine Untersuchung über den Einfluß des Elternhauses auf das Leseverhalten*. Frankfurt a.M.: Buchhändler Vereinigung (Archiv für Soziologie und Wirtschaftsfragen des Buchhandels LXIII).

Köcher, R. (1993). Lesekarrieren – Kontinuität und Brüche. In H. Bonfadelli, A. Fritz, & R. Köcher, *Lesesozialisation: Bd. 2. Leseerfahrungen und Lesekarrieren* (S. 215–310). Gütersloh: Verlag Bertelsmann Stiftung.

Koda, K. (1994). Second language reading research: Problems and possibilities. *Applied Psycholinguistics, 15*, 1–28.

Köller, O. (1998). *Zielorientierungen und schulisches Lernen*. Münster: Waxmann.

Köller, O. (2004a). *Konsequenzen schulischer Leistungsgruppierung*. Münster: Waxmann.

Köller, O. (2004b). *Lehr-Lernskripts im Unterricht.* Münster: Waxmann.

Köller, O., Daniels, Z., Schnabel, K. U., & Baumert, J. (2000). Kurswahlen von Mädchen und Jungen im Fach Mathematik: Zur Rolle von fachspezifischem Selbstkonzept und Interesse. *Zeitschrift für Pädagogische Psychologie, 14,* 26–37.

Köller, O., Klemmert, H., Möller, J., & Baumert, J. (1999). Eine längsschnittliche Überprüfung des Modells des Internal/External Frame of Reference. *Zeitschrift für Pädagogische Psychologie, 13,* 128–134.

Köller, O., & Möller, J. (2001). Selbstbezogene Fähigkeitskognitionen im Kontext Schule: Die Rolle unterschiedlicher Referenzrahmen. In R. K. Silbereisen & M. Reitzle (Hrsg.), *Bericht über den 42. Kongress der Deutschen Gesellschaft für Psychologie in Jena 2000* (S. 380–390). Lengerich: Pabst.

Körkel, J. (1987). *Die Entwicklung von Gedächtnis- und Metagedächtnisleistungen in Abhängigkeit von bereichsspezifischen Vorkenntnissen.* Frankfurt a.M.: Lang.

Körkel, J., & Hasselhorn, M. (1987). Textlernen als Problemlösen. Differentielle Aspekte und Förderperspektiven im Schulalter. In H. Neber (Hrsg.), *Angewandte Problemlösepsychologie* (S. 193–214). Münster: Aschendorff.

Körkel, J., & Schneider, W. (1991). Domain-specific versus metacognitive knowledge effects on text recall and comprehension. In M. Carretero, M. Pope, P. R. J. Simons, & J. I. Pozo (Eds.), *Learning and instruction: European research in an international context* (Vol. 3, pp. 311–325). Oxford: Pergamon.

Kosslyn, S. M. (1985). Graphics and human information processing: A review of five books. *Journal of the American Statistical Association, 80* (391), 499–512.

Kosslyn, S. M. (1994). *Image and brain.* Cambridge, MA: MIT Press.

Köster, J. (2003). Konstruieren statt Entdecken – Impulse aus der PISA-Studie für die deutsche Aufgabenkultur. *Didaktik Deutsch, 8* (14), 4–20.

van Kraayenoord, C. E., & Schneider, W. (1999). Reading achievement, metacognition, reading self-concept and interest: A study of German students in grades 3 and 4. *European Journal of Psychology of Education, 14,* 305–324.

Krajewski, K. (2003). *Vorhersage von Rechenschwäche in der Grundschule.* Hamburg: Kovacs.

Krapp, A. (1992). Das Interessenkonstrukt. In A. Krapp & M. Prenzel (Hrsg.), *Interesse, Lernen, Leistung* (S. 297–329). Münster: Aschendorff.

Krapp, A. (1997). Selbstkonzept und Leistung – Dynamik ihres Zusammenspiels. Literaturüberblick. In F. E. Weinert & A. Helmke (Hrsg.), *Entwicklung im Grundschulalter* (S. 325–339). Weinheim: Psychologie Verlags Union.

Krapp, A. (1999a). Interest, motivation and learning: An educational-psychological perspective. European *Journal of Psychology of Education, 14,* 23–40.

Krapp, A. (1999b). Intrinsische Lernmotivation und Interesse. *Zeitschrift für Pädagogik, 45,* 387–406.

Krapp, A., Hidi, S., & Renninger, K. A. (1992). Interest, learning, and development. In K. A. Renninger, S. Hidi, & A. Krapp (Eds.), *The role of interest in learning and development* (pp. 3–25). Hillsdale, NJ: Erlbaum.

Kreppner, K. (1975). *Zur Problematik des Messens in den Sozialwissenschaften.* Stuttgart: Klett-Cotta.

Krug, S., & Hanel, J. (1976). Motivänderung: Erprobung eines theoriegeleiteten Trainingsprogramms. *Zeitschrift für Entwicklungspsychologie und Pädagogische Psychologie, 8,* 274–287.

Kügler, H. (1996). Die bevormundete Literatur. Zur Entwicklung und Kritik der Literaturdidaktik. In J. Belgrad & H. Melenk (Hrsg.), *Literarisches Verstehen – Literarisches Schreiben* (S. 10–24). Baltmannsweiler: Schneider Verlag Hohengehren.

Kun, A. (1977). Development of the magnitude-covariation and compensation schemata in ability and effort attribution of performance. *Child Development, 48,* 862–873.

Kunter, M., Schümer, G., Artelt, C., Baumert, J., Klieme, E., Neubrand, M., Prenzel, M., Schiefele, U., Schneider, W., Stanat, P., Tillmann, K.-J., & Weiß, M. (2002). *PISA 2000: Dokumentation der Erhebungsinstrumente* (Vol. 72). Berlin: Max-Planck-Institut für Bildungsforschung.

Kunter, M., & Stanat, P. (2003). Soziale Lernziele im Ländervergleich. In J. Baumert, C. Artelt, E. Klieme, M. Neubrand, M. Prenzel, U. Schiefele, W. Schneider, K.-J.Tillmann, & M. Weiß (Hrsg.), PISA 2000. *Ein differenzierter Blick auf die Länder der Bundesrepublik Deutschland* (S. 165–193). Opladen: Leske + Budrich.

Kunz, G. C., Drewniak, U., Hatalak, A., & Schön, A. (1992). Zur differenziellen Bedeutung kognitiver, metakognitiver und motivationaler Variablen für das effektive Lernen mit Instruktionstexten und Bildern. In H. Mandl & H. F. Friedrich (Hrsg.), *Lern- und Denkstrategien* (S. 213–229). Göttingen: Hogrefe.

Küppers, J., & Souvignier, E. (2002). „Textdetektive" lösen ihre Fälle: Mit Strategie und Spaß. Wie lassen sich Texte leichter lesen und besser verstehen – Förderkonzept für Fünftklässler in Erprobung. *Forschung Frankfurt, 1–2,* 51–53.

Kurtz-Costes, B. E., & Schneider, W. (1994). Self-concept, attributional beliefs, and school achievement: A longitudinal analysis. *Contemporary Educational Psychology, 19,* 199–216.

Küspert, P. (1998). *Phonologische Bewußtheit und Schriftspracherwerb: Zu den Effekten vorschulischer Förderung der phonologischen Bewußtheit auf den Erwerb des Lesens und Rechtschreibens.* Frankfurt a.M.: Lang.

Küspert, P., & Schneider, W. (2003). *Hören, Lauschen, Lernen: Sprachspiele für Kinder im Vorschulalter* (4. Aufl.). Göttingen: Vandenhoeck & Ruprecht.

Kyllonen, P. C., & Christal, R. E. (1990). Reasoning ability is (little more than) working-memory capacity?! *Intelligence, 14,* 1–11.

Landerl, K., & Wimmer, H. (1994). Phonologische Bewusstheit als Prädiktor für Lese-Rechtschreibfertigkeiten in der Grundschule. *Zeitschrift für Pädagogische Psychologie, 8,* 153–164.

Langen, C., & Bentlage, U. (Hrsg.). (2000). *Das Lesebarometer – Lesen und Mediennutzung in Deutschland.* Gütersloh: Verlag Bertelsmann Stiftung.

La Pointe, L. B., & Engle, R. W. (1990). Simple and complex word spans as measures of working memory capacity. *Journal of Experimental Psychology: Learning, Memory, and Cognition, 16,* 1118–1133.

Larkin, J. H., & Simon, H. A. (1987). Why a diagram is (sometimes) worth ten thousand words. *Cognitive Science, 11,* 65–99.

Lehmann, R. H. (2000). Anregungen für bildungspolitische Konsequenzen der empirischen Forschung. In W. Stark, T. Fitzner, & C. Schubert (Hrsg.), *Von der Alphabetisierung zur Leseförderung* (S. 153–165). Stuttgart: Klett.

Lehmann, R. H., Peek, R., Pieper, I., & Stritzky, R. von. (1995). *Leseverständnis und Lesegewohnheiten deutscher Schüler und Schülerinnen.* Weinheim: Beltz.

Lehtinen, E. (1992). Lern- und Bewältigungsstrategien im Unterricht. In H. Mandl & H. F. Friedrich (Hrsg.), *Lern- und Denkstrategien: Analyse und Intervention* (S. 125–149). Göttingen: Hogrefe.

Leseman, P. P. M., & de Jong, P. F. (2001). How important is home literacy for acquiring literacy in school? In L. Verhoeven & C. E. Snow (Eds.), *Literacy and motivation: Reading engagement in individuals and groups* (pp. 71–93). Mahwah, NJ: Erlbaum.

Leutner, D., Barthel, A., & Schreiber, B. (2001). Studierende können lernen, sich selbst zum Lernen zu motivieren: Ein Trainingsexperiment. *Zeitschrift für Pädagogische Psychologie, 15,* 155–167.

Levin, J. R. (1982). Pictures as prose-learning devices. In A. Flammer & W. Kintsch (Eds.), *Discourse processing* (pp. 412–444). Amsterdam: North-Holland.

Liberman, I. Y., Shankweiler, D., Liberman, A. M., Fowler, C., & Fischer, F. W. (1977). Phonetic segmentation and recoding in the beginning reader. In A. S. Reber & D. Scarborough (Eds.), *Toward a psychology of reading: The proceedings of the CUNY conference* (pp. 207–225). Hillsdale, NJ: Erlbaum.

Limbird, C. (in prep.). *Phonological awareness, verbal abilities, and literacy development among bilingual Turkish-German children.*

Lorch, R. F., Lorch, E. P., & Morgan, A. M. (1987). Task effects and individual differences in on-line processing of a topic structure of a text. *Discourse Processes, 10,* 63–80.

Lowe, R. K. (1993). Constructing a mental representation from an abstract technical diagram. *Learning and Instruction, 3,* 157–179.

Lowe, R. K. (1994). Selectivity in diagrams: Reading beyond the lines. *Educational Psychology, 14,* 467–491.

Lowe, R. K. (1996). Background knowledge and the construction of a situational representation from a diagram. *European Journal of Psychology of Education, 11,* 377–397.

Lowe, R. K. (1999). Extracting information from an animation during complex visual learning. *European Journal of Psychology of Education, 14,* 225–244.

Lowe, R. K. (2003). Animation and learning: Selective processing of information in dynamic graphics. *Learning and Instruction. 13,* 157–176.

Lüdtke, O., Köller, O., Artelt, C., Stanat, P., & Baumert, J. (2002). Eine Überprüfung von Modellen zur Genese akademischer Selbstkonzepte: Ergebnisse aus der PISA-Studie. *Zeitschrift für Pädagogische Psychologie, 16,* 151–164.

Ludwig, O. (2002). PISA 2000 und der Deutschunterricht. *Der Deutschunterricht, 54* (2), 82–85.

Lundberg, I. (2002). The child's route into reading and what can go wrong. *Dyslexia, 8,* 1–13.

Lundberg, I., Frost, J., & Petersen, O. P. (1988). Effects of an extensive program stimulating phonological awareness in preschool children. *Reading Research Quarterly, 23,* 253–284.

Lundberg, I., & Linnakylä, P. (1993). *Teaching reading around the world.* The Hague: IEA.

Lyster, S.-A. H. (1997). Spelling development and metalinguistic training before school entrance: The effects of different metalinguistic training on spelling development in first grade. In C. K. Leong & R. M. Joshi (Eds.), *Cross-language studies of learning to read and spell* (pp. 305–330). Dordrecht: Kluwer.

Lyster, S.-A. H. (2002). The effects of morphological versus phonological awareness training in kindergarten on reading development. *Reading and Writing, 15,* 261–294.

Lysynchuk, L. M., Pressley, M., & Vye, N. J. (1990). Reciprocal teaching improves standardized reading-comprehension performance in poor comprehenders. *Elementary School Journal, 90,* 469–484.

Mähler, C., & Hasselhorn, M. (2000). Lern- und Gedächtnistraining bei Kindern. In K. J. Klauer (Hrsg.), *Handbuch Kognitives Training* (S. 407–429). Göttingen: Hogrefe.

Mähler, C., & Hasselhorn, M. (2001). Transfer. In D. H. Rost (Hrsg.), *Handwörterbuch Pädagogische Psychologie* (2. Aufl., S. 721–730). Weinheim: Beltz PVU.

Mandl, H., & Levin, J. R. (Eds.). (1989). *Knowledge acquisition from text and pictures.* Amsterdam: North-Holland.

Mani, K., & Johnson-Laird, P. N. (1982). The mental representation of spatial descriptions. *Memory & Cognition, 10,* 181–187.

Mannhaupt, G. (1992). *Strategisches Lernen.* Heidelberg: Asanger.

Mannhaupt, G. (1994). Deutschsprachige Studien zu Intervention bei Lese-Rechtschreibschwierigkeiten: Ein Überblick zu neueren Forschungstrends. *Zeitschrift für Pädagogische Psychologie, 8,* 123–138.

Mannhaupt, G., Hüttinger, K., Schöttler, D., & Völzke, V. (1999). Die motivationale Erweiterung einer lernstrategisch orientierten Intervention im frühen Schriftspracherwerb. *Zeitschrift für Pädagogische Psychologie, 13,* 50–59.

Marsh, G., Friedman, M., Welsh, V., & Desberg, P. (1981). The development of strategies in spelling. In U. Frith (Ed.), *Cognitive processes in spelling* (pp. 339–353). New York: Academic Press.

Marsh, H. W. (1986). Verbal and math self-concepts: An internal/external frame of reference model. *American Educational Research Journal, 23,* 129–149.

Marsh, H. W. (1987). The big-fish-little-pond effect on academic self-concept. *Journal of Educational Psychology, 79,* 280–295.

Marsh, H. W. (1989). Sex differences in the development of verbal and mathematics constructs: The high school and beyond study. *American Educational Research Journal, 26,* 191–225.

Marsh, H. W. (1990a). The influences of internal and external frames of reference on the formation of math and English self-concepts. *Journal of Educational Psychology, 82,* 107–116.

Marsh, H. W. (1990b). A multidimensional hierarchical self-concept: Theoretical and empirical justification. *Educational Psychology Review, 2*, 77–171.

Marsh, H. W., & Hau, K. T. (2002, August). *Internal/external frame of reference model.* Paper presented at the conference of the Self-Centre, Sydney, Australia.

Marsh, H. W., & Hau, K. T. (2004). Explaining paradoxical relations between academic self-concepts and achievements: Cross-cultural generalizability of the internal/external frame of reference predictions across 26 countries. *Journal of Educational Psychology, 96*, 56–67.

Marsh, H. W., Kong, C. T., & Hau, K. (2001). Extension of the internal/external frame of reference model of self-concept formation: Importance of native and nonnative languages for chinese students. *Journal of Educational Psychology, 93*, 543–553.

Marsh, H. W., & Shavelson, R. J. (1985). Self-concept: Its multifaced, hierarchical structure. *Educational Psychologist, 20*, 107–125.

Marsh, H. W., Walker, R., & Debus, R. (1991). Subject-specific components of academic self-concept and self-efficacy. *Contemporary Educational Psychology, 16*, 331–345.

Marsh, H. W., & Yeung, A. S. (1997). Coursework selection: Relations to academic self-concept and achievement. *American Educational Research Journal, 34*, 691–720.

Marx, H. (1992a). Frühe Identifikation und Prädiktion von Lese-Rechtschreibschwierigkeiten: Bestandsaufnahme bisheriger Bewertungsgesichtspunkte von Längsschnittstudien. *Zeitschrift für Pädagogische Psychologie, 6*, 35–48.

Marx, H. (1992b). *Vorhersage von Lese-Rechtschreibschwierigkeiten in Theorie und Anwendung.* Unveröff. Habilitation, Universität Bielefeld.

Marx, H. (1997). Erwerb des Lesens und Rechtschreibens: Literaturüberblick. In F. E. Weinert & A. Helmke (Hrsg.), *Entwicklung im Grundschulalter* (S. 85–111). Weinheim: Psychologie Verlags Union.

Marx, H., Jansen, H., Mannhaupt, G., & Skowronek, H. (1993). Prediction of difficulties in reading and spelling on the basis of the Bielefeld Screening. In H. Grimm & H. Skowronek (Eds.), *Language acquisition problems and reading disorders: Aspects of diagnosis and interaction* (pp. 219–224). Berlin: de Gruyter.

Marx, P., Weber, J.-M., & Schneider, W. (2001). Legasthenie versus allgemeine Lese-Rechtschreibschwäche. *Zeitschrift für Pädagogische Psychologie, 15*, 85–98.

Marx, P., Weber, J.-M., & Schneider, W. (in Vorb.). *Prävention von LRS.* Würzburg: Institut für Psychologie.

Mathewson, G. C. (1994). Model of attitude influence upon reading and learning to read. In R. Ruddell, M. R. Ruddell, & H. Singers (Eds.), *Theoretical models and processes of reading* (pp. 1131–1161). Newark, DE: International Reading Association.

Mayer, R. E. (1992). Cognition and instruction: Their historic meeting within educational psychology. *Journal of Educational Psychology, 84*, 405–412.

Mayer, R. E. (1997). Multimedia learning: Are we asking the right questions? *Educational Psychologist, 32*, 1–19.

Mayer, R. E. (2001). *Multimedia learning.* New York: Cambridge University Press.

Mayer, R. E., & Gallini, J. K. (1990). When is an illustration worth ten thousand words? *Journal of Educational Psychology, 82*, 715–726.

Mayer, R. E., & Moreno, R. (1998). A split-attention effect in multimedia learning: Evidence for dual processing systems in working memory. *Journal of Educational Psychology, 90*, 312–320.

McClelland, J. L., & Rumelhart, D. E. (1981). An interactive activation model of context effects in letter perception. *Psychological Review, 88*, 375–407.

McConkie, G. W., & Rayner, K. (1974). Investigation of reading strategies: I. Manipulating strategies through payoff conditions. *Journal of Reading Behavior, 6*, 9–18.

McConkie, G. W., & Rayner, K. (1975). The span of the effective stimulus during a fixation in reading. *Perception & Psychophysics, 17*, 578–586.

McKenna, M. C., & Kear, D. J. (1990). Measuring attitude toward reading: A new tool for teachers. *Reading Teacher, 43*, 626–639.

McNamara, D. S., Kintsch, E., Songer, N. B., & Kintsch, W. (1996). Are good texts always better? Interactions of text coherence, background knowledge, and levels of understanding in learning from text. *Cognition and Instruction, 14*, 1–43.

Medienpädagogischer Forschungsverbund Südwest (Hrsg.). (2003). *JIM-Studie 2002. Jugend, Information, (Multi-)Media. Basisuntersuchung zum Medienumgang 12- bis 19-Jähriger.* Baden-Baden: Medienpädagogischer Forschungsverbund Südwest.

Meece, J. L. (1994). Individual and classroom differences in students' achievement goal patterns. In D. Schunk & B. Zimmerman (Eds.), *Self-regulated learning: Definitions and issues* (pp. 25–44). Hillsdale, NJ: Erlbaum.

Meece, J. L., Blumenfeld, P. C., & Hoyle, H. R. (1988). Students' goal orientations and cognitive engagement in classroom activities. *Journal of Educational Psychology, 80*, 514–523.

Meece, J. L., & Miller, S. D. (1999). Changes in elementary school. Children's achievement goals for reading amd writing: Results of a longitudinal and an intervention study. *Scientific Studies of Reading, 3*, 207–229.

Meece, J. L., & Miller, S. D. (2001). A longitudinal analysis of elementary school students' achievement goals in literacy activities. *Contemporary Educational Psychology, 26*, 454–480.

Meece, J. L., Parsons, J., Kaczala, C. M., Goff, S. B., & Futterman, R. (1982). Sex differences in math achievement. Towards a model of academic choice. *Psychological Bulletin, 91*, 324–348.

Meece, J. L., Wigfield, A., & Eccles, J. S. (1990). Predictors of math anxiety and its influence on young adolescents' course enrollment intentions and performance in mathematics. *Journal of Educational Psychology, 82*, 60–70.

Meisel, J. M. (in press). The bilingual child. In T. K. Bhatia & W. C. Richie (Eds.), *The handbook of bilingualism. Blackwell handbooks in linguistics.*

Mejding, J. (1993, August). *Reading: Speed and/or comprehension?* Paper presented at the Nordic Conference on Methodological Issues in Dyslexia Research, Kungälv, Sweden.

Mejding, J. (2000). *Reading speed test report.* Unpublished manuscript, Danish National Institute for Educational Research, Copenhagen.

Metsala, J. L., & Ehri, L. C. (1998). *Word recognition in beginning literacy.* New York: Erlbaum.

Meyer, B. J. F. (1984). Text dimensions and cognitive processing. In H. Mandl, N. L. Stein, & T. Trabasso (Eds.), *Learning and understanding from text* (pp. 3–51). Hillsdale, NJ: Erlbaum.

Meyer, B. J. F., Brandt, D. M., & Bluth, G. J. (1978, March). *Use of author's textual schema: Key for ninth-graders' comprehension.* Paper presented at the annual conference of the American Educational Research Association, Toronto.

Miller, L. M. S., & Stine-Morrow, E. A. L. (1998). Aging and the effects of knowledge on on-line reading strategies. *Journal of Gerontology: Psychology Sciences, 53B,* 223–233.

Miranda, A., Villaescusa, M. I., & Vidal-Abarca, E. (1997). Is attribution retraining necessary? Use of self-regulation procedures for enhancing the reading comprehension strategies of children with learning disabilities. *Journal of Learning Disabilities, 30,* 503– 512.

Mischo, C., & Rheinberg, F. (1995). Erziehungsziele von Lehrern und individuelle Bezugsnormen der Leistungsbewertung. *Zeitschrift für Pädagogische Psychologie, 9,* 139–152.

Mislevy, R. J. (1991) Randomization-based inference about latent variables from complex samples. *Psychometrika, 56,* 177–196.

Mislevy, R. J., Beaton, A. E., Kaplan, B., & Sheehan, K. M. (1992). Estimating population characteristics from sparse matrix samples of item responses. *Journal of Educational Measurement, 29,* 133–161.

Mokros, J. R., & Tinker, R. F. (1987). The impact of microcomputer based labs on children's ability to interpret graphs. *Journal of Research in Science Teaching, 24,* 369–383.

Möller, J. (2001). Attributionen. In D. H. Rost (Hrsg.), *Handwörterbuch Pädagogische Psychologie* (S. 36–41). Weinheim: Beltz PVU.

Möller, J. (2003). *Selbstkonzept, Motivation und Kompetenz: Entwicklung des Leseverhaltens von Schülern.* Sachmittelantrag an die DFG, Universität Bielefeld.

Möller, J., & Jerusalem, M. (1997). Attributionsforschung in der Schule. *Zeitschrift für Pädagogische Psychologie, 11,* 151–166.

Möller, J., & Köller, O. (1998). Dimensionale und soziale Vergleiche nach schulischen Leistungen. *Zeitschrift für Entwicklungspsychologie und Pädagogische Psychologie, 30,* 118–127.

Möller, J., & Köller, O. (1999). Spontaneous cognitions following academic test results. *Journal of Experimental Education, 67,* 150–164.

Möller, J., & Köller, O. (2001a). Dimensional comparisons: An experimental approach to the internal/external frame of reference model. *Journal of Educational Psychology, 93,* 826–835.

Möller, J., & Köller, O. (2001b). Frame of reference effects following the announcement of exam results. *Contemporary Educational Psychology, 26,* 277–287.

Möller, J., & Köller, O. (2004). Die Genese akademischer Selbstkonzepte: Effekte dimensionaler und sozialer Vergleiche. *Psychologische Rundschau, 55*, 19–27.

Morrow, L. M. (1996). *Motivating reading writing in diverse classrooms: Social and physical contexts in a literature-based program* (NCTE Research Report No. 28). Urbana, IL: National Council of Teachers of English.

Mosenthal, P. B. (1996). Understanding the strategies of document literacy and their conditions of use. *Journal of Educational Psychology, 88* (2), 314–332.

Mosenthal, P. B., & Kirsch, I. S. (1991). Toward an explanatory model of document literacy. *Discourse Processes, 14*, 147–180.

Mullis, I. V. S., Martin, M. O., Gonzalez, E. J., & Kennedy, A. M (2003). *PIRLS 2001 International Report. IEA's study of reading literacy achievement in primary schools in 35 countries.* Chestnut Hill, MA: Boston College.

Murat, F., & Rocher, R. (2003). *On the methods used for international assessments of educational competences* [La méthodologie des évaluations internationales]. Paris: OECD.

Murray, T. S., Kirsch, I. S., & Jenkins, L. B. (Eds.). (1998). *Adult literacy in OECD countries: Technical report on the first international adult literacy survey.* Washington, DC: National Center for Education Statistics, United States Department of Education.

Näslund, J. C., & Schneider, W. (1993). Emerging literacy from kindergarten to second grade: Evidence from the Munich Longitudinal Study on the Genesis of Individual Differences. In H. Grimm & H. Skowronek (Eds.), *Language acquisition problems and reading disorders: Aspects of diagnosis and intervention* (pp. 57–84). Hillsdale, NJ: Erlbaum.

Näslund, J. C., & Schneider, W. (1996). Kindergarten letter knowledge, phonological skills, and memory processes: Relative effects on early literacy. *Journal of Experimental Child Psychology, 62*, 30–59.

National Reading Panel. (2000). *Report of the National Reading Panel: Teaching children to read – An evidence-based assessment of the scientific research literature on reading and its implications for reading instruction.* Jessup, MD: National Institute for Literacy (NIH Publication No. 00-4769).

Neisser, U. (1976). *Cognition and reality.* San Francisco: Freeman.

Nicholls, J. G. (1978). The development of the concepts of effort and ability, perception of academic attainment, and the understanding that difficult tasks require more ability. *Child Development, 49*, 800–814.

Nicholls, J. G. (1984). Achievement motivation: Conceptions of ability, subjective experience, task choice, and performance. *Psychological Review, 91*, 328–346.

Niemann, H. (2000). Leseförderung in Familie und Schule. In W. Stark, T. Fitzner, & C. Schubert (Hrsg.), *Von der Alphabetisierung zur Leseförderung. Eine Fachtagung* (S. 333–337). Stuttgart: Klett.

Oakhill, J., & Yuill, N. (1986). Pronoun resolution in skilled and less skilled comprehenders: Effects of memory load and inferential complexity. *Language and Speech, 29*, 25–37.

OECD – Organisation for Economic Co-operation and Development (Ed.). (1999). *Measuring student knowledge and skills: A new framework for assessment.* Paris: OECD [In deutscher Sprache: Deutsches PISA-Konsortium. (2000). Schülerleistungen im internationalen Vergleich. Eine neue Rahmenkonzeption für die Erfassung von Wissen und Fähigkeiten. Berlin: Max-Planck-Institut für Bildungsforschung].

OECD – Organisation for Economic Co-operation and Development. (2001). *Knowledge and skills for life: First results from PISA 2000*. Paris: OECD [In deutscher Sprache: OECD. (2001). Lernen für das Leben: Erste Ergebnisse der internationalen Schulleistungsstudie PISA 2000. Paris: OECD].

OECD – Organisation for Economic Co-operation and Development. (2002). *Sample tasks from the PISA 2000 assessment. Reading, mathematical and scientific literacy*. Paris: OECD.

OECD/Statistics Canada. (1995). *Literacy, economy, and society. Results of the first International Adult Literacy Survey*. Paris/Ottawa.

OECD/Statistics Canada. (1997). *Literacy skills for the knowledge society. Further results from the International Adult Literacy Survey*. Paris/Ottawa.

OECD/Statistics Canada. (2000). *Literacy in the information age. Final report of the International Adult Literacy Survey*. Paris/Ottawa.

Oerter, R. (1999). Theorien der Lesesozialisation. Zur Ontogenese des Lesens. In N. Groeben (Hrsg.), *Lesesozialisation in der Mediengesellschaft. Ein Schwerpunktprogramm* (S. 27–55). Tübingen: Max Niemeyer Verlag (IASL, Sonderheft 10).

Ohtsuka, K., & Brewer, W. F. (1992). Discourse organization in the comprehension of temporal order in narrative texts. *Discourse Processes, 15*, 317–336.

Olofsson, A., & Niedersoe, J. (1999). Early language development and kindergarten phonological awareness as predictors of reading problems: From 3 to 11 years of age. *Journal of Learning Disabilities, 32*, 464–472.

Olson, D. R. (1980). Social aspects of meaning in oral and written language. In D. R. Olson (Ed.), *The social foundations of language and thought. Essays in honor of Jerome Bruner* (pp. 90–109). New York: Norton & Company.

Olson, J. M., Roese, N. J., & Zanna, M. P. (2000). Erwartungen. In J. Möller, B. Strauß, & S. M. Jürgensen (Hrsg.), *Psychologie und Zukunft* (S. 31–50). Göttingen: Hogrefe.

Paefgen, E. (1998). Textnahes Lesen. 6 Thesen aus didaktischer Perspektive. In J. Belgrad & K.-H. Fingerhut (Hrsg.), *Textnahes Lesen. Annäherungen an Literatur im Unterricht* (S. 14–23). Baltmannsweiler: Schneider Verlag Hohengehren.

Paefgen, E. (1999). *Einführung in die Literaturdidaktik*. Stuttgart: Metzler.

Palincsar, A. S. (1986). Metacognitive strategy instruction. *Exceptional Children, 53*, 118–124.

Palincsar, A. S., & Brown, A. L. (1984). Reciprocal teaching of comprehension-fostering and comprehension-monitoring activities. *Cognition and Instruction, 1*, 117–175.

Palladino, P., Cornoldi, C., De Beni, R., & Pazzaglia, F. (2001). Working memory and updating processes in reading comprehension. *Memory & Cognition, 29*, 344–354.

Palmer, S. E., Rosch, E., & Chase, P. (1981). Canonical perspective and the perception of objects. In J. Long & A. Baddeley (Eds.), *Attention and performance* (Vol. 9, pp. 135–151). Hillsdale, NJ: Erlbaum.

Paris, S. G., Cross, D. R., & Lipson, M. Y. (1984). Informed strategies for learning: A program to improve children's reading awareness and comprehension. *Journal of Educational Psychology, 76,* 1239–1252.

Paris, S. G., & Jakobs, J. E. (1984). The benefits of informed instruction for children's reading awareness and comprehension skills. *Child Development, 55,* 2083–2093.

Paris, S. G., Lipson, M. Y., & Wixson, K. K. (1983). Becoming a strategic reader. *Contemporary Educational Psychology, 8,* 293–316.

Paris, S. G., & Oka, E. R. (1986). Children's reading strategies, metacognition and motivation. *Developmental Review, 6,* 25–56.

Paris, S. G., Wasik, B., & Turner, J. C. (1991). The development of strategic readers. In R. Barr & M. L. Kamil (Eds.), *Handbook of reading research* (pp. 609–639). New York: Longman.

Parson, J. E., Kaczala, C. M., & Meece, J. (1982). Socialisation of achievement attitudes and beliefs: Classroom influences. *Child Development, 53,* 322–339.

Payne, B. D., & Manning, B. H. (1992). Basal reader instruction: Effects of comprehension monitoring training on reading comprehension, strategy use and attitude. *Reading Research and Instruction, 32,* 29–38.

Peirce, C. S. (1906). Prolegomena to an apology for pragmaticism. *The Monist,* 492–546.

Pekrun, R. (1988). *Emotion, Motivation und Persönlichkeit.* Weinheim: Psychologie Verlags Union.

Pekrun, R. (1993). Facets of adolescents' academic motivation: A longitudinal expectancy-value approach. In M. L. Maehr & P. R. Pintrich (Eds.), *Advances in motivation and achievement* (Vol. 8, pp. 139–189). Greenwich, CT: JAI Press.

Perfetti, C. A. (1985). *Reading ability.* New York: Oxford University Press.

Perfetti, C. A., Goldman, S., & Hogaboam, T. (1979). Reading skill and the identification of words in discourse context. *Memory & Cognition, 7,* 273–282.

Perfetti, C. A., & Lesgold, A. M. (1977). Discourse comprehension and sources of individual differences. In M. A. Just & P. A. Carpenter (Eds.), *Cognitive processes in comprehension* (pp. 141–183). Hillsdale, NJ: Erlbaum.

Perfetti, C. A., & McCutchen, D. (1987). Schooled language competence: Linguistic abilities in reading and writing. In S. Rosenberg (Ed.), *Reading, writing, and language learning. Advances in applied psycholinguistics* (Vol. 2, pp. 105–141). Cambridge, UK: Cambridge University Press.

Perrig, W. J., & Kintsch, W. (1985). Propositional and situational representations of text. *Journal of Memory and Language, 24,* 503–518.

Peterson, D. (1996). *Forms of representation.* Exeter, UK: Intellect.

Pettersson, R. (1988). Interpretation of image content. *Educational Communication Technology Journal, 36,* 45–55.

Pichert, J. W., & Anderson, R. C. (1977). Taking different perspectives on a story. *Journal of Educational Psychology, 69,* 309–315.

Pinker, S. (1990). A theory of graph comprehension. In R. Freedle (Ed.), *Artificial intelligence and the future of testing* (pp. 73–126). Hillsdale, NJ: Erlbaum.

Pintrich, P. R. (1990). Implications of psychological research on student learning and college teaching for teacher education. In W. R. Houston (Ed.), *Handbook of research on teacher education* (pp. 826–857). New York: Macmillan.

Pintrich, P. R. (2004). A motivational science perspective on the role of student motivation in learning and teaching contexts. *Journal of Educational Psychology, 95*, 667–686.

Pintrich, P. R., & Blumenfeld, P. C. (1985). Classroom experience and children's self-perceptions of ability, effort, and conduct. *Journal of Educational Psychology, 77*, 646–657.

Pintrich, P. R., & Schunk, D. H. (2002). *Motivation in education*. Englewood Cliffs, NJ: Prentice Hall.

Plass, J. L., Chun, D. M., Mayer, R. E., & Leutner, D. (1998). Supporting visual and verbal learning preferences in a second-language multimedia learning environment. *Journal of Educational Psychology, 90*, 25–36.

Plume, E., & Schneider, W. (2004). *Hören, Lauschen, Lernen 2: Spiele mit Buchstaben und Lauten für Kinder im Vorschulalter*. Göttingen: Vandenhoeck & Ruprecht.

Pohlmann, B. (2003). *Zur Domänenspezifität kognitiver, motivationaler und behavioraler Variablen*. Unveröff. Dissertation, Universität Bielefeld.

Poskiparta, E., Niemi, P., & Vauras, M. (1999). Who benefits from training in linguistic awareness in the first grade, and what components show training effects? *Journal of Learning Disabilities, 32*, 437–446.

Postlethwaite, T. N., & Ross, K. N. (1992). *Effective schools in reading. Implications for educational planners*. Hamburg: IEA.

Prenzel, M., Rost, J., Senkbeil, M., Häußler, P., & Klopp, A. (2001). Naturwissenschaftliche Grundbildung: Testkonzeption und Ergebnisse. In J. Baumert, E. Klieme, M. Neubrand, M. Prenzel, U. Schiefele, W. Schneider, P. Stanat, K.-J. Tillmann, & M. Weiß (Hrsg.), *PISA 2000. Basiskompetenzen von Schülerinnen und Schülern im internationalen Vergleich* (S. 191–248). Opladen: Leske + Budrich.

Pressley, M. (1995). What is intellectual development about in the 1990s? Good information processing. In F. E. Weinert & W. Schneider (Eds.), *Memory performance and competencies: Issues in growth and development* (pp. 375–404). Mahwah, NJ: Erlbaum.

Pressley, M., Borkowski, J. G., & Schneider, W. (1987). Cognitive strategies: Good strategy users coordinate metacognition and knowledge. *Annals of Child Development, 4*, 89–129.

Pressley, M., Borkowski, J. G., & Schneider, W. (1989). Good information processing: What it is and how education can promote it. *International Journal of Educational Research, 13*, 857–867.

Pressley, M., El-dinary, P. B., Wharton-McDonald, R., & Brown, R. (1998). Transactional instruction of comprehension strategies in the elementary grades. In D. H. Schunk & B. J. Zimmerman (Eds.), *Self-regulated learning: From teaching to self-reflective practice*. (pp. 42–56). New York: Guilford.

Pressley, M., Wood, E., & Woloshyn, V. (1990). Elaborative interrogation and facilitation of fact learning: Why having a knowledge base is one thing and using it is quite another. In W. Schneider & F. E. Weinert (Eds.), *Interactions among aptitudes, strategies, and knowledge in cognitive performance* (pp. 200–221). New York: Springer.

Rager, G., Weber, B., & Begemann, M. (1996). *Jugend im Umbruch. Ideen, Ergebnisse und Beispiele für eine jugendnahe Tageszeitung.* Bonn: Verband der Lokalpresse e.V.

Rager, G., Werner, P., & Oestmann, I. (1999). Zeitung lesen lernen – Bedingungen der Lesesozialisation bei informationsorientierten Medien. In N. Groeben (Hrsg.), *Lesesozialisation in der Mediengesellschaft. Ein Schwerpunktprogramm* (S. 205–217). Tübingen: Niemeyer (IASL, Sonderband 19).

Rayner, K., & Duffy, S. A. (1988). On-line comprehension processes and eye movements during reading. In M. Daneman, G. E. MacKinnon, & T. G. Waller (Eds.), *Reading research: Advances in theory and practice* (Vol. 6, pp. 13–56). New York: Academic Press.

Recht, D. R., & Leslie, L. (1988). Effect of prior knowledge on good and poor readers' memory of text. *Journal of Educational Psychology, 80,* 16–20.

Remschmidt, H. (Hrsg.). (1987). *Kinder- und Jugendpsychiatrie.* Stuttgart: Thieme.

Renninger, K. A. (1990). Children's play interests, representation, and activity. In R. Fivush & J. Hudson (Eds.), *Knowing and remembering in young children* (pp. 127–165). Cambridge, UK: Cambridge University Press.

Renninger, K. A. (1992). Individual interest and development: Implications for theory and practice. In K. A. Renninger, S. Hidi, & A. Krapp (Eds.), *The role of interest in learning and development* (pp. 361–395). Hillsdale, NJ: Erlbaum.

Renninger, K. A., Ewen, L., & Lasher, A. K. (2002). Individual interest as context in expository text and mathematical word problems. *Learning and Instruction, 12,* 467–491.

Rheinberg, F. (1989). *Zweck und Tätigkeit.* Göttingen: Hogrefe.

Rheinberg, F. (2000). *Motivation* (3. Aufl.). Stuttgart: Kohlhammer.

Rheinberg, F. (2002). Bezugsnormen und schulische Leistungsbeurteilung. In F. E. Weinert (Hrsg.), *Leistungsmessungen in Schulen* (S. 59–71). Weinheim: Beltz.

Rheinberg, F., & Krug, S. (1999). *Motivationsförderung im Schulalltag* (2. Aufl.). Göttingen: Hogrefe.

Richter, K. (2003). Die Entwicklung von Lesemotivation und der Literaturunterricht in der Grundschule. In B. Hurrelmann & S. Becker (Hrsg.), *Kindermedien nutzen. Medienkompetenz als Herausforderung von Erziehung und Unterricht* (S. 115–131). Weinheim: Juventa.

Richter, T., & Christmann, U. (2002). Lesekompetenz: Prozessebenen und interindividuelle Unterschiede. In N. Groeben & B. Hurrelmann (Hrsg.), *Lesekompetenz. Bedingungen, Dimensionen, Funktionen* (S. 25–58). Weinheim: Juventa.

Rickard Liow, S. J., & Poon, K. K. L. (1998). Phonological awareness in multilingual Chinese children. *Applied Psycholinguistics, 19,* 339–362.

Rinck, M. (2000). Situationsmodell und das Verstehen von Erzähltexten. Befunde und Probleme. *Psychologische Rundschau, 3,* 115–122.

Rinsdorf, L. (1995). Dauerhafte Verbindung. Zeitungsprojekte mit Schulklassen haben nicht nur kurzfristige Effekte. *Lokalredaktionsdienst, 11,* 2–3.

Rissman, M., Curtiss, S., & Tallal, P. (1990). School placement outcomes of young language impaired children. *Journal of Speech-Language Pathology and Audiology, 14* (2), 49–58.

Roebers, C. M. (1997). *Migrantenkinder im vereinigten Deutschland. Eine Längsschnittstudie zu differentiellen Effekten von Persönlichkeitsmerkmalen auf den Akkulturationsprozess von Schülern* (Bd. 238). Münster: Waxmann.

Roebers, C. M., Mecheril, A., & Schneider, W. (1998). Migrantenkinder in deutschen Schulen. Eine Studie zur Persönlichkeitsentwicklung. *Zeitschrift für Pädagogik, 5*, 723–736.

Roebers, C. M., Meyer, U., & Schneider, W. (1997). Attributionsstil und Akkulturation von Migranten im Vergleich zu nichtmigrierten deutschen Kindern. *Psychologie in Erziehung und Unterricht, 44*, 176–186.

Roebers, C. M., Weese, H., Bechler, L., & Schneider, W. (1997). Aussiedlerkinder in Eingliederungsklassen und in Regelklassen: Belege für den Bezugsgruppeneffekt. *Zeitschrift für Entwicklungspsychologie und Pädagogische Psychologie, 29* (3), 197–211.

Roeschl-Heils, A., Schneider, W., & van Kraayenoord, C. E. (2003). Reading literacy, metacognition and motivation: A follow-up study of German students 7 and 8. *European Journal of Psychology of Education, 18*, 75–86.

Rogers, C. M., Smith, M. D., & Coleman, J. M. (1978). Social comparison in the classroom: The relationship between academic achievement and self-concept. *Journal of Educational Psychology, 70*, 50–57.

Rösch, H. (2003). *Deutsch als Zweitsprache: Grundlagen, Übungsideen und Kopiervorlagen für die Sprachförderung*. Hannover: Schroedel Verlag

Rosebrock, C. (2003). Lesesozialisation und Leseförderung, literarisches Leben in der Schule. In M. Kämper-van den Boogaart (Hrsg.), *Deutschdidaktik. Leitfaden für die Sekundarstufe I und II* (S. 153–174). Berlin: Cornelsen Scriptor.

Rosenshine, B., & Meister, C. (1994). Reciprocal teaching: A review of the research. *Review of Educational Research, 64*, 479–530.

Ross, S., Smith, L., Casey, J., & Slavin, R. (1995). Increasing the academic success of disadvantaged children: An examination of alternative early intervention programs. *American Educational Research Journal, 32*, 773–800.

Rost, J. (1996). *Lehrbuch Testtheorie, Testkonstruktion*. Bern: Huber.

Rost, J. (2003). *Lehrbuch Testtheorie, Testkonstruktion* (2. Aufl.). Bern: Huber.

Roth, E. (1999). *Prävention von Lese- Rechtschreibschwierigkeiten: Evaluation einer vorschulischen Förderung der phonologischen Bewusstheit und der Buchstabenkenntnis*. Frankfurt a.M.: Lang.

Roth, E., & Schneider, W. (2002). Langzeiteffekte einer Förderung der phonologischen Bewusstheit und der Buchstabenkenntnis auf den Schriftspracherwerb. *Zeitschrift für Pädagogische Psychologie, 16*, 99–108.

Roussos, L. A., & Stout, W. (1996). A multidimensionality-based DIF analysis paradigm. *Applied Psychological Measurement, 20*, 355–371.

Rubin, D. B. (1987). *Multiple imputation for nonresponse in surveys*. New York: Wiley.

Rumelhart, D. E. (1980). Schemata: The building blocks of cognition. In R. Spiro, B. Bruce, & W. Brewer (Eds.), *Theoretical issues in reading comprehension* (pp. 33–58). Hillsdale, NJ: Erlbaum.

Rupp, G. (1987). *Kulturelles Handeln mit Texten. Fallstudien aus dem Schulalltag.* Paderborn: Schöningh.

Rupp, G., & Schreier, M. (2002). Ziele/Funktionen der Lesekompetenz im medialen Umbruch. In N. Groeben & B. Hurrelmann (Hrsg.), *Lesekompetenz. Bedingungen, Dimensionen, Funktionen* (S. 252–274). Weinheim: Juventa.

Ryan, R. M., & Deci, E. L. (2000). Intrinsic and extrinsic motivation: Classic definitions and new directions. *Contemporary Educational Research, 25*, 54–67.

Sachs, J. S. (1967). Recognition memory for syntactic and semantic aspects of connected discourse. *Perception and Psychophysics, 2*, 437–442.

Sadoski, M., Goetz, E. T., & Fritz, J. B. (1993). Impact of concreteness on comprehensibility, interest, and memory for text: Implications for dual coding theory and text design. *Journal of Educational Psychology, 85*, 291–304.

Sauter, F. C. (2001). *Prüfung optischer Differenzierungsleistungen bei Vierjährigen (POD-4).* Göttingen: Hogrefe.

Saxer, U. (1991). Lese(r)forschung – Lese(r)förderung. In A. Fritz, *Lesen im Medienumfeld. Mit einer Synopse von U. Saxer* (S. 99–134). Gütersloh: Verlag Bertelsmann Stiftung.

Saxer, U. (1993). Lesesozialisation. In H. Bonfadelli, A. Fritz, & R. Köcher, *Lesesozialisation: Bd. 2. Leseerfahrungen und Lesekarrieren* (S. 311–374). Gütersloh: Verlag Bertelsmann Stiftung.

Saxer, U., Langenbucher, W., & Fritz, A. (1989). *Kommunikationsverhalten und Medien. Lesen in der modernen Gesellschaft.* Gütersloh: Verlag Bertelsmann Stiftung.

Schafer, J. L., & Graham, J. W. (2002). Missing data: Our view of the state of the art. *Psychological Methods, 7*, 147–177.

Scheerer-Neumann, G. (1979). *Intervention bei Lese-Rechtschreibschwäche.* Bochum: Kamp.

Scheerer-Neumann, G. (1997). Lesen und Leseschwierigkeiten. In F. E. Weinert (Hrsg.), *Enzyklopädie der Psychologie, Serie I, Pädagogische Psychologie, Band 3: Psychologie des Unterrichts und der Schule* (S. 279–325). Göttingen: Hogrefe.

Scheerer-Neumann, G. (2003). Entwicklung der basalen Lesefähigkeit. In U. Bredel, H. Günther, P. Klotz, J. Ossner, & G. Siebert-Ott (Hrsg.), *Didaktik der deutschen Sprache* (Bd. 1, S. 513–524). Paderborn: Schöningh.

Schiefele, U. (1990a). The influence of topic interest, prior knowledge and cognitive capabilities on text comprehension. In J. M. Pieters, K. Breuer, & P. R. J. Simons (Eds.), *Learning environments* (pp. 323–338). Berlin: Springer.

Schiefele, U. (1990b). Thematisches Interesse, Variablen des Lernprozesses und Textverstehen. *Zeitschrift für experimentelle und angewandte Psychologie, 37*, 304–332.

Schiefele, U. (1991). Interesse und Textrepräsentation. Zur Auswirkung des thematischen Interesses auf unterschiedliche Komponenten der Textrepräsentation unter Berücksichtigung kognitiver und motivationaler Kontrollvariablen. *Zeitschrift für Pädagogische Psychologie, 5,* 245–259.

Schiefele, U. (1991). Interest, learning, and motivation. *Educational Psychologist, 26,* 299–323.

Schiefele, U. (1996a). *Motivation und Lernen mit Texten.* Göttingen: Hogrefe.

Schiefele, U. (1996b). Topic interest, text representation, and quality of experience. *Contemporary Educational Psychology, 21,* 3–18.

Schiefele, U. (1999). Interest and learning from text. *Scientific Studies of Reading, 3,* 257–280.

Schiefele, U. (2001). The role of interest in motivation and learning. In J. M. Collis & S. Messick (Eds.), *Intelligence and personality: Bridging the gap in theory and measurement* (pp. 163–194). Mahwah, NJ: Erlbaum.

Schiefele, U. (2004). Förderung von Interessen. In G. W. Lauth, M. Grünke, & J. C. Brunstein (Hrsg.), *Interventionen bei Lernstörungen* (S. 134–144). Göttingen: Hogrefe.

Schiefele, U., & Krapp, A. (1996). Topic interest and free recall of expository text. *Learning and Individual Differences, 8,* 141–160.

Schiefele, U., & Schreyer, I. (1994). Intrinsische Lernmotivation und Lernen. Ein Überblick zu Ergebnissen der Forschung. *Zeitschrift für Pädagogische Psychologie, 8,* 1–13.

Schlagmüller, M., & Schneider, W. (1999). *Metacognitive knowledge about text processing: A questionnaire.* Unpublished manuscript, Department of Psychology, University Würzburg.

Schlee, J. (1976). *Legasthenieforschung am Ende?* München: Urban & Schwarzenberg.

Schmalhofer, F. (1986). Verlaufscharakteristiken des Informationsabrufs beim Wiedererkennen und Verifizieren von Sätzen. *Zeitschrift für Experimentelle und Angewandte Psychologie, 33,* 133–149.

Schmalhofer, F., Boschert, S., & Kühn, O. (1990). Der Aufbau allgemeinen Situationswissens aus Texten und Beispielen. *Zeitschrift für Pädagogische Psychologie, 4,* 177–186.

Schmalhofer, F., & Glavanov, D. (1986). Three components of understanding a programmer's manual: Verbatim, propositional, and situational representations. *Journal of Memory and Language, 25,* 279–294.

Schmitz, B. (2001). Self-Monitoring zur Unterstützung des Transfers einer Schulung in Selbstregulation für Studierende. *Zeitschrift für Pädagogische Psychologie, 15,* 181–197.

Schneewind, J., & Merkens, H. (2003, September). *Schriftspracherwerb von Kindern mit und ohne Migrationshintergrund.* Vortrag auf dem 64. AEPF in Hamburg zum Thema Heterogenität.

Schneider, W. (1980). *Bedingungsanalysen des Recht-Schreibens.* Bern: Huber.

Schneider, W. (1989a). *Zur Entwicklung des Meta-Gedächtnisses bei Kindern.* Bern: Huber.

Schneider, W. (1989b). Möglichkeiten der frühen Vorhersage von Leseleistungen im Grundschulalter. *Zeitschrift für Pädagogische Psychologie, 3,* 157–168.

Schneider, W. (1996). Zum Zusammenhang zwischen Metakognition und Motivation bei Lern- und Gedächtnisvorgängen. In C. Spiel, U. Kastner-Koller, & P. Deimann

(Hrsg.), *Motivation und Lernen aus der Perspektive lebenslanger Entwicklung* (S. 121–133). Münster: Waxmann.

Schneider, W. (1997). Rechtschreiben und Rechtschreibschwierigkeiten. In F. E. Weinert (Hrsg.), *Enzyklopädie der Psychologie. Serie Pädagogische Psychologie, Bd. 3: Psychologie des Unterrichts und der Schule* (S. 327–363). Göttingen: Hogrefe.

Schneider, W. (1999). The development of metamemory in children. In D. Gopher & A. Koriat (Eds.), *Cognitive regulation of performance: Interaction of theory and application* (pp. 487–514). Cambridge, MA: MIT Press.

Schneider, W. (2001). Training der phonologischen Bewußtheit. In K. J. Klauer (Hrsg.), *Handbuch Kognitives Training* (2. Aufl., S. 69–95). Göttingen: Hogrefe.

Schneider, W., Brügelmann, H., & Kochan, B. (1990). Lesen- und Schreibenlernen in neuer Sicht. In H. Brügelmann & H. Balhorn (Hrsg.), *Das Gehirn, sein Alphabet und andere Geschichten* (S. 220–234). Konstanz: Faude.

Schneider, W., & Edelstein, W. (1990). *Inventory of European longitudinal studies in the behavioural and medical sciences.* Berlin: Max Planck Institute of Human Development and Education.

Schneider, W., Ennemoser, M., & Reinsch, C. (1999). Zum Einfluß des Fernsehens auf die Entwicklung von Sprach- und Lesekompetenzen. In N. Groeben (Hrsg.), *Lesesozialisation in der Mediengesellschaft. Ein Schwerpunktprogramm* (S. 56–66). Tübingen: Niemeyer (IASL, Sonderheft 10).

Schneider, W., Körkel, J., & Weinert, F. E. (1989). Domain-specific knowledge and memory performance: A comprehension of high- and low-aptitude children. *Journal of Educational Psychology, 81,* 306–312.

Schneider, W., & Küspert, P. (2003). Frühe Prävention der Lese-Rechtschreibstörungen. In W. von Suchodoletz (Hrsg.), *Therapie der Lese-Rechtschreibstörung (LRS). Traditionelle und alternative Behandlungsmethoden im Überblick* (S. 108–128). Stuttgart: Kohlhammer.

Schneider, W., & Näslund, J. C. (1993). The impact of early metalinguistic competencies and memory capacity on reading and spelling in elementary school: Results of the Munich Longitudinal Study on the Genesis of Individual Competencies (LOGIC). *European Journal of Psychology of Education, 8,* 273–288.

Schneider, W., & Näslund, J. C. (1999). The impact of early phonological skills on reading and spelling in school: Evidence from the Munich Longitudinal Study. In F. E. Weinert & W. Schneider (Eds.), *Individual development from 3 to 12: Findings from the Munich Longitudinal Study* (pp. 126–147). Cambridge, UK: Cambridge University Press.

Schneider, W., & Pressley, M. (1997). *Memory development between two and twenty.* Mahwah, NJ: Erlbaum.

Schneider, W., Roth, E., & Ennemoser, M. (2000). Training phonological skills and letter knowledge in children at risk for dyslexia: A comparison of three kindergarten intervention programs. *Journal of Educational Psychology, 92,* 284–295.

Schneider, W., Roth, E., & Küspert, P. (1999). Frühe Prävention von Lese-Rechtschreibproblemen: Das Würzburger Trainingsprogramm zur Förderung sprachlicher Bewußtheit bei Kindergartenkindern. *Kindheit und Entwicklung, 8,* 147–152.

Schneider, W., & Stengard, C. (1999). *Inventory of European longitudinal studies on reading and spelling.* Brussels: European Commission.

Schneider, W., & Stengard, C. (2000). *Inventory of European longitudinal studies on reading and spelling.* Luxembourg: Office for Official Publications of the European Communities.

Schnotz, W. (1979). *Lerndiagnose als Handlungsanalyse.* Weinheim: Beltz.

Schnotz, W. (1993a). Adaptive construction of mental representations in understanding expository texts. *Contemporary Educational Psychology, 18,* 114–120.

Schnotz, W. (1993b). On the relation between dual coding and mental models in graphics comprehension. *Learning and Instruction, 3,* 247–249.

Schnotz, W. (1994). *Aufbau von Wissensstrukturen. Untersuchungen zur Kohärenzbildung beim Wissenserwerb mit Texten.* Weinheim: Psychologie Verlags Union.

Schnotz, W. (2001). Sign systems, technologies, and the acquisition of knowledge. In J. F. Rouet, J. Levonen, & A. Biardeau (Eds.), *Multimedia learning: Cognitive and instructional issues* (pp. 9–29). Amsterdam: Elsevier.

Schnotz, W., & Bannert, M. (1999). Einflüsse der Visualisierungsform auf die Konstruktion mentaler Modelle beim Bild- und Textverstehen. *Zeitschrift für Experimentelle Psychologie, 46,* 216–235.

Schnotz, W., & Bannert, M. (2003). Construction and interference in learning from multiple representations. *Learning and Instruction, 13,* 141–156.

Schnotz, W., & Kulhavy, R. W. (Eds.). (1994). *Comprehension of graphics.* Amsterdam: North-Holland.

Schnotz, W., & Lowe, R. (Eds.). (2003). External and internal representations in multimedia learning. *Learning and Instruction, 13/2* (whole number).

Schnotz, W., Picard, E., & Hron, A. (1993). How do successful and unsuccessful learners use texts and graphics. *Learning and Instruction, 20,* 181–199.

Schnotz, W., Zink, T., & Pfeifer, M. (1996). Visualisierungen im Lehr-Lern-Prozeß. *Zeitschrift für Pädagogik, 42,* 193–213.

Schön, E. (1990). Die Entwicklung literarischer Rezeptionskompetenz. Ergebnisse einer Untersuchung zum Lesen bei Kindern und Jugendlichen. *SPIEL, 9* (2), 229–276.

Schön, E. (1997). Entwicklung des Lesens – Zukunft des Lesens. In H. Balhorn & H. Niemann (Hrsg.), *Sprachen werden Schrift* (S. 132–136). Lengwil: Libelle.

Schön, E. (2002). Einige Anmerkungen zur PISA-Studie, auch aus literaturdidaktischer Perspektive. Oder: Lesen lernt man nur durch Lesen. In K. Franz & F.-J. Payrhuber (Hrsg.), *Lesen heute. Leseverhalten von Kindern und Jugendlichen und Leseförderung im Kontext der PISA-Studie* (S. 72–92). Baltmannsweiler: Schneider Verlag Hohengehren.

Schraw, G., & Bruning, R. H. (1999). How implicit models of reading affect motivation to read and reading engagement. *Scientific Studies of Reading, 3,* 281–302.

Schreblowski, S. (2004). *Training von Lesekompetenz.* Münster: Waxmann.

Schreblowski, S., & Hasselhorn, M. (2001). Zur Wirkung zusätzlicher Motivänderungskomponenten bei einem metakognitiven Textverarbeitungstraining. *Zeitschrift für Pädagogische Psychologie, 15,* 145–154.

Schreier, M. (1999). Kognitiver, Radikaler, Sozialer Konstruktivismus? Kölner Psychologische Studien. *Beiträge zur natur-, kultur- und sozialwissenschaftlichen Psychologie, IV* (1), 94–97.

Schuck, K.-D., & Eggert, D. (1975). *Hannover-Wechsler-Intelligenztest für das Vorschulalter.* Bern: Huber.

Schulze, G. (1993). *Die Erlebnisgesellschaft. Kultursoziologie der Gegenwart.* Frankfurt a.M.: Campus.

Schunk, D. H. (1989). Self-efficacy and achievement behaviors. *Educational Psychology Review, 1,* 173–208.

Schunk, D. H. (1995). Self-efficacy in education and instruction. In J. E. Maddux (Ed.), *Self-efficacy, adaptation, and adjustment* (pp. 281–303). New York: Plenum Press.

Schunk, D. H., & Pajares, F. (2002). The development of academic self-efficacy. In A. Wigfield & J. S. Eccles (Eds.), *Development of achievement motivation* (pp. 16–31). San Diego, CA: Academic Press.

Schunk, D. H., & Rice, J. M. (1989). Learning goals and children's reading comprehension. *Journal of Reading Behavior, 21,* 279–293.

Schunk, D. H., & Zimmerman, B. J. (1997). Developing self-efficacious readers and writers: The role of social and self-regulatory processes. In J. T. Guthrie & A. Wigfield (Eds.), *Reading engagement: Motivating readers* (pp. 34–50). Newark, DE: International Reading Association.

Schwenck, C., & Schneider, W. (2003). Der Zusammenhang zwischen Rechen- und Schriftsprachkompetenz im frühen Grundschulalter. *Zeitschrift für Pädagogische Psychologie, 17,* 261–267.

Sekuler, R., & Blake, R. (1994). *Perception* (3rd ed.). New York: McGraw-Hill.

Seufert, T. (2003). *Wissenserwerb mit multiplen Repräsentationen: Wirksamkeit von Kohärenzbildungshilfen.* Dissertation, Universität Koblenz-Landau.

Seymour, P. (1986). *Cognitive analysis of dyslexia.* London: Routledge & Kegan Paul.

Shah, P., & Hoeffner, J. (2002). Review of graph comprehension research: Implications for instruction. *Educational Psychology Review, 14,* 47–69.

Shanahan, M. (1992). Reading comprehension as a conversation with an author. In M. Pressley, K. R. Harris, & J. T. Guthrie (Eds.), *Promoting academic competence and literacy in schools* (pp. 129–148). Orlando, FL: Academic Press.

Sharkey, N., & Sharkey, A. (1987). What is the point of facilitation? The loci of knowledge-based facilitation in sentence processing. *Journal of Memory and Language, 26,* 255–276.

Shavelson, R. J., Hubner, J. J., & Stanton, G. C. (1976). Self-concept: Validation of construct interpretations. *Review of Educational Research, 46,* 407–441.

Sheehan, K. M. (1997). A tree-based approach to proficiency scaling and diagnostic assessment. *Journal of Educational Measurement, 47* (4), 333–352.

Shell, D. F., Bruning, R. H., & Colvin, C. (1995). Self-efficacy, attribution, and outcome expectancy mechanisms in reading and writing achievement: Grade-level and achievement-level differences. *Journal of Educational Psychology, 87,* 386–398.

Shell, D. F., Murphy, C. C., & Bruning, R. H. (1989). Self-efficacy and outcome expectancy mechanisms in reading and writing achievement. *Journal of Educational Psychology, 81,* 91–100.

Short, E., & Ryan, E. (1984). Metacognitve differences between skilled and less skilled readers: Remediating deficits through story grammar and attribution training. *Journal of Educational Psychology, 76,* 225–235.

Silva, P. A., McGee, R., & Williams, S. (1983). Developmental language delay from 3 to 7 years and its significance for low intelligence and reading difficulties at age seven. *Developmental Medicine and Child Neurology, 28,* 783–793.

Skaalvik, E. M., & Rankin, R. J. (1990). Math, verbal, and general academic self-concept. The internal/external frame of reference model and gender differences in self-concept structure. *Journal of Educational Psychology, 82,* 546–554.

Skaalvik, E. M., & Rankin, R. J. (1995). A test of the internal/external frame of reference model at different levels of math and verbal self-perception. *American Educational Research Journal, 35,* 161–184.

Skaalvik, E. M., & Valas, H. (1999). Relations among achievement, self-concept and motivation in mathematics and language arts. A longitudinal study. *Journal of Experimental Education, 67,* 135–149.

Skowronek, H., & Marx, H. (1989). The Bielefeld longitudinal study on early identification of risks in learning to write and read: Theoretical background and first results. In M. Brambring, F. Lösel, & H. Skowronek (Eds.), *Children at risk: Assessment, longitudinal research, and intervention* (pp. 268–294). New York: de Gruyter.

Soederberg Miller, L. M. (2001). The effects of real-world knowledge on text processing among older adults. *Aging, Neuropsychology and Cognition, 8,* 137–148.

Souvignier, E., Küppers, J., & Gold, A. (2003a). Lesestrategien im Unterricht. Einführung eines Programms zur Förderung des Textverstehens in 5. Klassen. *Unterrichtswissenschaft, 31,* 166–183.

Souvignier, E., Küppers, J., & Gold, A. (2003b). Wir werden Textdetektive. Beschreibung eines Trainingsprogramms zur Förderung des Textverstehens. *Didaktik Deutsch, 14,* 21–37.

Spilich, G., Vesonder, G., Chiesi, H., & Voss, J. (1979). Text processing of domain-related information for individuals with high and low domain knowledge. *Journal of Verbal Learning and Verbal Behavior, 18,* 275–290.

Spinner, K. H. (1992). Sokratisches Lehren und die Dialektik der Aufklärung. Zur Kritik des fragend-entwickelnden Unterrichtsgesprächs. *Diskussion Deutsch, 23* (126), 309–321.

Spinner, K. H. (2002). *Kreativer Deutschunterricht. Identität. Imagination. Kognition.* Seelze: Kallmeyer.

Spinner, K. H. (2003). Handlungs- und produktionsorientierte Verfahren im Literaturunterricht. In M. Kämper-van den Boogaart (Hrsg.), *Deutschdidaktik. Leitfaden für die Sekundarstufe I und II* (S. 175–190). Berlin: Cornelsen Scriptor.

Spiro, R. J. (1980). Constructive processes in prose comprehension and recall. In R. J. Spiro, B. C. Bruce, & W. F. Brewer (Eds.), *Theoretical issues in reading comprehension: Perspectives from cognitive psychology, linguistics, artificial intelligence and education* (pp. 245–278). Hillsdale, NJ: Erlbaum.

Stanat, P. (2003). Schulleistungen von Jugendlichen mit Migrationshintergrund: Differenzierung deskriptiver Befunde aus PISA und PISA-E. In J. Baumert, C. Artelt, E. Klieme, M. Neubrand, M. Prenzel, U. Schiefele, W. Schneider, J.-K. Tillmann, & M. Weiß (Hrsg.), *PISA 2000. Ein differenzierter Blick auf die Länder der Bundesrepublik Deutschland* (S. 243–260). Opladen: Leske + Budrich.

Stanat, P. (2004, April). *The role of migration background for student performance: An international comparison.* Paper presented at the American Educational Research Association (AERA), San Diego, CA.

Stanat, P., & Kunter, M. (2001). Geschlechterunterschiede in Basiskompetenzen. In J. Baumert, E. Klieme, M. Neubrand, M. Prenzel, U. Schiefele, W. Schneider, P. Stanat, K.-J. Tillmann, & M. Weiß (Hrsg.), *PISA 2000. Basiskompetenzen von Schülerinnen und Schülern im internationalen Vergleich* (S. 249–269). Opladen: Leske + Budrich.

Stanat, P., & Lüdtke, O. (in Vorb.). Internationale Schulleistungsvergleiche. In *Enzyklopädie der Psychologie: Kulturvergleichende Psychologie. Bd. 2: Kulturelle Determinanten des Erlebens und Verhaltens. Teil II: Anwendungsaspekte einer kulturvergleichenden und kulturpsychologischen Forschung.* Göttingen: Hogrefe.

Stanat, P. & Müller, A. (in Vorb.). *Motivation und Schulzufriedenheit von Schülerinnen und Schülern mit Migrationshintergrund.*

Stanley, G. (1978). Eye movements in dyslexic children. In G. Stanley & K. W. Walsh (Eds.), *Brain impairment: Proceedings of the 1977 Brain Impairment Workshop.* Victoria, Canada: Dominian Press.

Stark, R. E., Bernstein, L. E., Condino, R., Bender, M., Tallal, P., & Catts, H. (1984). Four-year follow-up study of language impaired children. *Annals of Dyslexia, 34,* 49–68.

Statistics Canada. (1991). *Adult literacy in Canada: Results of a National Study.* Ottawa: Stat-Can.

Steinhausen, H. C. (1996). *Psychische Störungen bei Kindern und Jugendlichen.* München: Urban & Schwarzenberg.

Sternberg, R. J., & Powell, J. S. (1983). Comprehending verbal comprehension. *American Psychologist, 38,* 878–893.

Stiftung Lesen (Hrsg.). (1998). *Lesen im Umbruch – Forschungsperspektiven im Zeitalter von Multimedia.* Baden-Baden: Nomos.

Stiftung Lesen & SPIEGEL-Verlag (Hrsg.). (2001). *Leseverhalten in Deutschland im neuen Jahrtausend. Eine Studie der Stiftung Lesen.* Hamburg: SPIEGEL-Verlag.

Stock, C., Marx, P., & Schneider, W. (2003). *Basiskompetenzen für Lese-Rechtschreibleistungen (BAKO 1-4). Ein Test zur Erfassung der phonologischen Bewusstheit vom ersten bis vierten Grundschuljahr.* Göttingen: Hogrefe.

Streblow, L. (2004). *Bezugsrahmen und Selbstkonzeptgenese.* Münster: Waxmann.

Suls, J. M., & Sander, G. S. (1982). Self-evaluation through social comparison: A developmental analysis. In L. Wheeler (Ed.), *Review of personality and social psychology* (Vol. 3, pp. 171–197). Beverly Hills, CA: Sage.

Surber, C. F. (1980). The development of reversible operations in judgements of ability, effort, and performance. *Child Development, 51,* 1018–1029.

Swanson, H. L., Ashbaker, M. H., & Lee, C. (1996). Learning-disabled readers' working memory as a function of processing demands. *Journal of Experimental Child Psychology, 61,* 242–275.

Swanson, H. L., Cochran, K. F., & Ewers, C. A. (1989). Working memory in skilled and less skilled readers. *Journal of Abnormal Child Psychology, 17,* 145–156.

Sweller, J., van Merrienboer, J. G., & Paas, F. G. W. C. (1998). Cognitive architecture and instructional design. *Educational Psychological Review, 10,* 251–296.

Switalla, B. (2002). *PISA lesen.* Archiv UNIVERSITAS Online. <www.hirzel.de/universitas/archiv/switalla.pdf>

Tallal, P., Miller, S. L., Jenkins, W. M., & Merzenich, M. M. (1997). The role of temporal processing in developmental language-based learning disorders: Research and clinical implications. In B. A. Blachman (Ed.), *Foundations of reading acquisition and dyslexia: Implications for early intervention* (pp. 49–66). Mahwah, NJ: Erlbaum.

Tardieu, H., Ehrlich, M. F., & Gyselinck, V. (1992). Levels of representation and domain-specific knowledge in comprehension of scientific texts. *Language and Cognitive Processes, 7,* 335–351.

Thorkildsen, T. A., & Nicholls, J. G. (1998). Fifth graders' achievement orientations and beliefs: Individual and classroom differences. *Journal of Educational Psychology, 90,* 179–201.

Thorndike, R. L. (1973). *Reading comprehension education in fifteen countries.* Stockholm: Almqvist & Wiksell (International Studies in Evaluation III).

Tierney, R. J., LaZansky, J., Raphael, T., & Cohen, P. (1987). Author's intentions and reader's interpretations. In R. J. Tierney, P. Andes, & J. Mitchell (Eds.), *Understanding reader's understanding* (pp. 205–226). Hillsdale, NJ: Erlbaum.

Tillmann, K. (1997). Sozialisationstheorien. *Eine Einführung in den Zusammenhang von Gesellschaft, Institution und Subjektentwicklung* (8. Aufl.). Reinbek: Rowohlt.

Tinker, M. A. (1958). Recent studies of eye movements in reading. *Psychological Bulletin, 55,* 215–231.

Torgesen, J. K. (2000). Individual differences in response to early interventions in reading: The lingering problem of treatment resisters. *Learning Disabilities Research and Practice, 15,* 55–64.

Torgesen, J. K., Wagner, R. K., & Rashotte, C. A. (1994). Longitudinal studies of phonological processing and reading. *Journal of Learning Disabilities, 27,* 276–286.

Troia, G. A. (1999). Phonological awareness intervention research: A critical review of experimental methodology. *Reading Research Quarterly, 34,* 28–52.

Tufte, E. R. (1983). *The visual display of quantitative information.* Cheshire, CT: Graphics Press.

Tuinman, J. J., & Brady, M. E. (1974). How does vocabulary account for variance on reading comprehension tests? A preliminary instructional analysis. In P. L. Nacke (Ed.), *Interaction: Research and practice for college-adult reading. Twenty-third yearbook of the National Reading Conference* (pp. 121–137). Clemson, SC: National Reading Conference.

Tullius, C., & Hippler, H.-J. (2002). Typologien der Leser und Mediennutzer. In Stiftung Lesen (Hrsg.), *Gutenbergs Folgen. Von der ersten Medienrevolution zur Wissensgesellschaft* (S. 75–94). Baden-Baden: Nomos.

Tunmer, W. E., & Rohl, M. (1991). Phonological awareness and reading acquisition. In D. J. Sawyer & B. J. Fox (Eds.), *Phonological awareness in reading. The evolution of current perspectives* (pp. 1–30). New York: Springer.

Turner, R. (2002). Proficiency scales construction. In R. Adams & M. Wu (Eds.), *PISA 2000 technical report* (pp. 185–206). Paris: OECD.

Ullman, S. (1984). Visual routines. *Cognition, 18,* 97–159.

Underwood, N. R., & Zola, D. (1986). The span of letter recognition of good and poor readers. *Reading Research Quarterly, 22,* 6–19.

U.S. Department of Education. Office of Educational Research and Improvement. National Center for Educational Statistics. (2000). *NAEP 1999 trends in academic progress: Three decades of student performance* (NCES-report 200-469, edited by J. R . Campbell, C. M. Hornbo, & J. Mazzeo). Washington, DC: National Center for Educational Statistics.

Vellutino, F. R., & Scanlon, D. M. (1987). Phonological coding, phonological awareness, and reading ability: Evidence from a longitudinal and experimental study. *Merrill-Palmer Quarterly, 33,* 321–363.

Verhoeven, L. (2000). Components in early second language reading and spelling. *Scientific Studies of Reading, 4,* 313–330.

van de Vijver, F. J. R., & Poortinga, Y. H. (1997). Towards an integrated analysis of bias in cross-cultural assessment. *European Journal of Psychological Assessment, 13,* 29–37.

Vygotsky, L. S. (1978). Interaction between learning and development. In M. Cole, V. John-Steiner, S. Scribner, & E. Souberman (Eds. and Trans.), *Mind in society: The development of higher psychological processes* (pp. 79–91). Cambridge, MA: Harvard University Press. (Orginal work published 1935)

Wagner, J. W. L. (1999). *Soziale Vergleiche und Selbsteinschätzungen. Theorien, Befunde und schulische Anwendungsmöglichkeiten*. Münster: Waxmann.

Wagner, R., & Torgesen, J. (1987). The nature of phonological processing and its causal role in the acquisition of reading skills. *Psychological Bulletin, 101,* 192–212.

Walberg H. J., & Tsai, S.-L. (1985). Correlates of reading achievement and attitude: A national assessment study. *Journal of Educational Research, 78,* 159–167.

Walczyk, J. J. (1993). Are general resource notions still viable in reading research? *Journal of Educational Psychology, 85,* 127–135.

Walczyk, J. J. (1995). Testing a compensatory-encoding model. *Reading Research Quarterly, 30,* 396–408.

Waldmann, G. (1984). Grundzüge von Theorie und Praxis eines produktionsorientierten Literaturunterrichts. In N. Hopster (Hrsg.), *Handbuch Deutsch* (Bd. I, S. 98–141). Paderborn: Schöningh.

Walter, P. (2001). *Schule in der kulturellen Vielfalt. Beobachtungen und Wahrnehmungen interkulturellen Unterrichts.* Opladen: Leske + Budrich.

Warm, T. A. (1985). *Weighted maximum likelihood estimates of ability in Item Response Theory with tests of finite length* (Tech. Rep. No. GI-TR-85-08). Oklahoma City: U.S. Coast Guard Institute.

Warnke, A. (1992). *Legasthenie und Hirnfunktion.* Bern: Huber.

Warrick, N., Rubin, H., & Rowe-Walsh, S. (1993). Phoneme awareness in language-delayed children: Comparative studies and intervention. *Annals of Dyslexia, 43,* 153–173.

Watkins, D., & Guiterrez, M. (2001). Causal relationships among self-concept, attributions, and achievement in Filipino students. *Journal of Social Psychology, 130,* 625–631.

Weber, J., Marx, P., & Schneider, W. (2002). Profitieren Legastheniker und allgemein lese-rechtschreibschwache Kinder in unterschiedlichem Ausmaß von einem Rechtschreibtraining? *Psychologie in Erziehung und Unterricht, 49,* 56–70.

Weber, J., Marx, P., & Schneider, W. (2004). *Prävention von Lese-Rechtschreib-Schwierigkeiten bei Migrantenkindern.* Unveröff. Manuskript, Institut für Psychologie der Universität Würzburg.

Wedel-Wolff, A. von. (1998). Lesediagnose als Voraussetzung für eine sinnvolle Förderung. In C. Crämer, I. Füssenich, & G. Schumann (Hrsg), *Lesekompetenz erwerben und fördern* (S. 22–36). Braunschweig: Westermann.

Weidenmann, B. (1988). *Psychische Prozesse beim Verstehen von Bildern.* Bern: Huber.

Weidenmann, B. (1989). When good pictures fail: An information-processing approach to the effects of illustrations. In H. Mandl & J. R. Levin (Eds.), *Knowledge acquisition from text and pictures* (pp. 157–170). Amsterdam: North-Holland.

Weidenmann, B. (Hrsg.). (1994). *Wissenserwerb mit Bildern.* Bern: Huber.

Weiner, B. (1979). A theory of motivation for some classroom experiences. *Journal of Educational Psychology, 71,* 3–25.

Weiner, B. (1985). An attributional theory of achievement motivation and emotion. *Psychological Review, 92,* 548–573.

Weiner, B. (1986). *An attributional theory of motivation and emotion.* New York: Springer.

Weiner, B. (1995). *Judgments of responsibility: A foundation for a theory of social conduct.* New York: Guilford Press.

Weiner, B., Frieze, I. H., Kukla, A., Reed, L., Rest, S., & Rosenbaum, R. M. (1971). Perceiving the causes of success and failure. In F. E. Jones, D. E. Kanouse, H. H. Kelley,R. E. Nisbett, S. Valins, & B. Weiner (Eds.), *Attribution: Perceiving the causes of behavior* (pp. 95–120). Morristown, NJ: General Learning Press.

Weiner, B., Russell, D., & Lerman, D. (1979). The cognition-emotion process in achievement-related contexts. *Journal of Personality and Social Psychology, 37,* 1211–1220.

Weinert, F. E., & Schneider, W. (Eds.). (1999). *Individual Development from 3 to 12: Findings from the Munich Longitudinal Study.* Cambridge, UK: Cambridge University Press.

Weinstein, C. E., & Mayer, R. E. (1986). The teaching of learning strategies. In M. C. Wittrock (Ed.), *Handbook of research on teaching* (pp. 315–327). New York: Macmillan.

Wentzel, K. R. (1996). Social and academic motivation in middle school: Concurrent and long-term relations to academic effort. *Journal of Early Adolescence, 16,* 390–401.

Wertheimer, M. (1938). *Laws of organization in perceptual forms in a source book for Gestalt Psychology.* London: Routledge & Kegan Paul.

Westermann, R. (2000). *Wissenschaftstheorie und Experimentalmethodik: Ein Lehrbuch zur psychologischen Methodenlehre.* Göttingen: Hogrefe.

Wieler, P. (1997). *Vorlesen in der Familie. Fallstudien zur literarisch-kulturellen Sozialisation von Vierjährigen.* Weinheim: Juventa.

Wigfield, A. (1997). Reading motivation: A domain-specific approach to motivation. *Educational Psychologist, 32,* 59–68.

Wigfield, A., & Eccles, J. S. (1992). The development of achievement task values: A theoretical analysis. *Developmental Review, 12,* 265–310.

Wigfield, A., & Eccles, J. S. (2000). Expectancy-value theory of achievement motivation. *Contemporary Educational Psychology, 25,* 68–81.

Wigfield, A., Eccles, J. S., Yoon, K. S., Harold, R. D., Arbreton, A., Freedman-Doan, K., & Blumenfeld, P. C. (1997). Changes in children's competence beliefs and subjective task values across the elementary school years: A three-year study. *Journal of Educational Psychology, 89,* 451–469.

Wigfield, A., & Guthrie, J. T. (1997a). Motivation for reading: An overview. *Educational Psychologist, 32,* 57–58.

Wigfield, A., & Guthrie, J. T. (1997b). Relations of children's motivation for reading to the amount and breadth of their reading. *Journal of Educational Psychology, 89,* 420–432.

Wigfield, A., & Karpathian, M. (1991). Who am I and what can I do: Children's self-concepts and motivation in achievement situations. *Educational Psychologist, 26,* 233–261.

Wigfield, A., & Tonks, S. (2004). The development of motivation for reading and how it is influenced by CORI. In J. T. Guthrie, A. Wigfield, & K. C. Perencevich (Eds.), *Motivating reading comprehension: Concept-oriented reading instruction* (pp. 249–272). Mahwah, NJ: Erlbaum.

Wild, K. P. (2000). *Lernstrategien im Studium.* Münster: Waxmann.

Willows, D. M., & Houghton, H. A. (Eds.). (1987). *The psychology of illustration: Vol 1. Basic research.* New York: Springer.

Wimmer, H., Hartl, M., & Moser, E. (1990). Passen „englische" Modelle des Schriftspracherwerbs auf „deutsche" Kinder? Zweifel an der Bedeutsamkeit der logographischen Stufe. *Zeitschrift für Entwicklungspsychologie und Pädagogische Psychologie, 22,* 136–154.

Wing, R. R., Epstein, L. H., Marcus, M. D., & Koeske, R. (1984). Intermittent low-calorie regimen and booster sessions in the treatment of obesity. *Behavior Research and Therapy, 22,* 445–449.

Winn, W. D. (1983). Perceptual strategies used with flow diagrams having normal and unanticipated formats. *Perceptual and Motor Skills, 57*, 751–762.

Winn, W. D. (1994). Contributions of perceptual and cognitive processes to the comprehension of graphics. In W. Schnotz & R. Kulhavy (Eds.), *Comprehension of graphics* (pp. 3–27). Amsterdam: North-Holland.

Wolter, S. (2003, March). *Sibling rivalry: A six country comparison*. Paper presented at the IZA. (Discussion Paper No. 734). <http://ssrn.com/abstract=391989>

Wu, M., Adams, R., & Wilson, M. (1998). *ACER ConQuest: Generalised item response modelling software manual*. Melbourne: ACER Press.

Yamamoto, K. (2002). *Estimating PISA students on the IALS prose literacy scale*. Paris: OECD. <http://www.pisa.oecd.org/Docs/Download/pisa_ials_report.pdf>

Youniss, J. (1994). *Soziale Konstruktion und psychische Entwicklung*. Frankfurt a.M.: Suhrkamp.

Zelazny, G. (1986). *Wie aus Zahlen Bilder werden*. Wiesbaden: Gabler.

Zimmerman, B. J., & Schunk, D. H. (Eds.). (2001). *Self-regulated learning and academic achievement: Theoretical perspectives*. Mahwah, NJ: Erlbaum.

Zwaan, R. A. (1993). *Aspects of literary comprehension: A cognitive approach*. Philadelphia, PA: John Benjamins.

Zwaan, R. A. (1994). Effect of genre expectations on text comprehension. *Journal of Experimental Psychology: Learning, Memory, and Cognition, 20*, 920–933.

Zwaan, R. A., & Radvansky, G. A. (1998). Situation models in language comprehension and memory. *Psychological Bulletin, 123*, 162–185.

Abbildungsverzeichnis

Tabellenverzeichnis